U0899697

文化集思

欧阳中石 李泽厚 等著

谢龙 侯鸿勋 宋文坚 主编

人民出版社

2011年7月9日，部分作者座谈合影。左起：侯鸿勋、李泽厚、欧阳中石、马兵、宋文坚、谢龙

欧阳中石

李泽厚

目录

•序•

上编 / 哲理探幽

•马克思理论的具体历史分析•

•哲学范式转换与马克思哲理真谛•

•中西比较与传统阐释的多元视野•

•形式逻辑研究和对辩证逻辑异议•

•跨学科研究是哲理探幽的重要渠道•

下编 / 学苑记栩

• 附录 •

序
中华文化的核心内容和主要特征 *

欧阳中石

本文对“文化”的分析中蕴涵着人类文明之精髓，博大精深的中华文明凸显着与人类文明相辅相成之“美好和谐”共同追求。欧阳中石“文化”分析给予的学术启迪，绝不限于褊狭的某个学科，反映其迈入哲学门整六十年的不懈追求所形成的将哲学、逻辑学、语言学和美学、书法艺术相结合的宽阔而幽深的文化视野。尤其，身体力行，把“文化”作为其人生追求。让1950级老同学难以忘怀的是20世纪80年代，他曾为《张岱年文集》题写书名，参加1989年5月20日在清华大学举行的张先生从教、科研五十六年祝贺会，与老同学相遇，从此他主动约聚，忆思交谈，无不具有宽容的“文化”意境，使我们在六十年后能够把老同学异彩纷呈的学术见解、人生体验集结成一部书，用来同读者对话，以集思广益，激励深化研究，即以人生或学术“和”的境界之执著追求安度晚年。正因此，将其作为序。

文化是什么，有许多专家做过定义，古今中外大概几百种，大家总说到“文化”的某一方面，但是还没有概括到完全的程度，所以界定也比较麻烦。《现代汉语词典》对文化的解释是：人类在社会历史发展过程中所创造的物质财富和精神财富的总和。如果按照这个定义来理解，大概没有不是文化的

---

* 本文原载2010年4月19日《人民政协报》，并转载于《新华文摘》2010年第13期。

了，好的也罢，不好的也罢，能看到的事情，几乎都可以划进文化的范畴。至于文化是如何出现的，它为什么出现，又为什么形成，都没有得到回答。现在，我们来分析研究一下“文化”这个词。

一、文化是人类对“美好”的追求

使社会上的各种东西都具有了美好之意，就叫“以文化之”；都让它变成了美好的，使之“美好”起来，这叫“文化”。

从美好的愿望出发，经过追求的实际行动，最后得到了美好的结果，也必然是“文化”的结晶。

人类从存在开始，总希望现在会比过去好一些，明天比今天更好一些。可见，追求美好是人类的愿望，也是人类永远追求的目标。追求美好的愿望是人类的天性，这种向美好追求的愿望，岂止是人，即使是一般的动物，猴子、猫、兔子、狗，也无不如此。因此，我们说这是物种的一种天性，也就是说这是一种“活物”生存的必然追求。但是这种愿望，要受到自然界的限制，要接受天和地的约束。从自然界来说，天地之间，一切都是客观存在的，是不以人的意志为转移的，它们有自己运行的规律。人类生活在自然界中，也要遵从自然界的一些规律，并且在社会生活中形成一些大家共同遵守的规律和规则。《易经》中说“天行健，地势坤”。这已经把自然界中的一切都概括其中了。“坤”就是“顺”。天和地是在不停地运行的，天要强劲，地要和顺，大地上的万物，也包括人类，都要求“顺”。天和地要求“顺”，人类如果想要美好，也必须“顺”。把“美好”“和顺”找一个字眼描述出来，我们中国人就找到“文”这个字。文，即为美好、和谐之义。

文是个什么字？《易经》里说：“物相杂，故曰文。”“杂”原来写作“雜”（我们简化其为“杂”），左边是个“衣”字，右边是个“集”字。从造字来说，意思是有很多鸟飞在一棵树上，还穿上各种各样的衣服，很好看，就是“雜”。也就是说，多种样子、多种事物集中在一起，花花绿绿的，这就叫“文”。

此外还有一个解释，《礼记》中说："五色成文。"各种颜色都聚集在一块，这就是"文"。各种颜色都聚集在一块，但不是杂乱无章地随便一堆，而是有它的章法，多而不乱，所以我们也说"文章"。各种事物聚集在一起，而且不乱，有章法，这就叫"文"，是一种美好的象征。

使社会上的各种东西都具有了美好之意，就叫"以文化之"；都让它变成了美好的，使之"美好"起来，这叫"文化"。所有的物质财富都是人创造的，我们精神上的财富，也都是为了美好而出现的，所以用一个"文"字来描述它。我们是否可以这样理解：人类创造的一切美好的东西（无论物质的还是精神的），以及为了达到美好所做的一切努力和一切向美好发展的思路，都是文化。因此，美好的愿望，是文化；追求美好的实际行动，也是文化；从美好的愿望出发，经过追求的实际行动，最后得到了美好的结果，也必然是"文化"的结晶。

如此看来，人们的生活，一天一天美好起来的一切愿望、行动和结果，都可以涵盖在文化之中。所以，辞书中所说的意思可以解释为：在人类社会历史过程中，所有的物质财富和精神财富都属于文化，或者可以说文化是物质财富和精神财富的总和。我觉得我这样理解，可能靠一点谱，至少是摸到了一点边儿。

说到这里，我还想作一点重要的说明：在"美好"的后面，还必须加上"和谐"一词。

既然文化是向美好的追求，你也追求，我也追求，他也追求，应该说这是全人类都有的、共同的一种追求。既然是全人类共同所有的追求，就难免有互相碰撞的可能。为了大家都能得到"美好"，就应当作出一个保证大家都能得到"美好"的行动规范。这个规范必须保证大家都"美好"，这就要求大家和谐相处，大家都要彼此谦和、容让、包涵、尊重。

二、中华文化是发展而来的

中华文化日益丰富、新颖、厚实而庞大。但贯穿中心的总方向是绝不变的，这便是中华文化的内核——美好和谐、摒除邪恶。期望全人类一起走向最理想的美好和谐之中。

世界，从有人类开始，就在追求美好。在追求的过程中所创造的、所形成的物质的或精神的，都是向美好追求的结晶。那么，怎样理解中华文化？分析一下，在中华文化中，其中有一部分是我国土生土长的，或者说是固有的，比如说我们的“经”“传”。还有一部分，是随着社会的历史发展来的。比如说，我们原来没有火，也不懂得利用火，不会吃熟食，后来逐渐发现食物做熟了更好吃，火的利用就广了，可以取暖、可以做饭。还盖了许多房舍，种了庄稼，这是我们的物质财富。在思想精神领域，有很多书籍和音乐、绘画等，这更是我们的财富。这些都是我们中华民族创造的，是发展而来的。大家都知道中华文化博大精深，那是因为我们的历史悠久，人口众多。在神州大地上，我们的智慧在不断地进步中，自然而然地凝结成了一套适合于我们自己的文化特色。毫不客气地说，我们中华儿女自己就有足够的能力一步一步地去追求美好、和谐！我们漫长的历史证明了这一点。在漫长的历史进程中，我们的能力随着社会的发展逐渐积累了起来。从先秦而下，没有停止过新内容的增长。无论汉魏六朝还是隋唐元明清，以至近当代，哪一个时代都有其独特的贡献，都有一点新鲜的学问成长起来。这就是说：在原来固有的文化之外又随着时代的前进而增加了一大部分文化的积累。

我们的文化中，还有一部分是从外部吸收而来的，或者说是从外面引进的。即使是从外面传进来的，我们也吸收了，并且改造了、发展了。特别是在明代之后，域外来的洋文化不断涌入，使我们长期自行发展进行着的文化增加了新的内容。中国人不怕富有，中国人不拒绝外来财富，先引进，再结合，进而“化”之，最后就再也不易分得清楚。比如印度的佛教，印度佛教中的禅传到中国后，中国人进行了研究和发展，结果形成了中国式的佛教。中国的禅学，是融合而来的，也成为中华文化的一部分。正因为我们中华文化有这样的宽容度，有这样的吸收力和消化力，正因为我们对外来文化有着这样一种“引进、结合、融化”的三部曲，就使得我们中华文化形成一个有自己特色、随时在发展、善于融合的生命力量。所以中华文化越来越庞大，无所不包，无所不容，博大精深。有固有的，有发展来的，也有融合而来的，这三个方面，使我们的中华文化更全面。当然时代的不同，这三个方面在中华文化中的地位和侧重面就不完全一样，但归根结底这些融合了的文化都还是和顺的，这就构成了我们的中华文化。

有人说我们的文化发展还不够快也不够先进，是这样吗？我觉得中华文化进步绝不慢！火药是中国人发明的，在当时也是最先进的，可是后来我们就没有再发展下去。这是因为中国人不聪明吗？我想不能这么说，因为我们中国人根本就不想制造一种杀伤力强大的武器。中华文化追求的是避免征战、避免不幸，追求的是更稳妥地向前发展。所以我觉得中华文化是紧紧地抓住了“美好”、“和谐”向前发展的，宁肯慢走一步、少走一步，也不愿意在那些不妥当的路子上走。

因此说，中华民族形成了自己固有的文化，它是一套很完整的体系。它随着历史的进程在不断地发展、扩大，也随着世界的发展不断地汲取融化，中华文化日益丰富、新颖、厚实而庞大。但贯穿中心的总方向是绝不变的，这便是中华文化的内核——美好和谐、摒除邪恶。期望全人类一起走向最理想的美好和谐之中。

三、中华文化的核心是什么

“仁、德、礼、法、化、和”这六个字，概括了我们中华文化的核心内容和基本特征，世界上所有民族、所有人的共同追求也不外于此。了解了这一点，我们就懂得了中华文化生命力的强盛。

中华文化是追求美好的，它所有的发展，都是向着“一天比一天更加美好和谐”而来的。所以，我认为美好和谐是文化的核心要求，也是中华文化的核心要求。像这样公平、和谐相处，达到全人类的美好和谐，没有一个共同的约定，定出一个共同规范，是很难达到的。我们的先贤对这个问题早有认识，他们提出了一些要求和规范。我们可以通过几个汉字来分析一下。

首先是“仁”。“仁”在中华传统文化中占据着不可动摇的核心地位。如果把“仁”这个字拆开来看，就是两个人。人与人之间，应当相爱，而这个“仁”就是爱。

其次是“德”。“德”字，右半边除了心，写全应当是“直”，所以古人常说“直心为德”。“直”就是正直，正直向上即为“德”。“德”要求很高，加个“心”字，是说明思想；加个“彳”，是说明行动，那就是说，不管在思想上还是在行动上，都要求正直向上，这就是“德”的含义。《庄子》里提到过“德”，认为“德”就是“得”。物得以生，谓之德。德是一种特殊的力量。它虽然不是一种东西，但却是一种很不一般的内在能量的力量。这种力量会使东西生长，会使事情成功，可见是一种可以增强生命的力量，可以推动成功的力量。我们怎么样来说明这种力量呢？我体会它是一种“劲儿”，说是一种“契机”似乎更容易理解。在老百姓的语言中，尤其北京话中，有一种说法：“得咧！”有时简化为一个字：“得！”就是在说：行啦！成了！一切都成功了！都达到了非常“合适”的情况。这种说法正好就是“得”的真正含义。还必须说明，这个“得”不是仅指一方面的，而是指所有方面。无论从哪方面都合适的“得”，才是“得”的要求。为了保证全面的“得”，各方面又必须遵循一定的原则，这就落在了这个“德”的身上。

冬至这一天，古代也叫“德日”。从这天开始白天长了，这是天体的规律，“阴气下降，阳气上升”，万物开始生长。这一天也叫作“旺日”，即开始生长。所以，“物得以生”——事物如果有了“德”，就开始生长；“事得以成”——事情就可以成功。

“德”是很好的字眼，是帮助人和物旺盛成长的字眼。

美好的“文”如何达到全面的“化”？必须依靠“德”。中华文化能有如此的生命力、凝聚力，与这一个“德”字分不开。也可以说：德是中华文化中一个本质性的核心。

我们讲究“仁德”，是为了保证全面的“美好和谐”的要求。可以说，“仁德”是中华文化的核心所在。为了保障“仁”“德”的正常发展，我们需要做有规范的活动，然后把它定成制度，这就有了“礼”和“法”。

人们怎么样才能达到“仁”和“德”，走到规范的制度当中呢？有一种办法——那就是“化”。“化”字很了不起，篆书的“化”字，无论怎么看都是两个人，一个倒着，一个正着。这样一来，这个字就倒不了了，怎么看都是正着。这个“化”，反和正都可以，也就是说可以化和、化解，想办法在各种情况下都能成立。这应当是走向美好境界的一种渠道，有许多事情，只要一“化”，就能解决。

我们一直在利用并遵循“化”这个规律，或者说这个原则。为什么中华文化越来越博大、越来越精深，源远流长，长盛不衰？首先因为它是全人类的追求，它代表了全人类的、共同的、追求美好的愿望；其次就是中华文化强大的包容性和融合力、化和力。因为在文化发展的过程中是不可能没有碰撞的。碰撞不怕，在于协调，在于怎样解决。归结起来不外乎两种：一种是让；另一种是抢。抢的没有好结果，今日的胜者，明日可能又是败者，今日失败者明日可能又是胜利者。打打抢抢不是解决问题的好方法，都不如一个“化”字，通过一个“化”字，可以化解、化和、转化，很协调地往前走。我们“化”过来的东西很多很多，靠着“化”，我们形成了一个多民族的大家庭。

所有的这一切归根结底都是为了一个字——“和”，这是人们追求的最高境界。这个“和”不是那个“合”。和，是两个事物，或者许多不同的事物很协调、很和谐地相融，比如各种乐器，不同的乐器吹拉弹唱，构成很好听的旋律，但它不是两个不同的事物各自失去了自己。再比如人们的愿望、要求五花八门，但的确是可以取得统一的，这里的统一并不等于是合成了“一”，而是取得了一致，也就是达到了和谐。合，是把两个不同的东西加在一起后溶解了，失去了自己。“和”是把两种不同的事物融合到了一起，各自有着自己的特点而和平相处。世界上万事万物不同，人人不同，我们更要提倡和，只有和，才能久。

我们的思想和行动，要尚仁德、尊礼法，要通过“化”的办法，最终达到“和”的境界。

所以我认为，“仁、德、礼、法、化、和”这六个字，概括了我们中华文化的核心内容和基本特征，世界上所有民族、所有人的共同追求也不外于此。了解了这一点，我们就懂得了中华文化生命力的强盛。

影像记忆

——北大哲学系1950级同学相册（上）

20 世纪 90 年代初北大哲学系 1950 级学生相聚留影

▲ 左起：谢龙、曹景元、欧阳中石、侯鸿勋、宋文坚（摄于未名湖畔）

▲ 左起：曹景元、李秀梅、谢龙、侯鸿勋、欧阳中石、宋文堅、刘唯

▲ 左起：夏甄陶、侯鸿勋、虞奢、欧阳中石、曹景元、查全斌、胡文耕、刘唯、谢龙、甘守义（摄于首都师大校园）

▲ 左起：虞謇、刘唯、宋文堅、杨子熙、胡文耕、谢龙、侯鸿勋、欧阳中石

▲ 左起：曹景元、宋文堅、谢龙、刘唯、虞謇、侯鸿勋、杨子熙、夏甄陶、胡文耕、欧阳中石、李行健（中文系同学） （摄于 1993 年）

▲左起：李行健、胡文耕、欧阳夫人、刘唯、虞謇、夏甄陶、宋文堅、杨子熙、谢龙、欧阳中石、曹景元、侯鸿勋 （摄于 1993 年）

◀左起：黄怀安、赵士孝、查全斌、黄荣钊、甘守义、谢龙（1994 年 80 年系庆游燕园合影）

▶ 左起：查全斌、颜健（1948级）、甘守义、黄荣钊、黄怀安、赵士孝、谢龙

▶ 左起：赵士孝、查全斌、甘守义、谢龙、黄荣钊、黄怀安

1994 年北大哲学系 80 年庆典时 1950 级学生合影

▲左起：宋文堅、虞騫、顾之润、谢龙、刘唯、甘守义、侯鸿勋、赵士孝、黄荣钊、胡文耕、黄怀安

▲左起：甘守义、查全斌、黄荣钊、黄怀安、赵士孝、谢龙

▲欧阳中石、谢龙（合影于办公楼礼堂系庆会场）

◄左起：甘守义、查全斌、黄荣钊、黄怀安、赵士孝、谢龙

◄左起：曹景元、甘守义、谢龙、胡文耕、宋文坚（合影于系庆当晚）

1998年北大百年校庆哲学系1950级聚会

▲ 左起：任宣猷、赵士孝、胡文耕、杨子熙、黄怀安、廖元嘉、刘唯等观看欧阳中石演唱京戏

◀ 左起：欧阳中石、刘唯、廖元嘉、谢龙

◀ 左起：欧阳中石、廖元嘉、谢龙、宋文坚

▲左起：赵士孝、仕宣猷、宋文堅 、杨子熙、刘唯、谢龙、廖元嘉、胡文耕、黄怀安、侯鸿勋

▶ 左起：伍宣猷、谢龙、赵士孝（摄于百年校庆哲学系会场）

◀ 甘守义、黄荣钊、黄怀安、赵士孝与欧阳中石交谈书法文化（摄于1994年欧阳中石书房）

与欧阳中石交谈书法文化

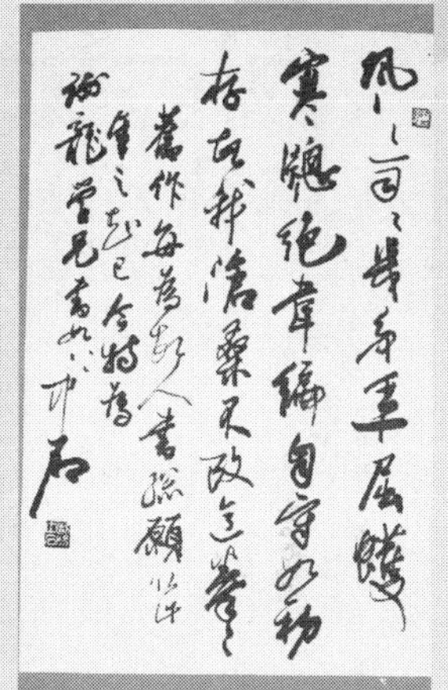

▲ **欧阳中石为谢龙题字留念**　　（摄于1997年2月21日）

▲ **欧阳中石题字留念**　　（摄于1997年2月21日）

2005 年 12 月 2 日邀请汪子嵩先生和夫人聚会

▲ 左起：李泽厚、宋文坚、刘唯、汪夫人、汪子嵩、曹景元、侯鸿勋、胡文耕、谢龙、欧阳中石

▲ 左起：胡文耕、曹景元、李泽厚、谢龙、宋文坚

▲ 左起：侯鸿勋、谢龙、李秀梅、曹景元、马兵、宋文坚、欧阳中石、李安谟、高宝钧、胡文耕、李行健（邀请北京大学校友会副会长李安谟、中文系校友李行健、哲学系 1951 级高宝钧参加）

▲左起：李安谟、马兵、欧阳中石、谢龙

冯定百年诞辰纪念会暨学术研讨会

（2002年9月27日）

◀冯　定

▶ 汪子嵩、张岱年

平凡的真理 非凡的求索

——纪念冯定百年诞辰研究文集

张岱年题

▶ 张岱年先生撰写书名

▲ 左起：一排：（2）冯宋彻（3）谢龙（4）庄福龄（5）黄枬森（6）王学珍（原北大党委书记）（8）王天玺（求是杂志社总编辑）（9）张岱年（10）袁贵仁（教育部副部长）

二排：（5）张文儒（6）冯方回（7）王雨田（8）李真（9）李醒尘（10）赵光武（11）冯国瑞

三排：（9）相志明（10）于本源（11）张凤坡（12）陈中立

四排：（5）侯鸿勋（6）高宝钧（12）翟庆振（13）李少军

一排：（11）闵维方（北大党委书记）（12）任继愈（13）邢贲思（14）汪子嵩（15）汤一介（16）赵存生（北大党委副书记）（17）孔繁（18）冯贝叶（19）赵敦华（北大哲学系主任）

二排：（13）王东（14）施德福（15）朱德生（原北大哲学系主任）（16）陈志尚（17）孙小礼（18）章玉钧（19）苏振富（24）郭建宁

三排：（16）姚介厚（17）许全兴（18 ）赵家祥（19）陈玉英（21）丰子义（22）李士坤（23）沈少周（24）陈启伟

四排：（14）管淑霞（17）夏文斌（18）林娅（19）魏波

上编

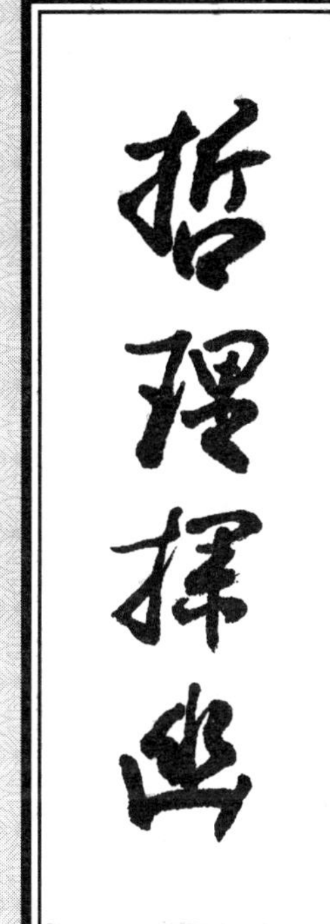

李泽厚　夏甄陶　章自承　侯鸿勋　谢　龙　范明生　赵士孝　宋文坚

马　兵　虞　謇　胡文耕　曹景元　查全斌　欧阳中石

关于马克思的理论及其他（2006）*

李泽厚

［**主编按语**］ 早在30多年前李泽厚就思考和研究“马克思主义在中国”的主题，其重头文章《试谈马克思主义在中国》（载于《中国现代思想史论》，东方出版社1987年版）以“启蒙”与“救亡”的“双重变奏”之理路解释中国近现代思想史上许多错综复杂现象，绝不忌谈坎坷，坚持具体历史地分析马克思主义在中国的演进历程，曾受到读者衷心的赞誉，但也有异议。难能可贵的是他在近20年之后提供本文，对自己见解做了更深入更周全更直率的辩解。回眸1979年人民出版社出版的《批判哲学的批判》，即已认定马克思“对人类的巨大理论贡献”，在于其对“使用—制造工具的劳动实践”或“生产力—科学技术是整个人类社会的基础”，并对这一根本观点做了系统而明确的阐述。27年后，以此作为他所掌握的唯物史观之核心，坦诚地对马克思理论予以全面评价，更加凸显本文对“马克思主义在中国”主题深化研究给予启迪的意蕴。如启迪人们结合历史实际重读马克思文本，本文并未引述，早在1857年、1858年马克思就已

* 本文原载《李泽厚近年答问录（2004—2006）》（天津社会科学院出版社2006年版，第239—299页）。

指出：尽管“资产阶级社会内部，产生出一些交往关系和生产关系，它们同时又是炸毁这个社会的地雷”，然而如果现实社会并没有“无阶级社会所必需的物质生产条件和与之相适应的交往关系，那么一切炸毁的尝试都是堂·吉诃德的荒唐行为”（《马克思恩格斯全集》第46卷上，人民出版社1979年版，第106页），何况1847年（《共产党宣言》前一年）即已把“共产主义”规定为“关于无产阶级解放的条件的学说”（《马克思恩格斯选集》第1卷，人民出版社1995年版，第230页），可见，从《共产党宣言》到《资本论》启动着科学共产主义、科学社会主义的创建。文中对中国文化现代转型，包括“西体中用”以及“经济发展——个人自由——社会主义——政治民主”之“四顺序说”的阐释，对西方民主既不简单搬弄也不全盘否弃，切合马克思的“批判”精神。本文即将结束，李泽厚再次坦诚地说：“我大半辈子的生活和工作被笼罩在这个题目之下。我想此生不应该糊里糊涂地被打发掉，在思想理论上清理一下，至少对我个人是必要的。”的确，正由于对有争议问题自主地提出并论证自己的见解，难免再引起争议，然而毕竟这是对马克思主义理论创新给予切实的学术支撑。正因此，本书上编“哲理探幽”将其作为第一篇文章，为了促进营造奠基于研究者既尊己又尊人之“宽容”素质的“百家争鸣”学术环境。本文主题关系到中国的走向，无论是否从事与之相关的学术研究、是否发表过有关论述，都是共同面对的，尤其1950级同学，新中国成立的第二年即入读哲学系，这成为我们60年后回忆和反思的重点，也是已年迈的我们与现代的北大人、现代的研究者对话不可回避的课题。

问：既然在中国的马克思主义演变为中国的马克思主义，即毛泽东思想，那么什么是一般的马克思主义？

答：这问题也很复杂。我以为首先要区分马克思和马克思主义。马克思当年就说过他本人不是马克思主义者，表示他不满意当时人们对他的思想理论的解说和宣传。今天如果马克思还魂再世，他究竟会同意哪种马克思主义？很可能是全不同意。

问：那么，怎么办？

答：这没有什么办法。各种马克思主义、各种对马克思的解释仍将继续存在。这样也好，多元发展。但可以先分析马克思本人的理论、思想的是非得失来作为起点。我以前说自己的思想来源于中国传统、康德与马克思（而不是马克思主义），到底具体是何种联系或关系，也可借此清理一下。

问：好。

答：美国研究马克思的著名学者乔恩·埃尔斯特（Jon Elster）在其20世纪80年代出版、90年代多次再版的《马克思导论》中，曾列举马克思理论中"活的东西"和"死的东西"。他认为"死了"的是马克思的"科学社会主义""辩证唯物主义""经济理论""生产力、生产关系理论""目的论和功能主义"；"活着"或将继续活下去的是"辩证法""异化理论""剥削理论""技术变易理论""阶级意识、阶级斗争理论"和"意识形态理论"。我以为，这区分虽有一定道理，但缺少内在逻辑关系，"死"、"活"的区分与我的看法也很不同。①

问：请进一步说明。

答：如上面所说，马克思主义已是一个家族，各各相似而并不相同。各派"马克思主义"的理论从苏联、中国、古巴、朝鲜、越南到西方法兰克福学派和"马克思学"等，都可以强调上述"死"的"活"的中的某些部分或某些方面而"持之有故，言之成理"。其实，J. Elster所说的某些"死的""活的"并不属于马克思本人。而且，"死""活"究竟意味着什么？我以为，重要的是，不要因为尚有人坚持而认为其"活"，也不要因为无人谈论而认为

① 毛泽东《在中国共产党第七次全国代表大会上的口头政治报告》指出："我们历史上的马克思主义有很多种，有香的马克思主义，有臭的马克思主义，有活的马克思主义，有死的马克思主义，把这些马克思主义堆在一起就多得很。我们所要的是香的马克思主义，不是臭的马克思主义；是活的马克思主义，不是死的马克思主义。"《毛泽东文集》第3卷，人民出版社1996年版，第331—332页。

已“死”。“死”“活”应由百年来社会发展的实践和现实来检验。10年前我曾将马克思的理论分为两大部分：基础理论部分和革命策略部分。基础理论即唯物史观，特别是这史观的核心，即马克思关于生产工具、生产力、科技是人类社会生存延续和发展的最终基础这一根本观点，我至今以为非常正确，是仍然“活着”并可继续发展的马克思主义。而其他的许多理论，要么因偏激导致错误（如社会革命理论），要么片面性甚大（如剩余价值理论），要么马克思本人并未展开（如异化理论），要么并非马克思所拥有（如所谓辩证唯物论）。我以为，至今“活着”并将继续“活下去”的有三个方面：一是有关科技生产力的理论；二是对资本主义剥削和缺失的揭示和批判；三是对人类远景的理想。其中第一项最为根本和重要，是后二者的基础，这也就是我在《批判哲学的批判》一书中大肆宣讲扩展的理论，即关于“使用—制造工具的劳动实践”或“生产力—科学技术是整个人类社会的基础”这一根本观点。这一观点虽然在以前的漫长思想史上也有人接触或谈及过，但直到马克思才做了系统提出和明确表述。我以为，这是马克思对人类的巨大理论贡献。马克思说：“为了生活，首先就需要衣、食、住以及其他东西，因此第一个历史活动就是生产满足这些需要的资料，即生产物质生活本身。同时这也是人们仅仅为了能够生活必须每日每时都要进行的（现在也和几千年前一样）一种历史活动，即一切历史的一种基本条件……因此任何历史观的第一件事情就是必须注意上述基本事实的全部意义和全部范围，并给予应有的重视”；“这种连续不断的感性劳动和创造、这种生产，正是整个现存的感性世界的基础”[①]等。这也就是我强调“人活着”作为哲学第一命题，以及我的“吃饭哲学”的主要含义。马克思上述理论曾被人称之为“经济决定论”，其实这个“决定”，只能从整个人类社会较长时期来看。它所表述的只是一种人类学的哲学视角，而不是直接套用在具体历史上的不变公式或实证原理。经济在不同时间或地区（如不同自然环境）、不同的政治、宗教或文化中起多大程度的

① 《德意志意识形态》，见《马克思恩格斯选集》第1卷，人民出版社1995年版（下同），第77页。

作用，并不能作公式般的具体确定。历史上便有群体部落因文化、宗教而不顾生存利益（经济），走向等于自杀的自我消灭的一些事例。但就人类历史总的情况来说，这种事例只是少数，一般说来，仍然是以服从于集体生存从而经济最终起决定性的作用更为普遍和"必然"。恩格斯晚年一再强调其他因素的"决定"作用，否定唯物史观是经济决定论，这一点我在《历史本体论》[①]中已讲过了。只是有时我为了语言的刺激感，故意承认"就是"经济决定论，正如我故意用"吃饭哲学"这个"庸俗"词语一样。

问：那么唯物史观本身就没有问题吗？

答： 我已说过，我只接受唯物史观上述核心部分。我强调的是人以使用—制造工具的社会劳动实践（以及在这实践中所产生的语言）来获得生存（即吃饭 = 衣食住行），. 而区别于其他动物。（所谓使用—制造工具主要是指使用工具以制造工具［如原始石器］以区别于其他动物［如黑猩猩］的使用和制造工具）由此，人类才能走出动物界取得超生物的存在：包括超生物的肢体（工具）、大脑、语言、思想、情感到社会组织。这就是文化和文明，我称之为"人文"（外）和"人性"（内）。马克思的唯物史观除了这个核心，还有许多其他部分。例如将"阶级斗争"看作历史的动力，认为"革命"是历史前进的"火车头"，以及"基础"对"上层建筑"的决定关系等，这些也都是唯物史观的重要理论。这些部分，我许多是不赞成的。在逻辑上，从"使用—制造工具和生产力是社会存在的基础"也推不出这些理论。从人类整体历史看，革命是特定的、局部的现象和情况，而不是贯穿百万年人类历史和数千年人类文明史延续发展的基础、主线或"动力"。主线仍在生产工具（科技）和生产力或极缓慢（如原始人群）或极迅速（如"现代化"）的演进变化。因为它与人"吃饭"（人们物质生存的现实生活）直接关联。当然，人群之间的各种矛盾和斗争也是长久和将永远存在的，但阶级和阶级斗

① 参见李泽厚：《历史本体论》（第一章"实用理性与吃饭哲学"），生活 · 读书 · 新知三联书店 2002 年版，第 1—43 页。

争却只是一定历史时期的产物，它由历史的发展而存在而剧烈而消失。马克思本人就说过阶级斗争是在资本主义社会两大阶级（资产者和无产者）“阵线分明”之后才真正发展开的。所以我说，不是阶级斗争，而是阶级在矛盾斗争中的妥协、协调和合作才更是社会存在的常态和阶级关系的常态。尽管这协调和合作经常是一方攫取巨大利益，一方被迫接受剥削和压迫（如佃户交租、工人进厂）。尽管这协调和合作的达到和维持，充满着冲突和斗争，充满着不公和残酷，但这就是历史本身。以道德感伤和义愤来夸张后者否认前者，虽可能具有重要的伦理价值，却并不符合历史实际。因为那样，社会不可能存在，人类也无法延续。从而，《共产党宣言》一开头宣称人类历史是阶级斗争的历史，它是为革命而写。这个马克思起草的革命经典，文辞精美、情感充沛，宣传鼓动效果极大，但好些论点却有问题。马克思说，“阶级斗争”并非他的发现，发现者是法国历史学家们。但由于他把阶级斗争说成是人类历史的主要线索，并为以后绝大多数马克思主义者所坚持，便在世界范围内造成了严重的误导。上节讲中国的马克思主义已经讲过了。但同时也应该指出，包括《共产党宣言》在内的马克思的许多著作，在对人类历史所做的许多描述和研究，如对各种社会形态、生产方式、生产力、生产关系、经济基础和上层建筑的剖析，对工作日缩短和人类远景的展望，等等，又都是相当精彩和深刻的，是他的唯物史观的具体呈现和成果。而且阶级斗争理论也不是全都错误，在一定限度内，它至今仍然适用，只要不把它极度夸张就是了。所以我说马克思是非常重要的历史哲学家。马克思依据许多历史文献（亦即经验材料）所进行的研究和推断，与后来的“马克思主义者”凭几条抽象原理或既定公式来拙劣立论很不相同。

问：《共产党宣言》虽然影响大，但毕竟是马克思年轻时（三十岁）的作品。《资本论》才是马克思花毕生心血的主要著作。这本巨著如何？

答：《资本论》是马克思的政治经济学的主要著作，被称为工人阶级的“圣经”。但包括中外，不仅工人，恐怕参加共产党的大多数知识分子和领袖们也都没有通读过，但也大都读过《资本论》最重要最著名的第一章，包括毛在内。《资本论》是一部分量极重、非常严肃的专门学术著作，不是那么好看易懂的。我不是经济学家，没资格评说这本著作。我只能以常识为基础从哲学上提出一点看法。

问：好，请讲。

答：首先，我以为《资本论》是把资本主义生产方式的"剥削"即攫取剩余价值放在一个既定事实的框架内来分析、探究，而甩开了这一事实、框架如何可能的研究，没有多方面地研究资本家的工厂、矿山、码头等（今日统称为"企业"）是如何可能成立和如何可能维持运作、制造剥削、产生剩余价值的全部状况。马克思主要从工人在企业中的地位、作用的角度出发，而没有将如何可能产生和维持这些企业的运作的全部要素考虑在内。用通俗的话说，例如资本家及其代理人等为创立企业、维持企业运作所花费的时间、精力便未被仔细考虑和研究。今天大家都知道，八小时工作后，工人即使精疲力竭，但终于可以稍事放松或休息。老板们虽不出苦力，却几乎无时无刻不在心里打算盘，其"劳动"（脑力、口、舌、手、脚的活动）和心理负担恐怕也并不轻松，尽管主要不是体力劳动的支出。的确，老板费心思是为了发财，工人们出力气是为了活命。但不管动机和个体主观状态如何，在客观现实中，"企业"只有靠工人和厂家双方的这种努力（体、脑活动）和协调（签订合同）才可能存在和延续。所以不只是资本家们的贪婪、狠毒等私欲，而且也包括他们的尽可能剥削工人的心思计谋和行为活动，才使价值和剩余价值的出现成为可能，才使生产和再生产成为可能。这也就是黑格尔、恩格斯所讲"恶"是历史发展的杠杆、康德所说的"非社会的社会性"的具体展现。马克思也肯定资本家的重要作用。但《资本论》只突出工人在生产中被剥削的地位和由劳动价值论所得出的剩余价值理论，虽然有道理，很深刻，却并非企业和资本的存在和运作的全貌。所以我说马克思的理论是一种"深刻的片面"。其深刻处在于，《资本论》不但揭穿了资本家养活工人的传统谎言，而且以系统的理论形态证明了恰恰相反，主要（不是唯一）是工人的劳动养肥了资本家和提供了社会生存的基础。这种片面之所以深刻还在于它直接地、极大地影响了20世纪许多国家、地区的社会实践。Karl Popper［卡尔·波普］已经说了马克思的伦理主义即道德感情，但对其深刻性的力量所在论证不够。

问：恶是历史前进的杠杆？

答： 这是黑格尔的名言，也为马克思主义者所经常提到。马克思的理论本身“深刻的片面”包含着一个巨大的悖论：唯物史观是历史主义的，是所谓“客观”“科学”的“社会必然进程”，马克思、恩格斯都非常厌恶道德说教。但恰恰他们又认为自己是在为受剥削受压迫的工人阶级的伟大事业奋斗和斗争，认为工人阶级代表着、执行着历史发展的客观使命，从而又是伦理主义的“善”在推动社会的前进。有意思的是，马克思理论中的这个历史主义（强调历史客观进程）和伦理主义（强调工人阶级利益）二律背反在现实中竟如此展现出来：右派、保守派、资产阶级在私欲的（“恶”）推动下努力发展生产工具、生产力、生产关系，以提高生产效率和利润亦即“剥削收入”；而左派、革命派、无产阶级为避免失业，有工作可做，则极力反抗之。从一两百年前使用机器与捣毁机器，到后来使用与反对新科技，到今天参加WTO和反对WTO，以及赞成或否决欧盟宪法等，都可看到这一深刻的悖论。左派维护工人和下层民众的切身利益，作为“善”和伦理主义的代表，却偏偏在一定时期一定地区内要极力抵挡和阻碍历史的前进路途。

问：那么，工人和左派就不应该抗争了？

答： 又不然。深刻的二律背反不是那么容易解决的，而历史在悲剧中前进更错综复杂。因为这抗争、抵挡本身对历史进程所造成的作用和影响并不就是负面的。它可以使“恶”的推动减少一些纯然的罪恶，可以迫使资本家减少工时、增加工资、改善福利，这样对稳定社会和发展生产又很有利，避免了由于资本家无限剥削所造成的经济崩溃。这就仍是在执行或实现马克思的历史主义的基础理论。所以这里的关键还是“度”的问题。这问题还需要进一步展开。

问：那么，马克思理论的片面性是如何产生的呢？

答：应该把马克思的理论放在一定历史时期内来考察。当时，法国大革命的余波和理想尚在。1830年特别是1848年革命和作为旗帜与理想的乌托邦思想，对知识分子仍有巨大吸引力，巴贝夫主义和激进思想传布深远，这极大地影响了当时一批青年知识分子。马克思、恩格斯便是其中的佼佼者，还有蒲鲁东、赫斯以及拉萨尔等人。马、恩显然受布朗基主义和巴贝夫影响很深，将社会乌托邦理想与无产阶级联系了起来。马克思的理论学说在一定意义上正是当时时代状况在充满革命激情的知识分子中的产物。他们同情工人，怀着高尚的道德精神和远大理想。特别是马克思，他阅读、研究了大量文献资料，进行了仔细严肃的科学思考。但革命情绪仍然极大地左右了他的思维方式和理论方向。你不觉得严肃的学术著作《资本论》里也充满这种激情吗？把整个《资本论》建立在工人被剥削这一基点上正是如此。这一片面性是与革命激情有关系的。

问：问题就出在道德热情掩蔽了清醒理智？

答：但这掩蔽也远不是那么直接、简单。马克思坚决反抗资本主义的剥削，深信资本主义必将迅速崩溃，工人将成为未来社会的主体，而革命暴力则是实现这一转变的手段，这种信念在对现实和历史状况的研究中，是通过黑格尔的辩证法，来作出政治经济学的判断和表述的。这里深藏着一个方法论的哲学问题。我以为这可能才是关键所在。

问：什么问题？

答：说来话长，长话短说。《资本论》如马克思自己所认为，最关键的是第一章。第一章展示的正是马克思的哲学方法论。马克思说，他用的不是分析而是综合的方法，所以整个理论在表述上像一个先验体系，由几个基本概念推演出了整个系统及其细部。第一章从分析商品（“资本主义的细胞”）的二重性（使用价值与交换价值）出发，追溯为“劳动二重性”（具体劳动与抽象劳动），再推出“社会必要劳动时间”。这实际是其整个政治经济学的建构基石，也是后来的马克思主义者构建所谓“社会主义政治经济学”的根本基础。

我记得，读《资本论》是在1952年，与读达尔文的《物种起源》是同时。当时深刻感到两书是如此之不同，主要是感到两书在方法上的不同。恩格斯将马克思与达尔文相提并论，认为是科学上两大发现。我当时虽然完全接受恩格斯的这一论断，却感到两者迥然不同：达尔文是通过极其大量的具体经验现象的归纳来验证其“原理”，马克思的“辩证逻辑”则是从抽象的思辨的原理推演出整个政治经济学，尽管马克思说，叙述的方法不是研究的方法，但他研究的结果却是使经验材料在根本点上通过这些思辨的原理来支配。一是理性主义（马克思），一是经验主义（达尔文），中国学哲学的人包括我自己，更容易为理性主义所吸引，所以当时认为马克思《资本论》的方法了不起，远胜达尔文。这一直到“文化大革命”中才开始怀疑。

问：怀疑什么？

答：马克思将“商品二重性”归结为“劳动二重性”，其中关键是将“交换价值”归结为“抽象劳动”。这在思辨上很有道理，但“抽象劳动”或“抽象的人类劳动”这些基本概念，和由此推出的“社会必要劳动时间”等到底有多大的经验可操作性，使我非常困惑。将“劳动”从具体历史环境中抽离，特别是将“劳动力”从具体“劳动”中抽离，一再说，“劳动当作使用价值的形式要素是一个和一切社会形态都独立无关、不以它们为转移的人类生存条件、一个永久的自然必然性”，“人类劳动不外是劳动力的支出，不问其支出形式”，“形成价值的实体的劳动是相等同的人类劳动，是同一的人类劳动力的耗费”，“把一切现实的劳动还原为人类劳动力的支出”，而“人类劳动力的支出”“都是人类脑、筋肉、神经、手等的生产耗费，在这个意义上说，二者都是人类劳动”①，等等。马克思用“抽象劳动”来阐释交换价值，强调不是“劳动”而是抽象的“人类劳动力的支出”才是计算价值（交换价值）的普遍尺度和衡量“社会必要劳动时间”的根本基础。由于将

① 《马克思恩格斯选集》第2卷，人民出版社1995年版（下同），第121页。

“劳动”从具体经验环境下抽离，特别又将“劳动力”从具体劳动中抽离，这个“劳动力的支出”以及其推演便完全脱开了历史具体地使用—制造工具的劳动活动的结构体，而成了一种黑格尔式的精神思辨的抽象运动，即以被同质化了的同一的“人类劳动力的支出”来开展剩余价值的论证。其中包括舍弃了劳动力的消耗量（即“劳动力的支出”）与“物化劳动的消耗量”（即工具、机器等）之间各种随历史环境而变易的复杂关系、比重和结构的经验分析，得出由商品便宜，使劳动力也变得便宜，那就是资本内在的冲动和不断的运动的论断。（尽管第三卷又作了相反的论断。）这样，财富日益集中于少数资本家，中间阶级不断沦为无产阶级而日益消亡，无产阶级则日益贫困而壮大。更由于生产的无政府状态使经济危机必然出现，从而资本主义生产关系不能适应而必将迅速崩溃，无产阶级革命一定很快胜利。于是，剥夺剥夺者、消灭私有财产制和清除剩余价值中剥削工人的部分，实现“各尽所能，按劳分配”（或“各取所值”）的社会主义便是顺理成章的辩证逻辑。简而言之，“劳动二重性—抽象劳动—社会必要劳动时间→按劳分配（从而废除商品生产，实行计划经济）”进而“按需分配”（各取所需）这样一条哲学逻辑成了贯穿了马克思理论（阶级斗争、剩余价值）到策略理论（无产阶级革命、无产阶级专政）的基础，我以为这一逻辑是有问题的。同时我也认为这一逻辑与我强调的唯物史观的核心部分，即使用—制造工具的实践（以及由之而产生的人类语言）并无必然的关系。

《资本论》详尽地研究了资本主义生产的方方面面，从生产到流通、分配，等等。许多分析都准确和精当，但对由科学技术发展（也就是我所强调的使用—制造工具的实践活动）所产生的所谓“超剩余价值”（extramebrwert）这本应特别重视的问题，在《资本论》第一卷第十章讨论“相对剩余价值”中，几乎一带而过，未详加探讨。在第三卷和《经济学手稿（1861—1863）》中又做了好些不同的解说而未加统一。总之是未加特别重视，这一点令我十分惊异。因为马克思一向极端重视科技和生产工具，认为科技—生产工具—生产力是推动社会进步和经济发展的根本动力和基础，却没有在《资本论》著作中充分地和详尽地论证，而完全被掩蔽在对资本主义生产关系的仔细分解中消失不见了。我以为，这可能是《资本论》以及整个马克思理论的悲剧所在。

所以，从《批判哲学的批判》[①] 开始，我一再强调以“使用—制造工具的活动”来界定“实践”概念，认为这才是坚持和发展马克思唯物史观的哲学核心。我以为，应该是制造和使用工具的具体劳动或操作，而不是“抽象劳动”或抽象的“人类劳动力的支出”生产价值（包括使用价值和交换价值）。不能脱离这个使用—制造工具的生产劳动的整体活动和结构，单独以抽象的“劳动力的支出”作为价值的源泉来推演论证。因为生产力各要素的结构本身的发生、维持和发展，与劳动力、价值和剩余价值是难以分割的。“劳动力的支出”在不同的生产结构、不同的硬件（机器）软件（管理关系）中很不一样。而这便涉及科技人员、资本家和人们的“自由时间”与“劳动力的支出”的关系，以及前者能否和如何转换为后者、还原为同一的“社会必要劳动时间”的问题。其中包括复杂劳动能否和如何转换为“同一的”简单劳动，以及“生产劳动要素”和“非生产劳动要素”的区分等复杂问题。今天社会生产力表明，不只是工人阶级体脑支出的时间，还包括科技人员、管理人员以及资本家体脑支出的时间也成为创造价值的重要因素。伯恩斯坦近百年前曾说，以价值作为基础并不错误，“但任何把价值理论的一个个别因素直截了当地当作决定性因素的价值论，倒必然会导致错误的结论”。[②] 我以为这个“价值理论的一个个别因素”，便是脱离开使用价值、脱离开以使用—制造工具为首要因素的劳动结构体被抽象出来的“抽象劳动”。用简单通俗的话说，这即是在整个资本主义生产中抽取出工人被剥削这一事实来作为决定性因素，以工人的体脑“劳动力支出”这一个个别因素作为“决定性因素”，以“劳动二重性”“抽象劳动”“社会必要劳动时间”等思辨概念

① 参见李泽厚：《批判哲学的批判——康德述评》（文中简称《批判》），人民出版社 1979 年版。

② ［德］伯恩斯坦著，史集译：《一个社会主义者的发展过程》（文中简称《自传》），生活 · 读书 · 新知三联书店 1962 年版（下同），第 42 页。

作为出发点和逻辑杠杆所导致的价值理论，即使不能说是完全错误的（因为其中强调工人被剥削这一非常正确的基本事实），却可以说是片面的（因为它不足以解释资本主义的发生发展）。马克思说，“包含在商品中的劳动的这种二重性，是首先由我批判地指出的。……这在政治经济学的理解上是一个枢纽点。”[①] 正是这一“枢纽点”，我以为，马克思有哲学上的理性主义失误。因此，与此紧相联结，正是在这一章最后一节“商品拜物教”（这一标题便意味着对资本主义商品生产长久存在的质疑和否定）中，马克思谈论了物质生产过程放在“自由人”的“有意识的计划管理之下”，以及“劳动时间之社会的计划的分配”，“劳动时间同时又当作一种尺度来计量生产者个人在总劳动中参加的部分，从而也计量各个人在共同生产物中可以消费的部分”，[②] 等等。这里便可以逻辑地引申出共产主义、社会主义与商品—市场经济不相容，从而限制以至废除商品—市场经济，实行产品—计划经济，而为后来苏联、中国及其他各国特别是柬埔寨彻底废弃商品、市场、货币（也就是卢森堡所理想的完全废除了经济和经济学本身，见卢著《政治经济学评论》）的广泛失败实践所证伪。事实上，“按劳分配”只是市场价值规律下劳动仍然作为商品的一种虚假形态罢了，“社会主义”在经济分配领域主要是由政府的计划调节、行政控制和福利政策来实现的。在这里，是政治干预了经济，如同罗尔斯扶助弱势群体的第二律一样，它既非先验原理，也非经济规律，而是社会正义观念通过政治对经济的干预。在这里没有什么经济决定论。当然，这又仍然与生产发展到一定阶段劳动阶级的自觉斗争有关系。

至于马克思所言由于无政府主义的生产，资本主义经济危机不可避免从而导致迅速崩溃，以及马克思晚年认为在落后国家（如俄国）有可能“跨越卡夫丁峡谷”即避免资本主义直接进入社会主义等观念，也由历史证明并不完全正确。但讲这些问题的论著已有许多，我不再说。我所重视的只是马克

① 郭大力、王亚南译：《资本论》第一章，人民出版社 1963 年版，第 12 页。

② 同上书，第 46—60 页。

思《资本论》在哲学上的问题，即：第一，一些基础概念和逻辑推演缺乏经验的可证实性、可操作性亦即可经验性；第二，忽视了科技创造的地位和作用。这两点又是紧相联系着的，原因则是抽象辩证思维的失误。我当年（20 世纪 70 年代）要由马克思回到康德，其具体内容之一，便是准备提出这一问题。

问：那么，您如何看劳动价值论？

答：劳动价值论是马克思以前就有了的，但马克思的剩余价值论把它充分展开、发展和具体化了。从哲学看，劳动价值论和剩余价值论是深刻的，因为价值（我以为并不只是商品价值而是人类所有价值）确乎主要（不是唯一）是由劳动所创造，是人类基本实践的产物，而不是来自上帝、理性、供求关系、语言交往、人际利害等。与此同时，它还有一种人类学的政治理想的含义，即既然劳动创造价值，从而广大劳动者就有权利取回所应有的酬报，这为占人口绝大多数的各种劳动者经济和政治上的解放提供了根本性的依据。但这个劳动价值论，特别是马克思由此而发展从上述哲学逻辑直接解说经济则基本上属于概念的抽象推演，其中一些概念、语词、语句含混多义，并不足以经验地、合理地解说资本生产的许多问题，其结论如由社会来“按劳分配”（即“各尽所能，各取所值”）和“按需分配”（“各尽所能，各取所需”）等便成了某种如康德所讲的“先验幻相”。

问：先验幻相？

答：“先验幻相”指的是，由于没有经验的支持，抽象思维所产生的是“只可思之，不可知之”的对象概念。如康德所讲，它是先验理性所自己生发造成的理念幻相：“由知性观念而形成超越经验可能性的概念便是理念。”（《纯粹理性批判》）“先验幻相引导我们越出范畴的经验使用，而以纯知性的扩展蒙蔽我们。”（同上）康德曾举出“宇宙（总体）”“上帝（存在）”“自由（意志）”“（灵魂）不朽”。这些理性理念和幻相一方面具有整合、范导思想，使思想获得最大限度的统一的积极功能；另一方面由于缺乏经验的支持，便成为只可思考不能认识即不可能证实其真实存在的理念幻相。我以为马克思的上述“枢纽点”及其概念，相当类似或接近这种思辨抽象所产生的“先验幻相”或先验理念。它以高屋建瓴的思辨方式，揭示资本家掠夺工人劳动产生大量财富的根本来源，揭示资本主义的“自由、平等、博爱”的虚假性质，提出彻底改变这一状况的共产主义远大理想。它在范导、指引人们的思维从而行动是有价值有意义的。但这只是一种哲学上的意义。落实到实证的经济科学，由于缺乏足够的准确的中介环节，以“抽象劳动”“社会必要劳动时间”推论出“按劳分配”和“按需分配”，由此直接构建未来社会，便产生了先验幻相。“建立这样一种制度，使社会的每一成员不仅有可能参加社会财富的生产，而且有可能参加社会财富的分配和管理，并通过有计划地经营全部生产，足以保证每个人的一切合理的需要在越来越大的程度上得到满足。”① 这理想在未有足够经验支撑下便成了先验幻相。将它直接操作、运用在当下经验中，例如以前我们人民公社所采取的工分制，就因为没有考虑、计算其他方面的复杂经验因素，貌似公正、平等，造成的却是生产力的停滞和倒退；经济收入大体平等了，人民生活水平和质量却停滞或下降了。马克思的经济学之所以未能在经济学领域内真正发展，劳动价值理论之所以后来为各种具体价格理论所替代，我以为，重要原因就在于劳动价值论虽具有历史哲学和伦理学的重要意义，却缺少经验可操作性、可计算性、可理解性，亦即“经验的可能性”或可经验性。它作为政治经济学的基础理论是片面和错误的，如前人所早指出，劳动量相当并非商品交换的唯一准则。所以，我强调不能脱离历史具体的使用—制造工具的实践劳动来谈劳动和“劳动力的支出”。只有这样才能真正承续马克思的劳动价值论的历史哲学，即广大人民体脑结合的劳动创造价值（包括使用价值和交换价值），同时也创造和发展劳动者自身。这是整个社会生存延续和发展的基础。尽管历经各种异化，包括科技发展所造成的严重异化，但终将为使用制造工具（亦即科技生产力）的极大发展而逐步克服。所以我今天在揭示出抽象劳动→社会必

① 《马克思恩格斯选集》第 3 卷，第 336 页。

要劳动时间→按劳分配→按需分配的逻辑产生的先验幻相之后，又仍然保存了这些先验幻相的积极方面，即劳动创造价值、劳动者必要也必然从资本主义的制度下解放出来的人类远景的指向。这正是人类学历史本体论哲学，它是经由和吸取马克思而向前行进。但是，要强调的是，它只能是一种哲学视角，如落实到经济学，则仍然需要在现实经验基础上做专业化的实证探讨，来具体地研究如何可能在科技生产力极大发展的根本基础上来改良和变革资本主义。也就是说，这个哲学视角仍然需要有经验依据的中介环节，才能落实到经济学中。包括“价值规律”“资本剥削”等都是非常复杂的问题，远非几句哲学话语所能打发。

问：既是“幻相”，还有积极意义？

答：“幻相”一词也许情感因素过重，其实只是指缺乏经验性（即缺乏足够经验依据）的理念、理想而已。正如康德所举出的宇宙、上帝、灵魂甚至自由一样。它们仍然有范导即指引人们思维，使思维具有最大的统一性（这点为康德所强调），从而影响人们行动的功能。马克思突出劳动产生价值，提出共产主义分配公平的理想，并强调这理想必须建立在生产方式的变更之上，它将由生产力高度发展而导致，这在改变世界的哲学意义上，是有这种积极功能的。中国古代不也有“货恶其弃于地也，不必藏于己；力恶其不出于身也，不必为己”的“大同”理想么？这些“幻相”或理想，虽然经验并未证实它，但也并未否证它，所证伪的是将这些概念无中介地直接运用于当下经验之中。所以，这些理念和幻相仍然是可以和值得人们去期望、争辩和相信其未来会实现的，正如某些科幻小说中的理想（幻相）一样。幻作真时真亦幻，真如幻时幻亦真。

问：连“按劳分配”都成了“先验幻相”，那社会主义不就没有了吗？真岂有此理！

答：其实，马克思当年只讲到共产主义，并未讲什么社会主义。相反，他是反对当时流行的社会主义而提出共产主义和成立“共产党”的。马、恩之后有各种各样的社会主义。缅甸不都有过“社会主义”吗？记得邓小平好像说过，到底什么是社会主义，没人搞得清。按马克思和马克思主义，社会主义只是资本主义向共产主义的过渡阶段，所谓社会主义的“按劳分配”只是一种向共产主义“按需分配”过渡的比较公平的分配理想，所以仍有“资产阶级法权”。但如前面所说，它并无经验的可操作性、可计算性、可证实性，在一些时候便成了骗人的幻相。人们早就怀疑，在人民公社劳动拿工分，就是按劳分配？那些很少参加劳动的书记、队长的工分是如何“按劳分配”地计算出来的？其他部门、领域也差不多。巴黎公社和俄国十月革命后领导人拿的倒是与工人基本相同的工资，新中国成立之初共产党干部是供给制，但所有这些都是在政治上实践平等观念，与经济学无关，而且都是特殊环境和条件下的短期产物，并不能持久。“按劳分配”与“计划经济”是不可分割的，如蒲鲁东所指出的，计划经济和取消市场会带来灾难，历史已证明了这一点。

问：那么，“社会主义”便不要了？

答：又不然。“社会主义”仍然可以作为一种在社会生产力高度发达的基础上所产生的比资本主义有更大的公正、平等、自由、民主，对弱势群体有更多的关注和照顾，有由国家或政府适当地调节各种收入等相当宽泛的社会理想和具体方法来理解，来提出、提倡和实行，这还是极有现实作用和长久意义的。而且从中国、苏联、古巴等社会主义国家所取得的许多成就，如贫困的平均化避免了巨大的贫民窟、公有制（国有化）避免了由资本集团直接主宰社会，以及相对平等的社会人际关系，普及教育与合作医疗（包括当年的“赤脚医生”）等，也不是可以一笔抹杀的。其实，在中国，也正是怀有共产主义理想和共同富裕理念的中央政府的集中权威和有效管理，包括过去的“群众路线”“两个（中央与地方）积极性”“全国一盘棋”“统筹兼顾”等经验和观念，特别是革命带来的平等观念，还包括“文化大革命”前容忍很小一部分市场经济（所谓“鸟笼经济”），而并不是苏联式完全统死的指令经济等因素，对近20年来既改变又承续过去，即开拓我所谓的“转换性的创造”（西体中用）中国式的现代化道路，起到了非常重要的作用。其中甚至包括过去计划经济中某些经验（包括正反两方面）也在今日宏观调控中起某种参考借鉴作用。我以为，在思想和理论上根本摆脱了非经验所能证实的幻相的束缚、扭曲和阻挠之后，可以一方面仍然承接过去社会主义中一些值得吸取和发展的具体经验和因素，从而另一方面更为自由地、健康地、中国式地在实践中去发展商品—市场经济。这样也就保存了幻相的理想性质，并用以范导、指引人们在商品—市场中去寻找正确的经验中介环节，去创造一条现实的、具体的和由成功经验所不断支撑的新路，亦即不断发展和完善“社会主义市场经济”（在《资本论》和马克思那里，这二者本是不相容的），而区别和优越于资本主义。可见，社会主义作为高度物质生产基础上比较公平的分配理想，仍然是可以存在、坚持和发展的。至于什么是这个“比较公平”，则只能在不同时空条件下由“度的哲学”来作出具体的研讨和确定。总之，社会主义不再建立在计划经济和按劳分配的理论之上，反而能更好地找到真正属于自己的界定。所以第二国际回归康德提出伦理社会主义，并非毫无道理。

问：不过，你这已是从哲学或哲学方法论上对马克思的经济理论进行了深入的解读。难道以前就没有人从这种角度批评马克思？

答：我在《浮生论学》[①] 中说过要回到伯恩斯坦。我好些提法都并非如有人所认为只是随便一说，如“西体中用”“儒学四期”等，这个也是。伯恩斯坦是与马、恩有直接接触，是对他们的思想学说有深入了解并最早发现这个缺失的人。他也是马、恩所认定的继承人。伯从工人阶级和工人运动的利益出发，要求对马克思作出理论“修正”。这里我愿引用几段伯恩斯坦。伯对恩格斯所说马克思把黑格尔“用头立地”的辩证法变为“用脚立地”的辩证法时评论道：

“但是辩证法的‘用脚站立’并不是简单的事情。不管事物在现实中是什么样子，一旦我们离开了可以凭经验确认的事实的土地并且超越这些事实

① 参见《浮生论学——李泽厚、陈明 2001 年对谈录》，华夏出版社 2002 年版。

而思考，我们就要陷入派生概念的世界，而如果我们遵循黑格尔所提出的那个样子的辩证法规律，那么我们就会不知不觉地进入“概念的自我发展”的圈套。黑格尔的矛盾逻辑的巨大科学危险就在于此”。①

伯并以此评述了马克思的经济学价值理论：

“根据马克思的学说，剩余价值是资本主义社会的经济的支点。但是要理解剩余价值，必须首先知道什么是价值。因此马克思对于资本主义社会的本性和发展过程的叙述，是从对价值的分析开始的。

据马克思说，在现代社会中，商品的价值在于花费在商品上的按时间衡量的社会必要劳动。但是在运用这一价值尺度时需要进行一系列的抽象和还原。首先必须展示出纯粹的交换价值，就是说要把个别商品的特殊的使用价值抽象掉。其次在形成一般的或抽象的人类劳动的概念时——必须把各个劳动种类的特性抽象掉（把高级的或复杂的劳动还原为简单的或抽象的劳动）。此后，为了得到作为劳动价值尺度的社会必要劳动时间，必须把个别工人在勤勉、能力和装备方面的差别抽象掉；此外，当问题涉及价值转化为市场价值或价格时，还必须把各个商品单位所需要的社会必要劳动时间抽象掉。

这样一来，只要所考察的是个别的商品或商品范畴，价值就失去了任何可衡量性，成了纯粹的思维的构想。但是在这种情况下“剩余价值”成了什么样子呢？根据马克思的演说中，剩余价值是商品的劳动价值同对于生产商品时工人消耗的劳动力的付款之间的差额。因此可以明白，当劳动价值还只能作为思维的公式或科学的假说而要求得到承认的时候，剩余价值更加不过成了单纯的公式，成了一个以假说为根据的公式”。②

这一评述虽然简单、粗略甚至疏漏，但其基本观念即认为哲学方法论上有失误与我的看法大体相似。总之，由于“抽象劳动”和“社会必要劳动时

① ［德］爱德华·伯恩斯坦著，殷叙彝译：《社会主义的前提和社会民主党的任务》，人民出版社1965年版（下同），第68—69页。

② 《社会主义的前提和社会民主党的任务》，第88—89页。

间”在现实中很难甚至无法计算，无经验操作性之可言，因而从社会整体而言的社会主义“按劳分配”便很难真正成立。将价值（交换价值）与使用价值截然割开，将剩余价值率与工人的被剥削率经常混在一起讲，等等，都具有片面性。其理论起因我以为都在此哲学方法。伯恩斯坦提到了这些，但他没有从劳动二重性和抽象劳动这“枢纽点”和源头上在哲学角度上讲透彻。他没指出“抽象劳动”这个概念作为缺乏经验支撑的纯思辨产物，是难以成立的，以之为基础的“辩证”大厦只能是先验幻相的乌托邦。他毕竟是近一个世纪前的人。他没有经历和享有20世纪那么丰富的痛苦经验。我非常欣赏他那么早便看出了问题，并为人们所凶狠批判、攻击和唾骂了一百多年。这一点很值得学习。路遥知马力，真理总不那么容易被人接受。

问：为什么会有此方法论的哲学失误？

答：黑格尔主义的恶果。黑格尔把康德揭示幻相的辩证法变而为理念推论的辩证法，把逻辑（思维）和历史（现实）合为一体，混为一谈。我之所以在20世纪70年代强调要康德不要黑格尔，就包含了这个内容。黑格尔具有伟大的历史感，这是他的辩证法的活的灵魂，为马克思所继承和发扬光大。但这个辩证法和历史感如果脱开具体经验来抽象地运用，便会造成如康德讲的先验幻相。康德特别强调思维结合经验的极端重要性。只有数学和物理学的某些领域可以除外。但物理学最终仍需经验（实验）验证。数学则恰好相反，必须脱离经验来思考，这我在《批判哲学的批判》《实用理性与乐感文化》[①] 中已经强调讲过了。马克思受黑格尔影响太深，如伯所说，马克思虽然把黑格尔的辩证法头脚颠倒，即不是从绝对理念而是从物质生活出发，但《资本论》第一章却脱离物质生活的具体经验即各种具体的劳动结构，从“不问其表现形式”的思辨抽象的“同一的劳动力支出”等辩证概念为基础来运作，这仍然有如黑格尔绝对理念的辩证运用一样，便产生了先验幻相。今天现代化生产所必需的科层组织和对工人劳

① 参见李泽厚:《实用理性与乐感文化》，生活·读书·新知三联书店2005年版。

动的关系已极端复杂，早已无法纳入或接轨于这些抽象概念和辩证思辨之中。

材料表明，马克思正式写作《资本论》前正欢天喜地沉浸在重新阅读黑格尔逻辑学之中。但也不难理解，当年青年知识分子对现实社会的一腔愤怒和正义观念、革命情感，黑格尔的辩证法有如列宁所说，成了他们的“革命的代数学”。马克思以几个基本辩证观念为基础，整理编排了大量经验资料，推论出了这个资本主义必然迅速崩溃的“代数学”，引导了整整百年革命实践的理论需要。

问：你说这与马克思的革命信念有关？

答：马克思基本观念和他的革命激情是有关联的。本来，任何社会和现实总有黑暗、悲惨的方面、状况和问题，总会产生要求反抗和彻底变革的思想、情绪，而当前者日益发展和壮大，后者从而也相应发展和壮大时，便会在人群中特别是青年人中产生通过暴力革命来实现改变的倾向和想法。暴力和革命被知识分子编入理论中就常常可以成为信仰，有了信仰也更容易去组织暴力。有如列宁所说，“没有革命的理论便没有革命的运动。”当年卢梭、后来马克思都充当了这种组织暴力革命的理论先驱。这些革命理论家以及追随者对其政治信念有一种宗教性的忠诚和热情。罗伯斯庇尔、马克思、列宁、毛泽东以及广大的革命者、追随者都如此。但事实上，这种革命热情和政治信念对理论研究却常常帮了倒忙。伯恩斯坦曾说马克思不是让事先做好的“脚手架”（辩证法）来适应“建筑物”（现实），而是让后者向前者（脚手架）屈从。但马克思如同黑格尔一样，并不认为辩证法只是“脚手架”（工具性），而认为它乃历史和现实本身的“必然”客观规律（实体性）。也正因为这是客观“必然规律”，使马克思及其广大的追随者们的道德信念和革命激情燃烧得更为强烈。他们认为有客观规律性的实体存在支撑，从而“必然”会取得胜利，正如宗教徒深信有上帝的实体支撑而非常执著、坚决或狂热一样。这也正是先验幻相的特征之一。它能整合思维，引导甚至鼓舞行动。

问：但是你不是说过马克思的基本理论与其革命理论并没有逻辑上的联系，甚至还有矛盾的吗？

答：上面已经回答了这个问题。因为我说的这个基本理论，是指上述唯物史观的核心，即使用—制造工具（科技和生产力）的社会实践。它与阶级斗争、无产阶级革命本无逻辑联系，由前者推导不出后者。即便就唯物史观的整体理论说，无产阶级革命也必须发生在资本主义充分发展之后才有可能，人们不能拔苗助长，人为制造革命。有如马克思自己所说，“无论哪一个社会形态，在它所能容纳的全部生产力发挥出来以前，是绝不会灭亡的。”[①] 就世界范围说，马克思当年是资本主义开始发展的时代，根本不是成熟期，更不是“全部生产力发挥出来”的时期。即便当年最发达的资本主义的西欧国家（英、法、德），“无产阶级社会主义革命”也根本没有成熟，完全是年轻人的革命激情才使马克思写出了“全世界无产者联合起来”进行国际革命的《共产党宣言》（1848）。“全世界无产阶级联合起来”在当时是一种虚幻，因为全世界大多数地区和人口当时还根本没有产生无产阶级。所以晚年恩格斯说：“历史表明我们也曾经错了，暴露出我们当时的看法只是一个幻想。”“当时欧洲大陆经济发展的状况还远没有成熟到可以铲除资本主义生产的程度；历史用经济革命证明了这一点，从1848年起经济革命席卷了整个欧洲大陆，在法国、奥地利、匈牙利、波兰以及最近在俄国刚刚真正确立了大工业，而德国简直就成了头等的工业国——这一切都是以资本主义为基础的，可见这个基础在1848年还具有很大的扩展能力。”“在1848年要以一次简单的突然袭击来实现社会改造，是多么不可能的事情”[②]。列宁也说：“是的，马克思和恩格斯在估计革命时机很快到来这一点上，在希望革命（例如1848年德国革命）获得胜利这一点上，有很多错误，常常犯错误。他们在1871年也犯了错误——他们当时一心一意想‘把法国南部发动起

① 《马克思恩格斯选集》第2卷，第33页。

② 《马克思恩格斯选集》第4卷，人民出版社1995年版，第512—513页。

来，……’”[①] 连毛泽东也说马克思太性急了。但列宁和毛泽东更性急。革命家们都是等不及的，“一万年太久，只争朝夕”。于是革命，再革命，把革命作为实现理想改变社会唯一快捷有效的圣道。实际上，早在80年前，伯恩斯坦描述最典型最古老的资本主义国家时便说过：“……数十年中，经济进步和社会发展，……英国工人的贫困并没有增加，反而减少了，资本和劳动的阶级斗争并没有加剧，反而变得不那么尖锐了。英国面临一个社会和平的时代，这一点同大企业的增加和发展并不矛盾，而恰恰是它的后果。因为大企业创造了改善的物质前提和精神前提。”[②] 伯以大量现实材料证明有产者在增加，无产者在减少，结论便自然是资本主义日益巩固，而不可能是无产阶级革命的必然胜利。但是，伯恩斯坦仍然自认是工人阶级利益和工人运动的代表，他便只好认为共产主义的胜利并非内在“经济的必然性”，而是一种伦理理念的实现。他由唯物史观的“经济决定论”走向主观心理决定论，我以为，这又是片面和错误的。共产主义仍然是对科技—生产力极高度发展后政治经济必然走向的一种社会理想。

问：那么不要理想和激情了？看来革命家与理论家似乎可以分工，以前总是强调两者的统一。

答：当然仍需要理想和热情，但要注意它们与冷静的认识判断和推理即科学研究的关系。热情和理想是动力，但它不应直接干预或支配对事物的观察、判断和科学研究，尽管这很不容易。因之这里便要注意“度”。其中还包括思维方法，不应放纵或轻信抽象的论理和思辨，一定要和现实经验密切结合起来。例如自然科学必须经过反复实验，社会科学要重视调查、统计。人文学科自由度大一些，“诗”的成分也就是热情和理想的成分多一些，所以人文学科（文、史、哲）不是科学。一些学科可以允许某种对“总体”的先验幻相，但这幻相只能范导、指引思维而不能构造认识、获取真理。（关于先验

① 《列宁选集》第15卷，人民出版社1988年版，第215页。

② 《一个社会主义者的发展过程》，第24页。

幻相与科学假说、伦理理想、宗教观念的关系等，需另外详谈，此处从略。）至于革命家和理论家，当然也很不同。革命家是社会变革的直接实践者、指导者，他（她）们所需要的支配行动、影响群众的热情便不同于理论家的热情，而且二者在思维和判断上也颇有不同。从而，理论家、思想家、哲学家与革命家、政治家、各种集团的领袖们仍应该明确职能、作用的巨大分工。理论可以多种多样、百家争鸣，革命家、政治家、领袖们却要求意志集中，行动统一。后者要估计当下的现实形势、利害关系来决定对策，进行行动，从而对理论可以进行选择或折中，但经常只容许一种。理论家们却可以不计当前利害而从较长远的宏观视角来把握、思索和争辩。当然理论家和革命家也还有各种不同的层次和种类，这里是一种“理想型”的划分。马克思说过去哲学只是解释世界，问题在于改变世界。这个哲学视角是深刻的。但改变世界的理论和引领实践这一改变却可以完全由不同的人来承担。如果是同一批人，二者的相互渗透和影响，很有可能使两个方面都发生误导。理论是需要长期讨论和反复争辩的，革命则即便激烈争辩也必须尽快确定方案，鼓动执行。由于经常把革命的暂时成就当成了理论的永远正确，这更导致巨大失误，特别是理论与革命在人格上和思想上合为一体的时候。

问：难道这一问题一直未被察觉？

答：在某种意义上，考茨基关于社会革命是“决定论”而政治革命是“意志论”的观点，把这个问题呈现出来了，但考并没有自觉意识到这一点。他是看到由理论家（马克思）所研究出的资本主义必然崩溃的社会革命是客观的决定论，而人们所要求发动的推翻资本主义政府的政治革命（如列宁）是主观的意志论。他虽然没深入认识到正是由于有下层群众性基础的社会革命所引发的政治革命必然导致革命的独裁，但是他看到了“无产阶级专政”只是一种“政治状态”而不能是“政治形式”。因为作为阶级，无产阶级没法进行政治治理，从而作为政治治理的形式便必然会是革命专政或个人专政，而并非无产阶级专政。所有这些也都表现出理论与实践（革命）之间的巨大差异。二者的同一，一方面可以出现急性病，另一方面也可能出现书呆子（即不能随环境变迁作出策略变迁）。考茨基在纳粹当政后仍然反对使用暴力，仍然强调民主、人道，便表现出了十足的书生气。第二国际的各领袖们在第一次世界大战中张皇失措，都要“保卫祖国”，与马、恩讲的“工人无祖国”“国际无产阶级联合起来”大相径庭，正好给列宁骂了个痛快，也是如此。考茨基当然认为资本主义不会自然崩溃，需要无产阶级及其政党的主动活动，所以他摇摆于决定论和意志论之间。在十月革命前，考承认政治革命具有偶然性，可以允许发生，但强调要保存资本主义制度已取得的民主。十月革命后，由于布尔什维克的革命实践，考坚决认为十月革命完全是徒然造成流血和将来必然失败的主观意志论的政治革命，违反了唯物史观。

问：看来考茨基倒是马克思的正统传人？

答：考茨基被列宁骂为叛徒，他当时是公认的最著名的马克思主义正统领袖，但由于列宁的成功便逐渐淡出了。他的《唯物史观》巨著，我 60 年代读过，但印象不佳，觉得哲学根底差，是以达尔文进化论为基础，并没有真正了解马克思，《批判》一书已提到了。比较起来，我更重视比考茨基更右的伯恩斯坦，上面已讲过了。但他当时遭到考茨基特别是普列汉诺夫等人极为凶狠猛烈的抨击，几乎是“全党（社会民主党的第二国际）共诛之”。第二国际历史中，伯是右派，考是中派，卢森堡、列宁是左派。中派势力最大，是当时的主流和正统。

问：为什么你更喜欢伯恩斯坦？

答：其实伯在理论上毫无深度，我并不特别喜欢他，只是比较起来我以为他更为踏实和更为理性，不随波逐流，不为革命情绪所左右。这个当时被称为“不快活的、怀疑的悲观主义”（Tussy Marx 给考茨基的信[①]）的伯恩斯坦在《自传》中说，他和考茨基很要好，但“我同实际运动联系比他多，而他在科学上（按：指理论上、学术上）的造诣达到了我完全不能与之相比

① 参见 Gary P. Steenson, Karl Kautsky, *Marxism in the Classical Ages*, Univ of Pittsburgh press, 1991，p.122。

的水平”[①]。伯的确没有提出什么够得上学术、理论的东西，但由于他同工人阶级的“实际运动联系多”，特别是他多年流亡英国对工人情况和运动的深入了解，使他从现实经验出发，第一个勇敢地提出了对马克思理论的“修正”。如他所说这“是根源事实对假说所做的订正”，伯恩斯坦说得很明确：“修正主义，这一理论词汇翻译成政治语言，即是改良主义。”（《1909年荷兰讲演》[②]）也就是说，他主张渐进改良，告别暴力革命。他主张逐步改革资本主义而不是一下子废除私有制、没收资本家的工厂。他说“一个好的工厂法可以比几百个企业和工厂的国有化包含更多的社会主义”。[③]他以为，资产阶级经济制度的发展寿命比马克思所预想的要长得多，资本主义社会形态比马克思所预想的有更大的扩展空间和改善能力，资本主义会创造出新的组织形式。他指出并没像马克思期待的那样，社会结构因两大阶级分化而变得更简单，成为两军对垒。相反，“社会变得更加多样化了；阶级的分层更为扩大了”。他一再引述经济发展的大量资料，强调马克思所说的由于生产过剩，经济危机不可避免从而资本主义生产必然崩溃；工人因绝对贫困，革命必将在短期内来临等已完全不符合实际，应予放弃和“修正”。他主张无产阶级的革命政党应该成为“一个民主主义—社会主义的改良政党”[④]，与资产阶级既对抗、斗争又协调、合作，而不只是造反和革命。他说《共产党宣言》和《资本论》都具有空想性，实际上，资本主义愈发展愈富裕，采取社会福利和社会主义也就愈有可能，而且会愈稳妥。其中，特别有两点与我的看法非常近似：一是前面已说过的，他认为马克思理论失误在于黑格尔辩证法；二是他认为，当时第二国际好些领导人只是从革命热情而不是从实际经验出发。他说过一句激怒了好些人、被痛恨痛骂的话：“只我一个人冷静。”[⑤]也就是我上面所说的他

---

① 《一个社会主义者的发展过程》，第18页。

② 参见伯恩斯坦著，史集译：《社会民主党内的修正主义》，生活 · 读书 · 新知三联书店1963年版，第33页。

③ 伯恩斯坦著，史集译：《什么是社会主义》，生活 · 读书 · 新知三联书店1963年版，第122页。

④ 《一个社会主义者的发展过程》，第35页。

⑤ Gary P. Steenson,Karl Kautsky：*Marxism in the Classical Ages*, Univ of Pittsburgh press,1991, p.124.

认为当时的领袖们革命热情干扰了理论探讨和形势判断。

但是，我与伯恩斯坦也有很不相同的地方。其中一个很大的不同是，他仍然认为马克思的理论以及马克思主义是代表工人阶级的利益，从而是工人阶级政党（第二国际的社会民主党）的理论纲领；而我认为马克思的理论以及马克思主义只是一部分知识分子在当时工人运动的环境和气氛中，为整个人类历史的发展和理想所做的探索和追求，与工人阶级的利益并无直接和必然的关系。尽管伯恩斯坦被严厉批判了一百年的那句名言“运动就是一切，而目的是没有的”也可以看作他已感到作为工人运动的实践斗争与其共产主义的“最后目的”是并不相干的，但他并没有明确意识或表达这一点。相反，他仍然坚持他自己所维护的马克思主义是代表工人阶级的利益。在我看来，马克思和马克思主义所应代表的是全人类的利益和理想，而并不专属于某个阶级。其实，列宁便说过，“根据马克思主义的基本思想，社会发展的利益高于无产阶级的利益。”①

问：你如此盛赞伯恩斯坦，看来你的观点以及你们的“告别革命”都是来自他了？

答：不然。我和他只是不约而同。但我晚了60多年。我是在自己观点已初步形成时才读到他的书，当时极感震惊，留下了深刻印象而不敢说。同时我也觉得，自己的哲学思路比他要深入彻底。至于“告别革命”，倒可以说直接来自恩格斯。这里要再次（已经说过许多次了）说明的是，我所说的“告别革命”，是指告别以大规模群众性暴力流血来推翻原有政权的激烈行动，而非泛指任何巨大的变革。《告别革命》② 一书开宗明义便是如此强调和明确界定的。许多人连这一基本概念都没看清楚，便大肆批判起来。而且告别革命也不是说，以前的所有革命都错了，这一点书里也反复说过。

① 《列宁全集》第4卷，人民出版社1984年版，第192页。

② 李泽厚、刘再复：《告别革命：二十世纪中国对谈录》，香港天地图书有限公司1996年版。

问：为何说来自恩格斯？

答：我第一次读《法兰西阶级斗争》序（大概是1951年）便注意到了这点。恩格斯晚年看到当时军事技术装备的发展，深知革命（当时是大城市［如巴黎］工人起义的街头巷战）如无正式军队参与，已不可能成功。而当时工人可以参加投票的议会选举却成绩很大，极有可为。恩格斯曾多次表述过放弃革命、转向改良的看法。例如在1874年的《英国的选举》中，他认为虽然仍由资产阶级全面控制，工人作用甚微，但他说：暴力革命在许多年内是不可能了……因此只剩下一条开展合法运动的道路。在1886年为《资本论》写的序言中，恩格斯说马克思也得出“结论”，“只有英国这个国家，不可避免的社会革命能完全由和平的手段来实行”，其他国家则不可能。但这里便显出，马、恩并不认为“革命”是绝对不可改变的教条和圣物，是一条各国必经之路。既然英国当年可以，其他国家以后也未必不行。伯恩斯坦正是根据欧陆资本主义和工人运动的状况，认为欧洲各国“民主制度的发展会使阶级斗争趋于缓和”“为阶级斗争创造了更为缓和的解决方式，在一百年前需要进行流血革命才能实现的改革，我们今天只要通过投票、示威游行和类似的威逼手段就可以实现”(《1898年10月20日伯恩斯坦声明》)。可见，伯恩斯坦倒是非常忠实于马、恩，他把马、恩对英国的看法推广到欧洲大陆。百年来的历史证明，伯恩斯坦和他所依据的马、恩晚年观点是正确的。所以，我们的“告别革命”也可以说是有“经典作家”（马、恩）依据的，前面引用的恩格斯在《法兰西阶级斗争》1895年序中已明确承认了马克思和他所犯的革命错误，这就不只是仅指英国而言了。这篇被伯恩斯坦称之为恩格斯“政治遗嘱”（写于恩格斯临终前）的极为重要的文章，在苏联和中国都长期被掩盖下来，以前的马恩选集不收这篇文章，人们对这一点所知甚少。伯恩斯坦不过是直接承续恩格斯晚年这一观点加以发挥罢了。

问：如果按照伯恩斯坦的看法发展，马克思主义的理论和实践又会是怎样？

答：实践上也就是今天西欧社会民主党的路线，理论上则很难说。上面已说，伯恩斯坦仍然坚守马、恩说法，认为他们的理论代表工人阶级的利益。但实际上工人阶级利益的代表是工联主义：要求提高工资，减少工时，保证工作，享有福利，既未要求用革命去推翻政府，也没有建立一个共产主义的社会理想。后者只是当时和后世一部分先进知识分子对人类社会的远景设想。考茨基虽已提出马克思主义并非工人阶级自身所能产生，它是从外面“灌输”到工人阶级意识中去的，列宁重申这一点为人所熟知，但他们仍然认为马克思主义代表着工人阶级现实的和长远的利益，而我则认为工人阶级的现实利益与人类的长远利益有时并不一致，更非同一。因此才有本文一开头所举的资本家和政府主张加入 WTO，而工人大规模集会游行反对的事例。当然，资产阶级是作恶多端的剥削阶级，资本主义是具有极为严重的丑恶和缺陷的社会；人们需要随生产力的发展而不断努力去改良它、改变它，包括改变具体的生产关系、所有制和财产分配制度等。我们应追求以不断改革方式来逐步实现一个比较公正的社会。这种改革也充满着激烈斗争，却并不是由工人阶级夺取政权、改变所有制的暴力革命和由工人阶级领导社会发展便能“彻底解决”的。历史已证明了这一点。

问：那么社会民主党呢？

答：今天社会民主党相当明确代表工人阶级的利益，早已从党纲上去掉了马克思主义，表明与马克思的理论和马克思主义脱离了关系，如德国社民党 1959 年的《德尔堡纲领》。

问：但把马克思主义与工人阶级及其利益脱离，岂不是釜底抽薪，使马克思主义失去了现实力量和降低了它的伦理价值和时代意义？

答：恰恰相反。这使马克思主义摆脱了特定阶级的局限而更为自由、宽广，它可以成为整个人类生存及其利益的理想。它虽不再只是工人（如欧洲）、农民（如中国）的代表，却又包括了它们。因为工农阶级至少就目前说，毕竟是占人口多数的劳动群众，他们即使不是人类的先锋也是人类的主体。马克思主义作为资本主义社会中一部分知识分子对人类整体的远景理想，自然将工农劳动阶级及其利益放在非常基础的位置上。它指望社会科技生产力的发展，将给以劳动者为主体的全人类带来生活的改变和美好的未来，而并不局限在工人阶级特定时空的利益之中。

问：全球化与马克思的关系何在？

答：有如马克思当年所说，“共产主义只有……以生产力的普遍发展和与此有关的世界交往的普遍发展为前提”“共产主义……不是应当确立的状况，不是现实应当与之相适应的理想”……是“运动”……“以世界市场的存在为前提”“狭隘地域性的个人为世界历史性的、真正普遍的个人所代替”“每一个单个人的解放的程度是与历史完全转变为世界历史的程度一致的”[①]，这正是今天而不是当年的情景。马克思的预言是天才的。而这个天才预言却正是以我所坚持的唯物史观为核心，即它是以创造—使用工具的科技发展为根本基础的。这种普遍性的个人即世界公民只有在经济全球一体化之时才可能开始，今天只处在非常非常弱小的萌芽状态上。使个人从狭隘的地域性的国家、民族、宗教、文化等各种“集体”的束缚中解放出来，自由迁徙、自由工作、自由活动、自由信仰和自由享受生活，将需要一段漫长的时间，至少是一两个世纪的事。

问：你是否贬低了工人阶级的作用和斗争？

答：恰恰相反。历史和现实都证实工人阶级为争取增加工资、减少工时和社会福利的斗争，是一种脚踏实地而非常艰苦、长期却不断取得成功的伟大的改良运动。改良也包括各种非流血暴力非武装革命的阶级斗争。因之，如果工人阶级并不要求暴力革命，却硬要从外面灌输和强加给他（她）们，把一部分知识分子对人类远景所产生的幻相，作为所谓工人阶级和人民群众的利益来要求工人去立刻履行和实践，才是真正抹杀了工人阶级本身的力量。马、恩、列、斯把工联主义、工会领袖说成“叛徒”“工人贵族”“资产阶级收买的代理人”是没有道理的。当然，也不能夸大工会和工人阶级的作用，好像只有它才是推动历史的动力。如前所述，工人和工会直接反对技术进步是常见的事情。

---

① 《马克思恩格斯选集》第1卷，第86、89页。

问：有人说马克思方法论的问题在于整体主义（holism），即以人类整体为出发点而不是方法论的个人主义（methodogical individualism）？

答：我不同意。马克思的唯物史观和我的“人类学历史本体论”的确都是从人类总体（过去、现在、未来）的角度着眼，的确不是自由主义的个人主义方法论，不是从所谓独立、自由、平等的原子个人出发。前者是一种历史的观点，后者是非历史的虚拟的设定，因为从来没有也不可能存在这种个人。这种设定在方法论上有使用上的简便清晰的优点，像自然科学中某些概念设定一样，但很容易被误认为是实质的现实存在，而得出谬误推论。如果明确这一点，历史本体论不排除在一定条件和情况下，如在今日中国，接受自由主义这种方法论的个人主义的设定。这一点，我以前已经讲过了。

问：那么马克思和你的哲学究竟有何异同呢？

答：我的哲学是“人类学历史本体论”。有时我玩笑把它叫作“吃饭哲学”，说它是唯物史观的一种通俗说法。其实它与唯物史观仍有好些重要差异。

第一，“吃饭哲学”突出的是“人活着”这一基本事实和哲学主题，唯物史观则将这一主题完全纳入生产力—生产方式的哲学—社会学原理中，以至这个实在、具体的“人活着”看不见了。在人“如何活”必须使用—制造工具，“人活”在一定生产力—生产方式中，这两者是完全一致的。但“吃饭哲学”的“人活着”由于强调实实在在的每个人那不可替代的“活着”，从而更为重视感性现实的个体存在和个体的全面展开和实现。唯物史观虽不否认这一点，但一定程度上被上述社会学的表述所遮蔽了。

第二，“吃饭哲学”强调“吃饭”是为了“活”，但“活”不是为了“吃饭”，亦即“如何活”并不能解决“为什么活”（伦理学）和“活得怎样”（幸福问题即美学、宗教问题）。唯物史观把它们都放置在“如何活”中，认为它们是一定经济基础的上层建筑和意识形态，“吃饭哲学”则强调它们独立的价值和意义。“吃饭哲学”有唯物史观所忽视和缺少的伦理学和心理学的哲学理论，从而不能等同于唯物史观。

要强调的是，“吃饭哲学”始终只是一种通俗说法，为的是故意采取这种“粗鄙”“庸俗”的用词，使语言在使用中具有刺激功能，以针对轻视和鄙视物质生存、日常生活，侈谈道德理性、精神生命、灵魂拯救之类的各派理论学说。其本名仍应是“人类学历史本体论”。刺激功能一经完成，“吃饭哲学”之名也就不必再用。

总之，作为哲学，“人类学历史本体论”并不等同于唯物史观，而是将唯物史观吸收融入，作为它的基础。另外需要说明的是关于辩证法。《批判》一书在当时写作情境和认识水平下，至少在表述上是以肯定的态度来讲从黑格尔到马克思的实体辩证法，即基本认同了辩证法是客观世界或事物所具有的普遍规律，直到《实用理性与乐感文化》一书中，才明确否定任何客观实体辩证法，强调辩证法只是人们在“存在层”的认知方法，并与“操作层”认知方法的逻辑—数学相区分。正如《告别革命》一书前后对革命的评价有所不同一样，在某种意义上，这也都是更清晰更公开地向康德回转。当然这只是我所解释的康德，如同我所解释的马克思一样，也许与别人包括学院派的解释有差异，包括上述先验幻相等。我的解释是为人类学历史本体论服务的。

人类学历史本体论与唯物史观的差异固然可以说后现代（超理性主义）与现代（理性主义）的差异，同时还有其传统背景的重要差异。马克思的背景是希伯来和希腊传统，特别是黑格尔哲学。恩格斯加上了一些现代科学的实证色彩。考茨基和普列汉诺夫，如我在《批判》一书所认为，一是达尔文主义，二是法国唯物主义，在哲学上没有贡献，反而把马克思的思想简单化、平面化甚至庸俗化了。黑格尔和马克思因为具有历史感觉和历史眼光，是很深刻的，但由于主观使用辩证法，造成了某些幻相。伯恩斯坦提出要回到康德，但他只讲了要恢复康德的批判精神，强调社会主义不是物质的经济，在哲学上没有提出任何重要观点或概念。他自己说，“我受了康德的影响”，但“并没有深入探索他的哲学”[①]。我的《批判》一书则一方面全

① 《一个社会主义者的发展过程》，第 41 页。

面回到康德，从认识论、伦理学、美学和目的论，通过康德全面伸延了马克思。另一方面，这一种伸延的强有力的背景却是实用理性和乐感文化的中国传统，这一点具有根本性。“人类学历史本体论”以中国传统为基地和背景，坚持在人本、历史、积极入世的基础上去反思过去、展望未来和把握现在，以此来融化康德和马克思。这就是我 10 年前所说的“儒学四期”。其中所说的自由主义就主要指康德，当然也包括罗尔斯等人。人类学历史本体论是包容了马克思主义、自由主义以及存在主义和后现代主义的。

问：那你与伯恩斯坦呢？

答：我已说了，伯恩斯坦没有哲学。他虽主张改良，告别革命，却没说出多少新观念。他毕生为工人阶级奋斗，但“工人阶级”这个概念已经愈来愈不清晰了。传统的庞大蓝领工人的主体在逐渐减少，而坐在电脑旁拥有着自己的不菲财产、高额薪金和股票的“工人”却日益增加，更不用说律师、医生、教师、教授，以及各种类型各个层次的经理、职员等了。同时，“社会主义”的概念也不清楚了，伯一方面坚持，“消灭一切阶级差别，并且由社会本身有计划地管理整个经济生活……这就是社会主义”，[①] 另一方面又把社会主义定义为“工人阶级的自我意识”“人们密切关系的整体感和团结”，以及“社会主义是现代资本主义社会中认识了自己的阶级地位和本阶级的任务的工人的社会根本和自然意向的总和”，[②] 等等。“社会主义”到底是客观社会状态还是工人主观意向呢？或是某种斗争运动的过程呢？显出了他理论上的无所适从。

问：其他的马克思主义者呢？

答：还是从当年著名的考茨基说起。考茨基是所谓“中派”，他在理论上仍然主张革命，认为改良不过是暂时手段，所以不同意伯恩斯坦，他不能够告别革命。但他又是决定论者，认为社会革命必须等社会经济条件成熟之

① 《什么是社会主义》，第 24 页。

② 同上。

后才可能发动，而何谓“成熟”，他又说不清道不明。考也看到工人阶级反剥削反压迫的斗争并不一定要以马克思主义理论为前提，它也可以以康德主义或基督教为思想基础，但又仍然坚持马克思主义与工人阶级的关系，这一点使他晚年对已经不革命的欧陆工人阶级表示完全失望，“我不再信任欧陆工人运动”，[①] 从而自己也非常失落。

问：那么如何评价列宁？

答：尽管伯恩斯坦和第二国际的诸多领袖说得对，列宁所做的是不顾及经济发展程度的“冒险事业”，包括左派卢森堡也看到十月革命后革命专政和个人独裁的严重问题；但历史有许多偶然，纯从列宁讲，他是忠诚的革命家，从人格到事迹都难以指责。在当时情况下，第一次的激进冒险，也算是一种理想的尝试选择，还是应该被允许的。我常想，如果列宁晚死十年二十年，情况会有很多不同。列宁有高度的现代学识修养并且始终随实际情况而改变策略和理论。例如列宁所实行的自称是“暂时退却”的“新经济政策”，如果他不死，便很可能延续下去，像邓小平一样，早就走出一条像现在中国走的而且可能走得更好的路。因为在政治上，列宁死前已觉察党开始官僚化，有蜕变危险。他在革命前提出“所有的人都真正参加国家管理”(《国家与革命》)，这个让普通工人士兵轮流管理国家的空想在十月革命后执行了几天便不行了，原所设想的巴黎公社的撤换原则和工资的普遍平等也未能实现。列宁在建立政治制度上彻底废弃议会、分权等，造成严重失误，苏维埃初期无政府状态而呈现的人人可以议政参政的自由、民主的空想并没能维持。总之，如果列宁在世，在这些先验幻相的空想经实践失败之后，也许仍有可能回到并不甚好但属最不坏的“资产阶级民主”的议会轨道上，而避免斯大林时代。总之，列宁在经济上可以放弃军事共产主义（产生在内战时期），搞“新经济政策”，从而也可能根据经验，放弃“计划经济”。那整个马克思主义和世界面貌也就会很不一样。当然，这只是好意的猜测

① Gary P. Steenson, Karl Kautsky：*Marxism in the Classical Ages*, Univ of Pittsburgh press, 1991, p.254.

而已。因为列宁如果这样做，就必须从根本理论上修正马克思的政治经济学，彻底更改废除商品生产、实行计划经济这一主要思路，也就是从哲学上揭示出抽象劳动→社会必要劳动→按劳分配（计划经济）的思辨谬误。各国革命家大概也只有列宁具有这种水平、学识和胆量，但是否真正可能，也很难说。而毛之所以一再讲其他人不懂马列，一再反对"资产阶级法权"，一再要在无产阶级专政条件下继续革命，以及欣赏柬埔寨的革命实践，是有他的道理的。因为小生产、商品、市场和价值规律必然导致不公正不平等的交换和资本主义剥削，会自发地不断地产生资本主义。其实，哈耶克也是这样认为的。只是哈认为它将永远存在，而马、列、毛认为它可以较快废除。长期红军内战中的平等观念和军事共产主义的实践，使毛对马列理论做了自己农民式民粹主义的理解而深信不疑，从而在"按劳分配"为基础的"资产阶级法权"在中国尚远未实现的时日，毛就要求限制它"破除"它，如本答问第一部分所说，他念念不忘想废除八级工资制（实际上就是想"按需分配"），支持大跃进中"吃饭不要钱"的公共食堂和所谓"跑步进入共产主义"。列宁说，"国家愈落后，它由资本主义过渡到社会主义就愈困难"；毛却批注说，"不是愈困难"，而是"愈容易""人越穷，越要革命"。这就完全不顾生产力的发展状况，不仅要一步跨进社会主义，而且还要一步跨入共产主义，完全不符合马列原意而必然导致历史的倒退了。邓小平由于从实际经验出发，并没去管这个根本理论，提出"不争论"，不讨论"姓社姓资"并"让一部分人先富起来"，反倒符合了历史的实际和人民的要求。所以，这里是从抽象思辨出发还是从实际经验出发，是选择先验理性还是实用理性，是依据经验合理性还是抽象辩证法的问题。在政治上，列和毛对社会主义的设想是人人参与管理，可说这是马克思经济设想（摆脱商品统治，自由人结合的有计划的管理）的扩展，但也是从抽象观念出发的推论，也不能与复杂的经验相吻合，同样具有简单化了的空想性而失败。但这空想却又具有伦理学的理想意义，这里就不详谈了。

重复一下，马克思说，“他从社会领得一张凭证，证明他提供了多少劳动（扣除他为公共基金而进行的劳动），他根据这张凭证从社会储存中领得一份耗费同等劳动量的消费资料。他以一种形式给予社会的劳动量，又以另一种形式领回来”，① 这即是上面讲的由“抽象劳动—社会必要劳动时间”引申出来的社会主义的“按劳分配”，它是一种先验幻相。把它直接强加到经验上，便成了上述人民公社工分制的灾难和泡沫。但另一方面，马克思说“财富尺度绝不再是劳动时间，而是可以自由支配的时间”“直接劳动本身不再是生产的基础”“个性的劳动也不再表现为劳动，而表现为活动本身的充分发展”② “劳动时间不再是而且必然不再是财产的尺度”③ ，等等，这是从哲学角度说的共产主义的远景理想，具有充分的思维合理性和道德正义性，仍然可以作为人们不断追求的目标。至于如何实现它，避免先验幻相的失败，便需要包括经济学在内的好些实证科学来具体研究各种中介的经验环节。所以，如前面说过的，“自由人的联合体”（《共产党宣言》）的理想、以平等为重要特征的共产主义彼岸（《资本论》第 3 卷）理想，与中国传统的《礼运》大同理想一样，仍然是可以期望在科技和经济不断高度发展的基础上去争取实现的。只是它不可能经由短期的阶级革命，将限制以至废除商品生产、实行计划经济、“破除资产阶级法权”强加在经验上一蹴而就，它将是一个非常漫长、艰难、复杂的历史过程，许多中介环节还有待研究和寻觅。它只能是远景理想，而不是设计蓝图。

问：那西方马克思主义呢？

答：这我已在别处说得很多，不想重复了。总体来说，西方马克思主义从卢卡契、葛兰西和法兰克福学派到今日批判理论，它们从政治、文化、日常生活各个方面深入揭露了资本主义，极大地开拓了马克思的异化理论、意识形态理论和文化霸权理论，作出了重要贡献。虽然这些批判丝毫动摇不了

---

① 《马克思恩格斯选集》第 3 卷，人民出版社 1995 年版，第 304 页。

② 《马克思恩格斯全集》第 46 卷上册，人民出版社 1979 年版（下同），第 287、218 页。

③ 《马克思恩格斯全集》第 46 卷下册，人民出版社 1980 年版，第 222、218 页。

资本主义，但唤醒了人们对资本主义的认识，充满了追求社会正义的伦理主义精神。在美国通过对黑人运动、女权运动的影响，也使社会有很多进步和改良。它们继承了马克思的伦理主义的一面，至今仍有价值和作用。其重要缺陷一直是，很少真正深入研讨资本主义经济，特别是在经济全球一体化的今天。与“武器的批判”相似，他们的“批判的武器”缺乏构建某种建设的哲学，即如何可能通过批判资本主义社会而在经济、政治和文化上去研究并逐渐建设出一个更好的社会。但即便如此，我也仍然以为，可以告别“武器的批判”，却不能告别“批判的武器”。批判资产阶级是马克思主义一大特征，这特征即使在建设的哲学中也仍需保存，因为这对“建设出一个更好的社会”非常重要。其实批判的精神是每个时代和社会都需要的，否则社会和时代会陷入停顿甚至倒退。我以前把时代精神说成是革命精神，是幼稚和简单化，但时代精神里的批判精神、批判意识却仍然是非常重要和永远需要的。

问：你如何看待今天的学院左派，如非常著名且流行的华伦斯坦的世界体系以及《白银资本》等论著？

答：说句不客气的话，非常看不起。尽管他们非常显赫，不可一世。他们那种缺乏足够资料支撑的高姿态的批判和解构，使我想起当年的红卫兵：影响甚大但价值甚小。由于缺乏建设性的因素，这股时髦，我以为迟早会过去。因为一个根本问题在于，他们极力批判资本主义，但并不深入研究亿万人群的物质生活。他们不提近半个世纪以来现代化和现在的全球一体化，尽管有严重的压迫、剥削、掠夺和各种不公正，但由于科技的发展、市场的扩展、产品的丰富、交通的发展、医药的进步，全世界各地域大部分人群物质生活在资本主义和全球一体化中取得了不同程度的提高和改善，人们的生命得到了延长（除非洲少数艾滋病地区）。这些名流学者一面身居发达国家，享受着现代生活；另一面却大批现代化、理性、资本主义，大肆赞扬落后地区，强调全球化只是严重祸害，论证全球化并非新事物，几百年前就有，等等。我以为并不符合经验事实，是只图自家名声而不顾别人死活的假社会正义派。

我的“吃饭哲学”正是在中国“文化大革命”经验基础上对它们的反弹。它们那些念念有词、难懂至极的玄言奥语，我只觉得不过是皇帝的新衣：“恍兮惚兮，其中无物”。也有“物”：一种情绪态度而已，却以客观的学术面貌出现。

问：第二国际、第三国际你都讲到了。如何评价第四国际即托洛茨基？

答：托洛茨基也是一个可怕的人物。他个人人格不同于斯大林，但在理论思想上也“左”得出奇。列宁遗嘱中便批评他只重行政效能。斯大林通过剥夺农民（农业集体化）来搞工业化，便是采取托洛茨基的政策主张，但是在把托及“托派”清除了之后。托在革命初期写过辩护恐怖专政的专文，更为斯大林所全面、彻底地执行了。但与列宁一样，托在被迫流亡后曾强调指出苏维埃已蜕化为新官僚的剥削阶级统治；与列宁一样，托也认为如无世界革命，俄国革命会最终失败。但他仍然强调革命，甚至离奇到希望第二次世界大战会引起世界革命，他是一个革命狂和不断革命论者。但另一方面，又非常书生气，他虽然反斯大林的专政，却长期以来认为苏联是工人国家，理由就在于苏联废除了私有制。但这到底有多少意义？事实是苏联工人比私有制下的资本主义国家尽管社会地位上有所不同，但实际的经济收入、政治待遇和生活情况要差很多，所受的剥削、压迫也更严重。所以后来德热拉斯有《新阶级》的著作，毛泽东要发动“文化大革命”。当然，最后托洛茨基终于认为“现时的苏联乃是一种世界性的新剥削制度的前驱。……我们也只好公开承认：建立在资本主义社会内部矛盾之上的社会主义纲领原来是个乌托邦”。这是托在中国的忠实追随者，坐牢数十年、“至死不肯悔改”的中国著名托派郑超麟在临终前回忆录中引述的托的遗言。尽管郑仍然相信，根据卢森堡《资本积累论》，当资本主义在全球范围内生产过剩时，“革命必然到来”，但也终于承认至今看不到“资本主义在走下坡路”。他认为历史证明“马、恩、列、托”犯了错误。[①]

---

① 郑超麟：《史事与回忆》第 2 卷，香港天地图书有限公司 1998 年版，第 314 页。

问：那么布哈林呢？

答：布哈林比较温和，他主张承续列宁的新经济政策，结果被斯大林以右派赶下台并处死。斯大林严厉批判他的所谓富农“和平长入社会主义”，其实，我以为这倒可以说是在另一种条件和另一种形式中承续了伯恩斯坦，即不是消灭而是不断改善资本主义来进入社会主义。但所有这些人，包括托、斯、布比列宁在各方面都差了一大截，更谈不上什么理论或哲学贡献了。

问：如何简单总结一下马克思主义的经验教训？

答：应该说，上面已经讲到了。今天的关键在于：马克思主义如何真正找到一条社会建设之路。毛泽东想以不断革命即以反资本主义来实现现代化建设，证明此路不通，用了九牛二虎之力的政治和意识形态的各种办法，经济仍然上不去。出自个人欲求和利益的市场竞争能推动经济发展，而平均分配的大锅饭和过多公共福利却造成人们懒惰而失去效率，从一开始，马克思就没有认真考虑这个问题。《共产党宣言》对反对者的这一重大质疑，仅以轻蔑的口吻做了回答。此外，马克思理论缺乏政治学和伦理学，他认为经济基础问题解决了，上层建筑问题便可迎刃而解，其实不然。马克思也缺少哲学心理学（他有一些重要观点，如我在美学论著所征引），这也影响了他的整个理论。

问：你还认为自己是马克思主义者？你的理念还是马克思主义吗？

答：不同的人曾送我不同的帽子。有人说我是温和的马克思主义、儒家马克思主义；也有人说我是新儒家、马克思主义儒家；还有人说我是康德主义。我一直说，“呼我牛者谓之牛，呼我马者谓之马”，我都可以接受，名号无所谓。实际上是既可接受又统统套不上。说经验变先验还能是康德主义吗？告别革命和不谈按劳分配还能是马克思主义吗？不谈心性修养还能是新儒家吗？我看是既不能又能。因为它毕竟又保留和融合了这三者中的许多东西，例如我就仍然赞同唯物史观中的好些内容。但由于不愿意附属于某个ism，于是只好强调我只是我罢了。

问：也有人说你是自由派、新左派？

答：这不矛盾吗？正好说明我哪派也不是。这两派的分歧是我最先概括和提出的，是1998年夏天吧，当时我叫新左派为民粹派，因为他们反对资本主义，强调平等和社会正义。而我一向反民粹（见《中国思想史论》），认为资本主义绕不过去。当年他们反对中国加入WTO，认为中国经济因大量外资进入会使社会产生极大不公而将迅速崩溃，我和他们激烈地口头辩论过。但我主张不要亦步亦趋学西方，要努力走出一条自己的路，可能又和他们有接近之处。老民粹的梁漱溟等人也是要走新路，他们失败了，但这并不证明新路不可以再找。而且我认为最近20年就已经在走一条新路，避免或减轻了许多国家资本主义原始积累那种更为惨重的痛苦和代价。这也可看作是中国道路或中国社会主义的成功。自由派对现实好些看法和主张，我是赞同的，他们对现状的激烈批评，他们强调从经济、政治到文化现在不是学西方过多，而是不够，我也是赞同的。但他们认为没有什么新路可走，一切照搬美国即可，现代化就是美国化，我是不赞成的，因为这既不可能，也没必要。对自由主义的基本理论和观念如原子个人、人性自私等，我认为是非历史的。这些我一再讲过了。总之，看来两派的光亮头衔我都够不上。

问：没想到今天能谈这么多的马克思。

答：其实，讲得太粗略了。还需要大量补充，特别是在哲学方面。但可以说这是有感而发，我多年颇有感于现在的名流学者喜欢大谈特谈施米特、列奥·施特劳斯、鲍曼、萨义德、福柯、德里达、哈耶克、罗尔斯等，却偏偏不屑一顾、矢口不提马克思和《资本论》，我觉得这是一种怯懦和逃避。马克思主义在中国主导了半个世纪，今天仍然是正统意识形态，如何回顾它、认识它、梳理它，追本溯源到马克思的基本理论，实事求是地分析其是非得失、可继承和应抛弃的，是许多人所关切而学者们义不容辞的任务。它直接涉及中国的今日和未来。这个问题既不是高喊创新却依然一味赞颂、掩饰、辩解，也不是将马克思研究繁复化、章句化、琐碎化，更不是我刚才说过的那种闭眼不理、漠视、蔑视便能胜任或躲开的。正因为这种情况，我才不自量力，极为疏漏粗略地谈了今天这些看法。要再次声明的是，这只是一篇通俗答问，并非学术文章，论证不足，缺陷很多。但如能由此引起认真的讨论或批评，那便再好不过了。

问：那么，马克思主义在中国的前景如何？

答：我以为马克思主义将经过改造，融化在中国文化中。现在中国正处在现代化的迅速进程中，这进程具有所谓“中国特色”。这特色便包括经过一次以“中国的马克思主义”的思想—革命洗礼所存留下来的那些正面和负面的遗产。它们与根深蒂固的中国文化传统（如生活方式、人生理想、价值观念、情感态度以及中国特有的人情世故等），将在不断的交错融合中，组成中国的现代性。我在《说儒学四期》一文中说，中国的现代性仍将以儒为主，结合并融化马克思主义、自由主义、后现代等走出一条自己的道路。

中国文化具有准宗教性的信仰和理想。那就是在人间建立天堂，而与前面答问时所说的马克思遗产的第三方面，即对人类远景的理想，可以接上头。《礼运》讲：“大道之行也，天下为公。选贤与能，讲信修睦。故人不独亲其亲，不独子其子，使老有所终，壮有所用，幼有所长，矜寡孤独废疾者皆有所养。男有分，女有归。货恶其弃于地也，不必藏于己；力恶其不出于身也，不必为己。是故谋闭而不兴，盗窃乱贼而不作，故外户而不闭，是谓大同。”联合国成立时，中国政府以这段话书赠，意义很大，比后来改送的长城好多了。这大概是儒家最高最大的理想，“丘未之逮也，而有志焉”，这也是“天下一家”“四海之内皆兄弟也”的中国大小传统的共同精神，是中国人对整个世界的远景眺望。19 世纪末，即使国难当头，救亡急迫，急需高扬民族大旗的时候，康有为却仍然一再写作《大同书》，也是从整个世界未来着眼，高瞻远瞩地来看待中国。今天的问题恰好是经济全球一体化在迅速发展，中国现代化日益与世界紧密联系起来，中国有责任为自己，同时也是为人类寻找一条和平、安康、富裕、幸福的道路。

问：你这纯粹是书生梦想、纸上空谈，并无意义。

答：的确是空谈和梦想。但为中国的现代化找一个有理想和信仰的人类远景，怎么没有意义？尽管这远景必须是模糊和非确定的，不是人工设计的具体图景或方案。有一个人类共同远景即大同世界设想的重要，也在于因为现代化所带来的普世价值和观念大都来自西方，它总激活出要求保存自己传统特异性的情感冲动。两者在纠缠、挣扎和困扰中，很容易走上一条虽具有“中国特色”却背离人类普遍原则的危险之路。以德国为例，与康德、歌德拥抱普遍性不同，从尼采到海德格尔与施米特，都是因为既必须接受现代化又不甘屈从以英美法为代表的普世原则而另找出路，甩开经济、大讲文化，追求保存德国传统来超越平庸世俗的现代性，却最终找出了一个被选上台、获大众拥戴的种族社会主义的希特勒。直到第二次世界大战后，德国如日本一样，在全面接受美国管制下才真正“融入”现代，才赢得不再战争、人民生活富裕的半个世纪，而德国的哲学人文创造却似乎衰退。我以为这是一个极有意思的有关德国思想教训的课题，但很少有学人考察研究。今天人们仍然大谈纳粹法学家施米特，我以为不管施米特的神学性质的政治法学如何精巧独到，也应该放在历史长河的经验教训中来衡量考察。

问：你这扯得太远了。先从现实问题和情况谈起吧。

答：回到本答问一开头所讲，毛泽东说康有为写了《大同书》，但没有也不可能找到一条到达大同的路。毛认为自己用反资本主义的不断革命的现代化方式可以找到，结果并不成功。大同世界当然应该是超越资本主义和过去其他形态的社会。其特征之一是不再有“人剥削人”即少数人占有生产资料、生产工具并以之剥削多数劳动者的现象。过去各种社会主义或乌托邦空想包括前引《礼记·礼运》和康有为《大同书·去产界公生业》都以废除私有制为大同世界的基本特征。

问：这个关键问题，现在如何办？

答：我不是经济学家，无法对此作任何论说。虽然我深信随着高科技和生产力的更大发展，资本主义生产形态和社会生产资料的私人占有制迟早将退出历史舞台；但也注意到，今日资本主义已相当不同于马克思写《资本论》的时代，它究竟如何和何时能通过改良、改变而发展到马克思所讲的

"联合起来的社会个人所有制"（《1861—1883经济学手稿》），则完全是一个未知数。至少从历史和现实情况看，在可预见的未来尚无此可能。唯一可以论断的倒是，以没收资本家私有财产实行国有或公有制的方式来实现社会主义，以此走向公平、正义、和平的大同世界或共产主义，历史已证明此路不通。相反，在资本主义私有制的现实状况下的各种改革、改良，包括当年罗斯福的新政（老人和残疾人的医保和退休金）、"第二次世界大战"后欧洲各社会民主党的福利政策、美国中产阶级的扩大和一部分职工购股、持股、参股，以及北欧的社会范本，倒都是向社会主义和世界大同不断前行的现实趋势。它们都是不断积累经验合理性的实用理性的产物，而不是某种理论的先验配方。所以，所谓大同世界之路仍待"摸着石头过河"不断的经验总结，而不在某种理论的设计思辨。

问：那么共产主义和世界大同就永远不要谈了？

答：不谈不是永远不谈，而是现在没法谈。如上所说，现在最多只能以它作为人类远景理想，在世界范围积累经验的基础上来进行研究和讨论。马克思早讲过未来世界的具体实现现在没法知道。这里，我愿引列宁两段话："生产力将怎样迅速地发展，将怎样迅速地打破分工、消灭脑力劳动和体力劳动的对立，把劳动变成第一需要，这都是我们所不知道，而且也不可能知道的""从形式上的平等转到事实上的平等，即实现'各尽所能，各取所需'的原则，至于人类会经过哪些阶段，通过哪些实际办法达到这个最高目的，那我既不知道，也不可能知道"（《国家与革命》）。列宁当时讲的是用暴力革命剥夺资本家、废除私有制后，生产力会蓬勃发展（按：这已证明不正确），但这发展如何能达到彻底平等、各取所需的大同世界则是不可能知道的。不过即使如此，作为世界大同的前提和必要条件，根据唯物史观，仍然必须是科技和生产力的高度发展，经济的高度发展，使整个人类的生存和生活不断得到极大改善。因此，在这过程中，即使产生贫富悬殊，分配不公，但只要它是相对而非绝对地扩大，亦即限定在一定的"度"上，不因之而发生阶级、民族、宗教、文化和国家之间的冲突和战争，便可以容忍。所以，我十多年来一直认为欧盟为世界指出了一条和平、富裕的大同之路，它在于既承认个体（人权高于主权）又承认群体（超国家的调节市场和贯彻福利政策）的结构建立，先经济、后政治（刚开始），逐渐结成一体，来削减和化解民族、阶级、宗教、文化的冲突，使人民生活和平、安康、富裕。

问：欧盟宪法不是被法国、荷兰否决了么？它还有前途？

答：历史总有挫折，不足奇怪。欧盟当然有前途，但离“大同”则还早得很，特别是大量移民所引起的种种问题远未解决。就整个世界说，要出现一个能融合不同历史文化背景的西方、中国、印度和伊斯兰的大同世界便更早了，恐怕至少在300年之后。因此当前的欧盟挫折，根本算不了什么。如我多次所说，我所看重的是，具有不同语言、文字、宗教、文化、经济、政治背景并曾发生严重冲突和两次大战的欧洲众多国家，居然能逐渐结为一体，至少泯灭了千百年未曾断绝过的这些国家之间的战争，这是人类史上了不起的大事。康德二百年前写《永久和平论》，便是因为这个地区战争频繁，人民受害严重，希望在未来共和政体政府之间达成永久和平的协议。欧盟为此开了个头，道路漫长曲折，但我相信这是大势所趋。所谓“大势”也就是广大人民都希望和平、安全、生存改善、生活富裕和自由平等。二三十年后，俄罗斯也可能加入，形成一个独立、和平、统一的强大欧洲。

问：那国家就可以消灭了？

答：国家消灭本是马克思主义的命题，所谓“工人无祖国”。马克思列宁讲的无产阶级革命本是世界革命，革命之后对内对外便都无须国家了。但这证明是空想。今日人类大都是以民族国家政权来做坚固支撑和坚强保障，根本谈不上国家消亡。另外，经济全球化又在不断削减国家职能，它有好的方面也有坏的方面。康有为《大同书》以“去国界，合大地”作为走向大同的第一章还是很有道理的。今天尽管经济上已开始一体化，但离“去国界”还早得很。因此就人类说，欧盟的示范试验便很重要。今天加强联合国的职能也很重要，而且应该越来越重要。

问：你大讲这种“梦想”“远景”的大同世界是否针对你多年反对的民族主义而发？

答：也是也不是。因为既然讲马克思，又讲儒学和康德，这三者恰好有一个共同愿想，那就是人类的永久和平、天下太平和分配公平的理想世界，并以此作为奋斗目标。因此即使梦想也罢，为何不可以谈谈？这与我反对民族主义并无关系。

但是，我也确实关心而且担心当前和未来的民族主义情绪。20 世纪 80 年代我不担心，当时反传统占上风，有人高喊宁做三百年殖民地，以及从孔子骂到屈原和鲁迅，都获得一片喝彩声，并没多少人反驳。但在今天中国开始强大而民族情绪高涨之时，任何误导都容易把中国引向战争。好些人不就想和日本再打一仗吗？我以为一些人鼓吹民族主义恰恰有害于中华民族。

问：难道就靠发展经济结盟来避免战争？

答：发展经济使不同民族、文化、宗教的人民大众先富裕起来，是世界和平和大同之路的基本出发点。虽然当今世界有一些冲突和流血，包括北爱尔兰、西班牙西北以及法语加拿大的要求独立，并不一定与经济利害直接相关，文化、宗教、语言本身可以是这冲突和流血的原因。但如何化解？不能依靠提倡各自的民族主义或宗教文化来解决，它只能更加激化矛盾和冲突；而仍然只能依靠该地区不同文化、宗教、语言的人群的和谐交往，而这交往一般又仍然与他们的日常经济生活有联系。世界经济一体化会带来一定的文化趋同，尽管仍有矛盾、冲突，却为相互交往、沟通、理解、宽容、和谐创造必要条件。如果人们有意识地努力，在经济—文化既多元又有一致或共同点的基础上达成和解，是有希望的。世界大同和永久和平本是一条崎岖之路，经济发展只是一个必要基础，而非充分条件。几年前我写过《文明的调停者》短文，认为中国文明在其经济非常强大和实现政治民主之后，以儒家的包容宽厚的精神，有希望作为“文明冲突”（基督教与伊斯兰教）的“调停者”，来调停、化解由宗教信仰不同而引起的文明之间的冲突，来对世界和平和大同之路作出贡献。但基础却仍然是经济发展使中国自身的国力极大增强。

问：美国经济很发达，却横行霸道，武装到了牙齿。

答：这就是"美帝国主义"。它不但与军火商和某些集团的经济利益有关，而且也与半个多世纪以来因国家强大而傲慢自大蔑视别人，以及亨廷顿等人宣扬美国的民族主义和意识形态有关。文明冲突论便是建立在不同文化的、宗教的不可交融基础之上的。美国的民族主义打着民主、自由的普世价值的旗帜，强词夺理，称霸世界，它是危险的，必须反对。但美国要主动发起一场例如指向中国的大战，在其宪法体制下，目前无此可能。而只要几个大国，如美、俄、中、欧不动，毁灭性的全球战争便可避免，世界和平会大体维持。这便是世界大同的前提。人们应看到，既然未来国界都可以泯灭，今日为几寸土地高喊刀枪便不必要，不能迎合群众一时的情绪。所以，康有为讲的"去国界，合大地"本就不现实，今日人们却又可以现实地运用。这就是在中国现代化进程中要尽可能地避免战争，极不同于以前一些国家以战争来开辟现代化道路。这就是中国现代性所应具有的"世界大同"的既理想又现实的性质。

问：你把中国的兴起应有利于世界和平来作为中国现代性特征，还有其他特征否？

答：当然还有。例如我把"经济发展"排头，而把"政治民主"排在最后。

问：这就是你提出的"经济发展—个人自由—社会正义—政治民主"四阶段说？

答：我很快改"四阶段"为"四顺序"，因为"阶段"一词使人产生四个方面完全分离的感觉，"四顺序"便标明四个方面同时存在、交互相织，彼此影响而且同时进行，但又仍有先后、轻重、缓急的次序不同，不能颠倒，不能错乱。例如，在目前情况下，便不能因贫富差距拉大追求社会正义而停止经济发展；不能因政治改革既然放后便轻视各项自由人权。20世纪我曾说中国现在要的是自由，并非民主（香港在英国统治下便有现代法治统辖下的各种自由，而并无民主）。因此，我仍赞赏康德的政治哲学：遵守法律，告别革命，追求笔的自由，反对枪的自由。康德名文《什么是启蒙》，主题就是追求学者的言论自由。

所谓“四顺序”也就是四个方面的问题，其实还应有其前提的“生态环境”和“社会稳定”两项。经济发展与保持生态环境经常矛盾，甚至严重冲突，如何因时因地保持一个适当的“度”，便是关键。社会稳定也是如此。我一直赞成社会稳定是经济建设的前提（见《告别革命》等书），但稳定并不是僵化或固定不变。

问：对中国学界中现在明显分为左、右两派，如何看？

答：简单化地说，“左派”打着平等、正义、社会主义、革命传统等旗号，以过去年代的平等、理想、热情、高尚、无私来对照今日的腐败、自私、贪婪、卑鄙，得到许多年轻学生的拥护。“右派”是所谓自由派，强调自由民主、市场规律、效率优先，得到更多中老知识分子的认同。自由与平等的关系以及谁优先，是各国现代化过程中普遍性的问题，也是自由主义理论的老问题。书籍极多，无容我说。我还是老一套，就是强调“度”，即掌握好“四顺序”和其间的结构关系。这“度”或结构关系因时、因地、因各种条件环境而不同，有原则性（顺序不变），也有灵活性（比例、关系可变）。再次说明的是，这个“度”并不只由政府掌握，而是由政府、人民、舆论、学者们所共同掌握，并在自由争论中取得各种合适的调适。

问：那你对这20年来的中国评论如何？

答：整体来说，相当不错，似乎正好印证了我的“四顺序说”。经济发展是基础，是“硬道理”，20年来经济发展迅速而平稳，比好些国家原始资本积累时期的曲折和苦难要短要少许多。经济发展推动了个人自由，其中似乎是学人忽视实际非常重要的一项，便是农民进城打工的自由（也包括学生和城市人口可自找工作或职业）。它结束了几十年将农民固定在土地上、剥夺十亿人这项基本人权、倒退至中世纪的状况。现在开始注意社会正义，重视三农问题，扶助弱势群体。总之，20多年的改革开放，搬进了西方的科技、生产力、管理制度、生产方式，发展了现代经济，开始形成了今日中国社会的本体存在（“西体”，即现代化的“体”），但这是通过土地承包、乡镇企业、特区示范、统筹兼顾、宏观调控等（将来肯定还有一些）外国所没有的“中用”而实现的。“西体中用”把经济搞上去了，使全体人民各有不同程度的生活（衣食住行）改善。尽管某些学者高喊中国已拉美化（这呼喊有一定好处，可以提醒注意），但实际上并没有。大中城市没有大规模的贫民窟，三农问题非常严峻，但未濒临绝境。所有这些，原因之一，是中国共产党和中国政府还不像某些“左”派所认为，已成为国际资本和国内官僚特权资本的利益代表。它还必须照顾下层民众，保护生态环境，不会容许资本原始积累时期的无政府状态。这其实也就是中国革命和毛留下的正面遗产，例如革命留下来的平等、正义的观念仍在人们心中有影响。

当然，整个情况仍然严重。在各方面，“西体”远未落实生根便大喊国情特殊的“中用”。我对中国经济非常担心，一方面成绩斐然，另一方面形势危险。我以为未来10年是中国或成或败的紧要关头，这主要仍取决于经济。如不赶紧拉动内需，发展农村，改变过分依赖外贸、外资产品、外来科技的局面，中国将万劫不复。但如何能做到这些，如何消化几亿农村劳动力，处理好三农问题，如何解决资源（水、石油等）短缺、环境污染破坏，如何避免进一步扩大分配不公、贫富悬绝等，都是极大难题，处理不好，可以导致经济甚至整个社会的崩毁。只有努力开辟国内市场，取消过多过大的地方权力和行政干预，不再歧视民间资本，鼓励中小企业，逐步形成舆论监督，真正健全法制和法治。其中，实行舆论监督和厉行法治恐是重中之重。

问：你对成绩估计似乎过高了。你没看到一些地方特别是好些农村各方面都极其糟糕的情况。

答：我只是就整体说。10多年前我一再说过，中国问题只能宏观看，不能微观看。微观看可能一无是处，几乎没有什么地方没毛病，有的地方毛病大得不可救药。但中国这么大，人这么多，就整体说能解决温饱就了不起（10年前美国不是有人说“谁来养活中国”吗），何况一些地区一部分人正向小康迈进，这就是很大的成绩。所以我也经常说应该到一些贫困、糟糕的地方问问那里的人，到底是愿意过现在的生活还是愿意干脆回到30年前去？我猜想，绝大部分中国人包括那些极其抱怨的人，尽管经济压力、生活负担空前严重，恐怕还是不愿意回去的吧。历史在悲剧中前进，总要付出代价和牺牲。一些发达国家原始积累时期恐怕比中国今日更糟，而且他们的人口要少得多。所以有时我建议一些人去读读左拉的《萌芽》等书。

问：那么政治上呢？

答：按照"四顺序说"，我以为只有经济发展、个人自由、社会正义发展到一定程度，一人一票的普选、多党、议会制度才可能实行。在一个缺乏稳固强大的中产阶级、社会贫困没有得到适当缓解之前，实行上述制度非常危险。我说过，如果普选，鼓吹民族主义、老式社会主义和原教旨主义的政党便容易上台，上台后国内绝对专制，对外引发战争。希特勒凭选票上台，亚非拉某些国家甚至苏联，政治民主后经济严重下滑，人民生活更加困苦。甚至美国，议会民主并未能阻止多年越战，等等，所以不能迷信。三权分立（包括舆论应是四权）要在中国落实，还需通过改良道路，找到自己的形式。原则应是分权的共和，而非集权的民主，但从何处着眼着手？政治与法律如何区分？程序正义与实质正义、"形式民主"与"实质民主"的先后、轻重、优劣如何判定和处理？如何一方面反对泛法律化（强调个人），另一方面反对泛道德化（强调群体、宗教、文化、民族、国家），如此等等，都属于"西体中用"的范围，需要深入、细致研究和讨论。总之，循序渐进，在现有制度上改良，以迈出中国政改之道。

问：为什么台湾地区、苏联的许多国家，以及拉美、中东、非洲那些很不发达的国家可以实行这些民主制度（一人一票的普选和议会），而中国大陆不行？

答：只是目前不行。中国太大、人太多，这种"量"不同便造成"质"的差异。如立即搬用，我始终（从20世纪80年代起）以为弊多利少。我以前强调过，没有一个强有力的中央政府，中国就会地方割据，造成内战。这就是我对辛亥革命评价不高的原因，历史的教训应该吸取。多党制、议会制和普选在目前将削弱已有的统一权威，即使不乱，也会严重影响经济发展。10年前我说过，“筑室道旁，三年不成”。这就是我把政治改革放在最后一项而不像自由派把它列为首项的原因。这遭到海内外好些人的猛烈抨击，把我骂得狗血淋头。其实，我倒未反对过他们的那种叫喊，因为那叫喊在中国仍有某种启蒙作用，但作用也仅止于此。

问：这就是你讲的中国道路？

答：我一方面强调要走出一条中国自己的路，不必亦步亦趋模仿美国；但另一方面我所讲的儒家大同和马克思主义又都是从人类角度着眼的。如能走出这条“中国道路”，那正是可供别人参考的，是对人类的巨大贡献。

问：那么，难道不去重视国家利益？

答：恰好相反，要注重国家利益，包括严重注意、及时对付跨国集团、强势国家在经济上对中国的侵蚀掠夺。前面已讲，今日人们都生活在民族国家的框架之下，当今世界仍然是强（国）凌弱（国），霸权就是“公理”，维护国家的尊严、人民的权益，毋庸置疑是政府应尽的责任。所以我不同意一些自由派不讲或轻视这方面的问题，但我也反对因此而强调传统、“国情”，以所谓多元文化主义或文化相对主义来突出民族，忽视或否认人类普世价值和基本原理。因为这样恰恰对中国发展很不利。这一点已说过多次了。

问：你主张的是积极自由还是消极自由？

答：这问题很大，也太复杂，我非专家，无法作答。简言之，消极自由固然很好，是我所向往的理想，但在今日中国，则远非现实，因为没有这个“消极自由”的基础。中国现在还需要积极自由，即去主动争取自由权益。但我反对任何形式的民粹主义。我明确反对过任何群众运动，不管是自发的还是非自发的。因为群众运动经常是非理性、情绪偏激的，极容易在某些人煽动下，把社会和政治引入歧途，知识分子在这里负有责任。所以从80年代起我一再宣称最讨厌豪言壮语，不管用的什么美丽的语言、正义的理想，因为它自欺欺人，误导民众。这是在讲“积极自由”时所要特别注意的。“自由，自由，多少罪恶假汝之名以行”，是我中学时代读过的法国大革命时罗兰夫人的话。由高喊自由、民主所带来的多数专制和血腥恐怖是现代各国历史多次演出过的深重教训。在主张积极自由的同时，要认识到，中国特别需要的是培育一种宽容的、怀疑的、理性的批判精神。也只有它才能真正有利于判断是非，并逐渐退去和避免由各种道德主义、民粹主义煽起的情绪狂热和政治盲动。中国曾为这些主义付出了沉重的历史代价。如何认识这一问题，弥补这一缺陷，克服这一弱点，是至今仍然存留的课题。

问：但许多论著早已论证经济发展与政治民主并无必然的因果关系。经济发展不一定便自动或自然地带来政治民主。

答：对此我也早已作答。我一再说经济发展只是前提，并非经济发展一定就决定了政治非民主不可。经济是必要条件而非充分条件，没有什么“自动、自然产生”的问题。政治民主仍然需要人们付出艰辛、长期的韧性奋斗和斗争才能争取到。美国妇女投票权是20世纪20年代才争取到的，各国现在的民主制都非一蹴而就。当然，中国不一定要那么慢。

问：回到自由主义。你不是再三说过自由主义在根本理论上，你不认同吗？

答：因为古典自由主义在哲学上是以绝对独立的个人和个人之间的契约来作为基础的，即哈耶克说的所谓“方法论上的个人主义”。现实中和历史上是没有这种原子个人的。个人总是处在一定时代社会中和群体关系中。所以马克思说，在本质上人是社会关系的总和。不只马克思，反对马克思的杜威也如此认为。杜威反对古典自由主义的放任主义，认为并非个人与社会的冲突，而是个人所居的群体之间的冲突才是关键。杜威倾向于社会正义的自由主义。马克思、杜威等人也都倾向于积极自由，即主动建设一个具有个人自由和社会正义的美好社会，而不同于强调个体利益绝对优先、不容任何侵犯的右派自由主义（Libertarianism），我在《己卯五说》中已经讲过了。

问：讲到原子个人，康有为《大同书》倒真是如此。你50年前认为“去家界，为天民”是《大同书》全书最关键的一章。这一章里便设计了男女婚姻以一年契约为期，愿继续者可续约，否则自动解除。儿女出生后即送去

“公养”“公教”，从小学一直到大学。所以家庭也就不存在了。这不正是原子个人吗?

答: 在百年前的中国，很难得如此设想。柏拉图、恩格斯、毛泽东都有废家的思想。中国明末有朋友一伦高于其他四伦的个性解放的思想走向，但未提出废家。康有为之所以有意思，因为他打着孔子旗号，要立孔教为国教，但在这个根本点上却完全背叛了孔子。可见“立教”“尊孔”对他只是一种民族主义的策略。孔子和儒学一直以“家”为根本 ，“修身”是为了“齐家”，“治国天下”也以“齐家”为起点，“家”是核心。康的《大同书》却不要这个核心，以独立、自由、平等的个体为根本。康没有严复的西方学问，却那么早地突破了数千年的儒家思想传统。

问：消灭家庭有此可能和必要吗?

答: 这就是要害所在。我以为无此可能和必要。家庭关系和夫妇、亲子、兄弟姐妹的亲爱感情，是人类自己创造的极可珍贵的“人性”财富。这人性是由动物自然性经过理性化的提升而成。孔子和儒学的根本价值也在于提出和强调维护这种人性。儒家以此具有自然血缘纽带的家庭情感和关系为核心，辐射为各种人际关系和情感，一直到鸟兽虫鱼林木花卉。“民吾同胞，物吾与也”，这也就是康有为《大同书》里的“去类界，爱众生”。但如果“去家界”，就不是儒学由近及远、由亲及人不断推广扩充的对众生之爱，而更接近于墨家和耶稣一视同仁的博爱了。去家不去家，是世界的普遍性问题。尽管今日在欧美发达国家，家庭破碎，无家可归，单亲家庭已成常态，但我仍然以为，孔子和儒家的不去家但补充以现代个人的性爱和各种婚姻形态，可能是更幸福、更快乐的生活方式。康有为的“去家界，为天民”和儿童从出生后便公共抚养的“公养”“公教”等，我不认为是值得赞赏的人类前景未来。我以为中国传统讲亲情、讲人情等可能反而是对世界文明的重要贡献。家庭是人类情感的一个基础方面，这也是我所谓情本体的具体呈现。

问：你的哲学从一开始便注意心理问题。你刚才又讲到情本体，应该与中国传统和儒学有关。你曾认为儒家哲学是“先验心理学”，重视塑造人性，即你所谓的“文化心理结构”。你的政治哲学与心理学有什么关系？

答：我确乎重视心理，我以为特别在今后，心理将成为巨大的人生问题和社会问题，这当然就会影响和涉及政治。

前面已讲，原子个人的自由主义会带来许多困难和问题。政治上一人一票的民主可以出现群众性的政治冷漠或专制，特别是在没有重大事件发生的长期散文世界的日常生活中（这离中国还非常遥远，在未来中国相反会有一个政治狂热时期）。我之所以提出“两种道德”论，原因之一也是期望人们可以在政治行为中去了解或追求人生意义和生命价值。“我为什么活”和“我应如何做”虽然是并不相同的问题，前者可以因宗教、文化的不同而人各有所择，却又仍然或明或暗、或多或少地影响或体现在后者之中。这样也才有义务论、目的论、功利论、幸福论以及我的两种道德论种种不同的伦理学说和道德理论。“自由意志”本就是“立意去做”的心理能力，我称之为“理性凝聚”。自由意志与根本恶的关系也一直是基督教和西方哲学长期讨论的重要问题。但凯尔泰斯（J. Kertesz）说得好：“如果存在着命运，那么就没有自由的可能；如果存在着自由，那么命运就不存在。这意味着，我们自己就是命运。”在中国，儒家素来强调“立命”。“命”要自己去“立”，从而“立命”可以解释为去追求和争取最大的自由，这即是追求此世界（而非另一世界）的意义和完满，这包括微观（个体）和宏观（社会）。中国传统之所以重视历史、重视经验，也是为了为未来选择自由的可能性而决定当下，“资治”才有“通鉴”。人是历史的存在，却又创造历史，历史和人总在行动之中，永恒不息。不是先验的图式或理念，也不是终结的末日审判，而是由具体历史所决定的或循环（农民）或不均衡（商人）或线性（工业）的世界观左右着人们。人生之谜只有放在历史的此在行动中去求存在。没有绝对的、确定的理念或神，而是并不确定的命运牵引着人们。从个人到人类都是如此。

历史理性正是实用理性的形态之一，作为沟通天人的巫的理性化，它将不可捉摸的非理性的魔鬼逐渐摈逐，却又保持着对恶的开放性。今天在电子信息、生物基因、克隆科技的巨大前景展望中，它将以培育全面实现个体潜能的开放性和人际交往的开放性来敲打“人不得不活”这个最为巨大的人生难题，以努力走出由西方个人主义—自由主义必然带来的虚无和颓废。但其中仍然包含着恶的极大可能性和危险性，这只有靠人类自己去“立命”来解放，而不是海德格尔的“只还有一个上帝才能拯救”。人类现在的确处在十字路口，堕入无底深渊，全球毁灭，不是没有可能。这就更要强调人去“立命”了。这一历史主义和伦理主义的背叛和结合的展开，亦即经验变先验，在哲学上是由休谟进至康德的重大转折而达到；今天由先验再回到经验，则将经由马克思和历史本体论来完成。马克思完成了对黑格尔的翻转，历史本体论进行对康德的翻转。从而，在这里，心理学的问题将以新的哲学面貌出现。

问：你这一段似乎抽象了一点，还是更具体地谈谈。

答：两种道德的关系和结构，我多次说了，是非常重要又非常复杂的问题。我提出的宗教性道德并以之范导社会性道德，其实就是以新的形态和方式重提中国传统的“内圣外王之道”。这个“内圣”不再是圣贤的道德修养和品格，而是广大群众的文化心理结构。其中，伦理学特别是美学—宗教占了重要的位置。所以我认为美学（含宗教）将是未来的“第一哲学”。如何思索、处理、对待生死和人生？只有它们才好回答。人们在物质生活和现实生存获得一定满足之后，这些问题将更凸显。但是这里已不可能有“标准答案”，而只能由每个人自己去选择和决定。这就是我所讲的“走出唯物史观，而指向心理”，即通过唯物史观解决生存问题之后所要面临的心理课目。就全人类说，这还非常遥远，还有一个漫长的历史行程。马克思并未涉及或讨论。但我很愿意将人类远景未来最终寄托在人性心理学和教育学的研究基础上，来作诗意栖居和个性发展的大同之梦。

问：但你过去的文章谈心理问题时仍然引证了马克思。

答：因为马克思在《经济学—哲学手稿》说过一些非常重要的思想，例如我所引证过的马克思讲心理的话：

“工业的历史和工业的已经产生的对象性的存在，是一本打开了的关于人的本质力量的书，是感性地摆在我们面前的人的心理学；对这种心理学人们至今还没有从它同人的本质联系上，而总是仅仅从外表的效用方面来理解。”①

这也就是说，从使用工具以及制造工具开始，人类社会实践不能仅从其外在的对象性的成果和存在来理解，而且还应该从人的内在心理成果和存在来理解。我在《已卯五说 · 说天人新义》中正是如此做的，突出了“内在自然的人化”，分出硬件软件，认为它产生了人类特有的认识、道德和审美。这就是人的实践内在化的方面。一些只把自然人化看作外在世界的变化，而把道德、宗教、审美归结为另有源头的上帝、理念、精神，我是一直不赞成的。

问：但这两方面毕竟有主次、先后之分。

答： 但只是在逻辑上，而不一定在时间上。在时间上，内外两方面同时进行，美和美感、技艺和认识、伦常和道德常常是一件事的内外两面。我在《批判》一书及其后主体性哲学论纲中曾强调人作为主体是大写的“我”即人类总体，从而所谓个体之间的“主体间性”也包含在内。而这主体本身又是自然生物的存在，所以它与自然又是延续一体而非绝对区分的。心物二元，但心离不开物，还是物质第一性，这就是主次、先后。包括全面实现个体潜能和社会成为“自由人的联合体”的伦理理想，也是要到社会生产力和生产方式发展到一定历史时期之后才有可能。即马克思所说的，“个性的劳动也不再表现为劳动，而表现为活动本身的充分发展”，② 今天一些科学家的活动刚刚开始如此。这种劳动不是被迫的、异己的、不愉快的，而是自身可以获得愉快和满足的生活活动本身，这也经常是他（她）所认定的生命意义、人生价值之所在。所以马克思才说，“劳动已不再是谋生手段，而是本身成了生活第一需要。”也如马克思《经济学手稿（1857—1858 年）》所认为，这种个人潜能的全面发展和实现的基础便是这个时期的生产力的发展水平。马克思说这在资本社会便可以开始：“资本就违背自己的意志，成了为

① 《马克思恩格斯全集》第 42 卷，人民出版社 1979 年版，第 127 页。

② 《马克思恩格斯全集》第 46 卷上册，第 287 页。

社会可以自由支配的时间创造条件的工具，使整个社会的劳动时间缩减到不断下降的最低限度，从而为全体（社会成员）本身的发展腾出时间。”①

我以前一再说过，如果一周只工作三天四天，整个状况将会发生重要变化，个体的充分实现自己将成为社会的主要课题，这才是自由的人，真正的人。“自由的领域是在必要和外在目的规定要做的劳动终止的地方开始，依靠事物的性质，那就是在狭义物质生产领域的彼岸。”（《资本论》第3卷）这是大同世界的根本基础。

问：你好像非常重视工作（劳动）时间的缩短。

答：这正是因为劳动还是人们谋生手段而不是乐生需要，人被捆绑在一个非常受限制的体力或脑力的一定秩序或程序中，成了机器、电脑的附件，而感觉不到真正开展或实现自己能力的愉快。马克思称之为“劳动的异化”。科学研究、艺术创作、技术发明是最早走出这一状态的“行业”，人们在那里面可以废寝忘食、不计报酬（即不是为了谋生需要），甚至也分不清劳动时间和自由时间。其他“行业”则大多还不能如此。但马克思由劳动的异化而否定未来社会分工却并不正确。未来只是自由时间的增加而不是分工的消灭。相反，随着科技和社会的发展，分工会愈来愈细密愈专业。而且，也可以就在这种行业、劳动、工作愈益细密化之中获得实现自己和享受愉快。例如今天好些资本家和商人赚钱并不是为了自己的生活享受（这毕竟非常有限），也不是为了国家、民族、人民、宗教等，而是为了就在这赚钱本身的经营管理、思考计划、交往谈判、冒险奋斗中所获得的愉快、满足和成就感。这其实也就是实现自己才能所得到的愉快和满足。因之，也可以说为赚钱而赚钱，正如为科学而科学、为艺术而艺术一样，它同样可以是人们所选择的生活目标和人生意义。其他行业的工作、劳动也是如此。这不但是社会的丰富性而且也是人们才能丰富性的实现。在这里，劳动、行业无分贵贱高低。除开某些笨重、脏肮、单调、危险、违反人的生理—心理、所有人都不

① 《马克思恩格斯全集》第31卷，人民出版社1998年版，第103页。

会愿意而应由机器人代替的工作。因此，所谓异化问题也就需要重新探讨。包括在上述科学研究、艺术创作中，当然更在其他“职业”“行业”中，都有某种异化。但在这异化中仍然可以获得实现自己才能的愉快和获得某种人生价值的认同。所以人不可能也不必要完全避免异化，异化使人的发展更为丰富复杂。“纯粹”“真正”“完满”或悠闲得无所事事，不管是社会乌托邦还是人性乌托邦，都将是十分单调乏味的。我也说过“闲愁最苦”的问题。

问：但现在人们的自由时间也被资本社会的消费和机器所控制，并不自由。

答：的确如此。现在的非工作时间或自由时间仍然被资本主义的消费广告所谓时髦、风尚所左右，使人们或追星赶风，或恣意放纵，或吸毒成瘾，或暴力宣泄。因此如何处理好这个非工作时间本身已经成为社会重大课题，其中便有心理学教育学的问题。

问：所以你一直强调教育学，从1979年起你便说教育学是未来社会的中心学科。

答：这才是彻底贯穿了人类学历史本体论。不但把康德的先验心理学拉到了人类学唯物主义的基地上，而且认为在未来生理科技的极大帮助下，将在历史上第一次开启理解和塑造人性真正可能，为健康的、全面实现自己潜能的个人自由而奋斗，这也才是我80年代解释过的新意义的“内圣外王之道”。永久和平和世界大同只是外在的完满（“外王”），同样重要的人的内在世界的充实、饱满、愉快和自由，这是“内圣”。由这“内圣”来指引“外王”，也许才能较好地解决生活意义、人生价值、生死困惑的种种谜语和难题，避免从吸毒、性放纵、暴力宣泄中去寻找愉快、意义和满足。语言是20世纪哲学的主题，语言被德里达等解构之后，需要依靠人的血肉身心来重新建立“本体”和“存在”，这“本体”和“存在”也就在历史行动的塑建自由个体之中。这将是以“太初有道”（行）替代“太初有言”，以情本体替代理性本体。这个“内圣外王之道”，正是我的“情本体”“两种道德论”和“天地境界”的哲学重要内涵。这是在现代或后现代的社会和时日中，从根本精神上而不是在各种外在层次上承继和发展中国传统和儒学的要义。

问：你这个重视教育并重提人性问题，是否会再重蹈爱尔维修、卢梭、罗伯斯庇尔等人强调由国家来主持公共教育以塑造人性的覆辙，重蹈托洛茨基、卢那察卡尔斯基和毛强调“教育与生产劳动结合”“思想改造”“斗私批修”，塑造“新人”的覆辙？

答： 完全不同。我只为未来社会（而不是当下）提出这个教育学—心理学的哲学问题，而不设计任何具体方案或蓝图，更根本不是道德主义的“思想改造”和塑造“新人”的运动。因为脑科学刚刚起步，经验心理学还处在婴儿时期，“什么是人性”不清楚，说什么“塑造”和“新人”？无论是杜威的“学校即社会”、陶行知的“社会即学校”那种种放任自由的所谓“民主”教育，还是从法国大革命到俄国和中国革命的教育理论和实践，都是谬误和失败的。

问：强调心理学和教育学，与你所说的“情本体”有什么关系？

答： 所谓“情本体”也就是反对以心、性、天、理的同质化、标准化、抽象化的道德或理念或神为本体，而强调以现实的、人生的、多元的人的情感为根本、为依归、为最后。这里当然就有全面了解人性和实现个体潜能的心理学和教育学问题，因为“情本体”离不开人的个体现实存在的状况和心境。我所谓“以美启真”“以美储善”即是认为个体潜能和人性不仅有身体的生理—生物方面，而且因为社会、教育、传统、文化因素的渗透积淀，这潜能和人性变得异常复杂、丰富，千变万化，千头万绪。性变为爱，使性变得丰富复杂，也更为个性化。食不只为了充饥，使食变得丰富复杂和更有个人选择。更不用说马克思所谓“听音乐的耳朵”“看造型艺术的眼睛”等了。由于生理结构上细微差异，人在动物性方面便有个体差异；而在不同的后天环境、教育、文化的历史积淀中，这个“人心不同，各如其面”的个体差异便愈益极大地发展了。人的性格、气质、欲望、能力、兴趣、爱好、愿望等等的各种差异也愈使每一个人都成为独特的自己的本真存在，是每个个体的人性能力的展现。这就是我所期望的回归中国古典的第二次文艺复兴，以内在心理突出个体人性的生成和成长。这也还正是承续着儒家的根本精神。关于情本体还有许多问题可说，暂时打住吧。

问：所以你的吃饭哲学，不仅是衣食住行，而且还包括性、健、寿、娱。

答：以前人们一直说“衣食住行”，因为这是人生存的基本需要，是生活基础。但在这些生存条件基本满足之后，其他方面如性、健、寿、娱的重要性便更加凸显出来了。打破性禁忌、实行性解放是 20 世纪 60 年代欧美新潮。今日性、爱并存，如何调协，因人而异。健康长寿则人之夙愿，今日 70 岁、80 岁到处可见，基因研究发达后必更有进展。“娱”在今天更是多种多样了。总之普遍性与特殊性、人类性与个体性、动物性与社会性在这里会产生更多的不同组配和结构。

问：这与你讲的“中国生活方式”有何关系？

答：这问题只好留待以后再讨论。由一个传统的“熟人”社会转换到今日现代的陌生人社会，中国生活方式正面临极大挑战。如何承接中国文化特点，重和谐、减冲突，重互助、轻争斗，重中庸的实用掌握、轻理念的绝对标准，重此世生活的快乐和谐、轻身心分割的灵魂超绝，重礼尚往来、探亲访友的人际交流，少孤独旷野的喊天呼神，我在《实用理性与乐感文化》中已讲了不少，这里就不讲了。

问：你刚才说多元化，这里又说传统，其关系如何？

答：无论经济、政治或文化，我重视人类的普遍性。经济的一体化必然带来文化的趋同，我以前说过，文化上的多元将来（将是比较遥远的将来）不一定表现在国家、民族或集体上，即不一定是不同文化、宗教的民族、国家的各自特殊、彼此对立，而可以表现在个人的不同选择上。中国人可以选择基督教信仰和西方文化，美国人也可以选择中国文化和儒家。中国人可以选择美国生活方式的高消费先透支、疯狂工作、剧烈运动、拼命竞争、放纵快乐，美国人也可以选择中国式的勤俭持家、张弛均衡、优游度日、亲友常聚，或者两者不同比例、不同方式的排列组合、兼容并包。人有个性差异，可以自由选择和改变。因之，它将是个人选择的差异，而非民族群体的对立。当然这些都是大同梦想，属于未来社会，并非针对现在而言。

问：你这个答问总题目是马克思主义在中国？

答：我大半辈子的生活和工作被笼罩在这个题目之下。我想此生不应该糊里糊涂地被打发掉，在思想理论上清理一下，至少对我个人是必要的。“文化大革命”中我曾拟了几个提纲，其中一个就是关于马克思主义的，本想结合中国经验写本像柯拉可夫斯基（L.Kolakowski）《马克思主义的主流》那样的书，也收集了一些材料，但毕竟自己基础太差，主客观条件限制太大，始终无法动笔。费正清晚年著作《伟大的中国革命 1800—1985》说，他不是写博士论文，反对罗列参考书目，说这不适宜专家，也无益于一般读者，说越宽广的著作越少精确性等。他没说年老，而且他仍在写学术著作。我却明确认知自己年老力衰，繁征博引，写严格的学术文章是做不动了，只能作这种聊天式的对话。这是非常遗憾，也非常抱歉的。我这病中答问也应于此结束，再见。

2005 年 6 月手术前后，Boulder Colorado，留作纪念

以人为本与唯物史观*

夏甄陶

［主编按语］ 本文针对那种唯物史观见物不见人的曲解，系统而深邃地阐释以人为本是唯物史观的应有之义。首先，“从事实际活动的人”作为人类历史的承担者、载体或主体，创造人的世界、社会，因而作为考察和解释历史的方法论的唯物史观坚持以人为前提和出发点，体现了以人为本的原则。其次，对历史考察方法一定要从人作为一种有生命的、特别是社会的物质存在出发，不能因人“同时也是一种有意识的存在”而颠倒地从意识出发，也不能从无人的或抽象的“自然存在”出发，要坚持“人们的物质生活的生产及在其中所发生的物质生产关系是基础”，它制约着人们的整个社会生活、政治生活和精神生活的过程，否则，不以人为本，历史观中的唯物主义肯定被架空。再次，以黑格尔派为代表的德国哲学的唯心史观，所持的是既不见人又不见物的考察方法和观点，而“马克思的历史观体现了人与物、人与自然的本质的统一，是贯穿了以人为本的原则的唯物主义历史观”。尤其，费尔巴哈是以人本学或人本主义来标榜自己的哲学反对黑格尔派的唯心主义观点，但因其不理解“现实的、从事实践活动的、进行物质生产的人”，而是

* 本文原载《新华文摘》2005 年第 14 期、《晋阳学刊》2005 年第 2 期。

以抽象的“人”为本，可说费尔巴哈作为唯物主义者，“历史是在他的视野之外的”。诚然，这篇文章启迪我们进一步思考和研究：作为马克思的唯物史观之根基的以人为本，是否也应作为马克思的唯物主义世界观之根基？“实践唯物主义”或“辩证唯物主义”是“以人为本”，还是以无人的“自然”为本？迄今有异议，这是研究中不宜回避的问题。

唯物史观是马克思根据人们的现实生活、根据人们的实践活动（人们的现实生活在本质上是实践的）及其发展所创立的关于人类（社会）历史发展的基本理论观点。它揭示了人类（社会）历史的动态结构和发展动力，是关于人类（社会）历史的结构学和动力学相统一的历史理论体系，是科学的历史观。同时，唯物史观既然是关于人类（社会）历史发展的基本理论观点（它“是从对人类历史发展的考察中抽象出来的最一般的结果的概括”——马克思[①]），当然是贯彻和体现了以人为本的原则的历史观。毫无疑问，我们应该用唯物史观来考察和解释人类（社会）历史的结构和发展情况，因为唯物史观是按照人类（社会）历史的真实面目及其发展情况来考察和解释历史的科学的方法论和解释学。

然而，有时人们在解读马克思的唯物史观的时候，却陷于马克思的唯物史观中其实并不存在的所谓见人还是见物的对立之中：或者认为马克思的唯物史观是见物不见人，似乎强调历史观的唯物主义的基础和性质，就必然否认人在历史观中的地位和意义，排斥以人为本的原则；或者认为，如果承认人在历史观中的地位和意义，肯定以人为本的原则，就会冲击历史观的唯物主义基础，否定历史观的唯物主义性质，这样就会导致见人不见物。总之，在历史观中，见人与见物似乎处在彼此不相容的对立之中。实际上，这种关于见人与见物的互相排斥的对立，在马克思的唯物史观中根本不存在，如果说有这种对立存在的话，那只能是由于人们的误解造成的，它与马克思的体现以人为本的原则的唯物主义的历史观本身并不相干。

---

① 《马克思恩格斯选集》第 4 卷，人民出版社 1995 年版（下同），第 274 页。

一

本来，马克思的唯物史观所关涉、所涵盖的就是人类的历史，而不是什么一般的物的历史。这一事实表明，只有有了人，才开始有人类的历史。正如恩格斯所指出的："随同人，我们进入了历史。"① 这里所说的历史，就是有了人才开始有的人类的历史。当然，没有人，或在人类历史之外，自然界有自然演化的历史；在自然演化的历史过程中，又包含着无数具体的自然存在物的产生、演变的历史。从本原上说，各种具体的自然存在物的历史，都是在整个自然演化的历史过程中形成的，是从属于整个自然界的历史的。人类历史也是整个自然界的历史发展的结果，所以人类历史归根结底也从属于整个自然界的历史，是整个自然界的历史的一个组成部分。但是，历史作为一种（运动变化发展）过程又是具体的，必有其具体的承担者、载体或主体。如果说自然界是整个自然界的历史的承担者、载体或主体的话，那么，各种具体的自然存在物则是各种具体的自然存在物的历史的承担者、载体或主体，如地球是地球史的承担者、载体或主体，动物是动物史的承担者、载体或主体，如此等等。由此可以说，自然界的历史以自然界为本，各种具体的自然存在物的历史以各种具体的自然存在物为本，如地球史以地球为本、动物史以动物为本。人类历史虽然是整个自然界演化的历史、特别是地球上自然生命进化的历史的最高结果，但它是属人的历史，人（及其对象性活动和活动的对象化）是人类历史的承担者、载体或主体，因而当然是以人为本的。否则就不是人类的历史，不是属人的历史。不以人为本的人类历史，是不可思议的。

应该指出，所谓"随同人，我们进入了历史"，并不是说有一个先于人或外在于人的独立自在的等待人进入的历史，有了人我们就随同人进入这个历史。历史并不是独立自存的客体，也不是独立自为的主体。历史总是存在

① 《马克思恩格斯选集》第4卷，第274页。

物的历史，是存在物本身已经经历过的运动变化和发展的连续过程。没有存在物，没有存在物运动变化和发展的连续过程，就不会有历史，也无所谓历史。只有以某种实在的存在物为主体的历史，没有无主体或以历史自己为主体的抽象的、空洞的历史。人类的历史是人类自己进化发展的历史，它是由人类自己的活动创造的；也可以说，它是与人类自己的活动过程同一的。人与历史不是“过客”与“逆旅”的外在关系。有了人就开始了人类对自己历史的创造，因而也就开始有了人类的历史。人对历史的创造表现为人有意识地追求一定目的的活动。也就是说，人是通过自己有意识地追求一定目的的活动来创造自己的历史的。因此，人类的历史本身即创造历史的人有意识地追求一定目的的活动及其对象化。没有人有意识地追求一定目的的活动及其对象化，历史就什么也不拥有，因而也就根本没有人类的历史。抽象的、空洞的“历史”也不会做任何事情使自己充实起来并赋予自己以无穷无尽的丰富性（因为这种“历史”本来就不存在）。列宁说：“历史什么事情也没有做，它‘并不拥有任何无穷无尽的丰富性’，它‘并没有在任何战斗中作战’。‘历史’可不是利用人作为工具以达到自己目的的某种特殊人格正是人，现实的、活生生的人。历史并不是把人当作达到自己目的的工具来利用的某种特殊的人格。历史不过是追求着自己目的的人的活动而已。”①

马克思的社会历史理论从来没有并且一直反对把人同人的世界、社会及历史分割开来、对立起来。马克思强调：“人不是抽象的蛰居于世界之外的存在物。人就是人的世界，就是国家，社会。”② 他还强调：“应当避免重新把‘社会’当作抽象的东西同个体对立起来。”③ 社会本身“即处于社会关系中的人本身”。④ 人的世界、社会是属于人的必然的正常生存条件，同人具有必然的内在同一性。这种正常生存条件不是先于人或外于人而自在存在

① 《列宁全集》第55卷，人民出版社1990年版，第19页。

② 《马克思恩格斯选集》第1卷，人民出版社1995年版（下同），第1页。

③ 《马克思恩格斯全集》第42卷，人民出版社1979年版（下同），第122页。

④ 《马克思恩格斯全集》第46卷下，人民出版社1980年版（下同），第226页。

的，也不是单纯由自然造成的，而是由人通过自己的活动创造出来并随同人的活动一起产生的。人就在这种正常生存条件下生存和发展。人对自己正常生存条件的创造和生产及人在这种正常生存条件下的生存和发展，体现了人与人的世界、社会亦即人与人的正常生存条件的内在同一性，同时也体现了人本身作为手段和目的的内在同一性。

因此，人的世界、人类社会是以人为本的。在人的世界、人类社会中，人并不是可有可无或无足轻重的附属品。没有人的世界不是人的世界，没有人的社会不是人类社会：而在人的世界、人类社会之外，也不可能有“正常状态”（恩格斯）的“作为人的人”（马克思）的存在。所谓“正常状态”的“作为人的人”，是在社会中现实存在的、从事实际活动的人，而不是想象出来的观念中的抽象的“人”。而实际的活动正是人的现实存在的基本方式。人只有通过自己的实际活动才能生产、创造人的世界、社会，生产、创造自己的正常生存条件，同时也生产、创造“正常状态”的“作为人的人”本身，从而表现和确证人自己的现实存在与现实性。

还应该指出，生产和创造人的世界、社会的活动是人的活动，人是这种活动的主体。不能像唯心主义者那样，把生产、创造人的世界、社会的活动看作是“想象的主体的想象活动”[①]，“人是全部人类活动和全部人类关系的本质、基础”[②]。因此，所谓以人为本的“出发点是从事实际活动的人”[③]，“从事实际活动的人”也就是以人为本所指的现实的人。

人通过自己的实际活动，创造人的世界、社会，创造人的正常生存条件，同时也创造自己的历史。人类活动具有扬弃性、超越性的本质，这种本质决定人的世界、社会、人的正常生存条件及人本身，都不会停留在某种已经达到的现成状态上，而是处在“变易的绝对运动之中”（马克思）。这种“变易的绝对运动”的连续过程就形成人类的历史。它表现为人的世

① 《马克思恩格斯选集》第 1 卷，第 73 页。

② 黑格尔著，范扬、张金泰译：《法哲学原理》，商务印书馆 1961 年版，第 118 页。

③ 《马克思恩格斯选集》第 1 卷，第 73 页。

代相承的活动（及其对象化）并通过人的世代相承的活动（及其对象化）来实现。

人的活动创造了人的世界、社会，创造了人的正常生存条件和正常状态的人本身；同时也推进了人的世界、社会的进步和发展，推进了人的生存条件和人的本性的改变与丰富，从而构成了整个人类的历史。由此可见，整个人类历史不过是人通过人的活动而实现的人的世界、社会的进步和发展及人类生存条件与人类本性的不断改变与丰富而已。历史不是“特殊的人格”，不是独立的主体，不能把人看作是“历史”用来达到和实现自己目的的工具与附庸。历史不是“历史”的历史，而是人类的历史。人类的历史当然以人为本、以人为主体。没有人，没有以人为主体的活动，没有人类生存条件和人类本性的改变，哪有人类的历史。所以马克思一则强调“全部人类历史的第一个前提无疑是有生命的个人的存在”；再则强调“历史不过是追求着自己目的的人的活动而已”；三则强调“整个历史也无非是人类本性的不断改变而已”。

正因为人类历史与人的存在、活动、发展具有同一性，所以在马克思的历史观中，人被看作是考察历史的前提和出发点。马克思强调自己对历史的考察方法的“出发点是从事实际活动的人”；这种考察方法“从现实的前提出发，它一刻也不离开这种前提。它的前提是人，但不是处在某种虚幻的离群索居和固定不变状态中的人，而是处在现实的、可以通过经验观察到的、在一定条件下进行的发展过程中的人”。① 这表明，马克思的历史观及其作为考察和解释历史的方法论，是体现了以人为本的原则的，是以人为前提和出发点的，这里根本不存在什么见物不见人的问题。

二

以人为本的原则是否与唯物史观不相容呢？肯定历史观体现了以人为本

① 《马克思恩格斯选集》第 1 卷，第 73 页。

的原则，是否会对马克思的历史观的唯物主义的基础和性质形成冲击呢？在历史观中是否存在着见人与见物的非此即彼的对立呢？

首先应该指出，人本身并不是非物质的存在，而是一种物质存在，是有生命的物质存在，不能把人非物质化或观念化，不能把人看作是一种精神的或意识的存在。人作为有生命的物质存在，具有自然力、生命力和欲望，是能动的物质存在。正因为如此，才有人对自然界的能动的对象性关系（这种对象性关系首先表现为通过人的物质生产活动来满足人的物质生活需要）。马克思在肯定有生命的个人的存在是全部人类历史的第一个前提的时候指出："第一个需要确认的事实就是这些个人的肉体组织以及由此产生的个人对其他自然的关系。"① 因为人作为一种有生命的物质存在，也是一种自然存在物。人本来是自然界分化的产物，要靠自然界生活，人的存在同自然界相联系，因而是自然界的一部分。因此，在人类历史中必然包含着人对自然界的关系。在自然界具有优先地位的条件下，人的存在是上述关系发生的必要前提，而上述关系又是人的存在绝对必要的前提。

但是，人不是一般的物质存在，不是单纯的自然存在物。人作为有生命的肉体的主体，虽然感性地表现为个人，但这些个人不是离群索居、孤立独处的抽象的个体，而是通过实际的活动社会地存在着和发展着的现实的人。从现实性和本质的意义上说，人是一种社会性的物质存在，即社会存在物。如果离开社会来谈论人的存在，那他（人）"要么是只野兽，要么是个神"（亚里士多德）。尽管人作为自然存在物的物质存在，是人的感性存在、感性活动和全部特性的物质基础，因而也是人与自然界相联系、相统一的物质基础，但是，人只有作为社会存在物的存在，他作为自然存在物的物质存在，才是他自己"作为人"的人的存在，才能按人的方式从事人的活动，并与自然界发生"人的关系"，生产自己的人的生活，形成自己的人的规定性和本质。人总是感性地表现为有生命的个人，但这些个人又都是社会存在物。他

① 《马克思恩格斯选集》第1卷，第67页。

们通过自己在活动中的交互作用而发生一定的社会联系和社会关系，从而表现为社会总体，表现为社会的类存在物。这些个人在活动的交互作用中所发生的社会联系和社会关系的总和就构成社会。马克思说：“社会——不管其形式如何——是什么呢？是人们交互活动的产物。”① 社会不是由个人无序地简单堆积而成的，“而是表示这些个人彼此发生的那些联系和关系的总和”②。个人总是生活、活动于一定的社会联系和社会关系之中，并且是这一定的社会联系和社会关系的承担者、载体或主体。马克思说：“人们的社会历史始终只是他们的个体发展的历史，而不管他们是否意识到这一点。他们的物质关系形成他们的一切关系的基础，这种物质关系不过是他们的物质的和个体的活动所借以实现的必然形式罢了。”③ 这表明，马克思的唯物主义的社会历史观同他对人的唯物主义（但不是单纯的自然主义）的理解是紧密地联系在一起的，是以对人的唯物主义（而不是单纯的自然主义）的理解为出发点和前提的。

当然，人作为一种有生命的，特别是社会的物质存在，同时也是一种有意识的存在。因为人这种物质存在具有意识和自我意识。但是，意识和自我意识既不是独立存在的精神实体，也不是某种绝对精神发展的结果和表现，意识和自我意识始终是人的意识和自我意识。因此，不能颠倒地从意识出发，把意识和自我意识“看作是有生命的个人”。从有生命的个人出发，还是从意识出发，这是关于历史考察方法的两种根本不同的出发点和前提。

从有生命的个人这一前提出发，把这些个人看作是社会中的现实的从事实际活动的人，这是对人的唯物主义的理解：而这种对人的唯物主义理解必然导致对历史的唯物主义理解。相反，从意识出发，把人等同于意识或自我意识，用想象的人来代替现实的从事实际活动的人，这是对人的唯心主义的理解；而对人的唯心主义的理解，必然导致对历史的唯心主义的理解。人作

① 《马克思恩格斯选集》第 4 卷，第 532 页。

② 《马克思恩格斯全集》第 46 卷上，人民出版社 1979 年版，第 220 页。

③ 《马克思恩格斯选集》第 4 卷，第 532 页。

为有生命的肉体的存在，作为社会存在物的存在，作为有意识的存在物的存在，是一个统一的复杂的有机整体系统。这个整体系统的存在是由多种多样的社会生活和社会活动构成的。从人是有生命的肉体的存在这一感性事实出发，可以确定人的生存的第一个前提是必须能够生活；而为了生活就需要生活资料。这就决定了人的第一个历史性的社会活动必然是生产满足生活需要的资料的实践，即物质生产活动。人的社会的物质生活和物质生产，是人的社会的经济生活和经济活动的根本内容，也是人的社会存在的现实基础。在现实的社会经济生活和经济活动的基础上，人的社会生活和社会活动还包括政治生活和政治活动、精神生活和精神活动等。人在多种多样的社会生活和社会活动中，必然发生多种多样的社会关系，包括物质生产关系即经济关系、政治关系、精神关系等。人们的这些关系的总和就构成社会，而这些关系的矛盾运动，它们的建构、解构和重构的连续发生，则推动着人类社会的变化和发展，并形成人类社会的历史。人们的多种多样的社会生活和社会活动以及在其中所发生的多种多样的社会关系，都是属人的，是以人为承担者、载体或主体的，因而是以人为本的（因为如马克思所说，“人是全部人类活动和全部人类关系的本质、基础”）。那么，人们的这些社会生活、社会活动和社会关系，在人类的社会历史中，各具有什么样的地位和意义呢？

马克思说：“我们首先应当确定一切人类生存的第一个前提，也就是一切历史的第一个前提，这个前提是：人们为了能够‘创造历史’，必须能够生活。但是为了生活，首先就需要吃喝住穿以及其他一些东西。因此第一个历史活动就是生产满足这些需要的资料，即生产物质生活本身。而且这是这样的历史活动，一切历史的一种基本条件，人们单是为了能够生活就必须每日每时去完成它，现在和几千年前都是这样。因此任何历史观的第一件事情就是必须注意上述基本事实的全部意义和全部范围，并给予应有的重视。”①

马克思又说：人们之所以有历史，因为他们必须生产自己的生活，而且

① 《马克思恩格斯选集》第1卷，第78页。

必须用一定的方式进行，这是受他们的肉体组织制约的，人们的意识也是这样受制约的。

从上面两段话可以看出，马克思所说的一切历史的第一个前提是人们生产自己的物质生活，同前面讲的全部人类历史的第一个前提是有生命的个人的存在这两者是一致的。它们不是两个对立的前提，毋宁说就是一个前提。因为有生命的个人的存在正表现在他们能生产自己的现实的物质生活：而人之所以必须生产物质生活，又是受有生命的个人的肉体组织制约的。这表明，马克思的唯物史观同以人为本的原则不仅没有冲突，而且具有内在的本质的联系与统一。“人们的存在就是他们的现实生活过程”，① 而人们的现实生活的基础就是人们的物质生活和物质生活的生产。这种现实生活的基础，是人们存在的基础，因而也是人的世界、社会和人类历史的基础。这里并不存在什么见人与见物的非此即彼的对立。因为人的存在同其现实的物质生活及物质生活的生产是内在地统一的、不可分割的。这种不可分割的统一性，贯穿在整个人的世界、社会和人类历史之中。

根据以上的“基本条件”和“基本事实”，就人的社会存在的结构来说，人们的物质生活的生产及在其中所发生的物质生产关系是基础，它制约着人们的整个社会生活、政治生活和精神生活的过程。总之，“不是人们的意识决定人们的存在，相反，是人们的社会存在决定人们的意识”。② 这是按照人类社会历史的真实面目及其发展情况来理解人类社会历史的基本的唯物主义观点。它科学地揭示了人类社会历史的动态结构、发展动力与发展过程，从而也揭示了人类社会历史的建构与变化发展规律。

在这里应该特别指出的是，唯物史观的“物”，并不是指单纯的自然物，也不是指与人无关、超然于人的存在物。③ 因为所谓物质生活、物质生产及

① 《马克思恩格斯选集》第 1 卷，第 72 页。

② 《马克思恩格斯全集》第 3 卷，人民出版社 1998 年版，第 412 页。

③ 在异化劳动条件下，人的劳动的产品不属于他自己，而是作为“异己的力量”同他相对立；不仅如此，人的活动不属于从事活动的人自己，对从事活动的人来说成了“外在的东西”“异己的活动”。

物质生产关系，都是与人联系在一起的，都是属人的，而这种属人性，同人本身是有生命的和社会性的物质存在是分不开的，人就是上述物质生活、物质生产和物质生产关系的承担者、载体或主体。在这种境界和情况下，人与物是紧密地联系在一起的。当然，其中包含了自然物的前提，包含了人与自然界的关系。但这些自然物是经过人的活动加工改造过和人化了的，因而人与自然界的关系也是“人的关系”。把人当作非物质的、观念化的抽象存在与物对立起来，又把人与人自己的物质生活、物质生产及物质生产关系割裂开来、对立起来，使物质生活、物质生产及物质生产关系变成了无人的、无主体的不可思议的抽象，同样会导致神秘主义。马克思的唯物史观中的“物”，并不是指没有人、排除人或外在于人的无主体的物质生活、物质生产及物质生产关系。离开了人，不以人为本，哪有什么物质生活、物质生产及物质生产关系？那样，历史观又从哪里获得自己的唯物主义的基础和性质呢？应该说，以人为本是唯物史观的应有之义。因为唯物史观本身就是关于人类社会历史的动态结构（包括建构）及其变化发展（包括发展动力）规律的基本理论观点。这种观点正是从现实的活生生的人出发，以他们的存在、以他们的现实生活和生产活动为前提的。而这种前提又必然从始至终贯穿在系统之中，贯穿在过程之中。如马克思所指出的：“凡在过程开始时不是作为过程的前提和条件出现的东西，在过程结束时也不可能出现。但是另一方面，一切作为前提和条件的东西，在过程结束时则必然会出现。”① 何况人是人类历史的根本前提，也是按照历史的真实面目及其发展情况来考察历史和理解历史的根本前提呢？

我们应该看到马克思讲的物质生活是人们的物质生活，物质生产是人们的物质生产，物质生产关系是人们在物质生产活动中所发生的人的关系；我们还应该看到马克思一再强调他的历史观的“出发点是从事实际活动的人”，因而是从现实的前提出发的，“它的前提是人……是处在现实的可以通过经

① 《马克思恩格斯全集》第 46 卷上，第 262 页。

验观察到的、在一定条件下进行的发展过程中的人”。[①] 可见，马克思的唯物史观并不存在什么见物不见人的问题。另外，以人为本，也不会冲击和动摇马克思历史观的唯物主义基础。

三

对于人类历史，既不见人又不见物的考察方法和观点是以往的唯心主义。如马克思所揭露的，以黑格尔派为代表的德国哲学，只是“从口头说的、思考出来的、设想出来的、想象出来的人出发，去理解有血有肉的人”。这就是“从意识出发，把意识看作是有生命的个人”[②]。这种从意识出发所理解的人，当然不是现实的人，而只是一种想象中的意识的存在、精神的存在。黑格尔就认为“人的本质就是精神”[③]，人是“自在自为的精神”[④]，而人作为“自在自为的精神”，是一种意识到自己是自在自为地存在的精神即自我意识，因此他强调人是一个有自我意识的存在。他说，“就人作为精神来说，他不是一个自然存在。人能超出他的自然存在，即由于作为一个有自我意识的存在，区别于外部的自然界。”而“这种人与自然分离的观点”，是“属于精神概念本身的一个必然环节”[⑤]。总之，人作为有自我意识的存在，只不过是精神概念自我运动、自我发展的一个环节，即自觉自为地存在的精神。所以马克思指出，“人的本质、人，在黑格尔看来是和自我意识等同的”“人，仅仅表现为自我意识”“主体也始终是意识或自我意识”[⑥]。正因为这样，在唯心主义者那里，历史只不过是“想象的主体的想象的活动”，而不是追求着自己目的的现实的人的活动。

---

① 《马克思恩格斯选集》第1卷，第73页。
② 同上。
③ 黑格尔著，王造时译:《历史哲学》，生活·读书·新知三联书店1956年版，第373页。
④ 黑格尔著，范扬、张金泰译:《法哲学原理》，商务印书馆1961年版，第45页。
⑤ 黑格尔著，贺麟译:《小逻辑》，商务印书馆1980年版，第92页。
⑥ 《马克思恩格斯全集》第42卷，第165、162页。

唯心史观既然看不到或否认现实的从事实际活动的人这一人类社会历史的根本前提，也就必然忽视人类社会历史中人们的物质生活、物质生产及在其中所发生的物质生产关系“这一现实基础”，或者“把它仅仅看成与历史过程没有任何联系的附带因素”：“现实的生活生产被看成是某种非历史的东西，而历史的东西则被看成是某种脱离日常生活的东西、某种处于世界之外和超乎世界之上的东西，就把人对自然界的关系从历史中排除出去了，因而造成了自然界和历史之间的对立”①

由此可见，唯心史观与唯物史观的根本对立，不是表现为是见人还是见物的对立，而是表现为视人们的社会存在（即人们的现实生活过程）与人们的意识何者起决定作用的对立；这种对立也就是从现实的、活动着的、活生生的人出发，还是从意识、从想象的人或主体出发。前者是既见人（现实的人），又见物（现实的人的现实生活过程）；后者是既不见人（现实的人），又不见物（现实的人的现实生活过程），这才产生了唯物史观与唯心史观的对立。因此，在马克思的历史观中并不存在什么见人与见物的对立，既不存在见物不见人的问题，也不存在见人不见物的问题。马克思的历史观体现了人与物、人与自然的本质的统一，是贯穿了以人为本的原则的唯物主义历史观。见物不见人的唯物史观是不可思议的。但是，如果认为见人就会不见物，肯定以人为本就会冲击唯物史观，那实际上是把人非物质化、观念化，把人等同于或认为人仅仅表现为意识或自我意识，这是对人的黑格尔式的唯心主义理解，与马克思所讲的现实的、活生生的人毫不相干。如果以对人的黑格尔式的理解为前提和出发点，那当然与唯物史观不相容。因为那种理解既看不到现实的、活动着的活生生的人本身，也就必然看不到和不理解作为社会历史“基本事实”的人们对自己物质生活的生产的“全部意义”②。这才是既不见人又不见物的唯心主义历史观。

---

① 《马克思恩格斯选集》第 1 卷，第 93 页。

② 同上书，第 79 页。

以人为本与唯物史观是否相容、是否具有统一性，问题在于如何理解人。大家知道，费尔巴哈是以人本学或人本主义来标榜自己的哲学的。从字面上看，人本学或人本主义似乎也体现了以人为本。费尔巴哈宣称他的哲学从人出发，并且反对将“人这个名称翻译成自我意识”[①]，也就是反对黑格尔派关于人是作为精神的存在的唯心主义观点。他力图用唯物主义的观点来理解人，认为人是“导源于自然界的感性的实在的物质实体即肉体”。他也肯定人有意识、思维，但它们仍然是肉体的活动，是头脑的工作，而头脑乃是肉体的一个器官。所以人不是抽象的、思维的实体，而是作为感性的实体存在的。于是他强调，他的新哲学的出发点是：“我是一个实在的感觉的本质，肉体就是我的‘自我’，我的实体本身。”[②]

对于费尔巴哈，马克思一方面肯定“他承认人也是感性对象”、是“很大的优点”，但另一方面又批评“他把人只看作是‘感性对象’，而不是‘感性活动’”，因而他不能实践地从人们现有的社会联系、从那些使人们成为现在这种样子的周围生活条件（它们都是人们的感性的实践活动的结果）来观察人。因此，费尔巴哈虽然强调他的哲学从人出发，但他并没有看到现实存在着的、活动的人，而是停留于抽象的“人”。他虽然也讲人与人之间的联系，但只承认爱与友情（“而且是观念化了的爱与友情”）的联系。除此以外，他不知道人与人之间还有什么其他的“人的关系”。因此，费尔巴哈虽然标榜人本学或人本主义，强调他的哲学是从人出发的，但他所强调的仍然是抽象的“人”，看不到也不理解现实的、感性地活动着的人。这就使得“他从来没有把感性世界理解为构成这一世界的个人的全部活生生的感性活动”。因此，费尔巴哈在探讨历史的时候，“他不是一个唯物主义者”，而是“重新陷入唯心主义”[③]。

那么，费尔巴哈作为一个反对黑格尔派唯心主义的唯物主义者，为什么

① 《费尔巴哈哲学著作选集》，商务印书馆 1984 年版，第 117 页。

② 同上书，第 169 页。

③ 《马克思恩格斯选集》第 1 卷，第 77、78 页。

在历史观上“重新陷入唯心主义”呢？之所以如此，并不是因为他主张“人本”，主张从人出发，而是因为他讲的人是抽象的“人”，而不是现实的、从事实践活动的、进行物质生产的人；因此，他也必然看不到和不理解人的现实的物质生活、物质生产和物质生产关系这种历史的“基本条件”因而也是历史观的“基本事实”的全部意义。他所谓的“人本”是以抽象的“人”为本，他所谓从人出发是从抽象的“人”出发。这种抽象的“人”除了在感情范围内被承认是“感性对象”以外，完全没有作为现实的人存在的现实生活基础。所以，如果说费尔巴哈是一个唯物主义者的话，那么，历史是在他的视野之外的，如马克思所说，“在他那里，唯物主义和历史是彼此完全脱离的”①。

按照恩格斯的说法，费尔巴哈的历史观是一种以对抽象的人的崇拜为“核心”的“新宗教”。而代替这种“新宗教”的则是“关于现实的人及其历史发展的科学”②。这种科学就是马克思所创立的以现实的人为前提和出发点因而体现了以人为本的原则的唯物史观。

① 《马克思恩格斯选集》第 1 卷，第 77、78 页。

② 《马克思恩格斯选集》第 4 卷，第 241 页。

论实践的唯物主义*

夏甄陶

［**主编按语**］　本文对有关“实践的唯物主义”之马克思恩格斯文本所作具体的历史的解读，围绕马克思“把实践作为建立新唯物主义理论的基础，并特别强调新唯物主义哲学的实践功能”，系统而深邃地阐释马克思主义哲学所实现的哲学变革的意义和实质，揭示其中蕴涵的马克思主义哲学的精髓。因此，其重要性绝不限于哲学“名称”，正如文中指出：“马克思主义哲学之所以能够把唯物论和辩证法统一起来，把唯物辩证的自然观和历史观以及认识论、逻辑学统一起来，建立起理论形态的辩证唯物主义和历史唯物主义，是因为它是同直观的唯物主义不同的实践的唯物主义。只有实践的唯物主义，才能达到理论形态的辩证唯物主义和历史唯物主义。这种哲学理论形态，是唯心主义的思辨哲学和直观的唯物主义所无论如何达不到的。”尤其，将“实践的唯物主义”作为共产主义以至当今中国特色社会主义理论和实践之哲学基础，更凸显了此主题的重大现实意义。可见，20年前“实践的唯物主义”讨论，启迪人们进一步探究马克思哲学如何变革、超越或转换西方传统哲学囿于抽象理性之本体论旧范式，揭开哲学范式转换与哲学新范式研究之序幕。

* 本文原载《社会科学战线》1993年第1期。

近年来我国哲学界展开了关于实践的唯物主义的讨论。在这篇文章里，我想从以下几个方面谈谈对实践的唯物主义的看法。

一

在近代哲学史上，19 世纪 40 年代是一个哲学大变革的时代。19 世纪初期，德国古典哲学在黑格尔的思辨哲学中发展到了顶峰，但同时也走进了死胡同。这一事实表明，哲学必须进行一次变革，才能继续向前发展。正是适应这种要求，费尔巴哈在 1842 年写了《改革哲学的必要性》和《关于哲学改造的临时纲要》两篇文章，强调哲学必须改革，并提出了关于哲学改革的一些主张。那么，应当怎样进行改革呢？对此，费尔巴哈写道："是按以前的哲学的精神进行改革呢，还是按新的精神进行改革？这里是谈的类似以前的哲学，还是谈的在本质上不同的哲学？这两个问题又取决于第三个问题：我们是站在新时代、新的人类发展时期的大门之前呢，还是在老路上蹒跚？如果我们只是从哲学的观点来对待变更的必要性问题，那我们未免把问题提得太狭窄了，那我们只不过是为普通小学生的争论提供材料。这完全是多余的。"费尔巴哈强调："只有那种适应时代的要求，符合人类的利益的哲学变革，才可能是不可避免的、真正的变革。"

费尔巴哈关于哲学改革的主张是针对唯心主义的思辨哲学和神学提出来的，他的功绩在于恢复了唯物主义的传统，唯物主义地解决了思维和存在的关系问题。费尔巴哈认为代替旧哲学的新哲学应该研究人，而人是自然界的一部分，人的身体和精神的泉源是同一个东西，即自然、物质，所以他强调："新哲学将人连同作为人的基础的自然当作哲学唯一的、普遍的、最高的对象。"他有一句名言："观察自然、观察人吧！在这里你们可以看到哲学的秘密。"费尔巴哈认为代替旧哲学的新哲学的本质是人本主义的，而人本主义哲学的首要特征就在于同自然科学的结合。他说："哲学必须重新与自然科学结合，自然科学必须重新与哲学结合。这种建立在相互需要和内在必然性上面的结合，是持久的、幸福的、多子多孙的，不能与以前那种哲学与神学的错配同日而语。”

但是，费尔巴哈的哲学改革，并没有像他自己所说的那样产生“适应时代的要求”“预示未来”的实际的结果。他否定黑格尔的思辨的唯心主义，连同辩证法也否定了。他肯定自然界的客观性，强调研究自然界、强调按照事物的本质来认识事物，但他把自然界和事物只是看作直观的对象，说“自然界并不让自己隐藏起来，它反而是尽力地自荐于人，或者可以说是厚着脸去迁就人的。”他强调研究人，但他所说的人，是脱离历史发展、离开社会关系的抽象的人，只是一种感性实体。他批判神学，否定传统的宗教，却又提出建立“爱的宗教”，甚至认为人类历史各个时期的不同，仅仅是由于宗教上的变迁。因此，费尔巴哈虽然恢复了唯物主义的权威，但根本没有也不可能达到辩证唯物主义和历史唯物主义。他的唯物主义基本上还是过去那种机械的、形而上学的唯物主义，是停留在半路上的唯物主义，本质上还是属于直观的唯物主义。

为什么费尔巴哈积极主张哲学改革而对他本人来说却没有产生实际的结果呢？恩格斯指出：“因为费尔巴哈不能找到从他自己所极端憎恶的抽象王国通向活生生的现实世界的道路。他紧紧地抓住自然和人；但是，在他那里，自然界和人都只是空话。无论关于现实的自然界或关于现实的人，他都不能对我们说出任何确定的东西。”“而且作为一个哲学家，他也停留在半路上，他下半截是唯物主义者，上半截是唯心主义者；他没有批判地克服黑格尔，而是简单地把黑格尔当作无用的东西抛在一边。同时，他本人除了矫揉造作的爱的宗教和贫乏无力的道德以外，与黑格尔体系的百科全书式的丰富内容相抗衡”，① 拿不出什么积极的东西来，费尔巴哈之所以不能找到从抽象王国通向活生生的现实世界的道路，最根本的是在于他不理解实践的意义。这样，他对自然界就只能满足于直观，而对人和人的社会生活的理解则仍然停留在抽象王国里。这说明，不以实践为基础的直观的唯物主义是不可能贯彻到底，也不可能完全克服思辨哲学的。费尔巴哈本来主张哲学不仅要

① 《马克思恩格斯选集》第 4 卷，人民出版社 1995 年版（下同），第 240、241 页。

满足理论家，而且要满足实践家的，但是由于他的哲学脱离了实践基础，既不能满足理论家，也不能满足实践家。结果，他的哲学连同他本人就被 1848 年革命抛在一边了。

在 19 世纪 40 年代真正标志着伟大哲学变革的是马克思主义哲学的产生。哲学发展的历史必然性使作为马克思主义哲学创立者的马克思与费尔巴哈同时即 1842 年就在他所写的关于《第一七九号“科伦日报”社论》的评论中，提出了一种崭新的哲学观念。他指出：哲学是“现实的智慧”，“哲学不是世界之外的遐想”。哲学家“是自己的时代、自己的人民的产物，人民最美好、最珍贵和最隐蔽的精髓都汇集在哲学思想里。正是那种用工人的双手建筑铁路的精神，在哲学家的头脑中建立哲学体系。”在马克思看来，哲学要获得自己的内容并使其外部表现形式适合于这种内容，必须“和自己时代的现实世界接触并相互作用”。哲学虽然是通过头脑的思维和世界相联系的，但不能离开“双脚立地，并用双手攀摘大地的果实”的人类实践活动这一基础，同时，哲学本身也应该通过实践“用双脚站在地上”[①]，从这里可以看出，马克思在当时实际上已经初步提出了一种以实践（虽然还没有明确提出实践这一概念）为基础的崭新的哲学观念。

在《1844 年经济学—哲学手稿》（以下简称《手稿》）中，马克思明确提出：“理论的对立本身的解决，只有通过实践方式，只有借助于人的实践力量，才是可能的；因此，这种对立的解决绝不只是认识的任务，而是一个现实生活的任务，而哲学未能解决这个任务，正因为哲学把这仅仅看作理论的任务。”[②] 马克思还提出了“实践的人道主义”的概念，“实践的人道主义”就是扬弃私有财产的共产主义[③]。在这里马克思沿用了费尔巴哈的人道主义这个术语，费尔巴哈不满意 18 世纪的唯物主义，特别是不满意庸俗唯物主义，因此他反对唯物主义这个名词而把自己的哲学叫作自然主义、人道主义，实际

① 以上约见《马克思恩格斯全集》第 1 卷，人民出版社 1995 年版（下同），第 120—121 页。

② 《马克思恩格斯全集》第 42 卷，人民出版社 1979 年版（下同），第 127 页。

③ 同上书，第 174 页。

上，这种自然主义、人道主义，就是费尔巴哈的唯物主义。所以马克思在这里所说的"实践的人道主义"，正是他后来所提出的实践的唯物主义的萌芽。

马克思在 1845 年所写的《关于费尔巴哈的提纲》，恩格斯称之为"包含着新世界观的天才萌芽的第一个文件"。在这个文件中，马克思十分鲜明地把实践作为建立自己的新世界观、新唯物主义的基础。他强调要从感性活动、实践来理解人、主体、人的社会生活，又要从人的、主体的感性活动、实践方面来理解对象、现实、感性，来理解人的思维的现实性和力量，来理解人与现存世界的关系。他既批判了离开感性活动、实践去理解人、理解主体和离开人的、主体的感性活动、实践去理解现实、事物、客体的直观的唯物主义，又批判了不知道真正现实的、感性的活动本身，而只是抽象地发展了主体的能动方面的唯心主义是把主体理解为无人身的理性或纯粹的自我意识，这是一种纯粹思辨的哲学。在这个文件中，马克思不仅把实践作为建立自己的新世界观、新唯物主义理论的基础，而且还特别指出："哲学家们只是用不同的方式解释世界，而问题在于改变世界。"明确强调了新唯物主义的实践功能。时隔不久，在《德意志意识形态》这一著作中马克思（和恩格斯）又提出："对实践的唯物主义者即共产主义者来说，全部问题都在于使现存世界革命化，实际地反对并改变现存的事物。"这一提法同《手稿》中的"实践的人道主义"的提法相比，是完全成熟和精确了，它彻底消除了费尔巴哈的痕迹。

马克思由于把实践作为建立新唯物主义理论的基础，并特别强调新唯物主义哲学的实践功能，所以这种新唯物主义完全可以叫作实践的唯物主义。实践的唯物主义由于科学地理解和重视实践的意义，它就找到了费尔巴哈找不到的由抽象王国通向活生生的现实世界的道路，并真正能够克服费尔巴哈所不能克服的唯心主义思辨哲学。正如马克思所指出的："凡是把理论引向神秘主义的神秘东西，都能在人的实践中以及对这个实践的理解中得到合理的解决。"①

① 马克思、恩格斯著，中央编译局译：《费尔巴哈》，人民出版社 1988 年版（下同），第 85 页。

马克思还说："在思辨终止的地方，在现实生活面前，正是描述人们实践活动和实际发展过程的真正的实证科学开始的地方。"① 我们也可以反过来说：描述人们实践活动和实际发展过程的真正的实证科学开始的地方，正是思辨终止的地方。恩格斯也说过："对这些以及其他一切哲学上的怪论的最令人信服的驳斥是实践，即实验和工业。"② 同时，也只有实践的唯物主义才能克服旧的、直观的唯物主义。旧的、直观的唯物主义"即不是把感性理解为实践活动的唯物主义"，其根本失误之处正在于"不了解'革命的''实践批判的'活动的意义"。

由上我们可以看出，在 19 世纪 40 年代，马克思之所以能够实现费尔巴哈想实现而不能实现的哲学变革，是同他真正发现了实践的意义，并以科学地理解的实践为基础来建立自己的新唯物主义哲学和规定新唯物主义哲学的功能是分不开的。从马克思主义哲学产生、发展及其生命力的基础来看，从马克思主义哲学的功能特征来看，从马克思主义哲学所实现的变革和对唯心主义哲学、对旧的直观的唯物主义的超越的实质来看，把它叫作实践的唯物主义是完全合理的。

二

大家都知道，马克思主义哲学从内容上以及从与内容相适应的形式上，都实现了唯物主义和辩证法的统一，实现了唯物辩证的自然观和历史观以及认识论和逻辑学的统一，从唯物主义的发展史来看，这种统一表现了作为马克思主义哲学的辩证唯物主义和历史唯物主义这种唯物主义形态，同机械的、形而上学的唯物主义这种唯物主义形态（它在历史观上是唯心主义的）的区别。那么，马克思主义哲学为什么能实现上述统一，建立辩证的历史的

① 《费尔巴哈》，第 17 页。

② 《马克思恩格斯选集》第 4 卷，第 225 页。

唯物主义形态呢？关键在于马克思主义哲学的创始人是以实践为基础来建立和发展新形态的唯物主义的，或者说，是把实践作为新形态的唯物主义的生长点。

马克思曾经提出，哲学家不只是要解释世界，而且要改变世界。人们一般都认为，解释世界是理论的任务，只有改变世界才是实践的任务。但是对马克思主义哲学来说，这两方面的任务是分不开的。实际上，即使是对世界的理论解释，也离不开对世界的实践改造。马克思主义哲学的创始人正是总结和概括了自己时代的实践和在实践基础上发展起来的自然科学所提供的材料，才实现了唯物主义和辩证法相统一、实现了唯物辩证的自然观和历史观以及认识论和逻辑学相统一的辩证唯物主义和历史唯物主义的建立。在这个意义上，我们完全可以把新的辩证唯物主义和历史唯物主义同时叫作实践的唯物主义，就像我们把旧的机械的形而上学的唯物主义同时叫作直观的唯物主义一样。辩证的、历史的唯物主义同机械的、形而上学的唯物主义的区别，同时也就是实践的唯物主义同直观的唯物主义的区别。

从解释世界这个方面来看，实践的唯物主义同直观的唯物主义的区别，主要表现在它从实践来理解人、人的社会生活、感性世界。

如前所述，费尔巴哈是强调观察人、研究人的，并把自己的哲学标榜为人本主义。但是他离开感性活动、离开实践来理解人，结果就像马克思所批评的那样，至多也只能达到对单个人的直观。这种直观只能把人看作是一种"感性对象"，而不能揭示人的真正本质。所以马克思和恩格斯批评说："他把人只看作是'感性对象'，而不是'感性活动'，因为他在这里也仍然停留在理论的领域内，没有从人们现有的社会联系，从那些使人们成为现在这种样子的周围生活条件来观察人们……他还从来没有看到现实存在着的、活动的人，而是停留于抽象的'人'，并且仅仅限于在感情范围内承认'现实的、单个的、肉体的人'。"[①] 正因为这样，后来恩格斯指出费尔巴哈关于人

① 《费尔巴哈》，第22页。

“都只是空话”“不能向我们说出任何确定的东西”。恩格斯强调：“要从费尔巴哈的抽象的人转到现实的、活生生的人，就必须把这些人当作在历史中行动的人去考察。”[①] 所谓“当作在历史中行动的人去考察”，就是要从感性活动、从实践方面去研究和理解人。

在历史上，思想家们曾经提出过关于人的种种规定，诸如：人是有理性、有智慧、能思维的动物；人是制造工具的动物；人是使用符号、使用语言的动物；人是追求和创造理想世界的动物；人是文化的动物，人是有意识的存在物；人是社会存在物；等等。实际上，这些关于人的种种规定，又可以归结为人是实践的存在物。实践是一种对象性的感性活动，它是人与世界的关系实际展开的最基本、最现实的形式，是人的存在的根本方式，因而也是人的全部本质特性、功能特征和本质力量形成和发展的根源与基础，又是它们对象性的实现、表现和确证。

比如，人的理性、智慧、思维，是在人类进化过程中世世代代实践地改变外部世界的活动过程中形成和发展起来的，正如恩格斯所指出的，“人的思维的最本质和最切近的基础，正是人所引起的自然界的变化，而不单独是自然界本身；人的智力是按照人如何学会改变自然界而发展的。”[②] 人制造和使用工具的能力是通过劳动实践获得的，并唯有通过实践才能得到实现，而制造和使用工具，又是人的劳动实践的一个根本特点和根本标志。通过劳动实践制造和使用工具，又表现了人的理性的机巧和智慧的力量。实践的需要和实践的展开，使人逐渐获得了使用符号、使用语言的能力。改造现实，超越现实，追求和创造理想的对象世界，是人的实践的主要功能和主要目标。而通过实践改造现成世界，创造理想的对象世界，又如马克思所说的，“证明了人是有意识的类存在物”[③]。人是在社会中存在和生活的，正是通过实践，才创造了人的社会存在和社会生活，创造了人类社会物质的和精神的文

① 《马克思恩格斯选集》第 4 卷，第 241 页。

② 《马克思恩格斯全集》第 20 卷，人民出版社 1971 年版，第 573 页。

③ 《马克思恩格斯全集》第 42 卷，第 96 页。

化，使人成为社会存在物、文化存在物。马克思所谓“人们现有的社会联系”，“那些使人们成为现在这种样子的周围生活条件”，所谓作为“一切社会关系的总和”的“人的本质”，都是通过人自己的感性活动、实践创造的。因此，实践是使人成为人的最根本的功能，是规定人之为人的最本质的特性。马克思指出：“一个种的全部特性、种的类特性就在于生命活动的性质，而人的类特性恰恰就是自由的自觉的活动。”① 这种自由的自觉的活动，也就是人的感性活动、实践。所以，研究和理解人，不能离开人的感性活动、人的实践这使人成之为人、规定人之为人的本质特性和根本功能。这是实践的唯物主义同直观的唯物主义研究和理解人的根本区别。

在社会历史领域，费尔巴哈由于不了解人的感性活动、人的实践的意义，不但没有能克服黑格尔的唯心主义思辨哲学，而且使自己陷于一种更贫乏的唯心主义。他把人的社会关系归结为“感情的关系、心灵的关系”，正如马克思和恩格斯指出的：“除了爱与友情以外，他不知道‘人与人之间’还有什么其他的‘人的关系’。”② 他还以语源学为根据，把上述这种所谓“纯粹的”人的关系看作“新的、真正的宗教”（宗教一词是从 religare 一词来的，本来是联系的意思）”③ 。他认为人类历史时期的不同，仅仅是宗教的变迁，社会历史被归结为宗教变迁史。由此可见，费尔巴哈的直观的唯物主义在社会历史领域重新陷入唯心主义。马克思和恩格斯说：“当费尔巴哈是一个唯物主义者的时候，历史在他的视野之外；当他去探讨历史的时候，他不是一个唯物主义者。在他那里，唯物主义和历史是彼此完全脱离的。”④

实践的唯物主义则认为人的“全部社会生活在本质上是实践的”⑤ 。人们只是通过自己的感性活动、实践（其中最基本的具有基础性意义的是物质

① 《马克思恩格斯全集》第 42 卷，第 96 页。
② 《费尔巴哈》，第 22 页。
③ 《马克思恩格斯选集》第 4 卷，第 234 页。
④ 《费尔巴哈》，第 22 页。
⑤ 同上书，第 85 页。

生产实践活动），才创造了自己的全部社会生活，形成了自己的全部社会关系，因而才有所谓人类社会。而人类社会的历史，则不过是人类实践活动的历史。马克思和恩格斯指出："历史不过是追求着自己的目的的人的活动而已。"[①] "历史不外是各个世代的依次交替。每一代都利用以前各代遗留下来的材料、资金和生产力；由于这个缘故。每一代一方面在完全改变了的环境下，继续从事所继承的活动，另一方面又通过完全改变了的活动来改变旧的环境。"[②] "历史向世界历史的转变，不是'自我意识'、宇宙精神或者某个形而上学怪影的某种纯粹抽象的活动，而完全是物质的、可以通过经验确定的活动，每一个过着实际生活的、需要吃喝穿的个人都可以证明这种活动。"[③] 很明显，只有在人的感性活动、人的实践，特别是生产劳动实践的基础上，才能按照本来面目及其产生情况认识和理解人类社会生活和社会历史的本质，也只有这样的认识和理解，才能彻底克服唯心主义思辨哲学在社会历史领域的种种臆造，彻底克服直观的唯物主义的半途而废，把唯物主义和历史联系起来，达到科学的历史唯物主义。后来恩格斯称马克思主义的历史观是"在劳动发展史中找到了理解全部社会史的锁钥的新派别"[④]，说明把人的感性活动、实践，特别是劳动生产实践作为理解全部社会历史的钥匙，是形成马克思主义历史观即历史唯物主义的基础，也是在对社会历史的理解方面实践的唯物主义不同于直观的唯物主义的主要根源。在马克思主义哲学中，历史唯物主义也就是在社会历史领域的实践的唯物主义。

实践的唯物主义比以往的一切唯物主义都更加明智地、自觉地肯定世界的物质本原性和外部自然界的优先地位。马克思指出："没有自然界，没有感性的外部世界，工人就什么也不能创造。它是工人用来实现自己的劳动、

① 《马克思恩格斯文集》第 1 卷，人民出版社 2009 年版（下同），第 295 页。

② 《费尔巴哈》，第 32 页。

③ 同上书，第 33 页。

④ 《马克思恩格斯选集》第 4 卷，第 258 页。

在其中展开劳动活动、由其中生产出和借以生产出自己的产品的材料。”[①] 即使是在人们的感性活动、生产实践创造整个现存感性世界的情况下“外部自然界的优先地位仍然保持着”[②]。但是，实践的唯物主义又不把人周围现存的感性世界看作是“某种开天辟地以来就已存在的、始终如一的东西，而是工业和社会状况的产物，是历史的产物，是世世代代活动的结果”。[③]“这种活动，这种连续不断的感性劳动和创造、这种生产，正是整个现存的感性世界的基础。”[④] 因此，实践的唯物主义又把作为主体的人的感性活动、实践作为一个必要的因素，甚至作为基础，包含于我们周围现存的感性世界及其生成、发展的辩证运动过程之中，实践本身就是以人为主体的属于人的感性世界的一种基本的自觉的辩证运动形式。作为辩证运动过程，人的感性活动、实践和属于人的感性世界，都是历史性的，它们既是同一定的历史前提相联系的历史的结果，又是历史本身。正因为这样，实践的唯物主义要求从主体的方面，在人的感性活动、实践的基础上来理解现存的感性世界及其辩证运动。在马克思和恩格斯看来，只有这样，才是“按照事物的本来面目及其产生情况来理解事物”[⑤]。这就是关于人的感性世界、人化的自然、人的社会历史的实践的唯物主义。

那么，实践的唯物主义同唯物辩证的自然观是否相容呢？首先应该指出，实践的唯物主义和直观的唯物主义在自然观上都是唯物主义，都包含了唯物主义本体论前提。它们都承认物质自然界是本原的、是客观的，不以任何人、任何主体的意志为转移的。如前所述，在这一点上，实践的唯物主义比其他一切形态的唯物主义更加明智、更加自觉。实践的唯物主义不是把实践看作自然界的本体，就如直观的唯物主义不是把直观看作自然界的本体一样。但

① 《马克思恩格斯全集》第 42 卷，第 92 页。
② 《费尔巴哈》，第 21 页。
③ 同上书，第 20 页。
④ 同上书，第 21 页。
⑤ 同上书，第 20 页。

直观的唯物主义满足于对自然界的直观，只能达到对自然界的机械的、形而上学的理解，只能形成机械的、形而上学的自然观。而马克思的实践唯物主义则立足于自己时代的社会化大工业生产实践和科学实验以及在此基础上发展起来的自然科学成果，把它们集中在自己的哲学思想里，才从哲学的高度揭示了自然界的唯物辩证的本质，并理论地建立起唯物辩证的自然观。

人们说，唯物主义应该研究“纯粹的”客观存在、“纯粹的”物质自然，这种“纯粹的”客观存在、“纯粹的”物质自然，是与作为主体的人的感性活动、实践无关的，是没有作为主体的人的感性活动、实践渗入的，因此，实践的唯物主义在自然观方面是不适用的。实际上，问题在于哲学如何研究所谓“纯粹的”客观存在和“纯粹的”物质自然呢？如果不以实践为基础，不依赖在实践即工业和实践基础上发展起来的自然科学，那么，对所谓“纯粹的”客观存在或物质自然的哲学研究，就只能像马克思主义哲学产生以前的旧哲学一样，或者靠单纯的直观，或者靠纯粹的思辨。通过这些途径来研究所谓“纯粹的”客观存在或“纯粹的”物质自然所产生的哲学结果，已经由过去的直观的唯物主义和唯心主义的思辨哲学提供了。但这些哲学结果并没有也不可能达到对所谓“纯粹的”客观存在或“纯粹的”物质自然的唯物辩证的科学认识。而马克思和恩格斯之所以能够达到对客观存在或物质自然的唯物辩证的本质的科学认识，理论地建立起唯物辩证的自然观，恰恰是以他们自己时代的实践为基础，依赖他们自己时代的实践即大工业生产实践和科学实验以及在此基础上发展起来的自然科学成果（比如著名的三大发现）所提供的材料；并且，这种唯物辩证的自然观也是随着人类实践的发展和自然科学的发展，而不断丰富自己的内容，改变自己的形式的。

有趣的是，当年的费尔巴哈曾谈到通过自然科学的直观来建立纯粹的自然科学的主张。针对这种主张，马克思和恩格斯写道：“费尔巴哈特别谈到自然科学的直观，提到一些只有物理学家和化学家的眼睛才能识破的秘密，但是如果没有工业和商业，哪里会有自然科学呢？甚至这个‘纯粹的’自然科学也只是由于商业和工业，由于人们的感性活动才达到自己的目的和获得自己的材料的。"[1] 这就是说，即使是所谓"纯粹的"自然科学也必须依赖人们的感性活动、依赖实践才是可能的。这一点完全可以由科学发展史特别是近现代科学发展史来证明。

我们同样可以说，即使是"纯粹的"自然界的唯物辩证的本质，也只是由于人们的感性活动、由于人们的实践的展开，才被逐渐揭示的，而不单纯由哲学家的眼睛或头脑来识破的。但是，绝不会因为有人们的感性活动、实践的参与以及这些感性活动、实践中的人的主体性的介入而损害、污染自然界的客观性。自然科学以科学实验为基础所揭示的关于自然界的各种科学规律是"纯粹"客观的，辩证唯物主义以实践和自然科学为基础所揭示的关于自然界的唯物辩证的本质也是"纯粹"客观的。事实上，那种根本与人的感性活动、实践和人的主体性毫无关系的绝对纯粹的自然界，只有"先于人类历史而存在的那个自然界"[2]。如果我们硬要保持自然界的绝对纯粹性，除非我们根本不去认识它；而如果我们要认识它，那就必须依赖人的感性活动，依赖实践，依赖人的主体性的发挥，否则，它就始终是"在我们的视野范围之外的存在"，而对于这种存在的状况就始终"是一个悬而未决的问题"[3]。对实践的唯物主义来说，人的感性活动、实践，正是为了提高"纯粹"的自然界的可认识的透明度；在这一方面发挥人的主体性，正是为了保证认识的客观性。

当然，哲学家要揭示自然界客观的唯物辩证的本质，还要有高度发达的哲学理性思维，但是，哲学理性思维的发达，也是同人们的感性活动、实践的充分发展密切相关的。高度发达的哲学理性思维本身就是一种辩证思维，它是在近现代的人类实践和自然科学基础上发展起来的。同时，哲学理性思维也必须通过人们的感性活动、实践，才能获得自己的材料，达到自己的目的。否则，理性思维就会陷入纯粹的思辨，就只能产生关于"实体"和"自

① 《费尔巴哈》，第 21 页。

② 同上书，第 21—22 页。

③ 《马克思恩格斯选集》第 3 卷，人民出版社 1995 年版，第 383 页。

我意识”等一类“高深莫测的创造物”的问题。① 至于思维要证明自己的客观真理性、现实性和力量，更是依赖于实践。所以马克思强调：“人的思维是否具有客观的真理性，这并不是一个理论的问题，而是一个实践的问题。人应该在实践中证明自己思维的真理性，即自己思维的现实性和力量，亦即自己思维的此岸性。关于思维——离开实践的思维——是否具有现实性的争论，是一个纯粹经院哲学的问题。”② 后来，列宁在谈到辩证逻辑时也强调，必须把人的全部实践——作为真理的标准，“也作为事物同人所需要它的那一点的联系的实际确定者——包括到事物的完整的‘定义’中去”。③

综上所述，我们可以看出，马克思主义哲学之所以能够把唯物论和辩证法统一起来，把唯物辩证的自然观和历史观以及认识论、逻辑学统一起来，建立起理论形态的辩证唯物主义和历史唯物主义，是因为它是同直观的唯物主义不同的实践的唯物主义。只有实践的唯物主义才能达到理论形态的辩证唯物主义和历史唯物主义。这种哲学理论形态，是唯心主义的思辨哲学和直观的唯物主义无论如何达不到的。

三

实践的唯物主义不仅要立足于人的感性活动、立足于人的实践来理论地理解世界、解释世界，而且要以“革命的”“实践批判的”活动来改变世界。这是实践的唯物主义的革命性、批判性的本质的突出表现。在这里，顺便谈一下实践的唯物主义同马克思所说的“合理形态”的辩证法的关系。

在 1844 年的《手稿》中马克思就批判过黑格尔的神秘形式的辩证法。正如马克思在 1873 年所写的《资本论》第 2 版跋中所指出的，“将近 30 年以前，当黑格尔辩证法还很流行的时候，我就批判过黑格尔辩证法的神秘方

① 《费尔巴哈》，第 21 页。

② 同上书，第 84 页。

③ 《列宁选集》第 4 卷，人民出版社 1995 年版，第 419 页。

面”。黑格尔的辩证法把思维过程或观念变成独立的主体，并把它看作是现实事物（以及历史）的创造主，而现实事物（以及历史）只是它们的外部表现。因此，马克思认为“辩证法在黑格尔手中神秘化了”，而这种神秘形式的辩证法，“成了德国的时髦东西，因为它似乎使现存事物显得光彩”。辩证法在黑格尔那里是倒立着的，“必须把它倒过来，以便发现神秘外壳中的合理内核”。马克思坚持的是“合理形态”的辩证法，这种辩证法认为“观念的东西不外是移入人的头脑并在人的头脑中改造过的物质的东西而已”。因此，“合理形态”的辩证法是以唯物主义为基础的，它是唯物的辩证法。不仅如此，马克思还特别强调，“辩证法，在其合理形态上，引起资产阶级及其夸夸其谈的代言人的恼怒和恐怖，因为辩证法在对现存事物的肯定的理解中同时包含对现存事物的否定的理解，即对现存事物的必然灭亡的理解；辩证法对每一种既成的形式都是从不断的运动中，因而也是从它的暂时性方面去理解；辩证法不崇拜任何东西，按其本质来说，它是批判的和革命的。”①

从人和世界的关系来说，“合理形态”的辩证法不只是对现存世界、现存事物的辩证运动的客观描述，它还必须把人们具有批判性、革命性的感性活动、实践作为必要的因素，包含于或渗透于现存世界、现存事物的辩证运动之中，使之朝着有利于人生存和发展的方向运动。人的感性活动、实践的批判性、革命性的本质，就是既要从现实出发，又要改变和超越现实，创造符合于人们需要和追求的理想的世界和对象。对于符合人的理想要求的感性世界、感性事物的生成和发展来说，辩证法的、批判的、革命的本质，正是通过人的感性活动、实践来实现的。马克思和恩格斯所谓对实践的唯物主义者来说，“全部问题都在于使现存世界革命化，实际地反对并改变现存的事物”，可以说也是对“合理形态”的辩证法的、批判的、革命的本质的概括表述。因为这是马克思所说的“合理形态”的辩证法不同于黑格尔的“使现存事物显得光彩”的“神秘形式”的辩证法的根本之点。这样，在马克思和

① 《马克思恩格斯全集》第 23 卷，人民出版社 1972 年版，第 24 页。

恩格斯那里，实践的唯物主义同时也可以说是“合理形态”的辩证法，反过来说，“合理形态”的辩证法同时也可以说是实践的唯物主义。因为它们的本质都是批判的、革命的。

所谓“使现存世界革命化，实际地反对并改变现存的事物”，包含了肯定现存世界、现存事物是“实有”的或“本有”的这一客观前提，这就是唯物主义。因此，必须客观地认识现存世界、现存事物的“实有”或“本有”，并辩证地从它们的肯定性存在中发现其否定性方面，从它们的现实性中发现它们转化为新的现实的可能性，在这个基础上，又按照人们生存和发展需要的尺度，对它们进行理论的批判，使它们在理论上革命化；然后又通过实践的批判，使它们在实践上革命化，实际地反对并改变它们的现状，使它们按照对人来说是“应有”的方向变化，并转变为对人来说是“应有”的感性世界和感性对象。对现存世界、现存事物的理论的批判，使之在理论上革命化，是对现存世界、现存事物进行实践的批判，使之在实践上革命化的前导。但前者不能代替后者，因为只有通过实践的批判、实践上的革命化，才能实际地超越和改变现存世界、现存事物的现状，创建理想的世界和对象。

就人同自然界的关系来说，实践的唯物主义毫无疑问地肯定自然界对人的优先存在及其辩证运动的客观性。在人类产生以前，优先存在的自然界及其辩证运动，是人类自然发生的自然史前提。那时没有人，当然也没有人对自然界的理论的和实践的关系，那可以说是一个“纯粹的”自然界。在人类产生以后，自然界成了人类赖以生活、赖以活动的对象性基础。但是，人和动物不同，不是作为一种纯粹的自然存在物靠那个纯粹的自然界来生活的。人活动的目的是为了改变那个纯粹的自然界，实现对自然界的掌握，从理论上和实践上把自然界变为人的精神和物质生活与活动的一部分，即变成人的自然界。

因此，从人的需要和功能特征来看，并不满足于直观地承认纯粹的自在的自然界及其自发的辩证运动。人一方面必须利用自然界的物质基础及其辩证运动规律，另一方面又必须把自己的感性活动、实践作为一种批判的、革命的因素，加入到自然物质的辩证运动过程之中，使现实的自然界朝着有利于人的方向变化发展，并在符合于人的需要的形式上产生纯粹的自然界不会自然产生或不以这种形式产生的能为人所享用和消化的对象。因为，尽管按照自然界物质的自发的辩证运动，在现存事物的肯定性存在中包含着自身否定的方面，在其现实性中包含着转化为新的现实的可能性，但这种自发的辩证运动不是有目的地向着人的。自然界不会自动地满足人，因而人决心主动地按照自己的需要、目的，通过自己的感性活动、实践，改变自然界事物的现状和形式，创造能满足人的需要、符合于人的目的的对象。这种改造和创造，既是按照自然界物质辩证运动的尺度进行的，又是按照人自己辩证地发展的内在尺度进行的；改造和创造的活动过程及其结果，是两种尺度的辩证统一。因此，这种改造和创造，是人和自然界之间的一种本质的辩证关系，它既体现了实践的唯物主义的精神，又体现了合理形态的辩证法的本质。

因此，从实践的唯物主义观点同时也从合理形态的辩证法的观点来看，人的感性活动、实践，是人赖以生活的自然界（用马克思的话来说即“人化的自然界”）的辩证运动的一个必要因素。如果没有这个因素，尽管外部自然界的优先地位仍然保持着，它的自发的辩证运动仍然继续着，但不会有属于人的或人化的自然界。然而在实际上，人们生活于其间的现实的自然界，早已不是先于人类历史而存在的那个自然界，而是一个包含人类世世代代的改造和创造活动的结果的自然界，并且这个自然界正随着人类的改造和创造活动的展开而不断扩展，优先存在的自在的自然界正在以越来越广阔的范围向人化的自然界转化。正如马克思和恩格斯指出的：“每当有了一项新的发明，每当工业前进一步，就有一块新的地盘从这个领域（指外部那个尚未置于人的统治之下的自然界——引者注）划出去。”[①] 正是在这个意义上，马克

① 《马克思恩格斯全集》第 42 卷，第 369 页。

思和恩格斯认为，自然和历史不是“两种互不相干的‘事物’”，在人们面前始终有“历史的自然和自然的历史”，在人们的感性活动、实践及其所创获的成果——比如在工业中，向来就有“人和自然的统一”，而这种统一在每一个时代都随着人们与自然界的“斗争”的感性活动、实践及其结果的或快或慢的发展而不断改变[①]。“人与自然的统一”，就是“人化的自然界”。人的感性活动、实践越发展，越有普遍性，人化的自然界就越广阔。

按照实践的唯物主义观点，人的全部社会生活在本质上是实践的。正是通过实践，人们不断生产和再生产自己的物质生活和全部社会生活，不断建立和革新自己的生产关系和全部社会关系。人的社会实践表现为双重关系：一方面是人与自然界的关系，另一方面是人与人之间的社会关系。这两方面的关系是互相联系、互相依赖、互相促进的，并且是历史地互相适应的。这样，人赖以生活于其间的感性世界，就是一个统一的“自然—社会”系统。

社会是一个由人的各种关系结合而成的有机系统，是一个充满矛盾的辩证运动过程。社会的辩证运动是通过人们的社会实践活动来实现和表现的。因为社会的各种矛盾产生于人们的社会实践活动，又只能通过人们的社会实践活动来解决。旧的矛盾解决之后，又会产生新的矛盾，人们的社会实践活动本身是一个不断产生矛盾的解决矛盾的过程，因而是社会辩证运动的基本实现方式和表现形式。社会实践活动的连续前进过程，就构成人类社会历史。没有人们的社会实践活动，就不可能有人类社会和人类社会历史。所以马克思和恩格斯指出：“历史什么事情也没有做，它‘并不拥有任何无穷尽的丰富性’，它并‘没有在任何战斗中作战！’创造这一切、拥有这一切并为这一切而斗争的，不是‘历史’，而正是人，现实的、活生生的人。‘历史’并不是把人当作达到自己目的的工具来利用的某种特殊的人格。历史不过是追求着自己目的的人的活动而已。”[②]

① 《费尔巴哈》，第20—21页。

② 《列宁全集》第55卷，人民出版社1990年版，第19页。

人们生活于其间的社会形式，人类社会的历史，是人们的实践活动所创造的，但人们不能自由地选择社会形式，不能随心所欲地创造历史。现实的人从一开始活动就必然面对前一代人们所创造的社会形式，这种社会形式是现实的人生活和活动于其间的现成的社会环境。但是，人们又并不满足于现成的社会环境，特别是当这种环境妨碍人们的发展需要甚至妨碍人们的生存需要的满足时，人们就力图通过自己批判的、革命的实践活动，来改变、变革现成的社会环境。但现成的社会环境又总是作为前提，制约着人们活动的方式和方向，并预先规定着未来社会环境的形式和性质。这一事实就形成人类社会实践活动的历史联系，因而也就形成人类社会的历史。这就是关于社会历史领域的实践的唯物主义观点，亦即历史唯物主义观点；也是人类社会历史的“合理形态”的辩证法，亦即历史辩证法。

四

必须着重指出，马克思和恩格斯强调“实践的唯物主义者即共产主义者”，正说明马克思主义哲学的实践的唯物主义是无产阶级完成自己的历史使命、实现共产主义理想的哲学基础和理论武器。它不仅要求共产主义者在理论上建立对现存世界、现存事物的正确理解，而且要实践地改变现存世界、现存事物。马克思和恩格斯在批评费尔巴哈时指出：“(他)和其他的理论家一样，只是希望确立对现存事实的正确理解，然而一个真正的共产主义者的任务却在于推翻这种现存的东西。”① 这就是说，对一个真正的共产主义者来说，全部问题都在于使现存世界革命化，实际地反对并改变现存事物。因此，实践的唯物主义者即共产主义者，而一个真正的共产主义者就应该是实践的唯物主义者。

马克思主义的科学社会主义和共产主义学说，揭示了资本主义灭亡、共

① 《费尔巴哈》，第 41 页。

产主义胜利的历史必然性，指明了无产阶级的历史使命和最终目的。马克思和恩格斯认为，在资本主义社会中，无产阶级的现实的生活状况是，由于资产阶级的压迫和剥削而抬不起头来、挺不起胸来，现实的资本主义关系套在无产阶级身上的链条和枷锁是现实的、客观的。但当时的黑格尔派分子如鲍威尔之流却"把现实的、客观的、在我身外存在着的链条变成只是观念的、只是主观的、只是在我身内存在着的链条，因而也就把一切外部的感性的斗争变成了纯粹观念的斗争。"然而，"要想站起来，仅仅在思想中站起来，而让用思想所无法摆脱的那种现实的、感性的枷锁依然套在现实的、感性的头上，那是不够的。"① 所以，无产阶级要挣脱资本主义关系的链条和枷锁，要获得真正的解放，要实现共产主义的理想，绝不只是一个理论的、观念的、思想的问题，更重要的是一个实践的问题，即通过批判的、革命的实践，实际地反对和改变现存的资本主义旧世界，建立一个在工业和社会结构方面都经过改造的共产主义新世界，这就是实践的唯物主义者即共产主义者的实质。

毫无疑问，马克思主义的科学社会主义和共产主义学说，是以科学的唯物主义作为哲学理论基础的，但它绝不只是从理论上给无产阶级一种思想上或精神上的满足。共产主义是历史的发展所必然趋向的一种社会制度。按照马克思和恩格斯的看法，这种社会制度只有通过无产阶级的革命实践在推翻资本主义的社会制度以后，并在改造世界的实践的继续发展中才能建立起来和得以实现的。这里的辩证法在于，共产主义代替资本主义虽然是历史的必然性，但这种历史的必然性要由无产阶级、共产主义者的实践来开辟道路。无产阶级、共产主义者不能冷漠旁观地等待这种历史的必然性自然而然地扔掉资本主义，确立共产主义。资本主义是以现实的、客观的物质力量为基础的社会制度，共产主义同样是要以现实的、客观的物质力量为基础的社会制度，马克思和恩格斯强调，"批判的武器当然不能代替武器的批判，物质力

① 《马克思恩格斯文集》第1卷，第288页。

量只能用物质力量来摧毁”。[①]“思想本身根本不能实现什么东西，思想要得到实现，就要有使用实践力量的人。”[②] 不用说，资本主义制度是不能仅仅从思想中把它摧毁埋葬的，共产主义制度也是不能仅仅从思想中把它呼唤出来的。无产阶级和共产主义者必须把自己作为物质的实践力量，形成实践的实际运动，在“使现在世界革命化，实际地反对并改变观存的事物”的实践中，才能实现共产主义。所以马克思和恩格斯强调：“我们所称为共产主义的是那种消灭现存状况的现实的运动”；[③] 共产主义是用实际手段来追求实际目的的最实际的运动。

从以上这些论断可以看出，马克思和恩格斯强调“实践的唯物主义者即共产主义者”，说明他们是把自己的哲学同科学的社会主义和共产主义的理论与实践紧密地联系在一起，把实践的唯物主义看作后者的哲学基础。这种哲学强调，不仅要从理论上正确地理解现存世界及其所包含的具有历史必然性的未来趋势，而且要运用实际的手段通过批判的、革命的同时也包含着创造的、建设的内容的实践改变现存世界，一步一步地达到共产主义的目的。所以马克思和恩格斯又把实践的唯物主义者叫作“共产主义的唯物主义者”。由此也更进一步说明，马克思主义哲学所实现的哲学变革具有多么丰富和深刻的含义。马克思主义哲学所实现的哲学变革，才真正从理论上和实践上超越了“以前的哲学的精神”，才真正是适应时代要求、符合人民利益的哲学变革，是预示未来、包含进步、作为未来的需要的哲学变革，是既能满足理论家、又能满足实践家的哲学变革。

根据马克思主义哲学所实现的哲学变革的意义和实质，根据实践的唯物主义的功能和任务，我们今天讨论实践的唯物主义，也不能按照“以前的哲学的精神”来进行。现在重新讨论实践的唯物主义，实际上是因为它对于我们建设有中国特色的社会主义、全面理解和贯彻党的以经济建设为中心、坚

① 《马克思恩格斯选集》第1卷，第9页。

② 《马克思恩格斯文集》第1卷，第320页。

③ 《费尔巴哈》，第31页。

持四项基本原则和改革开放两个基本点的基本路线，有着十分重要的现实意义。大家知道，邓小平同志一贯坚持从实际出发、实事求是的思想，坚持实践第一的观点，这就是一种科学的实践的唯物主义原则。遵循这个原则，邓小平同志倡导和制定了党的建设有中国特色社会主义的理论和“一个中心、两个基本点”的基本路线。在这个理论和这条路线的指引下，我们在社会主义现代化建设中，在改革开放中，取得了巨大的成功，使我们国家的面貌发生了举世瞩目的变化。这些成功和变化是感性的实践的结果，是感性地呈现在人们面前并为人们所感性地享用着的。邓小平同志指出：“改革开放的成功不是靠本本，而是靠实践。”我们完全可以说，十一届三中全会以来我们国家在经济建设、改革开放中所取得的成功，正是实践的唯物主义的胜利。在当前的国际环境中，同时也根据建立社会主义的“经济的性质”，我们要巩固和发展社会主义制度，仅仅停留在观念上的信念是绝对不够的，而必须大力发展社会生产力，提高综合国力、改善人民生活，这一切从根本上来说都要靠实践。集中精力发展生产力、发展经济的实际活动过程，也就是抓紧时机、大胆实践、发展自己的过程。我们绝不能丧失时机，绝不能让历史进程向我们提供的时间在形式主义的空谈中白白流逝。我们只要用感性的、扎扎实实的社会主义现代化建设和改革开放的实践及其成果来充实历史进程提供给我们的时间，我们国家的社会主义也就获得了巩固和发展的空间。当年马克思和恩格斯强调“实践的唯物主义者即共产主义者”；在今天，从邓小平同志所倡导的建设有中国特色的社会主义的理论和实践及其所产生的感性结果来看，只有真正的实践的唯物主义者才是真正的社会主义者。

世界本原与哲学基本问题第一方面的关系考辨*

章自承

［主编按语］ 本文对哲学基本问题的第一方面，着重针对那种“世界本原”或“本体论”的误读，从西方哲学的源头和走向，并结合中国哲学，做了颇具说服力的剖析。无疑，这十分中肯地揭示了极左教条主义与马克思的唯物主义相逆，而重蹈黑格尔“绝对理念”之唯心主义覆辙。然而，迄今对此仍有争议，有一种见解竟以科学哲学或哲学科学化以至理论创新的名义，甚至提出为坚持“物质本体论”作为哲学世界观的核心，必须认定“本体论”或世界本体是比思维和存在、精神和自然的关系问题更为根本的问题。的确，从学术研究的角度来看，应允许对马恩原著及其现有解释予以超越或突破，尽管这是明显的倒退，那么黑格尔以至古希腊哲学也有深化研究并给予新释的意义，何况马克思哲学之理论创新迫在眉睫。但是，绝不能新旧颠倒，对突破了西方囿于抽象理性之哲学旧范式的马克思新型唯物主义哲学，应着力于从高于抽象理性的层面探究其人文精粹，这也是我们终身从事哲学教学和研究的五〇级老学友有

* 本文写于20年前，原载《四大川学学报》（哲学社会科学版）1991年第1期。

生之年义不容辞、必予深思的重点课题。

在我国，学过哲学的人都知道，哲学基本问题就是思维和存在、精神和自然的关系问题，它有两个方面，第一方面说的精神对自然界谁是谁的本原。有人把这方面的问题简称为“本原问题”，也未尝不可。不过，稍不留意，易于把它说成是世界本原问题。哲学不是关于世界观的科学吗？这样说似乎没有什么不妥。事实上，在我国一些马克思主义哲学教科书和教材中，就有世界本原之类的提法。有的说，哲学基本问题的“第一方面，可以简称为世界本原‘是什么’的问题”。有的说，“唯物主义就是认为唯有‘物’才是世界的本原，唯心主义认为唯有‘心’才是世界的本原”。就是我国自己编写的有关辞典和百科全书，还有一些重要的哲学文章中，也有这类提法，如说哲学的“最后归宿乃是探明世界的本原”，“唯心主义把精神看成是世界的本原是错误的。旧唯物主义虽然肯定了物质是世界的本原，但对物质缺乏科学的认识，只有马克思主义哲学才提出了科学的物质概念，对世界本原做了科学的回答”，如此等等。

哲学基本问题第一方面可以表述为世界本原是什么的问题吗？我认为不能，世界本原的提法不仅不符合恩格斯的原意，而且和恩格斯对哲学基本问题第一方面关于本原的提法有着重大的原则区别，不能混为一谈。

恩格斯本来的阐述是这样的：“什么是本原的，是精神，还是自然界？……哲学家依照他们如何回答这个问题而分成了两大阵营。凡是断定精神对自然界来说是本原的，从而归根到底承认某种创世说的人（在哲学家那里，例如在黑格尔那里，创世说往往采取了比在基督教那里还要混乱而荒唐的形式），组成唯心主义阵营。凡是认为自然界是本原的，则属于唯物主义的各种学派。”① 这里明明白白说的是，划分唯心主义和唯物主义的标准在于：精神和自然界谁是谁的本原，而没有世界本原之类的提法。不仅如此，就是在马克思、恩格斯、列

① 《马克思恩格斯选集》第4卷，人民出版社1972年版，第220页。

宁和毛泽东的有关哲学著作里，也找不到把哲学基本问题第一方面说成是世界本原这种提法的根据。那么，这究竟是怎么回事呢？这两种提法之间的关系和区别是什么？让我们看看事情的由来，进行一次简略的历史回顾。

本原这个概念可以说是和哲学同时产生的，从此和全部哲学及其发展有了不解之缘。古希腊第一个哲学家泰勒斯提出了水是万物的本原，此后古希腊的哲学家都在围绕着万物本原是什么或世界本原是什么的问题而旋转。中国最早的哲学著作《易经》，比泰勒斯更早就提出了天地万物生成的根源问题，并把乾坤作为总根源。到了春秋时代，人们把金木水火土作为万物生长的因素和基础。后来《管子》的“水地”篇中，明确提出了“本原”这个概念，并认为“水者，何也？万物之本原也，诸生之宗室也。”“水地”的作者并不知道古希腊有泰勒斯其人及其哲学思想，但在对整个世界的探讨中，从问题的提出到问题的回答，却达到了惊人的一致。

中外古代哲学的这种共同性，并不奇怪。人们对事物的认识和对整个世界的考察，首先是从“是什么”的问题开始的。古代哲学和自然科学没有分家，自然科学还很幼稚，人们对自然事物的认识，多半以直观为依据。因此难免以这种直观的结果，比附到对整个世界的思考上去。既然观察到的个体的人和物，都有其来源、原因，那么整个世界也应该如此。那么整个世界也应该如此。这种世界本原问题，在有的哲学家那里，例如在柏拉图那里，甚至把它和宇宙起源问题混同在一起。而这种直观的比附的思维方式，在原始宗教和神话中，早就出现了。只是到了奴隶社会，才把这种思维方式的内容提升为哲学问题。

时代和认识水平低下的局限，使得古代哲学对世界的探索和解释，即使属于唯物主义的，也只能是幼稚的、直观的和朴素的，而不可能是科学的。因此，本原这个概念的产生，就带有历史的局限性。

本原，希腊文译始基。按古希腊哲学集大成者亚里士多德的解释，指一切存在物由它产生，最后又复归于它，这就是万物的元素和本原。恩格斯在摘录了亚里士多德的这个解释之后写道：“在这里已经完全是一种原始的、自发的唯物主义了，它在自己的萌芽时期就十分自然地把自然现象的无限多样性的统一是不言而喻的，并且在某种固定形体的东西中，在某种特殊的东西中去寻找这个统一，比如泰勒斯就从水里去寻找。”① 恩格斯并没有肯定万物本原的提法，而是肯定了其中所包含的关于世界统一性的思想，这才是合理的和合乎科学的。

亚里士多德在总结前人哲学思想的基础上提出了实体（Substance）范畴。他认为世界本原实际上讲的是实体，以前哲学家把本原说成是水、是火、是数、是理念、是原子时，没有把实体和性质、数量、关系等规定区别开来，从而产生了各种说法的对立和混乱。本原作为万物的最初根源、基质、原因和基础，应该是不依附于其他存在的独立存在。一切存在中只有实体才是这种存在，其他如性质、数量、关系等虽然也是存在的，但不能独立存在，必须依附于实体才能存在。实体在定义上、认识次序上和时间上都是在先的，是永远同一、永远不变的，仅在自己的规定中，即在性质、数量、关系中变化，所以它是存在中的存在、变中的不变。在《范畴篇》中，他又提出了第一实体和第二实体，前者指个别事物，后者指与个别事物相关联的属和种，前者是主词，后者是表述主词的。只有个别事物才是真实存在较之于属和种是最根本的。这属于唯物主义观点。但把属和种作为第二实体，即也是独立不依的，这就在分割个别与一般，重蹈柏拉图的覆辙了。

在《形而上学》中亚里士多德把实体说和四因说联系起来，认为个别事物是由质料和形式（包括动力和目的）构成的，其中质料是被动的，形式是能动的，它才给质料以规定，使之成为个别事物。个别事物的本质，之所以是这个事物，乃是由形式决定的。形式较之质料和个别事物更为根本，形式才是第一实体，个别事物成第二实体。这就和《范畴篇》的观点，恰好打了一个颠倒，并且提出了神，即纯粹的形式或形式的形式、不动的推动者才是事物的最终原因和最高目的，从而走向了唯心主义。

---

① 《马克思恩格斯全集》第 20 卷，人民出版社 1971 年版，第 525 页。

以后的哲学，特别是西欧中世纪的经院哲学，吸收和加深了亚里士多德《形而上学》中唯心主义的内容，用以作为上帝存在的证明。随着哲学成为神学的婢女形而上学被视为哲学的同义语，本原问题演变为上帝创世说，作为形而上学的哲学就是论证这种创世说，论证上帝就是世界的唯一本原。

近代西欧哲学研究的中心转向认识论，但形而上学的传统仍在延伸。不过世界本原不再唯一地被看成是人格化的上帝，也被看成是有形体东西之上的无形体的东西，在自然之外的超自然的东西。从认识论的角度说，是在经验之外的超验的东西，17 世纪的一些哲学家将其取名为本体，并把对它的研究称为本体论（ontology）。

马克思和恩格斯在评述西欧近代哲学时，完全肯定经验主义者特别是唯物主义者反对神学和形而上学的斗争。他们指出："17 世纪的比埃尔·培尔用怀疑论使形而上学在理论上威信扫地，并为在法国掌握唯物主义和健全理智的哲学打下了基础。英国的霍布斯则直接向形而上学开火，霍布斯认为，如果感觉是一切知识的泉源，那么观念、思想、意念等，不过是多少摆脱了感性形式的实体世界的幻影和名称。但如果硬说，这名称乃是存在物之外的某种普遍存在物，那就矛盾了。无形体的实体也像无形体的物体一样，是一个矛盾。物体、存在、实体是同一种实在的概念，决不可把思维同那思维着的物质分开。物质是一切变化的主体。"① 这表明，马克思恩格斯赞同霍布斯的观点，唯物主义者不承认在有形体存在物之外有什么无形体的本体、实体，不承认在现存世界之外有什么无形体的精神实体，包括上帝、不死的灵魂、天使等。世界上唯一真实存在的就是有形体的东西、物质的东西。非物质的实体、无形体的本体，乃是矛盾的、荒诞的概念。思维也不是无形体的独立实体，思维着的东西就是某种物质的东西。

按照这个唯物主义原则，马克思恩格斯肯定笛卡尔把物理学和形而上学分开，称颂洛克哲学为反形而上学的体系，并赞扬了 18 世纪的法国哲学，

① 《马克思恩格斯全集》第 2 卷，第 164 页。

"18 世纪的法国启蒙运动，特别是法国唯物主义，不仅是反对现存政治制度的斗争，同时是反对现存宗教和神学的斗争，特别是反对笛卡尔、马勒伯朗士、斯宾诺莎和莱布尼兹的形而上学的公开而鲜明的斗争"。①

马克思恩格斯对各个哲学家的形而上学内容采取了具体的分析态度，但对形而上学本身是完全否定的，与此相联系，他们也抛弃了本体论之类的用语，而把对哲学基本问题第一方面的回答称为世界观。

哲学基本问题是从对以往全部哲学进行科学的总结中概括出来的，其中保留了传统哲学中本原这个概念，但是剔除了加在这个概念上的朴素的见解和荒唐的虚构。

如前所述，古代哲学万物本原提法中的合理内容，即世界是统一的。因此"万物本原是什么"的正确说法应该是"世界统一于什么"。古代哲学家对于这个问题的回答各说不一，可是不论各种说法怎样繁多甚至互相对立，归根到底只有两种不同的回答：一是物质性的东西；二是精神性的东西。或者一是从自然本身来解释自然，二是从超自我的想象的东西中寻求答案。尽管古代哲学家并不怎么了解精神对物质的关系，因而才有万物本原提法的产生，但从世界统一于什么的两种相反的回答来看，仍属于精神与物质谁是谁的本原这一基本问题的范围。可见哲学基本问题的第一方面既抛弃了万物本原这种非科学的提法，又吸取了这一提法中的合理部分。

西欧中世纪的创世说占绝对统治地位，世界本原的提法披上了神秘的外衣，撕掉外衣，仍然是精神与自然谁是谁的本原、谁产生谁的问题。"什么是本原的，是精神，还是自然界？——这个问题以尖锐的形式针对着教会提了出来：世界是神创造的呢，还是从来就有的？"② 这里恩格斯用"世界是从来就有的"提法和"世界是神创造的"提法对立起来，说明本原问题是精神与自然界谁产生谁，谁决定谁，谁是谁的本原，而不是指精神与自然界

① 《马克思恩格斯文集》第 1 卷，人民出版社 2009 年版，第 327 页。

② 《马克思恩格斯选集》第 4 卷，人民出版社 1995 年版，第 224 页。

谁是世界的本原。世界本原，世界是由谁创造的，这是神学的提法，不能按照神学的原则和提法来回答问题。因为世界本来就存在着，不是被创造出来的，使用“世界”概念，从整个世界角度提问题，就不存在“本原”问题，不存在始基、原因、根源、来源、被谁创造等之类的问题，对于这类问题恩格斯用世界“从来就有的”予以否定，而没有说世界有别的什么本原，也就是说，这不仅是对“神创造世界”这一命题的否定，而且是对这一命题所提出问题本身的否定，即是对世界本原、世界由谁创造这类提法的否定（至于人化自然、人类社会、为人的世界等，的确有个被创造的问题，但和这里说整个世界或自然界是否被创造，是两个不同的问题）。

西欧近代哲学中的形而上学把本原改为本体，不论这种本体是指什么，是物理的东西、心理的东西，是灵魂，还是绝对存在等，因被视为超自然的、在有形体东西之上的东西，被视为脱离具体事物在世界之外的东西，马克思恩格斯斥之为“想象的术质和神灵的事物”，再一次对世界本原、本体之提法或问题本身进行了否定。

从以上马克思恩格斯有关论述来看，他们不仅没有采用世界本原之类的提法，而且否定这类提法。所以我们不能把万物本原与哲学基本问题关于本原的提法混为一谈。虽然这两种提法中都有本原这个概念，但在“本原”这个概念的含义方面，两种提法之间却有着本质的差别，这一点恰好被一些人所忽视了，比如不少辞典对“本原”的注释，就停留在亚里士多德的解释，却忘记了恩格斯使用这个概念时所赋予的新的含义。

本原具有来源的意思，也是从精神与物质的关系来说的，谁产生谁，谁是谁的来源，而不是说世界有什么来源。如恩格斯谈到费尔巴哈的世界观时，曾指出费尔巴哈认为“物质不是精神的产物，而精神本身只是物质的最高产物。这自然是纯粹的唯物主义”。[①] 精神与物质谁是谁的来源，这是划分唯物唯心的标准。

---

① 《马克思恩格斯文集》第 4 卷，第 227 页。

唯物史观是将辩证唯物主义世界观运用于社会历史的结果，马克思将这一伟大发现简要地概括为："物质生活的生产方式制约着整个社会生活、政治生活和精神生活的过程。不是人们的意识决定人们的存在，相反，是人们的社会存在决定人们的意识"① 。这里社会存在与人们的意识谁决定谁，就是在社会历史观上"本原"的含义。

依据马克思主义经典作家的论述，哲学基本问题所提"本原"的含义可解释为，在精神和物质的双方中，一方不依赖于另一方而具有独立的地位，并且具有在先、决定、制约，派生另一方的意思。这才是划分唯物主义和唯心主义的唯一客观标准。

哲学基本问题对本原的这种提法和对"本原"规定的新含义之所以是科学的，是以自然科学的巨大成就为依据的。恩格斯指出："世界的真正的统一性是在于它的物质性，而这种物质性不是魔术师的三两句话所能证明的，而是由哲学和自然科学的长期的和持续的发展来证明的。"② 天体演化论、物质构造理论、生命起源和生物进化论、人类起源论、物质的质量守恒和转化定律、能量守恒和转化定律等，以大量的科学事实，分别从不同方面和不同层次证明了世界的物质统一性。现代科学关于场和实物统一的研究，关于引力作用、电磁互相作用、弱相互作用和强相互作用的统一的研究等，也正在和继续证明物质统一性。

世界的物质统一性表明，物质是不生不灭的，只有它存在的形态和样式不断地变化和转变。世界上除了物质及其存在的形式和属性外，不存在别的什么东西，物质是永恒的，它本来就存在的。既然如此，它就不是由别的什么东西变化而来的，整个世界就是物质世界，没有超物质的东西，因而也就没有什么世界的最初来源、始基、基础。物质是无限的，它没有边界，也不存在构成的最终元素或因素，物质世界就是自身存在的原因，没有在它以

① 《列宁全集》第 26 卷，人民出版社 1988 年版，第 58 页。

② 《马克思恩格斯全集》第 20 卷，第 48 页。

外的最高的或终极的原因。这些为科学所揭示的内容证明了从哲学上提本原问题，只能是精神与物质谁是谁的本原，从而证明了恩格斯在哲学基本问题上关于本原提法的正确性。同时又反过来证明了世界本原的提法是不能成立的。因此，“马克思主义提出了科学的物质概念，对世界本质做了科学的回答”的论断是不对的。马克思主义根据科学成果所概括的物质概念，不是对世界本原的同等，恰好相反，而是对世界本原的否定。整个世界就是物质世界，不存在产生它的本原、本体。

既然世界本原的提法是不科学的，因此不能作为划分唯物主义与唯心主义的标准。按照世界本原是什么的提法来回答问题，其结果不是唯心主义就是向唯心主义靠拢或造成混乱。说“唯心主义认为唯有心（精神）才是世界的本原”，恰好是问题本身潜在内容的发挥和体现，倒是顺理成章的。因世界本原的提法本身正是要求在物质世界之外，从精神中去寻求本原，并把物质世界看成是从这个超世界的本原中产生出来的。说“唯物主义认为唯有物才是世界的本原，那就不可理解了。个体事物就是世界由以组成因而是在世界之内的东西，物质也不是在世界之外的超世界的东西，怎么会成为世界的本原呢？难道世界不是物质的世界，物质不是世界的物质，物质与世界是两个迥然不同的领域吗？如果说世界是以物质中产生出来的或者世界是由物质所派生所决定的，那么，世界被产生以前就不存在了，或者世界被派生被决定之前是一无所有，谁知道这是什么样的世界？或者说，世界就是指现存的充满万千事物的世界，那么，产生它的那个物质又在哪里，是什么样子，这样的物质不就成了霍布斯所驳斥过的无形体的物体或实体吗？这是在产生混乱并向唯心主义靠拢。唯心主义大师黑格尔就是在这种混乱中浑水摸鱼，他断言每一种哲学包括实在论即唯物论在内都是观念论即唯心论，或以唯心论为原则。他说：“古代或近代哲学的本原，如水或物质或原子，都是思想、共相和观念物，而不是直接当前的、感性中的个别事物”[①]，后者既然以前

① 《逻辑学》上册，第156页。

者为本原、本质，那么这些事物并不是独立的，而是从前者即共相、观念中建立起来的。如果把水或物质或原子作为感性事物的本原，都是以唯心论为原则，那么把概念、理念、精神作为本原，就更加必然是唯心论了。[①] 所以把物质说成是世界的本原，无异承认黑格尔的原则，把哲学都纳入唯心主义的轨道上去了。

世界本原之类错误提法的产生，只有从唯物主义的观点才能找到合理的解释。这类提法在古代缺乏科学知识的情况下是一种直观的结果，在近代被“理论化”为抽象的规定，断定超自然存在这种虚构，也不是凭空产生，而是某种客观实际的反映，只不过是臆想的或颠倒的反映罢了。本来，思维的器官是人脑，思维的产物即一般观念（包括物质这个范畴在内）乃是从物质的东西、从个别事物中抽象概括出来的。正如思维不能脱离人脑这个载体一样，一般也不能脱离个别而独立存在，一般就存在于个别之中，二者在现实中是不可分割的。它们只有在思维中或进行表述时可分开（这种分开在认识过程中是必需的和不可避免的）。因此，如果不愿大错特错，就不能把只能在思维中分开的东西，当成现实中也存在的东西，或等同于现实的东西。唯心主义者恰好把这两者分割并当成客观现实，使思维与一般观念成为独立于世界和个别事物的现实存在，并且反过来成为后者的本原、本质、原因等。这就是世界本原这类提法产生的秘密，由此出现了创造世界的上帝、形而上的本体、超验的理念世界、脱离人脑的绝对精神、从天上掉下来或生而知之的天赋观念，以及各式各样五花八门的脱离具体事物的结构、元素、符号等。

黑格尔说物质或原子就是共相、观念，这一点他没有说错。但唯物主义者并没有把共相与个别分割开来，把共相当成是独立的现实存在，并反过来成为个别事物的本原。恩格斯指出：“实物、物质无非是各种实物的总

① 《逻辑学》上册，第 156 页。

和，而这个概念就是从这一总和中抽象出来的。”① 作为各种实物共相的物质范畴，是不能脱离实物而单独存在的，它就存在于各种实物之中。人们能吃到具体的梨、苹果，如果说可以吃到既不是梨又不是苹果的一般水果，那就可笑了。这样一般的水果，不是现实的存在，而只存在或体现于个别的梨、苹果等现实的水果之中。因此，说物质是世界的本原，就很难和黑格尔的唯心主义划清界限，因为这的确符合黑格尔所说的那个唯心主义的原则。

对一般与个别的分割，在认识论上表现为对感性与理性的分割。直观到的是个别的东西，直观不到或经验不到的一般是思维的抽象或理性的产物，这两者虽有很大的区别，但在实际认识过程中是相互渗透不可分割的。形而上的本体就是把对整体世界的思维抽象和感性经验割裂开来，并将这种抽象变成独立的实在。康德从认识论角度出发，把这种形而上的无形体的本体称为超验的理念世界，因为它是和经验绝缘的，超出经验之外的彼岸世界。经验主义者否认这种形而上的本体（不论把这种本体说成是物质本体、精神本体、上帝或是其他的什么实体），是有道理的，因脱离经验的认识是不可能的，一切认识都来源于经验，不在经验中的东西也不存在于思想之中。康德在休谟的影响下曾论证这种超验世界是不可认识的，作为科学是不可能的。它属于信仰领域，从而在理论上破坏了形而上学。但是由此得出，人们的认识只能局限在经验和现象的范围内，否认对整体世界和事物本质认识的可能性，这就走向错误了。后来的经验批判主义者把这个错误推向极端，他们根本不承认在经验的基础上对世界进行理性思考，在他们看来，经验就是唯一的实在，把对世界所做的科学抽象曲解为形而上的本体，这就从另一方面走向了唯心主义。

综上所述，世界本原之类的提法和哲学基本问题关于本原的提法是根本对立的，两者不能混为一谈。世界本原之类的提法不能作为划分唯物主义

① 《马克思恩格斯全集》第20卷，第579页。

和唯心主义的客观标准，而只能是把一切纳入唯心主义框架的主观标准，它说对了问题的一半，即只适用于唯心主义自己，唯心主义的确是按照这个问题来进行回答的。唯物主义不仅不回答这类问题，而且根本反对这类问题本身。所以对本原问题的提法本身是贯穿着唯物主义和唯心主义的对立和斗争。当然本文并不认为，前面提到的使用世界本原提法的人，就是在有意曲解哲学基本问题，或都是站在唯心主义方面来反对唯物主义，看来主要是用词不当，或者对本原之类的哲学范畴缺乏历史的考察所致。本文的目的在于弄清在本原问题上这两种提法之间的原则界限，引起注意，不然，在客观上就会造成理论上的混乱，而理论上的混乱，总是不利于辩证唯物主义，而有利于唯心主义。

差异与矛盾问题提纲*

章自承

［**主编按语**］　对如何理解“差异就是矛盾”这一命题，历来都是对“矛盾”或“对立统一规律”颇多异议或争辩之焦点，对其曲解，也是违背唯物辩证法的症结所在。因此，作者突破了极左政治背景下教条式的陈旧语境，有针对性地从世界观、认识论、方法论层面重新解读马克思文本，主要是《矛盾论》，以及黑格尔的有关论述，并且对异议绝不简单拒斥或全盘否定，而是以相互尊重、相互取长补短的“宽容”精神进行实事求是地具体分析。难能可贵的是为了掌握唯物辩证法的精神实质，通过纠正偏差误读，自觉地弥补文本的不足，凸显着马克思主义理论研究者必具的诚挚追求真理的责任意识，堪称 1950 级老学友的表率，也是青年学子应予传承的。

“矛盾”或“对立统一”历来被视为马克思唯物辩证法基本规律。进入改革开放初期，纠正“文化大革命”及其以前“以阶级斗争为纲”之极左失误，重读马克思唯物辩证法成为重中之重，但在 20 世纪八九十年代也出现过不谈以至忌谈对立统一规律的倾向，甚至编写马哲教材中仍拘泥于斗争绝对性和统一相对性的陈旧语境。

---

* 本文原载《社会科学研究》1992 年第 3 期。

难能可贵的是本文针对世界观、认识论、方法论层面对唯物辩证法的扭曲予以重新解读。30年后，面对和谐社会、和谐世界的创建，更加凸显本文对重读马克思恩格斯原著，正确理解唯物辩证法的人文精粹，进而掌握“对立和区别……只具有相对的意义”之“辩证综合”理路（详见恩格斯于1885年为《反杜林论》新版撰写的序言），颇具启迪意义。

一、我国理论界在差异与矛盾问题上的分歧由来已久，焦点在于“差异就是矛盾”这一命题能否成立，是否具有普遍意义。反对者把这一命题称为“等同论”，即把差异等同于矛盾。他们说，毛泽东历来不同意“差异不等于矛盾”的看法，1937年9月在读艾思奇《哲学与生活》一书时，曾指出“差异不是矛盾”的说法“不对”。[①] 可见，他主张差异等于矛盾。

其实这种解释并不完全符合毛泽东的原意。他在《矛盾论》中批判德波林学派时是这样说的：“他们不知道世界上的每一差异中就已经包含着矛盾，差异就是矛盾。”[②] 由于这一说法未予展开和做进一步的阐明，所以显得过于笼统，不够明确。但与其称之为等同论，不如称之为包含论要合适些。因《矛盾论》并未把差异与矛盾当成是指谓上或称呼上的不同，也未因之而主张取消差异这一范畴。

而反对者在差异与矛盾问题的观点该属于“不等同论”了，即差异不等于矛盾。按其说法，差异与矛盾是两个不同的范畴，有各自不同的含义。矛盾固然是差异，但不能逆转说差异就是矛盾。世界上的事物千差万别，并不是任何差异都包含矛盾或构成矛盾。有许多事就是风马牛不相及，如鸡蛋与石头，就只有差异而不包含矛盾。有许多事互不相干，井水不犯河水，也不构成矛盾，现在全球共有一百多个国家和上千种民族，它们之间存在着差

① 《关于差别和矛盾问题》，见《毛泽东文集》第3卷，人民出版社1993年版，第31—32页。

② 《毛泽东选集》第1卷，人民出版社1991年版（下同），第307页。

别，但并不是所有的国家与国家之间以及任何一个民族和民族之间都存在着矛盾。在实践上，把差异看成是矛盾的观点，是导致阶级斗争扩大化的一个理论基础。

还有一种主张似乎更为“彻底”，他们认为，世界上还存在着既无矛盾又无差异的事物。这种理论叫“无差别境界论”。在这种境界中，矛盾平衡，差异消失，主观被表现为客观，两者完全统一于一体，获得了绝对自由。其根据是，既然矛盾是普遍存在的，那么不矛盾也应该是普遍存在的。若只有“矛盾”，而无“不矛盾”，则矛盾两字根本不会出现；若只有“不矛盾”，而无“矛盾”，宇宙就会成为铁板一块。因此“不矛盾”或“无差别境界”和矛盾一样在自然界、社会中和历史上都有地位，两者在时间上相续，在空间上并列。

无差别境界论者既然认为存在着“不矛盾”的事物和状态，这就和不等同论者看法一致，后者同样坚持有些差异是没有矛盾的。因此，他们可以统称为“不矛盾论”者，他们都肯定除了矛盾外，尚有“不矛盾”的存在。不过从形式上说他们的前提和结论却又互相歧异。前者的无差异境界，是以差异即矛盾为前提的，因这个境界既然没有矛盾，当然也就没有差异。后者正反对这一前提，即差异就是矛盾或矛盾就是差异。两者在结论上也相反。按前者的说法，“不矛盾”乃是没有任何差异，所以是绝对同一，即无差别境界。按后者的逻辑，“不矛盾”乃是一种差异，它们既不对立又不同一，是毫无联系的单纯差异，而不是绝对同一。

二、不能说对“差异就是矛盾”的诘难没有一点道理，这些诘难集中到一点，就是世界上是否存在“不矛盾”的事实，比如必须回答关于“鸡蛋和石头是否构成矛盾”之类的问题。

《矛盾论》中的有关阐述，也有纰漏。比如，毛泽东谈到矛盾双方斗争的无条件性、绝对性和矛盾双方同一的有条件性，相对性时说：“为什么鸡蛋能够转化为鸡子，而石头不能够转化为鸡子呢？……没有别的，就是因为矛盾的同一性要在一定的必要的条件之下。缺乏一定的必要的条件，就没有任何同一性。……无此一定条件，就不能成为矛盾，不能共居，也不能转化。"[①]

这样，就承认了"不矛盾"的事是存在的。那么"差异不是矛盾"的说法又怎样"不对"呢？任何差异，如果缺乏一定的必要的条件，就不能成为矛盾。

在《矛盾论》中，一定的必要的条件又指双方互为存在的条件，矛盾的各方，失去对立的一方，自己这方就失去存在的条件。试想一切矛盾着的事物或人们心中矛盾着的概念，任何一方能独立存在吗？如生与死、上与下，福与祸等，没有生就无所谓死，反之亦然。如此说来，这个原则也应适合于"矛盾"这一概念本身，没有"不矛盾"，就无所谓"矛盾"，有"矛盾"，就一定有"不矛盾"，这也是合乎逻辑的。

那么毛泽东关于"差异包含矛盾，差异就是矛盾"的命题因此就可推翻，或者说只有部分真理。而"无差别境界论"的绝对同一说和"不等同论"的单纯差异说也可以成立，"不矛盾论"因此可以作为"矛盾论"的补充或与"矛盾论"具有同等的价值和地位，这倒是一个需要讨论的重大问题，本文认为毛泽东的命题是能成立的，当然尚须作具体阐述和发挥。"不矛盾论"的观点是不能成立的，这是根本对立的两种观点。

三、把"不矛盾"解释为绝对同一或没有同一的单纯差异，都涉及同一这个概念。在《矛盾论》中同一被规定为相互依存和相互转化，这也有不同意见，这里不予讨论。但除了这两层意思之外，至少包含最初的起码的一个含义，即指相同、共同点或同一个东西，上述两种解释就是在这一含义上使用"同一"的。所以"不矛盾"就是指没有任何差异的绝对相同，或者是指没有任何相同点的绝对的差异。前者说在无差别境界中，一切都等同起来了，后者说有些差异不是矛盾，因这些差异互不相干、互不搭界，没有任何联系和相同、相似之处。按过去哲学家的说法，叫作杂多。

黑格尔曾把前者称为抽象同一的观点，与此相连就有同一律，任何事物

① 《毛泽东选集》第1卷，第331、333页。

都是 A = A；把后者称为单纯差异的观点，与此相连就是相异律，凡物莫不相异或天地间没有两个彼此完全相同之物。这两种观点似乎正相反对，实际上他们有一个共同之处，就是把同和异、同一和差异完全分割开来，把同和异看成互不联系而各自独立的东西，从而得出没有异的绝对同一和没有同的单纯差异这两种看法，这两种看法“以为理性不过就像一架织布机，在那上面，它把经线——譬如那就是同一 ——和纬线——譬如那就是区别——外在地相互连接交织起来；或者也可以这样说，它先是分析地把同一单独抽出来，然后又在其旁保持着区别；先是一个等同的建立，然后又是一个不等同的建立——当抽去区别时便建立了等同，——当抽去等同时，便建立了不等同。”① 显然，这是一种形而上学的思维方式。

应该说，黑格尔的分析是正确的。但重要的问题还在于这两种看法并不符合客观实际，实际情况是世界上的各种事物，既有相同的一面，又有相异的一面，其间同与异是不可分割地联系在一起的。据说莱布尼兹提出相异律时，当时宫廷中的卫士和宫女纷纷走进御花园，寻找两片完全相同的树叶，想要推翻相异律，当然，这是空劳费力。天地间没有完全不同之物，也没有完全相同之物。既不可能找到完全相同的树叶，也不可能找到完全不同的树叶。用没有异的同反驳没有同的异，不过是用一种形而上学观点去反对另一种形而上学观点罢了。

这表明，将不矛盾解释为绝对同一，或解释为单纯差异是形而上学的，而且是不符合客观实际的，不具有真理性。绝对同一的观点和单纯差异的观点是不能成立的。

四、不等同论者引证黑格尔的说法，差异有外在差异与内在差异之分，“所谓差异（或多样性）即不同的事物，按照它们的原样，各自独立，与他物发生关系后互不受影响，因而这关系对于双方都是外在的。”② 于是他们由

① 黑格尔著，杨一之译：《逻辑学》下卷，商务印书馆 1976 年版，第 31 页。

② 黑格尔著，贺麟译：《小逻辑》，商务印书馆 1980 年版（下同），第 251 页。

此得出，外在差异不构成具体的现实的矛盾，只有内在差异才是矛盾。

但他们从黑格尔的论述中，只采用了所需要的一半，而把另一半，更重要的一半给丢掉了。黑格尔区分外在差异与内在差异后，进一步说明它们不是分割的，而是相互联系和相互转化的。外在差异经过比较等方法就能发现相似与不相似、同与异的不可分割的联系，就从外在差异过渡到内在差异。因此能区别骆驼与铅笔，不能说是聪明；能知道橡树与槐树的近似，也不能说有很高的比较能力。“我们所要求的，是要能看出异中之同和同中之异。”[①] 换言之，就是要求在外在差异中寻找和发现内在差异。可见，黑格尔并没有把外在差异看成是与矛盾绝缘的东西，看成没有矛盾；恰好相反，他正是认为外在差异中就潜伏着矛盾、包含着矛盾，并反对把外在差异凝固化，将它当成不包含内在差异的形而上学观点，宣称他的哲学不仅“揭穿了脱离差别的单纯知性的同一是虚妄不实的，……而这种新哲学也曾确实竭力教人不要自安于单纯的差异，而要认识一切特定存在着的事物之间的内在统一性。”[②]

以外在差异不是矛盾来证明世界上的事物还有“非矛盾”存在，是站不住脚的。从现象上、表面上和形式上看，外在的直接的差异似乎不是矛盾或不构成具体的现实的矛盾，但从本质上和实际内容来看，却又包含着矛盾，潜伏着矛盾。第一，真理在于同与异的对立统一。正如不存在脱离异的同一样，也没有离开同的异，在任何异中都可以找到同，外在差异的事物看来各自独立、互不相干，但也不是绝对互不联系、脱离同一的。为长期自然科学和哲学持续发展所证明的世界物质统一性，不正是异中求同的生动体现吗？井水不犯河水，是指生活中应避免人为的制造矛盾和纠纷，不能证明有“不矛盾”的事物存在。井水固然不同于河水，但既都是水，就是相同的，而且经过某些环节，也难保不碰在一起，相互“侵犯”。第二，比较方法固然有局限性，但仍不失为揭示矛盾的方法之一。鸡蛋与石头看起来互不相涉，互

① 《小逻辑》，第253页。

② 同上书，第254页。

不以对方为存在条件，但以地球引力来测量和比较，就有轻与重的对立统一：如以空间作比较，就有大与小、相等与不相等的矛盾。外在差异，不论它们怎样各自独立，互不联系，经过比较，都可找到它们所包含的这样或那样的矛盾。第三，相互外在的事物，虽在当下各自独立，互不影响，但不可能绝对互不联系，只不过这种联系是间接的，被时间和空间、被许许多多的中间环节所阻隔和切断，因而显得毫无关联。生命就是从无生命转化而来的，其中经过了许多年和众多的物理的和化学的过程，如果揭示了这种诸多的中间环节，鸡蛋与石头之间不就存在着相互的转化吗？而且，从总体上说，它们是包括在生命与无生命这对矛盾之内。平常说的风马牛不相及，是指两件事情之间没有直接的关联，不能把没有直接关联的关系强加于它们，但不能说它们之间没有任何联系。何况，当有人使用这一成语时，他已经处在矛盾的纠缠之中了。第四，任何事物，只要具备一定的条件，就会构成具体的矛盾。在外力作用下，鸡蛋与石头相撞，不就发生矛盾了。

单纯差异的观点是绝对同一观点的另一种表现形式，它是将外在差异予以孤立化和绝对化的结果，因此也是错误的。外在差异或直接差异是人们直观到的客观事实，而将同一排除在外的单纯差异却不是客观事实。不等同论者坚持外在差异不是矛盾而且也不包含矛盾，也就是坚持没有同的异，这就滑到单纯差异观点上去了。

较之绝对同一观点，单纯差异观点更为肤浅，它以直观到的表象为满足，否认异中求同，否认上升到思维，并导致取消揭示事物的规律性和必然性。黑格尔说得好：“通常意识总是把相异的事物认作是彼此不相干。……与此相反，哲学的目的就在扫除这种各不相干的（外在性），并进而认识事物的必然性，所以他物就被看成是与自己正相对立的自己的他物。”① 如果我们不想把哲学水平降低到普遍常识的水平，就不能使认识停留在表面现象，而必须从外在差异进入内在差异，揭示事物的本质的和必然的联系。

① 《小逻辑》，第 257 页。

五、不能笼统说差异等同于矛盾，因差异与矛盾是两个不同的范畴。差异有外在与内在之分，矛盾却无外在与内在之别。矛盾是指一物的内在差异、内在联系，即本质的必然的联系。这样说，是不是承认外在差异是“不矛盾”呢？不是，因外在差异与内在差异不是互不联系的，它们本身就是对立统一，外在差异潜伏着矛盾，包含着矛盾，而不是“没有矛盾”“不矛盾”。再说，内必表现外，本质一定表现为现象，必然也通过偶然来显现，从差异角度说，就是外在差异表现内在差异。表面上现象上看来没有矛盾，实际上却存在着矛盾。所以矛盾是普遍的和绝对的，不矛盾的东西实际上是不存在的。世界上只存在矛盾的差别，不存在矛盾的有无问题。而在矛盾的差别中，有一个重大的差别，就是潜在的矛盾和显现的矛盾，前者矛盾潜藏着而没有暴露出来，表现为似乎没有矛盾；后者矛盾已暴露出来，已为人们所觉察和把握。绝对同一论者和单纯差异论者的一个共同之点，在于把现象当成了本质，把潜在矛盾当成了“不矛盾”；从而产生了一系列的错误和混乱，他们将“不矛盾”与矛盾并列，而且使“不矛盾”享有与矛盾同等的地位，这就主观地制造了矛盾有无问题，与此相联系，也否定了矛盾的普遍性与绝对性。

六、考察差异与矛盾，还须和事物的运动与静止结合起来。只有从矛盾的观点，才能正确解释物质的运动和静止，反过来从运动与静止的关系又能帮助我们更好地理解和阐明差异包含的矛盾道理。

世界处于不断的运动、变化、发展和转变之中。运动是物质的固有性质和存在方式，矛盾就是运动的泉源、原因、动力，运动本身就是矛盾。一物处在运动中，就是该物自己与自己相异、自己与自己矛盾。哲学史上有人不承认这一点，或把矛盾看成是荒谬，导致一系列的理论错误；或者否认运动的真实性，如芝诺；或者否认世界的可知性，如康德；或者把运动看成只是量的增减而否认质变与飞跃，如莱布尼兹；或者把运动的原因移到事物的外部，从而承认第一动力即上帝，如牛顿；还有杜林，始终找不到从静过渡到动的桥梁；等等。认为有些差异不是矛盾的人，应从中吸取教益，避免重蹈覆辙。

众所周知，运动是绝对的，静止是相对的。运动的绝对性也是矛盾的绝对性，静止是运动存在的一种不显著状态，因此静止乃是潜在的矛盾。一物处于静止状态，表现为对自己的同一、稳定和对他物的相异，抽象同一和外在差异就是对这种状况的描述。可是绝对的静止、无条件的平衡是不存在的，静止中就有运动，因此静止的东西看起来似乎没有矛盾，实际上却包含着矛盾。一物与自身的同一以及与他物的相异，是以它们各自本身的不同一，和内在差异为根据的。

运动变化的形式既是多种多样的，又是多层次的，因而矛盾错综复杂，重叠交叉。任何事物都处于内部的和外部的多种矛盾之中，一物的变化固然以内在差异为根据，但外部的影响也是不可缺的条件。而内与外的区别也不是绝对的，是相互转化的，在低层次运动形式表现为外在差异的东西，对高层次运动形式可以是内在差异，条件的东西也可以变为根据，反之亦然。一切界限、规定都是相对的，除了运动变化（亦即矛盾）之外没有绝对的东西。绝对的东西存在于相对的东西之中。这里同样需要排除形而上学的观点。绝对同一论和单纯差异论的错误就在于割裂了运动与静止并把静止绝对化了，他们把一物与自身的同一和与他物的相异这种相对静止状态凝固化，忘了运动才是事物的根本属性，静止只是运动的特殊形式，由事物静止所表现的相对稳定和外在差异只是运动着的内在差异的特殊表现。因此，如果不舍本逐末，就不能以相对稳定下的抽象同一和外在差异为满足，而要通过它们去进一步揭示内在差异；更不能本末倒置，把静止、同一和差异视为“不矛盾”，否认运动和矛盾的绝对性。

综上所述，我们必须正确认识差异与矛盾的关系，认清各种“不矛盾论”的错误，进一步揭示矛盾的普遍性、绝对性和客观性。

黑格尔历史观是马克思主义唯物史观的直接理论前提*

侯鸿勋

[**主编按语**] 黑格尔的历史观及其作为马克思历史唯物主义的直接理论前提，是20世纪50年代侯鸿勋留学苏联莫斯科大学攻读副博士研究生即已启动研究的主题，改革开放之初将多年研究成果集结成文，对主题给予全面、系统并具创见的论述。因具体点明了进一步深化研究的理路，对如何结合马克思主义中国化坎坷历程中扭曲了唯物史观的沉痛教训重读马克思文本给予诸多启迪。尤其，近20年“国学热”，从多元路向开发传统精华，用于中华文化现代转型，无不涉及唯物史观正确理解和运用，为切实做到实事求是，更需深入探求和正确掌握唯物史观的人文精髓。

黑格尔的历史观，是马克思主义唯物史观创立以前人类认识社会历史现象方面的一个极其重要的阶段，是资产阶级思想家在探索社会历史问题方面所取得的最高成果。在黑格尔的历史观中不仅包含有丰富的辩证发展思想和

* 本文原载《马克思主义来源研究论丛》第二辑，商务印书馆1982年版。

历史现实内容，而且还有不少“历史唯物主义的萌芽”，它对于马克思主义唯物史观的创立是起过极其重要的作用的。恩格斯曾经指出：黑格尔的“划时代的历史观是新的唯物主义观点的直接的理论前提”。[①]

一、黑格尔的辩证的唯心史观

黑格尔的历史哲学是包括在精神哲学中的。黑格尔在《历史哲学》一书中，阐述了人类历史的逻辑发展过程，他把历史哲学定义为对于历史过程的“思想的考察”。在他看来，在精神本身中就已经潜伏着世界历史，就已经包含有全部历史，这就像一粒种子中已经包含有树木的全部性质和果实的滋味色相一样。所以，世界历史只属于精神的领域，它只不过是精神借以揭示自己和表现自己的场所罢了，或者说，它只不过是精神的表现而已。

黑格尔从“理性统治世界”这个客观唯心主义的根本原理出发来理解人类历史，把世界历史看作是“理性”“精神”的展开和实现。黑格尔认为，精神只有在世界历史舞台上出现时，才能达到真理和自我意识，并且只有在那时，在它自身中“才会出现意识的闪光，它才能弄清楚主要之点，最后，它才成为完全自觉的”。[②] 可见，在黑格尔看来，一部人类历史，乃是“理性”“精神”一步一步地在世界历史舞台上达到真理、达到自我意识，并最后成为完全自觉这样一个过程的历史。黑格尔把世界历史的发展过程看作世界理性的发展过程，是一个民族精神过渡到另一个民族精神的过程，是精神在自己的运动中需要从一个阶段必然地发展到下一个更高的阶段的过程。在黑格尔看来，各个时代的各个民族、国家和个人都只不过是“理性”、“精神”用来达到自己的目的、返回自身所必需的手段和工具。他写道：“理性统治世界，也同样地统治世界历史。同这个自在自为的普通

---

① 恩格斯：《卡尔 · 马克思〈政治经济批判〉》，见《马克思恩格斯选集》第2卷，人民出版社1995年版（下同），第42页。

② 《黑格尔全集》第8卷，俄文版，第51页。

的、实体的东西比较起来，其余一切的东西都是从属于它的东西，都是它的工具。”①

黑格尔的这种历史观当然是错误的，因为他不仅把整个物质世界变成了思想世界，而且把整个历史也变成了思想的历史。但是在这里也有必要指出：黑格尔的“理性统治世界，也同样地统治世界历史”这个原理，是包含合理成分的。这个原理表明，黑格尔是企图把历史的进程理解为一个必然的、合乎规律的、不以人们的意志为转移的过程，企图找出社会历史现象中的内在联系。透过黑格尔哲学的神秘外衣，我们仍然可以看到包含在他的历史观中的不少合理的思想，其中最有价值的就是关于社会历史辩证发展的思想。黑格尔是马克思以前学问最渊博的学者和最杰出的辩证法家，他能够在继承前人的理论研究成果的基础上，系统地探讨和表述辩证法，并力图把它应用于解释自然现象和社会生活现象。他不仅能够搜集大量的历史材料，而且能够应用辩证方法去整理这些材料，从而找出贯穿于其中的发展线索，阐明历史发展进程及其内在联系。

纵观有文字记载以来的人类历史，数千年来，多少事件层出不穷，多少帝国此兴彼衰，多少个人朝荣夕辱。人世沧桑，福祸无定。凡此种种，都很容易使人相信，人类历史只不过是各个时代、各个国家、各个民族和无数个人的偶然事件的堆积，这也很容易使人相信，要想在历史领域里发现必然性和规律性，那只能是想入非非。

然而，黑格尔却不是这样。作为一位伟大的学者和辩证法大师，他对于一切现象的观察研究总是不满足于肤浅表面的理解，而是力图透过事物的表面现象深入到事物的本质，从大量的偶然事件中发现其必然性和规律性。他说：“科学、特别是哲学的任务，诚然可以正确地说，在于从偶然性的假象里去认识潜蕴着的必然性。”② 同时，在黑格尔看来，承认必然性也完全不意

① 《黑格尔全集》第8卷，俄文版，第25页；参见黑格尔著，王造时译：《历史哲学》，生活·读书·新知三联书店1956年版（下同），第64页。

② 黑格尔著，贺麟译：《小逻辑》，商务印书馆1980年版（下同），第303页。

味着排斥偶然性。他正是运用他对必然性和偶然性的辩证理解来分析社会历史现象的。黑格尔看到了这样一个事实：社会是由人组成的，世界历史是无数个人共同活动的结果，他们都各自抱着自己的目的、按照各自的意向、动机而行动、活动。同时，黑格尔也注意到，在世界历史中，人们往往不仅不能预见到自己行为的后果，而且通常总是获得与他们的动机相反、意愿相违的结果。从这一事实出发，黑格尔断定：在以个人意愿和动机为指南的人们的行动后面一定隐藏着某种力量，这种力量不同于这些意图和动机，或者至少是同它们不完全相同的，而且很可能这种力量本身就是它们的基础和主要原因。但是，黑格尔却从客观唯心主义立场出发错误地认为，理念、世界理性或世界精神乃是社会历史发展的动力。很明显，黑格尔在这里提出了一个关于揭示历史事件的“最终原因”即动力的问题。恩格斯非常重视黑格尔的上述议论，他这样评论：“历史哲学，特别是黑格尔所代表的历史哲学，认为历史人物的表面动机和真实动机都决不是历史事变的最终原因，认为这些动机后面还有应当加以探究的别的动力；但是它不在历史本身中寻找这种动力，反而从外面，从哲学的意识形态把这种动力输入历史。”①

黑格尔一方面认为，理念（理性）是世界历史过程的基础和经线；另一方面他又认为，在历史过程中，人们的思想、热情、动机和他们的活动也起着很大的作用。他说，世界历史包含着两个因素：第一是理念（理性）；第二是人类的热情。② 理念（理性）是世界历史的经线，热情是世界历史的纬线。世界历史就是一块由理念（理性）和热情交织而成的大地毡。在黑格尔看来人类历史上的一切人，无论是普通人还是伟大人物，不管他们怎样行动、活动、奋斗，都只不过是执行理性、精神的命令，受理性、精神的驱使和支配。黑格尔说，理性利用人的热情而使人们彼此进行斗争，而它自己却并不卷入到这个斗争中去。“它始终留在后方、在背景里，不受骚扰，也不

① 恩格斯：《路德维希·费尔巴哈和德国古典哲学的终结》，见《马克思恩格斯选集》第 4 卷，人民出版社 1995 年版（下同），第 248 页。

② “热情”又可译作“情欲”。——引者注

受侵犯。它驱使热情去为它自己工作，热情从这种推动里发展了它的存在，因而热情受了损失，遭到祸殃——这可以叫作‘理性的狡计。’”①

顺便说一下，黑格尔的这一重要思想早在《小逻辑》中就已经提出来了。他在那里写道：“理性是有狡计的，同时也是有威力的。理性的狡计，一般讲来，表现在一种利用工具的活动里。这种理性的活动一方面让事物按照它们自己的本性，彼此互相影响、互相削弱，而它自己并不直接干预其过程，但同时却正好实现了它自己的目的。在这种意义上，天意对于世界和世界过程可以说是具有绝对的狡计。”②

那么，这个有狡计的“理性”所利用的“热情”究竟指的是什么呢？黑格尔把“热情”理解为对利害关系的关心。在《精神现象学》中，黑格尔认为，热情乃是一意欲的一种有力的和强烈的形式。在《历史哲学》中，黑格尔对“热情”一词做了更为详尽而精确的解释，他说：“热情这个名词，意思是指从私人的利益、特殊的目的，或者简直可以说是利己的企图而产生的人类活动——是人类全神贯注，以求这类目的的实现，人类为了这类目的，居然肯牺牲其他本身也可以成为目的的东西，或者简直可以说其他一切的东西。”③

黑格尔认为，正是这种“热情”推动人们去进行各种社会活动。在《精神哲学》中，他说：“没有热情，无论何时都不可能完成伟大的事业。只有僵死的，而且往往是伪善的道德，才反对热情这种形式本身。”④ 在《历史哲学》中，他又强调说：“假如没有热情，世界上一切伟大的事业都不会成功。”

在黑格尔看来，推动人们进行活动的，除了热情之外，还有需要、利益和自私欲望。正是这类需要、热情、利益和自私欲望，才是人类一切行动的“唯一的”“最有势力的源泉”。他说：“它们的势力表现在它们全然不顾法律

---

① 《历史哲学》，第 72 页。
② 《小逻辑》，第 394 页。
③ 《历史哲学》，第 62 页。
④ 《精神哲学》，见《黑格尔全集》第 3 卷，俄文版，第 287 页。

和道德加在它们上面的种种限制，而且它们这种自然的冲动，比起维护秩序和自制，法律和道德的人为的、讨厌的纪律训练，对于人们有一种更直接的影响。”①

黑格尔的上述非常精彩的议论，得到了列宁的高度评价。列宁称赞它们“非常好”。他写道：“一幅绝妙的历史图画：个人的激情、活动等等的总和……到处都是和我们有关的东西，因而到处激起我们的赞成或反对的热忱。”列宁指出，在黑格尔的上述议论中，显露出黑格尔“接近历史唯物主义”。② 恩格斯也充分肯定黑格尔的上述思想，他说：“在黑格尔那里，恶是历史发展的动力借以表现出来的形式。……自从阶级对立产生以来，正是人的恶劣的情欲——贪欲和权势欲成了历史发展的杠杆，关于这方面，例如封建制度的和资产阶级的历史就是一个独一无二的持续不断的证明。”恩格斯认为，黑格尔在这个问题上要比费尔巴哈高明得多。他指出：在善恶对立的研究上，费尔巴哈同黑格尔比起来是很肤浅的，因为费尔巴哈根本“没有想到要研究道德上的恶所起的历史作用。历史对他来说是一个不愉快的可怕的领域。”③

这里有必要指出，黑格尔之所以能够如此强调热情、自私欲望等在社会历史发展中的巨大作用，除了他在这个问题上曾经受到18世纪法国唯物主义者爱尔维修和德国古典哲学的奠基人康德的影响之外，主要还是由于他曾认真地、现实地观察和研究了阶级社会生活现象和人类历史的缘故。也正因为如此，黑格尔才能给我们描绘出一幅关于人类数千年的阶级社会，尤其是资产阶级社会的绝妙的历史图画。

黑格尔对于人民群众和伟大人物在历史上的作用问题的看法也是非常值得注意的，其中也包含有不少合理因素。

---

① 《历史哲学》，第62、59页。

② 列宁：《哲学笔记》，见《列宁全集》第55卷，人民出版社1990年版，第272页。

③ 恩格斯：《路德维希·费尔巴哈和德国古典哲学的终结》，见《马克思恩格斯选集》第4卷，第237页。

黑格尔把社会历史上的人分为两大类：第一类叫作“进行再生产的个人”，即人民群众；第二类叫作“世界历史个人”，即伟大人物。

黑格尔并不否认人民群众在社会历史上的作用。他认为，正是由于他们的存在和活动，才使得社会生活所必需的条件得以“维持”并进行“再生产”。他正确地看到，如果没有他们，社会物质财富的生产就不能进行，社会的物质需要就不能得到满足，因而社会生活也就不能继续下去。

然而，作为资产阶级的思想代表，黑格尔毕竟是轻视人民群众的。在他看来，人民群众是愚昧无知的，他们的活动是不自觉的。他说：“人民就是不知道自己需要什么的那一部分人。知道别人需要什么，尤其是知道自在自为的意志即理性需要什么，则是深刻的认识和判断的结果，这恰巧不是人民的事情。”他甚至以极其轻蔑的反感的口吻说：人民“只是一种群体，只是一群无定形的东西。因此，他们的行动完全是自发的、无理性的、野蛮的、恐怖的。”在黑格尔看来，人民是没有能力参加管理国家大事的，因为“国家组织这个问题乃是一个高深的学术工作，而不是人民的工作”。[①] 因此，黑格尔认为，人民群众只能围绕在伟大人物的周围，并且盲目地追随着伟大人物而进行活动。黑格尔的这种思想早就有了。他在《耶拿时期的实在哲学》中就说过：“伟大人物的优越性就在于他能知道和表达绝对意志。所有的人都集合在他的旗帜下，他就是他们的上帝。”黑格尔甚至把人民群众同伟大人物对立起来，认为人民群众是消极的，伟大人物是积极的。例如，在谈到古希腊时，他说：“人民是助唱队——他们消极、被动；只有英雄们建功立业、担负责任。他们双方之间绝对没有共同的地方。”[②]

但也必须看到，黑格尔关于伟大人物的许多论断却是非常精彩的，包含合理因素。

黑格尔根本不同意关于英雄可以随心所欲地创造历史的论断。他认为，

① 黑格尔著，范阳、张企泰译：《法哲学原理》，商务印书馆 1979 年版（下同），第 319、323 页。
② 《历史哲学》，第 276 页。

甚至最卓越的英雄人物也不能任意妄为，而只能按照理性（或精神）的旨意去进行活动和创造历史。伟大人物是为了满足世界精神对于发现自己、实现自己、返回自身的需要而创造历史的。因此，黑格尔把伟大人物看作世界理性、世界精神的工具，是世界精神的代理人。例如，他曾把拿破仑称为骑在马背上的世界精神。

既然黑格尔把世界历史的发展过程看作世界理性的发展过程，是一个民族精神过渡到另一个民族精神的过程，是精神在自己的运动中需要从一个阶段必然到下一个更高的阶段的过程，那么黑格尔也就很自然地把伟大人物的出现及其活动，看作是同精神的这种有目的的、必然的发展过程相适应的。关于这一点，黑格尔写道："一切伟大的历史人物——这种人自己的特殊目的关联着'世界精神'意志所在的那些重大事件。他们可以称为英雄，因为他们不是从现行制度所认准的、沉静有常的事物进行中，取得他们的目的和他们的事业；而是取自一个泉源——它的内容是隐藏着的、还没有达到现实的存在——取自那个内在的'精神'，这'精神'依然潜伏在地面之下，它冲击着外面的世界，仿佛冲击一个外壳，把它打得粉碎。因为他自己具有另外一个核心，而不是这一个外壳的核心。所以他们这种人在表面上像是从他们自身吸取了他们生命的冲动；而他们的行动产生了一种情况和世界的关系，这些在表面上好像仅仅是他们的事业和他们的作品。"既然黑格尔认为伟大人物的所作所为都是出于世界理性的要求并为世界理性所认准的，那么他也就很自然地会得出这样一个结论："那些伟大人物，'世界历史个人'的功业行事，无论从他们所没有觉察到的那种真正的意义来看，无论从世俗的观点来看，一概是合理得当的。"①

黑格尔的上述观点显然是错误的。他错误地从精神、理性那里地去寻找伟大人物的目的和行为的泉源。他根本不懂得，伟大人物的全部目的和活动，都是受社会经济发展的要求制约的。而只有马克思主义才能正确地揭示这一点。

---

① 《历史哲学》，第 69、108 页。

然而黑格尔关于伟大人物的特点的议论却是相当精彩的。黑格尔说，伟大的历史人物不仅是实际活动家和政治家，而且是有思想的人；他们知道时代所需要的东西和适合时宜的东西——他们的时代和他们的世界的“真理”；他们的职务是在于知道普遍的东西，“知道他们的世界在进展上将取的必然的、直接相承的步骤；把这个步骤作为他们的目的，把他们的力量放在这个步骤里边。这样说来，我们应当把世界历史人物——一个时代的英雄——认作是这个时代眼光犀利的人物；他们的行动、他们的言辞都是这个时代最卓越的行动、言词。”① 英雄人物是时代意志的代表。黑格尔说：“谁道出了他那个时代的意志，把它告诉他那个时代并使之实现，他就是那个时代的伟大人物。”② 黑格尔又说：“他们之所以为伟大的人物，正因为他们主持了和完成了某种伟大的东西；不仅仅是一个单纯的幻想、一种单纯的意向，而是对症下药适应了时代需要的东西。”③

黑格尔关于伟大人物同时代和民族的相互关系的思想也是非常深刻的，很值得注意的。在《精神哲学》一书中，黑格尔在谈到亚历山大和恺撒的活动时说：“正如时代本身为这些巨人所创造一样，时代本身也创造了这些巨人。正如这一民族本身是这些英雄实现其业绩的工具一样，反过来，这些英雄也是自己的时代和自己的民族的精神的工具。”④

总之，在黑格尔看来，伟大的英雄人物与那些以满足个人私利为目的而进行活动的人民群众不同，他们的活动不是从自己个人的目的出发，而是以“世界精神”“时代精神”“民族精神”的普遍意志作为自己使命和目的的，他们是“世界精神”的代理人和办事员，是“时代精神”“民族精神”的工具。他们具有远见卓识，能够高瞻远瞩，洞察社会发展的规律，预见历史发展的未来。

---

① 《历史哲学》，第 69 页。

② 《法哲学原理》，第 334 页。

③ 《历史哲学》，第 70 页。

④ 《精神哲学》，见《黑格尔全集》第 3 卷，俄文版，第 38—39 页。

黑格尔是英雄的崇拜者。他对那些贬损英雄、丑化英雄的言论极其反感。他猛烈地抨击了那种对于英雄人物所谓的“心理学”看法。他认为，“心理学的看法最合适嫉妒心的目的，它设法把一切行动归之于心，使一切行动都具有主观的形态。好像那般行为者的一举一动都是出于某种渺小的或伟大的热情。”有这种看法的人总是把伟大人物的行为理解为受了病态的欲望，诸如功名心、征服欲、个人野心等的驱使，因此他们诋毁伟大人物，称他们为“不道德的人”。在黑格尔看来，这些人真是以小人之心度君子之腹了。他引用了“仆从眼中无英雄”这句法国谚语之后，再加上一句说：“但是那不是因为英雄不是英雄，而是因为仆从只是仆从。”正因为仆从只是给英雄脱靴，伺候英雄就寝，只知道英雄喜欢喝香槟酒，只看到英雄也像普通人一样有喜怒哀乐，换句话说，正因为伺候英雄的仆从只注意到英雄的生活琐事，所以，他们看不到英雄所具有的天才睿智和深刻的认识能力和判断能力。这样一来，在仆从眼里，英雄人物也就平淡无奇了。黑格尔深感不平地说，这些仆从把英雄拉下来，“拉到和这些精通人情的仆从们的同一道德水准上——甚至还在那水准之下几度”。[①] 我们知道，黑格尔早在《精神现象学》一书中，就曾经指责过“判断意识”，因为这种“判断意识”专门从别人行为中寻找坏的动机、罪恶的动机，把世界历史的伟大人物都归入坏人之中，说他们不是按照一般的道德义务行事，而只是抱着“沽名钓誉的意图”和“好大喜功的野心”等从事活动。在黑格尔看来，这种“判断意识”就是仆从的思想意识。因此，黑格尔怒斥这种卑鄙的、伪善的“判断意识”。[②] 在《小逻辑》中，黑格尔也曾痛斥过那些探索伟大人物的行为动机的人，称他们是“有嫉妒心的人”和“实用主义的历史学家”“实用主义的心理学家”。他说：“有嫉妒心的人自己不能完成伟大事业，便尽量去低估他人的伟大，贬仰他人的伟大性使之与他本人相齐。”他认为，“实用主义的历史学

① 《历史哲学》，第 71 页。

② 黑格尔著，贺麟、王玖兴译：《精神现象学》下卷，商务印书馆1979年版（下同），第171—172页。

家”想要追寻潜蕴在英雄人物“公开的显耀勋业后面的秘密动机”，那只不过是一种幻想而已。他坚持反对那些认为英雄人物“主观的形式的兴趣，如虚荣心、权力欲、贪婪等”一类动机是支配其行为的真正的推动力量的“实用主义的心理学家”，说他们所玩弄的是“学究式的小聪明”，并且指出，“如果历史上的英雄仅单凭一些主观的形式的兴趣支配行为，那么他们将不会完成他们所完成的伟大的事业”。在黑格尔看来，伟大人物既是“志其所行”，又是“行其所志”的。①

黑格尔还竭力为英雄的错误行为辩护，他甚至认为英雄所犯下的罪恶也是可以原谅的，因为在他看来，伟大人物是“世界精神”的代理人，是“理性”的命令的执行者，所以，他们的所作所为都应当是合理的，就是说，都应当是符合历史发展的必然趋势的。他说：“一个‘世界历史个人’不会那样有节制地去愿望这样那样的事情，他不会有许多顾虑。他毫无顾虑地专心致力于‘一个目的’。他们可以不很重视其他伟大的，甚至神圣的利益。这种行为当然要招来道德上的非难。但是这样魁梧的身材，在他迈步前进的途中，不免要践踏许多无辜的花草，蹂躏好些东西。”②

可见，在黑格尔看来，在评价一个伟大人物的历史功过时，不应当探究他在从事创造历史活动时抱有什么样的思想动机，而最重要的应当是要看他的行为所带来的实际后果。同时，还应当对他的功业行事进行具体分析，不仅要分清他的功过，而且要看到他总是功大于过的。

黑格尔提出了时势造英雄的见解。在他看来，伟大人物的出现是反映着当时社会的需要，不是英雄创造历史，而是历史创造英雄。黑格尔接近于这样一种观点，即伟大人物都是在历史的关键时刻才出现的。例如他说，在许多最可怕、最危险的势力纷纷起来反对罗马的时候，“伟大人物现在都出现在历史的舞台上，好像希腊垂亡的时期一样。……因为国家已经解体，更没

① 《小逻辑》，第293、294页。

② 《历史哲学》，第72页。

有什么一贯性或者坚决心，所以这批伟人便顺时崛起，本能地想把人心中已经死去的政治统一恢复过来。”①

与上述见解相联系，黑格尔进而认为，杰出人物总是出现个人的悲剧。他们的出现并不是为了安逸舒适的个人生活享受。他们虽然毕生艰苦奋斗，而其结局却总是悲剧性的。黑格尔说，当伟大人物的“目的达到以后，他们便凋谢零落，就像脱却果实的空壳一样。他们或则年纪轻轻的就死了，像亚历山大；或则被刺身死，像恺撒；或则流放而死，像拿破仑在圣赫伦娜岛上。”②“他们既得不到同代人的崇敬和爱戴，也得不到后世舆论的崇敬与爱戴。相反，他们在这种舆论中只是由于他们事业的主观形式而享受到一部分不朽光荣。”③

总而言之，黑格尔关于伟大人物的议论是包含有合理因素的，虽然它们被神秘的、唯心主义的外衣所掩盖着。例如，黑格尔把伟大人物的出现、活动、退出历史舞台、死亡、被刺、流放等，都看作是由“世界理性”“世界精神”的需要所决定的。当“理性”、“精神”需要他们时，他们就出现在历史舞台上，去为它们的事业而进行斗争、征战等一切活动；而当它们不需要他们时，他们就被抛弃，退出历史舞台，结局悲惨。因此在某种意义上可以说，黑格尔实际上是猜到了伟大人物的出现和消失都是合乎规律的。但是，由于黑格尔把伟大人物看作“世界理性”“世界精神”的工具和代理人，所以伟大人物也就不可能加速或延缓由“世界理性”“世界精神”所规定的历史发展进程。这就意味着，伟大人物的一切个人性格和个人遭遇如早死、被刺、流放等偶然的事件，都被归之于必然性，都被看作是由“世界理性”“世界精神”所安排好的，换言之，是命中注定的。这样一来，黑格尔就完全陷于宿命论了。

在黑格尔的《历史哲学》中，还有一个重要原理——“世界历史无非是

---

① 《历史哲学》，第355页。

② 同上书，第70页。

③ 《法哲学原理》，第355页。

自由意识的进步”。黑格尔把世界历史看作是自由意识的进步。他认为，人类在其不同的历史发展阶段上对于自由的理解是不同的，人类历史就是一部对自由的认识、理解逐步深化的历史。在黑格尔看来，自由是人的本性、本质。而作为人的本性、本质的自由，是要在许多世纪的全部历史时期中才能真正意识到的，而且也只有到人类意识到了自由之时，人才能成为真正自由的人。从这一观点出发，黑格尔武断说：东方各国只有专制君主一个人是自由的；希腊世界和罗马世界只有一些人（或一部分人）是自由的，其余的人则是奴隶；在基督教日耳曼世界，一切人都绝对地是自由的（因为他们都意识到自己是自由的）。黑格尔错误地用奴隶的意识去解释奴隶制度的产生。例如，他在谈到黑人的奴隶制度时写道：“奴隶制度的主要原则便是，人类还没有取得他的自由的意识，因此降而成为一件东西，一件毫无价值的东西。”① 在他看来，当人们还没有意识到自己是自由的人的时候，奴隶制度的存在是不可避免的，要废除它也是不可能的。

黑格尔的上述观点无疑是错误的，因为它完全颠倒了存在和意识的真实关系，而且也是与历史事实完全不相符的。

不过，我们也要看到，黑格尔提出的“世界历史无非是自由意识的进步”这个原理，还是包含有合理因素的，是非常值得注意的。它表明：黑格尔不仅把自由的实现当作人类为之奋斗的最终目标，而且认为这个目标是只有在漫长的人类历史过程中才能达到的。马克思主义认为，人们认识世界和改造世界的最终目的，就在于使自己摆脱自然和社会的必然性的束缚，从而使自己成为真正自由的人。人并不是生而自由的，他只有靠劳动、靠社会实践，才能获得自由。恩格斯指出：自由“必然是历史发展的产物。最初的、从动物界分离出来的人，在一切本质方面是和动物本身一样不自由的；但是文化上的每一个进步，都是迈向自由的一步。”② 因此，在马克

① 《历史哲学》，第140页。

② 恩格斯：《反杜林论》，见《马克思恩格斯选集》第3卷，人民出版社1995年版（下同），第456页。

思主义看来，一部漫长的人类历史，也就是人类不断地从必然王国向自由王国迈进的历史。

现在，我们再来谈谈黑格尔关于社会历史发展的观点。

黑格尔毫无根据地把自然界同人类社会对立起来。他认为，在自然界中，变化和运动只是简单的重复，只是一个循环的过程，在自然界中不会产生任何新的东西，真所谓“太阳下面没有新的东西”。而在精神领域即社会领域就不同了，在这个领域里可以看到新东西的产生。他说：“精神世界的这种现象表明了，人类的使命和单纯的自然事物的使命是全然不同的；——在人类的使命中，我们无时不发见那同一的稳定特性，而一切变化都归于这个特性，这便是，一种真正的变化的能力，而且是一种达到更完善的能力——一种达到‘尽善尽美性’的冲动。”①

这里应当指出，尽管黑格尔错误地认为在自然界中没有新的东西产生，并把自然界同社会对立起来，但是，他那关于在社会中的变化不是简单的重复、在社会中有新东西产生的思想，却是非常值得注意的。

同时我们也要看到，在社会历史领域里，黑格尔不仅仅是一般地谈到变化和发展的原则，而且还把这个原则看作是人类历史发展过程中起支配作用的规律。照黑格尔看来，发展只能被理解为自我发展，它是按照历史的内在规律进行的，当然，黑格尔在谈到所有这些时，其合理思想照例是在神秘的客观唯心主义形式中表述出来的，即把人类历史的发展看作是精神的发展。他写道：“发展的原则包含一个更广阔的原则，就是有一个内在的规定，一个在本身存在的、自己实现自己的前提作为一切发展的基础。这一个形式上的规定，实质上就是精神，它有世界历史做它的舞台、它的财产和它的实现的场合。‘精神’在本性上不是给偶然事故任意摆布的，相反地，它是万物的绝对的决定者；它全然不被偶然事故所动摇，而且它还为自己的目的而利

① 《历史哲学》，第94页。

用它们、支配它们。”①

黑格尔不仅把人类历史看作不断变化和发展的过程，而且把它看作前进运动的过程，从低级到高级、从不完善到完善的不断进步的过程。当然，黑格尔在阐述这个问题时，仍然是从他那客观唯心主义的基本观点出发的。既然他认为世界历史只不过是精神在时间里的发展，那就很自然，人类社会历史的不断发展完善的过程，也就只能是精神的不断发展完善的过程，亦即精神从自在到自为的过程。黑格尔写道：“只有具体精神在一个民族的业绩和意向中表现出来，它实现自身，参加到自身之中，并达到对自身的认识，因为它只与自己从自身中产生有关。但是，对于精神说来，最高的成就便是：认识自身，不仅达到自觉，而且达到关于自身的思想。他必须而且必将完成这一点；但是，这种完成同时也就是他的死亡，以及另一种精神、另一个世界历史民族的出现，另一个世界历史纪元的来临。这种过渡和联系使我们达到全体的联系，达到关于世界历史本身的概念。”② 可见，黑格尔在这里又把世界历史的发展归结为逻辑概念的发展了。

为了更好地阐明黑格尔关于世界历史各个时代不断更替的辩证观点，即认为世界历史各个时代的更替是一个合乎规律的、前进式的过程，而在这个过程中，旧的东西不断为新的东西所代替这一极其重要的观点，我们在这里不妨再援引一些黑格尔的原话。黑格尔在把世界历史描绘成一幅充满各种变迁和行动、并且在永无宁息的推移交替之中的许多民族、国家和无数个人的图画之后，他这样写道：“在无数个人和许多民族这种不断的交替中所首先发生的那种昙花一现的范畴——那种普通的思想，便是一般的变迁。从这种变迁的消极方面来观察，使我们好似徘徊瞻眺过去的光荣——古国的废墟，一个旅客游过了迦太基、帕尔迈剌、百泄波里或者罗马的古迹，谁不低回缅想于国运和人事的无常？谁不黯然感伤已经逝去了的活泼丰富的生命？——

① 《黑格尔全集》第8卷，俄文版，第52页。参见《历史哲学》，第95页。

② 《黑格尔全集》第8卷，俄文版，第68—69页。参见《历史哲学》，第112—113页。

这一番伤心不是为了个人的得失和一己事业的无定，而是一种无我境界的哀愁，为了一番辉煌灿烂、高度文化的民族生活的式微零落！但是和这种变迁连带发生的第二种考虑便是，变迁虽然在一方面引起了解体，同时却含有一种新生命的诞生——因为死亡固然是生命的结局，生命也就是死亡的后果。”接着，黑格尔还拿不死之鸟来比喻他的这种辩证法思想：“这不死之鸟终古地为它自己预备下了火葬的柴堆，而在柴堆上焚死它自己；但是从那劫灰余烬当中，又有新鲜活泼的新生命产生出来。”不过，黑格尔认为，这种不死之鸟的神话，如同轮回的观念一样，固然是东方思想家所达到的“伟大的思想”，但仍然不能准确地表达他的思想，所以，他以自己惯用的表述方式接着写道：“当‘精神’脱却它的生存皮囊时，它并不仅仅转入另一皮囊之中，也不从它的前身的灰烬里脱胎新生；它再度出生时是神采飞扬、光华四射，形成一个更为纯粹的精神。”①

可见，在黑格尔看来，旧东西的死亡并为新东西所代替，乃是一种必然的、合乎规律的现象。

黑格尔认为，一个民族从它产生之日起就已经包含有否定自身的潜在因素，随着这个民族的发展成长，这种否定因素也就不断地增大，以致最后导致这个民族的灭亡。所以，每一个世界历史民族都不可避免地要经历生长、繁荣和衰亡这三个时期。具体地说就是：第一个时期是这个民族的真正个性的生长时期；第二个时期是这个世界历史民族在对外斗争方面取得胜利的独立和繁荣时期，这乃是同前一个世界历史民族相接触的结果；第三个时期是它的灭亡时期，这是同具有比自己高一等的精神的世界历史民族相接触的结果。例如，当波斯世界同希腊世界相接触的时候，历史的过渡就发生了，即由于波希战争而导致波斯世界的灭亡。而希腊又由于同罗马进行战争而导致灭亡，罗马则由于同日耳曼打仗而导致灭亡。

在黑格尔看来，一个民族在它还没有自然地死亡的时候，它是不会突

① 《历史哲学》，第113—114。

然地死亡的。而如果一个民族已经自然地死亡，那么，它就逃脱不了死亡的命运。同时，它必然会被另一个具有高一等的精神的民族所代替。黑格尔生动地比喻说："一个民族的生命结成一种果实；因为民族活动的目的在于贯彻它的原则。然而这一个果实并不回归到产生它和长成它的那个民族的怀中去；相反地，它却变成了那个民族的鸩毒。那个民族又不能撒手放过这种鸩毒，因为它对于这样的鸩毒具有无穷的渴望：这个鸩毒一经入口，那个民族也就灭亡，然而同时却又有一个新的原则发生。"①

黑格尔把希腊的衰落和马其顿帝国的灭亡都看作是历史的必然性，"是一种无可挽回的盲目的命运——一种铁的势力"，因此，要想"治疗、补救、挽回是不可能的"。黑格尔把西罗马的灭亡也看作是一种历史的必然现象。他认为，历史上的偶然事件是不能成为历史上重大变迁的决定性因素的。他写道："要知道，罗马共和国所以灭亡，并不是由于恺撒降生这件偶然事故——这种灭亡自有它的必然性。"②

综上所述，我们清楚地看到：黑格尔把世界历史看作是一个辩证发展的过程，这个过程所遵循的是一条由低级向高级上升的路线。在黑格尔看来，世界历史的这个发展过程是按照严格的客观必然性来实现的。毫无疑问，黑格尔的这种论断乃是对历史发展过程规律性的天才猜测。

但是，由于黑格尔没有意识到，或许是不愿意识到人类历史发展的真正的物质的原因，所以，他从自己的客观唯心主义立场出发，用他自己虚构出来的神秘的"理念""理性""精神"来解释人类历史的发展。这样一来，现实历史的前进式的发展进程，也就被他看作是一种合乎"理念""理性""精神"的目的的运动。因而黑格尔的历史观也就带有了极其浓厚的宿命论和目的论的性质。

最后，我们再来谈谈黑格尔关于地理环境的论述。

---

① 《历史哲学》，第 120 页。

② 同上书，第 323、356 页。

黑格尔是从他的客观唯心主义立场出发来谈论地理环境这个问题的。他把地理条件只看作是精神发展所需要的场地，“是‘精神’所从而表演的场地”，“是一种主要的、而且必要的基础”。黑格尔认为，地理环境对于社会发展有着巨大的影响作用。由于地理环境不同，居民的社会经济生活和职业、居民的性格、国家的社会关系和政治制度也都各不相同。在黑格尔的这种观点中，我们可以清楚地看到18世纪社会学中的“地理学派”的思想、特别是法国启蒙思想家孟德斯鸠的思想对他的巨大影响。

然而，我们绝不能把黑格尔看作一位地理环境决定论者。在关于地理环境对人类社会的作用问题上，黑格尔同地理学派是有根本区别的。例如，地理学派的创始人之一孟德斯鸠特别强调地理因素在人类社会发展中的作用。在他看来，地理环境，特别是气候、土壤和居住地域的大小对一个民族的性格、风俗、道德和精神面貌以及其法律性质和政治制度，有着决定性的影响作用。而黑格尔则不然。他不是一位地理环境决定论者，而是一位“世界精神”决定论者。在他看来，对人类社会起决定作用的，不是地理条件，而是“精神世界”。正如我们在前面谈到过的，对黑格尔来说，自然条件即地理环境只不过是“精神”发展的场地罢了。

黑格尔既反对地理环境决定论的观点，又反对那种认为地理环境对于社会的发展并不重要，起不了多大作用的观点。他说：“我们不应该把自然界估量得太高或者太低；爱奥尼亚的明媚的天空固然大大地有助于荷马诗的优美，但是这个明媚的天空绝不能单独产生荷马。而且事实上，它也并没有继续产生其他的荷马；在土耳其统治下，就没有出过诗人了。”[①] 显然，黑格尔的上述议论是针对地理环境决定论而发的，是非常值得注意的。应该说，黑格尔认为“不应该把自然界的意义估计得太高或者太低”这一思想，是一个对马克思主义产生过影响作用的非常重要的合理思想。我们知道，马克思主义并不否认地理环境的重要作用。马克思主义认为，人类社会是不可以离开

① 《历史哲学》，第123—124页。

地理环境而单独地发展的。马克思指出："人们所遇到的各种自然条件——地质条件、地理条件、气候条件以及其他条件"，是物质资料生产的"自然基础"①，是人类社会借以存在和发展的必不可少的物质条件。自然条件的优越与否，对于物质资料的生产和人类社会的发展，当然会有一定的影响，而且有时甚至会起很大的影响作用。但是马克思主义也不同意地理环境决定论的观点。它认为，地理环境绝不能决定社会的性质和面貌，更不能决定一种社会制度转变为另一种更高级的社会制度。社会变化的根本原因，不能到社会的外部而只能到社会的内部去寻找。

黑格尔关于温带地区是历史的真正舞台的思想，也是非常值得注意的，它也包含有合理的因素。不过，他把寒带地区和热带地区永远排斥在世界历史的运动之外、认为在这些地区不会有世界历史民族发展起来的观点，却是完全错误的。他是这样论证自己的观点的："在极热和极寒的地带上，人类不能够做自由的运动；这些地方的酷热和严寒使得'精神'不能够给他自己建筑一个世界。亚里士多德已经说过，'迫切的需要既然得到满足，人类便会转到普遍的和更高的方面去'。但是在极热和极寒的地带，这样的需要可以说是从来没有间断过、从来没有幸免过的；人类时刻被迫着当心自然，当心炎热和冰雪。历史的真正舞台所以便是温带，当然是北温带，因为地球在那儿形成了一个大陆，正如希腊人所说，有着一个广阔的胸膛。"②

显然，黑格尔在这里是企图用人们物质生活需要是否能够得到满足来解释世界历史民族的出现。应该说，他的这一观点是有其合理的一面的。这就是：他看到了对社会发展最有利的地方不是寒带或热带，而是温带。同时，黑格尔还进一步具体地指出，地中海沿岸地区是最有利于社会发展的地方。这样一来，他就有些接近于马克思主义所认为的对于社会发展最有利的是最富于多样性的地理环境的论点了。马克思在《资本论》第十四章中写道：

① 见《马克思恩格斯选集》第1卷，人民出版社1995年版，第67页。

② 《历史哲学》，第124页。

“资本主义生产方式以人对自然的支配为前提。过于富饶的自然‘使人离不开自然的手，就像小孩子离不开引带一样’。它不能使人自身的发展成为一种自然必然性。资本的祖国不是草木繁茂的热带，而是温带。不是土壤的绝对肥力，而是它的差异性和它的自然产品的多样性，形成社会分工的自然基础，并且通过人所处的自然环境的变化，促使他们自己的需要、能力、劳动资料和劳动方式趋于多样化。”①

通过对黑格尔历史哲学所做的上述分析，我们可以清楚地看到，黑格尔虽然是一位典型的思辨的唯心主义哲学家，但他同时却是一位极其富于现实感的思想家。所以，在他那极端思辨的历史观中，却充满了社会历史的现实内容；在他那非常唯心的历史哲学中，不仅提出了许多有价值的辩证发展思想，而且还包含有不少历史唯物的萌芽思想。因此，对于黑格尔这种精芜并存、瑕瑜互见的历史观，是必须采取审慎的去芜存精的科学态度的。

二、马克思和恩格斯对黑格尔历史观的批判继承和改造

马克思主义经典作家高度地评价了黑格尔在把辩证法思想应用于自然和社会历史方面所作出的贡献。恩格斯指出：“黑格尔第一次——这是他的巨大功绩——把这个自然的、历史的和精神的世界描写为一个过程，即把它描写为处在不断的运动、变化、转变和发展中，并企图揭示这种运动和发展的内在联系。”② 马克思主义经典作家还不止一次地着重指出了黑格尔把辩证法应用于对社会生活现象的研究，从而在把对历史的理解从形而上学观点中解放出来，在历史观方面所作出的重大贡献。恩格斯说，黑格尔“是第一个想证明历史中有一种发展、有一种内在联系的人，尽管他的历史哲学中的许多东西现在在我们看来十分古怪，如果把他的前辈，甚至把那些在他以后

① 《资本论》第1卷，见《马克思恩格斯全集》第23卷，人民出版社1972年版，第561页。

② 恩格斯：《社会主义从空想到科学的发展》，见《马克思恩格斯选集》第3卷，第736页。

敢于对历史作总的思考的人同他相比，它的基本观点的宏伟，就是在今天也还值得钦佩。在《现象学》《美学》《哲学史》中，到处贯穿着这种宏伟的历史观，到处是历史地、在同历史的一定的（虽然是抽象地歪曲了的）联系中来处理材料的。”在恩格斯看来，黑格尔历史哲学中的这种“值得钦佩”的“基本观点”就是辩证法，即关于发展的学说。而黑格尔也正是由于有了这种辩证法思想才在历史哲学方面起了“划时代”的作用。恩格斯认为，黑格尔“这个划时代的历史观是新的唯物主义观点的直接的理论前提”。① 列宁在《哲学笔记》中也认为，在黑格尔的《历史哲学》中有些地方“接近历史唯物主义”，有“历史唯物主义”因素，有“历史唯物主义的萌芽”，等等。

同时，马克思主义经典作家也对黑格尔的历史唯心主义进行了无情的揭露和批判。他们指出，黑格尔的历史观是唯心主义的，头脚倒置的。而他的历史辩证法思想也只不过是一种“从无，经过无，到无”的方法。恩格斯指出，黑格尔的这种实质上是唯心的、完全抽象的思辨方法“在它现有的形式上是完全不适用的”。恩格斯认为，必须发展一种比从前所有世界观都更加唯物的世界观”。这种世界观不能像黑格尔那样“从纯粹思维出发”，而“必须从最顽强的事实出发”。为了建立这样一种世界观，就“首先应当对黑格尔的方法作一番透彻的批判”。②

马克思主义奠基人对于历史唯物主义的创立，是同他们对于黑格尔辩证的唯心史观的批判继承和改造紧密地联系着的。马克思和恩格斯既是黑格尔历史哲学的唯心主义糟粕的坚决批判者，又是黑格尔历史哲学的精华——辩证发展思想的卓越继承者。

我们知道，马克思和恩格斯在青年时代都曾经受到黑格尔哲学的影响。黑格尔哲学曾经对他们的哲学观点的发展和形成起过巨大的作用。关于这一

① 《卡尔·马克思〈政治经济学批判〉》，见《马克思恩格斯选集》第2卷，人民出版社1995年版，第42页。

② 同上书，第120、121页。

点，我们可以从他们的早期言论中看得出来。青年马克思参加过青年黑格尔派的活动。他在 1837 年 11 月 11 日写给父亲的信中表明，他受了黑格尔哲学的影响，极力“在现实本身里寻求理念，而同时又开始以批判的态度对待黑格尔哲学，并对他进行了革命的解释。他说，他不大喜欢黑格尔哲学那种“稀奇古怪的旋律”，亦即它那表现得很明显的远离实际政治问题的思辨性质。青年恩格斯在 1839 年 11 月写给威·格雷培的一封信中，谈到了黑格尔哲学，尤其是黑格尔的历史哲学对他的影响。他写道：“我现在正站在成为黑格尔主义者的门槛上。我是否会成为黑格尔主义者，说真的，我还不知道，但是施特劳斯向我这样地阐明了黑格尔哲学，使我感到它似乎是十分真实的。此外，他的（黑格尔的）历史哲学好像是发自我心灵的。”① 过不久，从同年 12 月开始，恩格斯便坚决反对黑格尔右派对黑格尔哲学的解释，而赞同青年黑格尔派的观点了。他还同柏林的青年黑格尔派即所谓“自由人”建立了联系。

马克思对黑格尔哲学的批判，是从批判黑格尔的《黑格尔法哲学批判》开始的。在 1841 年撰写的《黑格尔法哲学批判》一书中，马克思不仅批判了黑格尔在国家及国家对家庭和市民社会的关系上的观点，而且也批判了黑格尔思辨的辩证法，尤其是他的唯心史观。马克思指出，黑格尔法哲学的根本错误，就在于他把社会的发展歪曲成了“理念”的自身演变。马克思利用黑格尔的异化范畴来分析国家这一概念，与黑格尔把家庭和市民社会看作是国家理念自我异化的产物相反，马克思则把国家看作是家庭和市民社会的自我异化的产物，亦即看作是它们固有矛盾发展的结果。很明显，从这个角度来谈问题，就必然会导致唯物主义。马克思后来在谈到他批判地考察了黑格尔法哲学之后所做的总结时，写道：“我的研究得出这样一个结果：法的关系正像国家的形式一样，既不能从它们本身来理解，也不能从所谓人类精神的一般发展来理解，相反，它们根源于物质的生活关系，这种物质的生活关系

① 恩格斯：《和格雷培兄弟的通信》，见《马克思恩格斯早期著作选》，1956 年俄文版，第 330 页。

的总和，黑格尔按照18世纪的英国人和法国人的先例，称之为‘市民社会’，而对市民社会的解剖应该到政治经济学中去寻求。”[①] 恩格斯后来也指出，马克思从黑格尔的法哲学出发，得出这样一种见解：要获得理解人类历史发展过程的钥匙，不应当到被黑格尔描绘成“大厦之顶”的国家中去寻找，而应当到黑格尔所那样轻蔑的“市民社会”中去寻找。《黑格尔法哲学批判》这一著作表明，马克思是正在向唯物主义，特别是向历史唯物主义转变，他这时已经站到辩证唯物主义和历史唯物主义跟前了。

在1844年撰写的《经济学—哲学手稿》中，马克思第一次明确地提出了历史乃是人类自己的发展史这一重要观点。他指出：“正像一切自然物必须产生一样，人也有自己的产生活动即历史；历史是人的真正的自然史。”[②] 这样，马克思就从根本上否定了黑格尔把世界历史看作“世界精神”的发展史这样一种唯心史观。

在《神圣家族》一书（1844.9—1845.2）中，马克思和恩格斯把对青年黑格尔派的代表人物布鲁诺·鲍威尔等人的主观唯心主义历史观的批判，同对黑格尔的历史哲学观点的批判直接联系起来。同时，马克思和恩格斯从对他们把人民群众同英雄人物对立起来、极端蔑视人民群众等错误的历史观点的批判中，得出了一个重要的历史唯物主义的科学结论：“‘历史’并不是把人当作达到自己目的的工具来利用的某种特殊的人格。历史不过是追求着自己目的的人的活动而已。”“历史活动是群众的事业，随着历史活动的深入，必将是群众队伍的扩大。”这样一来，马克思主义创始人就最终地、彻底地扬弃了黑格尔历史哲学中关于“世界精神”创造世界历史这个唯心主义原则，从而把历史看成是人民群众自己创造的历史了。马克思主义经典作家们揭露了黑格尔历史观的思辨的客观唯心主义的实质。他们指出：黑格尔的历史观“不过是关于精神和物质，上帝和世界相对立的基督教德意志教条的

① 《〈政治经济学批判〉序言》，见《马克思恩格斯选集》第2卷，第82页。

② 马克思：《1844年经济学—哲学手稿》，见《马克思恩格斯全集》第42卷，人民出版社1979年版，第169页。

思辨表现”。“黑格尔历史观的前提是抽象的或者绝对的精神，……因此，思辨的、奥秘的历史在经验的、明显的历史中的发生是黑格尔一手促成的。人类的历史变成了抽象的东西的历史，因而对现实的人来说，也就是变成了人类的彼岸精神的历史。”马克思和恩格斯还指出了黑格尔历史哲学的根本错误，即：颠倒了社会存在和社会意识之间的关系，认为在在黑格尔的历史哲学中，和在他的自然哲学中一样，也是儿子生出母亲，精神产生自然界，基督教产生非基督教，结果产生起源。“黑格尔把世界头足倒置”了。①

在《关于费尔巴哈的提纲》(以下简称《提纲》)中，马克思不仅同黑格尔的唯心主义和费尔巴哈的人本主义最终划清了界限，而且提出了唯物主义史观的最基本的原理。第一，《提纲》明确地把社会实践的范畴引入认识论和历史观，从而使费尔巴哈的形而上学的反映论变为革命的能动的反映论，并为历史唯物主义奠定了坚实的理论基础。在这个《提纲》中，马克思制定了历史唯物主义的出发原则：把社会存在当作人的感性活动，当作社会实践去理解。第二，《提纲》明确地提出了下述重要原理：“哲学家们只是用不同的方式解释世界，而问题在于改变世界。”这样一来，马克思主义的历史唯物主义就把认识世界和改造世界的任务统一起来了，从而把哲学变成了无产阶级手中的锐利武器。因此，《提纲》标志着马克思主义唯物史观已经大体上形成了。恩格斯指出，这个《提纲》“作为包含着新世界观的天才萌芽的第一个文件，是非常宝贵的”。②

在《德意志意识形态》一书中，马克思和恩格斯再一次对黑格尔的唯心史观进行了深刻的批判。他们指出：“黑格尔完成了实证唯心主义，他不仅把整个物质世界变成了思想世界，而且把整个历史也变成了思想历史。”他们还指出：“黑格尔的历史哲学是整个德国历史编纂学的最终、达到自己‘最纯粹的表现’的产物。”马克思和恩格斯认为，他们自己的新的历史观即

---

① 《马克思恩格斯文集》第1卷，人民出版社2009年版，第357页。

② 《路德维希·费尔巴哈和德国古典哲学的终结》，见《马克思恩格斯选集》第4卷，第213页。

历史唯物主义，是同黑格尔的思辨的历史观不同的。他们强调说："这种历史观和唯心主义历史观不同，它不是在每个时代中寻找某种范畴，而是始终站在现实历史的基础上，不是从观念出发来解释实践，而是从物质实践出发来解释观念的东西。"他们提出了自己对历史的解释，并把这种解释同思辨的历史观对立起来，他们写道："历史不外是各个世代的依次交替。每一代都利用以前各代遗留下来的资料、资金和生产力；由于这个缘故，每一代一方面在完全改变了的条件下继续从事先辈的活动，另一方面又通过完全改变了的活动来改变旧的条件。然而，事情被思辨地颠倒成这样：好像后一个时期历史乃是前一个时期历史的目的，例如，好像美洲的发现的根本目的就是要引起法国革命。"他们在简要地谈到了历史之变成为全世界历史的过程之后，强调指出："历史向世界历史的转变，不是'自我意识'、宇宙精神或者某个形而上学怪影的某种纯粹的抽象行动，而是完全物质的、可以通过经验证明的行动，每一个过着实际生活的、需要吃喝穿的个人都可以证明这一种行为。"[①]《德意志意识形态》一书，标志着马克思主义唯物史观已经达到了完全成熟的阶段。在这一著作中，马克思主义的创始人第一次详尽地叙述了历史唯物主义的基本原理，他们提出并论证了人们的社会存在决定人们的社会意识的原理，并且指出，生产方式在人们的整个社会生活中起着决定作用。他们在这一著作中第一次研究和阐述了生产力和生产关系之间的规律性关系。他们指出，生产力是社会发展的最革命的因素。生产力的发展总是在一定的生产关系中进行的。而生产力发展到一定的阶段，就会同这些生产关系发生矛盾。这些曾经使生产力获得发展的生产关系便变成了生产力发展的桎梏。生产力和生产关系之间的这种矛盾必然导致社会革命。在他们看来，人类历史发展的最主要的推动力就在人类社会内部，而不在它的外部；人类历史不需要什么"精神"一类的创造者。他们指出，阶级斗争和社会革命是社会历史发展的动力。

① 见《马克思恩格斯选集》第1卷，人民出版社1995年版，第89页。

在《哲学的贫困》一书（1847 年 6 月）中，马克思揭露和批判了蒲鲁东从黑格尔那里剽窃来的唯心主义和形而上学观点，并从而阐发了自己的历史唯物主义观点。马克思深刻地指出：“黑格尔认为，世界上过去发生的一切和现在还在发生的一切，就是他自己的思维中发生的一切。”因此，黑格尔的“历史的哲学仅仅是哲学的历史，即他自己的哲学的历史。没有与时间次序相一致的历史’，只有‘观念在理性中的顺序’。他以为他是在通过思想的运动建设世界；其实，他只是根据绝对方法把所有人们头脑中的思想加以系统地改组和排列而已。”①

1848 年发表、由马克思和恩格斯共同起草的《共产党宣言》，是科学共产主义的纲领性文献，它宣告无产阶级的科学的世界观——辩证唯物主义和历史唯物主义，已经最终地确立起来了。宣言的发表表明：马克思主义奠基人通过批判黑格尔的唯心史观，从而创立历史唯物主义的艰巨工作已告完成。

由上述情况可以清楚地看到，马克思主义历史唯物主义的创立过程，同时也就是对黑格尔辩证的唯心史观进行批判改造的过程。

这里有必要再一次强调指出的是：黑格尔历史哲学中所包含的合理思想，主要是历史辩证法思想以及其他一些天才猜测和“历史唯物主义的萌芽”，对于马克思主义唯物史观的创立是起了很大的启发作用的，它们是被马克思主义创始人加以批判地继承了的。恩格斯在《反杜林论》中说过：“马克思和我，可以说是从德国唯心主义哲学中拯救了自觉的辩证法并且把它转为唯物主义的自然观和历史观的唯一的人。”② 恩格斯还说：黑格尔“(虽然是不自觉地)给我们指出了一条走出这些体系（指黑格尔的哲学体系——引者注）的迷宫而达到真正地切实地认识世界的道路”。③ 列宁也指出：“历史唯物主义，是在黑格尔那里处于萌芽状态的天才思想——种子——的

① 《马克思恩格斯选集》第 1 卷，第 143 页。
② 《马克思恩格斯全集》第 20 卷，第 51 页。
③ 《马克思恩格斯选集》第 4 卷，第 220 页。

一种应用和发展。"[1] 因此，我们完全有理由说，黑格尔的历史哲学乃是马克思主义的科学的社会历史观——历史唯物主义的直接理论来源。

马克思和恩格斯亲自参加了无产阶级的革命斗争实践，根据无产阶级的阶级斗争经验，深入地研究了全部人类历史，批判地继承了包括黑格尔在内的先进思想家们在社会历史方面的研究成果，并把辩证唯物主义推广应用于说明社会生活和历史现象，从而创立了历史唯物主义。列宁指出："马克思加深和发展了哲学唯物主义，使它成为完备的唯物主义哲学，把唯物主义对自然界的认识推广到对人类社会的认识。马克思的历史唯物主义是科学思想中的最大成果。"[2]

历史唯物主义是关于人类历史发展规律的科学，是无产阶级的历史观。它的创立是科学思想的最伟大的成就，是社会科学中的一个革命的变革。马克思在《〈政治经济学批判〉序言》中，极其简明扼要地表述了历史唯物主义的实质和基本原理。他写道："人们在自己生活的社会生产中发生一定的、必然的、不以他们的意志为转移的关系，即同他们的物质生产力的一定发展阶段相适合的生产关系。这些生产关系的总和构成社会的经济结构，即有法律的和政治的上层建筑竖立其上并有一定的社会意识形式与之相适合的现实基础。物质生活的生产方式制约着整个社会生活、政治生活和精神生活的过程。不是人们的意识决定人们的存在，相反，是人们的社会存在决定人们的意识。社会的物质生产力发展到一定阶段，便同它们一直在其中运动的现存生产关系或财产关系（这只是生产关系的法律用语）发生矛盾。于是这些关系便由生产力的发展形式变成生产力的桎梏。那时社会革命的时代就到来了。随着经济基础的变更，全部庞大的上层建筑也或慢或快地发生变革。在考察这些变革时，必须时刻把下面两者区别开来：一种是生产的经济条件方面所发生的物质的、可以用自然科学的精确性指明的变革；一种是人们借以

① 《列宁全集》第 55 卷，人民出版社 1990 年版，第 160 页。

② 见《列宁全集》第 23 卷，人民出版社 1990 年版，第 45 页。

意识到这个冲突并力求把它克服的那些法律的、政治的、宗教的、艺术的或哲学的，简言之，意识形态的形式。我们判断一个人不能以他对自己的看法为根据，同样，我们判断这样一个变革时代也不能以它的意识为根据；相反，这个意识必须从物质生活的矛盾中，从社会生产力和生产关系之间的现存冲突中去解释。无论哪一个社会形态，在它所能容纳的全部生产力发挥出来以前，是决不会灭亡的；而新的更高的生产关系，在它的物质存在条件在旧社会的胎胞里成熟以前，是决不会出现的。所以人类始终只提出自己能够解决的任务，因为只要仔细考察就可以发现，任务本身，只有在解决它的物质条件已经存在或至少是在生成过程中的时候，才会产生。”①

可见，马克思主义的奠基人所创立的历史唯物主义，已经完全抛弃了黑格尔的虚构的“绝对理念”“世界理性”“世界精神”，而代之以现实的物质的生产这一概念，并用它来解释和说明社会生活现象和人类历史过程。如果拿马克思主义的历史唯物主义和黑格尔的历史唯心主义做一个简单的比较，那么，我们就可以清楚地看到，这两种观点不但有原则上的区别，而且是完全对立的。

首先，在解决社会历史观的基本问题即关于社会存在与社会意识的关系问题时，马克思主义创始人的观点与黑格尔的观点是完全对立的。黑格尔认为，一切社会现象和人类历史过程都是由“理念”“理性”“精神”决定的。黑格尔完全颠倒了社会存在与社会意识的真实关系，他把“理念”“理性”“精神”变成了社会历史的创造主。正如马克思和恩格斯所指出的：“在黑格尔的历史哲学中，和在他的自然哲学中一样，也是儿子生出母亲”，“结果产生起源”。而马克思主义则认为：不是人们的社会意识决定人们的社会存在，相反，是人们的社会存在决定人们的社会意识。人们的社会生活、社会制度，归根到底，并不是由思想、意识所决定的。马克思主义的创始人完全抛弃了黑格尔的神秘的虚构的“绝对理念”“世界理性”“世界精神”，而

① 《〈政治经济学批判〉序言》，见《马克思恩格斯选集》第2卷，第32页。

用现实的物质的生产这个概念来解释和说明一切社会现象和整个人类历史过程。马克思主义认为，人类历史是一个现实的、合乎规律的、以物质生产的发展为基础的过程。

其次，在解决究竟什么是社会发展的决定力量，什么是决定社会结构、决定一种社会制度向另一种社会制度过渡的主要原因（动力）这些问题时，马克思主义的唯物历史观也是与黑格尔的唯心史观完全相对立的。如前所述，黑格尔认为，人类社会历史发展的基础是“理念”“理性”“精神”，社会发展的决定力量是“理念”“理性”“精神”，决定各个社会结构的是各个民族所具有的“民族精神”，因而黑格尔也就用各个“世界历史民族”所具有的“民族精神”的过渡，来解释从一个历史时代向另一个历史时代的过渡，即从一种社会制度向另一种社会制度的过渡。与黑格尔相反，马克思主义认为，人类社会各个阶段上的物质资料的生产，是整个社会历史发展的基础。生产力和生产关系、经济基础和上层建筑的矛盾推动社会前进，推动新旧社会的更替，推动社会由低级向高级的发展。这是社会发展的普遍规律。马克思主义认为，人类历史发展的最主要的推动力在于社会内部，而不在于它的外部；人类社会的发展，根本不需要黑格尔的什么“绝对理念”“世界理性”“世界精神”来推动。

最后，在人民群众和伟大人物在历史上的作用问题上，马克思主义观点和黑格尔的观点也是不同的。由于黑格尔把人类历史看作是“理念”“理性”“精神”的发展史，并从而使它们变成了历史的创造主，因此，黑格尔就进而把社会上所有的人看作是世界精神的工具，把伟大人物称为“世界精神的代理人”。这样一来，他也就把社会上所有的人，不管是伟大人物还是人民群众，实际上都变成对社会历史的发展完全消极无为的东西。此外，黑格尔同一切资产阶级学者一样，也是崇拜英雄、轻视劳动人民的。与黑格尔相反，马克思主义把人类历史看作是生产发展的历史，因而它认为，社会历史就是物质资料生产者的历史，是作为生产过程基本力量的劳动群众的历史，是各国人民的历史。在马克思主义看来，杰出人物是不能创造历史，不能决定和改变历史发展的基本趋势的。然而，杰出人物对于历史的发展也绝不是消极无为的。只要他们能够正确了解社会发展的趋势和条件，能够正确反映人民群众的要求和斗争的需要，他们就能够领导和组织人民群众去进行斗争，解决历史提出的任务，推动历史向前发展。当然，马克思主义在承认杰出人物和先进活动家在人类历史上、在社会发展中的作用的同时，特别强调人民群众在创造物质财富和精神财富，在发展社会生产力，在进行阶级斗争、推动社会发展中的巨大作用。“历史活动是群众的事业”，历史的创造者是劳动人民。

总之，黑格尔的历史哲学是思辨的历史哲学，是不科学的。只有历史唯物主义才是阐明真实的历史进程和揭示其最一般规律的科学理论，才是认识社会生活的科学方法。因此，也只有它才能对人类社会历史提供真正科学的解释。

恩格斯指出：马克思的“历史观结束了历史领域内的哲学，正如辩证的自然观使一切自然哲学都成为不必要的和不可能的一样。现在无论在哪一领域，都不再是从头脑中想出联系，而是从事实中发现联系了。”[①] 历史唯物主义的创立，是人类认识史上的空前大革命。它把唯心主义从最后的藏身之所——社会历史领域中驱逐出去，为社会生活各个方面的研究奠定了科学基础，使关于社会、关于社会历史发展规律的学说，变成同其他科学一样能够提供精确的知识和见解的科学。由于历史唯物主义的创立，人们过去对于社会历史所持的极其混乱和武断的见解，包括黑格尔的唯心史观在内，便为一种极其完整严密的科学理论所代替了。

① 《马克思恩格斯选集》第4卷，第257页。

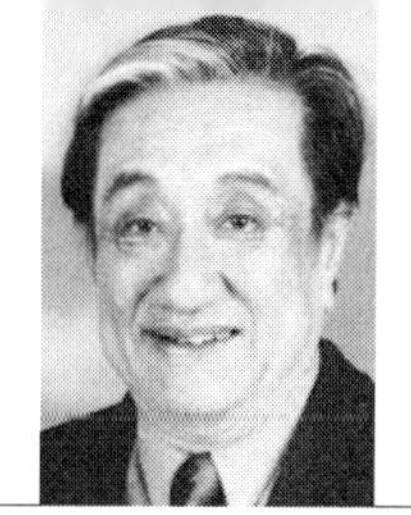

哲学范式转换与“以人为本”世界观*

谢　龙

［**主编按语**］　本文认定马克思对西方传统哲学所实现的重大变革，即在人类思想史和文化史上第一次把唯物主义奠基于人本主义，创建了新型唯物主义哲学，也是为唯物主义奠基的新型人本主义哲学。这是哲学范式的创新，由囿于抽象理性的“本体论”世界观转换为具体理性、实践理性层面的“以人为本”世界观，或为唯物主义奠定科学基础的“实践论世界观”。

20世纪80年代由反思“文化大革命”引发的西方人道主义或人本主义思潮热所启动的马克思主义哲学范式转换的研究，迄今已近30年，有关研究未停歇。诸如“人学与哲学”讨论中提出“哲学就是人学”“哲学的现代形态是人学”的见解；“哲学范式转换”讨论中提出对“实体本体论”予以突破或超越，转换为“人的社会存在本体论”“人的自然存在本体论”“关系本体论”“过程本体论”以至“实践生存论”等见解，尝试从不同角度、不同

* 本文原载《马克思主义哲学与中国改革开放三十周年》（上海社会科学院出版社2008年版）第85—89页。

层面转换范式；尤为瞩目的是在考察马克思对“本体思维方式”的历史性变革时指出：“马克思哲学的变革不是本体形态的转换，而是哲学的思维方式或哲学观的变革。……否定了传统本体论的思维方式之后，‘本体’的性质就发生了变化，不再具有以往那种至高无上、唯我独尊的绝对权威的地位和意义。与此相适应，“本体”概念的运用、包括它的意义不再具有解释一切的权力。”据此，明确地提出不同意把马克思的哲学归结为“实践本体论”，因为以“本体”表征实践，反而使之失去了看待一切事物和问题的“新观点”“新视角”“新视野”的方法论意义。① 当今，最急切的是要结合改革开放的历史进程，探究蕴涵于中国特色社会主义之理论根基的新型人本主义哲学，即为唯物主义奠定科学基础的新型人本主义哲学。

一、哲学范式由囿于抽象理性的“本体论”世界观转换为具体理性、实践理性层面的“以人为本”世界观，即为唯物主义奠定科学基础的“实践论世界观”

马克思把哲学主题、哲学对象由自在世界转换为以实践为基础的现实世界，它对西方传统哲学的重大变革意义在于实现了哲学范式的转换，在人类思想史和文化史上第一次把唯物主义奠基于人本主义，创建了新型唯物主义哲学，也是为唯物主义奠基的新型人本主义哲学。马克思把人本主义提升为新型唯物主义哲学的核心内容，把西方以囿于抽象理性并把思维和存在、精神和物质、主体和客体截然对立的“本体论”为核心的世界观转换为“以人为本”的世界观。可见，关键是不能把具体理性、实践理性仅理解为“应用”或理论和实践之“中介”，作为新型唯物主义哲学的核心内容的人本主义，绝非“本体论”意义上的人本主义，而是高于抽象理性的具体理性、实

① 参见孙月才：《人道主义异化问题与百家争鸣——重读胡乔木〈关于人道主义和异化问题〉》，载《党校论坛》1989 年第 1 期，《新华文摘》1989 年第 4 期转载；《(会议综述）马克思的本体论思想及其当代意义——第二届“马克思哲学论坛”述要》，载《中国社会科学》2002 年第 5 期。

践理性层面的凸显了人和自然以及人和人统一、和谐的“实践论世界观”意义上的人本主义。它与毛泽东作为认识论的“实践论”是有区别的，但毛泽东《实践论》的结论强调实践、改造世界“循环往复以至无穷”，则具有明显的世界观意蕴，据此把哲学新范式称为“实践论世界观”颇为贴切。回顾马克思主义及其中国化的历史，从马克思到毛泽东已对哲学新范式——新型人本主义哲学奠定了坚实的基础，但又被“文化大革命”及其以前的极左教条主义予以扭曲或埋没。近30年来的改革开放，从根本上摆脱了极左教条主义的束缚，特别是中国特色社会主义的理论早已奠基于新型人本主义哲学，但因理论界对此还有争议，甚至尚未走出囿于抽象“本体论”的误区，而阻挠自觉地掌握马克思创建的新型人本主义哲学。

马克思转换哲学范式的源头，在其创建新哲学之始对“现实的人”的探究，早在1843年《〈黑格尔法哲学批判〉导言》揭露黑格尔主义的社会根源时，即已明确提出根本区别于“抽象的人”的“现实的人”，继而《1844年的经济学—哲学手稿》“异化劳动”的论述，这是很明确地对“现实的人”发展之科学概括，开拓了为唯物主义奠基的人本主义探究之崭新路径。对此，毕竟处于新哲学创建的起步阶段，既不宜拔高为马克思哲学的“顶峰”，但也绝不能贬低为“没有完全摆脱人的本质的异化和复归的旧模式”①。那么，予以正确评价的关键在于是否承认“现实的人”这个唯物史观的基础性范畴，而众所认同的“物质实践”与“社会关系”以及“生产力”“生产关系”等，既然是对现实的人或现实的个人之本质的规定，那么新哲学中的“物质实践”与“社会关系”等概念就绝不能取代现实的人或现实的个人的基础性范畴。而“物质实践”与“社会关系”的理论意义恰恰在于进一步深化了“现实的人”或“现实的个人”概念，使之成为唯物史观的基础性范畴、新型人本主义哲学的根基。否则，如果用以取代或丢弃现实的人或现实的个人的基础性范畴，就会停滞于“抽象理性”，这意味着不从现实出发对

① 黄楠森、庄福龄、林利主编：《马克思主义哲学史》第1卷，北京出版社1996年版，第364页。

“现实历史”作具体分析，而导致从“物质实践”与“社会关系”的抽象概念出发推演“历史规律”，颠倒了普遍和特殊、抽象和具体的关系。这犹如丢弃开启“人”锁的钥匙，使唯物史观蜕变为扭曲现实历史的褊狭、无人的“决定论”，或不讲人的选择、把人变成“玩偶”的机械“决定论”。而马克思的新型人本主义哲学，则从“有生命的个人的存在”与“个人”的生产、生活出发，从具体理性和具体实践层面揭示寓于“现实的人”或“现实的个人”的人类历史真实进程，这是面向全球化背景下人的现实处境并导引其走出各种困境的先决条件，也是坚持马克思创建的新哲学与科学社会主义之“实事求是”精髓的根本前提。否则，难免重蹈主观主义或唯心主义的覆辙，如貌似实事求是、理论联系实际，却以“是”套装和剪裁“实事”或以“理论”套装和剪裁“实际”，而导致扭曲“实事”“实际”，甚至以“是”（所谓“符合规律”）之“理论”遮蔽或掩饰“实事”“实际”中的弊端。

可见，从哲学的核心排除实践，貌似坚持唯物主义，但因其拘泥于心物、精神和物质、思维和存在截然“二分”，这样便把人及其实践简单地归结为心、精神或思维，无视其作为客观物质世界之现实根基，把对人及其实践的解释权拱手让给唯心主义，任意地把“人本”曲解为“心本”。这也是西方传统唯物主义哲学的致命缺陷，而马克思的唯物史观恰恰对症下药，对囿于抽象理性的西方传统哲学“本体论”旧范式予以突破，在高于抽象理性的具体理性或实践理性层面创建了“实践论世界观”的新范式，把那种原与“人本”截然对立的“物本”奠基于“现实的人”，使之具有坚实的科学基础，堪称名副其实的彻底唯物主义哲学。据此，可予断定：30 年前邓小平重申解放思想、实事求是，绝不是简单重复唯物主义的一般原则，而是恢复了“文化大革命”及其以前因极左失误曾被丢弃的以“实践论世界观”为核心的彻底唯物主义，它的从“现实的人”的处境或“现实的人”的生活和实践出发的新型人本主义基本观念，正是作为马克思主义精髓的“实事求是”之灵魂。

二、“实践论世界观”的新范式把本体或存在问题从属于实践及其基础之上的思维和存在关系问题，开拓了新型唯物主义哲学之科学理路

哲学之核心由“物质本体论”转换为“实践论世界观”，凸显了“实践”不仅是对自在世界认识的基础，而且更是对自在世界的改造、超越，并使之趋向无限宇宙的基础。据此，可断定把作为自在世界的“整个世界”等同于无限宇宙是极端片面、夸大的，因为这种“整个世界”实际上是有限的自在世界，并且无论从客观存在还是主观认识着眼，自在世界都只是客观物质世界的低级形式，它是在有了实践之后，通过现实世界才使之超越并趋向无限宇宙的。这样便把自在世界与对象性世界统一起来，为整个世界以至无限宇宙的探求提供坚实的科学理路，主要是把本体或存在问题从属于实践及其基础之上的思维和存在关系问题，而把作为哲学基本问题的思维和存在关系问题落到实处。更明确地说，由于它所探求的不是与现实的人脱离的或自在的宇宙本体，而是以实践为基础的主体和客体、个人和社会双向或多向互动的现实世界的规律，即自在世界不断被改造与超越而趋向无限宇宙的现实世界的规律，因而思维和存在的关系问题以及何者第一性、何者第二性的命题才得以成立，才有可能在现实世界及其各个层面坚持物质第一性与正确解决思维和存在的关系问题。

在此，需予以解释的是具体理性、实践理性层面的“实践论世界观”的哲学新范式，并不简单否弃作为逻辑学或哲学话语形式之思维根基的抽象理性，只是哲学世界观的核心内容不能停滞于抽象理性，否则，哲学的“应用”会蜕变为剪裁式的“套装”，从而丢弃实事求是的精髓，根本谈不到具体问题具体分析。

三、“实践论世界观”的新范式重“综合”或把分析和综合相结合，开拓了新型唯物主义哲学之辩证综合理路

以“实践论世界观”为核心的哲学新范式，还突破了“本体论”旧范

式重“分析”的思维方式，纠正了把“分析”扭曲为截然“二分”之褊狭理路，在高于抽象理性的具体理性、实践理性的哲学层面形成重“综合”的思维方式。但它并不简单否弃“分析”，而是在认定哲学的功能不能停滞于“解释世界”进而还要“改变世界”①的基础上，从高于“本体论”的“实践论世界观”把分析与综合相结合。1885年恩格斯依据现代自然科学的发展曾提出：“正是那些过去被认为是不可调和的和不能化解的两极对立，正是那些强制规定的分界线和纲的区别，使现代的理论自然科学带上狭隘的形而上学的性质。这些对立和区别，虽然存在于自然界中，可是只具有相对意义，相反地，它们那些想象的固定性和绝对意义，只不过是由我们的反思带进自然界的——这种认识构成辩证自然观的核心。自然科学现在已经发展得再也不能回避辩证综合了。”②显然，按照这种重“综合”的思维方式，既然不把对立和区别绝对化，那么也不把“人本”或“以人为本”之“本”绝对化，高于抽象理性“本体论”的具体理性“实践论”的“以人为本”是以“现实的人”为本，因为不仅社会、个人和自我而且作为人类生存环境的“自然”都内在于“现实的人”，所以无论人与人之间的关系，还是人与自然之间的关系，都是内在的双向或多向互动的关系，在这个意义上，它们皆为“本”或互为“本”，这反映着新型人本主义以“现实的人”为本的“辩证的综合”之理路。否则，以非此即彼的理路，停滞于主观“想象”，把矛盾以至对立、斗争的“绝对性”一味套装于现实，不是陷入空谈，就是人为地激化矛盾，均阻挠现实矛盾的正确解决，与唯物辩证法之辩证理性或“辩证的综合”相去甚远。

这种凸显着人和自然以及人和人统一、和谐的“辩证的综合”之理路，为深入贯彻落实科学发展观、构建社会主义和谐社会与建设持久和平、共同繁荣的和谐世界提供了科学方法。需予以强调的是蕴涵其中的唯物辩证法之批判性，不仅未弱化，而且从它把辩证法的批判功能落到实处来看，批判性还有所强化。特别是邓小平的中国特色的社会主义与改革开放的战略决策就

① 《马克思恩格斯选集》第1卷，人民出版社1995年版，第57页。

② 《马克思恩格斯选集》第3卷，人民出版社1995年版，第352—353页。

是在重申解放思想、实事求是的同时反复批判"贫穷的社会主义"的基础上作出的，迄今构建和谐社会，诸如反腐倡廉等更需要强化辩证法的批判性，因为这是理论创新和经济、政治体制改革的前提条件。

四、"实践论世界观"的新范式以宽阔的视野就"现代化"的共同主题与全球多元文化融通和比较，开拓了新型唯物主义哲学之创新理路

以"实践论世界观"为核心的哲学新范式，还摆脱了因囿于抽象"本体论"而对所谓"资本主义意识形态"一概拒斥的做法，为新型唯物主义哲学之创新广开通路。毋庸讳言，30 年前进入改革开放即已起步与现代世界文化相对接，但是在与全球多元文化融通中主动地迎接挑战，并抓住创建现代中华文化的机遇，却经历了一个探索过程，主要是囿于截然"二分"之褊狭理路而难以消除"宁左勿右"倾向，因其貌似坚持马克思主义的立场、观点、方法，应予正视与辨析。结合改革开放 30 年之实践经验，不难发现这种"宁左勿右"实际上是"形左实右"，如颇为典型的是只讲伦理道德的人本主义、忌谈哲学世界观的人本主义，岂不把马克思的科学社会主义扭曲为拒斥阶级斗争和社会革命的改良主义？试想，如果因为西方发达国家率先实现现代化，就把作为现代化之标志的，如经济上的世界市场或世界贸易、政治上的个性解放和宪政民主以及文化上的人本主义、和平主义等，全部笼统地定性为资本主义性质，进而因噎废食，为防止"资本主义意识形态渗透"与"和平演变"，竟把"主题"和"主义"混同，否认现代化是不同意识形态的共同主题，把"现代化"的主题拱手让给西方发达国家独享，作为资本主义的专利。显然，这是完全杜绝了与全球不同意识形态的融通，无异于恪守与创新相逆的封闭、僵化的理路，给中华文化的现代转型设置障碍。如此，就难以创建与中国的经济、政治体制改革相匹配的先进文化，也使传统文化的研究停滞于典籍义理，无法把它作为创建现代中华文化的思想资源，更不能凸显马克思主义的理论优势，增强其吸引力和凝聚力。

• 中西比较与传统阐释的多元视野 •

中西政治文化的核心范畴：礼和正义*

范明生

［**主编按语**］　自五四以来，学界日益重视对中西政治文化的比较研究。本文认为，中国传统政治文化的核心范畴是礼。它是在传统的以国家最高所有权支配下的小农经济，以专制王权为核心的庞大官僚系统、以血缘关系为纽带的宗法社会的基础上历史地形成的，具有高度的稳定性；礼具有自然的和人为的双重起源，拥有形而上本体意义上的崇高地位，是天地万物的准绳，成为维系传统社会的唯一统一的尺度。西方传统政治文化的核心范畴是正义。古希腊思想家将正义看作是区别人兽的根本标志，维系人类社会、确立社会秩序、实现理想城邦的最高准则。中世纪神学家强调自然界和人类社会体现上帝的正义。资产阶级启蒙思想家进一步将正义与私有制、契约论、强制的权力相结合，以此论证资本主义制度。文中结合中西不同历史沿革对其各有特点的政治文化核心范畴所做的阐释，具有明显的为深化传统文化现代转型研究奠基的意义。研究中西传统政治文化“礼”和“正义”核心范畴，这是中西政治文化比较研究、

---

* 本文原载《上海社会科学院学术季刊》1999 年第 2 期。

发掘传统精华用于创建现代文化研究以及深化“普世价值”争议和研究的基础性课题。

当人类进入阶级社会时就出现政治文化，但作为一个科学概念的“政治文化”，是由美国政治学家 G. 内·阿尔蒙德（G. A. Almond，1911—）在 1956 年首次使用的。从 60 年代起，它日益成为西方政治学中重要的研究对象之一，并出现了一系列值得重视的著作。中国自 20 世纪 80 年代以来，也开始对此进行研究。《中国大百科全书·政治学》卷“政治文化”词目的作者，综合上述有关的研究成果，对它下了一个定义：政治文化是“客观政治过程在社会成员心理反映上的积累，包括政治认知、政治信念、政治感情、政治态度、政治价值等”①。

尽管中国和西方的传统阶级社会中的政治文化，其社会功能和阶级本性在本质上是一致的，都是在各自的社会历史条件下，维护各自占到统治地位的剥削阶级的根本利益。但它们彼此之间在观念形态上的表现形式毕竟是有区别的。

中国的传统社会，是以国家最高所有权支配下的小农经济、专制王权为核心的庞大的官僚系统、血缘关系为纽带的宗法关系三者为基础的政治文化，其核心观念是礼。正因为这样，人们倾向于将中国传统文化看作是一种礼文化。与此相对应，西方传统政治文化的核心是正义。中国的“礼”和西方的“正义”，是各自伦理政治型文化和法理型文化的集中体现。

一、中国政治文化核心范畴：礼

中国之所以被称为“礼仪之邦”并非是偶然的，它体现了中国传统伦理政治型文化的核心。它是历史的形成，尔后由儒家学派从理论上加以推进，并被历代统治者从制度上加以维护，成为规范和评价伦理政治行为及其后果的准则。

① 《中国大百科全书·政治学》卷，“政治文化”词目，第 504 页。

首先，礼在中国传统文化中的地位，是历史地形成的。

《诗经·国风·相鼠》中曾经记载，人早已将礼看作是区别人兽的重要标志，认为人之所以贵于兽，在于有礼，人无礼还不如从速自取灭亡："人而无礼，胡不遄死"。这种记载，深刻地反映了当时流行的社会心理。

"礼"（礼）这个词，最早见于甲骨文（卜辞）作"丰"，意指祭神的器物和仪式。历经夏、商（殷）、周三代的因革相沿，每代都有所损益，直到周公时才发展得比较完备。《尚书·君奭》记载，殷礼能同上天参配，所以国运长久："故殷礼陟配天，多历年所。"据《左传》载，西周进而将礼推演为区别贵贱的行为规范和名分制度："为礼卒于无别，无别不可谓礼"。因而《礼记·曲礼》中有"礼不下庶人，刑不上大夫"之说。孔子在《论语·为政》中对这个发展进程作出了如下概括："殷因于夏礼，所损益可知也，周因于殷礼，所损益可知也，其或继周者，虽百世可知也。"《论语·八佾》中进而将它肯定了下来："周监于二代，郁郁乎文哉！吾从周。"并正是在这种基础上，在《论语·为政》中提出礼治和政令刑罚相结合的治国方针："道之以政，齐之以刑，民免而无耻；道之以德，齐之以礼，有耻且格。"与这种传统相对立，当时墨家和道家则对礼持批判态度；但他们在中华传统文化中，始终处在主流以外。

其次，礼的双重起源及其本体的含义。

儒家并进而从本体上确立了礼的至高无上的地位。早期儒家关于礼的起源，至少有两种见解：一种是归之孔子名下的自然起源论；另一种是以荀子为代表的礼的人为起源论。就自然起源论而言，《礼记·礼运》曾有明确的记载，认为礼起源于"天"（自然）：

> 夫礼，先王以承天之道，以治人之情，故失之者死，得之者生。诗曰："相鼠有体，人而无礼；人而无礼，胡不遄死？"是故夫礼必本于天，于地，列于鬼神，达于丧祭、射御、冠昏、朝聘。故圣人以礼示之，故天下国家可得而正也。

也就是说“礼”来源于“天”（自然），它渗进万物，支配万物，所以要遵循礼，才能正确地治理天下。实质上，已将礼上升到本体的地位。这点，在同一篇《礼运》中以下这段话中，就申述得更为清楚了：

> 是故夫礼必本于大一，分而为天地，转而为阴阳，变局为四时，列而为鬼神，其降曰命，其官于天也。

也就是说，礼是来自比天更高的超验的“大一”，连天地阴阳四时鬼神等，都是从礼中派生出来的。这种将礼看作是天地万物本体的主张，由宋朝理学家们继承下来，将礼和“理”相提并论，确立“理也者，礼也”的命题。朱熹在《朱子语类》卷四十二中，对此进行了论证：“礼谓之天理之节文者，盖天下皆有当然之理，但此理无形无影，故作此礼文画出一个天理与人看，教有规矩，可以凭据，故谓之天理之节文。”朱熹可以说是对礼文化做了形而上学的理论总结。

与之相对的是以荀子为代表的“礼”的人为起源。荀子是高度重视“礼”的，撰有专门讨论“礼”的《礼论》篇，肯定“礼”的起源是人为的，它有极其重要的社会作用：

> 礼起源于何也？曰：人生而有欲，欲而不得，则不能无求；求而无度量分界，则不能不争。争则乱，乱则穷。先王恶其乱也，故制礼义以分之，以养人之欲，给人之求。故欲必不穷乎物，物必不屈于欲，两者相持而长，是礼之所起也。

进而将“礼”的起源归之人性，起源于恶，由于“礼”，天下才得以治理。《荀子·性恶》中载：

> 故古者圣人以人之性恶，以为偏险而不正，悖乱而不治，故为之立君上之势以临之，明礼义以化之，起法正以治之，重刑罚以禁之，使天

下皆出于治，合于善也。

这里，荀子由于将礼的起源归之于性恶，所以他在主张制礼来约束人民的同时又增强了法治。

再次，礼是封建秩序的唯一统一尺度。

以孔子为代表的儒家学派，除了总结夏、殷（商）、周以来的礼文化的同时，还进一步丰富了它；以后历代的儒家思想家们，透过社会心理层面的折射，不断地强化了以礼为核心的这种伦理政治型的政治文化。周王朝因于殷礼，又有所损益，制定了一整套更为完备、严格的周礼，以此纲纪天下，实行礼治。因此，《左传》中称礼具有政治上的含义："礼，经国家，定国家，定社稷，序民人，利后嗣者也。"即将"礼"看作是治理国家、为政的根本准则："礼"，"国之干也"，"政之舆也"。孔子则进一步将礼和仁结合起来，提出"礼—仁"统一的伦理—政治学说，认为仁是礼的道德心理基础，以保障礼的实行。他在《论语》中说："人而不仁，如礼何？""克己复礼为仁"，礼又是仁的节度，从而使"礼"由人们行为的外在约束，成为人心的内在要求。这样一来，礼，既是一种道德准则和行为规范，是个体的人们立身处世的根本；又是一种社会政治制度。所以，"礼—仁"在中华传统文化中是一至为重要的范畴：礼是仁的表现形式，仁是礼的内在精神；仁是礼的最高境界，礼是仁的实现途径。但有时，却反过来将"礼"看作是"仁"的内容，也正因为这样，导致人们在讨论"礼""仁"关系时发生困难。

孔子在强调"礼—仁"结合的同时，在讲到现实政治，讲到治国方针时，还是在一定程度上主张礼治和政令刑罚相结合的治国方针，认为只有这样，才能使人民免于刑戮，免遭杀身之祸。《论语·为政》中称："道之以政，齐之以刑，民免而无耻；道之以德，齐之以礼，有耻且格。"

孟子则倾向于将礼与仁、义、智一起列为基本的道德范畴，并视之为人的首要德行，《孟子·公孙丑上》中称："辞让之心，礼之端也。"荀子则更为重视"礼"，除了探讨"礼"的社会起源和作用外，又确定以"礼"在封建等级制中的地位，《荀子·富国》载："礼者，贵贱有等，长幼有差，贫富轻重皆有称者也。"

更值得注意的是，荀子将法的内容融合到"礼"中，主张"礼"和法结合起来，将"礼"提到至高无上的地位，在《荀子·劝学篇》中说：

> 礼者法之大分，群类之纲纪也。故学至乎礼而止矣，夫是之谓道德之极。礼之敬文也，乐之中和也，诗书之博也，春秋之微也，在天地之间者毕矣。

随着以儒家学说为立国之本的汉王朝的确立和巩固，汉儒对"礼"进行了更为全面系统的阐发。其成果体现在由汉儒编定的儒家文集《仪礼》《礼记》等中，将"礼"看作是社会、国家、个人生活得以正常进行的最基本的首要前提，将"礼"看作是判定人们的言行是否符合封建秩序的唯一的统一尺度。《礼记·解经》载："礼之于正国也，犹衡之于轻重也，绳墨之于曲直也，规矩之于方圆也。"

《礼记·礼运》进而认为，整个封建社会伦理政治认知、信念、价值、秩序、等级等，即整个中华传统伦理政治文化都集中由礼来体现和维护。

> 何谓人情？喜、怒、哀、惧、爱、恶、欲，七者弗学而能。何谓人义？父慈、子孝、兄良、弟悌、夫义、妇听、长惠、幼顺、君仁、臣忠十者，谓之人义。讲信修睦，谓之人利。争夺相杀，谓之人患。故圣人所以治人七情，修十义，讲信修睦，尚辞让，去争夺，舍礼何以治之？饮食男女，人之大欲存焉。死亡贫苦，人之大恶存焉。故欲恶者，心之大端也。人藏其心，不可测度也，美恶皆在其心不见其色也，欲一以穷之，舍礼何以哉？

这种思想在当时儒家的其他典籍如《白虎通义》等中也有所反映，将礼看作是五常之一。

由此可见，要是说汉王朝从根本上奠定了中国两千多年封建社会的基础，那么体现在以礼为核心的范畴，正是这种基础在伦理政治文化上的集中反映，对后世的影响至为深远。

最后，礼是由礼仪制度来维护和巩固的。

作为封建社会政治、伦理最高准则的礼，是由一系列制度来实施和维护的。正因为这样，礼仪在中国传统社会政治文化生活中占有极其重要的地位。古代所谓的礼仪，包括的范围非常广泛，涵盖政治体制、朝廷法典、天地鬼神祭祀、水旱灾害祈禳、学校科举、军队征战、行政区域划分、房舍陵墓营造，乃至衣食住行、婚丧嫁娶、言谈举止、典章制度，以及个人的伦理道德修养、行为准则规范等领域。直到近代以来，礼仪的范围才逐渐缩小，现在一般只有礼节和仪式的含义。这里仍从传统的广义上来申述。仅就《礼记》而言，就汇集了修身、齐家、治国、平天下的全部要令。具体而言，汉儒将它归纳为六礼、七教、八政。《礼记·王制》中载：

> 六礼，冠、昏、丧、祭、乡、相见。七教，父子、兄弟、夫妇、君臣、长幼、朋友、宾客。八政，饮食、衣服、事为、异别、度、量、数、制。

也就是说，作为维护礼的制度的礼仪囊括了整个封建社会各阶层、从帝王到贩夫走卒所共同遵循的全部行为规范。具体而言包括五类：吉礼（祀天、祭地、宗庙祭祀以及其他祭祀）、嘉礼（飨燕饮食、冠礼、射礼、乡饮酒礼、养老优老之礼、帝王庆贺）、宾礼（朝觐会同、诸侯聘于天子、藩国聘侠朝贡进表、诸侯遣使交聘、相见）、军礼（征战、校阅、田猎、马政）、凶礼（荒礼、札礼、灾礼、社礼、恤礼、问疾）等。①

中华传统文化中繁复的礼制，是封建统治阶级所确认，体现统治阶级意志，要求或强制全体社会成员必须遵守的全部行为规范的总和。它自形成以

① 详见阴法鲁等主编：《中国古代文化史》二，北京大学出版社 1991 年版，第 1—78 页。

来，从礼法混合到礼法合治，一直支配着中国古代的国家生活和社会生活。

二、西方政治文化核心范畴：正义

要是说中华传统伦理政治型文化的核心观念是礼的话，那么西方传统法理型文化的核心观念是正义。

古希腊的诗人、史学家和哲学家们都广泛讨论和高度重视正义这个观念。公元前 7 世纪时史诗诗人赫西奥德（Hesiodos）在他的史诗《工作与时日》中频繁地提到正义，把它看作是大神宙斯送给人类的最好礼品，是维系人类社会的最高原则，是区别人兽的根本标志：

> 倾听正义，完全忘记暴力。因为克洛诺斯之子已将此法则交给了人类。由于鱼兽和有翅膀的鸟类之间没有正义，因此它们互相吞食。但是，宙斯已把正义这个最好的礼品送给了人类。因为任何人只要知道正义并且讲正义，无所不见的宙斯会给他幸福。

强调正义是维护城邦的繁荣、富庶和平的保障。希腊的“历史之父”希罗多德（Herodotos）则将正义看作是政治组织或政治活动的道德原则，民众在国家中的纽带。

几乎所有希腊哲学家都高度重视对正义范畴的探讨。其中赫拉克利特将正义与对立斗争的规律相提并论，甚至将正义看作就是对立斗争这个宇宙的根本规律本身：

> 应当知道，战争是普遍的，正义就是斗争，万物都是由斗争和必然性产生的。

柏拉图将正义看作是希腊政治文化的核心范畴，并进行系统论证，将正义与至善相提并论，认为正义是世界上最美好的东西之一：

> 正义是至善之一，是世上最好的东西之一。那些所谓最好的东西，就是不仅指它们的结果好，尤其指它们本身好。

经过全面的论证后，将正义看作是治理城邦、实现理想国的最高准则。将全部社会政治、伦理、法律学说的核心，都集中到正义这个范畴。声称，国家（社会、城邦）起源的自然基础是分工，由于分工出现了三个等级，这三个等级是分别取决于灵魂的三种品德和组成部分。其中第一等级是治国者，其灵魂的组成部分是理性，其品德是智慧；第二等级是辅助者、武士，其灵魂的组成部分是激情，其品德是勇敢；第三等级是农民、工匠、商人、佣工，其灵魂的组成部分是欲望，其品德是节制。当商人、辅助者和治国者这三种人，在国家里各做各的事情而不互相干扰时，便有了正义，从而也就使国家成为正义的国家了，即柏拉图所谓的理想国：

这里可以清楚地看出，柏拉图是将正义这个范畴看作整个国家学说的核心观念，将伦理学、认识论、灵魂理论汇集到正义这个范畴。可以说，正是柏拉图奠定了作为西方政治文化核心范畴——正义的理论基础。这点，对整个西方政治文化理论发展的影响是至为深远的。

柏拉图的学生亚里士多德则从理论上进一步论证了为什么正义是最完全（最伟大、最完整、最完美）的品德，因为有了它，人们不但可以符合品德地对待自己，并且可以有品德地对待他人：

> 正义自身是一种完全的品德，它是未加分化的，而且是对待他人的。正因为如此，在各种品德中，人们认为正义是最主要的。它比星辰更加令人惊奇，正如谚语所说："正义是一切品德的总汇。"它之所以是最完全的德性，由于它实行的是完全的品德。它之所以是完全的品德，由于有了这种品德，就能以品德对待他人，而不只是对待自身。

也正因为这样，他和赫西奥德一样，把正义作为划分人兽的标志，人类之所以不同于其他动物的特点，就在于人类能辨别善恶和正义等，而家庭和城邦却正是由正义等观念结合起来的；进而对各种正义（家庭的、城邦的、商业的、经济的、自然的、法律的）进行了细致的分析。亚里士多德由于将人看作是“政治动物”，所以人是从属于城邦的，离开了城邦，人也就不成其为人。正因为这样，他特别重视政治的正义，强调城邦的正义，城邦是以正义为原则的：

> 人类生来就有合群的性情，所以能不期而共趋于这样高级（政治）的组合，然而最先设想和缔造这类团体的人们正应该受到后世的敬仰。把他们的功德看作人间莫大的恩惠。……城邦以正义为原则。由于正义衍生的礼法，可凭以判断（人间）是非曲直，正义恰正是树立社会秩序的基础。

正是这种正义，将人结合在一起构成城邦，正因为这样，只有建立在正义原则上的政制和政府才能长治久安，只有这样，由同类的人们所组成的社会中，大家就享有平等的权利。他在《政治学》第7卷第14章中声称：“凡不合乎正义（违反平等原则）的政制一定难以久长。被统治的人们（既不能获得应有的权利，就）将联合四郊的人们（农奴）共谋革命；而统治集团和这样多的仇敌相比，为数实在太少，就无可与之相竟了。”并进而将这种政治上的正义与平等、法律等紧密地联系起来加以深入讨论。

值得注意的是，代表希伯来文化的《圣经·旧约》，其正义观念基本上是与法律平等观念结合在一起的，所以倒是基本上和古希腊传统的正义观念一致的。《旧约·以赛亚书》第56章第1—2节和《旧约·利未记》第19章第15节分别写道：

> 你们施行审判，不可行不义，不可偏护穷人，也不可重看有势力的

人。只要按着公义①审判你的邻舍。

耶和华如此说，你们当守公平，行公义。因我的救恩临近，我的公义将要显现。谨守安息日而不干犯，禁止己手不作恶；如此行，如此持守的人，便为有福。

但到了《新约》情况就出现显著变化，强调以爱来替代正义，所以这样，是基于上帝对正义的和不正义的人，是一视同仁的，《新约·马太福音》第5章第38—45节写道：

你们听见有话说，“以眼还眼，以牙还牙”。只是我告诉你们，不要与恶人作对；有人打你的右脸，连左脸也转过来由他打。……你们听见有话说，“当爱你的邻舍，恨你的仇敌”。只是我告诉你们，要爱你们的仇敌，为那逼迫你们的祷告。这样，就可以作你们天父的儿子；因为他叫日头照好人，也照歹人，降雨给义人②，也给不义的人。

这种“要爱你们的仇敌”的观念在《新约》中占到主导地位，但也没有完全否定传统的正义观念。

中世纪以奥古斯丁和托马斯·阿奎那为代表的基督教神学，在肯定上帝是至高无上的权威的前提下，仍深受柏拉图和亚里士多德的影响，接受古希腊政治文化中以正义为核心的观念。奥古斯丁重申《旧约》中正义的权威，认为上帝是凭借永恒的正义制定法律，但这种正义是随时代的变动而变动的。他在《忏悔录》第3卷第7章中写道：

天主权衡时宜，对古人制定那样法令，对今人制定这样法令，古往今来都适应着同一的正义，……这是正义所统摄的时代有所不同，既然

① 即正义，英译为just（正义）。——引者注

② 即“正义的人”，英译为The just。——引者注

是时代，便有先后。

强调正义是国家的根本原则，否则就成为强盗团伙："要是挪走了正义，国家也就不成其为国家，岂不成了大的强盗团伙？"也就是说，正义是立国之本，这点是与柏拉图一致的。言必称亚里士多德的托马斯·阿奎那，重申在上帝的支配下正义的至高无上的地位，认为自然界和人类社会的正义，是上帝的正义的体现，在其主要著作《神学大全》第1部第21题第1条专门讨论正义问题，认为自然界和人类社会的正义，正是上帝的正义的体现：

根据这种正义，[①]一国之首或一家之长，按每个成员的地位所应得的份额进行分配，正像治理家庭或治理任何团体，所表现出来的适当秩序，就体现了统治者身上的和宇宙秩序的这种正义一样，在自然界的事物和人的意志的事项中表现出来的，体现了那种上帝的正义。

文艺复兴和启蒙时期的思想家们，继承古典传统，其特点是，将正义进一步与资产阶级的私有制以及契约论等紧密结合起来。近代自然法和契约论的代表人物霍布斯，将正义与契约、强制的权力、私有制结合起来：

没有所有（即没有所有权）的地方就没有不义存在，而强制权力没有建立的地方（也就是没有国家的地方）就没有所有权存在；在那种地方所有的人对一切的东西都具有权利，因之，没有国家存在的地方就没有不义的事情存在。由此看来，正义的性质在于遵守有效的信约，而信约的有效性则要在足以强制人们守约的社会权力建立以后才会开始，所有权也就是在这个时候开始。

正是由这种思想指导，霍布斯认为，统治者（主权者）所做的一切都是正

① 指亚里士多德在《尼各马科伦理学》中所讲的"分配的正义"。——引者注

义的，人民只能服从，否则就是违约，就是不义，被主权者处死，也是罪有应得。亚当·斯密在这个问题上的基本倾向是与霍布斯一致的，在强调正义原则的同时，将它与私有制、法律、暴力结合起来，声称只有有了确保正义的国家行政机构及其法律的保障，资本主义的工商业才得以稳定发展和繁荣昌盛："任何国家，如果民众对政府的正义性没有起码的信心，那么，工商业也就很难长期稳定地发展繁荣。"即使是否定天赋人权和社会契约的英国保守的政治家 E. 伯克（E. Burke，1729—1797），也将正义看作是资本主义社会赖以稳定的根本原则："正义本身就是光明社会的伟大的稳定政策。在任何情况之下，对正义的公然叛离，都是没有稳定政策的可疑迹象。"①

康德这个重要的启蒙思想家，高度重视正义在政治伦理文化中的重要地位，将其《道德形而上学》的上卷定名为《正义的形而上学原理》，将正义看作是人生价值的根本依托："如果公正和正义沉沦，那么人类就再也不值得在这个世界上生活了。"

被认为是解释美国宪法的权威性文献的《联邦党人文集》，将正义看作是资本主义社会永恒追求的目标，正义与资本主义社会共存亡：

> 正义是政府的目标，也是文明社会的目标。正义，过去一直是，今后也将永远是追求的目标，直到达到正义，或直到追求中把自由丧失殆尽。

当资本主义制度已经确立，并在 19 世纪末 20 世纪初进入帝国主义阶段，情况就有些曲折。其间，长期以来，以英国 D. 休谟、J. 边沁和 J.S. 穆勒为代表的功利主义传统，在西方政治学、伦理学领域占到统治地位，但他们依然重视正义这个传统观念，但将它与功利原则相联系，或将正义从属于功利原

① 这里的书名根据英译 *The Metaphysical Elements of Justice*。这里的正义，德文为 Recht，兼有法、权利、公正、正义的含义。中译版根据收入《西方名著丛书》中的英译本，译为《法的形而上学原理——权利的科学》，商务印书馆 1991 年版，第 165 页。

则，从而提出一种功利主义的正义论。D. 休谟认为，正义原则之所以能够存在，因为它与功利密切相关：

> 正义对社会是有用的，因此至少正义的一部分优点必定是由于有用的缘故得来。要证明这一点或许是一种多余的事情。我们说公共效用是正义唯一的来源，把这种德性的有利的效果，看成是这种德性的优点的唯一基础。

J. S. 穆勒意识到正义观念在传统政治伦理学说中占到主导地位，从而导致人们不容易接受功利或幸福是判别是非的标准。因而，在其《功利主义》一书最后的第五章，专门讨论正义与功利的关系。认为人们长期以来，所以接受正义而不接受功利主义的“最强有力的障碍”，是由于正义会引起一种“强有力的情感”，把正义看作“必定是自然界的一种绝对的东西”。声称，从总体上来看，正义在社会功利的等级上处于较高的层次，但在特殊情况下则处于次要地位，因此主张以功利来取代正义，提出功利主义的正义论：

> 正义仍然是某些社会功利恰当的名称。这种社会功利较之其他社会功利，就整体而言，更重要得多，因而更绝对，更迫切。

但是随着资本主义制度进入帝国主义阶段，尤其是第二次世界大战以后，随着当时社会主义国家的纷纷出现，发达的资本主义国家倾向于采纳福利社会这种制度，出现了一批以自由派相标榜的思想家，他们感到传统的功利主义的理论不足以维护和论证当前正在实施的福利社会，因而在新的条件下，感到有重新阐述和发展传统的正义论的必要。其中最著名的代表人物是当今美国哈佛大学教授J. 罗尔斯（J. Rawls, 1921— ）。他在理论上接受以J. 洛克、卢梭、康德为代表的古典契约论，认为它既最接近人们的正义判断，又可以构成一个民主社会所需要的最合适的道德基础，以此来取代两百多年来在资产阶级政治伦理学说中占统治地位的功利主义理论，声称：

> 正义是社会制度的首要德性，正像真理是思想体系的首要德性一样。……每个人都具有一种基于正义的神圣不可侵犯性，即使为了整个社会的福利也不能侵犯它。由于这种理由，正义拒绝接受那样的主张：由于他人享有较大的好处，便认为某些人为此失去自由也是正当的。正义不允许为了使多数人享有较大的利益，就可以强迫少数人忍受牺牲。……作为人类活动的首要德性，真理和正义都是决不能让与的。[①]

正因为这样，在一个正义的社会中，平等公民的自由权被认为是已经确定下来了的；由正义保证的各种权利，都不能用于政治交易，也不能因维护社会利益而受到损害。进而阐述正义的首要主旨是就社会正义而言的社会的基本结构，更确切地讲，是指各种社会制度用以分配基本的权利和义务，以及从社会合作中规定各种利益分配的那种方式。[②] 所谓“主要的社会制度”是指政治制度、主要的经济协定和社会协定，它体现为在法律上对思想自由和信仰自由的保护、自由竞争的市场、生产资料私有制，以及一夫一妻制的家庭等。

J. 罗尔斯之所以将正义（确切地讲是社会正义）看作是人们的道德情操的最重要部分，他的整个理论的中心，各种社会制度的首要美德、分配基本权利义务和调节相互竞争的要求的原则、社会基本结构的首要主旨、社会理想的一部分等等的理由是：因为人的生活的任何满足，突出地都是一种社会合作的生活，而社会行为和社会制度的这种德性就是正义。[③] 进而提出正义的两个原则：平等的原则和差别的原则。[④] 认为这两个原则都是普遍的，这样就把撤回到无知之幕后面的处于原始状态的参与者们，都被约束在契约上，

① J. 罗尔斯：《正义论》，哈佛大学出版社 1971 年版，第 3—4 页。

② 同上书，第 7 页。

③ 同上书，第 11、15、119、522—529 页。

④ 同上书，第 60、83 页。

如果把这些原则应用到各种特殊情况时，它们也就会产生和人们的正义感一致的结果，而这也就是建立各种制度和规定的各种公共政策的实质和目的。

正由于J. 罗尔斯的正义论，给当代西方社会提供了理论上的说明，并对一直困扰西方社会的重大问题及其矛盾和深重危机的解决，提出了系统的辩解，从而受到高度评价和重视。甚至认为他可以与柏拉图、托马斯·阿奎那、黑格尔等伟大思想家相提并论。

我们这里将正义范畴看作是西方法理型政治文化的核心范畴，而没有将法国大革命以来，人们崇尚的“自由、平等、博爱”中的某一概念作为核心范畴；长期以来，一般人，甚至某些学者却是最为崇尚自由或平等，把它们看作是人类追求、获取和保持的最高理想，声称“自由至上，平等最高”，或者认为自由、平等都至关紧要。这并非是由于我们的疏忽，而是因为正义之所以成为西方政治文化的首要核心范畴，因为正义的价值最高，它与自由、平等相比是一种更为重要的德性，人们在纠正与自由、平等相关的错误时，最后仍然要诉诸正义。在自由、平等与正义三者中，只有正义是相对不受限制的善；一个人或一个集团，对自由与平等过了度，就会有损于对方，而且也超越了人们所拥有的自由与平等的权限。正义则不然，没有一个人、集团、社会会被认为由于过分公正而成为不正义的。一个社会，只有在正义所要求的限度内达到最大的平等，要是超越了这个限度就成为不正当，同样也不能超越正义所允许的自由，否则就是不正当地行使被允许的自由。就自由而言，如果自由的行使是正当的而不是不正当的，那么，正义对它所允许的个人自由是有限度的。就平等而言，如果社会、国家公正地对待其所有成员的话，那么，正义就会对其所要求的平等与不平等的类别和程度有所限制。正因为这样，当正义对自由与平等的追求起着支配作用时，自由与平等就能在限定的范围内和谐地扩展到最大限度。自由主义者与平均主义者中那些错误的、极端主义的、无法解决的冲突就会消失，因为正义至上纠正了这些错误，解决了它们之间的矛盾。

亚里士多德论快乐、思辨和幸福*

范明生

［主编按语］ 本文既依据《尼各马科伦理学》等原本，又参照有关研究者诸多见解，对亚里士多德“第一哲学”的伦理思想所做视野开阔和理路严谨的阐释，对我们深入研究西方文化的源头，正确掌握对西方文化发展给予深远影响的古希腊哲学精髓，颇具启迪意义。尤其，阐释从事作为“第一哲学”的思辨活动、追求智慧是最高幸福、最完美的幸福，强调亚里士多德“以追求智慧为最大幸福和最终目的，并对这种智慧本身进行了穷究底蕴的研究，从而为西方文化中崇尚思辨、崇尚纯理论的优秀传统，树立了一个光辉的典范”。……“哲学家以‘作为存在的存在’，以‘是其所是’的知识为其研究对象，这种知识是自足的不假外求的；它不是出于实用的目的，而是为了求知而所从事思辨理性的活动，这门学科是至高无上的，从事这门学科研究的哲学家因此而获得了至善、至福，是神圣的。亚里士多德本人一生的活动，就是这种幸福观的典范，是希腊理想人格的写照，不汲汲于追求功名利禄，从而成为希腊文化

* 本文原载 1997 年 8 月出版的台湾《哲学杂志》，后载于 2008 年出版的《春华秋实——上海社会科学院哲学研究所论文精选》。

精英的骄傲。”的确，这篇文章评价古希腊哲学绝不褊狭，而凸显着抚今思昔，结合历史和现实反思真善美之理想人生境界，导引我们1950级学友结合终身从事的哲学研究或其他工作的亲身经历，在有生之年进一步思考为文化现代转型奠基的哲学精华。

亚里士多德在《尼各马科伦理学》第一卷中就明确指出，政治科学的对象是至善，它也就是人在实践中所追求的目的，而人的行为的善的顶点是幸福，善的生活、好的行为就是幸福。由此可见，在他看来，善和幸福是统一的。但在幸福是由什么所组成的问题上则是有争议的，其中：（1）平庸的人把幸福和快乐相等同，以物质生活享受为满足；（2）有的人认为荣誉就是善，因为它是政治生活的目的；（3）有些人认为幸福是思辨的、静观的生活。但一般似对（2）持否定的态度，因为荣誉更多取决于授予者，并非取决于被授予者；而善却是行善者所固有的；荣誉是针对品德（希 arete，英 virtue）的夸奖，所以品德比荣誉要更好些，但品德不能成为政治生活的目的。结果，幸福与否，就只能在（1）与（3）中来进行讨论。

接着的其他诸卷（从第二卷到第九卷）就是围绕（1）和（3）的有关问题进行的，最后的第十卷则是对全部讨论的总结，回答了幸福的生活究竟是在于快乐还是在于思辨。亚里士多德的这种讨论，同柏拉图的《斐莱布篇》是有联系的：首先，在快乐问题上，柏拉图认为有些快乐是善，有些快乐则是恶；亚里士多德基本上也持这种观点，并加以发展。[①] 其次，在把思辨看作是幸福上更是一致的。柏拉图提出，善是智慧与快乐的结合。亚里士多德虽未这样明确提出来，但是他一贯强调：只有在全部生活必需品都已经具备的时候，有了闲暇才能从事追求智慧的思辨活动，并且极度推崇这种思辨活

① 英国学者 W.F.R.Hardie 和法国学者 A.J.Festugiere 就坚持这种见解。详见 W.F.R.Hardie：*Aristotle' Ethical Theory*, Oxford：Clarendon Press，1980，pp.297，300 等。A.E.Taylor 在讨论《斐莱布篇》时甚至认为，亚里士多德在撰写《尼各马科伦理学》时的灵感受到柏拉图的启迪，尤其要归功于《斐莱布篇》。详见他所著的 *Plato-The Man and His Work*，London: Methuen & Co.,1927, p.410。

动是至善、至福。这点也是与柏拉图一致的，因为柏拉图虽然认为善应该是智慧与快乐的结合，但结果仍然认为智慧高于快乐，智慧更接近于善。由此看来，亚里士多德在继承苏格拉底、柏拉图于伦理学中提倡理性原则上，是一脉相承的。

实际上，亚里士多德在评析、辩驳快乐论和反快乐论的过程中，已经这样或那样地提出了他自己的有关快乐的观点，特别是在《尼各马科伦理学》第十卷第四、五两章（即1174a13—1176a29）中比较集中地阐述了他自己的观点。这里适当结合他的其他有关论述，阐明亚里士多德本人关于快乐的系统的观点。

亚里士多德在快乐问题上，可以说是一个完美论者，他正是在完美的意义上来给快乐下定义的。这正像W.D.罗斯所揭示的那样："提出了一种比较的陈述，给他的观点下定义时，不只反对极端的反快乐论者，也反对欧多克索之把快乐看作为善。"[①] 亚里士多德是这样给快乐下定义的：

> 如果我们再从头说一遍，那么快乐是什么，它的性质是什么，就要更加清楚些。观看在任何时候都是完美的、无缺欠的，它不需要任何东西后来生成从而使形式完美。快乐似乎也是这样，在任何时候人们都不会感到某种需要延长时间，然后才能使自己得到的形式完美的快乐。（《尼各马科伦理学》1174a13—18）

正是在这种观点的指导下，亚里士多德提出了他自己关于快乐的基本主张：

第一，快乐既不是过程，也不是过程的目的。

快乐是不可分的，没有固定的时间让你触摸到它；因此，由于快乐的这种性质，除非持续到某某时刻，便不能算是完美的，所以快乐不是运动（希kinesis，英move-ment）或进行的方式。因为，每个行动或变动都需要时间，并需要为达到某种目的的媒介。因此，认为一个运动之被认为完美，只有从

① W.D.Ross: *Aristotle*, London: Mothuen & Co. Ltd., Second Edition Revised, 1930, p.227.

这两种观点的意义上来判别：（1）在整个运动期间是持续不断的；（2）在达到其目的的那个时刻。所以，就完成整个过程来讲，就个别运动（动作、行为）分配的时刻都是不完全的，并且它们彼此间在种类上也是不同的。因此，就整体而言，运动在任何一个时刻都不是完美的、完成的。可是快乐的特殊性质决定它却不是这样的，快乐在任何时刻都是完美的，“因此，显而易见，快乐不是一种运动；恰恰相反，快乐是某种整体的和完美的东西”（《尼各马科伦理学》1175a5—6）。由于快乐的感觉是不可分的，只有在某个时刻才能感觉得到。

由此可见，认为快乐是由运动，或由一个运动产生的过程的结果的说法，是不能普遍适用的。因为这种说法，只能用在那些有诸组成部分或可分的东西上面，如几何的点、算术的单位；因为点和单位的存在，并不是由于运动过程的结果。但快乐则不一样，因为快乐是不可分的整体。

第二，快乐是伴随和完成人们指向善（好）的目的的正常操行。

当人的五官发生作用时是各有其对象的，当其处于最佳状态，并指向其能感觉到的最佳对象时，那么这种活动将是最完美和最令人感到快乐的。因为，各种感官各有其特殊的快乐，如哲学或科学的思辨等。当感官的活动最完美时，也就是最令人感到快乐的时候；当这种感官处在最健全状态并运用到它的最好对象时，也就是最完美的时候。但是感官使活动完美的方式，取决于感官及其所感觉到的对象。正如健康和医生都是人们得以舒适的原因，但是各自所起的作用是不大一样的。由此可见，人们有一个主体（感官）和一个对象（整体、感觉的对象），前者作用于后者，它们彼此间的关系只要持续下去，快乐的结果就会随之自然而然地产生出来。

第三，快乐在活动上有兴衰。

问题是人们为何不能持续不断地感觉到快乐，以致这种关系能保持不变。其原因可能是出于疲乏，由于人们不能不间断地使用自己的感官的能力，即快乐也需要间断，因为快乐是随人们感官的能力而来的。有些事情在其新鲜时，使人感到喜爱，但持续到后来的阶段，感觉到快乐就少了。例如，当人们的目光盯住某种东西看时，开始时心灵受到刺激时便有力地与呈现的对象相接触；以后，活动的强度就逐渐衰微下去，快乐随之也就衰微下去。

第四，追求快乐是维持生命所必需的。

所有的人都追求快乐，因为所有的人都需要生活。亚里士多德认为这种观点很正确。生命是一种活动的形式，人从事活动时，经常与他最喜欢的那些对象及那些感观的媒介有关联。伴随着这些活动而来的快乐活动完美，这也就是使生命完善，而生命是人人都喜爱的。由此可见，生命与快乐两者是密切联系在一起的。没有活动便没有快乐，而每种活动都是有快乐的。

第五，不同的活动有不同的快乐。

既然每种快乐都与使它完美的活动密切相关联，特定的快乐加强了特定的活动。例如，那些喜欢从事几何学思考的人，就能成为几何学家并能较好地掌握几何学命题，从而在各自的领域里作出成绩。快乐加强了活动，这种起加强作用的因素是其自身所固有的。正因为这样，种类上不同的活动，也就伴随有种类上不同的快乐。人的理智的作用和感观的作用是不同的，因此它们各自的快乐，在种类上也是不同的。

随之而来，彼此相异的快乐，可以起到相互妨碍的作用。例如，爱好长笛的人，当他在倾听长笛演奏时，就听不进别人的谈话。“当某人试图同时进行两项活动时，这样的情况也会发生，其中快乐较大的活动排斥快乐较小的活动。快乐的差距越大，妨碍作用就越是明显，以致使另一活动完全停止。”（《尼各马科伦理学》1175b7—10）越是令人感到快乐的活动，其发生的效果也越大。每种动物都有自身固有的快乐，而快乐总是指现实活动的快乐。所以赫拉克利特说：“驴子宁愿要草料而不要黄金。”（DK22B9）对驴子来讲，草料比黄金更能引起它感到快乐。动物的类别不同，它们的快乐的类别也不同。就人来讲，他的各种类别的快乐也是有区别的，视觉以其纯净而优于触觉，而听觉和嗅觉优于味觉。人的思维的快乐，在其纯粹方面超过感觉的快乐；由此表明，思维的快乐和感觉的快乐彼此是有区别的。

第六，善良的人的快乐，才是真正合乎人性的快乐。

人的现实活动，有的善良高尚，有的邪恶下流，所以人的活动按照品德来讲也是有区别的：有的受到选择；有的遭到规避；有的无可无不可。循此，善和恶的活动各有其固有的快乐和邪恶。就意愿（欲望）和现实活动来讲，现实活动中的快乐更为接近快乐，因为意愿和现实活动，在时间和性质方面是有区别的。既然，善和品德是一切事物的尺度，那么快乐就是对善良人显现的快乐。也就是说，凡是善良的人认为使人快乐的事物，便是真正快乐的，他所认为的快乐才是真正的快乐。反之，那些品德败坏而不正常的人所感到快乐的事情，对于其他人就不一定是快乐。快乐和罪恶总是伴随着它们所属的人的现实活动而来的：

> 因此，完美和至为幸福的人有一种或多种活动，而那些使这些活动成为完美的快乐的，是完全对人而言的严格意义上的快乐，而其他的快乐都是次要的和微不足道的快乐，正像其活动是次要的和微不足道的。（《尼各马科伦理学》1176a27—29）

亚里士多德的伦理学，从研究幸福开始，在结束时又回到幸福问题上来了。就幸福而言，他以追求智慧为最大幸福和最终目的，并对这种智慧本身进行了穷究底蕴的研究，从而为西方文化中崇尚思辨、崇尚纯理论的优秀传统，树立了一个光辉的典范。因此，也就理所当然地引起了后世作者们的巨大关注。但是他本人对这种理论活动本身，以及与此密切相联系的理性本性的解释，远不是很清楚的。以致对亚里士多德的伦理学的研究作出了贡献的、英国牛津大学学者 W. F. R. 哈迪就此发出感叹，认为就亚里士多德与此有关的文章而言，已出现了堆得像山那样的诠疏和思考，过去已经提出了许多问题，但依然会有许多问题提出来，这与对《尼各马科伦理学》的整体研究简直不成比例。① 但也因此而说明思辨和幸福的关系

① W. R. R. Hardie.oss, *Aristotle's Ethical Theory*, pp.336−337.

问题，在他的整个伦理思想体系中确乎占有重要地位。这点，在其如下一段话中讲得非常清楚：

> 如若幸福在于合乎品德的现实活动中，那么，就很有理由说它合乎最好的品德，也就是人们最高贵部分的品德的。不管这种活动是理性（希 nous，英 reason）还是别的什么，它自然也是主宰者和领导者，含有美好的和神圣的东西，或自身就是神圣的，或是我们各部分中最神圣的部分。它是合乎本己品德的现实活动，可以构成完美的幸福。像我们已经说过的那样，这种活动就是思辨的（希 theoretike，英 contemplative）活动。(《尼各马科伦理学》1177a12—18）

这里依据他的《尼各马科伦理学》和其他有关著作，适当吸收有关的研究成果，加以阐述。①

第一，思辨活动意指第一哲学。

“思辨”，亚里士多德用的原文是 theoretike（形容词），名词为 theoria。从诸家的英译名，可以看出他们对它的理解是不一致的，如“contemplative”（W. D. Ross，W. F. R. Hardie，W. J. Oates，J. A. K. Thomson， D. P. Chase 等）、“sophia-philosophicwisdom”（T.W.Organ），“dianoia theoretine-theoretical reason”（H.H.Joachim,W.K.C.Guthrie）等。从词源上分析,theoremn 意指“看”或“观察”。如出现在希罗多德《历史》第四卷第七十六章第一节的“thea”和“theoros”，就有“景观”和“观景者”的含义。出现在亚里士多德著作中的“theoria”和“theoremn 同样也有“观察”和“观察到”的含义。如在《尼各马科伦理学》（11691b33—34）：“theoremn de mallon tous pelas dynamethae heautous”（英译：“It is easier to observe our neighbours than ourselves”，中译：“和自身相比，我们更容易观察邻人”）。W. K. C. 格思里根据他的这种理解，认为

① 归之亚里士多德名下的其他两部伦理学著作《优台谟伦理学》和《大伦理学》，都未专门讨论这个问题。

把这里的"theoremn"译为"observe"("观察")比译为"contemplative"("思辨的")和"con-templation"("思辨")更好。[①] W. K. C. 格思里的这种论断未必是全面的，其缺点正像他自己指责他人时所说的：盯住一句句子，无视它的更为一般的用法。牛津大学已故教授H. H. 乔基姆在其有关《尼各马科伦理学》的诠疏性的著作中，对"theorina"这个词，作出了比较全面的解释：

> 人对心灵(mind)的态度是思辨(希theoria，英contemplation)，在人的身上得到确立起来的充分发展的思维习惯就是理论学科(希theoretike episteme，英theoretical science)，而在他身上发生作用的这种思想就是理论理性(希dianoiatheoretike. 英theoretical reason)。所有理论的或思辨的研究——正像我们使用这个术语指所有的学科——是列在"理论学科"项下。"科学家"(指这个术语的严格意义)是完全与认识或理解有关的。他对"是"(is)起到一个旁观者的作用——而"是"对他而言是独立的。他既不要求，又不能去改变诸事物的真理……当他研究的对象是从属于变化——例如，当他正在研究自然现象时就是这样——他就努力去关注这个过程，而不是去改变这个过程，除了帮助他去理解的实验性范围以内而言。[②]

这里所讲的"理论学科"[③]，不仅仅是指物理学或数学，而且还指研究最高的种的最高学科，即第一哲学(详见《形而上学》第六(E)卷第一章)。因为亚里士多德明确指出这种理论学科的研究"是"(希to on)，其基本特征是作为整体的"是"，即"是其所是"(希to ti en einai，《形而上学》983a28—29)，也就是一般所理解的"作为存在的存在"。对亚里士多德来讲，

① W. K. C. Guthrie: *A History of Greek Philosophy,* Volume IV, Atotle: An Enconter, Cambridge: C. U. P., 1983, p.398.

② H. H. Joachim, *Aristotle: Nicomachean Ethics*, pp.2-3.

③ 亚里士多德有时表述为"理论哲学"(theoretical phmmilosophies)，它包括到物理学、数学、神学(第一哲学)，见《形而上学》1026a18。

科学的第一原理不能从更多的终极原理推论出来，而是关于“是”的科学，大体上是对“普遍原理”的一种考察，诸如“质料和形式、本体和偶性、质和量、一和多”。对最高的种“是”的研究，不同于对某种稀有的或对动植物中特别感兴趣的种的研究。因为对第一原理的证明是建立在对物理实在的本性的一般事实的基础上的，它同对形式、本体、现实性以及与它们相关概念的分析是分不开的。也就是说，它研究的是事物的第一原理或原初原因。因为一种事物在能够被定性或定量以前，在逻辑上必须是存在的，所以它的存在（“是”）的原因，逻辑上必须先于事物的质、量或过程的原因。正像他本人所指出的那样，作为最高的种的“是”作为一个问题去确定第一哲学是以普遍为对象呢，还是以研究某种“是”为对象？他自己的回答是：第一哲学以普遍为对象，因为普遍对一切都是共同的、第一性的，和原初实在有关；它研究没有质料的纯存在的本性，即“它思辨作为存在的存在，是什么以及存在的东西的属性”（《形而上学》1026a32—33）。也就是达到对作为整体的存在的本性的认识。

亚里士多德在《形而上学》第十二A卷第七章，对这种思辨（第一哲学）研究的对象作出了明确的描述：不动的动者是最彻底永恒、现实性的本体（实体）不变不动，是有生命的，离开可感事物而独立存在；是关于就其本身为最善的东西而思想，是最高层次的思想，是以至善为对象的思想。其时，思想和被思想的东西是同一的。

第二，从事思辨活动是最高幸福。

亚里士多德在《尼各马科伦理学》中，最为集中申述的思辨活动的基本特征——思辨活动是最高幸福：思辨活动是最完美的幸福，因为它自身就是神圣的，是合乎品德自身的现实活动。就是其他与这种至福有关的属性，也是与思辨活动有关的，因此“如若一个人能终生都这样生活，这就是人所能得到的完美幸福，因为在幸福之中是没有不完美的”（《尼各马科伦理学》1177b25—26）。而幸福是品德的第一原理。他在伦理学研究中，一开始就强调思辨的研究，特别是对第一原理的研究，而第一原理又是多种多样的，

“所以，我们必须按照每一第一原理的本性，并最精确地给它下一个定义，因为这对下一步有重大的影响。行百里者半九十，通过它可影响着研究的许多方面”。(《尼各马科伦理学》1098b7—9）

亚里士多德坚持思辨具有至高无上的价值。在《尼各马科伦理学》第六卷第十二章中讲到，较之人类的其他活动，人更是追求思辨活动，尽管实践的品德和理论的品德都是值得追求和加以选择的，因为它们两者都是相应的灵魂的两个组成部分的品德，尽管它们都不创制什么（1144al—7）。在第十卷第八章则进一步明确指出：实践的智慧和伦理品德同理论活动，都是人的善或目的的组成部分；但是就幸福而言，实践智慧是低于思辨、低于理论活动的。实践智慧之所以值得追求，只是由于为思辨作准备而已，没有思辨能力也就是没有幸福，思辨是最高幸福；人是以自己所具有的思辨活动而享有幸福的，凡是思辨所及之处都有幸福。所以，哲学家“他是诸神所最爱的，像这样的人很可能是最幸福的；因之循此，哲学家比其他任何人也更幸福”（1179a30—32）。

但是，亚里士多德并不因此而认为实践智慧或外在的善是无足轻重的。他以梭伦的幸福观为例，说明外在的善（即物质条件）对于从事思辨的必要性：“具有中等的外在善的供应，做着高尚的事情，过着节俭的生活。只要有一个中等的财产，人就可以做他所应该做的事情了。”(《尼各马科伦理学》1179a9—11）但也不能因此而颠倒过来，正像W.F.R.哈迪在分析这个问题时所指出的那样：“政治家为思辨保证了自由，正像政治家管理了宗教的外在物质条件，但不能因此说政治家‘支配神’。”[①] 这点，亚里士多德在《政治学》第七卷“个人和城邦的至善”中，就曾加以详细讨论，声称在缔造理想国前，必须知道国家及其最值得追求的是什么。真正的幸福出自拥有智慧和品德，不是出自拥有外在的物质条件；但是一种有品德的生活，必须配备以外在物质条件为工具。这条准则对国家和个人把握善都是必要的。问题是

① W. F. R. Hardie: *Aristotle's Ethical Theory*, pp.234-235.

最高的善，究竟是在于思辨还是在于行动？他的回答是，具有品德的生活，既包括思辨活动又包括实践活动；要是认为从事实践活动的政治家是降格，那也是错误的；反过来，要是将政治权力看作是至善，那也是错误的。不言而喻，亚里士多德崇尚的至善是思辨活动。

亚里士多德之所以将思辨看作是至善、至福，这是与他将思辨活动看作是自足的观点分不开的。

第三，思辨活动是自足的。

亚里士多德在申述思辨活动是至善、至福的主张时，提出的主要依据之一是在于它是自足的。声称：思辨活动是最好的，因为只有思辨活动是理性的，而理性是人身上最好的东西，理性的对象是可以认知的最好对象；思辨活动是持续最久的，因为人们对真理进行思辨，比人们做任何其他事都持续长久得多。要是说幸福伴随着快乐，而合乎品德的活动的最大快乐也就是合乎哲学智慧的活动；所以，哲学以其纯净和经久而具有惊人的快乐。因此：

> 我们所说的自足性，最主要的应归于思辨活动。……只有哲学家甚至凭自身就能思辨真理，哲学家越是聪明越是能凭自身思辨真理。也许，有人伴同着他活动更好些，不过他仍然是最自足的。（《尼各马科伦理学》1177a20—1177b1）

当然，哲学家和其他有伦理品德的人一样，在生活上都不能缺少必需品，但在这一切得到充分供应之后，具备其他伦理品德的人（如正义的人）还需要其正义行为的承受者和协同者，节制的人和勇敢的人也同样如此。唯独哲学家凭他自己就能进行思辨。相比较而言，从事思辨活动的“这种幸福的外部要求很少，至少比伦理品德要少。”（《尼各马科伦理学》1178a26—27）因为，从事实践需要很多条件，而所进行的事业越是伟大和高尚，所需要的外部条件也就越多，“但一个思辨者除了他的思辨之外一无所需。外物，正如所说，对思辨反而成为障碍”（《尼各马科伦理学》1178b3—4）。可是亚里士多德也并不认为从事思辨活动的是不食人间烟火的方外人士。他接着在引进这段话就申述道：当然，哲学家作为一个人并和众人生活在一起，选择合乎品德的行为，也需要外物来过一个人的生活。

亚里士多德本人非常清醒，哲学家既不从事生产活动，又不介入实践活动，但其所需的不那么丰裕的生活资料，毕竟是仰赖于社会，而且这种思辨活动，“在理论思维之外，从这种活动中什么也不生成”（《尼各马科伦理学》1177b2—3）。但他这个终身以追求思辨为至善至福的哲学家，绝不因此而感到内疚，恰恰相反，理直气壮地强调，从事这种思辨活动正是要以闲暇为前提的，强调从事这种思辨活动的“幸福存在于闲暇之中”（《尼各马科伦理学》1177b5）。

第四，思辨活动以闲暇（希 schole，英 leisure）[①] 为前提。

正是亚里士多德这个对商品生产和商品交换的意义作出杰出研究的人，对长期以来招致非议的“闲暇”在人类发展史上的巨大积极作用，作出了极为值得重视的解释。继柏拉图描绘其理想国的蓝图，谈到理想国中的教育制度时，将闲暇提高到行为的第一原理。

> 我们多次说过，人们的本性谋求的不仅是能够胜任劳作，而且是能够享有闲暇。这里我们需要再次强调，闲暇是全部人生的第一原理（the first princi-ple）。[②] 假如两者都是必需的，那么闲暇也比劳作更为可取，并是后者的目的，于是需要思考，闲暇时人们应该做些什么。自然不应该是嬉戏，那样的话嬉戏就会成为我们生活的目的。(《政治学》1337b30—36）

① 英国著名学者对柏拉图和亚里士多德的政治理论的研究作出杰出贡献的 E. 巴克（E.Barker）在其译注的亚里士多德的《政治学》中，就 schole 加了一条颇为值得注意的注释：柏拉图的学园和亚里士多德的吕克昂，都是与运动场（gymnasia）相联系的，表明运动场是从事智力活动的场所，人们聚集在那里度过他们的闲暇和从事体育锻炼。教育词汇多少是从这些希腊词源派生出来的，从 schole 派生出英语的 school（学校），从吕克昂（Lyceum）派生出法语的 lycee（公立学校），从 gymnasia（运动场）派生出德语的 gymnasium（高级文科中学），从 academy（学园）派生出英、美的 academy（学院）。详见 *The Politics of Aristotle: Translated wite an Introduction,Notes and Appendixes,* Oxford: the Claredon Press, 1952, p.xxxl。

② C. Lord 就其所译的《政治学》中，对“第一原理”加了一个解释性的注释，摆脱为谋生而需要劳作的自由。见 *Aristotle's Politics*, p.276。

亚里士多德不止一次地从社会发展和人生幸福的根本意义上阐述闲暇的积极意义：

井然有序的城邦的公民必须享有闲暇。(《政治学》1269a34，1273a32—b7)

闲暇是品德的发展所必需的。(《政治学》1329a1)

公民们必须知道正确使用闲暇。(《政治学》1333a33_1334a11)

哲学的智慧适用于闲暇时期。(《政治学》13334a24)

音乐有助于能够安然享有闲暇。(《政治学》1337b28_1338“8)

闲暇提供生活的快乐、幸福和享受。(《政治学》1338a2)

理想国的疆域大小应该能使域内居民过上闲暇、宽裕并且是节制的生活。(《政治学》第七卷第五章)

幸福存在于闲暇之中。(《尼各马科伦理学》1177b4)

哲学智慧为思辨活动提供闲暇。(《大伦理学》1198b15—20)

从以上远不完备的简要引述中可以清楚地看出，亚里士多德高度重视闲暇在城邦（特别是理想城邦）的教育等精神生活中的必不可少的作用。他的这种主张，并非是出于统治阶级或精神贵族的偏见。他所讲的“闲暇”，并非是指统治阶级独有的物质享受或追逐声色犬马的享乐，而是指作为整体的社会在达到满足生活必需品后所从事的追求智慧的活动。这点在《形而上学》中阐述得很清楚：

只有在全部生活必需都已具备的时候，在那些人有了闲暇的地方，那些既不提供快乐，也不以满足必需为目的的科学才首先被发现。由此，在埃及地区数学技艺首先形成，在那里僧侣等级被允许有闲暇。(《形而上学》981b20—27)

这确是真知灼见，人类全部历史，特别是科学史和哲学史等的发展证明了这点。非常清楚，当社会全体成员都必须从事生产劳动，才能获得维系自身和繁延种族的最低限度的生活必需品时，整个人类社会是谈不到发展和进步的；只有当它随着生产力的发展，能为全社会提供超过这类生活必需品，能使一部分人从直接的生产劳动中解脱出来，专门从事追求知识的活动，反过来才能促进整个社会的发展和进步。这里所讲的“闲暇”，同统治阶级中一小部分人在国家政权的支持下追逐声色犬马的物质享受不是一回事。这点，在亚里士多德的一系列有关言论中是界限分明的。这里不一般地讨论“闲暇”在社会发展中的作用，只限于讨论闲暇与思辨生活和幸福间的关系。

首先，闲暇是全部人生的第一原理。思辨活动以追求智慧为目的，而求知是人类的本性。追求智慧的人要尽可能地通晓一切，而不仅仅是通晓就个别而言的知识，致力于追求那些困难的、不易为人所知的事项。感觉是人所皆有和皆能的，所以算不上是智慧；只有拥有最高层次的普遍知识的人，才必然能通晓一切。这种与第一原理有关的知识是最难认知的；只有以第一原理为对象的学科，才最足以为自身而探求和加以通晓，从而也是最高的学科、最高贵的学科，哲学就是这样一门学科。

其次，净化心灵、陶冶情操。境遇愈是优渥愈是会享有闲暇的人，他们尤其需要哲学、节制和正义，否则在和平的良辰美景带来的享受和闲暇生活，反而会更容易导致人们的放纵。人的本性所谋求的不仅是能够胜任劳作，而且谋求能够安然享有闲暇，这两者都是必需的，但闲暇比劳作更为可取，而且是劳作的目的。闲暇在灵魂中引起的运动是松弛，闲暇自身能带来快乐幸福和生活的兴趣；从而步入更加广阔的知识天地，增强审美能力和自由，从而使人具备高尚的情操。通过接受教育、情感的消化（希 katharsis，英 purgation）和操修心灵等，使人的灵魂达到和谐。亚里士多德特别强调青年至成年期要以思辨和理性为主，重视哲学教育，认为只有培养心灵才能促进理智从事思辨的理性活动。

第五，思辨活动是为求知而求知。

亚里士多德特别强调，以探求第一原理为目的的思辨活动，它是“为知识自身而求取知识”（《形而上学》982bl）。声称只有具备了关于第一原理的普遍知识，才能更好地认知个别事物。正因为这样，探求第一原理的第一哲学“是诸学科中占最主导地位的，与从属的学科相比，它起着更大的指导作用”（《形而上学》982b6—7）。第一哲学，它既不同于实践学科，也不同于创制学科。因为，创制学科的原理或者是理性，或者是技艺，或者是某种潜能，它们则是在创制者之中；而实践学科的原理（即意图）则是在实践者之中，因为意图的对象和作为的结果是同一的。但是第一哲学的思辨活动是以普遍为对象的，“是为了摆脱无知而进行哲学思考，……是为了求知识而求知识，并不以某种实用为目的”（《形而上学》982“21—23）。哲学及其分支以思辨、理论为目的；实践学科则不是为了求知，而是为了行动，为了成为善良的人（《尼各马科伦理学》1103“28—30）。就获得品德来讲，知的作用是非常微弱的，其他条件（诸如有意识的选择行为，并把这种行为坚持到底）的作用却不小，比知的作用更重要（《尼各马科伦理学》1105 a30—65）。包括哲学在内的理论学科，以不变的事物为对象，它们是永恒的、必然的，既可证明，又可学习和传授；实践学科和创制学科则都以可变事物为对象（《尼各马科伦理学》第六卷第三、四章）。所以，思辨的理性和实践的智慧判然有别，前者只有真和假，而并不是造成善和恶。

综上所述，亚里士多德从目的论出发，认为宇宙万物都是以善为目的，而第一哲学凭着其思辨活动达到至善、至福。当人类社会的发展，达到超出满足维持全体成员最低限度的物质生活资料的需要，能够进行扩大再生产，从而能够提供剩余劳动和剩余产品时，才有条件为社会维持一部分不事生产的闲暇人士，其中的哲学家以“作为存在的存在”，以“是其所是”的知识为其研究对象，这种知识是自足的不假外求的；它不是出于实用的目的，而是为了求知而所从事的思辨理性的活动，这门学科是至高无上的，从事这门学科研究的哲学家因此而获得了至善、至福，是神圣的。亚里士多德本人一生的活动，就是这种幸福观的典范，是希腊理想人格的写照，不汲汲于追求功名利禄，从而成为希腊文化精英的骄傲。亚里士多德的这种幸福观，对以后整个西方文化的发展是至为深远的。

孟德斯鸠与中国*

侯鸿勋

[主编按语] 以20世纪80年代“文化热”为背景，侯鸿勋深化孟德斯鸠启蒙思想之研究，着重发掘其对中国封建专制主义的批判，特别是结合中国思想界传播其三权分立学说和君主立宪思想政治法律思想的历史，将其集结成文。因此，绝不限于一般的传播西学，而是在进入改革开放之始，启发人们从深层结合历史经验教训反思和纠正“文化大革命”及其以前极左失误所导致的对马克思主义的扭曲。可见，这是一篇“文化热”中的重头文章，即使90年代转为“国学热”，此文仍不失其现实意义，因为“国学热”之重点由批判传统糟粕转为发掘传统精华，然而并未抛弃促使传统与现代对接之现代民主政治体制的研究，所以将其收入本文集。

沙利·路易·德·斯龚达·孟德斯鸠（生于1689年1月18日，卒于1755年2月10日），是18世纪上半叶杰出的法国启蒙思想家、社会学家、资产阶级国家和法学理论的奠基人，是与伏尔泰、卢梭齐名的法国资产阶级革命的思想先驱。孟德斯鸠这个光辉的名字对我们中国人民来说是既熟悉又亲切的。

---

* 本文原载《哲学研究》1989年第3期。

今年是孟德斯鸠诞生 300 周年和法国大革命 200 周年，同时，也是这位“非常革命的伟大人物”（恩格斯语）的启蒙思想传入我国并产生巨大影响约一百年。在这个非常值得纪念的时刻，我谨以此文聊表对这位伟大启蒙思想家的深深的敬意。

一、孟德斯鸠论中国

孟德斯鸠生活在法国路易十四和路易十五时代，这是法国封建专制主义发展到了最高峰并开始转向没落的时代，是正在酝酿着革命风暴的时代——资本主义生产关系在封建制度内部竭力为自己开辟道路的时代。他在这样一个时代里，是作为还比较幼弱的法国新兴资产阶级的代言人而出现在历史舞台上的。他不愧为自己时代的儿子，他站在自己时代的前列为新兴资产阶级的利益战斗了一生。他为新兴的资产阶级提出了一系列进步的理论，在促使旧的封建社会的死亡和新的资本主义社会的产生方面起了重要的作用。

孟德斯鸠所处的时代，相当于中国清王朝的康、雍、乾时代。他的三部主要著作就是属于这个时代的作品：《波斯人信札》发表于 1721 年（清康熙六十年）；《罗马盛衰原因论》发表于 1734 年（清雍正十二年）；《论法的精神》发表于 1748 年（清乾隆十三年）。从他的著作中我们可以看到，他是一位视野开阔、学识渊博的百科全书式的学者。他不仅对欧洲各国的情况非常熟悉，而且对东方的情况也相当了解。他虽然从未到过中国，但他却从那些到过中国的传教士的著述中得到了不少有关中国的知识。他对古老文明的中国有着浓厚的兴趣，在他那些不朽的著作，尤其是《论法的精神》中，包含有不少关于中国的论述。这些论述主要涉及清初的康、雍、乾时代中国的政治、经济、法律、文化、宗教、道德、风俗习惯、人口等问题。尽管这些论述比较零散，但是我们仍然可以从中看到，它们主要是围绕着与中国封建专制主义直接有关的问题展开的。

我们知道，孟德斯鸠是反对封建专制主义的英勇战士。他站在新兴资产阶级立场上，对反动腐朽的封建专制主义进行了无情的揭露和深刻的批判。他虽然是君主立宪制的拥护者，但他一生都对君主专制政体怀有极大的恶感，对它进行猛烈的抨击。他认为，专制制度是一种完全由君主一个人独断专横、藐视任何法律的国家制度。在专制国家里，君主是完全按照自己一个人一时的以反复无常的意志行事的，所以专制国家也就不需要法律，而即使有法律，那也形同虚设。因此，孟德斯鸠说，在专制国家里，“法律等于零”。他一再强调说“专制政体的原则是恐怖”。

孟德斯鸠认为，封建时代的中国乃是由专制君主治理的大帝国，是“一个强大的专制国家”[①]，中国的专制主义是极其凶暴的，“它的原则是恐怖”[②]。他引用一个传教士的话说“统治中国的就是棍子”。[③]他不同意某些传教士把中华帝国的政体的原则看作是“畏惧、荣誉和品德兼而有之”的说法。在他看来，封建时代的中国是一个地道的君主专制国家，而在这样的国家里，是根本无“荣誉”可言的。所以他说“……我不晓得，一个国家只有使用棍棒才能让人民做些事情，还能有什么荣誉可说呢”。他还指出在中国经常施行暴政，“对人性进行残害”等情况。[④]

在孟德斯鸠看来，中国封建时代虽然形式上也有法律，但这些法律往往很不完备，其条文又往往含混不清，所以会有许多流弊。比如，关于大逆罪，就有“把大逆罪名加于非大逆罪的行为”的。中国封建时代盛行的所谓“大逆罪”就是如此，它是专制暴政的典型例子。孟德斯鸠说“中国的法律规定，任何人对皇帝不敬就要处死刑。因为法律没有明确规定什么叫不敬，所以任何事情都可拿来作借口去剥夺任何人的生命，去灭绝任何家族。”“有一个亲王由于疏忽，在有朱批的上谕上面记上几个字，人们便断定这是对皇

① 孟德斯鸠著，张雁深译：《论法的精神》下册，商务印书馆 1978 年版（下同），第 172 页。

② 孟德斯鸠著，张雁深译：《论法的精神》上册，商务印书馆 1978 年版（下同），第 129 页。

③ 同上书，第 127 页。

④ 同上书，第 194 页。

帝不敬，这就使他的家族受到史无前例的可怖的迫害。”孟德斯鸠深有感慨地说：“如果大逆罪含义不明，便足以使一个政府堕落到专制主义中去。”

孟德斯鸠把中国人的“子罪坐父”的习惯做法也看作是封建专制主义的典型表现。他说，“在中国，子女犯罪，父亲是受处罚的。”“这个习惯是从专制思想产生出来的。”“子罪父坐这一事实说明‘荣誉’在中国是不存在的。”①

孟德斯鸠抨击了中国封建时代的太监。他认为，让太监担任文武官职必然会带来许多恶果。他说在中国的历史上，虽然有许多剥夺太监一切文武官职的法律，“但是太监们却老是又再回到这些职位上去。东方的太监，似乎是一种不可避免的祸患。”②

孟德斯鸠注意到，中国的封建统治者除了利用其强大的政权和军队进行统治之外，还利用作为中国封建社会的道德规范和生活准则的“礼”和“礼教”来在思想上为巩固其封建统治服务。

孟德斯鸠认为，法律、风俗和礼仪本来是有严格区别的。可是中国的立法者们却把法律、风俗和礼仪混淆在一起，“因为他们的风俗代表他们的法律，而他们的礼仪代表他们的风俗”。③ 孟德斯鸠窥透了中国的立法者们之所以这样做的良苦用心。他深刻地指出：“中国的立法者们主要的目标，是要使他们的人民能够平静地过生活。他们要人人互相尊重，要每个人时时刻刻都感到对他人负有许多义务；要每个公民在某个方面都依赖其他公民。因此，他们制定了最广泛的‘礼’的规则。”而“礼”的规则也就成了束缚人们思想、行为的绳索。“这是养成宽仁温厚，维持人民内部和平和良好秩序，以及消灭由暴戾性情所产生的一切邪恶的极其适当的方法。实际上，如果使他们不受‘礼’的规则的约束的话，岂非等于给他们以放纵邪恶的便

① 《论法的精神》上册，第94—95页。

② 《论法的精神》下册，第258—259页。

③ 《论法的精神 》上册，第312页。

利么？"[1] 可见，"礼"对于中国的封建统治者来说具有很高的价值；"礼"可以防止把人们的"邪恶"暴露出来。"'礼'是人们放在彼此之间的一道墙"，[2] 就是说，"礼"可以防止人民起来造反、革命。

孟德斯鸠还进一步谈到中国的"礼教"。他说，中国的立法者还把宗教、法律、风俗、礼仪都混在一起。所有这些东西都是道德，都是品德。而这四者的箴规就是所谓礼教。他指出：中国的封建统治者就是因为严格遵守这种礼教而获得"成功"的。中国人的一生都用在学习和实践这种礼教上。"文人用之以施教，官吏用之以宣传生活上的一切细微的行动都包罗在这些礼教之内。"[3] 由于中国人读书时学的都是礼教，而礼教里面所讲的又只是一些通常实行的规则，比较"容易理解，容易打动人心"，所以礼教便得以"容易地铭刻在中国人的心灵和精神里"[4]。礼教成了中国政体的原则，成了中国人的道德行为规范。孟德斯鸠指出：当道德沦丧了的时候，"国家便将陷入无政府状态，革命便将到来"。[5]

孟德斯鸠认为礼教的核心是孝道。他认为，中国的立法者们把服从看作是维持帝国太平的最适宜的方法。于是，他们竭力激励人们孝敬父母，并集中一切力量使人恪遵孝道。"他们制定了无数的礼节和仪式，使人对双亲在他们的生前和死后，都能克尽人子的孝道。""敬奉亡亲的仪式，和宗教的关系较为密切；侍奉在世的双亲的礼节，则与法律、风俗、礼仪的关系较为密切。"[6] 可见，通过孝道，便实现了宗教、法律、风俗、礼仪的结合。孟德斯鸠指出："尊敬父亲就必然和尊敬一切可以视同父亲的人物，如老人、师傅、官吏、皇帝等联系着。对父亲的这种尊敬，就要父亲以爱还报其子女。由此推论，老人也要以爱还报青年人，官吏要以爱还报其治下的老百姓，皇

① 《论法的精神》上册，第 312 页。
② 同上书，第 313 页。
③ 同上书，第 312 页。
④ 同上。
⑤ 同上书，第 314 页。
⑥ 同上书，第 315 页。

帝要以爱还报其子民。所有这些都构成了礼教，而礼教构成了国家的一般精神。”[①] 在孟德斯鸠看来，上述以孝道为基础和核心的礼教是与中国的基本政制有关系的。因此他说：“这个帝国的构成，是以治家的思想为基础的。”[②] 可见，在孟德斯鸠看来，“礼”和“礼教”是中国封建统治者用来维护其统治的思想武器，是为巩固中国封建统治和防止革命服务的。

尽管中国的封建统治者有比较丰富的统治经验，尽管他们在政治、军事和思想等方面加强其反动统治，但是由于他们所实行的是“极其野蛮的暴政”——封建专制主义，再加上由于天灾和人口众多而造成饥荒，所以爆发农民起义是不可避免的。在孟德斯鸠看来，“贼帮”指起义的农民的行动是有意义的，它对中国的封建统治者可起到“警告”和“惩罚”的作用。他说，中国的统治者如果腐败，如果不及时“改革弊政”，就会“受到急遽的显著的警告”，“受到惩罚”，“就要丧失他的帝国和生命”。[③] 在孟德斯鸠看来，中国封建统治者还有一个导致亡国的致命的内在原因，这就是：好逸恶劳，骄奢淫逸，腐化堕落。他在总结中国历史上的教训时这样写道：“大体上我们可以说，所有的朝代开始时都是相当好的。品德、谨慎、警惕，在中国是必要的；这些东西在朝代之初还能保持，到朝代之末便都没有了。实际上，开国的皇帝是在战争的艰苦中成长起来的，他们推翻了耽于逸乐的皇室，当然是尊崇品德，害怕淫佚；因为他们曾体会到品德的有益，也看到了淫佚的有害。但是在开国初的三四个君主之后，后继的君主便成为腐化、奢侈、懒惰、逸乐的俘虏，他们把自己关在深宫里，他们的精神衰弱了，寿命短促了，皇室衰微下去；权贵兴起，宦官获得宠信，登上宝座的都是一些小孩子；皇宫成为国家的仇敌；住在宫里的懒汉使劳动的人们遭到破产，篡位的人杀死或驱逐了皇帝，又另外建立一个皇室，这皇室到了第三、第四代的

---

① 《论法的精神》上册，第 315 页。

② 同上。

③ 同上，第 128—129 页。

君主又再把自己关闭在同样的深宫里了。”①

总之，孟德斯鸠作为多年前的法国人，在当时交通不便、材料有限的条件下，竟能对中国封建社会的情况有如此深刻的了解，并发表许多精辟的论断和见解，这的确是极其难能可贵的。

二、孟德斯鸠在中国

孟德斯鸠及其启蒙思想，尤其是他的政治法律思想，不仅对欧美资产阶级革命运动产生过巨大影响，而且对中国近代革命运动也产生过很大影响。孟德斯鸠及其思想之所以被一些先进的中国人和进步刊物介绍到近代中国并得到广泛传播，这绝不是偶然的，而是与中国旧民主主义革命时期的任务紧密相连的。在这个时期里，中国人民面临的任务是推翻帝国主义和清王朝的封建专制统治，变革腐朽反动的社会制度，建立独立的资本主义国家。当时那些实现这个革命任务而奋斗的先进的中国人，企图走一条向西方寻找真理的道路。无论是资产阶级改良派还是资产阶级革命民主派提倡革新变法，都是从介绍西方资产阶级政治法律制度开始的，他们不仅把参用西法作为变法的主要内容，而且把西法作为论证变法的依据。他们对孟德斯鸠的三权分立学说和君主立宪思想表现出浓厚的兴趣。

我们知道，孟德斯鸠虽然反对专制政体，并对封建专制主义进行了猛烈的抨击，但他却是一个君主政体的拥护者。他的理想的政治制度是君主立宪制。他企图通过制定宪法来限制君主的权力，主张“按照英国样式”在法国建立君主制。在《论法的精神》一书中，他不仅论述了自己的著名的君主立宪思想，而且论述了自己的著名的三权分立学说。他主张实行三权分立的制度。这就是说，使立法权、行政权和司法权分掌在不同的人、不同的国家机关手中。他认为，这样做就既可以使三种权力互相制约，又可以使这三种权

① 《论法的精神》上册，第 103 页。

力保持平衡，从而使这三种权力有条不紊地、互相协调地行动，并最终建立起真正的法治国家，保障公民的政治自由和生命财产安全。在他看来，把立法权、行政权和司法权严格区分开来的制度，是确保公民的政治自由的必要条件。如果不实行三权分立，公民的政治自由就得不到任何保障。他指出："企图实行专制的君主总是首先独揽各种职权"的。他提醒人们注意：在一切权力合而为一的国家里，人民群众将处于生命财产安全毫无保障的境地。因为，独揽一切权力的人或机关，既可以用其"一般的意志 "去蹂躏全国，又可以用其"个别的意志"去毁灭每一个公民。因此，在这样的国家里，即使"没有专制君主的外观，但人们却时时感到君主专制的存在"① 。

孟德斯鸠的三权分立学说和君主立宪思想大约是在 19 世纪七八十年代传入我国的，当时，我国早期资产阶级改良派的一些代表人物，就开始将西方国家所采用的三权分立和君主立宪等政治法律制度介绍到中国。例如，马建忠曾介绍过三权分立之制，说这种制度使政事"纲举目张，集然可观"。王韬、郑观应等人对西方政治法律制度也作过评介，认为这种制度值得效法，他们对于资产阶级的君主立宪制度尤为赞赏。

资产阶级维新派的主要代表人物康有为，从 19 世纪 80 年代中期到戊戌年间，也曾批评建封君主制，主张效法英国、日本，实行三权鼎立之制，兴民权，开国会，立宪法，建立君主立宪制。在他看来，这才是真正实现国家治强之途。他不仅强调在中国实行"三权鼎立之制"的必要性，而且认为要建立君主立宪制，就应实行三权鼎立之制。他批评了清王朝不实行三权分立之制的弊病。可是，在辛亥革命爆发以后，康有为却由鼓吹变法转而反对变法，从主张采用西方资产阶级的法律制度转而反对废除清王朝的旧法。他竟然攻击说人们宣传"民主、革命、平等"，"使举国之人，皆卢骚、福禄特尔、孟德斯坞"，都是无济于事的空谈。

资产阶级维新运动的激进代表谭嗣同也主张实行资产阶级的分权制。他

① 《论法的精神》上册，第 157 页。

认为，由帝王和地方长官一人包揽各项权力，势必出现独断专横，导致“平等亡，公理晦，而一切残酷蒙蔽之祸，斯萌芽而浩瀚矣”。[①] 他非常赞赏西方国家的分权制，他说：“西国于议事办事，分别最严。议院议事者也；官府办事者也。各不相侵，亦无偏重。明示大公，阴互牵制。法治之最善而无弊者也。”[②]

严复是中国近代著名的资产阶级启蒙思想家、维新派的重要理论家、著名的翻译家。在他翻译的大量西方资产阶级社会学原著中，就有孟德斯鸠的《法意》即《论法的精神》。他认为西方各国之所以富强，就在于他们的制度是以“自由为体，民主为用”。他把英国的君主立宪制看作是最理想的政治制度。孟德斯鸠的法治思想对他有一定的影响。他赞同孟德斯鸠的观点，认为法律是“治国之经制”，而有了法，则君民“上下所为，皆有所束”。严复认为，只有懂得以法治国，才算得上是“知治之要”。照他的意见，要采用西法，实行新法制，重要的一条就是实行三权分立之制。他指出，英国的立宪，能“久行不敝”“上下相安”，其秘密就在于采用了洛克、孟德斯鸠的分权论。他主张司法独立，他说在中国的专制制度之下，帝 王、守宰“一人身而兼刑、宪、政三权”，分司不明确，容易发生流弊，难有持平之狱。他认为，法律一经制定，就必须切实执行。“法之既立，虽天子不可以不循也。使立法矣，而其循在或然或不然之数，是则专制之尤者耳。”[③] 他指出，专制君主是“超乎法之上，可以意用法易法，而不为法所拘”的。[④]

资产阶级维新派的另一位主要代表人物梁启超，以其通俗流畅的文笔，介绍了孟德斯鸠、卢梭等人的学说。从 1894 年到 1902 年间，他的政治法律思想较多地受到卢梭、孟德斯鸠等人学说的影响。他曾经宣称在“西哲”的治国方案中，卢梭的《民约论》“最适于今日之中国”孟德斯鸠的《万法精

① 《壮飞楼治事篇第五·平权》，见《谭嗣同全集》卷一，生活 · 读书 · 新知三联书店 1954 年版。

② 同上。

③ 孟德斯鸠：《法意》上册，商务印书馆 1981 年版，第 27 页。

④ 同上书，第 26 页。

理》即《论法的精神》，常为后来西方各国“改制之模范，功不在卢梭下也”。在中国近代资产阶级改良派中，梁启超是一位较为重视法制、具有法治思想倾向的思想家。他受孟德斯鸠学说的影响，非常强调法律的作用。他把有无法律和法律是否发达看成是区别人类和禽兽、文明和野蛮的重要标志。他认为，“人治”不如“法治”。他赞扬孟德斯鸠的分权论，说它“实能得立政之本原”。他认为，实行三权鼎立之制是西方各国“制治最要之原”。他还反复陈述要在中国实行君主立宪制。他认为，中国若要强盛，就必须实行以三权分立为基础的君主立宪制。他在《立宪法议》一文中说：“君主立宪者，政体之最良者也。”“立宪政体，亦名为有限权之政体。……有限权云者，君有君之权，权有限；官有官之权，权有限；民有民之权，权有限”。[①]他宣称：“采定政体，决行立宪，实维新开宗明义第一事。”但他认为，根据当时中国的条件，特别是根据国民现有的程度来说，尚无资格实行君主立宪，而只能先从事预备立宪，且必须在“民智稍开”之后才能实行。于是他提出了“预备立宪”的主张。而到了1905年，当他成了资产阶级革命民主派的主要论敌之后，他便抛弃了前期曾经极力宣扬的一些积极的主张。他由反复陈述要实行君主立宪制，退而强调要先实行“开明专制”；由热情呼唤卢梭的《民约论》，“尚其东来”，退而对它采取批评态度，认为不论“应用之于何国，而无不失败者”[②]；过去曾称孟德斯鸠的三权分立学说是“后世改制之模范”，而这时却对它进行攻击，说在中国“亦万不能实现”，甚至说什么如在中国推行三权分立之制，则其“危险有不可思议者焉”。

曾在光绪二十八年清王朝变法修律时出任修订法律大臣的沈家本，也是三权分立原则的拥护者。他反对政刑“从于一人之身”的专制体制，主张政刑分离，司法独立。他认为，“司法独立，为异日宪政之始基”[③]。

20世纪初，以孙中山为代表的资产阶级革命民主派宣传和提倡资产阶

① 《饮冰室文集》卷20。

② 《开明专制论》，见《饮冰室文集》卷29。

③ 《清末筹备立宪档案史料》下册。

级的法制，强调以法治国，反对人治。他们主张三权分立，强调行政不得干涉司法，以确保司法独立。孙中山说："英国宪法所谓三权分立……是从六七百年前由渐而生，成了习惯，但界限还没有清楚。后来法国孟德斯鸠将英国制度作为根本，参合自己的理想，成为一家之学。美国宪法又将孟氏学说作为根本，把那三权界限更分得清楚，在一百年前算是最完善的了。"① 孙中山认为，资产阶级的三权分立制度通过权力的相互制约，避免了封建专制时代集国家大权于君主一人之身的弊端，这无疑是应当肯定的。但是他也发现，三权分立仍然存在着严重的缺陷，这就是人民没有直接民权，容易出现议会专制。于是，他提出了五权分立和五权宪法的理论。所谓五权分立，就是在立法、行政、司法三权分立之外，另立考选权和纠察权。他说："兄弟的意思，将来中华民国的宪法是要创一种新主义，叫作'五权分立'。"以五权分立为基本内容的宪法，就称作五权宪法。他把五权宪法称为"立国之本"。

章太炎也是拥护资产阶级三权分立的政权体制，推崇司法独立的。他的理想是建立一个没有议会的、由平民直接行使权力的立法、司法、行政三权分立的总统制共和国。

孟德斯鸠的思想对于民国时代的宪法和法制有着明显的影响。辛亥革命后成立的南京临时政府，在孙中山法律思想的指导下，颁布了许多具有民主主义性质的法律和法令，建立了前所未有的司法制度。1912 年颁布的《中华民国临时约法》，就是根据三权分立的原则来建立民国的国家机关体系的。

这里再谈一下 20 世纪初我国介绍、传播过孟德斯鸠及其思想的刊物。这些刊物主要有：(1)《译书汇编》(1900 年 12 月在日本东京创刊，月刊，出至 1903 年 4 月)，是我国留日学生最早创办的刊物。第 1—3 期上刊载了孟德斯鸠的《万法精理》(即《论法的精神》) 的部分译文。这是孟德斯鸠这一名著最早的中译文。(2)《国民报》(创刊于 1901 年 5 月，终刊于同年 8 月，

① 《在东京·民报·创刊周年庆祝大会上的演说》，见《孙中山选集》。

共出 4 期），是清末资产阶级革命派主办的刊物。它赞颂孟德斯鸠说："孟德斯鸠苦心焦虑，审慎周详，其播之也，出以和平"。(3)《清议报》，是资产阶级改良派的宣传阵地。梁启超那篇论述君主立宪的重要文章《立宪法议》就是在 1901 年 6 月 7 日的《清议报》上发表的。(4)《新民丛报》(1902 年 2 月由梁启超创办，最后一号出版于 1907 年 11 月)，在其第 3、4 号上连续介绍了孟德斯鸠的三权分立学说，认为这是孟氏"千古不朽"的创见，是一个国家"创设自由政治"，保障国民"自由权 "的模范政体。(5)《湖北学生界》1903 年 2 月出版的第 2 期发表的一篇文章强调说：只有"灌输路索（即卢梭）、孟德斯鸠、达尔文、斯宾塞诸儒之学说 "，才能使学界适应时代潮流，求得新的救国方案，不至于"长沦于黑暗之中"。(6)《浙江潮》(1903 年 2 月创刊，月刊）在其第 3 期上发表了《最近三世纪大势变迁史》一文，评介了卢俊、孟德斯鸠等人的学说。

孟德斯鸠的三部主要著作都有中译本。《论法的精神》一书最早的中译本是文言文，译者是日本人何礼之和中国人程炳熙、张相文，只译出孟氏原著的一半，书名为《万法精理》，于 20 世纪初发表在《译书汇编》月刊上；1913 年商务印书馆出版了严复的译本，书名为《法意》，这个译本也还有第 30 卷和第 31 卷未译；1961 年、1963 年，商务印书馆又出版了张雁深的现代汉语译本，书名为《论法的精神》上、下册，这是个全译本。孟德斯鸠的另一本重要著作《波斯人信札》，过去也曾由林琴南和口译者王庆骥合作译成文言文，书名为《鱼雁抉微》，只译出了其中的 80 多封信，连载于 1916 年的《东方》杂志上。新中国成立后，由罗大冈译完了全书的 180 多封信，于 1958 年由人民文学出版社出版。孟德斯鸠的第三部重要著作《罗马盛衰原因论》的中译本，书后附有他的一篇重要的美学论文《论趣味》，于 1962 年由商务印书馆出版，译者婉玲。

孟德斯鸠的著作，尤其是他的三部主要著作，是包括中国人民在内的整个人类的进步传统的重要组成部分和整个人类极其珍贵的文化遗产。孟德斯鸠的名字，将与他的不朽著作一起，在人类文化史上永放光辉。

孔子的社会理想*

赵士孝

［**主编按语**］ 本文以解析《礼记·礼运》之典籍义理为根基，既针对异议，以《论语》及其他有关翔实资料为佐证，坦诚直言认为“《礼运》篇的大同思想不属于孔子”的看法“完全不顾事实”；进而论证孔子的大同思想“并非无源之水”，而是“历史上优秀思想的继承和总结”，“《尚书》的《尧典》《舜典》《大禹谟》等篇章，就是其思想的重要前驱”。颇具创见的是，文中还以《礼运》篇的内容为主要依据，论证孔子思想体系“大同思想和小康思想不可分割”，并据以与墨子的“尚同”比较，认定不能将其混同，极具说服力地断言，孔子“为人类社会提出了大同社会和小康社会的思想学说，其功绩是不容抹杀的”。可见，这是一篇对儒学典籍义理考据性的论辩文章，更可贵的是自觉地尝试以马克思唯物史观为指导，对典籍义理给予现代解释或传统与现代接轨之解释，对深化以儒家为主流的传统文化之诸多主题的研究，给予颇多启迪。尤其，探究这类涉及以儒家为主流的传统文化之源头、流变和走向之课题，如本文所强调的要正视“生产力的巨大作用”，也就是要突破对文化的狭义理解，否则，对中华文化的源头仅限于思想文化，拘泥于易（阴阳）、儒、

* 本文原载《孔子研究》2010年第4期，第49—58页。

墨、名、法、道之典籍义理，难以进行具体、历史的分析，因此数千年漫长的农耕文化是探究中国文化源头不可回避的重要问题。

孔子的社会理想，就是实现大同社会和小康社会，其中更主要的是实现大同社会。孔子这一思想是他整个政治观点的要害和精彩之处，是闪亮点，对后人的影响也很大。它对中国现当代社会来说，也有其重要的借鉴意义。

一、大同思想为人类提供了一座社会理想的灯塔

孔子的大同思想，在《礼记·礼运》篇中谈得最为明确，也最为系统。按这篇文章记载，说周代冬天十二月，有一种祭鬼神的宗教仪式，名为蜡祭。有一次，孔子和他的弟子们，作为名流和有影响的人物，被邀参加了祭祀并饮酒。饮酒完后，在门楼上游观。这时候，孔子很有感慨地叹了一口气。他的弟子子游问孔子："老师，你感叹什么啊？"紧接着孔子就说了一大段有关大同世界和小康社会的言论。有关大同世界的言论是这样的：

> 大道之行也，与三代之英，丘未之逮也，而有志焉。大道之行也，天下为公。选贤与能，讲信修睦。故人不独亲其亲，不独子其子。使老有所终，壮有所用，幼有所长，矜寡孤独废疾者皆有所养。男有分，女有归。货恶其弃于地也，不必藏于己；力恶其不出于身也，不必为己。是故谋闭而不兴，盗窃乱贼而不作，故外户而不闭，是谓大同。

在这一大段言论中，我们可以看到孔子有关大同社会的一系列观点。

第一，他把这个社会叫作"大道之行"的社会。孔子一生，以"闻道"为最大志愿。他曾说："朝闻道，夕死可矣。"(《论语·里仁》)"士志于道，而耻恶衣恶食者，未足与议也"。(《论语·里仁》)他这里所谓的"道"，有规律、真理之意。"大道"，就是大的规律、大的真理。在他看来，实现大同

社会，就等于实现了社会发展的最大的规律，实现了最理想的真理境界。

第二，他指出大同社会最大的特点，就是“天下为公”。可以说，这是孔子在社会发展史上最重要的发现，也是最重要的论断。他认为社会发展的最早时期是公有制社会，是一切“为公”的社会。他这个发现，符合社会发展的实际情况。恩格斯的《家庭、私有制和国家的起源》和摩尔根的《古代社会》等著作完全证实了这一点。人类社会发展初期，由于生产力低下，人们在氏族内部确实是实行公有制的，“凡是共同制作和使用的东西，都是共同财产：如房屋、园圃、小船”[①]。人与人之间“大家都是平等、自由的，包括妇女在内”[②]。孔子根据周代已有的历史资料发现了这一点，这就很了不起。他还把“天下为公”看成今后人类应当争取的目标，这就更了不起。他为人们提供了一座社会理想的灯塔。

第三，孔子指出，在大同社会，“货恶其弃于地也，不必藏于己；力恶其不出于身也，不必为己”。这正证明，原始社会实行的是公有制，不是私有制。在原始社会，氏族成员每天出去采野果、捕鱼、打猎，目的都是为了氏族成员的温饱，所以说“不必为己”。采集来的食物、财富全部归氏族所有，生产资料、生活资料都归氏族大家庭所有，没有必要自己藏起来，但不能浪费，不能随便抛弃，所以又说：“恶其弃于地也，不必藏于己”。原始社会这一特征，使它和奴隶社会、封建社会、资本主义社会区别开来。

第四，他指出大同社会在人与人的关系上是互相爱护、互相关心的关系，不是剥削与被剥削、压迫与被压迫的关系。在氏族社会，上面一个氏族首领，下面的男人女人都能得到同样的爱，也有同样的义务去爱别人。他们之间相互帮助。老年人、幼童、鳏而无妻者、寡而无夫者、孤儿、独身无靠者、病人、残废者，都有人抚养，壮年人也不会失业。“共产制的家户经济和氏族都知道它们对于老年人、病人和战争残废者所负的义务”，[③] 这都是事实。

① 《马克思恩格斯选集》第 4 卷，人民出版社 1995 年版（下同），第 159 页。

② 同上书，第 95 页。

③ 《马克思恩格斯选集》第 4 卷，第 95 页。

第五，“选贤与能”。孔子指出，在夏商周以前的“天下为公”的社会，其首领是推选出来的贤人和能人，不是世袭的。这一点完全符合事实。他认为三皇五帝，包括尧、舜、禹这些帝王都是公众推选出来的，是禅让而非世袭的。事实确实是这样的。原始社会的氏族酋长都是由议事会或人民代表会议选出来的。那时国家作为压迫人民的机器还没有产生。这可说是管理权上的公有制。

第六，“讲信修睦”。这就是说，大同社会是一个讲究诚信和睦的社会，相互之间和谐相处，不搞阴谋诡计，即使在氏族之间也如此。在原始社会，面临的强大敌人主要是自然灾害，为了战胜自然灾害，人与人之间必须团结起来，休戚与共，必须以诚相待。

第七，“男有分，女有归”。这是说，男人都有自己的事，职业分工，女的不怕找不到伴侣、丈夫，到时候都有人张罗。在原始社会，男子打猎、捕鱼，制作生产工具，妇女管家、做饭、纺织、做衣服，管理幼小儿童，各有分工。

第八，“谋闭而不兴，盗窃乱贼而不作，故外户而不闭”。正因为原始社会是公有制，没有私人财产，相互之间也没有图财害命的事，没有偷盗抢劫，人与人之间没有戒心，晚上睡觉用不着关门闭户。

孔子的这些思想和古代社会的实际情况是一致的，是符合实际的。孔子这些思想，在中国历史上影响巨大。在清朝光绪年间，康有为的《大同书》就是以孔子的有关思想作为理论武器，宣传变法维新的。孙中山实行资产阶级民主革命，但也公开宣传“世界大同”“天下为公”，以此作为奋斗目标。当然，孔子这一理论也存在着一个重大缺陷，就是没有看到生产力的巨大作用。他没看到原始共产主义之所以存在，是由于当时生产力极不发达。而大同社会之所以转化为小康社会，也正是由于生产力进一步发展，才产生了“天下为家”的私有社会。而大同社会的最终实现，更需要生产力的高度发展。但就孔子大同思想的提出而言，其功绩是不可磨灭的，它在几千年来成为人们向往的目标。

二、大同思想确为孔子的思想理论

现在学术界有一种说法，认为《礼运》篇的大同思想不属于孔子，它是孔子后学子游学派为了抬高自己身价，假托孔子的作品。又说，作为孔子思想的代表作的《论语》中“找不出孔子对大同世界的论述和向往”[①]。

这种说法是错误的，因为我们看孔子思想，不能只以《论语》为依据。事实上，《孔子家语》《礼记》《大戴礼记》等书中引用的孔子的话都不能说是伪托的。孔子自己说，他是述而不作。他的思想都是后人追记的。如果说后人追记的东西都是伪托，那么连《论语》都不能算孔子的了。过去也确实有人连《论语》都怀疑，都认为不可靠。这种疑古思想随着目前地下考古资料的不断积累，已经越来越证实为主观臆断的产物。应当说，后人追记的著作，可能有错漏，但一般都是有依据的。过去有人说《孔子家语》是三国时王肃伪造的。其实，王肃如果真想伪造，也很难造出那么精深的作品来。现在地下出土文物已经证实《孔子家语》是王肃之前早已有之的。

为了证明孔子大同思想的出现不是孤立的，我们可以找出很多和《礼运》篇一致和类似的材料。

首先，在近几年出土的郭店楚简中，人们发现其中有一篇《唐虞之道》，记载了孔子的言论。在这篇文章中，孔子谈到了尧舜之间禅让的历史。他说：

> 爱亲忘贤，仁而未义也。
> 尊贤遗亲，义而未仁也。爱亲故孝，尊贤故禅。

他在这里把孝敬父母和尧舜禅让看成两个同样重要的道德范畴。这说明，

---

① 古棣等：《孔子批判》上，时代文艺出版社 2001 年版，第 64 页。

在《礼运》篇说的“天下为公”“选贤与能”，这些思想完全是属于孔子的。

其次，就《论语》本身来说，也有几条和大同思想一致的说法。比如：

巍巍乎！舜、禹之有天下也而不与焉。(《论语·泰伯》)

句中的“不与”有两种解释：一种是“不是争夺来的”；一种是“不为自己”。不管哪一种解法都说明舜、禹取得天下是禅让的结果，是大同社会出现的特殊现象。这正说明孔子和大同思想的联系。

老者安之，朋友信之，少者怀之。(《论语·公冶长》)

这说明了孔子关心老人、幼儿的胸怀，和“老有所终，幼有所长”的思想一致。

己欲立而立人，己欲达而达人。(《论语·雍也》)

这和“人不独亲其亲，不独子其子”的思想一致。

泰伯，其可谓至德也已矣。三以天下让，民无得而称焉。(《论语·泰伯》)

这里说的是西周太王时的事，但实际上是在歌颂大同社会的禅让制度。

樊迟问仁。子曰：“爱人。”(《论语·颜渊》)

这和《礼运》篇的“不独亲其亲，不独子其子”的思想是一致的。“爱人”是大同思想的重要组成部分。

子贡曰："如有博施于民而能济众，何如？可谓仁乎？"子曰："何事于仁，必也圣乎！尧舜其犹病诸！"（《论语·雍也》）

"博施于民而能济众"是孔子的学生说的，但又是孔子所赞许的。这实际上也是和"不独亲其亲，不独子其子"的思想是一致的。

所以，说《论语》书中根本看不出有关大同社会的思想，那是不客观的。

再次，在有关孔子思想的其他著作中，和大同思想一致的言论就更多了。例如：

进用贤良，退贬不肖。（《孔子家语·王言解》）

这和"选贤与能"一致。

哀鳏寡，养孤独，恤贫穷，诱孝弟，选才能。（同上）

这和"矜寡孤独废疾者皆有所养"完全一致，也与"选贤与能"一致。

古者明王必尽知天下良士之名。既知其名，又知其实，又知其数及其所在焉。然后因天下之爵以尊之，此之谓至礼不让而天下治。（同上）

这与《礼运》篇"选贤与能"的思想一致。

上之亲下也，如手足之于腹心；下之亲上也，如幼子之于慈母矣。（同上）

这和《礼运》篇"不独亲其亲，不独子其子"一致。

> 玄枵之孙、乔极之子，曰高辛。……博施厚利，不于其身。……抚教万民而诲利之。……春夏秋冬，育护天下。(《孔子家语·五帝德》)

这与“天下为公”，“货不必藏于己”一致。

> 舜孝友闻于四方，……畏天而爱民，恤远而亲近。(同上)

这和“不独亲其亲，不独子其子”一致。

> 天无私覆，地无私载，日月无私照，奉此三者以劳天下，此之谓三无私。(《礼记·孔子闲居》)

这实际上就是“天下为公”的思想。

> 子言之曰：“后世虽有作者，虞帝弗可及也已矣。君天下，生无私，死不厚其子，子民如父母。(《礼记·表记》)

这就是“天下为公”“不独亲其亲，不独子其子”的思想。

> 冉有问于孔子曰：“古者三皇五帝不用五刑，信乎？”孔子曰：“圣人之设防，贵其不犯也。制五刑而不用，所以为至治也。凡民之为奸邪窃盗靡法妄行者，生于不足。不足生于无度。无度，则小者偷惰，大者侈靡，各不知节。是以上有制度，则民知所止。民知所止，则不犯。故虽有奸邪贼盗靡法妄行之狱，而无陷刑之民。(《孔子家语·五刑解》)

这里，实际上是说大同社会“盗窃乱贼而不作，谋闭而不兴”。

哀公问于孔子曰："寡人闻东益不祥，信有之乎？"孔子曰："不祥有五，而东益不与焉。夫损人自益，身之不祥；弃老而取幼，家之不祥；释贤而任不肖，国之不祥；老者不教，幼者不学，俗之不祥；圣人伏匿，愚者擅权，天下不祥。不祥有五，东益不与焉。"（《孔子家语·正论解》）

这里鲁哀公所问是风水迷信问题，孔子回答的则是涉及大同社会的道理。"损人自益"的思想是不符合大同社会"天下为公"思想的，"弃老取幼"是不符合"使老有所终……幼有所长"原则的，"释贤而任不肖"是不符合"选贤与能"原则的，"老者不教，幼者不学"是不符合"幼有所长"精神的，"圣人伏匿，愚者擅权"也是不符合"选贤与能"的精神。这一段实际上是从反面论述了大同思想的重要性。

太古之民，秀长以寿者，食也。在今之民，羸丑以胔者，事也。太古无游民，食节事时，民各安其居，乐其宫室，服事信上，上下交信，地移民在。（《大戴礼记·千乘》）

这是谈原始社会"讲信修睦""老有所终""壮有所用"，各种人"皆有所养"，能各安其居，能长寿，没有无业游民。

从以上一系列有关孔子思想的引文中，我们可以看出，这些引文有很多与《礼运》篇大同说类似或一致的说法，《礼运》篇大同思想的出现绝不是偶然的，它完全符合孔子思想的内在逻辑。有些人说《礼运》篇的大同思想不属于孔子，这是完全不顾事实，抹杀这些著作之间的内在联系。

三、孔子大同思想是历史上优秀思想的继承和总结

孔子的大同思想不只是《礼运》篇那段话，这在上一节中我们已做了交代。现在还应指出，他的大同思想并非无源之水。他的思想是继承过去先进思想的结

果。《尚书》的《尧典》《舜典》《大禹谟》等篇章，就是其思想的重要前驱。

首先，关于“天下公为，选贤与能”的思想。在《尚书》中，清楚地记载了尧、舜、禹帝位禅让之事。

> 昔在帝尧，聪明文思，光宅天下。将逊于位，让于虞舜。(《尚书·尧典》)
>
> 虞舜侧微，尧闻之聪明，将使嗣位，历试诸难。(《尚书·舜典》)

这是帝尧让位于虞舜的记载。孔子作为古籍的整理者，对这一历史事件当然是很熟悉的。

> 禹！……予懋乃德，嘉乃丕绩，天之历数在汝躬，汝终陟元后。
>
> 正月朔旦，受命于神宗，率百官若帝之初。(《尚书·大禹谟》)

这是帝舜禅位于夏禹的记载。

> 禹曰：“朕德罔克，民不依。皋陶迈种德，德乃降，黎民怀之。帝念哉！”(《尚书·大禹谟》)

这段记载的是帝舜让位于夏禹时，夏禹很谦逊，他要虞舜传位给皋陶。尧、舜、禹时期帝位禅让的事，就在《尚书》中明明白白地记载着，孔子根据这些历史资料，断定尧、舜、禹时期帝位传授不同于夏禹传子以后的情况，认为前一时期是“天下为公，选贤与能”的时期，而夏禹传子以后的社会则是王位世袭的“天下为家”时期。他把历史分成这两大阶段，这是他的重要贡献。

其次，“讲信修睦”。《大禹谟》中有一段有关三苗的叙述。说在虞舜时期，有一个叫三苗的部族，经常和华夏族闹纠纷，虞舜曾下令要夏禹去征讨，夏禹率军在苗地待了30天，仍然没有取得胜利。这时候，有一个叫益的大臣，向夏禹提意见，他说：

> 惟德动天，无远弗届。满招损，谦受益，时乃天道。帝初于历山，往于田，日号泣于旻天，于父母，负罪引慝。祗载见瞽叟，夔夔斋栗，瞽亦允若。至诚感神，矧兹有苗？（《尚书·大禹谟》）

益这段话，中心是讲诚信的重要性。他这里讲了虞舜和他父亲、继母的关系问题。虞舜的父亲、继母、弟弟对舜不好，甚至要置舜于死地，但由于虞舜孝顺，以诚心对待父亲、弟弟和继母，最后还是感动了他们，使他们的态度得到改善。益讲这段故事的落脚点是，对三苗也要待以诚心，以诚心感动他们，达到彼此和睦相处、化干戈为玉帛的目的。后来，夏禹接受了益的忠告，把军队撤回，70天以后，夏禹的至诚之心感动了三苗，三苗归顺了。这段故事，正是孔子在《礼运》篇中说的“讲信修睦”的绝好写照。《尚书·大禹谟》这一思想也可说是孔子“讲信修睦”思想的前驱。复次，“矜寡孤独废疾者皆有所养”。

《大禹谟》一文中，在谈到帝尧是个好君主时，曾说他：

> 不虐无告，不废困穷，惟帝时克。

这里的“无告”“困穷”是指“矜寡孤独废疾者”，这几句话的意思就是说，帝尧很关心这些极其困难的人群，处处为他们排除困难。在《尚书》其他一些文章中，也有许多这方面的言论。有些虽然不是谈原始社会，但对孔子大同思想的形成都是有密切关系的。比如：

> 无虐茕独。（《尚书·洪范》）
> 先王子惠困穷，民服厥命，罔有不悦。（《尚书·太甲中》）
> 不敢侮鳏寡。（《尚书·康诰》）

无胥戕，无胥虐，至于敬寡，至于属妇。（《尚书·梓材》）

其在祖甲，……爰知小人之依，能保惠于庶民，不敢侮鳏寡。（《尚书·无逸》）

文王……惠鲜鳏寡。（《尚书·无逸》）

以上这些，虽未直接谈唐虞原始社会的事，但在孔子看来，无疑都应成为大同社会思想道德的组成部分。

四、大同思想和小康思想不可分割

按《礼运》篇的内容来看，孔子不仅谈到大同社会，而且谈了小康社会，这两者有本质区别，但又是孔子思想体系中不可分割的组成部分。他在谈大同社会以后，紧接着谈小康社会。他说：

今大道既隐，天下为家，各亲其亲，各子其子，货力为己。大人世及以为礼，城郭沟池以为固，礼义以为纪，以正君臣，以笃父子，以睦兄弟，以和夫妇，以设制度，以立田里，以贤勇知，以功为己。故谋用是作，而兵由此起。禹、汤、文、武、成王、周公，由此其选也。此六君子者，未有不谨于礼者也。以著其义，以考其信，著有过，刑仁讲让，示民有常。如有不由此者，在势者去，众以为殃，是谓小康。（《礼记·礼运》）

孔子对小康社会的叙述和评价，和他对大同社会的叙述评价是有很大不同的。对大同社会，他非常赞扬，是完全肯定的；对小康社会，他有肯定之处，但揭露了很多缺点。

第一，他说“大道既隐”，说小康社会不是最理想的“大道”社会。

第二，“天下为家，各亲其亲，各子其子，货力为己”，这说明，小康社会是私有制社会。货，指财富；力，指劳动力。财富、劳动力都成了私人财产。人与人之间的关系也是各亲其亲、各子其子，不是互助关系的。分配上也是自己管自己，不管别人。

第三，“大人世及以为礼”“城郭沟池以为固”，这里的“世及”指王位、君位，甚至大夫都是世袭，都是父子相传，不是“选贤与能”。天子、国君的儿子，不管是天才还是痴呆，一律世袭。另外，为了掠夺他人利益，就发动战争，就要建城、挖沟。“谋用是作，而兵由此起”，由于战争，各种阴谋诡计都使用，根本不谈什么诚信了，不再“讲信修睦”了。

第四，“礼仪以为纪，以正君臣，以笃父子，以睦兄弟，以和夫妇，以设制度，以立田里，以贤勇知”，这说明小康社会虽有缺点，但还是可以通过礼法来治理的，还是可以通过道德规范和各种礼法制度把国家和社会治理好的。

第五，孔子还指出，小康社会时期也有把国家治理得很好的佼佼者，这些人以禹、汤、文、武、成王、周公为代表，他称“六君子”。他认为这“六君子”治理国家的主要工具是礼。他说这些人“未有不谨于礼者也，以著其义，以考其信，著有过，刑仁讲让，示民有常”，也就是说这六位杰出人物治理国家，是通过礼这一手段，以礼体现仁义、休现诚信的。恩格斯曾经在《家庭、私有制和国家的起源》一书中指出，在希腊人处于氏族社会时期，氏族成员有“选举和罢免酋长的权利”[①]。恩格斯又说：“我们知道，每一氏族都有自己的酋长；但是，任何地方都没有提到过这一职务是在一定的家庭里世袭的。……因为这种世袭制是同富人和穷人在氏族内部享有完全平等权利的秩序不相容的。”[②] 这说明，从权力公有制到权力私有制，是一个巨大变化，孔子大同说和小康说的提出，说明他不仅看出了从大同到小康是公有制经济向私有制经济的变化，同时也看到了这是权力公有向权力私有的变化。他发现了这个变化，是理论上的重要贡献，这是任何人都无法否认的。

---

① 《马克思恩格斯选集》第 4 卷，第 99 页。

② 同上。

五、《礼运》篇的大同思想不属于墨子

学术界有一种说法，认为《礼运》篇的大同思想属于墨子，不属于孔子，孔子是不可能有这思想的。他们的理由是，在《墨子》这一著作中有些观点和《礼运》篇的大同思想一致：第一，“天下为公，选贤与能”，即墨子的尚贤、尚同；第二，“人不独亲其亲，不独子其子”，即墨子的“兼相爱，交相利”“爱利万民”；第三，“老有所终，……幼有所长，矜寡孤独废疾者皆有所养”，便是墨子的“老而无子者有所得而终其寿，孤独无兄弟者有所杂于生人之间，少失其父母者有所放依而长”；第四，“货恶其弃于地也，不必藏于己，力恶其不出于身也，不必为己”，便是墨子的“有力者疾以助人，有财者勉以分人，有道者劝以教人”。他们还认为这四条是大同说出于墨子的“铁证”[①]。

他们这些看法对吗？ 我认为不对。

我不否认墨子的社会理想和《礼运》篇的大同说有相同和一致之处，墨子的社会理想确实也是很优秀的，但是墨子毕竟不是《礼运》篇大同思想的作者，理由是：

第一，墨子的尚同，不是《礼运》篇的“大同”。墨子的尚同，是上同于天帝，而《礼运》篇的大同，是同于“天下为公”的“大道”，这里没有天帝参与。

第二，他们从《墨子》书中抄了这几条，说和《礼运》篇的大同说一致，但我们在孔子的言论中可以找到更多与大同说一致的言论，完全可以证明大同说是属于孔子的。孔子的这些言论，我们在本文第二部分已经指出来了。如果说，他们从《墨子》中抄的那几条可以作为“铁证”，那么本文第二部分引述的几十条孔子言论，就更是“铁证”了。

① 蔡尚思：《中国传统思想总批判》，湖南人民出版社 1981 年版，第 78 页。

第三，既然《礼运》的大同说是属于墨子的，那么为什么在文章中明明写着孔子参加蜡祭，而不是墨子参加蜡祭？为什么是孔子与子游对话，而不是墨子与别的什么人对话呢？

第四，如果《礼运》大同说是墨子的，那么小康说又属于谁的呢？大同和小康在这里是紧密联系且又有严格区别的两个社会发展阶段。这两个阶段，一个是“天下为公”，一个是“天下为家”；一个是货力不为己的阶段，一个是货力为己的阶段。为什么在墨子著作中根本看不到这种区分呢？小康说强调以礼治国，而墨子是反对儒家“繁饰礼乐以淫人”（《墨子·非儒下》）的。他始终是以尚贤、兼爱、尚同、非攻、节葬、节用、非命、非乐、天志、明鬼等十大政治主张来治国的。他根本没有说他的思想原则适用于小康社会，还是大同社会。如果说大同说属于墨子，小康说属于孔子，这不是把大同思想和小康思想完全割裂开来了吗？这合乎逻辑吗？

第五，在《礼运》篇中，孔子对古代帝王是有严格区分的。他认为尧、舜是“天下为公”时期的帝王，而禹、汤、文、武、成王、周公是小康时期的帝王和政治首领，他称为“六君子”。可是在《墨子》中，我们可以看出，它根本没有这种区分。他在谈到尚贤、兼爱、尚同、非命等思想时，都是笼统地把尧、舜、禹、汤、文、武联系在一起，把他们看成代表人物的。他从未说过夏禹以后的王位是世袭的，是“天下为家”的产物，也未说过商汤、周文王、周武王是具有“家天下”思想的帝王，没有指出他们的思想境界和尧、舜之间的巨大差别。这都说明《礼运》篇的思想与墨子无关，它只能属于孔子。

总之，我认为蔡尚思先生和古棣先生的说法不可靠。大同社会的理想确实是孔子提出来的，是孔子的思想理论成果。他为人类社会提出了大同社会和小康社会的思想学说，其功绩是不容抹杀的。

孔子以孝治国的思想

赵士孝

[**主编按语**]　本文全面而系统地解析孔子的“以孝治国思想”，对有关典籍义理，将考据性阐释与现代性阐释相结合，既主要发掘精华，又不忌谈糟粕。如着重就“以仁治国”从孔子主张“孝悌是仁的根本”予以论证，强调孝“要养亲，更要敬亲、爱亲、顺亲”，但“孔子提倡孝道，绝非盲从愚孝”，又提出将妻子“无子”称为不孝等，是“需要扬弃的糟粕”云云，无不凸显其从传统文化中开发对现代中华儿女创建现代文化给予理性启迪的思想资源之研究宗旨。可见，本文所述孔子以孝治国思想之义理，同样突破了有违唯物史观的狭义文化观，更加显示要以广义文化观之“和合”或“辩证综合”的理路，为现代中华儿女创建现代文化开发传统资源。这也正是以儒家为主流的中国传统文化之优势和强项，当今中华儿女应予传承和弘扬。

孝，这在我国现实生活中，是一个经常谈到的道德范畴。但无论在历史上，还是现实生活中，它又是一个被人们不断维护而又屡遭破坏的行为法则。因此，我们在这里重新研究一下孔子在这方面的观点，无疑是有重要意义的。

一、推行孝道，可以使天下大治

在孔子思想中，孝是一个很重要的道德范畴，他曾经把孝说成为十大

“人义”之一。他说：

何谓人义？父慈、子孝、兄良、弟悌、夫义、妇听、长惠、幼顺、君仁、臣忠，十者谓之人义。(《礼记·礼运》)

这里所谓“义”，亦即人们最应当做的事。作为儿子，对于父亲最应当做的事，就是尽孝道。作为父亲，对子女应当慈爱。作为丈夫，对妻子要有情义。作为妻子，对丈夫要听从。兄对弟要有爱心，弟对兄长要敬从。长辈对年轻人要关心爱护，年幼者对年长者要顺从。国君要有仁爱之心，臣下要忠诚。孔子所提的十大“人义”，实际上也即提出了人与人之间的十条行为法则，“妇听”一条，是违反人与人之间平等的原则的，当然是错误的。其他诸条，在当时历史条件下都是有其合理性的，有些即使在社会主义条件下也是可用的。比如父慈、子孝、兄良、弟悌、夫义、长惠、幼顺，这些道德范畴，即使在今天也是可以继承的。孔子在当时历史条件下，提出了“治人七情，修十义，讲信修睦，尚辞让，去争夺”(《礼记·礼运》)的思想，认为只有很好地处理好这些问题，才能把国家治理好。“七情”，即人的喜、怒、哀、惧、爱、恶、欲这些情感。“十义”，其中就有“子孝”这一条。所以儿子孝敬父母，这是天下国家得以治理的一个重要方面。

有一次，孔子在谈到君子之道时，认为作为有德有才的君子，在思想行为上应当有“六本”，而孝就是“六本”之一。他说：

行己有六本焉，然后为君子也。立身有义矣，而孝为本；丧祭有礼矣，而哀为本，战阵有列矣，而勇为本；治政有理矣，而农为本；居国有道矣，而嗣为本；生财有时矣，而力为本。……故反本修迹，君子之道也。(《孔子家语·六本》)

这里，孔子说的“本”，也即根本、根基之意。意思也即是说，作为“君子”，应当把自己的根基修理好，把基础打好，而孝就是这“六本”之一。不孝敬父母，就不能算有德行的“君子”。

有一次，孔子和他的弟子曾参谈如何治理国家，如何使一个国家治理好，使之“致王霸”“不出户牖 而化天下”。具体办法是什么呢？孔子提出了“内修七教，外行三至”的办法。所谓“七教”，其中就有孝。孔子说：

> 上敬老，则下益孝；上尊齿，则下益弟；上乐施，则下益宽；上亲贤，则下择友；上好德，则下不隐；上恶贪，则下耻争；上廉让，则下耻节；此之谓七教。(《孔子家语·王言解》)

这里，“孝”即孝敬父母，孝敬老人。“弟”，即尊敬兄长，尊敬比自己年龄大的人。“乐施”，即乐于在经济上、物质上帮助困难的人，乐于救济穷人。“亲贤”，即尊敬贤人，重用贤人。“好德”，即重视执政者的道德修养，不干缺德之事。“恶贪”，即执政者不贪污、不图私利。“耻争”，即不争名夺利。“廉让”，即廉洁而谦逊，不骄傲自满。在孔子看来，这“七教”，是“治民之本”。(《孔子家语·王言解》) 执政者能以身作则，为老百姓作出榜样，老百姓也就会上行下效，不会干坏事了，用孔子的话，就是“民之弃恶，如汤之灌雪焉！”(《孔子家语·王言解》) 意思是：老百姓弃恶从善，好像热开水浇到雪上，很快就化解了。从这里，我们可以看出，孔子把孝看成为治理国家的七教之一，说明了他对孝道的重视。

孔子是主张以仁治国的，但他又认为孝悌是仁的根本。他说：

> 君子务本，本立而道生。孝悌也者，其为仁之本与！（《论语·学而》）

这也就是说，你要想成为仁人，首先就要抓住根本，这个根本就是孝和悌，对父母要孝，对长辈要尊敬。

孔子还说：

为政在于得人。取人以身，修身以仁。仁者，人也，亲亲为大。（《孔子家语·哀公问政》）

这是说治理国家重要的是要有贤人。而贤人是靠自身修养出来的，自身修养要以仁为目标。仁是什么呢？仁就是爱人，爱父母是最重要的。也就是说，作为仁人，最重要的是要孝敬父母，如果连自己的父母都不爱，要他去爱别人，根本无从谈起。

在谈到以仁治国的时候，孔子特别颂扬虞舜。据《韩非子·难一》记载：历山的农民在田界方面发生了互相侵占的纠纷，舜就跑到那里和农民一起耕田，一年后，那里的农民不再闹田界纠纷了。河边打鱼人争站脚地，舜就亲自到那里，和渔民一起打鱼，一年后，渔夫们不再抢地了，相反，他们都把站脚地让给年龄大的渔民。东边边区的制陶工人制的陶器质量粗劣，舜就亲自到那里，和工人们一起制陶器，一年后，陶器的质量也提高了。孔子在知道这件事的历史传闻以后，赞叹说：

耕渔与陶，非舜官也，而舜往之者，所以救败也。舜其信仁乎！乃躬耕处苦而民从之。故曰："圣人之德化乎！"（《韩非子·难一》）

这是说，种田、打鱼、制陶器，并不是舜的职业，但舜却亲自去参加那些劳动，他的目的是为了拯救那里已经败坏的社会风气。虞舜真是有仁爱之心，对老百姓充满爱心的执政者啊！他竟能亲自去参加种田、打鱼、制陶器这些艰苦的劳动，结果把老百姓中存在的不良风气改正过来了，这真是："圣人的道德行为能感化人啊！"

值得注意的是，孔子不仅指出虞舜对劳动人民有仁爱之心，而且还指出虞舜是个大孝子，他对劳动者的仁爱之心是根植于他对父母的孝心的。

原来，虞舜没有成为天子以前，他本来就是一个体力劳动者，他会种地，也会制陶器、捕鱼，他父亲瞽瞍眼瞎，母亲愚顽，弟弟傲慢无礼。但舜对父母很孝顺，以自己的体力劳动孝养父母。他父亲和弟弟曾想害死虞舜，让舜挖井，舜下井后，他们从上面填土，想把舜埋在井底；又让舜上粮仓，上去后，他们把梯子搬掉，想把他摔死。尽管如此，舜对父母的爱心不减。有时在地里劳动时向上天诉苦、哭泣，50岁的人还像小孩一样对父母表达依恋之情。正因为如此，舜执政以后，才能作出很大成绩。孔子对过去的圣贤之君曾做过这样的评价：

孝弟之至，通于神明，光于四海（刘向：《新序·杂事一》）

他显然认为虞舜之孝，已经到了极点，达到了通神明、光照天下的地步。

那么，虞舜是用什么办法处理劳动者之间的纠纷的呢？难道仅仅靠一起劳动就能把矛盾解决了吗？孔子在这里没有具体谈这些问题。但虞舜作为孝子，以爱亲、敬亲之心待人，无疑会受到老百姓的爱戴，在这个基础上，很多矛盾也就容易解决了。在这方面，孔子在其他场合也谈到了。他说：

爱亲者，不敢恶于人；敬亲者，不敢慢于人。爱敬尽于事亲，而德加于百姓，刑于四海，盖天子之孝也。（《孝经》）

这里，虽不是直接谈虞舜，谈的是天子之孝，谈天子如何以孝治国，实际上也就把虞舜如何以孝治国的问题解决了。

孔子在这里谈到了天子以孝治国。那么，天子以孝治国，还有其他办法吗？有。孔子认为，天子可以采用敬老的办法来治理国家。他说：

长民者，朝廷敬老，则民作孝。（《礼记·坊记》）

有一次，鲁定公问孔子如何敬老？孔子听了鲁定公的提问很高兴。他说："君之及此言也，将天下实赖之，岂唯鲁哉！"意思是说，你作为国君提出这问题，普天之下的人都会得到好处，不光是鲁国一个国家的人受益啊！接着，他对敬老的具体措施及其意义作了叙述。

他说：

> 昔者有虞氏贵德而尚齿，夏后氏贵爵而尚齿，殷人贵富而尚齿，周人贵亲而尚齿。……是故朝廷同爵而尚齿，七十杖于朝，君问则席；八十则不仕于朝，君问则就之，而悌达乎朝廷矣，其行也，肩而不并，不错则随，班白之老，不以其任于路，而悌达乎道路矣。居乡以齿，而老穷不匮，强不犯弱，众不暴寡，而悌达乎州巷矣。古之道，五十不为甸役，颁禽隆之长者，而悌达乎蒐狩矣。军旅五什同齿，则尚齿，而悌达乎军旅矣。夫圣人之教孝悌，发诸朝廷，行於道路，至于州巷，放于蒐狩，循于军旅，则众感以义，死之而弗敢犯。(《孔子家语·正论解》)

孔子这篇论述，把孝悌之道，贯彻于朝廷、道路、州巷、蒐狩、军旅各个方面，也把国君对待老人的态度谈得很具体。尽管现在离孔子活着的时候已过去几千年了，这种思想的影响，我们还非常熟悉，熟悉得依稀如昨。

孔子重视天子和国君以孝治国，还提出朝廷应推行丧祭之礼。他曾说：

> 民不孝者，生于不仁，不仁者，生于丧祭之礼也。……丧祭之礼明，则民孝矣。故虽有不孝之狱，而无陷刑之民。(《孔子家语·五刑解》)

丧祭之礼，在现在人看来，好像是可有可无的东西了，但在孔子看来，这是治国的重要手段，是执政者教育民众的重要工具，它可以使民众培养出对祖宗、父母的孝。道德的感染力增强了，虐待父母、犯法杀人的罪犯也就没有了。“无陷刑之民”，也就是这个意思。

在孔子看来，帝王治国，不仅要关心本国的被统治者，还要关心与其他国家的关系。这样，要想推广孝道，眼界就要开阔一些。他曾说：

> 昔者明王之孝治天下也，不敢遗小国之臣，而况于公、侯、伯、子、男乎？故得万国之欢心，以事其先王。治国者，不敢侮于鳏寡，而况于士民乎？故得百姓欢心，以事其先君。治家者不敢失于臣妾，而况于妻子乎？故得人之欢心，以事其亲。夫然，故生则亲安之，祭则鬼享之，是以天下和平，灾害不生，祸乱不作.故明王之以孝治天下也，如此。(《孝经》)

这里，其他小国、公国、侯国、伯国、子国、男国、鳏、寡、士民、臣妾、妻子，这些人的利益都顾及了。作为天子，对这些人的先王、先君、父母双亲，都要关心。活着的人要让他们有人孝敬；已经死了的，要有人祭祀。这样上上下下形成一个孝亲的风气，各种灾害也就不会发生了，犯上作乱、虐待老人没有了。按照孔子的话来说："天下和平"就到来了。

以上谈的是天子、国君以孝治国的事，那么，作为一个国家里被统治的臣民，能否参与以孝治国的行列呢？在孔子看来，这是可以做到的。在《论语》中有这样一段话：

> 或谓孔子曰："子奚不为政？"子曰："诗云'孝乎惟孝，友于兄弟，施于有政。'是亦为政，奚其为为政？"(《论语·为政》)

孔子的意思，即使住在家里不当官，只要做到了孝于父母，和兄弟搞好关系，也就等于从政了。这实际上等于说，做一个普通老百姓，也能参与以孝治国的行列，也能在以孝治国方面作出贡献。

孔子还说：

> 君子之事亲孝，故忠可移于君。事兄悌，故顺可移于长。居家理，故治可移于官。(《孝经》)

这里，他提出了两个观点：第一，孝于父母，尊敬兄长的人，他们这种道德品质有利于治理国家，把孝于亲的思想品德用于君主，就成了忠；把悌的思想品德用于长辈，就成了对长辈的顺从。第二，以孝治家，以悌治家，这种治家的方法，也可以在当官时运用，可以用治家的方法治国。

正因为如此，孔子自己在没有当官时，就很重视在家乡推行孝道。据《新序》记载，孔子的老家在曲阜阙里街，孔子年轻时对母亲“笃行孝道”，由于他的榜样作用和宣传作用，那里的年轻人无论是打猎抓到野兽或捕到鱼，都首先奉献给双亲，自己留很少一点。由于孔子的学说和道德影响力，许多人从很远的地方跑来，拜他为师。“七十二子自远方至，服从其德。”（刘向：《新序·杂事一》）当时孔子还是一个普通平民，但在行动上，已为以孝治国作出了贡献。

孔子的学生宓子贱，曾在单这个地方当官，工作做得很有成就。孔子有一次问宓子贱，你在工作上有些什么好办法、好经验？宓子贱回答说：我的办法就是让做父亲的爱自己的儿子，还让做儿子的爱惜孤儿，扶助孤儿并且注重父母的丧事。孔子听了说：“善！小节也，小民附矣，犹未足也。”意思是说，搞得不错，但这只是做了点小事，还不够。接着宓子贱又说：有三个人，自己像孝敬父亲一样服侍他们；有五个人，自己把他们像兄长那样尊敬他们；有十一个人做自己的好友。孔子听了说：“父事三人，可谓教孝矣；兄事五人，可以教悌矣，友事十一人，可以举善矣。中节也，中人附矣，犹未足也。”意思是说，宓不仅在这里以孝教民，在以孝治国方面也作出了贡献，这说明作了普通官吏，也完全可以在以孝治国方面有所建树的。当然，就治理国家的全局而论，宓子贱在这里的作用还是很有限的。所以，孔子还是说，这是中等贡献，还不能算大贡献。宓子贱进一步又说：这里有五个人比我的才德还要高，他们是我请教的对象，对我帮助很大。孔子听了他的话后很赞叹，他说：

其大者乃于此乎有矣，昔尧舜听天下，务求贤以自辅，夫贤者，百福之宗也，神明之主也，惜乎不齐之所以治者小也。（《孔子家语·辩政》）

从这段话中，我们可以看出，在孔子的整个思想体系中，尊贤对于国家的治理，比推行孝道更为重要，但推行孝道在国家的治理中也是重要的一环。宓子贱能在单地推行孝道，说明一个普通的官吏，在以孝治国的过程中，并不是无能为力的。

二、要养亲，更要敬亲、爱亲、顺亲

孔子强调以孝治国，那么，怎样才是孝呢？

第一，养亲。

有一次，孔子到齐国去，在半路上听到哭声，哭得很悲惨，孔子下车就问那个人："你是何人？"那人说："我叫丘吾子。"孔子又问："你为什么哭得那么厉害？"丘吾子说："我有三条错误，现在才意识到，后悔都来不及了。"孔子又说："你这三条错误能否说给我听一听？请你不要隐瞒。"丘吾子说："我年少时爱学习，周游全国，等我回家一看，父母死了，这是我的第一条错误。后来，我长大以后，在齐国当官，但齐国国君又骄傲又奢侈，不重视我们这些士人，使我的作用无法发挥，这又是我的第二条错误。我平生喜欢结交朋友，现在这些明友都离散了，这又是我的第三条错误。树欲静而风不停，我作为儿子想养父母，报答父母，已经来不及了，时不我待，现在要想再见一下亲人都不可能了。"说完以后，丘吾子投水而死。见了这件事，孔子向学说了一句话：

> 小子识之！斯足为戒矣。（《孔子家语·观思》）

孔子这话的意思，也就是要人们以丘吾子的事作为借鉴，要想报答父母养育之恩，不能错过养亲的时机啊！在当时，孔子的弟子们听了孔子的话以后，有十三人要求离开孔子"辞归养亲"。从这件事，我们可以看出孔子是很重视养亲的，他是把这看成为孝的重要内容的。作为子女，自己幼小时有父母养育，父母老了，无疑应当养老，乌鸦尚有反哺之心，作为万物之灵的人，就更应当如此了。孔子在这里强调这一点，是完全正确的。

供养父母，是不是一定要让父母天天吃大鱼大肉，山珍海味才算孝？孔子并不这样认为。有一次，子路向孔子诉苦，说："穷人真难啊！穷人在父母活着的时候，没有办法好好供养双亲；父母死的时候，也没有办法厚葬尽礼。"孔子听了子路这话，并不以为然。他说：

> 啜菽饮水，尽其欢心，斯谓之孝；敛手足形，旋葬而无椁，称其财，斯之谓礼。贫何伤乎？（《孔子家语·曲礼子贡问》）

这里，孔子认为，孝养父母重在让父母心里高兴。家里贫穷，吃粗粮，喝白开水，这都不重要。父母死了，由于贫穷，只要有衣服遮身体，殓毕即葬，有棺而无椁，这也就算尽了孝子之礼了。对父母的物质待遇，只要和实际贫富情况相称就行了。所以，贫穷，并不影响孝养。这里，孔子并不认为只有富人能做到孝养父母，贫穷的人就无法孝养父母了。

值得注意的是，子路在这里虽然说了家贫无法孝养父母，但在行动上他真正做到了，他是一个真正的孝子。子路幼小时，家里确实很穷，父母年老干不动了，子路常常到百里地之外背负米回家，有时没吃的，就以豆叶、野菜充饥。每天早出晚归种植粮食蔬菜，手上脚上都长出老茧。如果给他评个阶级成分，我们可以说，他绝不是奴隶主，也不是封建地主，他只不过是个贫苦的个体农民而已。子路还说他那时为了养父母，简直是"不择禄而仕"（《孔子家语·观思》），为了当官挣钱，不考虑给多少俸禄，只要给一点就行。后来他南游于楚，官做大了，甚至到了"积粟万种，累茵而坐，列鼎而食"（《孔子家语·观思》）的地步，可是那时候，他父母已经去世，要想侍候双亲已不可能了。孔子曾称赞子路，说：

> 由也事亲，可谓生事尽力，死事尽思者也。（《孔子家语·观思》）

意思是说：子路孝于父母，可以算得上父母活着的时候尽了力，死后尽了心了。

第二，敬亲、爱亲、顺亲。

孔子重视养亲，但更重视敬亲。他曾说：

> 今之孝者，是谓能养。至于犬马，皆能有养，不敬，何以别乎？（《论语·为政》）
>
> 小人皆能养其亲，君子不敬，何以辨？（《礼记·坊记》）

这两段话明确指出，对父母仅仅孝养是不够的。在第一段里，孔子指出，子女只是在物质上供养父母，如果在精神上、思想上不尊敬父母，那就和养狗、养马没什么区别了。很多人家里都养着狗和马，狗和马都要人喂养，不然他们会饿死的。你如果供养父母也像喂狗、喂马一样，只养不敬，对父母呼三喝四，又打又骂，那你养父母和养狗、养马有什么区别？孔子这一批评是非常正确的。第二段，孔子谈到小人和君子的区别，认为小人能养父母，而不尊敬父母；君子能养父母，也尊敬父母。这段话里有个君子和小人的区别问题。在孔子看来，那些能养父母，而不能敬重父母的人，从道德水平上看，从人格水平上看，从人的好坏水平上看，只能算是小人，不能算是君子。当然，从现实生活中，我们还可看到有的人连养亲都做不到，那就连孔子说的“小人”的水平都不够了。据河南《大河报》2006 年 3 月 7 日一则新闻报道：南阳市卧龙区审讯一件弱女子杀夫案，其中谈到吕西村吕宗善的儿子吕春林，嫌患有脑血栓的父亲不干活，还吃药打针花他的钱，竟动手打父亲二十多下，还卡他脖子说：“你想死，我就掐死你！”接着又打他父亲三十多个耳光。像这样虐待父亲的逆子，当然连小人的水平都达不到了。而作为君子，那就不仅要好好供养双亲，而且还要敬重双亲。所以，孔子这里的两段话虽不是同时说的，但在思想上是紧密联系的。

孔子还说：

父子不同位，以厚敬也。(《礼记·坊记》)

家无二主。(《礼记·坊记》)

善则称亲，过则称己，则民作孝。(《礼记·坊记》)

君子弛其亲之过，而敬其美。(《礼记·坊记》)

父母在，不称老。(《礼记·坊记》)

修宗庙，敬祀事，教民追孝也。(《礼记·坊记》)

父母在，不敢有其身，不敢私其财，示民有上下也。……父母在，馈献不及车马，示民不敢专也。(《礼记·坊记》)

以上这些，都涉及如何尊敬父母的问题。“父子不同位”，是说父子之间一高一低的地位要分清，做儿子的应当敬重父亲。“家无二主”，也是尊重父亲，父为主，子为次。“善则称亲，过则称己”，有好处就说是父母干的，有错误就说自己干的。这也是尊敬父母的表现。“弛，松弛之意。”“弛其亲之过”，意思是说，对父母的过失，不要看得太重，要看得轻一些。“敬其美”，是说，对父母的优点，要好好尊重，表示敬意。“父母在，不称老”，意即父母在的时候，首先应尊父母，不应让别人先尊自己为老人。“不敢有其身”，自己的身体是父母给的，由父母决定。“不敢私其财”，自己的一切包括财产都由父母做主。“馈献不及车马”，这是因车马是家中比较大的财产，自己不应说送人就送人，必须尊重父母的意愿，不能私自做主。“修宗庙，修祀事”，这是父母死后的事，说明敬父母、敬祖宗，不仅活的时候要敬，而且在死后也要尊敬，这才能算孝子贤孙。

敬亲，这是孝这一道德的主要方面，它比养亲更重要。当然，除了敬亲，还要顺，要爱，这些都是不能分的。一般说，对母亲，更多的是爱；对父亲更多的是敬，但也要爱。孔子说：

资于事父以事母，而爱同，资于事父以事君而敬同。故母取其爱，而君取其敬，兼之者父也。(《孝经》)

这就是说，对父亲，既有爱，也有敬；对母亲主要表现为爱。这是因为，从古至今，母亲对子女更多的是生活方面的关心，而父亲还有教育子女的责任。这就很自然地形成孝的表现也有所不同。当然，这种情况不是绝对的，在现实生活中，很多家庭，母亲教育子女也有教育得很好的，不仅要爱母，也应当敬母。但孔子根据从古至今的大多数情况，指出子女对父对母尽孝方式的不同，还是有一定道理的。

孔子说：

> 立爱自亲始，教民睦也。(《孔子家语·哀公问政》)
>
> 爱敬尽于事亲，而德加于百姓。(《孝经》)
>
> 教民亲爱，莫善于孝。(《孝经》)
>
> 先王见教之可以化民也，是故先之以博爱，而民莫遗其亲，陈之以德义而民兴行，先之以敬让而民不争，导之以礼乐而民和睦，示之以好恶而民知禁。(《孝经》)
>
> 生事爱敬，死事哀戚，生民之本尽矣，死生之义备矣，孝子之事亲终矣。(《孝经》)

以上这些，谈的都是爱亲。爱亲的结果，能使人与人之间和睦相处，互相爱护。有人说，孔子的孝与墨子的兼爱不同，墨子提倡所有人之间的爱，而孔子不提倡博爱，这是误解，实际上孔子不仅提倡爱父母，而且也提倡爱其他人，爱老百姓，把孔子的爱看得很狭隘是错误的。“教民睦也”，这不是爱民吗？“德加于百姓”，这不是爱百姓吧？“化民”，这不是爱民？所以把孔子爱亲的思想仅仅局限在家庭范围之内，是完全错误的。孔子主张爱亲，这是对的，但爱亲是起点，还要推己及人，最终目的是为了治国平天下。

孔子言论中，有些话虽未直接谈到爱亲，但实际上还是和爱亲有关的。比如，有这样一些话：

身体发肤，受之父母，不敢毁伤，孝之始也，扬名于后世，以显父母，孝之终也。(《孝经》)

父母在，不远游，游必有方。(《论语·里仁》)

父母在，常言不称老，为其伤老也。若老莱子，可谓不失孺子之心矣。①

孟武伯问孝。子曰："父母，唯其疾之忧。"(《论语·为政》)

这几段话，第一段有两层意思：一是爱护身体，不要使它受到伤害。就是说，既不要因为打架等原因受到外伤，也不要因生病受到内伤，要保护好，因为身体不属于自己，是属于父母的。这说明，爱护身体，也即爱父母，这也是爱亲的表现。二是，谈到光宗耀祖，使祖宗、父母得到荣誉，使父母也扬名于后世，这也是爱亲的一种形式。第二段话是说，为了不让父母牵挂，也为了便于侍候父母，最好不要远走他乡，这是子女爱父母的必然选择。即使不得已，也应让父母知道你到哪里去了。第三段是谈老莱子的孝。老莱子是春秋时期楚国一个隐士，他七十岁的时候，他父母还在，有一次，他还穿着五颜六色的花衣服，为父母取乐。他给父母端水，不慎把脚摔了，他躺在地上学婴儿哭。自己老了，也不愿在父母面前说老，主要是怕父母伤心，所以孔子说："不失孺子之心"，表扬他的孝道。老莱子这种孝，应当说也是对父母的爱。第四段话，是孟武伯向孔子问孝。孟武伯是孟懿子的儿子，名彘，也叫仲孙彘。他爷爷是孟僖子，死时曾要孟懿子拜孔子为师，当时孟懿子才 13 岁，孔子 34 岁，这里孟懿子的儿子又问孔子如何实行孝道。孔子的回答是，要关心父母的疾病，关心父母的疾病就是孝。常言道，"久病床前无孝子"，关心父母的病，本身就是爱的表现。

孔子不仅主张敬亲、爱亲，而且还强调顺亲。有一次，孔子的弟子闵子骞问孔子孝与道的关系。孔子在答话中谈到了顺亲。他说：

---

① 薛安勤：《孔子集语译注》，吉林人民出版社 1996 年版（下同），第 48 页。

孝者，善事父母之名也。夫善事父母，敬顺为本，意以承之，顺承颜色，无所不至，发一言，举一意，不敢忘父母；营一手，措一足，不敢忘父母。[①]

在这里，孔子认为以“敬顺为本”，既要敬亲，也要顺亲。时时顺从父母的心意，就是“意以承之”，要顺从父母的脸色，就是“顺承颜色”。以至说一句话、提出一个想法，一举手、一投足，都要想想是否和父母的愿望一致。

有一次，鲁哀公和孔子谈到男女婚嫁之道，孔子谈到了女子有“三从”之道，“幼从父兄，既嫁从夫，夫死从子”，接着还说“妇有七出”：

七出者：不顺父母出者，无子者，婬僻者，嫉妒者，恶疾者，多口舌者，窃盗者。(《孔子家语·本命解》)

孔子这一思想，从现在看来，不符合男女平等原则。他把妇女看成了男人的附属品，是完全错误的。在“七出”之中，把“无子”“恶疾”也列入妇女的罪过，确实荒唐。但第一条对“不顺父母”者，给予批评指责，这是应当的。其他诸条，他的批评也有一定道理，但动辄扫地出门未免有些简单粗暴。

前面我们谈了孟武伯向孔子请教孝道，实际上他父亲孟懿子也向孔子请教过孝道。在《论语》中有一段话：

孟懿子问孝。子曰：“无违。”樊迟御，子告之曰：“孟孙问孝于我，我对曰‘无违’。”樊迟曰：“何谓也？”子曰：“生，事之以礼；死，葬之以礼，祭之以礼。”(《论语·为政》)

① 《孔子集语译注》，第48页。

这里，孔子把孝解释为“无违”，是指不要违背父母意愿，要顺从父母的意愿。父母活着时，要侍候父母，死以后要按礼葬父母、祭祀父母，一切按父母意愿行事。所以，这里的“无违”就是强调顺亲。

有一次，孔子的弟子子夏问孝道。孔子回答说：

> 色难。有事，弟子服其劳，有酒食，先生馔，曾是以为孝乎？（《论语·为政》）

在这里，孔子强调的是人的脸色。就是说，作为子女对待父亲母亲，和颜悦色很重要。这跟学生跟着老师干些事，有酒食请老师先吃喝不一样，对老师主要是尊敬。而对父母，除了敬，还要爱和顺，要让父母看起来顺眼。

孔子要求子女对父母孝顺，有一种说法，叫“承志”。意思就是说，父母所希望追求的东西，子女能继续去追求。如果父母死了，那就是继承遗志。过去周文王的祖父，叫古公亶父，也就是太王亶父。他有三个儿子，即太伯、仲雍、季历。季历的儿子叫昌，即周文王。太伯知道太王很看重昌，认为昌贤，想让季历继承他的王位；于是太伯自己跑到吴地。太王将死，他对季历说：我快死了，你去请你两位兄长回来把王位让给他们，如果他们不回来，你就心安理得继承王位；太王死了，季历到吴地告诉太伯和仲雍，太伯和仲雍回来了。群臣想让太伯立季历为王，季历推辞。太伯对仲雍说：“现在群臣要我让季历为王，而季历又不干，怎么办？”仲雍说：“过去的法律中有这种说法，要扶助弱小者，可以让季历为王。”这样，季历就被拥护为王，季历去世，文王就继承了王位。就这件事，孔子评论说：

> 太伯独见，王季独知，伯见父心，季知父心，故太王、太伯、王季，可谓见始知终而能承志矣。[①]

① 《孔子集语译注》，第 31 页。

孔子在这里称赞太伯有独到之见，王季有独到智慧，他们都知道父亲的内心想法，依照太伯的意愿行事，这可说是“承志”了。在孔子看来，太伯、季历能按父母的意愿行事，顺从父亲的意愿，这就是孝的表现。这“承志”两个字，我们现在很流行。我国已故的国家领导人中，不是有个廖承志吗？他这个名，就包含了这个意思。廖承志的父母廖仲恺，他是国民党的元老，积极支持孙中山搞革命，拥护孙中山联俄、联共、扶助工农的三大政策，1925 年被国民党右派分子暗杀于广州。他被害以后，他儿子继承他父亲的遗志继续革命，参加了中国共产党，几十年中为人民事业立了不少功劳，成为中国共产党中卓越的领导人之一。这个人名的典故，就在孔子这句话中。

孔子在《论语》中还有一句话：

三年无改于父之道，可谓孝矣。(《论语·学而》)

这一句话，和“承志”也是一个意思。

三、推行孝道，并不等于无原则地盲从

现在有一种说法，认为孔子把敬亲、爱亲、顺亲看成为孝，完全是一种不讲是非善恶的愚孝行为，而实际上又是为反动统治阶级效劳的。

其实，在孔子思想中，孝于亲并不是无原则的，孝不等于盲从。

有一次，孔子的学生曾参问孔子：“父亲说什么，儿子照办，这就是孝吗？”孔子听了曾子的话就说：

是何言与！是何言与！昔者天子有争臣七人，虽无道，不失其天下；诸侯有争臣五人，虽无道，不失其国；大夫有争臣三人，虽无道，不知其家；士有争友，则身不离于令名；父有争子，则不陷于不义。则子不

可以不争于父，臣不可以不争于君，故当不义则争之。从父之令，又焉得为孝乎！（《孝经》）

这一段话，明确表明，孔子提倡孝道，绝非盲从愚孝。顺从父母，还要看父母的话和行为是否正确。如果说得不对，做得不符合义理，那还要争，争不等于不孝。

当然，孔子提倡“父有争子”，还要讲究“争”的方式方法。他主张“微谏”“几谏”“讽谏”，态度要好。他说：

事父母，几谏，见志不从，又敬不违；劳而不怨。（《论语·里仁》）

从命不忿，微谏不倦，劳而不怨，可谓孝矣！（《礼记·坊记》）

文王之为太子也，其大孝矣，……君后有过，怡声以讽。[①]

“几谏”“微谏”是一个意思，是用轻微而不是强烈对抗的方式向父母提意见。“怡声”，是指说话的声音让父母听起来舒服，要让父母乐意听的，不能吵架、谩骂、乱发脾气。“讽”，即以暗示和委婉的语言进行劝告。在孔子看来，周文王在这方面做得很好，他可以称得上大孝了。

在谈到父母的错误时，孔子曾谈到父母教育子女的方式问题，他是反对采用暴力的手段教育子女的。他说：

鞭朴之子，不从父教；刑戮之民，不从君之政，言疾之难行。故君子不急断，不意使，以为乱源。[②]

这里，他指出，无论是父母还是君主，对自己子女或民众，都不能采用急躁的方式来处理问题，更不能随着自己的心意乱来一气。

① 《孔子集语译注》，第 48 页。

② 同上书，第 527 页。

然而，在对待父母教育方式的过失时，作为孝子，应当如何正确面对呢？有人说："天下无不是的父母""父叫子死，不得不亡"。其实，这都是孔子以后的人散布的错误论调，在孔子思想中，没有这种说法。孔子关心的是子女如何正确对待父母的错误。

《孔子家语》中有这样一个故事，有一次，孔子学生曾参在家里参加农业劳动，他在瓜地除草时，不小心把瓜根锄断了，他父亲曾皙大怒，拿起棍子揍曾参的背，把曾参打昏在地，不省人事，过了很长时间，他终于醒过来了，醒来后，他跑到父亲面前说："我刚才得罪了父亲大人，你教育了我，你用那么大的劲，没有受伤吧？"接着他自己跑到房间里又弹琴又唱歌，表示自己身体没有不适，很健康，让曾皙放心。曾子是孝子，他这种想法主观动机是好的。可是这件事被孔子知道以后，孔子很不高兴，孔子对曾参说了一大段话。本来曾参认为自己没什么错，听了孔子的话后，他感到自己错了，向孔子承认了自己"罪大矣"。孔子的话是这样说的：

> 汝不闻乎？昔瞽瞍有子，曰舜。舜之事瞽瞍，欲使之，未尝不在于侧；索而杀之，未尝可得。小棰则待过，大杖则逃走。故瞽瞍不犯不父之罪，而舜不失烝烝之孝。今参事父，委身以待暴怒，殪而不避，既身死而陷父于不义，其不孝熟大焉！汝非天子之民也。杀天子之民，其罪奚若？（《孔子家语·六本》）

孔子在这里给曾参讲了虞舜孝于瞽瞍的故事。说瞽瞍需要舜侍候的时候，舜总是在身边，但当瞽瞍要杀死舜的时候，他到处寻找都找不到。瞽瞍拿着小木棍打舜，舜就服服帖帖地接受；如果瞽瞍拿着大木棍打舜，舜就逃跑。这样瞽瞍没有成为杀人犯，舜也不失为孝子。现在你曾参侍候父亲，你父亲发怒，拿着大棍打你，你服服帖帖地挨打，甚至打昏打死了都不逃避，如果你真的被打死了，那不是把你父亲推向犯罪、陷于不义了吗？你这不但不能算孝，相反，正表现出你是大大的不孝。要知道，你是当朝执政的帝王的子民啊，如果你父亲把你打死了，他成了杀人犯，他的罪就大了。孔子对曾参说的这段话对不对呢？应当说，他这个分析是很有道理的。这就是说，作为孝子，有时候挨打是孝，逃跑也是孝。孝子不仅要面对没有过失的父母，还要正确面对有过失的父母。

四、推行孝道中的糟粕

应当说，孔子有关孝道的言论，有不少精湛论述，很多说法在今天仍然有很大的现实意义。可以预言，随着社会化养老、敬老事业的不断发展，家庭养老、敬老的功能可能逐渐淡化。但从家庭到社会，其实质不会变化。在今天，就我们中国来说，弘扬孝道这一传统文化仍然很有必要，社会的和谐和安定团结，很需要有这种道德支撑。

在这里，我们也应指出，孔子有关孝道的思想中，也有需要扬弃的糟粕。这主要表现在以下几个问题上：

第一，妻子“无子”，能否称为不孝？

前面我们提到，在鲁哀公和孔子的一次谈话中，孔子谈到了“妇有七出”，其中包括“无子者”（《孔子家语·本命解》），在孔子看来，没有儿子就是不孝，而且就是妻子的责任。这种观点现在看来很荒唐，但流毒很深。最近内蒙古电视台报道，有一个女子身为人妻，就因为生了一个女孩而没有生男孩，受到公婆和丈夫谴责，自己也感到愧对一家人，抬不起头来。其实，妻子生男孩，还是生女孩，这在科学手段还无法控制的情况下，完全是一种不以人的意志为转移的生理现象，和人的孝或不孝毫无关系，更不应该以此为理由把妻子赶出家门。

第二，父母犯了罪，子女在知情的情况下，是否应该包庇父母的罪行，隐瞒罪行？

在《论语》有这样一段话：

叶公语孔子曰："吾党有直躬者，其父攘羊，而子证之。"孔子曰："吾党之直者异于是，父为子隐，子为父隐，直在其中矣。"（《论语·子路》）

孔子这段话在后来的中国封建社会中也成了经典，告发父祖的犯罪行为反而成了很不道德的事情。可是，整个社会要是真的这么办，法院该怎么办呢？即使是杀人犯法的事有时也无法破案了。如果按孔子说的办，公检法就得关门了。

第三，报杀父之仇，还需要通过政府的途径吗？还要不要分清是非啊？

有一次，孔子的弟子子夏问孔子，碰到杀父母的仇人该怎么办，孔子说：

寝苫枕干不仕，弗与共天下也。遇于朝市，不返兵而斗。（《孔子家语·子夏问》）

"寝苫"，即睡在草垫上。"枕干"，即以盾牌为枕头。"不仕"，不求做官。"弗与共天下"，即不共戴天之仇。"遇诸市朝"，指在集市、朝廷相遇。"不返兵而斗"，即不必返回去取兵器就进行决斗。孔子说的这一做法，我认为首先需要分清是非，究竟是自己父母有错，还是仇人的错。其次，即使是自己父母没错，也应通过政府途径处理。要不然，事情反而更糟，本来自己没错，结果别人杀了自己父母，自己又杀了别人，这不是乱套了吗？正确的办法是，应让政府去抓杀人的罪犯，如果政府置之不理，包庇坏人，就进一步考虑其他处理办法。如果不分青红皂白地报仇，并不一定就符合孝道，而且还可能给社会带来混乱。

第四，为了孝养父亲，战场上打败仗，是否是孝子？

《韩非子》一书中有一段话；

鲁人从君战，三战三北。仲尼问其故，对曰："吾有老父，身死莫之

养也。”仲尼以为孝，举而上之。(《韩非子·五蠹》)

这件事需要做些分析，“鲁人从君战”，要看是哪一次战争。如果战争本身是非正义的侵略战争，此人战争中失败逃回，算不了什么。如果是正义战争，由于不安心造成失败后逃跑回来，那是不忠。既然是不忠，也就是不孝。孔子反而为这种人辩护，还荐举他做官，显然是错误。这正如韩非子所说的那样：“以是观之，夫父之孝子，君之背臣也。”(《五蠹》) 把忠和孝对立起来，也和孔子本身的“以孝事君则忠”(《孝经》) 思想矛盾。既然是孝子，必然是忠臣。那么，到了这个鲁人身上，这句话怎么不灵验了呢？

天人之分与天人合一*

夏甄陶

［**主编按语**］　本文对中国传统哲学之基本问题的“天人之际”或天人关系问题的阐释，既不限于传统典籍的考据，也未限于中国传统“天人合一”重“合和”与西方传统“主客二分”重“二分”的比较，而是将人与自然的关系作为现代哲学的前沿课题，对有关传统典籍义理，冲破褊狭，予以视野开阔、深邃的解释。显然，这是尝试将传统和现代对接，对传统给予有理有据的现代解释，既有现代马克思主义哲学之理，又有中国传统典籍义理之据，尤其分析细腻、周全，逻辑严谨，绝不牵强，极具说服力。从中，使人们体悟到，开发传统精华，首先要明确其宗旨在于为现代主题提供不可或缺的思想资源。

1.“天人之际”，在中国传统哲学中一直是受到普遍关注和重视的基本问题

北宋哲学家邵雍甚至强调：“学不际天人，不足以谓之学。”(《观物外篇》) 所谓“天人之际”，就是天人关系，就其最具现实性的意义来说，亦即人与自然的关系。诚然，在中国传统哲学中，所谓天，除了自然之天的含义

* 本文原载《哲学研究》2002 年第 6 期。

以外，还有作为有意志的最高权威的主宰之天和作为伦理道德本原的义理之天等含义，因此，天人关系远远超出了人与自然的关系的范围。不过，所谓主宰之天、义理之天云云，实乃人们把自己在社会文化的积淀中产生和具有的社会功能特征和社会精神属性经过思维“蒸馏”以后升腾溶入自然之天，使自然之天神化、义理化而形成的观念。对于以主宰之天和义理之天的观念为基础的所谓天人关系，本文不作讨论。在这里，只讨论自然之天意义上的天人关系，这种天人关系就是我们现在讲的人与自然的关系。

对天人关系（即人与自然的关系）的看法，在中国传统哲学中存在着两种基本观点：天人之分与天人合一。这两种观点在不同派别哲学家的头脑中似乎是彼此对立、互相排斥的，但就天人关系形成、展开和持续的实际过程来看，天人之分与天人合一是互相蕴涵的。它们的互相蕴涵，实际上是反映了天人之间的对立统一关系。同时，（只要有人存在）这种互相蕴涵是一个没有止境、没有终极的动态过程，天人之分与天人合一都不可能各自孤立地成为一种静止的、终极的状态（或所谓最高的境界）。在天人关系存在和展开的历程中，不可能在某一阶段是单纯的天人之分，也不可能在某一阶段是单纯的天人合一。所以，持天人合一观点的人，不能排斥天人之分；持天人之分观点的人，也不能否认天人合一。

比如张载，明确提出了“天人合一”的命题，但他又强调，“若非有异则无合”（《正蒙·乾称》）。罗钦顺也说，“凡物必两而后可以言合”（《困知记》卷下）。又比如荀子是强调“天人之分”的，但在人与天的关系中，他又肯定人与天的自然联系，强调人对天必须“应之以治”，必须“循道而不贰”（《荀子·天论》）。刘禹锡提出的“天与人交相胜”的命题，所表达的也是一种天人之分的观点；但他又认为天、人、万物“有一贯之理”“有数存乎其间”（《天论》中），所以“由小而推大必合，由人而推天亦合”（《天论》下）。

实际的辩证法表明，天人之际既是相分的，又是合一的，是对立统一的关系。单纯的天人之分的观点或单纯的天人合一的观点，都不能如实地反映这种辩证的对立统一关系。这种对立统一关系是人类生存和发展的根本基础与根本机制。正因为如此，（只要有人类存在）天人之分与天人合一是一个没有止境、没有终极的辩证过程。这个过程也就是天人关系持续地生成和展开的过程。只要天人关系能够持续地生成和展开，人类本身持续地生成和发展之义也就必然存乎在其中了。“究天人之际”，就其真实内容和现实意义来说，就是要研究天人之分与天人合一的对立统一关系是如何持续地生成和展开，从而如何使人类本身能够持续地生存和发展的。

2. 天人关系是伴随着人类的产生而发生和出现的

但是，人不是天地自然界之外的来客，也不是由某个超自然的神创造的。人作为一种类存在物，是由天地自然界分化而产生的。正如恩格斯所指出的：“人也是由分化而产生的。不仅从个体方面来说是如此——从一个单独的卵细胞分化为自然界所产生的最复杂的有机体，而且从历史方面来说也是如此。”①

这种分化又包括极其复杂的自然物质因素的自然分化与自然结合，中国古代有些哲学家已经有了关于人是由自然界分化而产生的朴素观点。他们认为人是由天地自然之气的分化和聚合而产生的。《管子·内业篇》说：“凡人之生也，天出其精，地出其形，合此以为人。”王充认为，“天地合气，人偶自生”。（《论衡·物势》）刘基也认为，“天以气分而为物，人其一物也”（《郁离子·神仙》）。由天地自然界分化而产生人，这是最初的天人之分。正是由于有了这个最初的天人之分，才发生了天人关系，才引发了天人合一的问题。从逻辑的角度和发生学的角度来说，最初的天人之分是引发天人合一的前提。如果没有这个最初的天人之分，就不会发生天人关系，因而也就不会引发所谓天人合一的问题。因此，最初的天人之分，可以说是一种发生学意义上的天人之分。

人不仅作为一个类是由天地自然界分化而产生的，而且人类的个体也是由天地自然界不断分化而产生的。这一事实表明，人类最初由天地自然界分化而产生以后，就会不绝地延续下来，而这种延续正是通过人的个体不断由分化而产生来实现的。这意味着最初的发生学意义上的天人之分必然伴随着

① 《马克思恩格斯选集》第4卷，人民出版社1995年版（下同），第273页。

人本身的不断再生产（即不断由分化而产生）而延续，从而人类也会在不间断地和持续地再生产和延续的天人关系中来探索和追求天人合一。

因此，无论是从历史的或发生学的角度看，还是从逻辑的角度看，最初的发生学意义上的天人之分及其不间断的延续，都是自觉地“究天人之际”、论天人合一的起点和前提。而历史的辩证法和逻辑则表明，最初的发生学意义上的天人之分就已经蕴涵着天人合一。如果人从天地自然界分化出来而没有天人合一，人就根本不能生存和存在，那只能意味着人之产生即人之消失，也就不可能有今天的人类和天人关系。因此，我们不能用界限分明的阶段论来看待天人关系发展中的天人之分与天人合一。

3. 天地自然界是一个具有一元性和多样性的统一整体

人由天地自然界分化而产生出来，但仍然“直接地是自然存在物”，并“参加自然界的生活”（马克思语），因而仍然是天地自然界的一部分，仍然存在于和生活于天地自然界的统一整体之中。正如恩格斯所指出的，“我们连同我们的肉、血和头脑都是属于自然界和存在于自然之中的”[①]。从人的肉体的物质基础方面来说，构成人的肉体的物质元素，都是属于自然界的物质元素，并没有什么超自然的或专属于人的特殊元素。从人的生理组织和生理机能的发育及生命运动的过程来看，也服从于自然生命生理运动的一般规律。这表明，人是由自然分化而产生的，而正因为如此，人与自然又是统一的。

在中国古代，不少哲学家都有关于人与自然相统一的朴素观点，而这种朴素观点，也是中国传统哲学中的天人合一观点的组成部分。这种朴素观点认为，人与天地自然界的万物都有统一的物质基础，即都是一气所生。《庄子》书中说：“通天下一气耳”，而“人之生，气之聚也”。(《庄子・知北游》)“有人，天也；有天，亦天也”，故“人与天一也”。(《庄子・山木》)这所谓“一”，就是人与天“一”于“天”“气”，也就是人与天的自然物质统一性。王充认为，人与物，都是“因气而生”，“皆一实”(《论衡・物势》)；

① 《马克思恩格斯选集》第 4 卷，第 384 页。

“人，物也，……禀气于元，与物无异”（《论衡·辨祟》）。张载持同样的观点，认为人与物都是气的聚合，人与天都是气，所以“天人一物”（《正蒙·乾称》）。以上这些观点可以说都是从自然物质统一性的角度来阐明天人合一。

荀子是中国古代哲学家中主张“天人之分”的主要代表。但他也肯定人与天有统一性。比如他认为，人与天地自然界的万物“同宇”，而且有统一的物质基础——气；认为天地是人的生命的本原和始基。人来自天地自然界，人的形体器官及其机能特性也都是自然造化功能的结果。他说：“天职既立，天功既成，形具而神生；好恶喜怒哀乐臧焉，夫是之谓天情。”（《荀子·天论》）荀子把人的形体器官看作是由“天职”“天功”形成的自然的物质结构，所以他称人的耳目口鼻形体为“天官”，称“心”（古人认为“心”是思维器官）为“天君”。这些自然形成的形体器官是人的精神活动和精神属性的物质基础；人的精神活动和精神属性只有在这些物质基础上才能产生和存在。所以他称人的好恶喜怒哀乐等精神现象为“天情”。同时，人可以通过“天官”感知事物的感性特性（“天官意物），通过“天君”认识事物的规律（“心知道”），从而获得知识。由上可以看出，荀子虽然强调“天人之分”，但实际上也从天与人的自然物质统一性方面包容了天人合一的观点。

清代的戴震也从人体器官的结构与机能方面来说明人与天、人与物相通的同一性。他写道：“人物受形于天地，故恒与之相通。盈天地之间，有声也、有色也、有臭也、有味也。举声、色、臭、味，则盈天地间者无或遗矣。外内相通，其开窍也，是为耳、目、鼻、口。……而开窍于耳、目、鼻、口以通；既于是通，故各成其能而分职司之。”（《孟子字义疏证》卷上）这是说明人的感官的功能同事物的感性特性是相通的。事物除了声、色、臭、味等感性特性以外，还各有“不易之则”，各具“分理”。与此相适应，人除了耳、目、鼻、口等感官以外，还有心之官。心之官具有思维功能。戴震说：“是思者，心之能也。”“心之能”能认识事物之则，掌握事物之理。这种功能也就是“心之神明”。“心之神明，于事物咸足以知其不易之则”“其于事靡不得理”（同上）。在肯定人体器官的结构和功能同事物的特性与理则相适应的基础上，戴震进一步论证了人与天、人与物的相通性，相符性。“耳之于声也，天下之声，耳若其符节也；目之于色也，天下之色，目若其符节也；鼻之于臭也，天下之臭，鼻若其符节也；口之于味也，天下之味，口若其符节也；耳、目、鼻、口之官接于物而心通其则，心之于理义也，天下之理义，心若其符节也。是皆不得谓之外也，性也。耳能辨天下之声，目能辨天下之色，鼻能辨天下之臭，口能辨天下之味，心能通天下之理义，人之才质得于天，若是其全也。”（《原善》中）这种人与天、人与物相通相符的道理，是天人合一的重要理据。不过，所谓“人之才质”之全，不是由“天”（自然）单方面给予的，而是在人类的长期进化过程中，在天人之分的前提下，人与“天”（自然）相互作用、双向适应所积累和巩固下来的结果，而这种结果也可以说是天人合一的一种效应与体现。

4. 人与天的自然统一，其中一个具有决定性意义的内容是，人作为现实的天地自然界中有生命、有欲望的能动的存在物，必须凭借自然界才能表现自己能动的生命活动，才能满足自己的欲望，因而人必须依赖自然界才能生活

马克思指出，人和动物一样，靠自然界生活。所谓人靠自然界生活，从观念或理论领域来说，就是要把自然界的事物作为科学的和艺术的对象，变为人可以享用和消化的精神食粮，成为人的意识的一部分；从实践领域来说，就是要使自然界的事物以生活资料和生产资料的形式，成为人的肉体生活和生命活动的一部分。马克思说：“人靠自然界生活。这就是说，自然界是人为了不致死亡而必须与之不断交往的、人的身体。所谓人的肉体生活和精神生活同自然界相联系，也就等于说自然界同自身相联系，因为人是自然界的一部分。”[①] 马克思在这里所阐述的观点，如果借用中国传统哲学的“天人合一”来表述和概括是很合适的。应该说，马克思真正阐发了一种内容极其丰富和深刻并真正具有现实性的“天人合一”的思想。还应该指出，马克

① 《马克思恩格斯全集》第 42 卷，人民出版社 1979 年版（下同），第 95 页。

思的“天人合一”思想是立足于实践、以与合理形态的辩证法有机地联系在一起的现代唯物主义为基础的，同中国传统哲学中的“天人合一”观点相比，具有完全不同的时代水平与理论蕴涵。

当然，我们也注意到，中国古代有些哲学家，在肯定人与天的自然统一性时，也意识到了人的肉体生活和精神生活同自然界的联系。荀子提出的“天养”、张载提出的“因物为心”，就分别具有人的肉体生活和精神生活同自然界相联系的意思。戴震更从“人之血气心知本乎天”（《绪言》卷下）的观点出发，强调人必须“资于外以养其内”。他说：“如血气资饮食以养，其化也，即为我之血气，非复饮食之物矣。心知之资于问学，其得之也，即为我之心知。以血气言，昔者弱而今者强，是血气之得其养也。以心知言，昔者狭小而今者广大，昔者暗昧而今（也）明察，是心知之得其养也。”（同上）戴震的这些话，比较清楚地包含着人的肉体（血气）生活和精神（心知）生活同自然界相联系的意思。尽管有内外之分（这种分是联系的前提，否则就无所谓“资于外以养其内”了），但外部的东西经过我之“化”、我之“自得”，就成为“我之血气”“我之心知”，从而达到我与物、人与天（自然）的统一。这是中国传统哲学中一种同现实生活联系比较紧密的“天人合一”观点。

总之，人由天地自然界分化而产生出来，是属于最初的发生学意义上的天人之分，天人关系即发生于这种天人之分（这种天人之分必然会持续地、不间断地延续着）。但这种分并不是分割人与天地自然界的联系，并不是使人从天地自然界分离出去，从而独立存在于天地自然界之外。恰恰相反，人直接地是作为天地自然界一部分的自然存在物，人的存在、功能与活动同天地自然界相通而具有同一性；人的肉体生活和精神生活同天地自然界相联系，天地自然界是人的现实的生活要素，人必须参加天地自然界的生活，因此，人与天地自然界是紧密地相联系的，是处于对立统一的关系之中的。《庄子》所谓“人，天也；天，亦天也”，可以说是天人之间的自然联系与自然统一的一种表述。如果换一种现代的说法，天人之间的自然联系与自然统一，可以说是自然界同自身相联系，是自然界同自身相统一（因为人是自然界的一部分）。

因此，天人之分之始，就是天人合一之始，天人合一是伴随着最初的天人之分的发生及延续而发生和延续的。只要有天人之分，就必然同时有天人合一。

5. 然而，人不是单纯的自然存在物，人同自然界的关系也不是单纯的自然关系

人在本质上是“社会存在物”，人只有在社会中存在才是“作为人的人”。马克思指出：“只有在社会中，自然界才是人自己的人的存在的基础。只有在社会中，人的自然的存在对他说来才是他的人的存在。”① 同时，人还是“有意识的存在物”，能够“通过实践”改造自然界，创造自己的对象世界。② 因此，人具有不同于自然界的单纯的自然物的本质特性和功能特征，这就决定了人与自然界的关系是一种不同于单纯的自然关系的“人的关系”，即按人的方式展开的关系。这又是一种天人之分的表现。如果说由自然界分化而产生人是最初的发生学意义上的天人之分的话，那么，人与单纯的自然物的区分则是本质和功能性的天人之分。

最初从自然界分化出来的人，还是原始的本能的人。他们在内部只存在着十分狭隘的自然血缘联系，相应地他们同自然界的关系也“完全像动物同自然界的关系一样”，他们的意识也是“一种纯粹动物式的意识”（马克思和恩格斯语）。因而他们没有也不能想到人从自然界分化出来（最初的天人之分）的意义，没有也不能自觉地意识到人同自然界的区分（本质和功能性的天人之分）；他们同自然界处于一种原始的单纯的自然同一性中。这种原始的单纯的自然同一性，可以说是一种自在的天人合一。

当然，这并不是说，在原始的本能的人那里不存在天人之分。当人一从自然界分化出来，就发生和开始了天人之分，同时也就有了人与自然界的事实上的区分，尽管这种区分还十分原始、十分朦胧。不过，原始的、本能的人还没有自觉地意识到这种区分，也不能自觉地在意识中把自己同自然界区

① 《马克思恩格斯全集》第 42 卷，第 122 页。

② 同上书，第 96 页。

分开来。只有自觉的人才能意识到自己同自然界的区分，并自觉地在意识中把自己同自然界区分开来。正如列宁所指出的："在人面前是自然现象之网。本能的人，没有把自己同自然界区分开来。自觉的人则区分开来了。"①

中国明代的刘基也曾讲过人是怎样区分于自然物的。他说："天地辟而人生，蠢蠢焉；圣人出而后异于物。"（《医说赠马复初》，《诚意伯文集》卷八）这是说，最初由天地自然界分化而产生的人，还处于"蠢蠢"的朦胧状态，与自然物无异，一起处于浑然一体的自然同一性中，当然也不可能意识到自己"异于物"；而在圣人出现以后，人就"异于物"，与自然物相区分了。这是因为，由于圣人的教化与发明创造，人们开始懂得利用和改造自然物，制造和生产适合于人的需要的工具、器具和生活用品。这是人的自觉自为的特性和功能的突出表现，也是人从自然界提升出来并与自然物相区分的一个重要标志。

因此，从人与自然的关系（天人关系）的发生发展过程来看，当人最初从自然界分化出来的时候，尽管发生了并在事实上有了天人之分，但这种天人之分可以说被无意识地淹没在原始的、本能的人与自然的自然同一性即自在的天人合一之中。人只有发展了自己的自觉自为的意识，才能有意识地从自己的人的性质和功能方面把自己同自然界区分开来，明确性质和功能上的天人之分，并通过这种性质和功能上的天人之分，超越原始的自在的天人合一，达到自觉自为的天人合一。

在中国传统哲学中有一种流行的以主宰之天的观念和义理之天的观念为基础的天人合一观点。持这种观点的哲学家（如孟子、董仲舒、韩愈及某些理学家）认为天是决定社会国家的治乱兴亡和人事命运的吉凶祸福并能赏善罚恶的主宰，还认为社会的伦常秩序、道德规范和人的道德属性、道德观念都本于天、原于天，所以天人是合一的。这种天人合一的观念当然不属于"蠢蠢"的或本能的人的"动物式的意识"，这是一些有高等智慧的圣贤的观念。这些圣贤当然知道人是社会政治和具有道德属性的存在物，并且他们还

① 《列宁全集》第55卷，人民出版社1990年版（下同），第78页。

都有由自己在现实的社会关系中的地位所决定的社会政治伦理思想。他们首先用自己的社会政治伦理思想来塑造天，把自己的思想变成天意、天理，然后又反过来用经过他们塑造的天来规定和解释人间事务与人本身，并论证当时现实的社会政治制度、伦常秩序和道德规范是顺乎天意、合乎天理的。这就是那些圣贤们从自己的头脑中虚构出来的天人合一。

另外有的哲学家如庄子，也看到了日常生活中的天人之分。比如他说："牛马四足，是谓天；落（络）马首，穿中鼻，是谓人。"（《庄子·秋水》）甚至说："知天之所为，知人之所为者，至矣。"（《庄子·大宗师》）他认为"天之所为"是自然无为的，"无为为之之谓天"（《庄子·天地》），而人之所为则背离和破坏了天的自然无为之道。他主张"不以人助天""无以人灭天"，应该谨守自然无为的天道"而勿失，是谓反其真"。（《庄子·秋水》）这是一种"蔽于天而不知人""错人而思天"（荀子语），"过持自然之说，欲以合天"（王夫之语），从性质和功能上泯灭天人之分的天人合一观。

针对以上的天人合一观念，荀子强调要"明于天人之分"。他认为天是自然，其运动变化有不以人的好恶为转移的"常道"，因而天不能主宰和决定社会的治乱与人事的吉凶。人不同于禽兽和其他自然物，是"有义""能群"的社会存在物，因而人能"胜物""假于物"，能"制天命而用之"。他还强调"性伪之分"，认为人的自然天性没有道德内容，是"恶"的，"合于善""归于治"的人的道德属性和社会的礼仪规范、伦常秩序，都是人为（伪）的结果。他认为，天有其职、有其功（"天职""天功"），是人所"不为"的；但人亦有所为，是天所"不能"的。这样，荀子就从性质与功能上明确了"天人之分"。后来，柳宗元提出天与人，"二之而已，其事各行不相预"（《答刘禹锡〈天论〉书》）；刘禹锡提出"天之能，人固不能"，"人之能，天亦有所不能"，故"天与人交相胜"（《天论》上）；王夫之提出"天道自天也，人道自人也"，反对"不假修为"的"任天"和"过持自然之说，欲以合天"的主张（《读四书大全说》卷一），强调"知天之理""善动以化物"（《读通鉴论》卷二）。这些观点，都进一步从性质和功能上明确了"天人之分"。

6. 从功能关系的角度看，天人之分包含着主客之分

这不是说天人之分中另有主客之分，而是说在动态的功能关系的意义上，天人之分具体表现为主客之分。这种功能关系上的主客之分，是同人的本质特性和存在方式密切相关的。人是有意识的、自觉自为的、能动的社会存在物，“是从事活动的、进行物质生产的”，人正是通过自己的物质生产活动生产自己的生活资料，才开始把自己同自然界的动物区别开来。正如马克思和恩格斯所指出的，“可以根据意识、宗教或随便别的什么来区别人和动物。一当人开始生产自己的生活资料的时候，人本身就开始把自己和动物区别开来。”[①] 而人的活动、人的物质生产，都是对象性的活动，因为人本身是对象性的存在物。

人作为自然界的一部分，并靠自然界生活，说明人在自身之外有自己的自然界作为自己的对象。马克思指出：“一个存在物如果在自身之外没有自己的自然界，就不是自然存在物，就不能参加自然界的生活。一个存在物如果在自身之外没有对象，就不是对象性的存在物。”[②] 对象是人表现自己的生命、表现自己的本质的对象。如果没有自己的对象，人就不能表现自己的生命和本质，就是非对象性存在物；而非对象性存在物就是非存在物。现实的人必然是对象性的存在物，而人作为对象性的存在物，也必然对象性地、客观地活动着。马克思说：“对象性的存在物客观地活动着，而只要它的本质规定中不包含对象性的东西，它就不能客观地活动。”[③] 因此，作为对象性存在物的人的活动必然是对象性的活动。

人的对象性活动是一种人作为主体同客体通过中介而相关联的动态结构。主体和客体相关联，其前提是主体和客体相区分。主体是发动和从事活动的人，客体是主体的活动所指向和施加作用的对象，而它也反作用于主体。主体和客体的区分是一种功能性的区分，只有在人的对象性活动的结

① 《马克思恩格斯选集》第1卷，人民出版社1995年版（下同），第67页。
② 《马克思恩格斯全集》第42卷，第168页。
③ 同上书，第167页。

构—功能关系中才有意义。

物质生产是人实践地处理自己同自然界的关系的一种最基本的对象性活动。人在肉体上靠自然界才能生活，因而必须把自然界的事物变为人的生活和活动的一部分，这是人的肉体生活同自然界相联系的统一性。但自然界不会自动地按照人的方式来满足人，人也不能像动物那样单纯凭借由自然工艺形成的自然机能来片面地适应自然界。人决心进行物质生产，凭借人工工艺来改造自然界，生产和创造能够满足人的需要的对象和对象世界，这就是人自觉自为地在对自身生活有用的形式上掌握和占有自然物的物质生产活动。在这种活动的共同的一般结构中，“主体是人，客体是自然”（马克思语）。这是在人的物质生产活动中以主客之分的形式表现出来的天人之分。很显然，这是活动论领域的功能性的天人之分。

人在观念的或理论的领域对自然界的认识活动也是一种对象性活动。因为这种活动是要把自然界的事物作为自然科学的对象，以科学知识的形式加以掌握和占有，使它们成为“人的意识的一部分”。但是，自然界的事物不会像费尔巴哈所说的那样，厚着脸自荐于人，自动地挤进人的感觉器官和脑子中来，它们也不会自动地对人敞开自己、揭示自己、展示自己。科学知识是作为科学对象的事物在作为主体的人的意识、思维中的存在方式。当然，这并不是说事物本身直接进入人的意识、思维，而是事物的信息成了人的意识、思维的内容。人要观念地或理论地掌握和占有事物，形成相关的科学知识，必须通过能动的认识活动，接收和加工处理作为科学对象的事物的信息。认识就是一个接收和加工处理信息的过程。毫无疑问，认识活动也具有主体同客体通过中介而相关联的结构，必然包括主客之分。从活动论的意义上说，无主体的认识或无客体的认识，都是不可能的。朱熹说：“知者，吾心之知；理者，事物之理；以此知彼，自有主客之辨，不得以此字训彼字也。”（《答江德功》，《朱文公文集》卷四十四）这是明确肯定了认识活动中的主客之分。后来王夫之所谓“所不在内”“能不在外”“因所以发能”“能必副其所”的“能所之分”（《尚书引义》卷五），也具有主客之分的意义。

观念认识中的主客之分，也是活动论领域的功能性的天人之分的表现。

事实表明，在天人关系中，天人之分包含着功能性的含义，这种功能性含义通过人的对象性活动展示出来。对象性活动是人自觉自为地存在的根本方式，也是人在实践领域和观念或理论领域自觉自为地处理自己同自然界的关系即天人关系的根本方式。人总是通过具体的对象性活动来处理天人关系并展示天人之分的具体的功能性含义，而在具体的对象性活动中，功能性的天人之分必然表现为主客之分。主客之分不是哲学家的思辨造成的，而是人在自觉自为地处理天人关系的对象性活动中展示天人之分的功能性含义的不能超越的事实。

7. 人的对象性活动中的主客之分，并不是在存在论意义上把主体和客体分为两个彼此对立、彼此外在的独立存在的实体，而是属于人的对象性活动领域（活动论意义）的功能性的区分

主客之分乃指主体和客体作为两个（通过中介）相关联的子系统共同构成一个统一的整体性结构—功能关系系统。在这个统一的整体性结构—功能关系系统中，主体和客体是互相规定的。辩证地看，主客之分正表现了它们之间的相互规定、相互关联的统一性，并现实地动态地按人的方式构成它们之间的结构—功能关系。马克思指出："只有当物按人的方式同人发生关系时，我才能在实践上按人的方式同物发生关系。"[①] 使物按人的方式同人发生关系，就是要把物作为与主体相关联的客体加以设定，并纳入到作为主体的人发挥功能的活动结构中来，人也因此而能在活动中按人的方式同物发生关系。这是人的自觉自为的对象性活动的一个根本标志。正因为如此，黑格尔关于"把'动因的内容从它和主体的直接统一中'分出来，使之'成为其'（主体）面前的对象"，是区别于"本能的行动"的"智力的和意识的行动"的标志的观点，[②] 是有合理性的。而主体的"智力的和意识的行动"或"自觉自为的活动"之所以要从人与之相统一的自然界分出和设定客体，目的还是

① 《马克思恩格斯全集》第42卷，第124页注②。

② 《列宁全集》第55卷，第77页。

为了按人的方式掌握和占有客体，使之成为主体（肉体生活和精神生活）的一部分，从而达到主体和客体的一致，亦即在相应的活动结果中达到一种对人来说是自觉自为的天人合一。

但是，天人合一不仅在活动的结果中静态地表现出来，而且必须在主客体相关联的活动过程中动态地表现出来。如果说主客之分是功能性的天人之分的动态表现的话，那么，主客体相关联则是自觉自为的天人合一的动态表现。因为主体从自然界中分出和设定客体并与之相关联形成统一的动态的结构—功能关系，不是任意的，而是取决于主体和客体的相互适应。马克思说："对象如何对他说来成为他的对象，这取决于对象的性质以及与之相适应的本质力量的性质；因为正是这种关系的规定性形成一种特殊的、现实的肯定方式。"[①] 只有主体本质力量的性质与客体的性质相适应（反之也一样），才能形成具体的、现实的主客体相关联的肯定关系。这种肯定关系不是静态的，也不是片面的，它存在于主体的对象性活动之中，通过对象性活动，主体在适合于自己需要的形式上掌握和占有客体，即通过对客体的加工改造，生产和创造自己所需要的对象。这种生产和创造既要根据客体的性质和规律（客观尺度），又要符合人的本性和需要（内在尺度）。马克思指出："人却懂得按照任何一个种的尺度来进行生产，并且懂得怎样处处都把内在的尺度运用到对象上去；因此，人也按照美的规律来建造。"[②] 这表明，人的生产创造活动是一个既表现主体适应客体，又表现使客体适应主体的双向适应过程。双向适应的尺度是真与善的统一，是美的规律，亦即对人说来是自觉自为的天人合一的原则（既要人合天，又要使天合人，按人的方式形成天人之间的和谐统一）。表现主客体双向适应的人的生产创造活动就是遵循自觉自为的天人合一的原则进行的。只有在生产创造活动进行的过程中遵循自觉自为的天人合一的原则，才能在生产创造活动完成时达到自觉自为的天人合一

① 《马克思恩格斯全集》第 42 卷，第 125 页。

② 同上书，第 97 页。

的结果。这种对人说来是自觉自为的天人合一的结果，用马克思的话来说，就是“人同自然界的完成了的本质的统一”[①]。不过所谓自觉自为的天人合一的结果，所谓“人同自然界的完成了的本质的统一”，不能按终极的意义去理解：对人的持续发展、从而对天人关系的持续展开来说，所谓结果即意味着新的起点，所谓完成即意味着新的开始。

主客之分是人自觉自为地处理天人关系的对象性活动中的一种功能性规定。这种区分不是局限于观念认识领域，而是贯穿于以人的感性活动、实践为基础的一切对象性活动之中。作为主体的人从自然界分出和设定客体，并不是把它们当作直观、凝视的对象，而是为了在适应于人的需要的形式上掌握和占有它们。无论是在实践领域，还是在观念或理论领域，主体对客体的掌握和占有，都必须通过主体的感性实践活动和以感性实践活动为基础的意识思维活动对客体进行不同方式的加工和创造才能实现；同时，自然界的事物的自在的存在和自在的特性（本是），是不以任何主体的意志和情感为转移的，但主体怎样从自在存在的事物中分出和设定客体，在何种意义上和用什么方式掌握和占有客体，掌握和占有的方面与程度如何，对客体作出何种评价，等等，则决定于主体的本性（包括需要）和本质力量。因此，对客体必须“把它们当作感性的人的活动、当作实践去理解”，必须“从主体方面去理解”。[②]这就是说，我们必须用实践的观点和主体性原则去理解与主体相关联的客体。无论是在实践领域，还是在观念或理论领域，只有用实践的观点和主体性原则，才能解释客体如何从其自身的“本是”过渡、转化为对人说来的“应是”。这种由“本是”过渡、转化而来的“应是”，就是人在处理自己同自然界的关系（天人关系）的对象性活动的结果中所达到的自觉自为的天人合一，亦即“人同自然界的完成了的本质的统一”。其对象性表现和对象性存在就是人类所生产和创造的越来越丰富多彩的社会的物质文明和精神文明，它们构成了发展着的以人为本的人的世界，而自然界也相应地得到了“人化”，并“获得了自我意识”。

① 《马克思恩格斯全集》第 42 卷，第 122 页。

② 《马克思恩格斯选集》第 1 卷，第 54 页。

“个性解放”启蒙思想 *

——探究五四新文化运动揭开中华文化现代转型之序幕

谢 龙

[**主编按语**] 本文强调：完整而深入理解和掌握作为反封建武器并融入五四民主和科学精神之中的“个性解放”启蒙思想，“这是传承和弘扬五四精神的重中之重”。尤其，第四部分提出：“五四 90 年来‘兼容并包’的教育、学术基地历经坎坷，甚至有关学术创见及研究者之独立人格也曾一度以至长期被埋没、被扼杀，当今立足 21 世纪之始，回眸 90 年前的教育、学术成就，堪称创建现代文明之先导，其历史功绩主要在于以独立人格和现代主题起步为发掘传统精华、古为今用广开通路。”可见，五四新文化运动及其开启的新民主主义革命，将政治民主、学术自由、思想解放以及爱国主义无不奠基于独立人格，并冲破了将“个性解放”等同于资本主义或利己主义的褊狭理解，使之与社会主义相结合，不断解放思想，开拓着中国特色的社会主义的宽广道路。因此，“具有独立人格素质的中华儿女肩负传统文化现代转型和走向世界之历史使命，任重道远”，这的确是 50 级老学友与现代北大学子交流的重点话题。

* 本文原载《新视野》2010 年第 4 期，原文名为“五四新文化运动揭开中华文化现代转型之序幕”。

五四运动是继1911年辛亥革命之后，1919年掀起的反对帝国主义的爱国运动，它把此前即已启动的以1915年《新青年》创刊为标志的反对封建主义的启蒙运动推向高潮，使之成为前后历时二三十年的新文化运动。鉴于有五千年悠久历史的中华民族沦为半殖民地半封建社会，而辛亥革命推翻了绵延两千多年的封建专制统治，竟未摆脱帝国主义的侵略，而又陷入列强掠夺、封建复辟、军阀混战之险境，因此在西方的民主和科学启迪下，仁人志士以多元视野寻觅救国、强国之路，其主线由批判封建专制主义和传播西方民主和科学思想到传播马克思主义，开启着新民主主义革命，成为马克思主义中国化的源头。回顾五四运动以来，历经坎坷，直到近30年改革开放，中华民族走上了中国特色的社会主义道路，更加凸显90年前新文化运动传播的“个性解放”启蒙思想，既来自西学，又结合中国国情予以超越，这是中国人民觉醒和踏上现代世界征途的起点，为源远流长的中华文化实现现代转型揭开了序幕。当今，为提高传统和现代接轨的自觉性，肩负中华文化现代转型、走向世界与创建和谐社会、和谐世界的历史重任，要进一步发掘作为五四新文化运动之灵魂的“个性解放”启蒙思想，这是传承和弘扬五四精神的重中之重。

一、批判专制的思想武器

五四新文化运动，以“个性解放”启蒙思想为武器批判传统糟粕，切中肯綮。鸦片战争之后，在西方现代政治文明和物质文明影响下，历经洋务运动和戊戌变法，特别是孙中山革命派推翻了封建帝制，打开了阻挠中华民族进步之闸门，但旋即被窃权称帝、玩弄西方民主“制宪”和投靠帝国主义的军阀插装打着“尊孔”旗号的“新”闸门。由于旧中国漫长的封建专制统治，使宗法等级制度的权势依附观念严重地禁锢着人们的头脑，至20世纪它所造成的危害更为触目惊心，促使寻觅救国、强国之路的仁人志士对这种陈腐观念进行深刻反思和激烈批判。对传统封建礼教或儒教，尽管有激进的、自由的和保守的各种不同的态度，然而认定其与"个性解放"之时代潮流相逆，似为共识，从而批判封建礼教成为初建的新文化运动公共话语平台传播西学的重点。尤其以陈独秀、李大钊等为代表的五四运动的先驱，把"个性解放"启蒙思想作为批判传统封建糟粕的锐利武器，即针对打着"尊孔"旗号的封建复辟，着重批判以"三纲之说"（"君为臣纲，父为子纲，夫为妻纲"）为核心的封建专制统治的宗法等级制度，为中华文化现代转型扫除障碍。颇具代表性的是陈独秀坚持对中国传统文化予以具体的历史的评析，首要的是结合现实，考察其"实行于今世而有益与否"，据以在《东西民族根本思想之差异（一九一五年十二月十五日）》一文把封建宗法制度有违"今日文明社会之组织"所导致的"恶果"归纳为四个方面："一曰损坏个人独立自尊之人格；一曰窒碍个人意思之自由；一曰剥夺个人法律上的平等之权利（如尊长卑幼、同罪异罚之类）；一曰养成依赖性，戕贼个人之生产力。"并强调这四者是封建社会"种种卑劣不法残酷衰微之象"的原因。同一文还指出："忠孝者，宗法社会封建时代之道德，半开化东洋民族一贯之精神也"，并提到："自古忠孝美谈，未尝无可泣可歌之事"，未予具体论述，而着重批判糟粕。[①] 李大钊则进一步批判封建宗法制度扭曲了重人伦或重家族"亲义"的传统美德，他言简意赅地指出："中国现在的社会，万恶之源，都在家族制度"，其残酷性在于害人、杀人就在家族之内，比如"一个人要是有点知识聪明，一般的亲族戚属，总是希望他去做官僚式的强盗，牺牲了他一个人，供他们大家的荒淫作乐"，由此揭露"这样子待人，分明是莫大的冤仇，那里有丝毫的亲义！"[②] 一语道破了封建宗法制度把人的聪明才智扼杀殆尽，危害所及不是个别人，而是整个社会。实际上，鲁迅《狂人日记》抨击"吃人"的礼教、为胡适称赞的吴虞"只手打孔家店"[③] 等，也都是按同一思路吹起向封建糟粕开战之号角。

① 《陈独秀文章选编》上，生活·读书·新知三联书店 1984 年版（下同），第 148、98 页。

② 《李大钊文集》下，人民出版社 1984 年版（下同），第 28 页。

③ 《胡适文存》（一集），黄山书社 1996 年版（下同），第 584 页。

可见，对传统糟粕，五四运动的先驱在揭露其束缚个性的基础上予以切中肯綮的批判之中，并未对传统文化全盘否定，而恰恰是为了把传统精华从被扭曲和被埋没中发掘出来。并且，处于帝国主义列强争夺引发第一次世界大战之背景，西方文明濒临危机、陷于困境，也不可能对其全盘肯定。因此，五四的“启蒙”为时虽晚，但所处历史背景却开阔了“启蒙”视野，李大钊曾明确提出：作为“世界进步之二大机轴”的东西文明“互有长短”，“为救世界之危机”，东西文明要“调和”“融会”，这“终非二种文明本身之觉醒”不可，因此，“为亚洲中心之吾民族”，对此“负有至重之责任”[①]。陈独秀从不将孔子之学作为耶、释式的“宗教”，1937 年回顾当年批判“尊孔”，曾对孔子之历史价值从两个方面给予肯定，其一即是“非宗教迷信的态度”，其二则是“建立君、父、夫三权一体的礼教”，并予以具体分析，明确指出：“孔子不言神怪，是近于科学的”，“孔子的礼教”两千年前有过“相当的价值”，今天成为“反民主的”，因此应反对“把建立礼教的孔子尊为万世师表”，而不应“把不言神怪的孔子打入了冷宫”[②]。这种既尊重历史又正视现实的态度和方法，无疑是辩证的、理性的，在“个性解放”启蒙思想启迪下，尝试发掘传统精华，用于传统与现代接轨。

二、民主科学的思想根基

五四新文化运动，针对封建专制之弊，高举民主和科学旗帜，有破有立。五四运动的先驱在认定“个性解放”为时代潮流的前提下，把受束缚的个性获得解放而生成的“自主自由”的独立人格观念融入五四民主和科学精神之中，使之成为现代民主和科学的思想根基。而 1915 年《新青年》创刊号之所以标志着新文化运动的启动，即由于作为新文化运动之“宣言”

① 《李大钊文集》上，第 560、571 页。

② 《陈独秀文章选编》下，第 524、526、532 页。

的陈独秀《敬告青年》一文鲜明地蕴涵着以独立人格观念为根基的民主和科学两大口号。《敬告青年》强调："国人而欲脱蒙昧时代，羞为浅化之民也，则急起直追，当以科学与人权并重"，以此勉励青年。为促使青年"自觉其新鲜活泼之价值与责任"，《敬告青年》提出和系统阐释供青年抉择的"六义"，即"（一）自主的而非奴隶的""（二）进步的而非保守的""（三）进取的而非退隐的""（四）世界的而非锁国的""（五）实利的而非虚文的""（六）科学的而非想象的"，并把作为民主思想根基之"自主的而非奴隶的"列为六义之首，认定最根本的、贯彻六义始终的要领是"脱离夫奴隶之羁绊，以完其自主自由之人格"[①]。显然，两千多年的专制统治把以"儒家"为主流的中国传统文化之重"人伦"扭曲为重"权势"或权势依附观念，并扭曲为囿于褊狭之伦理道德的泛道德主义，而"自主自由之人格"具有坚决冲破权势依附观念之意蕴，同时也纠正了泛道德主义。可见，作为民主和科学之思想根基的"个性解放"绝不限于伦理道德，而是要把"个性"从政治、经济、思想和社会诸多方面"解放"出来，把"自主自由"的独立人格作为现代政治、经济、思想和社会的价值取向和现实基础，因而五四运动是一场新文化运动，即救国与强国、实现中华文化现代转型的新起点。

尤其结合五四 90 年以来坎坷历程之经验教训，更加凸显五四新文化运动作为"个性解放"的启蒙运动，不是一蹴而就，更非全盘西化。1915 年《新青年》创刊号述及使人焕然一新的"近代文明"，除"人权说"和"生物进化论"，还有"社会主义"；在推崇法兰西"人权宣言"的同时，揭露"近世文明的缺点"在于西方资本主义把"政治之不平等，一变而为社会之不平等；君主专制之压制，一变而为资本家之压制"[②]，并且冲破了两极截然对立的思维方式，屡屡强调个人与社会不可分的"群己相维之理"。陈独秀参照西方"互为雄长于道德学说界中"的"个人主义之自利派"和"社会主义之利

① 《陈独秀文章选编》上，第 74—78 页。

② 同上书，第 79、80 页。

他派”（指空想社会主义）的主张，论证“群己相维之理”，指出其依据在于人是“群居之动物”，并且“文明愈进，则群之相需也愈深”“试观吾人今日饮食衣服，乃至凡百什物，何莫非仰给予社会之互助，此岂一人之智力所能尽举”。如设想“社会之互助”可以排除，无异于死守窄小、封闭的自然经济。这是从极端自利主义的现实根基揭露其纯属保守主义，绝非现代性观念，因此废弃“不平等”的旧道德，应明确要以适应现代生活与促进社会进步的“个人人格之自觉及人群利害互助之自觉为新道德，为真道德”。[①] 李大钊则进一步针对把个人与社会、自由与秩序截然对立有碍社会进步的片面观点，强调“个人是群合的元素，社会是众异的组织”，论证“真正合理的个人主义，没有不顾社会秩序的；真正合理的社会主义，没有不顾个人自由的”。显然，这里讲的“个人主义”不是指利己主义或“自利主义”，而是指个人独立人格观念，在这个意义上，“个人与社会并不冲突，而个人主义与社会主义亦决非矛盾”。[②] 因此，十月革命后，新文化运动传播马克思主义，对现代民主和科学及为其奠基的“自主自由”的独立人格观念，未予否弃，鲜明地将其推向与“社会之互助”相辅相成而予强化的新阶段。

三、现代国民的主人意识

五四新文化运动，以现代政治文明唤醒并敦促国民之“政治的觉悟”，走向世界。如前所述，对“个性解放”和“自主自由”的独立人格，五四运动的先驱们未限于褊狭的伦理道德，而将其融入民主和科学精神之中。由于新文化运动启动初期，直接面对的是投靠帝国主义的军阀以“尊孔”旗号演出窃权称帝、玩弄西方民主“制宪”之复辟丑剧，百般阻挠在中国推行“世界系之轨道”的民主立宪制或共和政体，所以对民主和科学的旗帜，五四先

① 《陈独秀文章选编》上，第 195、204 页。

② 《李大钊文集》下，第 437—438 页。

驱们未停滞于"口号"，而在传播"平等人权说"的同时，着重传播现代国民或公民必具的国家之"主人"自觉意识。显然，平等人权说是现代民主立宪制的理论基础，现代国民的国家主人自觉意识则是现代民主立宪制的思想保证，两者相辅相成，共建作为现代政治文明的民主立宪制或共和政体。首先，依据前者，现代法制"无不以平等人权说为基础"，而"尊孔"却与之相逆。所以陈独秀强调"尊孔"与新社会新国家之"独立平等的人权说"不兼容，把"尊孔条文"写入宪法，等于废弃"其余条文"①。李大钊则揭穿其为"复古"，因为把作为"数千年前之残骸枯骨"的孔子，"入于现代国民之血气精神所结晶之宪法"，这是"陈腐死人的宪法，非我辈生人之宪法"，并分析其实质是"以专制护符之孔子"，入于宪法，不是为"孕育自由""解放人权"和"为平民百姓日常享用"之宪法，而是"专制复活之先声"②。其次，依据后者，现代法制出于多数国民作为国家主人之自觉，而国家主人之自觉意识，无不奠基于国民的独立人格。如陈独秀结合旧中国衰败的严峻现实，力图以"个人本位主义"取代"家族本位主义"，实际上他的"个人本位主义"即是对现代法治社会国民应有的独立人格自觉意识之概括，强调"个人独立自尊"或个人自主选择、自担责任的自觉意识。他唾弃家族本位主义，因其为专制宗法等级制的"三纲之说"，所以尖锐指出妨碍国民独立人格觉悟的心理障碍是对家族本位主义"或有恋恋不舍者，奴性未除，不敢以国民自居者耳"。③

因此，针对"立宪政治"与现实的国民素质两者形成的极大反差，为改变根深蒂固的封建专制的国民"根性"，培育国家主人自觉意识，陈独秀结合辛亥革命后"于共和国体之下，备受专制政治之痛苦"的教训，提出实现"政治的觉悟"之步骤。第一步是要明确"人类为政治动物""国家为人民公产"，以克服对政治的不闻不问态度。第二步是要明确"吾国欲图

① 《陈独秀文章选编》上，第107、148页。

② 《李大钊文集》下，第258—259页。

③ 《陈独秀文章选编》上，第195页。

世界的生存，必弃数千年相传之官僚的专制的个人政治，而易以自由的、自治的国民政治”，即民主、共和的政治，以做到在政体的抉择上分清是非良莠。第三步是要明确“国民政治”的实现是“以多数国民能否对于政治，自觉其居于主人的主动的地位为唯一根本之条件”，以做到“自进而建设政府，自立法度而自服从之，自定权利而自尊重之”。否则，搞“立宪政治”不是“出于多数国民之自觉与自动”，倒是“惟日仰望善良政府，贤人政治，其卑屈陋劣，与奴隶之希冀主恩，小民之希冀圣君贤相施行仁政无以异也”，纯属“伪共和也，伪立宪也”。据此，认定“以独立、平等、自由为原则”的民主共和立宪制，与遵循儒家“三纲之说”的专制宗法等级制“为绝对不可相容之物，存其一必废其一”，这是“彻底之觉悟”“最后觉悟”。[①]

但是，这种废弃专制宗法制的鲜明态度，仅就其与民主立宪制比较而断言，并非对西方文化与中国文化的全面比较，更非对西方文化的全盘肯定和对中国文化的全盘否定，而恰恰是为了把传统精华从被扭曲和被埋没中发掘出来，这是打开中华文化现代转型与走向世界之闸门所必须坚持的。而且，对西方民主立宪制，也侧重于从“政体”予以肯定，如上所述，陈独秀从西方民主政治中发掘现代国民的“政治觉悟”之前，已认识到“近世文明的缺点”在于把“政治之不平等，一变而为社会之不平等；君主专制之压制，一变而为资本家之压制，此近世文明之缺点”，但并未因此抹杀欧美各国的“共和立宪”中蕴涵的现代政治文明之精华，而着力用以揭露官僚军阀玩弄的“伪共和”“伪立宪”的丑剧。显然，这都未离开“国体”而限于“政体”，无论对欧美各国“共和立宪”的评价，还是对官僚军阀“伪共和”“伪立宪”的揭露，都是将二者统一，侧重于从“政体”评价和揭露其国体，也只有侧重于“政体”，才能使“国体”得以落实。尤其强调现代国民的国家主人自觉意识，表明民主共和立宪之政体奠基于公民的个人权利和个人独立人格，绝不能把它误解为“极端自利主义”或只关注一己私利意义上的个人

① 《陈独秀文章选编》上，第 107—109 页。

权利至上、个人自由至上。正如陈独秀从个人与社会、个人与国家相统一的基点出发，明确指出“集人成国，个人之人格高，斯国家之人格亦高；个人之权巩固，斯国家之权亦巩固”。[①] 其中蕴涵着我国自古相传的“以己属人之奴隶道德”曾使独立自主国格完全丧失的惨痛教训，进而把为“共和立宪”奠基的国民之独立人格、个人权利与国家主人之自觉意识融入五四的爱国主义精神，使之与民主和科学精神吻合并相结合，开拓了救国、强国和推动中华文化走向世界之康庄大道。

四、学术自由的宽容精神

五四新文化运动，创建“思想自由、兼容并包”之教育、学术基地，冲破官学。随着五四新文化运动的启动，愈加暴露官学传统求学为“做官发财”而导致“道德沦丧”“误己误人”之腐败，扭转大学教育官学传统乃当务之急。正因此，1917 年 1 月 9 日蔡元培就任北京大学校长之演说中主要向学生提出“三事”：“抱定宗旨”“砥砺德行”“敬爱师友”，其中无不蕴涵着培育抵制官学腐败之独立人格或自主选择、自担责任素质并拥有既尊己又尊人之宽容精神的希冀。此后，他反复强调“大学者，研究高深学问者也”“大学者，‘囊括大典，网罗众家’之学府也”，据以提出凸显着奠基于独立人格之民主和科学精神的“思想自由、兼容并包”学术方针，将北京大学跃升为五四爱国运动与传播马克思主义运动之发祥地。尤其蔡元培阐释北京大学作为“共同研究学术之机关”，明确指出：“研究也者，非徒输入欧化，而必于欧化之中为更进之发明；非徒保存国粹，而必以科学方法，揭国粹之真相”，的确，这是要将传统精华从被“执一而排其他”之旧传统的埋没和扭曲中发掘出来，用以创建现代文化。[②] 在此意义上，创建“兼容并包”教育、

① 《陈独秀文章选编》上，第 103 页。

② 《蔡元培文集》（卷二·教育·上），台北锦绣出版事业股份有限公司 1995 年版（下同），第 360、483—484 页。

学术基地是为实现文化现代转型提供思想、人才资源。

蔡元培还尝试对传统精华予以具体地发掘，将传统儒家的义、恕、仁与现代的自由、平等、博爱比较，强调“所谓自由，非恣自便之谓，乃谓正路既定，矢志弗渝，不为外界所征服。孟子所称‘富贵不能淫，贫贱不能移，威武不能屈’者，此也。准之吾华，当曰义。所谓平等，非均齐不相系属之谓，乃谓如分而与，易地皆然，不以片面方便害大公。孔子所称‘己所不欲，勿施于人’者，此也。准之吾华，当曰恕。所谓博爱，义斯无歧，即孔子所谓‘己欲立而立人，己欲达而达人’，张子所称‘民胞物与者’，是也。准之吾华，当曰仁。仁也，恕也，义也，均即吾中国古先哲旧所旌表之人道信条，即征西方之心同理同，亦当宗仰服膺者也。”[①] 所论蕴涵着中西融会，颇具创意。可见，被公认为五四民主主义或自由主义代表人物的蔡元培并未囿于全盘西化，竟与之相逆，从儒家“仁”之典籍义理发掘其中蕴涵的自由、人权观念之萌芽或超前意识，开拓了传统与现代接轨之先河。

以上蔡元培所论颇具理性启迪，它揭示了东西文明、中西文明“融会”之关键在于其具有不容否认的共同主题，如自由、平等、博爱、人权，包括陈独秀提出的现代国民“自主自由”的独立人格等等，都是“世界系之轨道”的共同主题。这也涉及发掘传统精华，必须首先解决“传统”如何传承于现实或在现实如何定位、如何与现代对接的问题。如果无视现代的共同主题而导致定位不当，将典籍义理的“传统”不经现代解释而直接作为现代文明的组成部分，正是陷入肯定一切的国粹主义、复古主义或否定一切的虚无主义之症结所在，反而会阻挠文化的现代转型、传统与现代接轨。因此，即使传统之“精华”，也不能将其直接作为我们要创建的现代文明的组成部分，而应将其定位于“现实”通向现代“理想”的中介或桥梁，确切地说这是将其作为构筑从“现实”到“理想”之“理性中介”的思想资源，即作为现代人创建现代文化、现代文明的思想资源。然而，因创建

① 《蔡元培文集》（卷二 · 教育 · 上），第 422—424 页。

现代文明不是全盘西化，全民或大多数国民自觉地创建现代文明更不可能一蹴而就，起步或迈出第一步就更加艰难。无疑，五四创建“思想自由、兼容并包”的教育、学术基地，功不可没。其传统与现代对接，虽限于典籍义理的现代解释，并有学术争议，“自主自由”的独立人格更限于少数国民或部分研究者，仅提出有争议的学术见解，尚未及将其融入社会经济、政治和社会体制，但其重大历史价值在于这是现代中华儿女创建现代文明迈出的第一步。毋庸讳言，五四 90 年来“兼容并包”的教育、学术基地历经坎坷，甚至有关学术创见及研究者之独立人格也曾一度以至长期被埋没、被扼杀。当今，立足 21 世纪之始，回眸 90 年前的教育、学术成就，堪称创建现代文明之先导，其历史功绩主要在于以独立人格和现代主题起步为发掘传统精华、古为今用广开通路。

五、思想解放的真理观念

五四新文化运动，促进中国马克思主义以实事求是、思想解放为先导，开拓创新。陈独秀和李大钊由五四新文化运动的先驱转为中国马克思主义的先驱，或两者兼具，绝非偶然，他们执著地崇尚奠基于独立人格的现代民主和科学精神，不仅无违马克思主义的宗旨，而且是他们接受与传播马克思主义、理解马克思主义的真谛并成为中国马克思主义先驱的一个重要缘由。他们正是根据亲历的辛亥革命以后新旧军阀玩弄“西方民主”，深感如若对旧政治势力不像俄国“十月革命”那样坚决予以摧毁，“个性解放”在自己的祖国绝难实现，中华民族之振兴毫无希望，于是毅然选择了“十月革命”的道路。而那种把马克思的共产主义和作为资产阶级启蒙思想的“个性解放”截然对立的看法，既与陈独秀和李大钊选择马克思主义的亲身体验相去甚远，并且有违马克思的原意。正如《共产党宣言》将个性解放与人类解放相结合，针对“消灭私有制就是消灭个性”的误解，断定消灭私有制绝不是消灭“活动着的个人”的“独立性和个性”，而是要使活动着的个人的个性真正获得解放，进而实现“每个人的自由发展是一切人自由发展的条件”的“联合体”，即奠基于“个性解放”的人类解放，将其作为共产主义的基本纲领[①]。据以陈独秀和李大钊论证“群己相维之理”以及“个人与社会、自由与秩序”不可分，如李大钊强调真正的解放“不是仰赖那权威的恩典，给我们把头上的铁锁解开，是要靠自己的努力，把他打破，从那黑暗的牢狱中，打出一道光明来”。[②]可见，他们不愧是“自主而非奴隶”之表率与思想解放之先驱，在“自主自由”的独立人格之自觉意识的导引下，冲破阻挠文化现代转型之闸门而解放思想，即从封建糟粕的思想束缚中解放出来，萌动和孕育着社会主义和个性解放相结合观念，揭开中华文化现代转型的序幕。继而，由中国共产党的建立为标志启动新民主主义革命，推翻反动统治和建立社会主义制度，打开中华文化现代转型的闸门，揭开了中华文化现代转型的第一幕。

那么，从新民主主义革命，经社会主义革命到改革开放，无不以奠基于“个性解放”或“独立人格”的“思想解放”之真理观念作为先导，因而作为序幕的新文化运动在“个性解放”意义上迄今未落幕，或在主幕中予以延续。尤其新民主主义革命传承和弘扬五四的“启蒙”或由个性解放导引思想解放之传统，颇为瞩目。1942 年毛泽东把延安整风运动称为反对主观主义、宗派主义和党八股的“启蒙运动”，并在分析教条主义的实质与根源时深刻地指出：“把马克思列宁主义书本上的某些个别字句看作现成的灵丹妙药，似乎只要得了它，就可以不费气力地包医百病，这是一种幼椎者的蒙昧，我们对这些人应该作启蒙运动。那些把马克思列宁主义当宗教教条看的人，就是这种蒙昧无知的人。”从而强调：“共产党员对任何事情都要问一个为什么，都要经过自己头脑的周密思考，想一想它是否合乎实际，是否真有道理，绝对不应盲从，绝对不应提倡奴隶主义。”[③] 1944 年毛泽东进一步明确

① 《马克思恩格斯选集》第 1 卷，人民出版社 1995 年版（下同），第 287、294 页。

② 《李大钊文集》下，第 26 页。

③ 《毛泽东选集》第 3 卷，人民出版社 1991 年版（下同），第 827 页。

指出："被束缚的个性如不得解放，就没有民主主义，也没有社会主义。"[①] 1945年在中共七大政治报告中，毛泽东论证"只有经过民主主义，才能到达社会主义，这是马克思主义的天经地义"时，驳斥了"有些人怀疑中国共产党人不赞成发展个性"，明确指出：如果"没有一个新民主主义的联合统一的国家，没有新民主主义的国家经济的发展，没有私人资本主义经济和合作社经济的发展，没有民族的科学的大众的文化即新民主主义文化的发展，没有几万万人民的个性的解放和个性的发展，一句话，没有一个由共产党领导的新式的资产阶级性质的彻底的民主革命，要想在殖民地半殖民地半封建的废墟上建立起社会主义社会来，那只是完全的空想。"[②] 可见，毛泽东继承和弘扬五四启蒙和思想解放传统，提出蕴涵着社会主义和个性解放相结合的实事求是思想路线，为新民主主义革命胜利、社会主义制度建立和文化现代转型奠定了思想基础。以党的十一届三中全会为标志，为破除"文化大革命"中"四人帮"制造的精神枷锁，邓小平重申实事求是思想路线，开拓了中国特色社会主义的宽广道路，这也是中华文化现代转型、发掘传统思想资源用于创建现代文化和推动中华文化走向世界的康庄大道。

总之，"自主自由"的独立人格观念，早已冲破了将其等同于资本主义私有制或视为资本主义专利的褊狭理解，它既是民主和科学的思想根基，也是肩负救国与强国重任的中华儿女之必具素质和价值取向，更是马克思主义之人文精粹与中国马克思主义自主创新之现实基础。在这个意义上，中国特色社会主义核心价值体系奠基于"个性解放"和"自主自由"的独立人格，具有独立人格素质的中华儿女肩负传统文化现代转型和走向世界之历史使命，任重道远。

① 《毛泽东文集》第3卷，人民出版社1996年版，第208页。

② 《毛泽东选集》第3卷，第1058—1060页。

辩证思维议*

宋文坚

［主编按语］ 本文质疑"辩证逻辑"，全面考察所谓"辩证思维"属于认识论领域，而不属于逻辑学领域，对如何理解唯物辩证法给予颇深邃启迪。辩证思维作为认识论、方法论，还是同时作为"形式逻辑"意义上的逻辑学，迄今不仅在逻辑学研究领域有争议，而且因其涉及对认识论、方法论以至世界观、历史观的理解，如将其"形式逻辑"化，必然拘泥于抽象理性，甚至为坚持"唯物主义"，一味从哲学世界观的核心排斥"现实的人"及其实践，而导致将辩证法或辩证思维扭曲为截然二分的思维方式，显然，与马克思超越西方传统哲学拘泥于抽象理性之"本体论"旧范式所创建的新型唯物主义相悖。因此，将辩证思维逻辑化，貌似凸显马克思的唯物辩证法，实际上却违背具体问题具体分析，这是用以一味"套装"和"剪裁"而陷入教条主义陷阱不能自拔的症结所在。可见，就"辩证思维"主题的中、西、马哲学对话，其意义不限于逻辑学，尤其对正确理解和运用马克思主义的世界观、历史观与认识论、方法论，包括正确掌握马克思《资本论》之剩余价值学说的精神实质，

* 本文原载《逻辑应用》，《哲学动态》2004 年增刊。

均具基础性意义，堪称为理论创新扫除思想障碍的课题。

本文所说的辩证思维，指个人当下运用“辩证思维形式”并满足“辩证思维规律”的思考活动。之所以做如此限定，因为应该把辩证思维和辩证思想分开，后者是指思维的成果即思想、观点、意见、言论等。应该承认有辩证思想，辩证唯物论就是辩证思想观点的集合。但辩证思想不一定非得用辩证思维生出，也许根本就不能用本文所限定的辩证思维生出。人的通常思维即具有形式逻辑所研究的思维形式和规律的思维，完全可以用来得到所谓的辩证概念、辩证判断，也完全能构思出一席或一篇充满辩证精神的讲话或文章。就是被推崇为最具有辩证思想光辉的著作《资本论》，也都是能用形式逻辑分析的思维写作出来的。所以不能把辩证思想和思维活动混为一谈。把黑格尔的大逻辑和马克思的《资本论》，整体地当作辩证思维的体现，把花费了几十年或毕生心血研究思考（在黑格尔还充满了大量的编造）写成的巨著说成是辩证思维的结晶，这种辩证思维是不好捉摸的。

此外，辩证思维还被一些学者看作思维的高级阶段，看作辩证逻辑的研究对象。这样的辩证思维应也是和人们的通常思维相对应的，而人们的通常思维就只是当下的思维，当下思维就是在一个时间时刻里的思考活动，而不是一个时期甚至几个时代的。因而，辩证思维也应是当下的思维和有自己独特形式和规律的思维。在这点上，笔者和有些辩证逻辑学者一致。这些学者之所以提出一些辩证思维形式和规律，也是因为觉得非如此便不成其为辩证思维。那么，我们来看看，这种辩证思维存在吗?

在个体人的成长过程中，包括着人的思维能力的成长。多数心理学家认为，人到 15 岁左右，思维能力基本长成。当然这之后人的思维还随着知识的丰富其能力有所加强（老年时也会衰弱甚至痴呆）。这种思维能力，就是运用比较、抽象、概括等以形成概念，作出判断、推断、进行推理和论证的能力。心理学家还把问题解决和想象与创造列为思维形式，认为对它们的研究有着与形成概念、进行断定和推理不相同的方面。本文这里不论究在思维研究上的这些不同，因为这无碍于我们把思维看作大脑的一种基本的机能，就像人的感官有它特定的机能一样。个体人形成的思维能力，就是运作大脑的某些机制来进行比较，抽象、概括以做判断、推断、推理等思维活动的能力。这种大脑的思维功能在所有正常人那里都是以相同或相类似的方式形成的。因而无论哪个民族、哪个阶级阶层的人所形成的思维能力无本质不同，差异只在于有些人略聪明或笨拙些。

这种思维机能实际上或可看作是一种操作、运算的机能。大脑把感官输送的材料信息进行来料加工时，所进行的大致是一种运算式的操作，类似计算机的各种算法运作。我们今天对思维的研究还远不能达至思维运作的机制机理，但个体人在这种机理上彼此差异不大则却是肯定的。正像所有正常人眼睛的视觉、鼻子的嗅觉的功能类似一样。从小学到大学，同年级的学生在思维水平、思维品质上差异不大也是证明。因而，思维机能作为一种功能，是一种中性的东西。它不偏好哪个阶级或哪个民族。

除思维能力的成长外，人还通过学习、实践获得知识的积累。这是人的思想、理论、知识方面的成长。知识的成长对人的认知能力有巨大的意义。一般百姓和科学家对客观世界的认知能力是大不一样的。这种不同在于科学家能利用他们的相关知识储备作为认知活动的重要甚至必要条件，这就是理论的基础作用。非科学家则缺乏这种必要的相关条件。但与思维机能不同的是，相关的知识储备对思维机能是外在的，它可以通过学习而补足。

此外，人通过学习和实践还接受和获取一些观点和方法。观点大而有辩证观，小而有各种处理问题和看问题的主张、角度。如保守观和权变观、实用观、美饰观以及重创新还是重古训等。方法如各种处世方法、理财方法，门门科学都有其研究自己对象的方法。观点和方法和人的认知活动有极为密切的关系，对认知对思维都有重要的导向作用。观点和方法还能形成一个人看问题、思考问题的某种习惯。其中最重要的就是形成某种思维方式。思维方式是个人或群体由于知识、观点、习惯等特异性而形成一种定型化具有稳定性地看待事物和思考问题的一种方式。如习惯用老眼光看人，不看人的发展，专看人的缺点，爱认死理钻牛角尖，下围棋有大局观、辩证观等等。观点、方法包括思维方式对思维认知有指导作用，但它们也并非思维机能本身。它们和思维的关系，类似计算机的编程软件和计算机功能的关系。观点、知识、方法及人的某种思维方式是可以改变的。即可通过学习和交流而培养，如培养人的辩证观、下围棋的大局观，也可由施加某种影响而使其消除和摈弃。

这里要谈到“辩证思维”。现在一些学者所说的辩证思维，实际不过只是一种思维方式。这种思维方式被培养为愿意和善于用辩证观点看待问题。

首先，它是看问题的一种主张、角度。从事物的发展看事物，把事物看作矛盾统一体，事物量变发展到质变，变化遵循否定之否定的规律等。这种看问题的主张、视角指导人去从哪些方面搜集材料和搜集哪些材料，作哪些调查、观察和实验以获取这些材料。

其次，分析问题的方法，这主要是矛盾分析。辩证观或辩证思维方式，善于自觉地去找事物的矛盾，找出和分析矛盾着的两个方面及其矛盾关系，分析哪些方面是主要的方面，矛盾能否转化和在怎样的条件下转化等。这种善作矛盾分析的思维方式绝不是人人都能具备的。它是长期学习和实践的结果。当然，即便这样的人也不是事事时时都要作这种矛盾分析。自然科学家，各个自然科学领域的科学工作者，自古至今，在他们的研究领域里进行这样矛盾分析的也为数不太多。安徽教育出版社出版的国家重点图书《院士思维》（选读本）里面都是我国两院院士讲自己科研工作中的思维亮点的。只有部分院士谈到辩证法对自己科研认识的指导作用。只有一位学者提到“辩证思维”，所指实际也是辩证观指导的分析问题的科学研究。

文学艺术领域的情况则有突出的矛盾情节，所谓剧情发展的主线、主要人物，都涉及矛盾和矛盾的各个方面。但完全哲学化的矛盾演绎的剧本恐怕有陷入公式化、模式化之嫌。在人文社会科学领域，矛盾分析涉及最多的是政治斗争、阶级斗争、战争和经济领域，前者以毛泽东《论持久战》等为代表，后者以马克思的《资本论》为代表。这些代表作里确有精彩的矛盾分析。不过有些学者在这些领域尤其经济领域的研究也并不都如此。那些得诺贝尔奖的经济学家的得奖成果是否用矛盾分析方法得来的，这是笔者确实不知但很想得知的。因而，什么地方用什么问题、用或不需用，这也需有点辩证观。

最后，辩证观、辩证思维方式对当下思维活动过程的提示。上面所谈用辩证法、辩证观进行矛盾分析，实际是认识论层面的要求，即要求把事物看作矛盾统一体来进行分析。这种分析活动当然也在动用思维，要进行思考活动，但它常常不是短期的和当下的，而常常是一个较长期的认知过程。那么辩证观或辩证的思维方式对当下的思维有什么影响呢？有一点也许可以肯定，这就是具有辩证观的人，在思考某些（不是一切）问题的当下过程中，会不断地向自己提出进行矛盾分析的要求，提醒自己或不断自我发向：谁是矛盾双方，它们是怎样既对立又统一，以便让自己反复去考虑这些问题。但这时辩证观虽使用在当下的思维过程，却仍没有改变思维本身的层面，它仍是一些认识意义上的要求。这也就是所谓的自觉地运用辩证法。

那么，辩证观有没有能够触及思维本身之举呢，换言之，辩证观有没有改变思维的本性呢？有没有像某些学者所说，产生出辩证形态的概念、辩证判断形式和辩证推理形式以及辩证思维规律，从而使人类的思维上升到它的高级阶段辩证思维呢？

这里笔者再次说明，辩证思维本文开首已经定义，这种辩证思维和本文说的辩证思维方式是两个概念。辩证思维方式是指人认知活动时一种习惯性的看问题分析问题的方式，它和其他思维方式的不同，在看问题、分析问题、处理问题的方式、视角是它依照的是辩证观，因而，这是一种认知的模式。思维方式是认识论意义的概念，而不是心理学和逻辑意义上的概念。有些学者所说的辩证思维，则是思维本身、思维形态层面的东西。它自身有不同于原来思维的形式结构和规律。因而这里说的不是认识论方面的问题，而是心理学和逻辑学方面的问题。有些逻辑学者说它是思维发展的高级阶段，也证明是在这个意义上说的。

那么，这种意义上的辩证思维是人类已经实有的吗？笔者认为，情况不是这样。本文从以下五个方面来作说明。

一、辩证观点并未改变人的思维机能，思维的种种运算机能并没有因之辩证化

人的最基本最经常的思维运算机能就是形式逻辑所研究的各种思维形式的运算，如概念的限制和概括、判断的变形、对当关系。形式逻辑还提供了两种最基本的思维演算，如各种命题演算和各种谓词演算，以及与这些演算相关联的各种运算，如演算中的代入、置换，范式中的各种运算等。这些演算运算是否以逻辑所提供的形式进行，这是思维科学所待解决的问题。但形式逻辑所提供的思维运算是现今我们所见的唯一对思维流程的抽象描述，并且当我们做有声或无声语言的思考，如下棋的计算步骤、解数学题等的思考时，展现在我们自觉意识中的经常或基本是这种思维运算。在这种运算中，逻辑思维算子如“如果”“并且”“或”“有些”等都有符合语言约定的解释和通用的惯常用法。虽然这些解释和逻辑意义上的严格解释可能有所区别，但这并无碍于人们的思考和思想的交流。这些思维运算、运作，自人类有思维以来，尤其有语言以来，都一直是这样的。辩证观的出现，并没有使这类运算起什么变化，没有使它们辩证化，也没有使几千或几万年人们使用的思维算子“并且”“或”“如果”等辩证化。有些逻辑学者为避免“运动是事物在一点上同时又（并且）不在这一点上”被看作形式逻辑的矛盾，因而给“并且”作出辩证解释，把这一命题中的“并且”解释为具有对立统一意义的“并且”。笔者觉得作这种探讨是可勉的，但却未必能行通。因为什么句子的“并且”是形式逻辑或普通思维的“并且”，什么句子的“并且”是“对立统一”的“辩证并且”，是一个标准不清因而不易确定的问题。退一步说，即使我们语言和思维中能添加一个“辩证并且”，尽管它极其少用，也还会出现许多其他更难的问题。它在思维运

算中和其他思维算子的关系要大乱其套。我们知道，形式逻辑中的“如果”“或”“并且”“并非”，都已有确定含义，且彼此都可互相定义。在日常的思维运算中，它们也都按这种含义被运用。如，“如果天下雨则地湿”，这句话等于“不会天下雨（并且）地不湿”，如果把这里的“并且”换成“辩证并且”会怎样呢？再如，否定“刮风又（并且）下雨”，会得到“或者未刮风或者未下雨”，那么，否定“辩证并且”作联词的语句会得到什么呢？这就是说，只改变“并且”这联词（算子）的含义，或者只增加“辩证并且”，其他思维算子不作相应配套改变，思维必将陷于混乱。但是，我们怎样改变其他思维算子呢？难道有辩证的“如果……那么”，有辩证的“或”吗？所谓的“辩证否定”也是一样，它能进入思维的运算吗？如否定“并非A并且并非B”，可得到“A或者B”。当我们把这里的“否定”改成“辩证否定”，把这里的“并且”改成“辩证并且”，那么请试试来理解“辩证否定辩证并非A辩证并且辩证并非B”这个命题的含义吧！思维联结词或思维（逻辑）算子，是人类上万年思维成长中定型下来的，这是人类共同拥有的智慧机能，它不许可也不可能让一些人随意作什么改变。黑格尔、马克思创立了辩证法，使部分受过其教育的人有了辩证观，但翻翻他们的著作，那里所使用的思维算子并没有任何改变，就是那些力主辩证思维的学者，他们的言论著作，可能透露着辩证观，但他们却仍然在使用运用着和大家一样的思维算子。这说明，辩证观可能使人有辩证思维方式，但并没有使思维运算机能辩证化，因而也就没有辩证思维机能。

二、辩证观并没有使人原有的思维品质有质的改变

思维的品质是一个心理学概念，它描述的是个体的思维特点和差异。心理学家提出有五方面的思维品质：深刻性、灵活性、创造性、批判性、敏捷性。

第一，思维的深刻性是指思维的抽象逻辑性。“人类思维的最高形式是

抽象逻辑思维。它是在感性材料的基础上，经过去粗取精、去伪存真，由此及彼、由表及里，最后抓住事物的本质即内在联系的过程。”

第二，思维的灵活性描述的是思维活动的智力灵活程度。包括能否从不同角度、方面用不同方法解决问题；能否灵活地进行分析、综合；能否触类旁通；思维结果能否有多种合理而灵活的答案。

第三，思维的创造性指经过独立思考创造出有价值的新颖产物的智力。这种品质表现在三个方面：独立性、发散性（有较强的发散性思维，善于通过不同途径解决问题）、新颖性。

第四，思维的批判性就是在思维活动中是否善于严格地估计思维材料和精细地检查思维过程（包括自己和他人的文本）的智力品质。这一品质要包括有分析性、策略性、全面性、独立性（不盲从）。

第五，思维的敏捷性则指思维过程的速度和效率。即我们常说的机敏、机智、快速应对等。

笔者认为，这里所说的思维的品质是指人通常的思维，即前面所说心理学家认为到 15 岁左右基本形成的思维、思维机能。普通人完全可以通过学习和训练使思维具有较高或相当高的上述思维品质。我们普通人的思维（有些逻辑学家为区别于“辩证思维”称它为非辩证思维）完全可以深入地思考、抓住事物的本质和规律，预见事物的未来发展。心理学家所说的思维的灵活性也指普通思维而言，抽象概括分析和综合是普通思维固有的，发散性和收敛性也都是普通思维所能做到的。其他如思维的创造性、批判性、敏捷性都并不是只具有辩证观的人才有。可以说，学好了辩证法，头脑里有了辩证观，能够使思维品质有所提高，如运用矛盾分析能帮助揭示事物的本质，认识某些事物本质中矛盾着的方面和关系。但也不是说揭示事物本质事事都得矛盾分析。前面提到的《院士思维》中的多数院士的文章并没有这方面的亮点。这就是说，辩证观能提高思维的品质，但它并没有使上述思维品质辩证化。这就是说辩证观的运用并没有使人的思维性能具有辩证性和辩证化。

三、所谓具体概念或概念由抽象上升到具体不是辩证思维的特征。具体概念不能参与思维而形成辩证思维

概念由抽象上升到具体，首先这是个认识论领域的问题。这里沿袭的是黑格尔的用语。所谓抽象概念，指反映事物个别或部分规定性的概念。形式逻辑中用属加种差定义的概念就被称作抽象概念。具体概念则是许多规定的综合。抽象概念、具体概念实际说的是对事物的认识的发展深化和丰富。这里的思维运动就是认识的运动。其次，说它是思维的运动，那么这种由抽象上升到具体的思维运动首先或主要是集体或人类的思维运动，也就是人类科学史。所谓具体概念（它是相关于重大课题的对象，日常琐事和桌椅板凳无所谓具体概念）是科学家集体智慧的结晶。再从时间上说，在科学领域，一个概念、理论的发展常常需要几年、几十年甚至几代人的努力。因而具体概念、思维的上升，一般不是指当下的个人的思考过程。这种发展绝不是几个科学家、思想家坐在那里开几天会想出来的。黑格尔的“绝对理念”的发展，也是他几十年想出来的。马克思的《资本论》的写作既是吸收先前的经济学家的思想成果，也是马克思多年思考的结果。我们普通人更是情况复杂，我们绝大多数或几乎所有概念都是借助学习和交流而获得的。当然我们也通过实践而丰富加深对事物的认识，但我们也可能要不断校正改正我们原来的一些认识，而改变我们原来已有的某些概念，如“商品输出”“资本输出”。还有是我们对有些东西的理解是越来越糊涂了。因而我们的一些概念在我们个人那里常常是七上八下，并非都是一律上升。

其次，所谓具体概念参与我们的思维运作吗？如果辩证思维是以具体概念作为思维的细胞，则它就应该参与思维的运作。那么具体概念参与我们的思维运作吗？我们看看心理学上的说法。心理学研究表明，人的概念具有分类功能、推理功能、联结功能、系统功能。分类功能是指人通过概念可以把

当前事物归类到一定类别之中，通过在头脑中提出相关知识，对它作出适当的反应；推理功能是指，人通过概念对事物进行归类、提取相关知识后，人们就可以对当前的情景作出解释；联结功能是指，在人的知识系统中，概念之间存在着复杂的关系，概念通过联结而形成语义网络。如当知道“黑色”和“木板”两个概念的含义，就大致可知道“黑板”的含义；概念的系统功能是指，人借助概念进行交流，使人们能直接利用概念学习知识。心理学所分析的具有这些功能的概念，实际就是我们一般人头脑中的概念，人们用不着使用由抽象上升到具体的“具体概念”来分类和推理。两个“具体概念”的联结可能要遭遇不好克服的困难，因为它们的规定性太多。用具体概念作为思维元素形成的思想将使人们间的交流产生无穷的障碍和烦恼。因而可以认为，在思维的运作时并没有具体概念的参与。那么，没有“具体概念参与的思维，还是辩证思维吗？”

四、运用辩证法和辩证观于认知活动，不能由此而产生出辩证判断这种辩证的思维形式。所谓的辩证判断不是当下思维所运用的判断形式

有学者列举出这样一些辩证判断：“社会主义生产关系和生产力又相适应又不相适应”“帝国主义和一切反动派是真老虎又是纸老虎”“运动是物体在同一瞬间既在一个地方，又不在同一个地方”“光是粒子又是波”。按照有些逻辑学者的说法，这些判断都具有矛盾的形式，即“S是P并且S不是P”，或“A并且非A”。尽管这种分析并不准确恰切，我们姑且接受这种笼统和含混。我们所回答的第一个问题是，上述这些判断都不是运用“A并且非A”这类判断形式思考或框套出来的。它们是一些思想认识，这些思想认识实际是人长期实践认知的结果。像“光是粒子又是波”，是几百年对光的研究得到的结果。“一切反动派都是纸老虎”是毛泽东长期革命实践和对人类历史长期反思的结果。笔者还认为，所引这些判断实际是这些思想认识的简要表

述。从形式看，这种表述可以使用“A 并且非 A”的形式，它们的思想内容则比这种简述要明确得多。例如“一切反动派是纸老虎又是真老虎”，它的原意毛泽东在“一切反动派都是纸老虎”一文中说得清楚，那就是反动派从长远看从历史发展的规律看都要被推翻，但他们还一时强大，对它们的斗争还必须认真对待。这样也就引出他说，“在战略上我们要藐视一切敌人，在战术上我们要重视一切敌人”。这里的确有辩证法，但这里展现的是符合辩证法的思想。被看作所谓的辩证判断只不过是这类辩证思想的简要表述。其次，不用这种简要表述或者不用这种所谓辩证判断形式也能把辩证思想说得准确明白。这就是说，用普通的判断形式，用形式逻辑所分析的判断形式，完全可以构思和表述人们的辩证思想。上面的“一切反动派都是纸老虎”，是毛泽东一篇文章的题目。它的内容就是讲纸老虎、真老虎、战略上藐视和战术上重视的辩证关系的。但通篇全文，没一句“A 并且非 A”这样的话。这里是有“战略上我们要藐视一切敌人，在战术上我们要重视一切敌人”这句话，它也被一些学者称之为辩证判断。但这句话明明说的是从两个方面看待。这里有辩证思想是真，但根本谈不上存在形式逻辑意义上的矛盾。毛泽东的《论持久战》是分析敌我双方矛盾的，层层面面，都着重矛盾分析，但这篇长文也根本没有什么辩证判断形式。最被有些学者称作经典性的辩证判断是“运动是物体在同一瞬间既在一个地方，又不在同一个地方”。实际这也是关于机械运动的简略描述，它省掉了运动着物体因受力而运动的因素或方面。这就是，运动因 A 力使它在一个地方又因 A 的后续力 B 使它离开这个地方。因而我们可以结论地说，什么样的复杂的辩证思想都可用形式逻辑所研究的思维产生，并形成和体现为形式逻辑研究的判断形式。运用辩证法并没有使思维产生出辩证的判断形式。第二个问题是，如果真有这样的辩证判断形式，人们能用它来进行当下的思维判断吗？本文前面说过，把思维中的联结词（思维算子）“并且”改换成“辩证并且”，而没有相应地配套改变其他算子“或”“如果”“那么”等的含义，将造成思维运作上的混乱。我们这里再说，我们能用这样的满篇的纯辩证判断形式来思维来推理吗？笔者笨拙，想不出这样的实例来。但若用这样一类语句构造一个三段论，“运动是物体在同一瞬间既在一个地方又不在同一个地方。张三跑步是运动着的物体，所以张三跑步是在同一瞬间既在一个地方又不在同一个地方”，那么这个三段论是普通三段论还是辩证三段论？笔者看来，这是一个普通三段论，不能称其为辩证推理形式。那么问题来了，有辩证判断而不能有相应的辩证推理，这逻辑上能说得通吗？因而，如果“辩证判断”不是当下思维而是长期认识得到的思想，如果辩证判断进不了当下思维运作，或者进入当下思维运作会引起混乱，或者进入当下思维运作并没有改变原来思维的形式（如前述推理），那么结论很显然，不存在这种具有辩证判断形式的思维。

五、辩证思维规律的存在值得怀疑

迄今为止，我国学者提出上几十种所谓的辩证思维规律，这种规律从生的情况使人怀疑这些辩证思维规律的来历。它们是从实有的辩证思维中总结出的吗？问题困难在于，没有辩证思维不会有辩证思维规律，而没有辩证思维规律又不能有辩证思维。因而从辩证思维中去总结出、抽象出辩证思维规律看来不太可能。那么这么多辩证思维规律是怎么提出来的呢？从实际提出的这些规律看，它们似乎是遵循着两条原则制定出来的。这两条原则是：

（1）既仿照辩证法，又仿照形式逻辑的思维规律（同一律、矛盾律、排中律）；

（2）既区别于辩证法又区别于同一律等思维规律。

如有具体同一律、对立同一律、辩证矛盾律、辩证充足理由律等，它们似乎都满足上述两条原则。当然也有学者提出一些只围绕辩证观的思维规律，如有能动转化律、周期发展律、整体综合律、具体再现律、抽象上升具体律，笔者认为这些似乎是就认识论方面而考虑的。因而从学者们所提出的这些规律的不确定性看，辩证思维规律离正式作为思维规律的资格还为期遥远。还有些学者认为辩证法的规律也是辩证思维的规律，辩证思维并没有自己独有的规律。这种见解和那些主张辩证思维有自己独特的思维规律的人实际并无很大分歧，因为后者所提的辩证思维规律也没有离开辩证法的范畴。这样也就必然是，一切关键在于运用好辩证法。辩证法用好了，辩证观起作用了，人们就能有辩证认知。当辩证法用不好，或根本不懂辩证法，头脑里没有辩证观时，在人的认知活动中，辩证思维规律也是没法派上用场的。辩证思维规律，有了它并不能就有辩证思维；没有它，人们也可以有辩证认知。这是说，所谓的辩证思维规律和所谓的辩证思维实际上没有什么关系。

从上述总结起来说，辩证法、辩证观的运用并没有使人的思维运作发生整体性的本质性的变化。那种有自己独特思维形式和独特思维规律的辩证思维是不存在的。这样，辩证思维是什么思维的高级阶段也就无从谈起了。

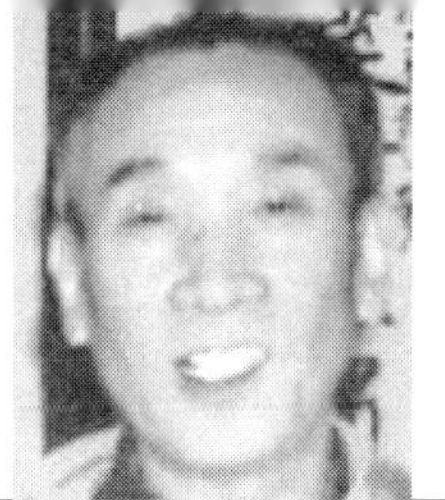

品墨三味*

宋文坚

[主编按语] 本文对《墨经》之"原意"所做阐释，推动着对世界三大古典逻辑：古希腊亚里士多德的形式逻辑、古印度的因明逻辑和中国先秦的墨辩逻辑之比较研究。尤其，文中对"论辩学和逻辑学是两门不同的学科"的论述，"从论辩学的研究有可能触发逻辑研究，但也可能不会触发逻辑的研究。这里关键是怎样看待和处理论辩学研究中所触及到的逻辑问题。……"表明作者立足于逻辑学的现代发展路向，开发传统资源，切实地将其融入现代逻辑学。其意义绝不限于逻辑学和逻辑史研究，它对发掘传统精华用于创建现代中华文化，如何开拓宽阔的多元视野，给予十分可贵的理性启迪。对包括《墨经》的以儒学为主流的传统典籍义理，给予符合原意的解释，或考据性的历史解读，这为开拓多元视野、给予现代解释或与现代接轨奠基。否则，对古今、中西一味牵强比附，这种违背实事求是的理论，反而与现代多元视野相逆。

"墨"指《墨经》六篇。品墨是我读墨的所感和所惑，笔者为读墨新学，谨将这些零碎所感、所惑敬就教于中国逻辑史界诸先生。

---

* 本文原载《哲学门》第十卷第二册（总第二十辑），北京大学出版社 2010 年版，第 271—283 页。

一、墨辩是供墨派论辩所用的学问

《墨经》是讲墨辩的著作。墨辩是一种论辩之学，后世人称之为墨辩，即墨派的辩学。这是中国最早创建的一门对论辩有较系统考察的学问，也可称得上是中国最早建立的一门学科。墨辩有它明确考察的对象、角度和方法，并对这门学问的功用作出了周全的陈述。墨派对辩的研究适应了当时的社会需要，大致也和先秦诸子百家对辩的见解相合。

（一）对辩学对象的考察

《墨经》对辩的对象的考察，包括辩的含义、辩的常态形式、辩的方法、辩的规范和规矩。

1. 辩的含义

《经上》和《经说 · 上》说："辩，争彼也。辩胜，当也。""辩：或谓之牛，或谓之非牛，是争彼也。"针对庄子"辩无胜"，《经下》说："谓辩无胜，必不当。"很明白，辩就是争论和争胜。不能把这里的辩和逻辑混为一谈。逻辑不研究争和胜，而墨辩中却的确讲了不少制胜之法术。

2. 辩的常态形式

辩不是小孩子斗嘴，重复着简单的肯定和否定。辩是辨明是非，得讲出道理。这就是用辩来出故、明理、察类。出故、明理、察类就是辩的常态形式。辩，就是争论双方或一方提出的故、理、类对不对。《大取》所说的"辞以故生，以理长，以类行"，《小取》说的"以类取，以类予"，就是对辩的这种常态形式的描述。

"辞以故生"。"辞"就是一方的论点、见解、看法。"生"就是提出论点，即立论。立论要有故：为什么提出这个论点，这样讲的原因、根据是什么。《经上》说："故，所得而后成也。"《经说 · 上》说："小故，有之不必然，无之必不然""大故，有之必然，无之必不然"，讲的也是辞以故生，立辞、生辞要建立在事物间的这种条件联系上。

“辞以理长”。“理”是事物之理、事情之理，即道理。《大取》说：“今人非道无所行……不明于道，其困也可立而待也”，这里是以行道来譬喻讲理。道是循而行之，理是据理而使论点展开。“以理长”，就是在论辩中要讲出理，要言之符合事物之理、事情之理，使人觉得讲得有道理。“长”就是展开，展现和增长辞、论点的充分性和说服力。

“辞以类行”。这里的“类”在《大取》中有专门的解释，“夫辞以类行者也，立辞而不明于其类，则必困矣”。接着就是列举什么是类，怎样辞以类行，“故浸淫之辞，其类在鼓栗。圣人也，为天下也，其类在追迷子。或寿或卒，其利天下也相若、其类在誉名。一日而百万生，爱不加厚，其类在恶害。……兼爱相若，一爱相若，其类在宛蛇。”我们看到，这里讲的每一“类”都不是类属的类（《墨经》其他地方也讲过事物类属的类），而是情况、事情、事理的相若、类似。“辞以类行”的“行”就是行得通。“辞以类行”，就是通过举出若干相类似的情况、类似的情理使自己的立论、观点得到普遍的赞赏，征服听众，折服对方，从而使自己的立论被接受。《小取》说的“以类取，以类予”也是这意思。“取”“予”都是借助、通过之意，即举类。举出若干相类似的情况、情形作为佐证。先秦诸子“善辟”，举类、用辟成了他们的重要辩说方式。《墨经》提出“辞以类行”“以类取、以类予”就是对先秦论辩常态的总结。

《小取》说的“以名举实，以辞抒意，以说出故”，也是辩的一种常态。偏重辩的语言运用。辩，就是要作好用名表示事物，用词语表明自己的见解，用论述论证讲明事情的道理、原委。此外，这里还包含了论辩中的一些要求。论辩双方要明确所使用名词的含义，把辞、论点的意思讲清楚，把自己言论的根据讲清楚。

上述《墨经》关于辩的常态的说明都是针对论辩的，是把辩作为对象的一种表述。学界有多人把《墨经》上述言论解读成《墨经》中的逻辑语言，敝意不妥。故、理、类都不是逻辑的对象。名、辞、说虽可看作逻辑研究的对象，但以名举实、以辞抒意却并不是逻辑干的事。此外《墨经》中也没有怎么讲以说出故，就像讲推理、证明而不讲怎样进行推理证明一样。何况逻辑也根本不讲怎样推理，它讲的只是那些推理有什么形式和有效规则。

3. 辩的方法

“辟”“援”“推”“侔”是《小取》提出的主要的论辩方法。“辟”，“举他物而以名之”，这就是举类，举其他相类似的事、物来作出说明。“援”是援引对方的话作为自己讲话的根据，“子然，我奚独不可然也？”“推”，“以其所不取之同于其所取者予之也”，这是一种反驳方式，是用论证或证明对方之所取和所不取的同一来对付对方。“侔”，“比辞而俱行也”，是比照、比对（依据）一辞而得出能成立的另一辞。辟、援、推都是在有论谈对方的情况下的语言交流活动，即举例给你看，援引你的话作我的论据，驳斥你的自相矛盾。显然这是一些在论辩中用来对付论敌的方法，而且是一些只能灵活运用的方法。辟、援、推都没有确定的形态和固定的程式，把它们当作推理来分析是很困难的。从《墨经》对这些方法的解释看，《墨经》也没有把它们当作推理来看待。

《墨经》中还提出“或”“假”“效”“止”。根据《小取》的解释，它们也是论辩中使用的一些方法。“或”是不尽然，这可用于驳，即用特称肯定（否定）来反对全称否定（肯定）。“假”是提出假定、假设来构设新的思路。“效”是提出法效来制约对方。“止”，也是种反驳方式。《大取》说：“止，彼以此其然也，说是其然也。我以此其不然也，疑是其然也。”疑，就是质疑。“疑是其然也”，就是对于对方提出的说法提出质疑。

侔，是一种论辩方法，同时也可以看作一种推理。作为推理形态的侔，它类似于传统逻辑中讲的附性法。但严格说来在正宗的逻辑中并没有附性法的地位，它没有形式有效的规则，从形式上分析不出“蚂蚁是动物，因而大蚂蚁是大动物”有什么不对。《墨经》其实也没有把侔当作可作形式有效性分析的推理，它讲的却正好相反，讲侔要慎用，它不太可靠。《小取》说，

“夫物有以同而不率遂同”“其然也，有所以然也。其然也同，其所以然也不必同。”这是说，两物或两事可以相类相同，但造成它们的原因却可能不同。天下雨可以地湿，洒水也可地湿。因而它说“侔之辞也，有所止而正”，否则侔就会“行而异，转而危，远而失，流而离本”。就是说，做了会出差错，用反了就会危及自己，用得过分就会失败，随意使用就会脱离原来本意。那么怎样才能正确运用侔、辟等这些方法？《小取》说，讲话要看到事情、事物“多方（面），殊类、异故”“不可偏观也”。显然，这里涉及的是认识内容，而非思维形态的结构。“止而正”靠审察所论及的内容，而不能依靠言辞的形式。因而说明《墨经》这里是在讲辩论方法的运用，讲解论辩的一些要领。《墨经》是讲论辩方法而不是讲逻辑，这可以从《墨经》对侔的不正当举例看出。例如《小取》把“车，木也。乘车，非乘木也”“且斗鸡，非斗鸡也。好斗鸡，好鸡也”“人之鬼，非人也，兄之鬼，兄也”等等都当作正确的言辞来举例，但严格讲来，它们在逻辑上都不通。至于那些来自语言习惯、语言约定的命题，如“居于国，则为居国，有一宅于国，而不为有国”“桃之实，桃也。棘之实，非棘也”“之牛毛黄，则谓之牛黄，之牛毛众，而不谓之牛众”，等等，更没有多少逻辑道理可言。这让人觉得，似乎《墨经》还在教人如何在论辩中怎样耍花枪。

4. 论辩的规矩守则

《小取》讲，“有诸已不非诸人，无诸已不求诸人”，这可以看作当时百家论辩时应遵循的操守和守则。孔子讲“己所不欲，勿施于人”其实也有这个意思。春秋战国时，有“君子之辩”和“小人之辩”，后者是花言巧语，“巧言令色”。君子之辩，一是辩的目标宏伟，治国爱民；二是辩的操守高尚，不胡搅蛮缠。《小取》这两句话针对的完全是辩论中应有的规范来说的。

5. 辩论中依据的一些思想观念和知识

《墨经》中列举了相当多关于社会、政治、人生、伦理等方面的论点、陈述，如：“凡学爱人，爱众世与爱寡世相若，兼爱之，有相若。爱尚世与爱后世，一若今世之人也”“贵为天子，其利人不厚于匹夫”“利之中取大，非不得已也。害之中取小，不得已也”。关于这类问题的观点，在《大取》中尤为集中。如果说《小取》是讲辩的方法、形态和作用的，那么《大取》可以看作墨派为宣扬墨子学说，在辩论时选取故、理、类的根据。在《经上》和《经下》中，列着大量有关事物知识的命题以及对诸多名词的解释。《墨经》的这部分著述当也和辩有关。知识可用来参与相关论辩，而名词解释则可用于明确论辩中使用名词的含义。

6. 关于论辩的社会功能和认知功能

春秋战国时期学派纷起，诸子各家都提出了自己治国平天下的学说，并且为自己的学说能取得实用而游说各方，为自己的学说的正确性进行宣传和论辩，因而论辩风盛起。各家都有对辩的讨论。他们讲的辩，就是论辩。各家都认识到论辩有重要作用。如孔子在《论语·子路》说的“一言可以兴邦，一言可以丧邦”；荀子说“君子必辩”，意思是，辩有君子之辩和小人之辩，“君子辩言仁”“小人辩言险”，因之君子有辩的责任；孟子也讲“我岂好辩哉，予不得已也”，这都是讲辩的社会功用。墨派那里“辩”这个词，指的也是辩论，而无其他含义。墨派对论辩的功能做了最全面的概括，他们不仅认识到辩的社会功能，也认识到辩有重要的认识作用。这就是《小取》开篇的“夫辩者，将以明是非之分，审治乱之纪，明同异之处，察名实之理，处利害，决嫌疑。焉摹略万物之然，论求群言之比。”这里的审治乱、察名实、处利害、决嫌疑，都分明是讲辩的社会功能。其余，明是非，明同异、考察万物之然，求群言之比，涉及人思想认识的正确、错误。因而《墨经》谈到了辩的认知功能。《经上》《经下》以及《经说》上下，罗列了许许多多林林总总的词条和解释，正是为辩的认识功用而设的，这是其他诸子所没有明确的。

（二）《墨经》考察论辩的视角和方法

辩、辩论、游说都在于用理来服人，用举类来影响和使人信服。墨派对辩的态度是鲜明地主张正当之辩，反对诡辩。辩为了明是非，为了求万物之然，为了深入明辨事理。辩不是花言巧语蒙骗人于一时。因此其视角必然是重视辩的内容，重视事物的因故和情理、事理。因而墨辩主张把辩的力度花在内涵方面，这也是辩的本身特性使然。

《墨经》以这样的角度来研究论辩，由此也产生对辩的研究方法的特点，即内涵方法。这些方法主要有释义方法、例举方法和对比方法。

释义方法就是讲究语义分析，这表现在《墨经》提出的对名词、概念、论点、观点等命题的解释说明。《墨经》中还有关于语言的歧义、偷换概念、语言习俗等的分析研究。《小取》中对侔、辟、援、推等论辩方法的说明用的也是内涵角度和内涵方法，强调事物多方、殊类、异故，不可偏观，就是强调使用这些方法时要重视内涵。《墨经》没有对这些方法的形式分析，对语形类似的命题也重在考虑它们的内涵方面。《小取》所说用侔有“或是而然，或是而不然，或不是而然，或一周而一不周，或一是而一非”，都是说由于内涵方面的不同而导致命题的区别，要分析关键词的内涵才能看出类似的命题何以会有不同。

例举方法是先秦名辩诸家喜爱使用的方法。先秦“好辟”，因为它效果好。《墨经》讲举类，“以类取，以类予”，《墨经》对辩的研究也使用着例举、举类。《小取》对辩做的种种说明，很少讲道理，都是用举类、例举来完成任务，几乎通篇如此。显然，举类、例举也属于内涵方法之列。

对比方法也是一种重要的论辩方法。《墨经》中所说的援、推，也是建立在对比基础上的。对比方法也用于《墨经》对辩的应用研究，表现为在辩中对事理做对比说明。如把“天”与“圣王”比，把天子与匹夫比，把君子和小人比，把这一事理和那一事理比。如“贵为天子，其利人不厚于匹夫”“利之中取大，非不得已也，利之中取小，不得已也”“利爱生于虑。昔者之虑也，非今日之虑也，昔者之爱人，非今日之爱人也”。《大取》对“同”“异”的陈述，也巧妙地运用了对比方法。对比方法是以其内容之可比照，因之也是一种内涵方法。

从《墨经》研究辩使用的方法看，它没有形式的视角、角度，没有考察辩的形式方面，没有把辩当作一种形式方法。

二、《墨经》中的逻辑学研究

从前面分析，可以看到墨经对论辩作了较全面的考察，提出了对当时和今日都很有意义的论辩学说。我们知道，论辩学的研究和逻辑学的研究有密切联系，在西方逻辑发展史上就是这样。这里说的逻辑研究，大致是说，逻辑是研究推理这样的思维的形式原则的。逻辑研究乃指对这类形式原则作出的考察。这是我们今天对逻辑研究的理解。尽管我们对逻辑发展史上的逻辑研究有相对较为宽泛些的理解，把定义、证明、思维规律、谬误的研究考察也归于逻辑的领域或逻辑研究的范围，但这种范围的扩大并未掩盖逻辑的主体和逻辑的实质。

在亚里士多德以前的古希腊时期，论辩已成为一种学风。论辩大致是哲学家、思想家们的事。他们通过论辩来讨论哲学问题，以及一些抽象性的伦理学问题。论辩的题目是如“什么是存在”“什么是相”“什么是勇敢”“什么是善”这类问题。论辩常采用对话式。即一方提出一个论点，由另一方提出诘问，使问题一步步展开，最后或能求取一个正确结论。这种论辩也产生了一些方法，如苏格拉底通过对话来进行从个别、特殊上升到一般的归纳方法，通过对话来作出事物定义的方法。柏拉图有所谓组合与划分方法，这一方法是为了求得一般概念和定义，由两个过程组成：一由一般的东西下降到特殊的东西，由属下降到种；二由特殊的东西上升组合为普遍一般的东西。这一方法对亚里士多德发现三段论有直接关系。此外，在古希腊的论辩中还提出一种称作论辩术的方法。它是先假定对方的论点 P 是正确的，然后用对话引申出 P 的推论 Q，再用对话证明 Q 错误，从而也就逼使对方承认论点 P 是错误的。这和我们今天逻辑中说的反证法、归谬法的道理和形式是一样的。这也是亚里士多德建立他的三段论体系时所用的化归方法。正是西方逻辑史上这些论辩研究给古希腊逻辑研究以重要激发和推动。

亚里士多德的逻辑研究和他研究论辩有直接关系。据专家研究，亚里士多德的逻辑著作《工具论》中的《论辩篇》(亦译“论题篇”)早出于他的三段论研究《分析篇》。从《论辩篇》我们很容易看到亚里士多德的论辩研究向逻辑研究的过渡。这就是对命题间关系的形式分析。

前面提到的苏格拉底和柏拉图的归纳方法、定义方法、划分与组合方法，都是建立在对命题作分析的基础上的。亚里士多德的《论辩篇》，通篇是讲论辩的，是由关于如何立论、如何立驳的几百条提示所构成的。它所提供的指导，是从分析论辩中的命题包括论题和论据入手。他所分析的命题是直言命题，从而提出了他的四谓词理论。由四谓词进到主谓词的属种关系。从而由对命题分析进到对命题的形式分析，也由此而接触到逻辑的核心、推理形式的分析。《论辩篇》是除了《分析篇》外,《工具论》中进行了最多逻辑研究的著作。《论辩篇》虽未出现三段论这个名称，却讨论了三段论的诸多方面和较多的原则，而且都是抽象的形式分析。例如，“如果没有一个属的种差来表述被设定的那个种，属也不会表述这个种”“分有属的东西必然地要分有属的某个种”。这里实际上在讨论三段论了。

然而，论辩学和逻辑学是两门不同的学科。从论辩学的研究有可能触发逻辑研究，但也可能不会触发逻辑的研究。这里关键是怎样看待和处理论辩学研究中所触及到的逻辑问题。这些问题包括：论辩中提出的论题、论据的命题形式，这些命题中的联结词、量词，这些命题形式间的关系，论辩中使用的概念的内涵和外延，如何定义一个概念，论辩中的推理、推论的种类、推理的形式，论辩中的形式谬误、思维规律,等等。能从逻辑的角度看待和处理这些问题，就能从论辩学的研究中开拓出一门新的研究领域，这就是逻辑学。所谓有逻辑的角度就是研究者的研究视野中要明确到上述方面应是一些可研究的东西，可以作为研究的专门对象。

我们看到，在《墨经》中没有展现出有这方面的视野。一是墨经没有提出命题形式这一概念。墨经对辩论方法的分析是认识论的角度。它太专注于内容和事物方面的问题。辩就是要搞清事物、事情的故、理、类；强调论辩方法要依从事物的情况，要看到事物的多方面、殊类和异故。例如墨经很重视举类、用辟，把它们当作重要的论辩方法。但墨经讲的举类、用辟都得从内容方面来做。这样就影响墨经去关注表述故、理、类的命题的形式方面，从而失掉逻辑的视角。因此尽管《小取》在讲侔时使用了大量的事例命题，这些事例命题的形式方面已经昭然在目，给人以显明印象，但《墨经》却没有把这种形式的东西当回事。二是墨经也没有提出推理这一概念，更没有提出推理形式这一概念。讨论论辩、论证和讨论论辩、论证中使用的推理是不一样的。讨论推理要先悟到有推理这个思维形式。墨经可能没做到这一点。墨经考虑的是论辩中如何出故、明理、察类。它的或、止、效、假、辟、侔、援、推主要是作为方法提出的，讨论的着眼点是他们的方法论的层面。从而没能进到逻辑的核心。三是墨经没有"有效性"这一概念。有效性和推理形式联系在一起。墨经中有"效"这一说，但这是作为一种单独的论辩方法提出的，和推理形式不相干。四是墨经没有定义的概念。它罗列了许许多多类似定义的词条，这些词条有些已具备定义的格式，属加种差，但墨经却没有把定义本身当作一项方法来考察。定义本身的研究可以触发对命题形式的研究，这也是进到逻辑研究的机会之一。命题形式、推理、推理形式、有效性、定义乃是逻辑的核心概念。这些概念的缺失，显然难能使墨经把这些概念表示的对象当做自己的研究领域，因而它也就与逻辑研究失之交臂了。

应该说，墨经也接触或提出了一些宽泛理解上的逻辑问题。如我们所说的思想规律：矛盾律、排中律。如"或谓之牛，或谓之非牛，是争彼也。是不俱当，不俱当，必或不当。""辩也者，或谓之是，或谓之非，当者胜也。"遗憾的是墨经只把它们和"争""辩"联系着，而没有看到它们在人思想、思维当中的地位，不像亚里士多德对之说得那么响亮，称它们是"一个最确实的原理""一切信条中最无可争议的""一切原理中最确实的原理"。再如，墨经提示和举例说明援、辟、侔、推这些方法使用不当会行而异、转而危、远而失，流而离本，这有防止和揭露论辩中谬误的意思，可称得上对谬误的研究。但这些“不当”如果可说是谬误也只是一些涉及语言方面的谬误，实质性的谬误、而非形式谬误，因而逻辑意味不大。墨经中还讨论了“所有”“或（有些）”这类量词，按说这该能闯进到命题形式的分析，但墨经仅仅把它们当作孤立的词语来表述和看待，没有把它们和命题关联起来，当作构成命题的成分来研究，从而失去接近命题形式这一概念的机会。还应该说明，尽管思维规律、谬误研究对人的思维有重要意义，但从思维规律和谬误的研究却难以激发出形式逻辑来。

从上所说，我们从墨经中品不到有多少逻辑研究的感觉。墨经中的逻辑和我们今天对之弘扬的不怎么相称。

《墨经》没有跨进逻辑研究的门槛，可能还有以下一些原因。一、墨子和墨派是一些搞政治的思想家，他们搞政治还得自己养家糊口。此外墨子一生为天下太平、百姓安乐，为实现他们的政治理想而奔波、游说、呼号，不像亚里士多德坐在家里一本一本地写书，拿着讲义到学园讲课。学术论著大都是学者们写出来的。什么战争论、兵法都是军事理论家写出来的，而不是一生戎马、南征北战的将军们写出来的。墨子、墨派虽写了墨学六经，总结了些实用的论辩技巧，却无暇安下心来去探讨离论辩术还远的逻辑学问题。二、战国时期百家争鸣的辩论都属于政治、社会问题的辩论。这种辩论，容易形成种种社会学说和学派，出现一套一套政治策略和治国方案，但却难以建立各类科学。这点似乎和古希腊思想家们的作为不太一样。亚里士多德写了政治学、物理学、诗学、动物学、植物学、天象学、哲学、逻辑学等。这是只有搞理论型的思想家们才能有的作为。逻辑是一门构造性的科学。以先秦的时代背景，难以有人会去做这样的理论构造。

三、几个懵懂

中国逻辑史研究有较多问题让笔者困惑。对于这些懵懂，笔者几经思索，有了一些想法。下面试述其三。

（一）关于东、西方人思维方式问题

有学者认为，古代东、西方人思维方式不同。西方重分析、推理、证明，东方人重类比、重形象推理。墨经考察的是东方人的思维逻辑，传统逻辑考察的是西方人的思维逻辑。

我觉得这里可能是把思维方式和思维、思维机能弄混了。思维方式和思维（亦即思维之机能）是两个概念。东、西方人的思维方式可能有差异，这与东、西方人在一些观念上不同有关。很多思维方式是受观念影响和支配的。例如，所谓辩证思维就是人们的辩证观点影响和支配的。但也有传统和工作性质方面的问题。墨家以及诸子百家善用辟、类比、举类来讨论问题，喜欢讲故、理、类，喜欢使用侔、推。但这只是这个群体和他们在论辩时的情况。这是他们的工作思维。这和当时的普生大众的日常思维及政治家们的工作思维甚至也包括诸子百家们的整体思维是不一样的。在后一种思维中，他们都要进行正常的推断、推理、推论。使用由联结词“或”“且”“如果则”“非”以及“所有”“有些”“是”“不是”这些逻辑词作构件的命题形式来反映事物，进行分析、综合、抽象、概括，作出判断、推断和推论。这种思维活动形式，或这种思维机能是由客观外在事物及其关系的种种性质在大脑反映的结果，古今中外，概都一样。而且，这种思维机能在人的历史进化中已作为智慧基因而代代相传。因此人们的思维机能是一样的，没有东、西方人之分。西方古之人有什么命题形式、推理形式，东方古之人也会有同样的命题形式。东方现今之人能接受西方古之人研究的复合命题推理和三段论的逻辑训练而毫无障碍，水乳交融，就证明，东方古之人和西方古之人的思维机能是完全一样的，他们有着共同的思维形式的结构，思想时使用着相同的命题形式和推理形式，不同的只是，亚里士多德研究了三段论，用分析方法构造了三段论体系，斯多噶派研究了复命命题推理，而我们的先秦诸子们这时在忙于国家大事、挽救芸芸众生罢了。

（二）用现代逻辑对墨经作比照研究的问题

用西方传统逻辑比照墨经，比照出了一个墨经逻辑学。现在又有学者提出用现代逻辑来比照墨经。这些学者说，对墨经用现代逻辑来考察，就更能显出它是逻辑。

笔者赞成用现代逻辑的观点和方法来分析《墨经》，正像赞成用现代逻辑的观点和方法来分析传统逻辑中的问题一样。卢卡西维茨用现代逻辑的观点和方法分析亚里士多德三段论，建立了一个有别于传统逻辑的新的三段论系统。我国也有学者做了这方面的工作，得到了三段论的一些新特点和结果。但对墨经能做出这样的结果吗？下面笔者对学界的这类分析做些考察。

1.《经说·下》中有“正名者，‘彼此彼此’可：‘彼彼’止于‘彼’‘此此’止于‘此’，‘彼此’不可‘彼’且‘此’也”

沈有鼎先生解释这段话时说：“中国语言里有二名并举的形式，例如‘牛马’”他说，“说‘牛马牛马’等于说‘牛马’，这是‘彼此彼此’与‘彼此’同，所以说‘彼此彼此’可，……说‘牛牛’只等于说‘牛’，说‘马马’只等于说‘马’，所谓‘彼彼’止于‘彼’，‘此此’止于‘此’。正如‘凤兮凤兮，故是一凤’（《世说新语·言语篇》）。数理逻辑中也有 $a \cup a=a$ 这公式。但说‘牛马’不等于说牛，也不等于说‘马’。”[①] 有学者说沈先生这是用数理逻辑来解释墨经，认为“彼彼止于彼”和 $a \cup a=a$ 的思想是一致的。细察沈著原文，他并没有从数理逻辑角度来分析“彼彼止于彼”这句话。因为沈先生不会不知道，这句话从其语境和含义所指，都和数理逻辑毫不相干。沈先生这里只是随意那么一说。正像他说“凤兮凤兮，故是一凤”，不会是说《世说新语》中也有数理逻辑思想一样。

① 《沈有鼎文集》，人民出版社 1992 年版，第 323—324 页。

2. 张家龙先生在《论墨经中侔式推理的有效式》[①] 一文中，对《小取》“白马，马也，乘白马，乘马也”所使用的谓词逻辑作了刻画

从刻画看，是一个有效式。但这可能和墨经的原意不符。张先生是从有效推理的角度来分析侔的。从这一方面说，他把“是而然”和“不是而不然”当作有效推理，把“是而不然”和“不是而然”当作非有效式而从侔中排除，这显然是对的。但在墨经中，侔是作为辩论的方法、手段提出来的。从这点上说，“是而不然”和“不是而然”都可以用来立论和立驳。至于所谓“不是而不然”，实在有点不足道，墨经也根本没有把它放在侔的方法、论式之列。说侔要慎用，也应该是指侔的所有方法而言。即便“是而然”，也不见得普效。例如，用它来套套“白马，马也，恶白马，恶马也”，就不对头。一个人恶白马，可能只是恶白马，不恶其他色马；也可能他就是什么马都不喜欢。因而从“恶白马”既推不出“恶马”，也推不出“非恶马”。

3. 莫绍揆先生在《数理逻辑初步》一书[②] 中用逻辑代数方法刻画了侔

认为侔的“是而然”可表示为 A=B 同时又有 CA=CB。“是而不然”可表示为 A=B 但 CA ≠ CB，“不是而然”可表示为 A ≠ B 但 CA=CB。莫先生还把“是而然”跟“是而不然”“不是而然”做了区分，认为前者是“正常现象”，后者是“不正常现象”。他说，对这些“不正常现象，必须注意区别，否则便会得出错误的结论”。就莫先生所刻画的公式来说，笔者不解的是，莫先生所说的不正常现象，即“是而不然”“不是而然”，它们是侔的推理形式但要慎用呢，还是说它们是些不正确的形式，根本就不能用？如果属于前者，那么他刻画的这些公式显然是互相矛盾的，如何能把它们放到他所说的“首尾一贯、体系完整”的《小取》逻辑体系中呢？如果属于后者，即这些推理形式根本不能用，那么做这样的刻画又有什么意义呢？

---

① 张家龙：《论〈墨经〉“侔”式推理的有效式》，载《哲学研究》1998 年增刊。

② 莫绍揆：《数理逻辑初步》，上海人民出版社 1980 年版，第 168—170 页。

现代形式逻辑有它的发展史，是在具备一定的前提条件下发展起来的。它得先有人工语言和符号演算的观念才能起蒙。而这又是要在传统形式逻辑暴露出不少缺点和它已不能再前进发展的前提下，才能产生人工语言和符号演算的观念。现代逻辑的萌始、发展，和论辩没一点点关系。这告诉我们，把墨辩去和现代逻辑比照，从观念和方法上说都极其勉强。因而要慎之又慎。

（三）对墨辩作逻辑解释的必要性问题

对于一个抽象形式系统作出解释，是给它的符号赋以语义，把这个系统解释成一个实质系统，如布尔代数可解释成命题逻辑或类逻辑。墨经并不是一个抽象系统，它既不抽象，也不系统。它讲了辩学，还讲了一些自然科学，还有是墨家对社会对事理的观点，从总的方面看，也许可以把墨经看作为墨派学说服务的经典。墨经是有内容的，不是抽象符号，它本来讲什么，它就该是什么。自西方逻辑传入中国后，我国学者开始用新的观点来审视墨经，由而整理出一部墨经逻辑，甚而晚近还有发展出数理墨经逻辑的趋向。笔者这里有一个不解。我们中国学界这样的做法是不是在扔西瓜拣芝麻？墨经作为辩学之经，作为辩学，它实在是我们的一份极宝贵遗产。在今天把它好好加以研究，提炼精粹，加以大大发扬，可能很具现实意义。把它当逻辑来捏拿，则另一回事。实在说，逻辑学今天的发展，有如导弹升空卫星上天，墨经中即便有点逻辑，那对于今日的逻辑发展却是一点用处也没有的。

试析孔子“叩两端”的逻辑方法*

欧阳中石

［**主编按语**］　本文就《论语》“叩其两端而竭”，认定其为对有关主题从正、反两方面进行“分析推衍的方法”，即逻辑分析方法。文中指出，《论语》20篇、498章中，明确记载孔子所说原话并从正反两方面进行分析的，大约有80多章。其有理有据的论述，颇具启迪意义的是强调不能把形式逻辑与辩证法混为一谈，“叩其两端”是形式逻辑方法，而根本不是什么“世界观”，谈不到什么“折中调和”或是“辩证法”。否则，将两者混同，不仅会扭曲所论《论语》文本，而且也是把唯物辩证法扭曲、简化以至教条化的症结所在。显然，把“叩其两端”等同于辩证法世界观，貌似坚持其指导意义，实际上有违具体问题具体分析的实质，而使之扭曲为套装或剪裁现实的“教条”。在这个意义上，可以说掌握形式逻辑和辩证法的区别，并予正确运用，这是坚持唯物辩证法指导的根基，也是近20年“国学热”，深化以“儒学”为主流的中国传统文化研究不容忽视的基础性课题。可以说，25年前欧阳中石这篇文章开拓了现代中国

* 本文原载《北京师院学报》1986年第3期，并收入《宗文集二编》（中华书局2004年版）。

“解释学”，即对“传统”予以“现代解释”之先河，在此特向广大读者和研究者推荐，用于深化研究。

《论语·子罕》篇里有这样一段话：

子曰：吾有知乎哉？无知也。有鄙夫问于我，空空如也；我叩其两端而竭焉。

对于这段话，旧注只是说到孔子如何谦逊，对于鄙夫如何穷尽心力；至于如何解决鄙夫的问题则涉及甚少，只是说“终盟本末，上下精粗，无所不尽”而已。

到清焦循，对于这段话作了一番疏证。他在《论语补疏》中说：

此两端，即《中庸》舜执其两端，用其中于民之两端也。鄙夫来问，必有所疑。唯有两端，斯有疑也。故先叩发其两端，谓先还问其所疑，而后叩其所疑之两端而穷尽其意，使知所向焉。盖凡事皆有两端，如杨朱为我，无君也；乃曾子居武城，寇至则去。墨子兼爱，无父也；乃禹手足胼胝，至于偏枯。一旌善也，行之，则诈伪之风起；不行，又无以使民知劝。一伸枉也，行之，则刁诉之俗甚；不行，又无以使民知惩。一理财也，行之，则头会箕敛之流出；不行，则度支或不足。一议兵也，行之，则生事无功之说进，不行，则国威将不振。凡若是，皆两端也。而皆有所宜。得其宜则为中。孔子叩之，叩此也，竭之，竭此也。舜执之，执此也。用之，用此也。处则以此为学。用则以此为治。通变神化之妙，皆自此两端而宜之也。

侯外庐、赵纪彬、杜国庠三位先生在合著的《中国思想通史》中，对于这一问题也作了详尽的训诂、分析和生动形象的今译：

孔子说：我有知识吗？并没有什么知识。不过，遇见那些不明中庸道理的粗陋人，像煞有介事地来向我问难，我只要用诘问法使他们发见了自己概念的自相矛盾，他们便张口结舌，爽然自失。恍然悟出了中庸道理的不可动摇。

最后，三位先生作了结论说：所谓叩其两端，本质上是一种折中调和精神中的矛盾解消主义。

此后也有人作了另外一种分析。他们的今译：

……有鄙夫问我问题，我本来是一点不知道；但是我从他那问题的正反两面去盘问之后，［才能弄明白］然后把问题对他说清楚。

而结论却与侯、赵、杜三位先生所说相反：

“叩其两端”，听正反两方面的意见。从正反两方面来研究，这是合乎辩证法的。

对于以上几种疏解，我觉得都是曲解。旧注虽然举了“终始”“本末”“上下”“精粗”几个相对的概念，然后就转眼到了“竭”字的“无所不尽”，并未道出其“所以然”之故。焦循之说则把“两端”硬和《中庸》的舜之所执拉在一起，前边凡事皆有“两端”，以及举出例子。都无大过，但一定要求其“宜”，而“宜”又一定是“中庸”，则勉强它成为伦理中庸之道的工具。侯、赵、杜三老除了因循中庸之外，把“两端”和“竭”连在一起，解作了“自相矛盾”，于是上升到了哲学上折中调和的矛盾解消主义。“自相矛盾”能是“辩证法”所讲的“矛盾”吗？难道“自相矛盾”是允许的吗？这是把辩证法和形式逻辑混淆在一起的结果。与此对立的则是扬之弥高，说它是“合乎辩证法的”。难道一提到正反两个方面就必然是辩证法吗？我认为这都是不管人家自己本意，强来就我之“范”的做法。

细读这一段文字，就文论文，意思是很清楚的。

首先，孔子自问自答：“吾有知乎哉？无知也。”这已经限定了这里要讨论的内容范围，是“知”的问题。他很客气，说自己又是无知的。后边说到“有鄙夫问于我”，“我”怎么样呢？“空空如也”。这与上边的意思前后相承，的确是无知的。而且从“空空如也”的结语看，“问”字无论如何不合解作“问难”，否则，既是问难，怎能以“空空”作结？如果是来问难，只用“空空”作结，实际上自己已经彻底败论了，还怎么能“叩其两端而竭焉”？所以，只能把“问于我”理解为“请教”比较妥当。

那么，“叩其两端而竭焉”的意思应怎样理解呢？“叩”可以是“问”，也可以是“敲打”，也可以是“发动”之意，也可以是“郑重恳切”的意思。如朱熹有诗云“别袖不忍分，叩叩陈苦词”，结合起来看，可以理解为恳切地发动认真分析。“其”字有人理解为他，即指来问之人。我觉得应当理解为“它”，即要“叩”的那问题。“两端”即问题的正反两方面，就是很好地认真分析那个问题的两个方面。“竭”字基本上是穷尽的意思。这个“竭”可以指对问题分析的穷尽，也可以指那个“鄙大”。既然前边是来请教，当然没有必要让人家张口结舌。从正反两方面进行分析，务求这个分析没有什么遗漏，穷尽这问题的各种可能，这才是在回答问题。

这样看来，很明显，“叩其两端而竭”这是一种分析推衍的方法，根本不是什么世界观，谈不到什么折中调和或是辩证法。

我们必须清楚，绝不能一看到正反两方面便认为是辩证法思想。客观事物本来是有正有反的，人们早就认识到了这一点。对正的负的合在一起进行讨论，一点也没有超出形式逻辑的范畴。

在形式逻辑关于“概念”的研究中，我们看到按是否具有某性质来划分，可分为“正”概念和“负”概念。例如：“学生”是正概念，“非学生”是负概念；“正义”是正概念，“非正义”是负概念。如果按概念能否独立存在来划分，可分为绝对概念和相对概念。绝对概念如“桌子”“国家”。相对概念如“大”“小”“前”“后”。在形式逻辑上正概念与负概念构成一个论域。相对概念也必然形成一个论域。它们都可以理解为正、反两个方面，这是客观事物的必然。形式逻辑正确地反映了这个事实，进行了科学的总结，提出了这样两组概念，我们说形式逻辑包含着辩证法吗？当然不能。因为这是两回事，是两个范畴、两个体系的事，不能混为一谈。

其实，在形式逻辑中，从正反两个方面来进行研究的地方还有很多，如对判断的研究，有各种正判断。而各种正判断又都有它的负判断。各种负判断与其正判断又各有其相应的真价值。这种研究能说是辩证思想的体系吗？当然不能。绝不是形而上学在研究问题时总有正的，没有负的。

辩证法是世界观，承认正与反并不见得就是辩证思想。孔子提出了“叩其两端而竭焉”的说法，我觉得从方法上来进行分析，应该承认这种方法是很有逻辑价值的。

孔子到底是怎样“叩两端”而“竭”地来回答别人的问题呢？我们就从《论语》中去找一下例证，可能对他的这一方法会得到一个比较清楚的轮廓。

在《论语》中记载下来的孔子设教的问题来看，使人自知矛盾而“竭”的，的确不多；而从正、反两方面来进行分析推衍的，却大量存在。《论语》共二十篇，凡四百九十八章。其中明确记载不是孔子所说原话的，置之一旁；只就孔子所说原话者，只须约略一翻，其中明显地从正反两方面进行分析问题的，就有八十多章。现在只举出孔子在回答别人请教问题时的事例来分析一下他“叩两端”的逻辑方法。《论语・为政》记载了孔子关于孝的一段话：

> 孟懿子问孝。子曰：“无违。”樊迟御，子告之曰：“孟孙问孝于我。我对应无违。”樊迟曰“何谓也？”子曰：“生，事之以礼；死，葬之以礼，祭之以礼。”

孔子对孟懿子关于孝的问题的回答是“无违。”在与樊迟一同坐车出门时又对樊迟作了详尽的解释，他说：父母活着的时候，要依据着“礼”的要求来侍奉他们；父母死了以后，则要依据着“礼”的规定进行安葬，要依据着“礼”的要求来祭祀。在这里他从父母的生与死两种情况作了分析，此外没有什么不妥了，可以说是叩两端而竭了。

同一篇里，还记载了一章“子张学干禄”的情节，孔子在回答如何干禄时也用了从正反两方面分析问题的方法。“子张学干禄。子曰：‘多闻阙疑，慎言其馀，则寡尤；多见阙殆，慎行其余，则寡悔。言寡尤，行寡悔，禄在其中矣。’”

在这里孔子把“言”“行”当作了相对应的两个概念，构成了正与反两个方面。两方面都做到了，“言寡尤，行寡悔”了，自然就得到了“禄”。

下一章是哀公问“何为则民服”，孔子也是用了从正反两方面进行分析问题的方法。

“哀公问曰：‘何为则民服？’孔子对曰：‘举直错诸枉，则民服；举枉错诸直，则民不服。’”

在这里孔子举出了“举直错诸枉”和“举枉错诸直”两种一正一反的办法；下边又指出了两种结果。二者必居其一，可见“叩两端而竭焉”。

《论语·八佾》一篇中，林放问礼一章里有这样一段记载：“林放问礼之本。子曰：‘大哉问！礼，与其奢也，宁俭；丧，与其易也，宁戚。’”在这里孔子举出了在礼仪的问题上，有“奢”与“俭”两个相对应的概念，而且明确表示了他的态度“宁俭”。在丧礼的问题上，孔子举出了“易”和“戚”两个相对应的概念，而且明确地表示了他的态度“宁戚”。其实，所举出的“礼”与“丧”，他也是作为正与反两个方面来举出的。

《论语·先进》篇中有一章季路问事鬼神的事：“季路问事鬼神。子曰：‘未能事人，焉能事鬼？’曰：‘敢问死。’曰：‘未知生，焉知死。’”在这里孔子针对着“鬼”而提出了“人”，针对着“死”而提出了“生”。两下一加对应，结论自然便在其中了。

同一篇中还有“子贡问”一章：“子贡问：‘师与商也孰贤？’子曰：‘师也过，商也不及。’曰：‘然则师愈与？’曰：‘过犹不及。’”

在这里，子贡提出了师与商两人谁贤的问题，孔子对每人都给了一个评价，一个是“过”，一个是“不及”。这两个评价恰好构成了一正一反的两个方面。而且这里面并不存在着哪个稍好哪个稍次的问题，孔子认为：“过”和“不及”是一样的。

同一篇中还有“子路问”的一章，更为典型：

> 子路问：“闻斯行诸？”子曰“有父兄在，如之何其闻斯行之？”冉有问：“闻斯行诸？”子曰：“闻斯行之。”公西华曰：“由也问闻斯行诸，子曰有父兄在；求也问闻斯行诸，子曰闻斯行之。赤也惑，敢问。”子曰：“求也退，故进之；由也兼人，故退之。”

孔子在这里对不同的两人，作了不同的分析：他认为冉有平常做事“退”缩，故“进”之；他认为子路平常做事果敢倍人，一鼓即“进”，故“退”之。这正是不同的人不同的特点，采取了不同的分析方法，真是“叩其两端而竭焉”的逻辑方法的具体运用。

《论语 · 颜渊》中有“颜渊问仁”一章：“颜渊问仁。子曰：‘克己复礼为仁。一日克己复礼，天下归仁焉，为仁由己，而由人乎哉？’颜渊曰：‘请问其目。’子曰：‘非礼勿视，非礼勿听，非礼勿言，非礼勿动。’颜渊曰：‘回虽不敏，请事斯语矣，”孔子对“仁”的回答是“克己复礼”，这里面一是“克己”，一是“复礼”；而且还提出了“为仁由己”，根本不能凭“人”。“己”与“人”又是一对相对应的概念。最后更明确地从反方面对仁做了说明：非礼勿视，非礼勿听，非礼勿言，非礼勿动。这就从正反两方面对礼字作了可以“竭”的分析。

同篇中还有一章“季康子患盗”的记载：“季康子患盗，问于孔子。孔子对曰：“苟子之不欲，虽赏之不窃。’”“盗”与“不窃”是完全相反的概念，而“不欲”与“欲”自然也是相反的概念。子之“不欲”招至赏之“不窃”，而子之“欲”必然招至“盗”。两两相对，可谓两端俱应，分析的确够详尽的了。

《论语 · 卫灵公》载在陈绝粮事：“在陈绝粮，从者病，莫能兴。子路愠见曰：‘君子亦有穷乎？’子曰：‘君子固穷，小人穷斯之滥矣。’”

孔子在回答问题时，先就“穷”作了正反两方面的分析，一是君子之穷，一是小人之穷，同时指出了两种“穷”的不同。君子对于“穷”是安然处之的；而小人对于“穷”，则是无所不为了。这样一加分析，对比鲜明，子路的一腔怨气便都自然消弭了。

从以上所举有人来请教而从正反两面分析作答的例子上看，孔子的确是常常用这种方法来解答对方所提出的问题。我们给他归纳一下看：

一类是就所问对具体形式作出正反两端的区分，如孟懿子问孝、子张学于禄、颜渊问仁等，这是“两端同立”；

一类是就所问作出了正反两种分析，而在这两端之中有对的也有错的，如哀公问何为则民服、林放问礼之本、季路问事鬼神、季康子患盗等，这是“两端否一”；

一类是就所问作出了正反两种分析，而在这两端之中，须依据具体情况作不同处理，如子路问闻斯行诸，这是“两端各别”；

一类是就所问的两端都不能承认的，如师商孰贤，这是“两端皆否”。

就以上归类看，两端情况不同。细细叩之，不外四类，而这四类已经穷尽了所有的可能。孔子虽然没有作出这样的区分，但从他的言行语录所载资料看，他的思想相当缜密，在逻辑上说是可以排列成结构体系的。

更可贵的是他的两端论不是来自他的主观之中。他本来是“空空如也”的，而是就来问的两端而作分析的。这种问题来自对方，就对方所问而作两端分析的逻辑方法，应该承认它给人以聪明、开拓人们的认识，所分析出来的各端会给人以考虑的参考，会为人们的抉择提供依据。

如果把孔子叩两端的方法和现在形式逻辑上所提供的负概念、相对概念等的理论结合起来运用，一定会使我们的思维更加活跃起来，会在初一接触的情况下并不陌生而一若宿能；会在一层一层的分析中做到缜密穷尽，而不至于有所遗漏。例如我们去阅读文章，报刊上文章不止一篇，读哪一篇呢？当然要看哪一篇和我们关系较近，远的就搁一搁再说，近的立刻就看。但在未读之前怎样确定哪一篇关系近呢？当然只能凭文题去确定。好的文章一定把文章要义都由文题集中表现出来，在决定读哪一篇文章时，往往我们就要运用文章题目的启示来进行选择。这时如果运用一下叩两端的逻辑方法是会很方便的。

譬如我们看到的题目是《纪念刘和珍君》，运用叩两端的逻辑方法，就要先就文题所示来分析：是应该纪念她呢，还是不应该纪念她呢？既然已经写出来了，那就要看纪念得对不对了，按常理推衍，作者当然认为是对的。对的，就是不应该死而死了。这样文章的展开便必然应该是沿着这个思路写下去的。我们的注意力就必然落到刘和珍君如何的不该死而死了。罪责在哪里呢？这当是文章主题之所在。读过这篇文章的，都知道文章就是这样写的。

再如我们看到了《友邦惊诧论》这个文题。我们从文题上可以知道文章中论的是友邦惊诧。友邦惊诧什么？用叩两端的方法分析，他们惊诧得对不对呀？如果对，还有什么可论的！当然是不应该惊诧，而友帮却惊诧了。那么，友邦的惊诧便是文章中心所要叩住的问题。读过这篇文章的，都知道文章的确是这样写的。

再如我们看到了《荷塘月色》这个文题。我们从文题上可以知道作者写的是荷塘在月色笼罩下的一番情景。用“叩两端”的方法分析，这番情景给人的感受是好的呢，还是不好的？据常理推想应该是好的，否则，作者写的是一片肃杀之气，怎么还会那么惬意？“月色”一词是多么恬静！怎么能形成那令人恐怕的情景？读过这篇文章的，都知道文章的确是以恬然抒情为主题的。

从以上对文题的分析，可以看出孔子“叩两端”的逻辑方法是可以在接触具体问题之前便可使我们在事先作出分析来的。这种事先作出可信的逻辑分析的方法，无疑对人们的认识是大有意义的。另外，我们如果随时对一些相对概念从论域入手，我们运用"叩两端"的逻辑方法去进行开拓知识的领域，会比死记硬背强得多。例如我们要会听老师讲课，譬如老师讲到写在一本书前边的叫"序"。会听课的人便会注意到写在书后边的叫什么呢？譬如老师讲到"实词"时，会听课的人就应当想到必有和实词对应的"虚词"存在。

能够进行思维，当然是人的特点之一。谁的思维能力强，谁就是强者。所以现在大家在研究人们的进步时都注意到了思维能力的提高。根据一定的依据，导出新的结论来，当然是可贵的；而只靠方法便可摸到了问题的趋向，这当然就更为可贵。俗话说："有钱难买先知道"，而我们如果很好地运用"叩两端"的这种逻辑方法，再加以现在形式逻辑的精密分析，就可以在一定程度上能知未然，应当说这是一件好事。当然我们不能把它看作是万能的，而是有限度的。但即使在这个限度之内也是很有价值的。

关于真实性与正确性的关系问题*

马 兵

[**主编按语**] 本文是50多年前作者参加学界掀起的逻辑问题论辩撰写的文章，也是他早期代表作之一。文中就“真实性与正确性的关系”这一形式逻辑的基础性问题或与哲学认识论相关的跨学科问题，做了系统的深入的分析，有助于推动这个课题的深化研究。尤其，作者真诚而直率地与不同学术观点对话，对问题分析的细致与严密，使人看到一个学者的良好风范。当今，对形式逻辑与作为世界观、历史观、认识论的唯物辩证法的关系问题仍有争议，甚至坚持唯物辩证法也是“逻辑学”，即“辩证逻辑”，无不涉及如何理解真实性与正确性的关系问题，而使本文的理路和见解仍具有现实的启迪意义，故推荐给现代研究者。

真实性与正确性的关系问题是当前形式逻辑讨论中的一个重要问题。为了正确理解形式逻辑的对象、性质和作用，有必要进一步探讨这个问题。现在，就此问题提出一些初步的看法。

---

* 本文原载《复旦学报》(社会科学版) 1959年第7期，第9—18页。

真实性与正确性的关系问题，实质上主要涉及下面三个方面：（1）推理的具体内容的真实性同形式结构的正确性是否一致？（2）形式结构的正确性是不是真实的？其实，这个问题是关于形式结构的正确性是否有客观根据的问题。（3）形式逻辑管不管真假的问题。

现在我从这三个方面来谈真实性与正确性的关系。

一、推理的具体内容的真实性与推理的一般结构的正确性有不一致的情况

推理是反映现实的活动，这种思维活动是有具体内容的，推理同时是一种有组织的思维活动，是判断与判断的联系。这就是说，任何推理都是有具体内容和形式结构的。推理的具体内容有真实性问题，推理的形式结构有正确性问题，这是推理的两个反映着现实及其规律性，是否和现实及其规律性一致的问题。推理的形式结构的正确性问题则在于：它在组织结构上是否符合形式逻辑的规律或规则，是否合乎形式逻辑的要求。在人们的具体推理中，总存在着这两个方面的问题。例如，“凡金属都能导电，铁是金属，所以铁能导电”，这是一个具体的推理，它就存在着这两个方面的问题，即真实性与正确性问题。我们说这个推理是真实的，这是指其具体内容与现实一致；我们说它是正确的，这是指它在形式结构上合乎形式逻辑的规律或规则。由此可见，真实性与正确性在这里所指的是两个不同方面。

我们追求真理，要使自己的认识符合客观真理，就必然要求自己在推理过程中从真实的前提出发并遵守逻辑的规律规则，把前提联系起来进行推论。只有这样，我们才能达到真理。这也就是说，根据辩证唯物主义原理，我们要求具体内容的真实与形式结构的正确之统一，我们既要求推理合乎现实，又要求它合乎形式逻辑。只有二者的统一才能达到必然符合现实的结论。在这里必须着重指出，要使二者统一，不是别人的要求，而是我们的要求。关于这点，恩格斯有明确的指示。他在《反杜林论》中写道：“如果我

们的前提是真实的，并且如果我们正确地把思维规律运用于前提，那么结果必然与现实相符合。”①

但是有些同志却把恩格斯的上述原理理解为：推理的具体内容的真实性决定一般结构的正确性，从而不承认有些推理在具体内容上的真实性同其形式结构的正确性的不一致。例如，马特先生说：“任何一种推理形式，如果离开真实的内容，就是说，离开事物的必然联系，也就不能有正确的逻辑联系”“思推形式的正确性以思维内容的真实性为决定条件”，② 等等。马特先生及其他同志根据这类论断来指责那些承认推理的具体内容的真实性和一般形式的正确性有不一致的同志，说他们把真实性同正确性割裂开来，并说他们的看法是形式主义，是“分家论”。我认为，承认实际上有二者不一致的情况并不等于主张或宣传二者应该不一致。主张或宣传二者应该不一致，当然是错误的，当然是违背辩证唯物主义的。但承认实际上有不一致，却未必是错误的。因为事实上的确有不一致的情况，我们应当承认这个事实，并且根据辩证唯物主义的原理去分析它把问题简单化、粗糙化绝不可能解决问题。

推理在具体内容上的真实性同其结构上的正确性之不一致，不是捏造出来的，这种不一致存在于具体的认识过程中，存在于具体的推理中。它表现为两种情况。

第一种情况是：前提的具体内容不真实而形式结构却是正确的，也就是说，推理在前提的具体内容上虽然不符合现实，但它在结构上却符合形式逻辑的规律规则。第二种情况是：前提的具体内容真实而形式结构却是错误的。现在，我们来看这两种情况：

甲·前提不真实而结构正确。这种情况有些人不承认。他们说：内容不真实，结构就不可能是正确的。所谓“离开真实的内容也就不能有正确的逻辑联系”就是这种看法。事实上，内容不真实的推理，是可能有正确的逻辑

---

① 恩格斯：《反杜林论》，1952 年俄文版，第 317 页。

② 马特：《马克思主义和逻辑学问题》，科学出版社 1958 年版，第 14、3 页。

联系的，即合乎形式逻辑的规律规则的。

我们从下面两个具体推理的对比中就可以看出这点：

（1）一切上层建筑都有阶级性
文学是上层建筑
所以，文学有阶级性

（2）一切上层建筑都有阶级性
语言是上层建筑
所以，语言有阶级性

这两个推理有什么共同点和差别呢？共同的地方是：它们都是第一格AAA式，在逻辑联系上都符合形式逻辑规律，它们的结构都是正确的，差别是在于，第一个推理中内容真实，而第二个推理中小前提的内容和结论的内容是不真实的。如果我们承认以上这些情况，就会同意前提不真实而结构可能正确这点。如果承认这点，那么所谓“离开真实的内容就不能有正确的逻辑联系”的说法，就不能看作是符合实际的。所谓“内容真实性决定形式正确性”的说法，在这里也就不能成立。

其次，他们还有一个论点，这个论点是：“一切上层建筑都有阶级性，语言是上层建筑，所以语言有阶级性”这一类推理不是推理。只有前提都真实的推理才是推理，否则只是一种蕴涵，只能把它看作是“如果一切上层建筑都有阶级性，而且语言是上层建筑，那么语言有阶级性”这样的蕴涵。其理由是：人们不能随便来一个“所以”或“故”，要来一个“所以”或“故”，必须先肯定前件是真实的。理由既是如此，他们就应当承认“一切上层建筑都有阶级性，语言是上层建筑，所以，语言有阶级性”是一个推理。那些语言学家，由于把语言和文化混为一谈，正是肯定了“语言是上层建筑”才得出“语言有阶级性”的结论，并且正是得出了这个结论，才受到批判的。我们不能说那些语言学家是偶然得出这个结论的。（请参见斯大林：《马克思主义与语言学问题》）如果他们关于语言有阶级性的推论只是一种蕴涵，那么他们在这个问题上就不会受到批判。在他们那里既然是一个推论，我们何必要把这个推论改为蕴涵呢，如果根据主观愿望硬要把那种具体内容不真实的推理改造为蕴涵，那是不可能的，因为人们往往受认识水平或阶级意识所限制，而把不真实的前提当作真实的前提来进行推理。

金岳霖先生持这种看法，他用（甲）如果 MAP（1），而且 SAM（2），那么 SAP（3）。表示蕴涵，用（乙）MAP（1），SAM（2），所以 SAP（3）。来表示推论。他并且指出："不肯定（1）（2）底真实性的话，（甲）判断中的前件就只是前件而已，不是前提，（1）（2）既不是前提，'所以'就不能肯定，后件也就不是结论了。'所以'既不能说，推论当然不存在了。"[①] 如果根据这个议论，那么只能肯定（1）（2）的真实性就可以保证它们是真实的，就可以把前提不真实的推理变成真实的推理。这显然是不正确的，前提的真实性并不是由于人们肯定它真实而变成真实，不肯定它真实就不真实。推理的真实性并不取决于人们的肯定。推理的具体内容是否真实不是由主观活动（肯定或否定）决定的，而是由实践、事实来决定的。一个推理在具体内容上是否真实，是由事实和实践来决定的，而结构上是否正确，则要看它是否把逻辑规律正确地运用于前提中。如果一个推理在具体内容上不真实，而在形式上不违背逻辑规律，那么这个推理不能说是违背形式逻辑的推理，不能否认它是一个推理，更不能凭主观的愿望把它改造为蕴涵形式。

他们还有一个论点：内容不真实的推理是不合形式逻辑的。这种看法和上述看法本质上一致。持这种看法的主要是李世繁先生，他说："正确的推理形式和虚假的内容相结合，它们就是错误的。"[②] 他认为："所有的金属都是液体；水银是金属；所以，水银是液体"这样的推理是违反形式逻辑规则的。其理由是：因为"这一个虚假三段论的大前提（'所有的金属都是液体'A）是虚假的，它的形式（AAA）也是错误的。由事实来看，只是'有些金属是液体'（I）。因此，这一个推理犯了中词不周延的错误，不能推出结论。"[③]

我认为：这个推理在形式结构上并不违反形式逻辑的规则，它并没有犯

① 《哲学研究》1959 年 4 月号。
② 《新建设》1959 年 3 月号及《哲学研究》1959 年 4 月号。
③ 《哲学研究》1959 年 4 月号。

中词不周延的错误，而且结论也推出来了。这个推理问题出在具体内容上，出在大前提的具体内容上，它有一个虚假的大前提。这个推理是在内容上违背事实，而不是在形式结构上违背事实。如果把它改为“有些金属是液体；水银是金属，所以，水银是液体”，那么它在具体内容上，在前提和结论的内容上都与事实一致，而在形式上却与逻辑规则不一致，也就是说，这样一来，它才犯了中词不周延的错误。

其次，既然李世繁先生说，这是“由事实来看”，那么就不是由形式逻辑来看。“由事实来看”所看出的问题是：该推理的大前提在内容上是不真实的，即“所有的金属都是液体”这个判断的内容不真实，而却没有看出该推理在形式结构上不正确，因而也就不能得出这个推理犯了中词不周延的错误的结论。李世繁先生想证明“所有的金属都是液体；水银是金属；所以，水银是液体”这个推理犯了中词不周延的错误，其办法是先把“所有的金属都是液体”这个A判断改为“有些金属是液体”这个I判断。这种证明的方法本身就犯了逻辑错误。

这种把具体内容虚假看成形式结构错误的观点，是把具体内容同一般形式混为一谈的结果，这种看法我不能同意。我同意周谷城先生的看法：前提不真实的推理并不一定违反逻辑规律。[①] 苏联逻辑家高尔斯基等也有这种看法（高尔斯基等的意见和具体例子，请参见苏联科学院出版的《逻辑》一书，第12页）。

根据以上所说，应当承认：有虚假前提的推理在形式上可能是正确的。要否认这种情况是不可能的，因为这种不一致是我们思维实际的事实，是认识过程中客观存在的事实。如果否认这一点，那么不仅古代和中世纪逻辑著作中所举的许多关于正确推理的例子都要变成不正确的推理，现在的逻辑教科书中所举的关于内容不真实的推理的例子也都不是推理的例子，我们在教学中也举不出别人的不真实的推理，而只能举出内容真实的推理。同时，反

① 周谷城：《形式逻辑与辩证法的区别及关系》，载《光明日报》1959年4月17日。

证法、归谬法的反驳也就不存在了。

现在来看第二种情况。

乙·前提真实而结构不正确。这种情况是：在推论中前提的内容与现实一致，而组织结构不符合逻辑规律规则。这也是真实性和正确性不一致的情况。例如，“有些金属是液体，水银是金属，故水银是液体”。在这个推理中，前提都是真实的判断，结论也是真实的判断，但是在推理的形式上却犯了中词不周延的错误。所以，马特先生关于内容的真实性决定形式的正确性的论断，在这里也是说不通的，因为前提内容的真实并没有把这个三段论错误结构变成正确的结构。

有人认为“正确的前提，必然推出真实的论断”，同样是不合事实的，也是简单化的说法。这种说法也否认了真实性与正确性的不一致，也是主张具体内容的真实性决定形式的正确性观点。这种观点行不通，如果他说行得通，那么他就应当承认“一角钱可以买一部斯大林全集”是真的，因为：“十几块钱可买一部斯大林全集”和“一角钱是十几块钱的一部分”，这两句话都是真的。显然，从这个例子中可以看到：从真实的前提并不一定可以推出真实的结论来，即使有时偶然有真实的结论，但这只是一种巧合，而不是必然推出来的。例如：“语法有实际意义，词法是语法的一部分，因此，词法有实际意义”。这个推理虽然在具体内容上是真的，但是它和上一个例子一样不合逻辑规律（同一律），没有正确的逻辑联系，犯了四名词的错误。因此，这个结论不是必然推出的。

由此可知，真实的前提不一定能得出真实的结论，只有从真实的前提出发并遵守形式逻辑的规律规则的推论，才能必然得出符合现实的结论。那些认为真实性决定正确性、真实前提必然得出真实结论的论点，都是对恩格斯的上述原理的曲解。

承认在认识过程中推理的具体内容的真实性和形式结构上的正确性有不一致的情况，并不违背恩格斯的上述原理；相反，否认这种不一致，就会违背恩格斯的原理。人们虽然经常引用恩格斯的原理，但不知不觉地在否认恩格斯的原理。真正地承认恩格斯的原理，实事求是地分析具体内容的真实性与形式的正确性的不一致情况，并且认识到我们追求的目的不是推理在形式逻辑上的正确性，而是把正确性当作一种达到具理的手段，那么这就不是形式主义者或“分家论者”。

如果不承认这种不一致，就会否定恩格斯的原理；就会导致取消形式逻辑的规律，甚至取消形式逻辑。因为按照这种观点，正确的逻辑联系可有可无，逻辑规律、规则在这里不起作用，只要有真实的前提就必然得出真实的结论。

根据以上的分析，我不同意马特先生等把推理的具体内容的真实性同形式上的正确性混为一谈的看法，不同意他用“内容决定形式”这一辩证唯物主义的原理在这里硬套，也不同意李世繁先生为了解决真实性与正确性关系问题而采取偷换论题的证明方法。

由于他们把具体内容的真实性同形式上的正确性的统一看成任何时间、任何地点、条件下的“统一”，由于他们把真实性和正确性看成一个东西，所以，他们认为具体内容之真实思维就是形式正确的思维，形式正确的思维就是具体内容真实的思维，从而得出具体内容真实的思推就是合乎形式逻辑的，反之就是不合形式逻辑的。这样，他们也就把恩格斯关于获得客观真理的推理的原理，曲解为形式逻辑的原理，把辩证唯物主义的要求看成形式逻辑的要求。在李世繁先生的文章中，很明显地表现了这种观点，这是错误而且有害的。

我们既有必要指明思维的具体内容的真实性和形式上的正确性的统一，有条件的统一，同时也应当指明二者存在着差异、存在着矛盾，应当指明二者的差异、矛盾存在于实际的思维中。指明这点，并不是把二者割裂开来。因为把二者区别开来不等于把二者割裂开来，这正如把二者混为一谈不等于说明二者的统一一样。何况人在认识过程中，不是任何时候的思维都是既真实而又正确的。既然如此，我们就有必要指明二者在某些思维实际中的不一致性。这种不一致有其存在的原因，可以从人们的阶级性和认识的水平来说明。

第一，这种不一致性存在于剥削阶级的成员、反动集团人物的议论和推论中。例如，反动派说："资本主义国家是爱好和平的，美国是爱好和平的"。（这是个简略三段论）在这种情况中，我们应当指出反动派的议论或推论的内容是虚伪的，议论或推论中内容的虚伪性是由他们的反动阶级本质决定的。这里，并不是什么形式上的问题，我们不能根据其内容的虚伪性而认为他们的推理在形式上是不正确的，正如我们不能根据其言论内容的荒诞而认为他们的话也不合乎语法一样。同样，我们也不能根据他们的议论或推论在形式上的正确而认为其内容也是真实的。我们在驳斥他们的议论或推论时，指出他们的议论或推论不合逻辑，但这里说的"不合逻辑"，是指不合事实、歪曲了事实，是指不合乎（违背）客观事物及其规律，而不是指不合形式逻辑的问题。如果不是这样来理解，而是把帝国主义者违背客观真理的推论看成不合形式逻辑，那是不正确的。

第二，这种不一致性存在于人们认识不足的实际思维中，这是知识水平的问题，像这类的实例并不少见。例如："所有的鱼类都生活在水中，鲸是鱼类，所以鲸生活在水中"（具体内容不真实，但形式结构正确），"一切上层建筑都有阶级性，语言是上层建筑，因此语言有阶级性"等。

第三，这种不一致性有时是由于说话的人缺乏正确的思维能力。例如："既然语法有实际意义，而词法是语法的一部分，所以词法也是有实际意义的"；"正确理论对实践有指导作用，而正确定义是正确理论的一部分，因此正确定义对实践有指导作用"（以上两个推论在内容上是真实的，但形式结构不正确——违反同一律）；"有些学生不是共青团员，所以有些共青团员不是学生"（违反换位规则，但其内容真实）；等等。像这一类情况确实存在于具体的推论中，我们不能根据其中存在着不正确的形式或不真实的内容而否定它们是推论。

根据上述可以看出具体内容的真实性与形式的正确性的差别、不一致。这种差别和不一致确实存在于推理之中，并且有其存在的原因，因此不能加以否定，也无法否定。我们要求一致，但必须承认不一致，否则要求一致有何意义？承认这一事实并没有害处，相反，这就使得我们更明确推理中问题之所在。

二、形式的正确性是有客观根据的，逻辑的正确性本身也是真实的

形式的正确性和具体内容的真实性的不一致，是我们具体思维的实际情况，承认这种情况的存在，并不是形式主义或“分家论”。形式逻辑的正确性同具体内容上的真实性的不一致，并不意味着逻辑的正确性是纯粹主观的东西，并不意味着形式的正确性没有客观的来源或根据。只有资产阶级的形式主义理论才根据上述的不一致，得出内容完全脱离形式的结论，才否认逻辑的正确性没有客观根源。

康德的逻辑学说是典型的形式主义的逻辑学说。他的学说之所以是形式主义的，并不是因为他承认具体内容的真实性与形式的正确性的不一致，而是在于他把逻辑看作是一种研究与现实无关的正确性的学问，在于他否认逻辑形式和逻辑规律的客观基础。例如，他说：“逻辑既不能从任何科学中得到原则，也不能从任何经验中得到原则，而逻辑所应包含的规律仅仅是先验的规律。”他从这一观点出发，否认真理的客观标准，只承认纯粹形式的标准。他认为物质的真实性的标准是不存在的，因而只承认思维的正确性、逻辑的正确性，并把逻辑的正确性看作就是真实性。在他看来，真实性也就是正确性。显然，康德的形式主义逻辑的错误，并不在于他把逻辑形式看成形式逻辑的研究对象，或承认形式的正确性和内容的真实性的不一致，而是在于：他从先验论出发，否认形式和形式的正确性的客观来源，否认实践是真理的标准，并把真实性同正确性混淆起来，把真实性“统一”于正确性中。

从辩证唯物主义的观点出发，必须承认逻辑上的正确性仅仅是思维符合现实的一个必要条件，而不是唯一的条件或充足的条件或真理的最后决定

者，只有在辩证唯物主义指导下的实践才是真理的最后决定者。推理在形式结构上的正确性在于它合乎逻辑的规律，而逻辑规律所以成立，所以在正确思维中发生作用，正是由于它导源于客观现实，在人们的实践中形成并得到实践证明的结果。推理的正确形式本身也是人类长期实践的结果，正确的推理形式是人类实践的概括反映。因此，认为逻辑的正确性是真理的标准，认为可以用形式逻辑及其规律来确定某一推理的具体内容的真理的议论，即使不是康德的议论，那也是十分错误的。

现代资产阶级逻辑学家，特别是逻辑实证论者，也是把形式的正确性看作是真理的唯一标准。他们否定逻辑的正确性有其客观的内容。他们认为：推理的形式结构之所以成立是以任意建立的推理规则（即所谓“基准”）为基础的，推理的形式结构与现实事物及其关系毫无关系。因此，正确性不是由具有客观基础的逻辑规律所决定的，而是由主观的推论规则（基准）所决定的。例如，卡尔纳普说：“……句子的规则和变形规则（后者通常被称为‘基准’和‘推论规则’）都可以十分任意地选择。……在构造一种语言时，其步骤通常总是首先给基本的数理逻辑符号指定一种意义，然后来考虑：照这意义，哪些句子和推论看得出是逻辑地正确的。”①唯心主义者克拉夫脱更清楚地表述了这种思想。他说：逻辑的规律“乃是人们自己制定的规则，是自由意志的约束，在逻辑中规律是由我们为自己建立的……它们都是思想运算的游戏规则”。②因而，在他俩看来，思维在逻辑结构上的正确性是由主观的标准，即任意制定的规则来决定的。逻辑规律本身与客观世界没有任何关系。它们不是客观世界中得出来的，而是排列次序的思维所依据的规则。

新实证论者的观点与康德的观点一样，都是主观唯心主义的。不同的地方，只是新实证论者的观点更为反动而已。

① 康福斯：《科学与唯心主义的对立》，生活·读书·新知三联书店1954年版，第161页。
② 维克多·克拉夫脱：《数学、逻辑与经验》，第117页。

与资产阶级哲学相反，马克思主义哲学告诉我们，推理的规律、规则有客观的内容，推理的规律或规则的真实性不是靠主观标准决定的，靠主观想象或议论是不可能证明它们的真实性的，只有依靠人们的实践活动才有可能证明规律、规则的真实性。在某种思维方法或方式以一定的逻辑规则的形式固定于意识中之前，人们就已经无数次地在实践中验证了这种思维方法或方式的正确性。例如，“A 包含在 B 中，而 B 包含在 C 中，所以 A 包含在 C 中”这一形式作为一个推理的规则固定于人们的意识中以前，人们就已经无数次地验证了它的真实性了。列宁说：“人的实践活动必须亿万次地使人的意识去重复不同的逻辑的式，以便这些式能够获得公理的意义。”① 列宁的这段话正说明了这点。

上述形式和其他推理形式一样，反映着现实中存在的关系。因为在现实中存在着事物的种属关系、类与对象的关系，没有这些关系，就不可能有思维结构。如果在现实中没有这种必然的联系，那么就不可能根据推理的规律、规则，从真实的前提得到真实的结论，从而也就不可能有真实的一般的原理、一般的规律规则。而没有这些一般原理、规律（如三段论的原理），那么就不可能有三段论的推理。我们的推理，具体的推理，就是对具体场合运用某个一般原理。例如，“凡金属都是导电体，铁是金属，所以铁是导电体”这个具体推理，就是“A 包含在 B 中，而 B 包含在 C 中，所以 A 包含在 C 中”这个一般原理的具体应用，而这个一般原理又导源于客观事物的种属关系、类与对象的关系，这种关系必然存在于事物中。

辩证唯物主义指出，人们的实践活动证实了现实中存在着客观的必然性，推理的形式结构本身的真实性正导源于事物的必然性。由于现实中存在必然性，所以我们才能以相应的方式来表述它。正因为现实中存在着种与属的关系、类与对象的关系，才相应地有三段论的公理和以此为根据的三段论推理。这就说明了推理的形式结构有它的必然性、有它的真实性，正由于它

① 《列宁全集》第 55 卷，人民出版社 1990 年版，第 160 页。

是真实的，有客观的内容，我们才能够从真实的前提出发，遵循推理的规律规则，最后得出真实的结论。逻辑的必然是由客观的必然、事物的必然所决定的。

根据上述，我同意金岳霖先生“论真实性与正确性统一”一文中所说的这样一段话：“像（甲）这样的判断或者更根本的思维规律的正确性是建立在它们的真实性上面的。否认这一点就是否认这些规律的客观基础，也就是否认反映论，就是否认客观物质是第一性的，思维意识是第二性的，也就是否认辩证唯物主义的根本原理原则。”①

但是还必须指出，不仅蕴涵，而且推理、证明以及它们所遵循的规律规则之所以能够发生作用，都因为它们是有客观基础的，它们归根到底都是现实事物的反映。

关于逻辑的正确性本身也是真实的这一论点，还可以从正确的形式结构如何从实践、思维实践中形成和确定下来这一方面来加以说明。推理的正确形式，从它的性质说来，也是在实践中、在真实前提的条件下划分出来、确定下来的，这里也包含着客观的必然性。在实践中，真实的前提和正确的形式结构的结合所得出的结论必然是真实的；真实的前提和不正确的形式结构相结合所得出的结论可真可假，而虚假的前提和正确的形式结构相结合所得出的结论也可真可假，虚假的前提和不正确的形式结构相结合，所得出的结论也可真可假（如：“金属都是固体，铁是固体，所以铁是金属”等）。既然正确的形式结构如含有虚假的前提则其结论不确定（可真可假），而正确的形式结构只有在真实的前提条件下才能得出确定的、必然真实的结论，那很明显只有在真实前提的条件下，才可能把正确的形式结构确定下来，划分出来。

上面我们简单地说明了推理的形式结构的正确性和客观根据，指出正确的形式结构也是事物关系的反映，它们是真实的，有客观的内容。就是在上

① 《哲学研究》1959 年 4 月号。

述的意义下，正确性和真实性是统一的，这种统一是形式的正确性与客观现实的符合、一致，而不是形式的正确性与思想的具体内容的一致。这是两回事，是不能混为一谈的。

在关于真实性与正确性问题的争论中，有的同志把这两个方面的问题混为一谈。他们根据“形式的正确性有客观内容”，“逻辑规律本身是真实的”等正确的观点来反驳“形式的正确性与具体内容的真实性的不一致”这另一个正确的论点，所以这些同志扑了空。例如，江天骥先生在“逻辑问题综述”一文中批判周谷城先生说：“思想联系的正确性就是一种真实性，没有理由把正确性和真实性对立起来……逻辑规律本身必须是真实的。”[①] 江先生这一论断的成立，并不能证明“形式的正确性同具体内容的真实性有不一致”这个观点的不成立，因为各人所谈的不是一回事。就是江天骥先生自己，他在最近一篇叫“谈思维的正确性和真实性的关系”的文章中，也承认了这种不一致的情况，并且批评了马特先生的看法。他说：“要否认前提假、推论还可以正确是不可能的。”[②]

因此，我们既要承认形式逻辑的正确性是有客观根据的，是真实的，即符合现实的，同时也要承认形式逻辑的正确性与推理的具体内容的真实性的不一致情况。这是两个方面的问题，不是互相矛盾的。由于人们把这两个方面的问题混为一谈，看成一个问题，因而他们坚持形式的正确性同具体内容的真实性完全一致，并且造成了许多逻辑矛盾。这种矛盾就表现在：一会儿忽视形式逻辑及其规律和作用，一会儿夸大形式逻辑及其规律的作用。当他们坚持“真实的前提必然得出真实的结论时，就忘记了形式逻辑及其规律的作用；当他们坚持“合乎形式逻辑就是合乎事实、形式逻辑规律能够证明推理内容的真实性”的时候，他们就夸大了形式逻辑及其规律的作用。这种矛盾，在马特、李世繁诸先生的文章中有了表现。这种矛盾之所以产生，是由

① 周谷城：《形式逻辑与辩证法问题》，生活・读书・新知三联书店 1958 年版，第 109 页。

② 《新建设》1959 年 5 月号。

于混淆了上述两个方面的问题，由于违反恩格斯指示的结果。

三、形式逻辑管不了、管不着或管不到推理的具体内容的真实性

形式逻辑是否研究真假（即真实与虚假）？问题在于真假所指的是什么。是指概念、判断和推理等的具体内容的真假呢，还是指逻辑形式的真假值？还是指一般的思维形式的客观内容？

毫无疑问，形式逻辑是要研究真假值的。形式逻辑所研究的规律本身，就是一种永真命题，其中必然要涉及真假值。例如，矛盾律就是“A 及其否定不能同时都真”这样一个永真命题。又例如，在形式逻辑所讲的对当关系中，就涉及了真假关系，并且考察了真假关系。兹以上反对关系为例：

P，Q	P 与 Q 之间有上反对关系
真真	不成立
真假	成　立
假真	成　立
假假	成　立

P 与 Q 之间有上反对关系，这种关系是否成立，是以矛盾律为基础的，这种真假关系建筑在“不能同真”这一原则上。上反对关系是说：P 与 Q 不能同真，可以同假，一真可推出另一必假，一假不能必然推出另一必真（见上表）。

从以上看来，形式逻辑要研究真假关系，要管真假值。无论是名词逻辑规律还是命题逻辑规律，都含有永真特性，这一切形式逻辑都是要管的，不然形式逻辑就不成其为形式逻辑。

但是，形式逻辑不能解决概念、判断和推理及其规律或规则的客观基础问题，它不能阐明思维形式的性质问题、来源问题，等等。当涉及这些问题

时，逻辑学家们是以不同的世界观、认识论和方法论来解决它们的。亚里士多德基本上以形而上学唯物论来解决这些问题，康德则以先验论来解决这些问题，而逻辑实证论者则以新实证主义观点来解释逻辑形式及其规律。只有辩证唯物主义、辩证唯物主义的认识论才能科学地解决这些关于形式逻辑的性质问题。

形式逻辑不研究、不能解决思维形式及其规律的客观基础问题，这些问题是世界观的问题，是认识论的问题。正是因为如此，形式逻辑必然依赖于世界观，依赖于认识论。那种认为形式逻辑本身能够解决这些问题的观点或认为形式逻辑不依赖于认识论的观点，都是错误的，也是虚伪的。因为从来没有一个逻辑家不是在其认识论的指导下来解决逻辑形式和逻辑规律的性质问题的。我们不仅要指出形式逻辑本身不能解决这些问题，而且还必须承认只有马克思主义哲学的认识论才能解决这些问题，只有辩证唯物主义的反映论才能科学地解答形式和规律的客观内容、真实性的标准问题，等等。

形式逻辑不仅不能解决形式及其规律的客观内容问题，而且也不研究，并且也无法研究具体内容的真实性，它管不到或管不着推理的具体内容的真实性问题。关于这点，周谷城先生谈得最多，也谈得很清楚，我是同意他的。因为推理的具体内容所涉及的事物范围非常之广，它包含多方面的知识，当涉及自然现象问题时，它就包含着天文学、物理、化学、力学、地质学、生物学、数学等的知识，这些都得靠各门自然科学来解决。例如，“凡鱼类都生活在水中，鲸是鱼类，所以鲸生活在水中”这个推理的具体内容是否真实，形式逻辑不可能告诉我们。只有具备生物学、动物学的知识的人才能回答。

推理的具体内容也涉及了社会现象，它的内容包括政治、经济、法律和文学等，这些要靠各门社会科学和辩证唯物主义哲学来解决。例如，“凡生产资料应该私有，工厂是生产资料，所以工厂应该私有”这个推理的具体内容的真假，只有靠马列主义才能解决，才能确定。靠形式逻辑是解决不了的。又例如，“坏事在一定条件下可变成好事，匈牙利事件虽是坏事，但在一定条件下能变成好事”这个推论的具体内容的真实性，不是由形式逻辑确定的，而是由马列主义哲学和实践确定的。

总之，形式逻辑管不到，也不能解决概念、判断、推理的具体内容的真实性，这不是它的职能。正因为如此，我们才应当学好马列主义哲学和具体科学。关于这点，我们在教学中就有一些体会。例如：懂得形式逻辑中的定义方法及其规则，并不能够给“国家”这个概念下定义；懂得划分的方法和规则，并不能够给“语言”这个概念作出划分。因为这都要涉及历史唯物主义观点和语言学的具体知识。

如果认为，形式逻辑要研究推理的具体内容的真实性，那么就必然要扩大它的研究范围，就会导致排斥、取消其他的科学或取消形式逻辑本身，如果认为形式逻辑研究解决逻辑形式及其规律的客观基础问题等，那么这就要排斥辩证唯物主义，取消辩证唯物主义的指导，最后仍然导致取消形式逻辑。

根据以上的初步分析，可以得出如下几点结论：

1. 推理的具体内容的真实性和正确性有不一致的情况。这种情况必须承认，因为它是客观存在的，有时问题出在形式上有时出在内容上。如果承认这种情况，就可以帮助我们去认识错误所在，并克服错误。所以承认这种不一致是有好处的，也是符合恩格斯上述原理的。只要我们不把形式的正确性看作第一性的东西，看作与内容毫无关系的东西，那就不是唯心论、形式主义或“分家论”。

2. 形式的正确性是有客观根源的，因此在这个意义上它也是一种真实性。否认正确性的客观性，把它看成真理的唯一标准，那就是唯心主义的观点。

3. 实践既是具体内容真实性的标准，也是形式结构正确性的标准，那就必须承认实践是判明思维内容的真实性的标准，那就不能认为形式逻辑规律是思维的具体内容的真实性的标准，否则就会导致形式主义、唯心论。

4. 形式逻辑不研究思想内容的真假，它不是一种世界观、认识论，所以它必须依靠辩证唯物主义，在辩证唯物主义指导下才能更好地发挥它的工具作用。

5. 由于形式逻辑只能管到形式的正确性，所以它是不够的，有了它还不能达到真理，必须以辩证唯物主义作为指导，在它指导下实践、认识再实践，只有这样，才能达到客观真理。

真假值、蕴涵与基本规律*

马　兵

［**主编按语**］　这是“文化大革命”初期作者脱离教学岗位近20年撰写的一篇关于数理逻辑哲学问题的文章，表明就读北大哲学系养成的“立其诚”治学精神，使之不论身处何境，而“研究”绝不停歇，并且与不同学术观点坦诚对话的独特风格还有十分明显的拓展。文中就数理逻辑的基础性课题：“命题”的“真假值”“蕴涵”和“基本规律”三个基本概念的分析，与诸多西方学界有代表性见解、包括予以质疑的观点，均进行颇有针对性的对话，对之有深刻的分析，颇具说服力。因此，本文对逻辑哲学方面问题所作探讨，有明显参考价值。

在罗素与怀特海的《数学原理》一书出版后，逻辑家开始把命题逻辑看作是数理逻辑的起始和基本部分。他们先研究论述这个部分，接着探讨谓词逻辑。因为“在类论内必须用命题论的原理进行演绎，而在命题论内……不必用类论的原理”①。这样来构造整个现代的形式逻辑的内容体系，我认为是顺乎自然的，也是严密的。但是，有些人，如匈牙利哲学家弗格拉西却不

* 本文原载《复旦学报》（社会科学版）1987年第2期，第60—70页。

① 罗素、怀特海：《数学原理》，剑桥1978年英文版，第90页。

赞成这种观点。他认为这样做，就会“排除主词—谓词的关系，这就不可能分析思维的实际结构”[①]。这种说法并不正确，命题逻辑虽然把命题（指简单命题）当作一个整体，但它仍是要研究命题的联结的，并且，它要考察这种联结的结构关系，尤其要考察命题之间的真假关系、命题的蕴涵、合取、析取、否定等等的关系。

在命题逻辑中有许多重要的概念，必须予以注意和讨论。本文打算初步讨论命题的真假值、蕴涵和基本规律这三个重要概念。

一、命题的真假值

真实与虚假是思想的属性，概念、判断都有真与假的属性。命题是具有真假的语句。在符号逻辑中，常常把命题称为陈述句。我认为这不是不可以的，但我们还是用命题这一概念。真假是命题的属性，陈述句具有真假属性，但疑问句、命令句、请求句和感叹句没有真假的属性，因而不能视为命题。陈述句则可视为命题。含疑问、请求、感叹等等的语句，只有经过内容分析之后，才能发现它们含有某些断定的成分、因素。如牛顿的名言：“物理学啊！把我从形而上学中解救出来吧！”这是含祈求的语句，而非命题。若作内容分析，可以说它大概暗含着“我要专心研究物理学，要摆脱形而上学的空泛理论的束缚”这样的意思。又如，“我想你是王先生吧？”这疑问句经过内容分析，可说暗含着：“你或者是王先生或者不是”。这样，可说它暗含着一个析取语句。以上的例句都没有明确的断定，所以数理逻辑不把它们当作命题加以处理，命题逻辑不把它们当作命题。

另外一些语句的情形就不同了。例如，“1985 年 4 月 21 日下午曼谷部分地区下了一场大雨”。这显然是个命题，其真基于事实，它是对实际的纪录。

① 弗格拉西著，刘丕坤译：《逻辑学》，生活·读书·新知三联书店 1979 年版（下同），第 465—466 页。

我说了这句话之后可以再说一句："1985 年 4 月曼谷下了雨。"还可以再说一句："1985 年 4 月我所在的地区下了雨。"这些都是命题，都是真的。虽然后面的两句话可以说来自前一句话，它们的真和前一句话的真有关，但并不是说后两句话的真完全由前一句话的真所决定。命题是直接同现实关联的，但并不一定直接跟现实相关联。前一个命题是直接同现实关联的，而后面两个命题则与前一命题关联，但归根到底，任何命题都是客观存在的反映。命题的真假，必然由存在所决定。我们的这个观点，并不像西方某些逻辑家所说那样是"陈旧"的；这一观点将来也不会陈旧。它正如亚里士多德早就陈述过的那样，"若对象相合者认为相合，相离者认为相离就得其真实；反之，以相离者为合，以相合者为离，那就弄错了"[①]。这就是关于真假命题的唯物主义原则，这一原则是永远不会陈旧的。

认为真假是命题的属性，这是正确的。但认为命题本身是物质的，那就错了。把命题当作物质的并不是唯物主义观点，而是把思维同存在混同的机械唯物论或假唯物论。如果命题本身是物质现象，则可以推出文字、记号、音波等是物质现象，而真假之间的关系便是符号文字之间的关系、音波与音波之间的关系，这是"似是而非的"。其非就在于反对、否认人的意识对存在的反映关系；真假成为事物存在本身的真假。这种观点与我们上述的唯物主义原则相对立。因为它只承认真假是命题的外在特征，真假的关系是，也只能是文字符号之间的关系、声音之间的关系。塔尔斯基就持有这种观点。

塔尔斯基另一个真理观和上述观点大有关系。下面我们要进一步分析评论。

命题的真假决定于存在。真假是命题的内在属性、特征，它们反映现实，但并不影响、决定客观存在。"人定胜天"这句话如果是说，人们能按照客观规律办事，便能解决社会自然存在的问题，从而克服各种困难，那么

① 转引自阿赫曼夫：《亚里士多德逻辑学说》，上海译文出版社 1982 年版，第 94 页。着重号为笔者所加。

它还说得过去，否则它就是一个唯心论的命题。“人定胜天”这个命题并没有决定客观存在。命题的真假既决定存在，也不影响到客观存在。“1985 年 4 月曼谷下了雨”这个命题虽然与前述那个准确而详尽的命题比较，在内容上有很大的差异，但并不影响到曼谷下雨这一事实的存在与变化。我们可承认的只是：作为命题的语句是会影响到对真理的表达的确切程度的，但它根本不至于影响到真理本身。塔尔斯基要求给真理下定义时不要混淆语义的层次，他要求避免语义上的矛盾，那自然是对的。可是他认为语言（包括语句）也会影响到真理本身的性质，那就是不正确的了。因为在他那里真理本身所指的是物质现象、客观存在，所以按照这一观点推论下去，最后便导致否定客观真理。

真假的客观性质，还有另一个方面可以讨论，那就是真假的时间性、条件性。命题的真假取决于存在的时空条件。例如，简单的语句“美国总统都是男人”表达了一个真命题，它反映了过去和现在的事实，也就是说，它反映了两百多年的美国政治历史。但它将来是否仍然为真，却是一个疑问。“英国首相皆男人”表达一个假命题，因为它跟现实情况完全不符合。“撒切尔夫人是英国首相”表达一个真命题，它否定了前一个命题。同样，单称命题之真，取决于它同英国当前政治实际相一致，“英国首相皆男人”曾经是个真命题，那是对过去而言，因那时英国的政治实际还没有女性任首相的事实存在。我们在这一段里所谈的命题的真假仍然以现实存在为客观根据；同时说明了真假——具体命题的真假，并非永远不变的。不能否认，有些具体命题的真假是完全确定的、不变的。最简单的命题如“凡人皆有死”“鬼神是不存在的”“3 > 1”等，都是真假确定不变的命题。

以上我们从时空条件说明命题的真假的客观性，所列举的命题属于时态命题。不论哪一类命题，其真假仍然由现实决定，模态的命题也是如此，因为它也是对存在的反映。

前面我们提出了“美国总统都是男人”这一真命题，我们还指出：它的真在将来是否仍真尚属疑问，这就已经意味着一具体命题的真并非不变。此命题在目前为真，而将来可能仍真也可能为假。如果我们现在提出一个新命题，如“可能有女人当美国总统”，那么这个命题的真假又得由将来的事实决定。但此命题在现时不可以视为假命题。像这类命题，我们说它是模态的。模态逻辑要讨论可能真、可能假、必然真、必然假等概念。

形式逻辑所研究的真假并非是具体命题的真假，而是有现实根源的、抽象了的真假，即逻辑上的真假值。我们为了说明逻辑的真假值，就必须举出许许多多的具体命题；不然，便无法断定真假值的性质。

在命题的真假问题上，除了塔尔斯基的真理观外，还有一种观点也得稍加评论，这就是所谓真假的照应观（View of coberence）。按照这种观点，命题真假并不在于命题同现实符合，也不在于真假须由实践来验定，而在于命题是否照应。照应观断定：命题的真假取决于它们跟某一系统内的其他命题不发生冲突、矛盾。比如，设 S 为一个系统，A、B……为 S 内的命题；A_1、A_2……是否为真，取决于它们是否跟 A、B…发生矛盾。只要 A_1 与 A、B…内任一命题发生矛盾，那么 A_1 为假；否则 A_1 为真命题。关于 A_2 等命题的真假，也是这样来决定的。这种错误观点，在奥地利哲学家奥托·牛拉特那里说得最明确。他说：“确定句子的真实性总是使人拿该句子去和其他句子的体系相对照，以便说明它们相容不相容，而不是使人拿命题去和现实相对照。”牛拉特及其同道持这种反对反映论的照应观。如果按照这种看法，那么该系统内的“其他句子”的真假又是由什么来确定的呢？是否又得再找出另一些其他句子的体系来对照呢？按照他们的理论，当然必须这样做，必须确立另一句子的系统。这种观点推论下去，显然是不能确定最终的真命题的。如果说有，那只能是所谓“信仰的”“约定的”真命题了。

逻辑实证论者在其逻辑分析中持这类照应观，他们为了自圆其说，不得不提出“实证原则”[①]。施利克认为，每一个命题的意义完全包括在经它所做的实证中。这个实证是经验的实证。卡尔纳普认为：每一个断定“或者

① 逻辑实证论者提出实证原则当然不是用来论证其照应观，而是要论证其整个唯心论体系。

对当前之知觉或对其他之经验有所断定，因而可以证实它们；或者可以由P及其他已被证实命题演绎出若干未来知觉的命题”[①]。这也就是说，知觉或经验是真假的标准。又如维特根斯坦则把知觉、经验干脆换为“存在”。他说，命题“为真为假在于其意义同实在是否符合。”他所说对存在并非唯物论者所讲的存在，而是知觉、经验等主观要素的存在。卡尔纳普很坦白地说：“若问题是一个对当前知觉有所断定的命题，例如，‘现在我看见在一个蓝色底子上的一个红色方块’，那么这个命题就能直接为我当前的知觉所验证。如果我现在确实看到一个红色方块在一个蓝色底子上，这一命题就直接为我的看见所证实；若我没有看见，它就被否证了”。这段话和上面其他实证论者的讲法本质上是一致的。但实证的原则说得最具体，应当算卡尔纳普了。显然，根据他的话：命题的真假取决于我看见或没有看见，逻辑实证论的所谓“证实原则”也只能是主观经验的证实原则。这种主观唯心论的真理论（包括照应观），本质上就是把命题的真假规定为思想与思想、观念与观念或者感知和感知的符合。

我们不能否认逻辑实证论者在数理逻辑的发展上确实有不少的贡献，然而他们在逻辑概念的论述上，却往往陷于主观唯心论的泥沼。列宁曾在批判物理学家马赫时说，这些学者在科学领域内能作出很有价值的贡献，但一谈到哲学问题时，任何一句话都不可相信。

关于命题的真假只有依照反映与实践的唯物辩证观点，才能获得正确的结论。具体命题的真实与虚假取决于是否与现实的符合，符合与否最终由实践来验证。作为数理逻辑一部分的命题演算中的命题，是抽象概括了的命题，这些用符号表示的抽象命题的真假也是经过了抽象的真假，即逻辑的值。逻辑的值虽较远离现实，但并非虚构的东西。二值逻辑及多值逻辑所讨论或涉及的真假，应看作既有现实根源而又相当抽象的东西。不这样对待逻辑的真假，就会产生误会，以为现代形式逻辑所谈的是形式主义的、唯心论的东西。

① 卡尔纳普著，傅季重译：《哲学与逻辑方法》，上海人民出版社1962年版，第3—4页。

二、蕴涵的性质与作用

像逻辑的真假那样，在现代形式逻辑中，蕴涵也是个很抽象的概念。蕴涵在数理逻辑中的地位是相当重要的。可以说，没有这一概念，很难，甚至不可能构成逻辑体系。

希尔伯特与阿克曼在《数理逻辑基础》一书里，举出一些“古怪”的例子来说明命题的蕴涵关系。关于蕴涵的联结，他们举过的例子如下：

如果 $2\times2=4$，则雪是白的。
如果 $2\times2=4$，则雪是黑的。
如果 $2\times2=5$，则雪是白的。
如果 $2\times2=5$，则雪是黑的。

如果我们不从逻辑及逻辑的抽象来看，而从常识上来看，则会感到“古怪”，甚至认为毫无意义，因为按照常识，“$2\times2=4$”与“雪是白的”等，根本不能看作是正常的联系。像弗格拉西这样的哲学家，就是这样来看这类命题的联结的。如果我们明了逻辑的抽象的性质，就不会产生与现代逻辑相反的看法，认为这类联结毫无意义、不可接受。

现代形式逻辑正是在这种看来“古怪”和不能接受的蕴涵概念的基础上建立其演绎逻辑的；在数学中，这个概念也起着很大的作用。它不仅有用，而且有现实的根据。

希尔伯特与阿克曼在举出上述例子后指出：“复合句‘如果 X 则 Y’不应理解为表示存在于原因与结果之间的那种关系。事实上，只要 X 是一个假命题或 Y 是一个真命题，那么命题 $X\rightarrow Y$ 已经恒真了。”反之，上述第二个命题是假的。“关系 $X\rightarrow Y$ 与因果关系这两者之间仍然有一个共同点：在 $X\rightarrow Y$ 为真的情形下，由 X 之成立可以推出 Y 之成立。”

他们对蕴涵的联结所做的说明过于概括，不够详细，因而会产生误解。关于 X → Y 不应理解为表示原因与结果之间的那种关系这点，其意思是指明 X → Y 的关系所表示的具有更为宽广的意义，它不仅可以概括因果关系，也可以概括其他的各种关系，也就是说，X → Y 所表示的是逻辑的抽象关系，而非较具体的关系。其次，他们所说的“只要 X 是一个假命题或 Y 是一个真命题，那么 X → Y 已经恒真了”这句话，可理解为假命题蕴涵真命题为真，这同样是我们上述的假蕴涵真的逻辑概括。例如：“如果 2×2=5，则 4 大于 2”“如果 2×2=5，则 5 一个奇数”“如果鬼神是存在的，则有信鬼神的人”“如果英雄造时势，则英雄是有作为的”，等等，这些都是假蕴涵真的具体例子。借助这些具体命题的蕴涵，便可概括出“假→真”这个为真的复合的陈述句。正是在这样的概括之下，只要 X 为假而 Y 为真，则 X → Y 为真。这就是逻辑蕴涵的一个性质。至于真蕴涵假为假，比较容易理解，但同样是一种逻辑的概括。最后，“在 X → Y 为真的情形下，由 X 之成立可以推出 Y 之成立”这点，我们必须注意这句话内有“由……之成立”和“可以推出……之成立”这些语组。因为在蕴涵中并没有断定 X 与 Y 是否为真或什么。但若 X → Y 是真的，而我们断定 X 成立（为真），便可以断定 Y 也成立（为真）。

《数理逻辑基础》是一本数理逻辑的精要著作，即使有缺点，但它对蕴涵的说明不能看作是错误的。

为避免产生对蕴涵性质的误解，我认为有必要对蕴涵作出更合乎常识的分析和说明。

如前所述，希尔伯特和阿克曼用那些例句来解释蕴涵乍看起来很古怪、很形式主义，但如果理解上节所谈的抽象的真假，那就不大会觉得古怪了；而所谓“形式主义”也只是表面现象。现在不避“烦琐”来讨论蕴涵的客观性质和其本身的逻辑特性，是因为蕴涵如前所指出的，它在逻辑与数学中有重要意义。下面从一些实例出发讨论这个抽象概念。

［1］作者室内此时气温升至摄氏 35 度，室内有完好的冷气机（空调）。作者知道放冷气会使温度下降，根据事实和认识，作者下判断：“如果放冷

气则室内会凉快起来。”我把这个判断写成表达式：$p_1 \to q_1$。

［2］今天气温高，据气象台报告说晚上要下大雨。作者知道下雨后天会凉快些，且大雨后一般是天晴的。作者根据经验下了判断：“如果明天晴，那我就出外散步。”我把这个判断写成表达式：$p_2 \to q_2$。

［3］在写本文时，恰好有友人来访并告知作者：“老张生病住院了。”我对这位朋友说：“如果老张病重，我就去看他。”这个判断可写成表达式：$p_3 \to q_3$。

上述三个判断都反映了事物间的关系，包括气象、物理、人际等。而相应的表达式则是相应判断的逻辑抽象形式。如果再用更一般的公式来概述它们，便可记为 X → Y。后者如何来的，我们已清楚，现在可进而讨论其中的真假联结。

［1］放了冷气［真］，室内凉快起来［真］。这时可确认 X → Y 为真。

［2］放了冷气［真］，室内不凉快［假］。这时可确认 X → Y 为假。

［3］没放冷气［假］，室内凉快起来［真］。这时仍可确认 X → Y 为真。因开电风扇或置放大桶冰块也能使室内凉快。

［4］没放冷气［假］，室内没凉快起来［假］。这时也可以确认 X → Y 为真。

以上的分析可概括为众所周知的蕴涵真值表（这也就是用真值表给蕴涵下定义）：

	X	Y	X → Y
［1］	真	真	真
［2］	真	假	假
［3］	假	真	真
［4］	假	假	真

由上面的分析可见，我们首先根据实际对事物作出判断（反映），进而对判断作出抽象概括（也是思维活动），结果我们揭示了上表所示的逻辑联系，这时（在逻辑领域里）撇开了日常语言的“如果——则”具体内容的多

样性，而仅抽取其中的共同点，从而获得蕴涵的特性。对于否定、合取、析取等的逻辑特征，也是按上述抽象方式而得的。从上面的分析，我们可确认：二值逻辑中所述的联系，即存在于被联结的命题的真假之间的联系；而真假就是上节所谈的真假。由存在到思维的反映，这是一个层面，与此层面相连的是逻辑层面，在逻辑层面上，表现了主观思维的一种能动性（除这种能动性外，还有其他的能动表现）。正因为在此层面里，撇开了实际具体事物的具体联系而所联结的是抽象的真假，故使希尔伯特等人用上述“古怪”例句来说明蕴涵性质。他们除了想作通俗的说明外，更重要的只是想借助易懂的真句和假句来代表真假二值。这就是他们用意所在。

在反对希氏等人的例子及所作的说明方式，并指责为形式主义的人中，匈牙利哲学家贝拉·弗格拉西是一个典型。他写道：“‘如果 2×2=5，则雪是黑的。’我把这个命题称为无意义的。”[①] 其实，这蕴涵命题意指“‘假蕴涵假’为真”，不能说它没有意义。如鲍桑葵的蕴涵命题“如果一匹驴子是柏拉图，则它是大哲学家”[②] 是一个真命题，它是“‘假蕴涵假’为真”的说明。如考察一下其中的逻辑关联，便可确认这种蕴涵是有深刻意义的。

至于弗格拉西的进一步批评，则有点文不对题，而且所说的话已进入他自己的“辩证逻辑”范围[③]。他既没有说明形式逻辑蕴涵本身的特性，也没有针对希氏等人关于蕴涵的叙述要点与实质，只是借题发挥其“辩证逻辑”而已。他在《逻辑学》一书的“两点补充”内又批评了罗素关于蕴涵的原则（“一切从真命题推出的东西都是真的”）。他写道：“然而‘原则’并没有确定究竟在什么样的情况下，而这对于活生生的思维说来是最重要的。蕴涵理

① 《逻辑学》，第 471 页。

② 转引自安东·杜米特留：《逻辑史》第三卷，Abac VS Press 1977 年英文版，第 246 页。

③ 他的“辩证逻辑”其实没有超出常识范围。他说：“‘雪是黑的’——这个命题是‘雪’同属性‘是黑的’的这样一种结合。这种结合是不符合物理现实的。一个物体，如果把落在它身上的光线全部吸收，它就是黑的。雪不是这样的物体。但是‘雪是黑的’这个判断不是逻辑矛盾，并且从这个判断绝不能得出 2×2=5。如果我们把一堆雪染上煤黑色，那么没看过雪的人就会以为雪根本是黑的。”见《逻辑学》，第 472 页。弗格拉西后面的话，正好是“假→假。”

论的根本缺点是，它没有说明‘推出’这一概念的含义……，也没有说明为什么能从真判断 P 推出真判断 Q。……蕴涵在这里变成一个含糊的字眼。‘P 蕴涵着 Q’这一命题在某种意义上也可意味着，从 P 可以推出 P 包含着 Q 这一事实。把这两种含义混为一谈，就造成一种假象，仿佛蕴涵是推演的基本原则。”[①] 弗格拉西要求蕴涵原则能确定在某种情况下“对活生生的思维说来是最重要的”，这是脱离实际的，他没有理解数理逻辑的特性与作用范围。

关于蕴涵与推出的概念倒是可以讨论。一般地说，蕴涵不是推出。“如果 P 则 Q”这是蕴涵，它并没有断定 P。如果断定了 P 便可推出 Q。这说明蕴涵与推出有别，但它们又密切联系着。“活生生的思维”的具体例子：“如果他否认真假值，则他否认二值逻辑”，这是一个蕴涵，也只是一个蕴涵，它没有断定，当断定了“他否认真假值”这一事实时，便可推出“他否认二值逻辑”。推出在这里是指断定了蕴涵前件而断定蕴涵后件的思维作用。至于蕴涵的概念，在二值逻辑内已确定了，这在本节前部分说了不少。为什么能从 P 真推出 Q 真呢？重复前面所述：一蕴涵为真并非其前件真而后件假。知道了 P 为真，便可推出 Q 为真。蕴涵在这里并没有“变成一个含糊的字眼”。“P 蕴涵 Q”在“某种意义”上是否意味着“从 P 可以推出 P 包含着 Q”呢？对弗格拉西的问题，可作两种分析与回答：

（1）用莫绍揆教授在其《数理逻辑初步》中的一段话作答：“布尔稍后的麦柯尔，仿照类代数……那样，把‘P 蕴涵 q’定义为‘$p \wedge q=P$（P 且 q 等于 P）’这个定义是很合适的，因为，如果 p 跟‘p 且 q’相同，那便意指 q 的含义包括在 p 的含义之中，故由 p 可得 q。”[②]

（2）如果“在某种意义上”是指在断定了 P 包含 Q 是指蕴涵，那么无疑地可以推出 P 包含着 Q，因为 $p \rightarrow q$ 为真，而且断定了 P，便能够断定 Q，这是一个分离规则的表现。这种蕴涵关系可由真值表的赋值方式表示：

① 《逻辑学》，第 471 页。

② 莫绍揆：《数理逻辑初步》，上海人民出版社 1980 年版，第 72—73 页。

$$([p \to q] \wedge p) \to q$$

真　　真真　真真

蕴涵是演绎逻辑中极重要的概念，它反映着命题联结规律性，在演绎推理或证明中是必不可少的。下面是一个应用蕴涵作推论的例子：

设 $p \to q$ 是一公式，$p \to (p \to q)$ 也是公式，p、q 为全部命题变项。如果对于 p、q 的所有逻辑值，当 $p \to q$ 真时，$p \to (p \to q)$ 也真，那么可断定，公式 $p \to (p \to q)$ 是从 $p \to q$ 推出的。

现在我们把两公式联结起来，并把联成的公式变成合取范式：

$$(p \to q) \to (p \to [p \to q])$$

$$(\bar{p} \vee q) \to (\bar{p} \vee [\bar{p} \vee q])$$

$$(\bar{p} \vee q) \vee [\bar{p} \vee q])$$

$$(\bar{\bar{p}} \cdot \bar{q}) \vee (\overline{pp}q)$$

$$(p \cdot \bar{q}) \vee (\overline{pp}q)$$

$$p\overline{pp}q \cdot \overline{qpp}q$$

最后所得是一个永真公式。再根据演绎逻辑，$(A_1 \cdot A_2 \cdot \cdots A_n) \to B$ 是永真的，则公式 B 是由公式 $A_1 \cdot A_2 \cdot \cdots A_n$ 中逻辑地推出。可见，由 $p \to q$（相当于 A_1）推出 $(p \to [p \to q])$（相当于 B）。如果画一真值表，我们便可以看到：在 $p \to q$ 为真时，$p \to (p \to q)$ 也为真。

以上我们说明了蕴涵与推出的区别与联系，也概略地说明了蕴涵（实质蕴涵）在演绎逻辑中的意义和作用。否定蕴涵这个数理逻辑的基本的概念，同样要导致否定数理逻辑。

最后，我们想指出，如果没有抽象的真假，没有蕴涵的逻辑特性，便无法进行命题逻辑的演证或推论。所谓离断律（或肯定前件肯定后件）正基于蕴涵的逻辑意义。不仅如此，**若无蕴涵概念（这就是规律性），恐怕无法建立整个现代形式逻辑**。

三、形式逻辑的规律、定律

普通逻辑所阐述的规律中，同一律、不矛盾律和排中律，是否可视为二值逻辑的基本规律？我认为，若把公式推演过程中所出现的同一性、不矛盾性和排中性看作它们相应的表现，把演算过程中必须遵守同一、不矛盾和排中视为这些规律的要求，那么它们便是基本规律。在二值演算中是否如此？以下着重讨论公式推演（公式变形）过程中的同一性。

《数理逻辑基础》里关于速度的加法定理的推论，是大家熟知的典型例子。为了便捷，我们可再引用它。关于速度的加法定理是这样提出的：如果速度的加法定理是真的，并且在恒星系中光以等速向所有方向传播，那么在地球上光的传播速度不会在各个方向上都相等。根据经验知道，在恒星系中光以等速向所有方向传播，并且在地球上光也是以等速向所有方向传播。由上述前提可推出什么结论？

首先，我们把各前提列出：

“速度的加法定理是真的”用 p 表示，“在恒星系中光以等速向所有方向传播”用 q 表示，“在地球上光以等速向所有方向传播”用 r 表示。这样，两个前提便可表示为：

［1］$p \cdot q \rightarrow \bar{r}$；［2］$q \cdot r$。这两个公式是借符号化由上面的陈述得出的。［1］内的 q 与［2］内的 q 同一，依据同一律；［1］内的 $\bar{r}$ 是［2］内的 r 的否定，这是根据同一律与不矛盾律。这表明符号化也必须遵守这些规律。

其次，把［1］和［2］内的公式（作为前提）合取起来并写成公式：

$$(1)\qquad ([p \cdot q] \rightarrow \bar{r}) \cdot (q \cdot r)$$

以（1）为起点进行公式推演或变形。根据 $A \cdot (B \cdot C)$ 与 $A \cdot B \cdot C$ 的同一性，（1）可变为：

$$(2)\qquad ([p \cdot q] \rightarrow \bar{r}) \cdot q \cdot r$$

根据 $A \to B \equiv \overline{A} \vee B$ 这个等值关系，即遵守同一要求，（2）可变为：

（3） $([\overline{p\cdot q}] \vee \overline{r})\cdot q\cdot r$

根据 $(\overline{A\cdot B}) \equiv \overline{A} \vee \overline{B}$ 又可得：

（4） $(\overline{p} \vee \overline{q} \vee \overline{r})\cdot q\cdot r$

在（4）的合取项 q 和 r 里分别加入永假项（$p\cdot\overline{p}$），这不至于改变原公式的真假性质，因为 A ∨假≡ A，这里仍坚持同一，不矛盾。由此便得到：

（5） $(\overline{p} \vee \overline{q} \vee \overline{r})\cdot(q \vee [p\cdot\overline{p}])\cdot(r \vee [p\cdot\overline{p}])$

（5）根据 $A \vee (B\cdot C) \equiv (A \vee B)\cdot(A \vee C)$ 这一等值关系，同一地变为：

（6） $(\overline{p} \vee \overline{q} \vee \overline{r})\cdot(q \vee p)\cdot(q \vee \overline{p})\cdot(r \vee p)\cdot(r \vee \overline{p})$

为了简便，不让公式写得太长，我们可省去析取号，而不至于改变同一性。这时我们便有：

（7） $(\overline{pqr})\cdot(qp)\cdot(q\overline{p})\cdot(rp)\cdot(r\overline{p})$

为了得到范式，我们可以在（7）内四个合取项内加入永假式，这样不至于变更原式的值，这仍依据同一的要求。这样一来，我们得到：

（8） $(\overline{pqr})\cdot(qp[r\cdot\overline{r}])\cdot(q\overline{p}[r\cdot\overline{r}])\cdot(rp[q\cdot\overline{q}])\cdot(r\overline{p}[q\cdot\overline{q}])$

（8）又可变为：

（9） $(\overline{pqr})\cdot([qpr]\cdot[qp\underline{r}])\cdot([q\underline{p}r]\cdot[q\underline{pr}])\cdot([rpq]\cdot[rp\underline{q}])\cdot([r\underline{p}q]\cdot[r\underline{pq}])$

这里我们使用了析取对合取的分配律，即 $A \vee (B\cdot C) \equiv (A \vee B)\cdot(A \vee C)$ 这个等值关系。由（8）省去括号，便有：

（10） $(\overline{pqr})\cdot(qpr)\cdot(qp\bar{r})\cdot(q\bar{p}r)\cdot(q\overline{pr})\cdot(rpq)\cdot(rp\bar{q})\cdot(r\bar{p}q)\cdot(r\overline{pq})$

由（9）而（10）仍保持值上的同一。由（10）又可得到：

（11） $(\overline{pqr})\cdot(qpr)\cdot(qp\bar{r})\cdot(q\bar{p}r)\cdot(q\overline{pr})\cdot(rp\bar{q})\cdot(r\overline{pq})$

这就是一个重要的公式，即所谓特异的合取范式。它之获得，是在遵守同一律要求下把（10）内的第6个与第8个合取项消去的结果，这里依据 $A\cdot A\equiv A$ 这一等值关系，即第6与第2重复，消去第6；第8与第4重复，消去第8。这样，（11）与（10）上的值仍保持同一。

到此，我们得到了一个非永真公式的特异合取范式。在此范式内，第一个合取项、第五个合取项、第四个合取项和第七个合取项（它们都是析取式）都属于（1）这个起始（出发）公式的推断。这四个合取项就是我们所需要的，事情到这里，便是分析选择的序列（Analysing Choice Sequerces）。我们把它们写下来：

（1′） $(\overline{pqr})\cdot(q\overline{pr})\cdot(q\bar{p}r)\cdot(r\overline{pq})$

这就是（1）的一个逻辑推断或结论。为了明确（1′）的值，就必须再依据等值关系 $(A\vee B)\cdot(\underline{A}\vee B)\equiv B$ 加以变形，这样，又得到了：

（2′） $(\overline{pr})\cdot(\bar{p}r)$

（2′）是（1′）内第一个与第二个合取项，第三个与第四个合取项应用上述等值关系作替换的结果。这时（2′）与（1′）在值上保持同一。

最后，我们仍用 $(A\vee B)\cdot(\bar{A}\vee B)\equiv B$ 而得到了

（3′） $\bar{p}\cdot\bar{p}$

依 $A\cdot A\equiv A$，而删掉其中一个重复项而得：

$$\bar{p}$$

显然，这就是开始时作为前提的假设 p 的否定，$\bar{p}$ 相当于"'速度的加法定理是真的'为假"，即由假设 p 真而导出 p 假，亦即我们得到了速度的加法定理不能成立的结论。

通过上述推演的例子，我们看到，从出发的公式（"速度的加法定理是真的"的抽象公式）为起点，进行有步骤的推演（变形），在每一形式变化中总看到同一、排中和不矛盾的表现，每一公式的变换都保持着逻辑真值上的同一、不矛盾和排中。这样，这三条规律可认为是基本的，具有普遍性的规律。

由（1）到（11），我们先要求获得一个有重要意义的非永真的合取范式。为了确定最终能得到什么结论（关于速度加法定理的结论），又从公式（1′）开始进行推导、变形，这时由（1′）到（3′），我们又在同一、不矛盾和排中的要求下得到了 $\bar{p}$ 这个公式，即确定了原来假定为真的命题并非真而是假。这就是公式变形的判定方法具体运用的一个例子。在这一判定方法中，我们始终遵守三条基本规律（当然也使用了其他定律）。

除上述判定方法外，还有其他判定方法，真值表法是其中之一种。我们可借助真值表法来制定某一公式是永真还是永假还是适真。使用此法时，同一、不矛盾和排中也必须遵守，否则无法进行判定。构作真值表也基于这三条规律。以下是给公式作部分的赋值和给两个命题变项作出的真假组合，表一与表二不是真值的全部。

表一

$$([p \rightarrow q] \cdot [p \vee q]) \rightarrow ([p \vee \bar{p}] \cdot q)$$

p	q	p	q	p	$\bar{p}$	q
1	0	1	0	1	0	0

表二

p	q
1	1
0	1
0	1
0	0

这里，我们给第一个 p 以 1（真），就必须给第二个、第三个 p 也赋以 1（真）；在给第一个 q 以 0（假）时，也必须给第二、第三个 q 以 0（假），这

是根据同一律。当我们给 p 以（真）时，就得给 $\bar{p}$ 以 0(假)，因为 $\bar{p}$ 与 p 矛盾，这是根据不矛盾律。在表二里，当我们给 p 和 q 作真假组合时，不是给以 1（真）就是给以 0(假)，这是根据排中律。表一里，若继续作其他的真假指派，也只能给以真或给以假，这也是以排中律为依据的。所以，我们可把这三条规定看作是构作、使用真值表的逻辑基础；它们支配着真值表的构造与应用。

最后，我们要看看一系列等值关系是否可以转化为同一律。我们从上面的公式推演（变形）过程中已知每一公式变形都有某一定律的直接应用。在那里，我们直接应用过 A·(B·C) ≡ A·B·C、A → B ≡ $\overline{A}$ ∨ B、$\overline{A \cdot B}$ ≡ $\overline{A}$ ∨ $\overline{B}$、A ∨假≡ A、A ∨（B·C）≡（A ∨ B）·（A ∨ C）等。这些等值关系是否都可以化为同一律呢？

［1］　　　　A → B ≡ $\overline{A}$ ∨ B

以“真”取代 A，根据同一律的要求，等值左右都必须以“真”代入，因此，我们就有：真→ B ≡$\overline{真}$∨ B，即真→ B ≡假∨ B（真之否定为假这就是基本规律的表现）。根据“∨”的特性，右边可删去“假”得真→ B ≡ B。根据蕴涵的语义，当前件为真时后件可真可假，故 B 仍为 B，则真→ B 为 B。这样我们便有 B ≡ B。这就是说，［1］归根到底也以基本规律为依据。我们若以假代入 A，最后便得真≡真。

［2］　　　　$\overline{A \cdot B}$ ≡ $\overline{A}$ ∨ $\overline{B}$

这个等值关系表明析取与合取之间的可换性，这一可换性也依赖于基本规律。我们以“真”代入 A 而得真 ·B ≡$\overline{真}$∨ $\overline{B}$，再得$\overline{真}$∨ $\overline{B}$ ≡$\overline{真}$∨ $\overline{B}$，又得假∨ $\overline{B}$ ≡假∨ $\overline{B}$，最后得 $\overline{B}$ ≡ $\overline{B}$。如果我们以假代入 A，也有相似情况。这就表明，基本规律在等值关系中发生作用。

［3］　　　　A ∨（B·C）≡（A ∨ B）·（A ∨ C）

这个等值关系表明析取对合取的可分配性质，但这种性质具有基本规律的制约性。我们先以“真”代入 A，得真∨（B·C）≡（真∨ B）·（真∨ C），又由此而得（B·C）≡（B）·（C），等于（B·C）≡（B·C），等于 B·C ≡ B·C，再以真代入 B，得真 ·C ≡真 ·C，又得 C ≡ C。在这个变换中，含着基本规律的要求，虽然必须借助于析取与合取的语义。

可见，各种等值关系都可化为同一律，这些等值关系归根到底以基本规律为依据。

在数理逻辑中没有把同一律、不矛盾律当作最基本的规律，其原因之一是在公式的等值变形中没有直接的应用。但从广义来说，它们都有同一、不矛盾和排中的要求和表现。因为“真”等同于自身，“假”等同于自身；“真”与“假”矛盾，它们不同一；或“真”或“假”只有此二种值（排中）。在二值范围内，就“……等值于……”而言，本身就表现了同一要求。“真”若不等于“非假”，则“真”等于“假”，此乃矛盾。这样，推论不可能进行，公式变形便无所依据。故在此意义下，三条规律可视为普遍的规律。

如果不这样理解这三条规律，那它们只是和其他一系列定律并列的规律。在数理逻辑中就是这样来看待这三条规律的，这同其着眼点有关。它不求助于基本规律的哲学分析。但不能据此而认为数理逻辑否定基本规律的意义。至于普通逻辑，则对这三条规律作出更多的阐述。许多形式逻辑著作，如教科书，大都是从认识论与逻辑的联系来解释它们的。如《形式逻辑》一书写道：“同一律的内容是：任何思想如果反映某客观对象，那么，它就反映这个客观对象。”“任何思想如果是真的，那么，它就是真的；如果它是假的，那么，它就是假的。”“矛盾律可表示为：任何思想不能既反映某客观对象而又不反映这个客观对象。”“任何思想不能既是真实的又是虚假的。”排中律：“任何思想或者反映某客观对象，或者不反映这个客观对象。”“任何思想或者是真实的，或者是虚假的。”① 对这三条规律，其他著作或教本也有与此类似的定义。② 前述三条规律的定义没有使用它们的公式表达式，这样

① 金岳霖主编：《形式逻辑》，人民出版社 1980 年版，第 265—274 页。

② 可参见［苏］楚巴欣等主编：《形式逻辑》，上海人民出版社 1981 年版，第 95—102 页。

有助于把它们理解为基本和普遍的思维形式规律。该书在说明这些规律的一般性质时也指出了这点："它们是从不同的角度，要求与保证思维有确定性，要求与保证任何思想有确定的内容，确定地反映客观对象。""对于一切思维形态都是普遍有效的。""是其他逻辑规律所必须假设的。"它们"并不假设其他的逻辑规律"，因为它们"只要求思维有确定性，而毫不涉及思维具有什么特殊的形式，遵守什么特殊的逻辑规律"[①]。

对同一律、不矛盾律和排中律作这样的定义，是可以接受的。因为这样的规定，既可避免缩小它们的作用范围，视为仅仅是命题逻辑的二值规律，即 $A \rightarrow A$、$\bar{A} \vee A$ 与 $\overline{\bar{A} \cdot A}$，甚至缩小为日常生活、家务范围所应用的规律；又可避免扩大其作用范围，把它们当作认识事物的思维规律，因为它们在所做的定义之内只要求思维有确定性而已。这样的规定反映了实际，因为思维有确定性正是认识客观事物变化发展所不能缺少的。

对这三条规律作这样较广义的理解并不意味着可以排除它们的形式表述的可能性，并不意味着应排除它们的二值表现的可能性。实际上，在二值逻辑内，它们分别可用 $A \rightarrow A$、$\overline{A \cdot \bar{A}}$、$A \vee \bar{A}$ 的否定来表示。"任何思想如果是真的那么它就是真的；如果是假的那么它就是假的"这句话已包括了 $A \rightarrow A$ 的意义。"任何思想不能既是真实的又是虚假的"，这就包含了 $\overline{A \cdot \bar{A}}$ 的意义。"任何思想或者是真实的或者是虚假的"，也已包含了 $A \vee \bar{A}$ 的意义。显然，它们都可以表述为永真公式。

由以上的讨论，我们可概括如下两点：

（1）排中律是二值逻辑的基础，因为命题只有二值，一命题为真或非真，即假，据此便可进行命题或公式的推演；若一命题或一公式为真，则在推演过程仍保持为真的性质，如果它为假则仍保持假的性质。在一命题或公式变形为另一命题时，即使后者跟前者在形式上有异，但仍保持着原来公式

① 金岳霖主编：《形式逻辑》，第 265—274 页。其中所说的"思维形态"即概念、判断、推理和记忆等思维形式。

的真（或假）的性质，这便是同一律的效用。由一个命题或公式向另一命题或公式的演进过程中，不容许把一命题或一公式及其否定当作等值来处理，否则推演自身便发生逻辑矛盾，这就是不矛盾律的规定性和制约性。不矛盾律在命题演算、演绎论证中作用重大，这条规律在判明由前提导出结论的必然性这点上非常重要。我们知道，“$(A\cdot\bar{A})\rightarrow B$”这条规则是正确的，它表明由矛盾的命题或公式可推出、导出任何命题或公式。在演绎间接证明中经常使用这一推导规则，此规则正好以不矛盾律为基础，因为这种演绎证明的方法就是以呈示推论中的逻辑矛盾来实现的。①

（2）同一律、不矛盾律和排中律是数理逻辑，特别是二值逻辑中的基本规律；在运用真值表方法和命题演算方法时必须以这三条规律为根据，可以把它们看作基本的、较普遍的原则。在普通逻辑里，认为它们是基本规律也是正确的。这些规律虽然是思维领域的规律，是运用概念、作出判断和进行推论和证明的规律，但它们都是现实事物的规定性的反映。因为任何客观事物，不论我们是否感到或意识到，它们都在不断地变化着，并在某个阶段上保持着其本质属性和稳定性质。概括地说，这就是上述规律的客观基础。形式逻辑规律在思维中的作用也就具有客观的性质，是不能任意否定的。那种把辩证规律同形式规律对立起来并加以否定或“排除”的做法，是完全错误的。列宁指出：“人的实践经过千百万次的重复，它在人的意识中以**逻辑的格**固定下来。这些格正是（而且只是）由于千百万次的重复才有着先入之见的巩固性和**公理的性质**。”② 这段话是逻辑规律、规则的来源和性质的最精辟的科学论断。正因为逻辑规律不是主观虚构的规律，而是思维的正确规律，所以在科学研究和科学实践（技术及其应用）过程中始终发挥着它们的作用。

---

① 间接证明的图式及其说明如下：$\dfrac{\overset{B}{\vdots}\\ A\cdot\bar{A}}{\bar{B}}$ 设某个命题 B 为真，由 B 可以导出一个矛盾命题（矛盾式）A · A，那么可以推出前个假定为真的命题的否定，即推出 $\bar{B}$。这图式表示：由起点到终点这个过程包含着其他的步骤。

② 《哲学笔记》，人民出版社 1974 年版，第 235 页。着重号是引者所加。

简单枚举法作为一种逻辑推理的异议*

虞 謇

[**主编按语**] 本文就“简单枚举法”绝非“逻辑推理”，从其有违“必然性结论”的演绎推理、“或然的”结论可以从其“任何前提推出”、其“结论概率再高”也“不必然为真”而“可能为假”……做了颇清晰的阐释。据以还中肯地指出：简单枚举法“充其量是一种猜测方法”，否定它是一种逻辑推理，但也“并不排斥它作为一种方法在认识论上的意义”。

目前，逻辑教科书都把简单枚举法作为一种逻辑推理。如果它是一种逻辑推理，那么它应当合乎逻辑。然而情况恰恰相反，它经受不起逻辑的反驳。请看下面的分析：

一、简单枚举法作为一种逻辑推理必然与演绎推理相矛盾。

演绎推理的前提蕴涵着结论，它的结论是必然的。如果结论为假，那么它的前提也必为假，所以，结论假且前提真是不可能的。

按照目前逻辑教科书所述，简单枚举法的公式为：

---

* 本文原载《归纳逻辑》，中国人民大学出版社 1986 年版。

S_1是P，

S_2是P，

S_3是P，

……

S_n是P，

S_1，S_2，S_3……S_n是S类的部分对象，

所以，所有S都是P。

由公式可见，它是从肯定S类的部分对象（分子）具有P属性——“有些S是P”，推出S类的全体对象（分子）都具有P属性——“所有S都是P”，即从SIP推出SAP。根据逻辑对当关系，SIP与SAP之间是差等关系，SIP为真时，SAP真假不定。因此，根据对当关系，从SIP真推不出SAP真。

众所周知，演绎推理的结论是必然的。如果根据演绎推理推出的结论为SIP的话，这个SIP的结论是必然的，即：“S必然是P”（LP）。简单枚举法的结论是或然的。如果根据简单枚举法从SIP推出SIP的话，这个SIP的结论是真假不定的，即“S不必然是P”（¬ LP）。根据对当关系，并非S必然是P，可以推出S可能是非P（¬ LP→M¬ P），并且两者是等值的（¬ LP=M¬ P）。这就是说，简单枚举法的结论也可以理解为“S可能是非p”（M¬ P）。

由此可见，简单枚举法与演绎推理是相矛盾的。根据矛盾律，我们只能肯定其中一个，而否定其中另一个；若同时加以肯定，就形成逻辑矛盾。根据排中律，要么承认演绎推理，要么承认简单枚举法是一种推理，二者必居其一。逻辑知识只留给我们一种选择余地，即肯定演绎推理而否定简单枚举法是逻辑推理。这是因为任何人也无法否定演绎推理。如果有人得出否定演绎推理的结论，那么他自己就必须应用能得出必然性结论的演绎推理。根据同一律，如果他要把否定演绎推理的观点贯彻到底，那么他又必须否定演绎推理的否定。众所周知，思维规律（同一律、矛盾律、排中律）是普遍有效

的。如果承认思维规律的普遍有效性，根据矛盾律，就不能同时承认演绎推理和简单枚举法都是逻辑推理。反之，如果同时承认演绎推理和简单枚举法都是逻辑推理，那么就导致否定思维规律的普遍有效性。

二、如果说简单枚举法的结论是或然的（$B \vee \neg B$），那么（$B \vee \neg B$）为常真式。这就导致此结论不一定从所说的前提推出，而可以从任何前提推出。“从任何前提推出”这句话似乎与常识不符，但事实上我们可以这样来解释：如果结论为 $B \vee \neg B$，这对于要获得一个确定的思想来说，等于什么也没说，那就无怪乎它可以从任何前提推出了。这哪里还具有推理上的意义呢？

三、简单枚举法的结论是个全称命题。它所陈述的是“所有 S”，它具有既不受时间限制也不受空间限制的无限大的范围。而简单枚举法的前提是陈述“有些 S”，其结论（全称命题）的或然性，即使概率再高也同不受时空限制的“无限量”相差甚远。既然常识告诉人们任何数值与无限大的值之比，其或然性接近于零，那么简单枚举法结论的概率不一定比它的否定命题的概率为高，这是不言而喻的。因此，简单枚举法结论概率再高，其结论还是不必然为真，即可能为假。

我们把推理定义为，推理是根据一个或 n 个命题得出另一个命题的思维过程。如果这个定义是正确的话，那么推理的结论应是一个确定的命题。命题是对情况的陈述（肯定或否定它是什么），命题应是一个确定的思想（真的或假的），而简单枚举法的结论是真假不定的即不确定的。既然它的结论不能成为一个确定的命题，这一点就与推理定义所表述的不相符。因此简单枚举法不能成为一种逻辑推理。

简单枚举法，它充其量是一种猜测方法。从探讨“逻辑”的角度，我们否定它是一种推理，但这并不排斥它作为一种方法在认识论上的意义。

逻辑学作为一门工具性的科学，它是人们获得正确认识的必要条件而不是充分条件，这是众所周知的。因此，关于“所有 S 都是 P”的具体内容，其真、假所涉及的是哲学认识论方面的问题，不属本文的讨论范围。但从逻辑学角度还必须阐明的是：如果“所有 S 都是 P”为真，那么这个真命题也不是从简单枚举法推出的。因为目前逻辑教科书认为简单枚举法的结论“所有 S 都是 P”是或然的，即可真可假。其次，如果事实上“所有 S 都是 P”的命题为真，那么也只能是从前提蕴涵结论的演绎推理推出的。如果非要从简单枚举法来讨论，那么也只能说，单有简单枚举法的前提不够，还必须再加上一个必不可少的全称命题，例如，“凡同类事物都有同样性质”。即：

凡同类事物都有同样的性质；

S_1 是 P，

S_2 是 P，

S_3 是 P，

……

S_n 是 P，

S_1，S_2，S_3……S_n 是 S 类的部分对象；

所以，所有 S 都是 P。

于是，这样的推理形式不是别的，而正是前提蕴涵着结论的演绎推理。

生物学哲学的对象*

胡文耕

[主编按语] 本文对生物学哲学的对象，以生物学与哲学两者之间的关系为主线，既反对“代替论”，也不同意“无用论”“单向论”，而从多重理路揭示并论证了生物学哲学是一门正在突起的学科。作者坚持生物学哲学体系的开放性，对生物学哲学诸多前沿课题给予视野开阔的探究，堪称通过生命科学发展之哲学反思展现21世纪哲学创新的代表作，蕴涵着胡文耕一生献身生物学哲学研究的成果和体验。重读后本应就此与作者本人对话，惜其已离世而更加怀念这位为学执著的老学友，谨向青年读者和研究者推荐这部培育生物学哲学枝繁叶茂、蓬勃发展的论著。

我国的读者，对生物学哲学也许比较生疏，不像物理学哲学那么熟悉，尽管近年来，也召开过几次全国性的生物学哲学会议，报刊上也常见到这方面的文章，但从事生物学哲学研究的学者毕竟较少，成果也不突出，公众的

* 中国社会科学出版社2002年出版的胡文耕专著《生物学哲学》，系1992年他所承担的中华社科基金“生物学哲学”项目之最终成果。本文是这部著作的第一章。

关注似乎也不太多，现在应该说到了改变这种状况的时候了！

生物学哲学的论著落后于物理学哲学有两方面的原因，首先，物理学革命完成比较早，20 世纪初伴随着量子论与相对论的建立，物理学完成了由经典物理学到现代物理学的转变。相反，生物学中的革命直到 20 世纪中期，随着 DNA 双螺旋模型的建立才得以完成；其次，物理学革命之后，那些经历并参与了这一革命的物理学家，纷纷投入了物理学革命的哲学意义的思考，力图从物理学的新发现得出自己的哲学结论，爱因斯坦、海森堡、玻尔、秦斯等人写了大批著作①，陈述自己的哲学观点。相反，为生物学革命作出突出贡献的学者，如德尔布吕克、赫希尔、沃森、克里克、卢里亚、威尔金斯、莫诺等人，除了莫诺写了一本《偶然性与必然性》，沃森的一本自己科学发现的经过的记述——《双螺旋》之外，专门论述生物哲学的著作并不多，因而似乎给人一个生物学的发现与哲学关系不密切的错觉。其实，这也是完全可以理解的。每次自然科学中的重大变革，必不可免地对哲学思想产生巨大的冲击。当前生物学哲学论著没有物理学哲学著作多，并不是由于当代生物学革命的意义不及物理学革命的意义大，而是科学成果的哲学意义反思需要时间。如果以普朗克关于光谱能量分布的论文的发表（1900）标志着量子论的诞生，至今将近 100 年，从爱因斯坦狭义相对论的提出（1905）算起，也有 90 多年了，生物学革命以 1953 年 DNA 双螺旋结构模型的提出为标志，到现在为止才 40 多年。生物学新成果的哲学概括、论著不及物理学多是完全可以理解的，如果说，物理学革命对于经典的物质观、运动观与因果观产生巨大的冲击，同样我们将看到：生物学革命在人们的系统观、规律观与因果观、伦理观上也会产生深远的影响。

---

① 关于这方面的争议，仅就介绍到我国的论著，读者可参见《爱因斯坦文集》；海森堡的《物理学与哲学》；秦斯的《物理学与哲学》；玻尔的《原子物理学和人类知识》；赖欣巴哈的《量子力学的哲学基础》；玻姆的《现代物理学中的因果性和机遇》；玻恩的《关于因果和机遇的自然哲学》，至于我国尚无译本的物理学哲学著作就更多。

第一节　生物学与哲学

生物学与哲学，今天是两门完全不同的学科，前者是理科，后者乃属于文科。两门学科研究的对象不同，所使用的方法也不同，前者要采取直接观察与实验，后者则可凭间接材料进行推理与思索。然而尽管有这种差别，两者都力求正确地反映外部世界的规律，尽管反映的侧面不同，着眼点不同，任务不同。正因为如此，在科学不发达的古代，许多伟大的哲人，同时也是当时杰出的科学家，亚里士多德既留下了不朽的《工具篇》《形而上学》，也有《植物学》《动物史》及《动物的演进论》等科学著作。恩培多克勒（B.C.492—B.C.432）是哲学家又是医生。卢克莱修（约B.C.98—B.C.55）的光辉的哲学诗篇——《物性论》在哲学上与生物学上都是他的时代的最高成果，随着文艺复兴的出现，自然科学纷纷从哲学中分化出来，近代那些开创新学派的学者，仍然有可能集科学与哲学于一身，并在两方面都作出了突出的贡献。笛卡尔是如此，莱布尼茨也是如此。直到康德，他的天文学著作和他的哲学著作同样是划时代的。可见自然科学与哲学是紧密联系的。至于当代，自然科学发展已很深入，追踪它的进展所要求的准备知识越来越多，实验的程序、手段日益复杂、精巧，集科学与哲学于一身，既是一位出色的哲学家，又能在实验室取得突破性进展，几乎成为不可能。这并不是说两者之间的联系可以削弱，哲学家与生物学家彼此漠不关心是合理的。相反，科学与哲学始终存在相互作用、相互渗透，甚至相互交叉，绝不像秦斯所说的只是相邻："科学在那里终止，那里便出现哲学。"[①] 优秀的哲学总是以自己时代的自然科学为基础（唯心论是其负面的反映），各时代的自然科学也都凭借着一些哲学的基本结论（或假定）。因此，科学家与哲学家，相互合作，彼此交流，会相得益彰。

在自然科学与哲学的关系问题上，有几种观点都是不妥的、片面的，我

① ［英］秦斯著，吴大基译：《物理学与哲学》，商务印书馆1964年版，第18页。

这里指的是“代替论”“无用论”“单向论”。

靠引用哲学结论代替对自然科学的艰苦的探索、具体研究的“代替论”，在我国“文化大革命”期间有淋漓尽致的表现。在科学问题上，不论证、不分析，单靠哲学结论来代替具体探索者有之；具体的科学问题尚无定论，仍在争议，不研究、不调查，用“语录”来填补自己贫乏的思想与实证知识，此其二；面对自己尚未消化的科学成果、事实，以哲学的名义横加指责、斥为异端，名之为“捍卫”。这些都是错误的，它既有害于哲学，也有害于自然科学。

代替论被否定之后，钟摆又摆到另一极端，目前一种颇为流行的论调是：哲学与从事自然科学无关。这种无关论，实质是哲学“无用论”。他们认为自己是自然科学工作者，关心不关心哲学都一样，学了哲学对科学工作也没有什么好处。哲学对于自然科学究竟有什么关系，暂且留待下面再谈。记得霍布斯曾经说过，哲学中的方法是从已知原因来发现结果或者根据已知结果来发现原因。① “无关论”的出现是有多方原因的，既有历史原因，也有现实原因。历史原因使代替论曾一度流行，危害很深，从而在人们的心目中造成一种逆反心理，把哲学拒之于自己的学科之外。另外，我们也应当看到，当一个民族以突出的精力埋头经济建设时，忽视哲学的倾向就有所抬头，因为理论思维毕竟无应用技术那样立见成效。

此外，当前“无用论”的流行，有一定的国际性，国际形势的巨变，斯大林模式的幻灭，一些曾经是马克思主义的同路人分手了，那些昨天的“马克思主义者”，为了表明自己的行为正确，为了使自己的乞食钵中的残羹多几勺，不得不现身说法，声称马克思主义哲学“无用论”，J. M. Smith 就是其中一个。他自诩“是一位已经终止为马克思主义的科学家”，极力散布马克思主义哲学对生物学无用论。R. Levins 与 R. C. Leventin 最近出版了一本

① 霍布斯：《论物体》，见北大哲学系编译：《16—18 世纪西欧各国哲学》，生活·读书·新知三联书店 1958 年版，第 65 页。

论文集——《辩证的生物学家们》(*The Dialectical Biologists*),并且加了一章论辩证法。他们都坚持辩证法,都表示马克思主义哲学对他们的生物学实践以及理解生物学现象大有帮助。这两位哈佛教授的自我回顾,J. M. Smith 读后大不以为然,尽管他承认两位生物学家对进化论与生态学的贡献,仍然想抹杀这些贡献与他们的哲学思想的联系,说什么 Leventin 在成为马克思主义者之前已是知名的生物学家。言外之意,他的科学功绩与他的哲学思想无关。事实上,Levins 的情况并非如此,他早在成为一位生物学家之前就是马克思主义者,又作何解释呢?他的《变化环境下的进化》,Smith 也不得不承认是一本“自觉的马克思主义者的著作”“对生态学是个巨大贡献”,这又作何解释呢? Smith 拿不出任何具体论证,只好说“可是我的印象是对他自己的研究工作的影响,迄今是微乎其微的。”① “印象”不是论据,倒不如说 Smith 先生想使自己的立场与其“第二生涯”相一致更为确切。我国的青年学者,当声称辩证唯物论与自己的科学工作无关时,读一读 Smith 的文章倒是有启发的。

与无关论相反,另一种观点是承认科学哲学对生物学有密切关系,可是这种关系不是辩证的,而是单向的。我们将其称之为单向论。在单向论看来,只有生物学家对哲学家产生影响,作出贡献,相反,哲学对生物学却没有帮助,至少在 19 世纪之后是如此。Mayr 就持这种观点。Mayr 是一位受尊敬的学者,对综合进化论有显著的贡献。然而在生物学与哲学的关系问题上,他强调,近代哲学对科学没有什么帮助,有的只是生物学家对哲学的贡献。例如他写道:在康德之后“则是科学家与数学家对哲学作出贡献,而不是哲学家对科学作出贡献”。② 许多卓越的自然科学家对哲学的贡献是不能低估的。康德之后的自然科学,特别是近百年来的自然科学,许多基础理论上的重大发现,对哲学思想的影响是深远的。许多自然科学的重大发现丰富

① J. M. Smith: *Did Darwin Get It Right*? Chapman and Hall, New York, 1989, p. 33.

② [美]E. 迈尔著,刘珺珺等译:《生物学思想的发展》,湖南教育出版社 1990 年版,第 81、138 页。

了人们的自然观，深化了认识论。可是也应看到，某些作出重大科学发现的科学家本人，有时对自己发现的解释，非但没有丰富哲学，反而使哲学倒退也是事实。当海森堡宣称“实在依赖于我们的意识结构”“世界划分为主体与客体”不再合适时，当 Eccels 提出要回到笛卡尔的二元论时，这在哲学上是前进还是倒退呢？

至于说到 1800 年之后哲学对生物学很少贡献，如果这里所指的哲学仅限于目前流行的哲学，如存在主义、现象学、先验的唯心主义等是符合实际的。可是，19 世纪以来的哲学并非限于上述种种，马克思主义哲学似乎在 Mayr 视线之外。奥巴林对当代生命起源的研究，特别是对化学进化向生物进化转变的研究作出了卓越的贡献，是举世公认的。奥巴林的工作就是在马克思主义哲学影响下进行的。① S. B. S. Haldane 在这方面也作过独立的贡献，两位都是辩证唯物主义者。Mayr 的同行杜布赞斯基对综合进化论作出重大贡献，他青年时期所受的辩证唯物主义的教育不应忽视，上述美国学者 Levins 的著作，Mayr 也承认对生态学“是个巨大的贡献”。Mayr 也许会说这些学者是作为生物学家对生物学的贡献，而不是哲学家对生物学的贡献。不错，奥巴林、杜布赞斯基、Levins 都是生物学家，可是，他们的共同点：都是马克思主义的生物学家，都承认马克思主义哲学使他们受益。这难道不是哲学思想对科学的影响吗？ 19 世纪之后，自然科学发展越来越快，强求哲学家直接从事实验室或野外考察、又在生物学上作出贡献无疑是过分的要求。今天的自然科学在深度与广度上毕竟不同于康德与笛卡尔时代的自然科学，那时哲学家还有可能集科学与哲学于一身，同时在两个领域作出贡献，今天却难以实现。

至于科学与哲学关系问题上的“工具论”，我认为这个问题要具体分析。如果指哲学对自然科学具有方法论意义是对的。亚里士多德的范畴篇，解释

① A. I. Oparin: *Origin of Life,* translated by S. Morgnlis, second edition, New York: Dover Publications Inc., 1953, pp. 31-33.

篇及前、后分析篇等都被其门徒称为《工具篇》。培根称自己的哲学著作为《新工具》（“关于解释自然的指导”）。马克思主义者也并不否认哲学的工具意义，恩格斯就曾把唯物主义辩证法称为“工具”或“武器”[①]。问题是今天的“工具论”者把哲学的方法论意义、工具意义与指导意义对立起来，用“工具论”来否定指导就不科学。哲学对自然科学的指导不是凌驾于科学之上的发号施令，不是要求自然科学的陈述应适合自己的结论，不是妄自宣判科学的是非，而是方法论的启示。把辩证唯物主义作为观察问题的工具、分析问题的工具，不是不要花大力气、自以为是就能办到的。这方面有许多痛苦的教训，对相对论、量子论、共振论、控制论、基因论等科学成果的评价上都有过失误。之所以如此，除社会原因外，认识论上的片面性也是一个重要原因。这也表明一个好的工具要运用得好并不容易。李约瑟教授在为法国学者《生物学与马克思主义》一书作序时，有段话是值得深思的：“辩证唯物主义是如此锐利的一种工具，虽然作为一般体系它的价值不可能有任何怀疑，可是辩证唯物主义细致的应用，应该始终是精细而困难的事情，其中教条主义无论如何必须避免。倘若以过分的自信所作出的特殊理解，那可能是危险的。”[②] 他所提到的实例之一——对基因论的批判就是“没有充分根据的”。遗憾的是，此后对基因论的批判更发展了！从这类教训中所得出的结论，不是否定指导，而是如何善于指导。

我们提倡生物学家以马克思主义哲学为指导，并不意味着某个自命为马克思主义的哲学家有能力、有权力向生物学家发号施令；而是主张自然科学家本人通过自己的专业实践，学习、领会马克思主义哲学，从中受到世界观的教益和方法论的启示，以便更好地安排自己的科学实践活动，更好地判

① 恩格斯曾经写道：“值得注意的是，不仅我们发现了这个多年来已成为我们最好的工具和最锐利的武器的唯物主义辩证法，而且德国工人约瑟夫·狄慈根不依靠我们。”参见《马克思恩格斯选集》第 4 卷，人民出版社 1995 年版，第 243 页。

② In M. Pernant: *Biology and Marxism*, trans. by C. D. Greaves, New York: International Publishing House, 1943,pp. 10-11.

断、选择最佳的实验方案，对科学成果作出符合自然界本来面目的理解与解释。现代自然科学发展很快，一位哲学家即使哲学修养很高，自然科学的知识也仍然十分贫乏，对科学发展的趋势甚至可能一无所知，因此要想以哲学家的身份去对自然科学指手画脚，不会有好的结果，只会把事情弄糟。很难设想对肽链、α 结构闻所未闻的哲学家，能对蛋白质化学的研究提供什么指导性意见；不知质粒、工具酶、克隆为何物的人，对遗传工程的试验能提出什么有价值的建议。我们提倡自然科学家与哲学家合作探讨一些两门学科交叉界面上的理论问题，即使在这种情况下，我们也认为合作、交流思想、共同研究某些问题，必须要有共同语言，即要理解对方学科使用语言的确切含义。无共同语言的合作是无成果的。“文化大革命”中的你出“材料”、我出“观点”，那不是合作，而是奴役、掠夺、窃取的一种表现。

在科学与哲学关系问题上，我们既不同意“无用论”也不赞成“单向论”。我们认为两者应是相互促进、相互丰富、相得益彰的。海森堡的哲学观点我们难以苟同，但他的看法却是对的：“在人类思想史上，最有成果的发展常常发生在两条不同的思想路线的交叉点上……如果它们在实际上相遇了，即如果它们至少已相互关联到能发生真实的相互作用的程度，那么，人们可以期望新的和有意义的发展也将随之而来。”[①] 在论述生物学与哲学关系时，Ruse 也认为“这两门科学会从它们的相互作用中受益”。[②] N. Tennant 在论述这一主题时明确提出两者之间的关系是“相互丰富”而不是“片面的侵占”。[③] M. Born 也得出了同样的结论：“科学在每个时期都和当时的哲学体系相互影响，它向哲学体系提供观测事实，同时从它们得到思想方法。”[④] 可见，正常的科学与哲学的关系应是相互丰富。

---

① W. 海森堡著，范岱年译：《物理学与哲学——现代科学中的革命》，科学技术出版社 1974 年版，第 124 页。

② Michael Ruse and David, L.Hull ed.（1998）：*The Philosophy of Biology*,Oxford University press, p.1.

③ N. Tennant：*Philosophy and Biology: Mutual Enrichment or Onesided Encroachment*? La Nuova Critical, 1987, 1/2n. s. pp. 39-53.

④ 周林等编：《科学家论方法》第 1 辑，内蒙古人民出版社 1983 年版，第 333 页。

第二节 生物学哲学——一门正在兴起的学科

我们探讨了自然科学与哲学的关系，特别结合生物学与哲学讨论了两者之间的关系。既然两者之间的关系是许多论著的主题，本书何以不称“生物学与哲学”，而题名为《生物学哲学》呢？这主要是为了适应科学发展的一种趋势，正如早期只有物理学与哲学、医学与哲学，现在已经分化出《生物学哲学》《量子力学哲学》《医学哲学》一样。它表明生物学与哲学关系如此密切，交叉的问题如此之多，以至需要分化出一门新的学科。

从原有的学科中分化出新的学科，不是任意的，而是一个符合客观规律的事，在科学不发达的古代，一切知识统一于哲学的范围内，随着人类认识的深化，各门科学纷纷从哲学中分化出来，或者由于同一运动形态的不同侧面（如逻辑学、语言学、心理学），而逐步成为独立的学科。19 世纪之后，学科的分化通常主要由于所考察的客体的不同层次，或两门学科的交叉领域分化出独立学科。量子力学从经典力学中分化出来是由于考察的对象层次不同；从生物学中分化出细胞生物学、分子生物学、量子生物学也是这种情形。生物化学、生物物理学、生物地球化学、社会生物学等是后一种情况，属交叉科学类型。有时，由于所使用的方法不同，也每每从旧有科学中分化出新的学科，如放射化学、仿生学、生物统计学。生物学哲学是属于交叉学科型的新学科。

学科的分化过程，通常有其客观根据，可是有时某一学科的分化可能被人为地扩大或缩小其研究对象。行为主义心理学把心理学对象人为地缩小了；科学哲学长期以来仅限于物理学方面而很少涉及生物学方面。社会生物学有时又不免扩大了研究对象，将人类社会也包括进去。这种情况可以时兴于一时，随着科学的发展会得到纠正。

学科的分化是个过程，有的新学科独立出来很快，有的却是一个漫长的过程。微生物学、生命伦理学、环境科学分化为独立学科都比较快。相比之下，生物化学形成一门独立学科所经历的过程就比较长。生物化学是 19 世纪末随着医学与发酵工业的发展逐渐形成的一门独立的学科，“生物化学”这个概念于 1903 年才由 Neuberg 提出，20 世纪得到飞速发展。但其起源却可以追溯到很久以前，最初是在生理学与化学基础上发展起来的，以分析细胞构成成分和化学反应过程。1828 年味勒（F. Wöhler）在实验室合成了尿素，1838 年 G. J. Mulder 提出一个新概念——蛋白质，用以指称从动、植物细胞中提取出的合成纤维物质，这种物质当被加热或与酸混合后，会沉淀下来，它们由碳、氢、氧、氮以近乎等量的比例组成。1871 年 F. Miescher 从浓细胞中发现了核素（DNA 的早期名称）。1878 年将酵母与细菌内所含的引起发酵的物质“酵素”称为酶。1897 年德国化学家 E. 布希纳（Buchner）证明酵母榨出液也有发酵作用，从而将细胞的生命过程与无生命的酶系统联系起来。经过这些重大的进展，生物化学才形成为一门独立的学科。

生物学哲学的形成，看来也将是一个逐步发展的过程。至今有的学者认为它已形成（如 Ruse），有的学者则以为那是未来的事件（如 Mayr）。

判断一个新的学科分支是否已经形成为一门独立的学科，并不是因为个别学者按照他们自己的意愿任意确立的，有一定的客观标准。我认为下面几个判别指标可能是恰当的。

（1）是否有自己的独立的学术机构，如学会、研究会等。

（2）是否有专门的研究刊物和一批有质量的代表性论著。

（3）在高等学校科系设立上是否占有一席之地，至少能否开出一门独立的课程——相对稳定的必修课或选修课。

从这三个标准来看，生物学哲学是一门正在形成的学科。

就学术机构而言，生物学哲学有自己的学会，国际生物学史、生物学哲学、生物社会学学会早已成立，并且每两年举行一次会议。该学会虽是一个跨学科的组织，但是生物学哲学已作为一个独立学科加以采纳。从我国情况来看，在中国自然辩证法研究会下，生物学哲学专业委员会是作为二级学科的学会而设立的。这个专业委员会近年来也定期召开了全国性学术会议。可见，生物学哲学作为一门独立学科的第一个标准是成立的。

至于第二条标准，目前有关生物学哲学的论著、大量的还是见之于一般哲学刊物或生命科学的专门刊物。但是生物学哲学也有了自己的刊物，*Biology and Philosophy* 杂志已问世多年。最近，另一本生物学哲学刊物已于 1991 年创刊于墨西哥，刊名为 *Uroboros*。后者集多种文字于一身，西班牙文、英文、法文及德文等论著照排不误，堪称国际性刊物。至于生物学哲学的专业队伍，也在逐步形成。世界上许多国家都有一批学者在这方面耕耘。生物哲学文献也可称之为“浩繁”。到 20 世纪 80 年代末，仅 M. Ruse 在其《今日生物学哲学》所列出的文献已达 798 篇（本）之多。如果把中文、日文、俄文的文献补上，数字还要庞大。因此，学科形成的第二条标准，生物学哲学也是满足的。

问题是第三条标准，学科的产生，传统的看法是独立科系的建立。这一点目前大学还少见。高校科系的建立是相对稳定的。显然，科系的建立赶不上新学科的分化过程。因此，通常将这条标准弱化为是否开出相对固定的独立的课程。按照这条弱化的标准来衡量，目前看来，生物学哲学课程也只有较少数的大学才能开出。

因此，将上述三个标准综合来判断，生物学哲学只能说是正在形成中的一门新学科。之所以是门新的独立学科，在于它已拥有自己的学术机构、刊物、课程或讲座；之所以说它仍然正在形成，在于它尚未达到独立的科系，它的理论体系尚不成熟，尚在探索之中。例如，以目前几本影响较大的生物哲学专著而言，关于生物哲学的对象、定义及理论结构，每本之间并不一致，远没有达到那种成熟学科的规范与稳定。M. Ruse 的《生物学哲学》[①]的编排，不同于 D. Hull 的《生物科学的哲学》（1974）。R. Sattler 的《生物哲学》（1986），也有别于 B. Rensch 的系统[②]；M. Ruse 的体系偏重于从各

---

① M. Ruse 早在 1973 年就写了一本 *The Philosophy of Biology* (London: Hutchinson)，此后，1988 年又著有 *Philosophy of Biology Today* (State University of New York Press)。

② R. Sattler 的 *Biophilosophy* 与 B. Rensch 的著作完全同名 *Biophilosophie*。Rensch 的著作 1970 年有英译本问世（纽约，哥伦比亚大学出版社）。

生物学分支，如从进化生物学、群体遗传学、分子生物学、人类生物学中抽出其中的哲学问题进行探讨。D. Hull 是一位哲学家，以哲学分析见长，他在其著作中将生物学中许多有意义的问题：如生物学理论与规律、进化论的理论结论、生物学目的论、有机论与还原论等问题做了细致的分析。R. Sattler 是一位植物学家，他结合比较植物形态学——是一本既有一般理论，又有必要的实例的一本不可多得的生物哲学著作，有关理论与假说，规律、解释、预言与理解，事实与概念，因果性与决定论和自由意识等等问题，在其著作中都得到细致的处理。由此可见，就目前而言，生物学哲学的理论系统，各家的理解并不一致。如果我们将其与普通生物学、生物化学等教程相比或与逻辑学、哲学原理相比，它的不成熟性、探索性特征就更为明显。关于这种状况，Mayr 曾经有个评价，他说："虽然这个新的生物学哲学的基本轮廓是明显的，但是现在这种新的生物学哲学还主要是个宣言，不是表叙成熟的概念系统。这种哲学明白地表现在它对实证主义、本质论、物理主义和还原论的批判中，但这种哲学在主要的论题上仍然是踌躇不前和有待发展的。"① Mayr 这段对生物哲学现状的描述，基本正确，它的概念系统尚未得到成熟的表达，它的对象仍然仁者见仁、智者见智。不过Mayr的话毕竟是在20世纪80年代初说的，10 年过去了，目前看来，生物学哲学已远不是一个"宣言"，而是在理论结构与论证深度上都有长足的进步，尽管它仍然是一个正在形成中的新的学科。

第三节　生物哲学对象

生物学哲学这门正在形成中的学科，当代文献上叫法不一，有时称为生物哲学（Biophilosophy），有时又叫生物学哲学（Philosophy of Biology），也有学者将其称之为生命科学哲学（Philosophy of Life Science），前两个名称比较接近，甚至两者可视为同一，例如 R. Sattler 就把生物哲学与生物学哲学作

① E. 迈尔：《生物学思想的发展》，第 79 页。

为同义语来使用[①]。第三个名称稍有差别，它的外延较广，因为“生命科学”包括广义的生物学，涉及传统生物学之外的一些研究领域，如生态学、生命伦理、生物医学等方面的问题。上述三个名称，有一个共同点，都是把它作为一门交叉学科，E. Sober[②] 就持这种观点。这也就是说，生物学中还有许多问题不是生物哲学研究的对象，哲学中也有许多问题生物哲学并不涉及。生物哲学关心的是生物学与哲学两门学科交叉范围内那些具有理论意义的问题。

那么究竟什么是生物哲学呢？如何定义这门学科呢？这个问题的回答取决于理论思维的背景，取决于对学科分化所持的观点。那些不承认生物哲学是正在形成中的一个新学科的学者，也就不存在生物哲学的对象问题。不是一个学科，当然无从讨论该学科的研究对象问题。尽管他们也研究类似的问题，但是这些问题不是视为某一独立学科的问题，而是将其视为自然科学中某个领域的哲学问题，如物理学中的哲学问题、医学中的哲学问题、生物学中的哲学问题，等等。这些问题总称之为自然科学中的哲学问题。这种处理的优点，是可以避免给特定的研究给出定义、划出对象等困难。也可以不考虑作为一门学科的理论结构、概念系统等问题，可以自由地探索自然科学中自己感兴趣的任何有关哲学问题，可以不顾及是否有无新学科的限制。其缺点是在当代自然科学既有广泛的交叉，又有迅速分化的面前，无动于衷、束手无策，不免落后于形势的需要。

目前更多的学者是把生物学哲学视为一个新的学科，或即将成熟的一门新的学科。西方学术界通常把生物学哲学视为科学哲学的一个分支。科学哲学是哲学的一个分支，因此，定义生物学哲学或者通过哲学来定义，或者通过科学哲学来定义。G. M. N. Verschuuren 采用前一种方法，有的学者采用后一种方法。Verschuuren 将哲学划分为三个领域[③]：存在的基础，即本体论；

① R. Sattler：*Biophilosophy*：*Analytic Perspectives*, Berlin: Springer-Verlag, 1986, p.5.

② E. Sober: *Reconstructing the Past*, Massachusetts: The MIT. Press Cambridge, 1988, 前言。

③ G. M. N. Verschuuren: *Investigation the Life Sciences: An Introduction to the Philosophy of Science*, Oxford: Pergaman Press, 1986, pp. 3-4.

行动的基础，即伦理学；知识的基础，即认识论。因此，他把生物哲学的研究也分为三个方面：本体论的研究，如生命的本质、人的本质等；生命伦理的研究，如遗传工程、保健案例及活体解剖等方面所涉及的生命伦理学的问题；认识论方面的研究则着重于生物学知识的科学基础的探讨。Verschuuren自己是这样定义生物哲学，可是他的著作中所考察的重点仍然是有关认识论方面的。

从科学哲学来定义生物哲学，似乎也有困难，自从E. Nagel把科学哲学定义为分析科学陈述以来，[①] Nagel把科学陈述的分析分为三个方面：（1）解释的逻辑模式；（2）科学概念的结构；（3）科学结论的有效性。生物哲学既是科学哲学的一个分支，于是人们也将生物哲学视为研究生物学解释的逻辑模式、生物学概念的结构及生物学结论的有效性。生物哲学也就被定义为生物学陈述（包括其推理）的分析。Sattler认为这样来确定生物哲学的对象是有用的，但有缺点，失之过窄，会排斥许多有兴趣的生物哲学问题的考察，如生物伦理学、生物学与艺术和宗教的关系，与文化和社会的关系等。[②] Sattler认为从科学哲学来定义生物哲学，有使生物哲学的对象缩小的缺陷，而从哲学来定义生物哲学，由于哲学定义歧义性很大，因此，他从第三种途径来定义生物哲学。他把生物哲学应探讨的范围列出，这实际上是他的《生物哲学》全书的结构，等于未规定生物哲学的对象，只是问题的罗列。

真实从科学哲学来定义生物哲学也还有个困难：科学哲学的定义也是有歧义性的。洛西在其《科学哲学历史导论》[③] 上就区别出四种科学哲学。早期的科学哲学家如约翰·穆勒（1806—1873）把“发现的前后关系”与“证明的前后关系”列为科学哲学的任务。可是，自从H. Reichenbach与K.

---

① E. Nagel: *The Structure of Science*, New York: Harvard, Brace and World, 1961, p.14.

② R. Sattler: *Biophilosophy:Analytic Perspectives*, Berlin: Spring-Verlay, 1986, p.7.

③ 洛西把科学哲学分为四种：（1）视科学哲学为重要科学理论的世界观的表述；（2）科学哲学是科学家的预想和素质的一种阐明；（3）它是分析和澄清科学概念和理论的一门科学；（4）也是洛西自己采用的观点，即重点在于分析自然科学研究的方法论特点、所遵循的程序、科学解释必须满足的条件以及科学定律和理论的认识论地位等。

Popper 先后提出“没有科学发现的逻辑”之后，有的科学哲学家又把科学哲学的对象缩小了，认为“正是逻辑证明的这些特征的研究构成科学哲学的主题”。有的学者却主张科学哲学的考察应包括科学探索的各要素：科学的观察程序，证明模式，科学陈述和推理的方法，科学研究中的哲学假定等等。有的学者却坚持科学哲学只是科学概念分析及科学逻辑探讨。科学哲学的对象、定义既如此分歧，作为其二级科学的生物哲学的对象的限定，其困难可想而知。

生物哲学是自然辩证法的一个分支。我国的学者通常持此观点，也是本书作者的观点。自然辩证法与科学哲学所探讨的问题，有许多共同之处，但也有重大差别，自然辩证法很重视自然界自身的发展的辩证法，这是自然观的问题，也是本体论问题，而科学哲学的学者通常回避本体论问题，不注意“实体”“属性”等范畴。洛西就声称他的科学哲学与此“毫不相干”[①]，自然辩证法重视人类认识自然的发展的辩证法，即自然科学发展的规律性问题的研究。这是科学观的问题。科学哲学虽也重视科学观的研究，可是两者的着重点完全不同。在科学观上，传统的科学哲学重视科学与非科学的分界问题，科学是否就是真理，还是猜测、信念与约定？有没有科学发现的逻辑？科学命题怎样构成？科学本质如何确立？科学发展有无必然性？等等。辩证的科学观对自然科学的本质及其发展过程的考察，则重在研究自然科学的认识过程、认识方法，自然科学发展的辩证运动的规律性，以及这种运动如何为内在的思想前提所准备，又受外部的社会物质生产条件所制约。因此，它既与认识论、方法论联系，又与科学社会学有联系，而不仅限于概念、命题、理论的逻辑分析。

生物学哲学是自然辩证法的一个分支学科，因此，它的研究对象仅限于有机自然界发展的辩证法以及人类对有机自然界的认识——生命科学发展的辩证法。马克思主义者看来，后者认识的辩证法是前者客观的辩证法的反

① ［美］约翰·洛西著，邱仁宗等译：《科学哲学历史导论》，华中工学院出版社 1982 年版，“导言”。

映。认识有机自然界总是在利用与改造自然中进行的，两者都有个方法论问题。因此，生物学哲学中方法论的探讨也是一个重要的方面。在这里同样体现着马克思主义哲学自然观、认识论与方法论的统一性。

值得重视的是，当代学科的分化过程与19世纪不同，从传统的学科内分出新学科之后，并不意味着原来学科范围的缩小，相反，分化每每伴随着新的交叉学科的增多。生物哲学从自然辩证法中分化出来之后，自然辩证的研究对象并没有缩小。其他分支学科，如物理学哲学、生态学哲学……成为自然辩证法的独立分支之后，情况也是如此。相反，随之自然辩证法对人工自然的注意，自然科学与社会科学交叉问题的注意，自然辩证法的对象反而有所扩大。

传统的科学分类是基于研究对象的不同，而研究对象的有别在于运动形式有别。在科学分化的早期，情况大体如此。在近代，尤其是20世纪以来，大批新学科涌现，而运动形式毕竟只有那么几种，因此囿于传统的看法无法解释目前的现实。在当代科学分类更经常看到的是以研究客观系统的不同层次，实在的不同属性、侧面或逼近客体所采取的不同方法而表现为不同学科。

生物学哲学问题的探讨，正如我们在本书开始第一节所指出的，它对哲学与生物学都是有意义的，可以使两门学科双方受益。不过本书的目的并不奢求它对生物学研究能起什么指导作用，毋宁说本书主要力求对当代生物学有个全面、正确的理解，从中得出一些必要的哲学结论。这些结论如果有助于人们科学自然观的建立、认识论的深化，那也就无愧于哺育我们的当代自然科学。

实验、解释与方法*

——关于生命起源的几个新观点的考察

胡文耕

［**主编按语**］“生命起源”是当代自然科学研究的前沿阵地之一，也是哲学与有关自然科学跨学科研究的重大课题。本文对20世纪截至七八十年代有关生命起源的自然科学研究之进展，围绕有争议的“化学进化”理论，从生物化学实验的实际进展、实验方法的一般原则和实验事实的正确解释三个方面，所作对“化学进化”辩解性阐释，依据的资料翔实，分析的理路细腻，颇具说服力，使改革开放后有关生命起源的跨学科研究进入新阶段，堪称进行国际学术对话的代表作并被载入史册。尤其，在学术争辩中，坚持实事求是的科学态度，对己见绝不任意夸张，对异议绝不简单贬斥，特别是强调“化学进化”的研究中，“并不是说生命起源问题已彻底解决”，迄今所取得的成果，也只是“作为人类认识生命起源的一个必经的阶段”……其中蕴涵着既尊己又尊人的“宽容”精神，的确是研究者必具的素质，也是有关研究承前启后的重中之重。

---

* 本文原载《哲学研究》1982年第5期。

生命起源是当代自然科学研究的前沿阵地之一。20世纪50年代以来，生命起源的大型国际会议（ICOL）已开过六次。近30年来，在实验上模拟原始地球条件下多聚体的形成有重大的进展：人工合成蛋白质与核酸的实验取得一个又一个突破。今天人们对生命起源的化学基础的认识较之以往有了一个清晰的轮廓。尽管今天人们还没有合成生命，甚至对“原始汤液”的浓缩机制仍然只有极其一般的设想；可是，大量的材料表明，过去几十年间化学进化的研究，是循着一条正确的路线前进的，成果是辉煌的。

然而，近年来有种说法，认为迄今人们从生物化学、生物物理、地化学、天文学对生命起源的研究非但毫无结果，反而是徒劳无益的，把人们引入了死胡同。生命起源的研究已陷入危机，过去的工作要重新评价，如此等等。如，美国罗吉斯大学的荣誉退职教授、麻省海生生物实验室的柯辛（J. Keosian）1977年在日本京都举行的第五次国际生命起源会议上以《生命起源问题的危机》（以下简称《危机》）为题所作的发言就是一例。他说：“目前所有解决生命起源问题的方法，或者是毫无关系的，或者导致死胡同，从而陷入危机。”① 在同一次会上，英国布雷德福大学的两位地质化学家布鲁克斯（J. Brooks）与邵武（G. Shaw）也认为：“没有清楚明白的地质化学证据支持流行的化学进化理论。”② 总之，在这些学者看来，化学进化既与生命起源无关，又缺少实验证据的支持。

这些观点是否正确，下面我们从几个方面作些考察。

一、化学进化与生命起源

柯辛说化学进化的实验与生命起源的中心问题无关。这个论断是难以成

① J.Keosian: *The Crisis in the Prebem of the Origin of Life*. In Haruhiko Noda ed..Origin of Life, Center for ademic Publication Japan, 1978, p.574.

② Brooks,J., Shaw,G.,（1978）. A Critical Assessment of the Origin of Life. Origin of Life:Proceedings of the Second ISSOL Meeting and Fifth ICOL Meeting, Kyoto, Japan. *Japan*:5-10 Apr.1977,p.605.

立的。首先，它与历史事实不符。今天我们关于生命起源之所以多少有点具体的理解，主要应当归功于几十年来化学进化的实验进展。

人们不妨设想一下，抽掉了化学进化概念，生命起源的认识如何呢？西方古代有过“自生论”，我国典籍中有过“化生说”或“气化论”，然而这仅仅是古代哲人的猜测，当时没有也不可能有实验支持，可是自从巴斯德的判决性实验之后，“自然发生”被否定了，正如克尔文勋爵（Lord Keivin，1871）所形容：“任何时候或任何地点生命不可能自然发生，必须认为就像万有引力规律一样是肯定无疑的了。”① 恩格斯批判地审查了当时的自然科学材料，力排众议，明确指出：“关于生命的起源，自然科学到目前为止所能肯定的只是：生命的起源必然是通过化学的途径实现的。”② 这是在科学史上第一次提出化学进化的思想。然而，当时自然科学的发展水平，还不可能遵循恩格斯的精辟思想进行实验。进入21世纪，生物化学兴起了，特别是蛋白质化学的发展，才使托兰（L. T. Torland，1914）有可能提出更具体的设想：最简单的生命可能是自我催化的分子。他认为有足够的时间，在原始海洋中，通过原子与分子的相互作用，可以产生具有代谢、调节与突变等属性的分子。托兰的设想也还难以用实验检验。研究生命起源的重要转折是由奥巴林实现的。他以恩格斯的思想为指导，结合地球史的研究成果，指出：在原始的不同于今天的大气条件下，在漫长的岁月里，非生命物质可以转化为生命。此后海登又提出原始大气与原始汤液的概念。有了这些假定，化学进化的设想日趋具体。③ 可是，有了良好的假说到具体的实验设计还有漫长的距离。奥巴林本人关于“团聚体”的实验还不是严格基于还原大气的实验。就是到了20世纪中期，拉宾罗维奇（1945）④ 与盖尔逊等人（1951）⑤ 曾经

① Cf. A. I. Oparin: *Origin of Life*, N.Y.1953, p.29.

② 恩格斯：《反杜林论》，人民出版社1971年版，第70页。

③ A. I. Oparin, *Origin of Life*, N.Y.1953.

④ E. I. Rabinowitch, *Protosynthesis*, Vol. I. pp.61-98,.(1945).

⑤ W. M. Garrson et al., *Science*, 114, 416 (1951).

试图通过模仿植物的光合作用来揭示前生物合成。但由于种种原因实验都未成功。1953年，无愧为现代生物学史上光辉的一年。这一年不仅沃森、克里克完成了他们划时代的发现，在尤里（H. C. Urey）实验室工作的米勒正好在同一年完成了他的经典性实验。他模拟原始地球的还原性大气成分，通过火化放电（作为能源），首次得到了以氨基酸为主的各种有机物质。它表明低分子生物有机化合物特别是蛋白质的重要成分——氨基酸，在前生物条件下形成的必然性。米勒实验的成功，激起了许多学者投身到这类实验中。他们分别以不同能源（紫外线、辐射线、热能）先后合成了嘌呤、嘧啶、核苷、核苷酸、卟啉及核糖，随即生物大分子（类蛋白物质、聚核苷酸）在模拟实验中也已实现，类蛋白质与类核酸的相互作用的研究逐步展开。有了这些实验，人类关于生命起源的条件、过程与阶段才有一个基于实验事实的认识。没有前生物阶段的化学进化，地球上生物有机体的出现也就成为神秘而不可理解的了。1956年卡尔文（M. Calvin）及时地将这些地球历史早期有机化合物逐步复化的过程正式命名为"化学进化"，应当承认是抓住了事物的本质。

因此，把化学进化的实验说成与生命起源无关，是不符合历史事实的。相反，它是几代学者长期探索的结果，是现代自然科学的结晶，也是恩格斯预言的证实！

其次，化学进化是立足于地球发展阶段基础之上、与自然史一致的概念。柯辛否定化学进化，论点之一是：对化学的东西，不能说进化，只能说"彼此展开"！在地球历史的早期，在没有复杂的有机化合物的条件下，从无机物中形成三五个原子组成的简单有机分子如氰化氢（HCN）、甲烷（CH_4）、氨（HN_3）等，此后在这些分子的基础上发展出由十几二十来个原子组成的氨基酸和更多原子组成的核苷酸，再发展出分子量达几千、几万的生物大分子。如果反对把这种随着地球历史的进展，合成生物所必需的那类有机分子由少到多、由简单到复杂的过程叫进化，而只能叫"彼此展开"，这如果不是有意掩盖事实真相，至少可以说是缺少历史观点。柯辛厌恶化学进化的另一条理由是："因为它把人们的思想引向这种假定，原始大气与海洋中所出现的复杂的化合物与生物化学的东西，总有一天终于从那里或多或少突然地产生生命。”柯辛不喜欢化学进化概念，这倒是个原因，因为它反映在地球上生命的出现是历史的必然趋势。化学进化概念的优越性，恰恰是立足于地球历史的发展。

原始地球的前生物条件与目前的地球条件有显著差别，正是这种差别提供了有机物的非生物合成与积累的可能性。有机物的非生物合成与生物体内的生化反应在条件、过程与结果上有巨大差别，然而两者同样遵循化学定律。正是这种一致性，提供了前者转化为后者的根据。

化学进化对生命起源的认识最重要的贡献之一是：有序的生命系统的出现，仅仅是变异与自然选择的结果。北亚利桑那大学的巴恩斯教授形象地写道：“生命的历史是遇到各种挑战的历史，从每次挑战中，生命出现了，改变了，并且胜利了。”① 地球历史在前进，有机化合物由简单到复杂。这些化合物与环境相互作用，通过变异与选择，生命出现了。在这儿不仅变化是必然的，而且矛盾的产生与解决是事物本身的合乎规律的过程，无须超自然的奇迹，无须把幻想的联系强加于自然界。

再次，化学进化概念的正确性，不仅有模拟实验的材料支持，也为地化学、陨石学及天体物理学的材料所支持。在许多碳质球粒陨石中，在排除污染的条件下，通过现代技术的分析都找到了氨基酸。现代天文学的材料告诉我们，在宇宙空间也有有机分子。这说明化学进化不仅在地球上存在，在广阔的宇宙间也在进行，因而是普遍的。正是由于这一切，米勒与奥吉尔才满怀信心地说：“这些结果表明：我们关于前生物合成的概念是沿着正确路线前进的。”② 显然，化学进化概念与现代自然科学的许多分支的成果都是一致的。

当然，在化学进化的研究中，并不是说生命起源问题已彻底解决了。由化学进化转化为原始生命，究竟是发生在海洋还是在陆地就是争论问题之

① W. Barnes: *Earth, Time, and Life*：*An Introduction to Physical and Historical Geology,* N. Y. 1980, p. 396.

② S. L.Miller and E. Orgel: *The Origin of Life on the Earth.* New Jersey, 1974, p. 223.

一。奥巴林主张海生，福克斯提出陆生。如果是海生的话，前生物汤液的浓缩机制又如何？究竟是蒸发还是挥发，还是两者兼而有之？初生的简单的有自我复制的系统究竟如何？也仍然是目前探索的主题。这些问题的存在，化学进化的研究者并未回避而是正视它。现代生命起源研究的奠基人奥巴林就曾承认："在人工模型与最初的有机体之间今天仍然存在着巨大的鸿沟。"①如果由于这些问题在过去30年的实验研究中仍然没有解决，便以此来否认化学进化，那未免太性急了。化学进化的具体细节，随着未来的科学发展无疑会有这样那样的补充与修正，即使如此，迄今所达到的成果，也将作为人类认识生命起源的一个必经的阶段而载入史册。

二、关于实验方法的几个问题

柯辛等人否认化学进化的成果，从《危机》一文来看理由有三条：第一，化学进化的实验实质上是用来支持预定的假定，而其前提尚待证实；第二，实验是在人为的条件下进行的，不反映自然界的现实；第三，是从现存的生物体的认识推论到原始生命的形式。由于这三条理由没有涉及某一位学者的具体实验的可靠性，是关于实验方法的一般原则问题，下面我们就这些问题分别作些考察。

1. 关于假说与实验。柯辛的第一个问题实质是假说与实验的关系问题。例如在《危机》一文中他说：米勒的实验之后"在这个领域里后来的工作似乎是基于这种不言而喻的假定：原始的海水类似于含有初生的活物自发起源和随后的营养所需要的一切生化物质的'汤液'。而证实这种看法，探索仍在进行。"这里有两个问题需要明确：（1）实验应不应当有个假说作指导？（2）作为指导思想的假说是不是必定是已经确立的真理？我们先来讨论第一个问题。

① Haruhiko, N, ed.（1978）.Origin of Life:Proceedings of the Second ISSOL Meeting and Fifth ICOL Meeting, Kyoto, Japan. *Japan*:5-10 Apr.1977,p.600.

科学实验应不应当先有个假说作指导思想，这是一个不证自明的问题，探索性实验尤其如此。科学实验不同于日常活动在于它是按照特定的目的，挑选出某些事物，在人工控制的条件下，借助于一定的观察工具去揭示自然的奥秘，认识自然的规律。因此，在实验之前，实验者对实验的可能的结果总有个设想。这种设想常常是根据已有的部分的、不完备的事实材料所形成的关于事物、对象之间的因果关系或规律的预测。由于它还有待于此后实践的检验，因此常常称之为假说。实验总是在一定的设想、假说指导下进行的。没有一定的指导思想的实验是不存在的。不仅实验，就是科学观察也是如此。"'看'是一个'渗透着理论'过程。"[①]"在进行现场考察时，一个能用进化论假说武装头脑的人比没有这种假说武装的人能够作出许多更为重要的观察。"[②] 汉森与贝弗里奇的这些话是对的。

有假说作指导的实验是否就是先入为主、不客观呢？在某些情况下是如此。如果实验者只关心与假说一致的现象，只记录与自己愿望相符的事实，甚至掩盖与期待相矛盾的事实，这类现象不能说没有。但严格说来这不是科学实验，而是对科学实验的践踏。那也无妨，科学实验的可重复性，很快就会将它从科学中清除。在通常情况下假说的指导与实验的客观性是统一的。事实上，任何一位严肃的科学工作者，对自己偏爱的假说，也持批判态度，总是力图使自己的设想服从事实。正如赫胥黎所说："我要做的是教我的愿望符合事实，而不是试图让事实与我的愿望调和。"只要在实验中不是只看到我们想看到的东西，也重视那些与预先设想不符的事实，假说指导与实验的客观性之间的矛盾就可以避免。

至于第二个问题，我们的回答是否定的。如果要求作为指导思想的假定、假说都是已经证明了的真理，那也就无所谓假说，更谈不上它在科学发现中的作用。假说是一种科学探索的方法，借助有限数量的事实与观察材料

① 汉森：《观察——概念和语言在观察中的作用》，载《自然哲学问题丛刊》，1981 年第 3 期，第 64 页。
② ［英］贝弗里奇著，陈捷译：《科学研究的艺术》，科学出版社 1979 年版，第 49 页。

对未知事物提供说明和解释。“进一步的观察材料会使这些假说纯化，取消一些，修正一些，直到最后纯粹地构成定律。如果要等待构成定律的材料纯粹化起来，那么这就是在此以前要把运用思维的研究停下来，而定律也就永远不会出现。”①

柯辛却不然，他不满化学进化，因为它的一些假定还有待于证实。而当化学进化的模拟实验处在检验原有的假定时，他又说这一来，“化学进化本身已变成目的”。② 有待证实的假定不能要，而在实验中检验假说又被说成本身就是目的。照此办理，非但取消了假说，同时也将迫使探索性实验终止。

2. 模型与现实。柯辛在《危机》一文中一再说化学进化的实验是“无意义”的，“没有出路的”。根据是什么？据说是因为那些声称在类似前生物条件下的模拟实验“严格地说没有一个实验具有如此特征”。因为“反应是在有限的空间之内发生的”。而同样的反应在相对无限的空间、在原始海洋中就可能不会出现。因此，是“人为的或精心制作的实验室合成”。布鲁克斯与邵武等人也认为“在实验条件下已经能够重复地证明有趣的化合物的形成——可是这并没有告诉我们在原始地球上实际发生了什么”。③

这里提出的问题实质上是实验模型与现实的关系。他们对模拟实验的结果的可靠性无可指责，转而怀疑模型是否反映现实。

模型与现实是有差别的，除开错误的模型之外，即使是正确的模型也与现实不能等同。模型是现实的抽象，不是现实本身。现实丰富多彩的属性（本质的与非本质的）不可能全都在模型中体现出来。就这些方面而言，两者之间是对立的。但是一个合理的模型摒弃的只是事物的现象、非本质属性，再现着事物的本质联系或属性。这种模型尽管事物的次要现象在其中消失，应当承认是再现了现实，与现实是统一的，从而在探索自然过程中可以

① 恩格斯：《自然辩证法》，人民出版社 1971 年版，第 218 页。

② Haruhiko,N.ed.（1978）. Origin of Life:Proceedings of the Second ISSOL Meetiing and Fifth ICOL Meeting, Kyoto, Japan. *Japan*:5-10 Apr.1977,p,573..

③ Ibid.，p.600.

起着巨大的方法论的作用。重视模型与模型代表的现实世界的差别是必要的，但是片面地夸大模型与现实的矛盾，必将使科学实验寸步难行。

把化学进化的有关模拟原始地球条件的模型实验说成是不代表原始地球的实际，如果举不出究竟有哪些基本情况实验模型中没有考虑，仅仅由于化学进化的模拟实验是在“人工的实验室”条件下进行的，是“有限的空间中发生的反应”，便宣称这类实验是“无意义”的，谁能承认这种观点有说服力？因为在现代自然科学的实验中，除了天文学观察之外，还有多少实验不是在人为的条件下，在有限的空间中进行的呢？也许乔伊·亚当森在非洲对猎豹的考察和我国科学工作者在四川自然保护区对熊猫的跟踪，可以满足这两条。尽管如此，被考察的猎豹也还是经常受到人类生活的干扰。受到跟踪的熊猫，身上配置了电子仪器，已有了人为因素的影响！生物学发展到今天，早已不是描述性科学。在当前要求生物学实验将研究客体既要置于“相对无限的空间”，又不许在人为的条件下进行，不妨设想，这一来生物学将回到哪个时代？

3. 关于以今论古问题。今天的生命不论在形态、结构与功能上无疑有许多方面不同于古老的生命，现存的高等生物与化石记录中所发现的古老的原核生物在复杂程度上不可同日而语。今天的马不同于始祖马，今天的栽培小麦也与原始的野生小麦不同。可是细胞生物学，尤其是分子生物学告诉我们，一切生物的基本属性是相同的：都是由核酸与蛋白质组成，共同的密码子，共同的复制、转录与翻译规律。因此设想原始的生命必然是由核酸与蛋白质组成的具有自我复制能力的多分子体系。我们还不知道原始生命的具体形态，可是按照发展观点，它一定比今天的原核生物还要简单。有意义的密码子的数目比之今天要少得多，① 翻译出的蛋白质也更为简单，这种推论不应受到指责。可是柯辛却说：“几乎全部生命起源的工作都深受目前生物性质知识的影响。最初的生命被某些人看成是今天的‘原始’的异养生物的简

① A. Figureau et al.,*The Origin and Evolution of the Genetic Code*. In .Y Wolman ed., Drigin of Life, D. Reidel Publishing Company, Boston, 1981, p. 431.

化的形式。"这是用"简单的东西代替复杂的东西"。①

推理过程总是从已知推测未知，对原始生命形式的设想无疑受当代生命形式认识的影响。在生物学领域内许多灭绝种类当它们没有留下化石时，也只能从已知的生物属性、规律去设想它们。科学的认识总是从已知推测未知，形成一些设想，再在此后的实验中检验这类设想。

立足于今天认识古代，可是事物是变化发展的，"今"不同于"古"，"今"胜于"古"。今古之间是事物发展的不同阶段，两者之间有质的差别。另外，今是从古发展而来，今是古的延续，两者之间又有连续性。因此，问题不在于能否将今古类比，而在于正确处理好两者之间的连续性与中断性的关系。人们假定原始生命比现存的简单的生物还要简单，本是符合进化思想，体现了辩证思维，却被斥之为以简单代替复杂，难道设想原始生命与今天的生物一样才科学？人们从已有的生物性质的认识推测古老的原始生命可能的形式又被认为是无前途的理论，难道完全离开现存生命的属性的认识去设想呼吸液态氮、不是以碳元素而是以硅元素为主的机体才是有前途的理论？

三、实验事实与解释

柯辛的观点的改变，在《危机》一文中没有作出说明。布鲁克斯等人对生命起源于化学进化要求的《批判的评价》，总算提出一些根据。根据主要是时间不够。换句话说，就是迄今已知的地球上最古的地层构造与最古老的生物化石全都接近于地壳形成不久时的年龄。在这之前地壳形成时期的接近600℃的高温不可能有生命存在，甚至复杂的生物大分子也难以生存。因此，没有为化学进化留下所需要的时间。例如他说："世界上保存最古的沉积物可能大约形成于 40 亿年前……在戈德霍普（Godthaab）与伊修亚（Isua）变质沉积物（matesedimentc）的带状铁建造（banded iron formation）可能表明大约

① Haruhiko,N.ed.（1978）.Origin of Life:Proceedings of the Second ISSOL Meeting and Fifth ICOL Meeting, Kyoto,Japan.*Japan*:5-10 Apr. 1977.p.573.

40亿年前生命系统是有活性的。”因此，“时间上计算非常不同于通常化学进化模型所提出的尺度”。[①] 如果最古老的岩石记录是40亿年，而最古老的生物记录也达到40亿年，那么化学进化的确没有必要的时间，因为理论模型所要求的时间事实上不存在，该理论无疑应当重新估价。可是事实究竟如何？这里两个40亿年究竟是最新的科学事实，还是关于事实的个人解释呢？

最古老的岩石记录有40亿年吗？

迄今已知的世界上最古老的岩石是格陵兰岛西部的戈德霍普地区的阿米错克片麻岩（Amitsog Gneiss）和戈德霍普东北150公里的伊修亚上层地壳的带状铁建造。后者，近年才有详细报道。由于它们最古老，引起了许多学者的重视，对它们进行了广泛的研究。许多学者分别用同位素U–pb与Rb–Sr测定其年龄，早期测定的结果并不一致，以后多次重新测定，数据是一致的，约38亿年。从阿米错克片麻岩与伊修亚上层地壳的历年报道的测定数据来看，除1971年的测定接近40亿年外，没有分歧的报道。《批判的评价》一文的作者反复宣称它们的年龄可能是40亿年，如果采用的是布雷克等人1971年的测定数据，可是那次测定工作麦克内各（McGregor）与穆巴兹（Moorbath）都是参加者，他们分别在1974年与1976年再次测定的是3750百万年。此外，丹麦格陵兰地质勘测局多次对上述两地的岩石进行测定，年龄都是3750百万年[②] 与3760百万年[③]。最后米卡德—魏特赖等才精确测定为3824百万年。地球上最古老的岩石记录至少就目前所知只有38亿年。判别生物化石的年龄既然是以地层沉积物的年龄来衡量，因此，至少在目前我们没有找到38亿年以上的生物化石。可见两个“40亿年”不是自然科学的事实，而是对事实的解释，一种与事实相距几亿年的解释。立足于解释的论断是软弱无力的。因此，认为化学进化没有必要的时间是缺乏根据的。

① Haruhiko,N.ed.（1978）. Orgin of LIfe:Proceedings of the Second ISSOL Meeting and Fifth ICOL Meeting, Kyoto, Japan.*Japan*:5-10 Apr.1977,P.605.

② J. S. Myer: *In The Early History of the Esrth*. ed. by B. F. Windley, London, 1976, p. 165.

③ J.H. Allaart, ibid. p.178.

那么，最古老的生命证据的年龄有多少呢？

为了弄清生命记录的上限，我们还得回到格陵兰岛。伊修亚上地壳的带状铁建造多次作为证据，说其中“微有机体（Microorganisms）是有活性的”，在那里生命“可能已经起源了”。根据是什么呢？不外如下这些：

1. 关于带状铁建造中的“氧”问题。带状铁建造中的氧有人作为那时生命存在的证据

首先我们来看这个问题是怎样提出来的。本来化学进化理论假定原始大气是还原性的，缺少游离的氧。可是带状铁建造有红铁矿（hematite），它与氧化矿物一样。为了解释该铁矿氧化所需的氧的来源问题，克劳德于 1974 年① 提出一种假说，认为那些氧是由原始的光合微生物产生的，带状铁建造追溯到何年，生命也就起始于何年。其实这一假定和推论并未受到检验。这方面的第一流学者加州大学舍夫（J.W.Schopf）教授研究了有关材料之后，就提出另一种解释。他认为“这类氧在起源上可能是非生物起源的”。② 氧的来源可以因水蒸气由紫外线诱发光解而产生，便能提供铁矿氧化所需要的氧。他认为“这在原始地球上是可以达到的”。③ 带状铁建造中的氧的来源问题既然还只是建立了几种不同的假说，因此，还难以作为有说服力的证据，证明当时已有生命存在。

2. 关于“微化石”问题

最近十几年来，由于分析技术的发展，在太古代的地层中也发现了微化石和一些难以确定性质的微结构。最初的报道比较慎重，称为“微结构”（Microstructure），后来用“微化石”（Microfossils），布鲁克斯等在《批判的

---

① Cloud P.(1974).Evolution of Ecosystems:Analysis of the sedimentary record and its contained nannofossils enables the biogeologist to organize the last 3.4 aeons of Earth's history in a skeletal phylogeny of ecosystems. *American Scientist*, 62(1),pp.54.

② J.W.Schopf: *Evidence of Archaean Life, in Chemical Evolution of the Early Precambrian*,ed. by Ponnamperuma, N. Y. 1977, p. 103.

③ J.W.Schopf: *Evidence of Archaean Life:A Brief Appraisal,in The Early History of the Earth*, ed., by E. F. Windley, London, 1976, p. 580.

评价》一文中用了“微有机体”（Micro—Organisms）。

关于这类微化石，凡在1976年以前发现的，在舍夫的综述中都评论过。他将它们分为三类：第一类“棒形”；第二类是“线状”；第三类是似单细胞的微结构。关于第一类舍夫认为是实验污染，“既非前寒武纪，也非化石”；第二类比较可靠；第三类理解很困难。①

目前比较可靠的记录是非洲南部的无花果树群（Fig tree Group）与昂威瓦特群（Onverwatcht Group）中找到的生物化石。在前者地层中找到了细菌化石，在后者建造中发现了古老的蓝藻化石。年代是31—32亿年（关于昂威瓦特群的地层年代说法不一，通常确定是32—33亿年，但也有人认为是34亿年）。

3. 伊修亚变质沉积物中的有机物

伊修亚上地壳既是目前地球上已知的最古老的岩层，其中是否有生命的痕迹无疑会引起各方面学者的巨大兴趣。根据巴洪的看法，“伊修亚球体”不是生物化石。那么在这个古老的岩石中有没有间接证据表明该岩层形成时已有生命呢？在这里微古生物学的方法不能应用，通常用有机化学的方法才可以测定痕量的碳氢化合物或有机分子。

在伊修亚变质沉积物中，几十处露出地面的铁石岩层中都发现了石墨。如果石墨代表随沉积物一道沉积下来的变质有机物，那么虽然经过此后的变质作用其中仍然会有一些有机物保存下来。根据这一设想，马里兰大学的彭南勃鲁玛教授等于1981年专门对伊修亚的石墨进行研究，以便弄清其中是否有有机物以及这些有机物是生物起源的还是非生物起源的。

为了排除标本污染，他们先用机械方法清理外部，然后将石墨粉碎，经过一系列溶剂抽提直到粉末标本通过气相色谱仪看不到有机物为止。然后标本用盐酸与氢氟酸处理以便分解岩石母体，把酸不溶残余物收集起来，再进

① J.W.Schopf: *Evidence of Archaean Life:A Brief Appraisal,in The Early History of the Earth*, ed., by E. F. Windley, London, 1976, p. 540.

一步溶剂抽提，使不含有机物。这时剩下的东西主要是石墨。然后将它置于250℃—1000℃高温下热解，通过气相色谱—质谱分光计观察。彭氏小组研究的结果是："至少某些伊修亚石墨是在变质作用时从有机物凝结起来，但还不能证明这些（有机分子）碎片是生物起源的还是非生物起源的。"① 由于伊修亚的地质构造究竟如何发展出来不明，加上此后又有多次变质作用，因此这些有机分子的年龄尚待肯定。如果那些有机分子与带状铁建造同时形成，那么今天的已知最古老的有机分子化石可以追溯到38亿年前。

到目前为止，38亿年前如果有生命的话，最好的证据要算伊修亚石墨的碳同位素值。这也是一种间接证据。它是先后由奥玄等（D. Z. Oehler et al，1977）与施里罗夫斯基等（M. Schidlowski et al，1979）提供的。他们测定的碳的同位素 ^{13}C 的亏值是 −26.9% 到 −5.9‰，这个数值其中有一部分是表明生物起源的亏值。如果伊修亚石墨是沉积形成之初形成的，那么可以说是一个良好的证据，证明38亿年前已有了光合作用的分馏物。可是有机物在地质结构中经过多次变质作用，要肯定某种有机物是何时存在于该处是一件十分困难的事情。马里兰大学化学系化学进化实验室的学者们注意到这个问题。因此，他们认为现在正需要集中研究带状铁建造，有机分子碎片与碳的同位素值之间是不是有相应关系。而目前只能说"秘藏了38亿年的秘密正在逐步显示。"② 换句话说，他们是把伊修亚的碳同位素值所反映的年龄作为一个尚未解决而有待解决的问题。

布鲁克斯等人又说：地层中没有原始汤液的证据？怎么能认为化学进化正确？的确，这是一个难题。可是即使是古海水样品，哈佛大学的何兰德教授也不得不表示："我们还没有找有古老海水的样品，我们也未曾这样做。因为如果我们找到了这类样品，将会立即要求我们证明那就是我们要找的东

① Walters, C., Shimoyama, A., Ponnamperuma, C.(1981). 'Organic Geochemistry of the ISUA Supracrustals', in Origin of Life, Proceedings of the Third ISSOL Meeting and the Sixth ICOL Meeting, *Jerusalem*, June 22-27, 1980(ed. by Y. Wolman), D. Reidel Publishing Co., Dordrecht, Holland, p. 478.

② Ibid, p. 478.

西。”① 古海水样品尚且如此，找出三四十亿年前的原始汤液的直接证据谈何容易。如果由于在实验室这些有机物会吸附到沉积物中的无机粒子中并沉积下来，就推论到广大地区应当发现含有原始汤液的地质建造，这倒是以偏赅全，缺乏发展观点。

第一，原始汤液的存在虽不止一处，但绝不是整个海洋，相对而言他总是发生在某些局部地区，数量是少的；第二，此后的地球史经过复杂的变化；第三,一当原始汤液中诞生了生命，汤液的有机物情况便发生变化。这些可能性难道不应当重视吗?

另外，目前古老的地层中都发生过少量的非生物起源的有机物，难道不值得考虑其中也许有化学进化征途上所形成的有机物?

其实布鲁克斯等人指责原始汤液的存在找不到证据，把生物化石记录推到 40 亿年，都是为否认化学进化理论服务的，正如他们所说：“如果我们从化学进化的基本概念中抽掉有实质性价值的‘原始汤液’和漫长的时间，留下的东西就非常少了。”② 抛弃化学进化也还不是目的，目的在于引进天外来客。因为这一来，“任何人必须坚决认为地球上的生命可能有个地外起源”。这就是他们的结论。

关于外来说，我们曾多次评论过，在辽阔的宇宙空间，适于生命存在的条件的行星无疑是有的。因此，问题不在于地球之外有无生命，问题的实质是地球上的生命是不是地球本身发展史的必然产物？我们认为即使将来某一天找到了地外生命，地球上的生命起源也仍然要从地球本身发展的必然联系中找答案。

通过上面的剖析可以看出自然科学的实验事实与关于事实的解释不同。科学事实的解释可以渗入解释者的观点和感受，也可以就事实的本来面目反

① Holand,H.D.(1976).'*The Evolution of Seawater', in The Early History of the Earth.*(ed. by Windly,B. F),London:Wiley, p.559.

② Haruhiko, N. ed.(1978). Origin of Life:Proceedings of the Second ISSOL Meeting and Fifth ICOL Meeting, Kyoto, Japan.*Japan*:5-10 Apr.1977,pp.604,605..

映事实，随世界观、方法论的不同而不同。而科学事实本身是客观的不以人们的意志为转移。人们不是说生命起源研究遇到“危机”吗？如果真正要说危机，倒也有。那就是当化学进化的研究进入决定性的阶段，暂时未能取得突破，一些学者于是把视线转向地外，希望从地球之外找到地球上生命起源的答案。这的确是当前某些生物学家方法论的危机。

化学进化向生物进化的过渡是必然的。目前的模拟实验尚未完成这一转化是事实，由此而把过去的一切一笔勾销是错误的。化学进化的思想有待充实。今后的模拟实验，当面临的问题是要解决具有自我复制的生命系统的形成时，无疑比模拟生物小分子的形成应有所不同。但过去的模拟实验仍然是人类认识生命起源的一个必经的阶段，一个良好的基础。未来的化学进化的模拟实验从理论模型到实验设计无疑会大大发展，但毕竟要以今天的工作为基础才能发展起来。

发现DNA双螺旋结构的方法论问题*

胡文耕

［主编按语］ 本文主题是从科学方法论角度分析20世纪自然科学的伟大成就DNA双螺旋结构的发现。科学方法论是科学技术哲学专业重点领域，其探讨需要跨学科的视角，难度很高，要求研究者必须具备交叉学科的基础。本文作者在兼具哲学和生物学专业知识的基础上，专长生物学哲学，因而以此优势就生物学领域的典型事例"DNA双螺旋结构的发现"，通过细致的文献调研，依据充分详实的生物学史料梳理了这一发现的过程，探讨了模型方法、假说、预感、类比方法等在科学发现中的作用。其中涉及的"观察和理论的关系""解释性谬误"等问题仍是当今探讨的热点问题，文中就此阐发的独到见解，对今后研究具有重要的启迪作用。本文论据充分、论证严谨，不仅深化了科学方法论的研究，而且对当今学者继续沿此方向的研究具有重要指导意义。这篇文章字里行间都折射出作者扎实的自然科学功底、深厚的哲学素养和严谨的做学问态度，值得当今学者学习。

* 本文原载《自然辩证法通讯》1981年第2期。

DNA 双螺旋结构的发现，是 20 世纪自然科学的伟大成就之一。本文拟从方法论角度分析取得这一成就的经验。

一、模型方法

20 世纪 40 年代末，生物学的中心问题是研究基因及其对细胞代谢的控制，而焦点又在于理解基因复制和基因支配蛋白质合成的方式。当然，只有了解了基因的结构，才能来解决这些问题，这就首先要弄清 DNA 的结构。

揭示生物大分子的结构，可以用实验方法从分析其化学成分入手；也可以用 X 射线衍射法求得单晶的直接数据或取得纤维直径的参数，加以分析、推导，确定结构；还可以采用建立理论模型的方法。

鲍林（L. Pauling）在 1951 年成功地确立了蛋白质的 α 螺旋模型。当时还没有 α 螺旋的 X 射线衍射材料，主要方法是探索结构中原子之间的相互位置及维持结构稳定的力，根据结构化学的规律建立分子模型。在这一启示下，沃森（J. Watson）和克里克（F. Crick）也想用同样方式解决 DNA 的结构。（p.50）①

现代科学已深入到分子、原子与粒子等微观客体。这类对象已无法做直观的感性的把握，而要借助于复杂的仪器提供事物的状态、行为数据，经过逻辑推理，形成关于事物的规定（概念与判断系统）。模型方法的实质，正是以概念系统对所考察的对象做抽象的本质的把握。就这方面而言，模型是科学抽象。然而组成模型的概念系统，可以借助于实物化为直观模型。就这方面而言，模型又是具体的现实的事物。模型的具体性是仅就其可以取得物化的外观而言，它所再现的事物已舍弃了现实中的丰富表象，是抽象化的现实或一般化了的现实。

模型既具有这种特点，因此它是认识现实、探索自然奥秘的重要方法。在认

① 沃森著有 *The Double Helix*（New York, 1972）。本文凡引述该书的资料，只在引文后注明所在页数，不再加脚注。

识过程中，它是认识的主体把握客观现实的中介，又是认识上升为理论的中介。

建立合理的模型有赖于实验数据，可是一旦有了正确的模型之后，往往可以帮助对实验数据的理解，并向实验提出新的课题。例如，DNA 结构的认识有赖于 X 射线的积累，同样，X 射线衍射图形的理解也需要正确的模型作指导。20 世纪 50 年代初期的情况正是如此。正如魏尔金斯（M. Wilkins）所说，当时研究 DNA 结构有赖于 X 射线的材料，同样，“很显然，DNA 的 X 射线研究有待于建立严格的分子模型的帮助。我们实验室集中于扩大 X 射线的材料。在剑桥，沃森与克里克则致力于建立分子模型。”① 应当承认，在 50 年代初期，沃森与克里克采用模型方法来解决 DNA 结构问题，是个恰到好处的选择。

那么，为什么在沃森与克里克之前也有许多人采用模型方法探索 DNA 结构却都没有成功呢？比如生物化学家莱文（P. Levene）在 20 世纪初建立过 DNA 模型。他依据的是当时不精确的核酸碱基成分的分析，即根据核酸四种碱基 1∶1∶1∶1 的比值，从而提出四核苷酸模型。阿斯布勒（W. Astbury，1938）除了拥有莱文当时拥有的材料之外，又有了核酸是大分子的数据和他自己的 DNAX 射线衍射材料，但是由于当时 X 射线图形比较模糊，他也未能得出 DNA 结构的正确结论。40 年代后期，福尔柏格（S. Furberg）也提出一个 DNA 模型。他的模型 I 第一次表明 DNA 是螺旋结构，并且碱基与糖是垂直的，碱基之间的距离是 3.4 埃。可是他拥有的新实验依据只有胞苷的结构。他的单链 DNA 模型并无实验支持。因此，我们可以说，沃森与克里克之前建立 DNA 模型的失败主要是由于实验材料不足、条件不成熟。克里克也认为自己的成功是由于“在恰当的时间想到这一问题的”。

二、挫折的教益

1951 年秋，沃森从美国来到英国剑桥大学卡文迪什实验室，与克里克

① David B. (1977).*Nobel Lectures in Molecular Biology, 1933-1975*. New York:Elsevier North-. Holland,p.152.

合作研究 DNA 结构；到 1953 年 2 月，主体工作基本完成，前后共 18 个月。加上此后的扫尾工作和准备论文的时间，直到 1953 年 4 月，他们的论文在英国《自然》杂志上发表，前后不到两年。这么重大的发现，以这么短的时间完成，应当说是个奇迹。尽管如此，如果把他们的工作历程摄成“慢镜头”，也还会发现这一过程中的曲折起伏，可以从中总结出一些经验教训。

他们先后建立过三个 DNA 结构模型，头两次都失败了，第三次才成功。1951 年底，他们建立的是三链螺旋模型。糖—磷酸基团骨架在结构的内侧，碱基在外侧，呈螺旋状。至于多链分子内部如何保持结构稳定，沃森设想，是二阶的镁或钙离子与带负电的磷酸基团上的氧原子的吸引力形成桥联，从而将骨架连在一起。（p.87）克里克想的是带正电的 Na^+ 与带负电的 PO_2^- 相联系而维持骨架稳定。[①] 总之当时他们设想分子内部的结合力是金属离子。

这一个与事实不符的模型，失败原因可以从实验事实和方法论这两个方面考察。有人统计，在沃森与克里克建立模型时，当时自然科学所达到的、与 DNA 结构有关系的成就有十二项。[②] 其中大部分是当时已公开发表的。

（1）莱文在 1909—1937 年间已初步确定了核苷与核苷酸的化学性质，托德（L. Todd）及其同事在 1945—1952 年间的工作已弄清了核苷酸之间键的性质。

（2）卡斯帕逊（T. Caspersson）等人的工作（1938）已表明 DNA 是极大的分子。

（3）从 1948 年起，查尔加夫（E. Chargaff）与威特（G. Wyatt）确定了 DNA 的嘌呤与嘧啶碱基的数量关系。

（4）DNA 的遗传学意义已为艾弗里（O. Avery）等（1944）以及赫希尔（A. Hershey）与蔡斯（M. Chase）于 1952 年的工作所肯定。

① *The Twentieth-Century Science*, N.Y., 1972, pp.243-244.

② F. H. Portugal and J. S. Cohen: *A century of DNA*, The MIT Press, 1978, pp.263-264.

（5）鲍林与哥里（Corey）关于多肽 α 螺旋的结构模型及其在蛋白质上的证实［佩鲁兹（M. Perutz）与肯德尔（J. Kendrew）（1950—1951）］。

（6）柯兰（W. Kochran）与克里克由各种螺旋阐明了 X 射线理论（1952）。

（7）阿斯布勒与贝尔（F. Bell，1938）、魏尔金斯与戈塞林（R. Gosling）的 X 射线工作表明 DNA 结晶纤维的碱基是堆集的。

（8）福尔柏格的核苷结构表明碱基垂直于糖（1949）。

（9）魏尔金斯与斯托克（A. Stoke，1951）从 X 射线的数据已推断出：DNA 是螺旋形，并初步计算出了螺旋的直径及螺距。

（10）弗兰克林与戈塞林的 DNA 水合作用的 X 射线衍射研究显出有 A 型与 B 型，而且表明糖—磷酸骨架是在外面，碱基在内面，并且显示这种分子是双链或三链，有对称轴（1951—1953）。

（11）古伦德（J. Gulland，1948）及其同事已提出碱基之间由 H 键连接。

（12）碱基的正确的互变异构体，多诺休（J. Donohue）曾向沃森与克里克提出（1953）。

上述各项，除第 10、12 项之外都是 1951 年已经达到的。可以说第一个模型与第三个模型所依据的科学事实相差不多。所以，第三个模型为什么成功，我们应该主要从方法论方面找原因。

首先，在抽象思维时，肯定一个判断要有事实支持，同样，排除一种可能也应有实验证据。他们的第一次模型，在决定分子由几条链组成的问题上，并没有满足上述要求。据他们说：当时支持与反对一、二、三、四链的看法都有。他们仔细讨论过各方面的理由，手头的证据没有肯定 DNA 是单链的，因此他们“很快抛弃了单链螺旋结构”的想法。（p.88）据克里克说，当时放弃四链模型，也有充足的理由，可是，为什么排除二链的可能性？他们并未仔细斟酌，这在方法论上是不严格的。当然这也与事实的解释有关。因为 DNA 纤维 X 射线衍射图并不是按照原子的坐标一一对应来解释，其中包含大量计算与演绎推理，从而留下各种解释的余地。例如对魏尔金斯 1951

年的 X 射线材料的解释，魏尔金斯本人认为支持单链，而沃森与克里克却认为支持三链。

其次，在科学研究中，科学家的预感有重要作用，但预感也会导致错误，因为预感不是依据事实的严格推理，往往是由于某一事物触发所产生的联想。沃森与克里克的第一次的 DNA 模型，将糖—磷酸基团骨架之间的桥联设想为二阶的离子键，就是基于预感。从预感出发再去想象酸性的 DNA，磷酸根带负电，因此需要用带正电的离子中和负电，并形成电子吸引，起着维持结构稳定的作用。1953 年初，当沃森知道鲍林的三链 DNA 模型不是由离子形成桥联而是由 H 键连接磷酸根时，他还以为鲍林误解了 DNA 的中强酸性。（p.161）可是镁或钙离子形成桥联有什么事实依据呢？没有。沃森知道当时弗兰克林的实验材料没有显示存在二阶离子的迹象。他们只是依据当时绝对没有与他们的预感相抵触的证据。（p.88）

第三，他们没有找到合理的方法去解决 DNA 结构的规则性与碱基序列的非规则性的矛盾，沃森与克里克早就意识到了，可是他们的着眼点与主要精力放在如何满足外形的规则性上，而忽视了不规则的碱基序列如何形成一种合规则的结构。因此他们以为“整个问题是各 DNA 链沿中轴盘旋的角度与半径”。DNA 分子链条骨架是规则的，于是他们就想把骨架放在结构的中心，这容易满足外形的规则性要求，“只有用这种方法，才能得到一个足够合规则的结构而给出由魏尔金斯与弗兰克林所观察到的 X 射线图形”。至于碱基的位置，当时他们的想法是只要内部的骨架摆好了，外部的不规则的碱基序列的困难就会消失。（p.80）事实上，与沃森的想法相反，真正的难关恰好是在碱基的位置上。

第四，第一次的模型表明他们对实验数据做了错误的解释。在科学研究中，犯“解释性谬误”是常有的，而且当事人往往并不察觉，他们或把想象当成了现实，或引入了错误的假定来代替未知事物之间的必然联系。沃森与克里克三链 DNA 模型建立之后，尽管其中某些原子的位置太近，几个最重要的原子之间的键角没有明显的限定，然而总的看来，他们自己认为螺旋结构的主要参数都是符合 DNA 的 X 射线材料所反映的事实，于是，就以极其乐观的心情向皇家学院 X 射线衍射小组通报了 DNA 模型的建立。第二天皇家学院魏尔金斯一行来到剑桥，立即发现他们对实验数据理解错了，结构中的镁离子会被水分子包围，从而不可能与磷酸基团桥联，形成“稳定的结构中心立轴”。他们对弗兰克林本人标本中的水含量也理解错了。弗兰克林向他们指出：“正确的 DNA 模型中至少含有比他们的模型中所发现的要多十倍以上的水”。（p.94）基于这些原因，三链模型被否定了。

此后不久，沃森去研究烟草花叶病毒，克里克回到蛋白质的研究工作。同时他们还仍然保持对 DNA 结构的巨大兴趣，频繁地与有关人士保持多方面的接触。另一方面烟草花叶病毒，在沃森看来，它的感染力的有效成分是 RNA，因此他设想弄清楚 RNA 也许会对“DNA（结构）提供有效的线索”。（p. 110）

以后他们从鲍林的儿子彼得·鲍林（当时他们在同一办公室）那里知道老鲍林建立了一个 DNA 模型，与他们一年前建立的模型相似。他们感到第一次的三链模型虽然失败了，可是工作还是领先的，于是便以更大的热情和毅力重新投入建立 DNA 结构模型的工作。关于第二次建立的模型，科学史上很少提到。用沃森自己的话来说：这个模型“在它逝去之前，只活了二十四小时”。（p.24.）这个模型是双链螺旋，糖—磷骨架在外面，碱基在中间。但碱基配对规则是同配（如 A 与 A，T 与 T 等），中间由两个 H 键连接。这个模型的特点是分子内部的两条聚核苷酸链完全相同。

同配的双螺旋模型建立之后，沃森曾为之欢欣鼓舞。他写道：“如果 DNA 是这样，我们将通过宣告它的发现而造成一种出人意外的事件。两条有相同碱基序列的相互盘绕的链条的存在，可能不是偶然的事件。宁可说它强烈地暗示：每个分子中的一链在某个早期阶段已作为合成另一链的模版。在这种形式下，基因复制随两条同样的链的分离而开始。然后，两条新的子链在两个亲代模版上制成，从而形成两个与最初的 DNA 分子相同的分子。”（p.186）

沃森这次由于选错了碱基的互变异构体类型而犯了错误。碱基通常的异构体是酮型而非烯醇型，这在当时还是结构化学前沿的新近发现，一般化学教程中还来不及反映。沃森当时不知道它，这是完全可以理解的。这次的挫折从方法论上也有可借鉴的地方，主要有下列几点：

（1）四种碱基分为两大类型。嘧啶类碱基仅仅有嘧啶六元环，而嘌呤类碱基却由嘧啶六元环与咪唑五元环拼合而成。因此在同配的情况下就有宽有窄，从而破坏结构的规则性。DNA 结构的规则性是 X 射线材料已证明的事实。从方法论上看建立一个与已知的基本事实相抵触的模型是不允许的，也是必然要失败的。

（2）沃森当时已经知道查尔加夫的碱基比，他的同配模型中虽然也可以满足 1∶1 的要求，但可以看出这里的相等是偶然的、人为的。

（3）在建立同配模型时，沃森已经发现其他碱基配对也是可能的。既然如此，为什么结果总是 A—A 相配；T—T 相配，这种必然性的根据是什么？当时没有任何事实支持这种想法。于是沃森便引入一个新的假定作为同配假定的根据。他当时想："因为没有理由排除专一酶的参与，我们没有必要过分为此烦恼。"（p.186）希望借助于一种特殊的酶来摆脱困难，而这种酶的存在又还有待于证明！这过于大胆了一些。在探索性研究中，引入一些未经证明的假定是必要的，但是不能用引进假定来摆脱理论思维中的困境。

三、奔赴胜利

X 射线衍射材料表明 DNA 分子是合规则的螺旋结构，可是具有各种不同直径的碱基以不规则的方式沿聚核苷酸链排列，何以呈现出合规则的、稳定的结构呢？这一矛盾的解决有待于弄清下面一些具体问题：

（1）DNA 分子究竟由几条链组成？

（2）这些链的位置究竟如何摆法？它们是通过有碱基的一侧相联系或是相反，换句话说骨架是在内侧还是碱基在内侧？

（3）联系几个链之间的力是什么？是范德瓦尔斯力、金属离子键结合力、H 键结合力，还是碱基堆集力？

（4）如果碱基是在内侧，是相同碱基之间配对（如 A 与 A）还是同类碱基之间配对（如 A 与 G），或是不同类的碱基相配对（如 A 与 C）呢？

下面我们就来看沃森与克里克是如何解决这些问题的。

关于 DNA 分子的链数，他们第一次的模型设想是三链，已被否定了。决定 DNA 分子链数的唯一依据是 X 射线衍射材料，取得第一流 X 射线衍射照片的科学小组是在皇家学院，可是他们分析 X 射线材料却“倾向于排除双链”。① 克里克的态度是：“已知的实验证据还不足以在两链与三链之间作出判断，他打算对两链与三链给以同等的注意。”（p.175）最先认识到 DNA 是双链螺旋分子的是沃森。他先于克里克看到弗兰克林那湿度更大的 DNA 纤维的 B 型照片。这是一张十分出色的照片。在沃森看来，那种强烈地反射交叉“只能由螺旋结构引起”，至于分子中的链数，他估计是两条。这一方面与他对 X 射线衍射材料的识别有关，另一方面是类比方法的运用起了作用。作为遗传学家，他深深知道，生物机体在结构上的成对性是个普遍现象。生物的器官大多是成对或对称的，染色体也是成对的。因此，他决定建立一个双链模型。他在从伦敦回到剑桥的路上，琢磨着在两链与三链模型之间作出决定：“就我来说，皇家（学院）小组不喜欢两链的理由不是十分可靠的。它依赖于 DNA 样品的含水量，他们容许的数据在很大程度上可能是错误的。因此，从我绕回到学院并越过后门的时候起，我已决定建立两链模型。克里克一定会同意。虽然他是一位物理学家，但他知道生物学对象成对性的重要性。”（p.171）类比法对提供线索帮助人们认识未知的事物有重要作用，是抽象思维中经常运用的方法。然而类比仅仅是指两个不同事物的某些侧面、属性的相似，而并不表明两个相比似的事物一定有必然的联系。因此，它可能导致新的发现（但也可能引入歧途）。

① G. E. Allen: *Life science in the Twentieth Century*, p. 217.

链数问题解决之后，下面的问题是DNA分子的两条链各自在分子内部的位置如何呢？它们各有各的骨架和碱基，是骨架与骨架相连还是碱基与碱基相接？前一种是骨架在外部的模型，后一种是碱基在外部的模型。究竟哪种正确？在这个问题上沃森倾向于后者。

沃森按照自己的设想着手建立双链骨架在内的DNA模型，随即发现："一切可能与B型X射线材料一致的模型，从立体化学上看却比15个月前我们的三链模型更难令人满意。"（p.177）克里克鼓励沃森把骨架放在外面，弗兰克林曾向他提过骨架应在外面，魏尔金斯也说弗兰克林的看法是正确的。但当时所有的实验证据还不能使他下这个决心。（p.169）

DNA分子中糖—磷酸骨架位置问题的最终解决是由实验事实决定的。1953年2月6日沃森带着鲍林三链模型的论文副本到皇家学院去访问，他从佩鲁兹那里得到弗兰克林在1952年12月15日向室内工作汇报的副本，其主要内容是：DNA纤维X射线的最强的子午线反射表明堆集的碱基有3.4埃的间隔，螺旋的直径20埃，同时水合作用的结果给出磷酸是在分子的外层。沃森看到这些数据之后，从皇家学院回来就向克里克报告了B型的主要特征。他们对自己的构型稍做修改就把骨架位置问题解决了。（p.182）

接着是要确定究竟是什么力把两链结合在一起。金属离子力是随第一次模型被否定的。范德瓦耳斯力太弱。剩下的是碱基的堆集力或是H键结合力。

本来这个问题对他们来说是好解决的，因为早在1952年6月间他们先后与哥伦比亚大学核酸生物化学家查尔加夫、剑桥的青年数学家格里费思（J. Griffith）会面，从前者那里知道嘌呤与嘧啶碱基比接近1∶1，从后者的计算中知道碱基之间的结合力是腺嘌呤吸引胸腺嘧啶、鸟嘌呤吸引胞嘧啶。表面上看，他们应当很快建立一个不同碱基配对、由H键联系的模型。可是事实上在半年多的时间里，他们并没有这样做。其原因首先是有些事实还没有搞清楚。例如他们不明白格里费思的计算依据是什么。碱基有两个扁平的侧面，吸引力是在哪个侧面形成的呢？至于查尔加夫的碱基比，当时马克赫姆

（R.Markhum）就认为：如果查尔加夫说鸟嘌呤等量于胞嘧啶，他同样有理由证明不是。因为在马克赫姆看来，“查尔加夫的实验方法必然低估了胞嘧啶的总量”。（p.129）

其次，也许更重要的是碱基配对由 H 键联系的模型与他们头脑里已有的不正确的假定相抵触。克里克当时假定：“在同一 DNA 分子上存在两种形式的碱基互变异构体，质子（指 H 原子）可以从一个位置向另一个位置移动，因而改变 H 键形成的位置，如果这些位置在同一碱基上变化，人们如何得到与复制相称的稳定性呢？”① 因此，克里克不考虑碱基之间的 H 键联系。

沃森最初的想法与克里克一样，原因也类似。（p.128）可是后来他进一步查阅文献改变了看法，认识到碱基之间的结合力是 H 键。因为古伦德与约尔丹（D. O. Jordan）的论文说碱基的大部分分馏物与别的碱基形成 H 键。更重要的是这些 H 键在极低的 DNA 浓度中也呈现出来，强烈地暗示着这些键把同一分子内的碱基连在一起。此外，还有 X 射线结晶学方面的证据可以说明这一点。（p.183）沃森就这样按照自己的认识着手建立由 H 键结合的模型。

他们面临的最后一个难关是碱基配对规则问题。四种不同的碱基有十六种可能的配合。这时由于有了查尔加夫的碱基比和格里费思的计算，加上当时的 X 射线衍射材料，大部分可能性本可以排除。应该说正确的碱基配对规则已不难发现。克里克根据这些材料深信 DNA 复制应是互补的。（p.249）可是在 H 键问题上，他尚未摆脱困境，未能立即着手建立双链互补模型。沃森则始终不愿考虑互补配对，他偏爱相同的碱基彼此配对。这里有两个原因使他不能形成合理的判断。第一是他把达维森（J. Davidson）的《核酸的生物化学》一书中关于碱基异构体的构型作为正确的结构加以接受；第二是当时遗传学界的泰斗缪勒（H. J. Muller）也难以接受互补配对而赞同同配，这对沃森有很大的影响。遗传学家偏爱同配是由于把 DNA 分子与染色体作了类比。

① *The Twentieth-Century Science*, N.Y., 1972, p.248.

似乎 DNA 碱基同配，就可以解释染色体的分离与加倍。这是类比引入歧途的实例。他们的第二个模型就是沿着这条思路产生的。

2 月 19 日，当沃森正为同配模型的“成功”而高兴时，当时也在卡文迪什实验室工作的美国结晶学家多诺休（J. Donohue）和沃森、克里克同在一个办公室。多诺休是位慎重而沉默的学者，他对沃森的同配模型没有直接提出意见，却从化学上指出：他所采用的鸟嘌呤与胸腺嘧啶的互变异构体错了。沃森当时采用的是烯醇型而不是酮型（两者之间的差别不大，例如尿嘧啶的 2，4 位上的酮基为羟基取代，酮型便转化为烯醇型）。他坚持认为自己的对，因为有达维森的《核酸的生物化学》为依据。多诺休说该书的取型不正确。沃森又拿出当时许多其他化学教科书来证明自己是对的。多诺休又坦率地指出，那些书上列举的烯醇型在有机化学上都是少有的形式，正确的应当是酮型。多诺休是鲍林的老同事，在加州理工学院多年研究有机小分子的晶体结构，近六个月来在同一个办公室工作，沃森从未听到过他对不知道的题目信口开河。结果他采纳了多诺休的意见，把 H 原子移到酮型的位置。可是如果采用酮型建立同配模型，使两条链表现出结晶学上的 34 埃的重复螺距，就只有当每条链隔 68 埃有个完全的旋转才行，这意味着连续的碱基之间的转动角只能是 18 度。（pp.192－193）这个数值，克里克的实验已证明绝对不可能。这时沃森考虑其他种种可能性，从而发现了正确的碱基配对规则。

在探索性研究中，有力地否定一个判断、一种思路，或者说“证伪”，有不亚于证真的作用。因为否定一个思路，证明此路不通，可使人们在更小的范围内、更有效地寻找新的线索。多诺休对沃森互变异构体的选择加以证伪，使沃森放弃同配的偏见，从而发现了碱基的正确配对规则；同样，也由于他指出碱基的酮型是通常型，否定了克里克 H 键移动频率相等的假定，H 键形成稳定的碱基配对就是可以设想的了。多诺休的谈话，使沃森与克里克迅速得出正确的结论。

第二天，沃森到办公室，清出桌面便摆碱基模型。最初他想回到同配的方案上去。当多诺休进来时，他看了一眼多诺休，就开始以其他各种碱基配对的可能性来回移动碱基。突然，他察觉由两个 H 键保持在一起的 A—T 配对至少与由两个 H 键保持在一起的 G—C 配对在形式上是完全相同的，所有的 H 键似乎都自然形成。就这样发现了新的配对原则：由 H 键联系，两条无规则的碱基序列可以合规则地排在螺旋的中间。而“H 键的要求意味着腺嘌呤总是与胸腺嘧啶配对，鸟嘌呤只能与胞嘧啶配对，查尔加夫的规则，作为双螺旋结构的结果，突出得出乎所料。更令人激动的是，这种类型的双螺旋所暗示的复制格式比他单纯考虑的同配更令人满意。”（pp.194-196）应该补充一下，克里克对那个豁然开朗的时刻是这样回顾的：“我记得非常清楚，多诺休和沃森靠近黑板，我靠近写字台，我们忽然想到：‘好了，我们或许可以由这种碱基配对说明 1∶1 比例。’在这时（2 月 20 日星期五），我们三人都有这个思想——我们会把碱基摆在一起形成 H 键。”[①]

科学史上的一项伟大发现就是这样瓜熟蒂落了。

四、必然性与个人作用

英国《自然》杂志 1953 年 4 月号发表沃森—克里克的论文时，将魏尔金斯与弗兰克林的论文同时发表，[②] 一方面表明他们的实验成就对双螺旋结构的发现所作的贡献，另一方面也表明沃森—克里克模型有实验数据的强有力支持。此后，许多试验都验证了这个模型。鲍林补充了 G—C 之间的 H 键是三个而不是两个。20 世纪 70 年代成功地结晶出二核苷—磷酸，用 X 射线作结晶学观察，发现那是由 H 键联系的螺旋结构（A.Rich 等，1973）。此外，1958 年 DNA 半保存复制的实验，又从功能上证实了沃森—克里克模型。

像历史上许多伟大发现一样，对这项成果也是有人赞扬、有人低估、有

① *The Twentieth-Century Science*, N.Y., 1972, p.250.

② *Nature*, Vol.171,pp. 738-741(1953).

人非难。非难之词有：他们利用了别人的科学成就，自己作的却很少；他们利用了弗兰克林的 X 射线材料而未经本人允许；也有人认为他们的工作没有什么了不起，他们不发现别人也会发现。我们在这里仅就最后一项责难谈点看法。

自然科学上伟大的发现之所以完成，重大的突破之所以实现，总是有它的社会历史前提，条件成熟时，就必然要出现。但是该发现之所以在这个时候，以这种速度、用这种方式实现，科学工作者个人的学术造诣、处境、才能和眼力起着重大作用。就这方面而言，科学史又为科学家的个人活动提供了广阔的舞台。

就 DNA 双螺旋结构的发现而言，1952 年，鲍林本来准备参加在英国举行的一次学术会议，并安排了对威尔金斯的访问。可是，美国政府拒绝发给鲍林护照，未能成行。鲍林接触皇家学院 X 射线衍射材料的机会便失去了。据奥比看来，如果鲍林看到威尔金斯的照片，“无疑他手边有材料会建立一个 DNA 结构的正确模型”① 。沃森与克里克的看法也是这样。②（p.170）

除鲍林之外，弗兰克林也是很接近登上这个高峰的。她成功地取得了 DNA X 射线衍射的 A 型与 B 型的出色照片，若有足够的时间，无疑会对 DNA 结构作出正确的判断。她已经有了磷酸基团在外侧、碱基在内的认识。虽然她难以肯定 A 型是螺旋的，却深信 B 型是螺旋的。在 1951 年她还难以决定 DNA 分子是两链或三链，但在 1953 年就已倾向于两链了。因此，许多学者都认为弗兰克林在 1953 年似乎已最近于解决 DNA 结构问题。③ 克卢格（A. Klug）是弗兰克林的一位同事，研究了她的笔记本之后说，她在不知道沃森与克里克模型的情况下，接近达到 DNA 结构的正确观点。以后克卢格又发现弗兰克林的一篇论文的打印稿（1953 年 3 月 17 日），认为这份草稿非常接近于发现 DNA 结构。④ 魏尔金斯也证实：“弗兰克林笔记本上的记录

---

① *The Twentieth-Century Science*, N.Y., 1972, p.281-307.

② *Nature*, Vol. 248, pp.766-769（1974）.

③ F. H. Portugal and J. S. Cohen:*A Century of DNA*, The MIT Press, 1978. p.265.

④ *Nature*,Vol.248,pp. 787-788(1974).

肯定是先于沃森—克里克模型”。[①]

魏尔金斯本人也离建立正确的 DNA 模型不远。在 1951 年，他已认识到DNA的螺旋性后，并计算过其螺距及直径。由于他假定DNA分子是单链的，建立模型的工作不快。有了 B 型材料之后，他已认识到那是一个双链骨架在外碱基在内的分子。有的科学史家认为：“许多人都相信，给以足够的时间，魏尔金斯会得出 DNA 双螺旋结构的结论。”[②]

与文艺作品的强烈个性色彩大不相同，自然科学的发现是揭示物质世界的规律，它总是在重复起作用，不带主观的色彩。那些规律本身不会打上揭示者个人的烙印，无论张三去发现它还是李四去认识它，真理的内容上都一样，而且今天发现它与明天发现它也一样。分子遗传学家斯坦特（G. S. Stent）曾设想过，没有沃森与克里克，别人也最终会描述出满意的 DNA 结构。他说“乙博士将会看出双螺旋，丙博士会认识到 H 键，丁博士会提出互补，戊博士会提出 A—T，G—C 配对，己博士会提出 DNA 自我复制”。[③]克里克本人也意识到这点。他告诉人们：“与其相信沃森与克里克证明了DNA 结构，我毋宁强调 DNA 结构成全了沃森—克里克。”[④]

然而，承认科学上的伟大发现的历史必然性，绝不意味着否认学者个人的作用。虽然其他许多学者都可能提出正确的 DNA 结构模型，但是，首先做到的毕竟是沃森与克里克而不是别人。他们无疑有比同时代“竞争者”的优越之处。

首先，是他们的判别力。关于克里克的优点，佩鲁兹说他“有一个异常清晰的分析头脑和迅速掌握任何问题的本质的才能”。[⑤]在寻求 DNA 的合理模型中，克里克牢牢抓住分子对称、碱基比与格里弗思的计算值就充分显

---

① F. H. Portugal and J. S. Cohen: *A century of DNA*, The MIT Press, 1978, p.360.

② *The Twentieth-Century Science*, N.Y., 1972, pp.281-307.

③ G. S. Stent: *The Chemical Basis*, Freemen and Company, 1973, pp. 378-387.

④ *Nature*, Vol. 248, pp.766-769（1974）.

⑤ *The Twentieth-Century Science*, N.Y., 1972, p.236.

示出了这一点。

在探索性实验中最怕那种轻易改变选题，随风转，“一窝蜂”的现象。它会使科学工作者中断一些有价值的工作，也会使人看不见另外一些更有发展前途的苗头。而科学家所应具有的坚持精神，就个人来说首先取决于他的判别能力。有一个时期，分子生物学受到责难，克里克仍泰然处之。

沃森原在芝加哥大学学动物学，毕业后本想随缪勒研究果蝇遗传而来到印第安纳大学，在薛定谔的《生命是什么？》一书的影响下，他已看出果蝇作为遗传学材料的“最好时期已经过去了”，便准备在拉利亚（S. Ruria）指导下研究噬菌体，以后成为噬菌体小组的年轻成员。艾弗里等人的论文发表后，他强烈地意识到：“进一步实验将表明一切基因都由 DNA 组成。”而这一来“阐明 DNA 化学结构在了解基因如何复制上将是主要的一步”。（p.13，14，23）从闪现的事实中形成一些深远意义的判断，这正是科学判别力的一种表现。

对赫希尔实验的评价也很说明问题。1952 年 5 月沃森收到美国冷泉港噬菌体小组的赫希尔的一封信，描述他与蔡斯新完成的实验。沃森从这封信中觉察到：“最重要的是，极少的蛋白质进入细菌。DNA 是主要的遗传物质。”几天以后在牛津举行微生物学会议，讨论病毒繁殖的本质。可是到会的四百多位微生物学家，除了从法国来的几位学者如卢沃夫（L. Lwoff）、本泽（S. Benzer）和斯坦特之外，几乎没有人对这项突破感兴趣。”（p.119）“独具慧眼”，正是出色判别力的代名词。

其次，善于提出一些新的假定。人们经常提到沃森与克里克研究 DNA 空间结构模型时，运用了托德小组聚核苷酸连接的思想、鲍林 α 螺旋工作的成果、查尔加夫的碱基比、格里费思的计算、魏尔金斯、弗兰克林的 X 射线材料等，这是对的。可是，仅仅把这些事实加在一起并不会自然形成 DNA 的正确结构。沃森—克里克模型是这些事实的概括与抽象，并且在概括中引入了若干新的假定，没有这些假定作指导，正确的 DNA 结构模型不会这么快建立。

一是引入了碱基序列不规则性的假定。当时的实验材料没有提供碱基序列方面的材料，这是科学抽象的成果，是经过一系列演绎推理的结论。他们认为：一切遗传物质包含遗传信息，已有的材料表明 DNA 是遗传物质，因此，DNA 理应包含遗传信息。可是 DNA 分子的糖—磷酸骨架是相同的，差别就在碱基了。这样碱基序列应是不规则的。为什么要假定碱基的不规则性呢？这是从他们对 DNA 作为遗传物质的本质的认识而来的。沃森谈到他的推理过程："如果碱基序列经常是一样的，那么一切 DNA 分子必定是相同的，而这就不存在一个基因区别于另一基因所必需的多样性。"（pp.52，54）

他们的模型中来自实验而又高于实验的另一个假定是：DNA 有自我复制的能力。前面我们提到当时的十二项科学成就中，其中并没有一项表明 DNA 的自我复制能力。把"复制"概念运用到生物的繁殖过程，始于著名物理学家薛定谔①。沃森与克里克采用这一概念可能也受到德尔伯瑞克的启示。德尔伯瑞克曾经写道："物理学家愿意知道通常的繁殖是如何进行的。这似乎是生物的基本现象，从分子观点来看，那是怎么回事呢？……大概，这种情况可以从生物化学的观点做相当细致的分析。"② 沃森与克里克发展了这一概念，以"自我复制"来描述 DNA 行为，并在建立模型中充分运用这一假定。在科研工作中，提出新的假定或引进新的假定是复杂的抽象思维过程。就事论事的学者是很难办到的。可是假定在未经证实之前终归只是假定，因此合理地运用假定与研究成果关系颇大。从生物的直观，经过科学抽象形成假定之后，还应善于从抽象的王国经常回到具体的现实，接受事实的检验。因此，经常用批判的眼光审查假定，是正确运用假定的条件。沃森他们正是如此。

第三，以综合的、全面的眼光看待研究客体。

与沃森、克里克同时致力于发现 DNA 结构的学者们，各自在专业方面

---

① ［奥地利］E. 薛定谔：《生命是什么？》，上海人民出版社 1973 年版，第 24 页。

② *Nobel Lectures in Molecular Biology*, N. Y., 1977, pp.179-202.

的造诣，都是出色的。鲍林是结构化学方面的权威，魏尔金斯与弗兰克林在结晶学方面的成就居于世界前列，可是在这次探索DNA结构的比赛中，他们都未能以综合的眼光看待遗传物质载体——DNA分子，而是只从本专业角度思考问题，视野受到限制。

鲍林在建立DNA模型中，他作了从化学上所能作的一切，他已认识到多链、螺旋与H键，但没有作出关于嘌呤与嘧啶碱基的合理结论。若做到这一点，有赖于认识序列的随机性与结构的规律性的矛盾。察觉这一矛盾单从有机化学上着眼是困难的。而沃森与克里克在方法论上综合了遗传学的成就，引入上述假定，解决了这一矛盾。

弗兰克林在结晶学上的贡献是卓越的。她对DNA结构的某些特征的判断表现了她眼光敏锐。然而她在解决DNA结构问题的比赛中，吃亏就在于她只囿于结晶学而不了解遗传学与生物化学，缺乏综合观点。沃森在1951年就察觉到弗兰克林的这一弱点，感到她想"建立DNA结构（模型）的唯一方式是通过纯粹结晶学的途径"。（p.69）

沃森与克里克的路子则与这些人不同。生物学史家艾伦（Allen）说："沃森—克里克的功绩在于是将信息、结构与生物化学糅在一起研究遗传的（推而广之，一切生物学的）问题。这个认识对于获得遗传物质的精细结构，直到每个键角和不同原子及原子群体之间的距离都是本质性的。"[①] 这也正是对他们受益于综合观点的说明。完整地理解生物大分子的结构与功能，只靠某一学科都有局限性，因为分子生物学绝不是像有些人理解的那样只是单纯的分析，它同样是高度综合。它是几股思潮、几条研究路线——信息派、结构派、生化派——的会合。没有综合观点，零星的实验成果也能获得，但是，要想取得重大的突破是困难的。沃森、克里克善于综合多学科的成果，他们两个人之间又能互补、吸引、密切配合，这是他们能超越他人而获得成功的最重要的原因。

---

① Allen,G.E.(1975)：*Life Science in the Twentieth Century*, New York: Wiley, p.225.

忽视社会科学是要付出代价的*

曹景元

[**主编按语**] 此文开宗明义，“科技是第一生产力”，使“自然科学光芒四射，价值不言而喻”，“相比之下，社会科学则显得暗淡无光，似乎可有可无”，据以提出社会科学的作用与价值的主题，并以其与自然科学“相互联结，互相配合，才能真正发挥各自的功能”，颇具现实针对性和理论导向性。尤其，从社会科学具有意识形态性与科学性两重性质予以论证，以社会科学中价值追求与真理追求紧密相连为根基或主线，结合有关历史和现实做具体的实事求是分析，颇具说服力。正是这种跨学科和多渠道的考察，使人们领悟到“虽然马克思主义的唯物史观为我们提供了达到科学认识社会的方法论，但要把这些方法论切实应用于各研究领域中去，并提高社会科学的科学性，仍需一个过程，仍是一项艰巨的工程”“对社会科学系统如何组织和管理，也仍是一个需要不断研究和探索的问题”。正如文中结语所说：“怎样按照社会实践的需要和它自身的发展规律去促进社会科学的发展，以迎接21世纪我国社会大发展的需要，是

* 本文原署名袁无智，载《哲学研究》1992年第4期。

一个极为重要的亟须解决的问题。”这也是我们终身从事哲学社会科学研究者不可推卸的责任与共同关注的前景。

“科学技术是第一生产力”的观点，已经越来越普遍地受到理论界的重视。科技进步与经济、社会发展的关系问题，已构成新的理论热点。通过发展高科技产业促进经济、社会发展，被提到在当今世界综合国力竞争中关系国家民族兴亡的高度。自然科学光芒四射，价值不言而喻。相比之下，社会科学则显得黯淡无光，似乎可有可无。虽然无人明确这样说，但是此时无声胜有声。那么，应当如何看待社会科学的作用与价值呢？

有两种虽无文字可考却又实际存在的看法：一是单纯从直接经济效益的角度去估价社会科学；一是单纯从意识形态工作的角度去看待社会科学。前一种看法显然会导致忽视社会科学；后一种看法虽从一种角度重视，却也往往导致对待社会科学的忽冷忽热，或者说忽软忽硬的现象，而归根到底，仍不会充分认识社会科学的价值。

与科技产品相比，社会科学的成果很难甚至无法计算它的经济效益（如果说它可能有某种经济效益的话），因为大部分社会科学的学科都不是直接介入经济生产过程的。它另有效益在，其效益是难以估价的。社会科学的效益是个极为复杂的问题，不应仅从物质效益的角度估价它，更应从多种价值尺度去估价它。

社会科学，如同自然科学一样，是人类认识世界、改造世界和发展人自身的一种强大手段。自然科学研究和认识自然界的规律，帮助人类掌握和控制自然物质和自然力，为社会生活、为人的发展提供物质技术基础；社会科学则研究和认识社会规律、人自身发展的规律，为人们调整或改变社会关系、社会结构提供理论和方法，为社会的变革或社会协调发展服务。而改造自然与改造社会（从而改造人及其意识）本是一个统一过程的不同方面，因而自然科学与社会科学也应相互联结，互相配合，才能真正发挥各自的功能。

就以发展社会生产力来说，社会生产力的发展并不仅与自然科学相关。这里姑且不论社会科学某些学科的成果能否转化为现实生产力，这个问题尚待继续探讨，有一点却是可以肯定的：科学技术虽然能够转化为强大的生产力，但它自身并不具有转化的动力与机制。科技的力量是人们通过自然科学和技术控制与支配的自然力，但自然物质因素要并入生产过程则必须通过人们的社会结合，通过劳动的组织与管理。而包括被控自然力在内的生产诸因素的结合问题、劳动的组织与管理问题，以及与之密切相关的生产关系的问题，却不是自然科学而是社会科学研究的对象；这里应该是，也只能是社会科学发挥功能的天地。自然科学可以帮助我们控制自然力，却不能帮助我们控制社会关系、社会力量。人只有正确地认识自己，才能正确地符合人的本质地运用自然力。况且，人类不仅有物质生活，还有丰富无比的社会生活、精神生活。因此，人们需要研究和认识自身的历史，总结、掌握社会历史发展的规律；需要研究和认识人们的各种交往关系，以便制定出符合社会发展需要的道德、法律等行为规范；需要研究和认识人的精神世界，形成符合社会需要的理想目标和精神动力。总之，研究和认识人与社会本身，其意义与价值绝不亚于研究和认识自然界，甚至可以说这是更重大更艰巨的课题。而狭隘的单纯经济效益观点，显然会影响人们认识到这一切的重要性。

社会科学具有意识形态性，这是毋庸置疑的。社会科学的意识形态性与它的研究对象——人、社会——直接相关。社会科学的任何一个学科，总要以对人的本质、社会的本质的一定哲学观点为前提，它对社会各个领域的人的各种活动的看法，总要以一定的价值观为基础。应该说，意识形态性是社会科学的一个本质属性。

社会需要意识形态，正如上面所说，因为社会需要自己的理想目标，需要各种行为规范，需要组织社会生活的凝聚力和活动的精神动力。一个社会缺乏这一切那是难以想象的。即使仅从发展生产力的角度看，就像忠诚、勇敢是军队战斗力的重要组成部分一样，人的文化素质、道德素质也是提高劳动生产率的重要因素。曾经一度出现过的所谓“淡化意识形态”的口号实际上是虚伪的。我们应当充分估价和发挥社会科学的意识形态功能，大力关注理想、规范等的制定和宣传，在这方面，社会科学的一些学科，特别是被称作人文学科的那些学科，能够发挥巨大的作用。从现实生活的需要看，这方面的工作并不是做得很够，而是还需要作出更大的努力。

问题不在于强调社会科学的意识形态性，而在于把它单纯当作意识形态看，却忽视了它的另一个本质属性，即科学性。而意识形态性如果不与科学性相统一，就不能正确发挥它的意识形态功能。

社会科学具有意识形态性与科学性两重性质，因为在社会科学中价值追求与真理追求是紧密相连的。当然，这并不意味所有的社会科学都能使二者统一起来，资产阶级的以个人为本位的社会观从本质上说是不科学的，因此，建立在这种社会观基础上的社会科学也缺乏科学性，但也不能说它全都没有科学因素。同时也不应由此引申出这样的结论：只有摆脱价值观、意识形态性才能达到科学性。这种抽象地将意识形态性与科学性对立起来的观点是不正确的，需要具体分析是什么样的价值观、意识形态。我们的社会科学，在马克思主义的科学历史观与价值观相统一的基础上，是应该也能够达到意识形态性与科学性的统一的。

社会科学既然也是科学，就应当像对待科学那样对待它；它既然具有科学的功能，那就应当充分发挥它的科学功能。

一般地说，社会科学的科学功能的发挥，以及社会对社会科学重视的程度，是跟文明的进步程度、跟对社会生活的自觉调节的发育程度成正比的。当社会发展处于自然经济阶段上时，生产是简陋的，交往关系也是简单的。马克思曾将自然经济中各个经济、行政单位的关系，比作是一袋马铃薯，这表明它的经济、社会生活的无机性，其社会管理完全依靠经验成规，这时也还谈不上社会科学。建立在社会化大生产基础上的资本主义商品社会，则使社会变成一个复杂的有机体。它先是在企业内部创立了科学管理，又随着经济发育成熟程度而在社会生活各个层面上逐步产生了自觉调节和科学管理的要求。在这种需要的基础上现代意义上的社会科学也随之产生并发展起来，虽然它还不是充分意义上的社会科学。从理论上说，建立在从资本主义社会充分发展起来的社会化大生产以及普遍交往关系基础上的社会主义社会，更需要科学管理，因为社会主义社会运行的根本机制就在于自觉调节，它也能够充分做到自觉调节。如果说在过去的社会主义试验中，自觉调节曾发生过这样那样的问题，那并不是社会不需要宏观的自觉调节，而是客观上存在着一定的限制因素，同时又缺乏真正科学的自觉调节，即科学的宏观管理的方法和手段。而这一点又是跟是否真正重视运用社会科学的成果有联系的。

没有高度发展了的社会科学，实现对社会的自觉调节和科学管理是不可能的。如果说，在简单的社会系统中，经验性的直观决策就够用了的话，那么，在复杂的社会系统中直观决策就只能起辅助的作用。自觉调节和科学管理需要人们自觉地运用社会科学的真正科学成果。意识不到这一点，便会落后于社会的发展，便会使实践受到影响，甚至产生重大挫折。正如忽视自然科学和技术，就会延误我们的经济发展一样，忽视社会科学，也会延误我们的社会发展。对于前一点我们已经充分注意到，对于后一点则还不能说我们已经有了足够的认识。

当然，实现对社会的自觉调节和科学管理，需要一个发展过程，这里面也包括社会科学的发展这样一个重要条件。而这一条件的成熟，又是与我们对它的认识和评价，从而采取什么措施促进它发展相联系的。

应当承认，我们的社会科学的现状并不处处都令人满意。社会科学各学科要满足飞速发展的社会实践的需要，应有一个大发展。从目前状况看，我国的社会科学基础学科还算比较齐全，但在基础理论研究方面还需要加强，同时学科的层次还有缺环，技术研究、应用研究除经济领域一些学科外，大都阙如；交叉学科还很少，跨学科研究相当缺乏；课题拟定尚缺乏系统性、有机性；脱离现实需要的倾向在一些领域尚待继续克服；研究方法也有待改进。虽然马克思主义的唯物史观为我们提供了达到科学认识社会的方法论，但要把这些方法论切实应用于各研究领域中去，并提高社会科学的科学性，仍需一个过程，仍是一项艰巨的工程。因此，对社会科学系统如何组织和管理，也仍是一个需要不断研究和探索的问题，怎样按照社会实践的需要和它自身的发展规律去促进社会科学的发展，以迎接21世纪我国社会大发展的需要，是一个极为重要的亟须解决的问题。

社会科学能够给人类作出的贡献肯定可与自然科学相媲美。

社会科学如果能够实现对社会规律的把握，它就是人类奔向自由王国的一个必不可少的手段!

历史自身或将有一天会把“向社会科学进军”提到自己的日程上来，因为历史在自己的发展中曾经提出过“向（自然）科学进军”，并获得了辉煌的成果。

论新技术革命改变不了帝国主义的命运*

查全斌

［**主编按语**］　本文系作者多年从事政治经济学教学和研究的代表作。作者迄今对“现代资本主义经济”主题之研究未停歇，其“资本主义与商品经济、市场经济的联系与区别”、西方发达国家“推行社会民主主义改革”以及发达国家从来没有放弃干涉别国内政的“帝国主义政策”之见解，在学术争辩中从理论与现实多层面开拓着深入思考和研究的视野。

作者附言：本文发表于20世纪80年代，因而不免受当时环境的影响。如仍称现代资本主义为“帝国主义”。另外在文中对列宁的“帝国主义是无产阶级革命前夜”的问题也没有进一步探讨，仍简单地称之为当前是“无产阶级革命处于低潮”，等等。

另外在分析当代资本主义经济活力中，没有将资本主义与商品经济、市场经济的联系与区别展开分析。我们知道，资本主义从商品经济基础上发生、发展起来，但两者不能混为一谈。应该说商品经济、市场经济是资本主义经济运行的具体形式，它本质则是资本主义基本经济制度——资本所有制，少数人掌握大部分社会财富，大多数人仍处在贫困化之中。因而从人类

* 本文于1986年1月13日完稿，原载《华东交通大学学报》1986年第2期。

社会发展看，有前资本主义商品经济、资本主义商品经济、市场经济和社会主义市场经济之分。由于商品经济、市场经济的重要规律是竞争规律，因而这种形式本身就充满活力。

由此可见，第二次世界大战后资本主义经济巨大发展，社会矛盾趋于缓和，是受这三个因素影响的。首先是当代新技术革命进入新阶段；其次是资本主义商品经济充分发展，使市场作用更大，从而推动经济全球化；再次，就是战后西方发达国家广泛推动一系列的社会民主主义的改变。实行资本主义国有化和"高福利"政策，另外，第二次世界大战后由于民族解放运动的高涨，诸多民族纷纷独立，迫使殖民体系瓦解，因此称当代资本主义为"现代资本主义"是符合客观实际的。战后原殖民地人民获得民族独立，多数还建立了民族国家，但西方发达国家却从来没有放弃干涉别国内政的帝国主义政策，所不同的是打着维护和平、捍卫人权的幌子。当他们的霸权、利益受到某种冲击时，会用暴力来残杀别国人民、干涉别国内政。前不久在利比亚内战中，他们打着保护人权歪曲联合国关于设立"禁飞区"的决议，以扩大"空袭"来帮助反政府武装，从而使利比亚众多城乡遭到严重破坏，使大量利比亚人民死于他们的空袭之中。因此，我们必须头脑清醒，今后他们仍然会动用"暴力"，甚至发动局部战争来维护他们的霸权和利益。

必须指出，本文是针对20世纪80年代帝国主义"腐而不朽、垂而不死"的思潮而展开论述的，而本文的基本思路、基本观点和方法对认识当前现实仍有实际意义。

我们知道，现代资本主义为了追逐高额利润，使国内实体经济逐步"空洞化"。金融产品恶性发展，金融泡沫越来越严重，从而引发次贷危机，甚至靠借贷过日子，引发欧债危机。所有这些正是当代资本主义腐朽性的突出表现。

同时我们也看到，由于战后资本主义因广泛推行社会民主主义改革，获得几十年国内的基本"平静"。但是好景也不长，当前美国爆发的"占领华尔街"运动，并向欧洲蔓延，这正是说明人民在觉醒，当然这并不能说列宁的"帝国主义是无产阶级革命的前夜"的结论是正确的。但也不能说现代资本主义将"垂而不死、永世长存"。由于时代变了，客观条件变了，不会再像列宁时代那种"剥夺剥夺者"了，但会不断改革实现社会大变革。《参考消息》2011年11月10日第10版刊登的《资本主义制度迎来第四次变革》就说明这种趋向，该文认为当前金融危机必然通过现代资本主义进行第四次变革，并预示通过改革将打造"更加公平、稳定和更具有持续性"的资本主义，在社会发展的长河中，今后还将会有第五、六、七……的改革浪潮发生，改变目前仍严重存在的极少数人占有绝大多数社会财富的现状，使矛盾趋于缓和同时还要保护私人合法的财产，最终实现有差别的共同富裕。总之，我们的后人会有智慧来解决他们的时代所面临的矛盾和问题，推动社会不断向前发展，使人们都过上更加美满、幸福的生活。

——2011 年 11 月 10 日

现代资本主义与 20 世纪上半叶相比，形势有新的变化，不像第二次世界大战前及战后初期那样，充满着动荡和战争。由于新技术革命的影响，出现了新技术群、新产业群。西方资产阶级学者抓住这些现象，企图把腐朽、衰落的资本主义说成是“有生命力”，一些不明真相的人也被这些现象和资产阶级的舆论所欺骗，跟着说“腐而不朽”“垂而不死”。当代新技术革命果真使帝国主义“新生”了吗？

一、新技术革命使帝国主义经济产生重大变化

当代新技术革命是第二次世界大战时期开始的。1971 年微处理机的运用和推广，使这场革命进入了一个新的发展阶段。这场革命包括信息革命、生物技术、新材料技术、新能源以及海洋开发技术等，同时还出现了多样化、小批量的生产方式。这个新阶段的重要标志是机电仪一体化和工业机器人的出现。

新科学技术的发展给社会经济生活带来一系列变化。

1. 科学技术在生产中的作用以及生产力发展进入一个新阶段。

自古以来，生产力是离不开科学技术的。如先进生产工具的发明、制造，劳动对象的革新和运用要靠科学技术；劳动者掌握生产工具，利用劳动对象也要靠一定的科学技术。但是在古代小生产条件下，农民生产是靠老农的经验世代相传，手工业也是靠工匠的技艺进行生产。真正的科学技术实际上是与生产分离的。到了近代，大机器工业使这种状况开始改变。马克思指

出："劳动资料取得机器这种物质存在方式，要求以自然力来代替人力，以自觉应用自然科学来代替从经验中得出的成规。"①

当代新科学技术革命，使社会经济生活进入了一个新的阶段。

第一，过去谈到劳动力时，虽然也指是人的体力和智力的总和，但总是把体力劳动者看成是劳动者，把脑力劳动者看成是剥削者。这其中有价级社会打下的烙印问题。到了现代，尽管阶级仍然存在，但由于科学技术的发展，由于脑力劳动在生产中地位的变化及教育的普及，社会正在从体力劳动为主向以智力劳动为主的方向发展。一句话，由于新科学技术的作用，劳动力的质量有新的飞跃。

第二，劳动工具也有质的飞跃。传统的机械产品主要是人的体力的延伸，现代电子计算机的功能是人的脑力的延伸，而工业机器人则同时兼有人的体力和脑力的某些功能。机电仪一体化，包括了机械、电脑、仪器三个部分，就相当于人的肢体、大脑、感官有机地结合在一起。因而，在这个基础上将极大地促进工厂自动化、办公室自动化、家庭自动化以及农业自动化的实现。

第三，劳动对象的面貌也在改变。在小生产时期主要指土地、森林、矿藏和水产等自然物；后来进入资本主义大生产阶段，在劳动对象中出现了人造物；在当代，由于新材料、新能源的发现，其价值更是不可估量。

总之，科学技术创造出空前的、无与伦比的生产力，其中蕴藏的革命力量更是不可估量的。

2. 在科学技术发展中，管理科学也有巨大发展。

到了 20 世纪五六十年代，出现了运筹化管理，使管理从现场的作业发展到从投入到产出的企业生产的全过程。70 年代到目前，出现了系列化管理。这两种管理有联系，不是一个代替一个。但两者也有区别，即运筹化管理主要选最优行动为工作对象，而系统化管理则主要是以有效组织为工

① 《马克思恩格斯全集》第 23 卷，人民出版社 1972 年版，第 423 页。

作对象。

同时，管理对人的作用也有变化。在标准化管理中，人的因素是被忽视的。其核心是生产者在生产中像机器一样在干活。泰罗在晚年感慨地说："我为了提高企业工人的劳动生产率竭尽了全力。但是，他们的抵抗决心也是坚固的。如果我当时年纪更大一些，更长于世故一些，我就不会硬让他们干不愿干的事了。"① 现在情况变了，管理工作由过去专职人员管理，发展到全员参加管理，从而产生了一门新的科学——行为科学或称人际关系派的管理科学。

科学技术的进步和管理科学的发展，使它们在生产中的地位更加突出。正如有人说：科学技术和科学管理两个车轮，把现代社会推向前进。因而生产力的要素已不是两因素和三要素之争了，而是：生产力＝（劳动力＋劳动工具＋劳动对象＋管理）× 科学技术。

只要用这个观点来看待当代资本主义经济的发展就好理解了。在过去工业革命时期，即便是最先进的国家，国民经济平均增长率从未超过 2%—3%；而现在一般均为 6% 左右，即使危机时期也有 2%—3%。

3. 现代资本主义条件下，市场的意义更大了。商品经济生产的目的是为了市场。但过去社会大生产是以生产为中心。到了现代，市场与生产情况均发生了巨大变化。

第一，市场的规模更大了。资本主义发展与世界贸易是分不开的。但是在过去，主要还是靠国内市场，因此在一定时期一定条件下，还有相当大的独立性。今天不同了，已经没有一个国家可以独立于这个社会化大经济市场之外。各国都参与这个市场的竞争。

第二，市场的内容也扩展了。现在不仅有物资市场，还有技术市场、人才市场、资金市场等，是一个综合市场。而跨国公司的经济组织形式，就是这个市场的必然产物。

---

① 钱学森：《迎接新的技术革命》下册，湖南科技出版社 1984 年版，第 245 页。

第三，卖方市场走向买方市场，因而对占领市场的手段也有变化。商品经济的活动都是致力于占领市场，在市场上取得利润，但手段有变化。小生产常以欺骗为手段，甚至兜售劣质产品，所谓“要想发，众人头上刮”。现代资本主义则是要更多地讲求信誉、重视质量，以加强自己的竞争力。资产阶级本性是掠夺，但是在今天的条件下，它还必须注意开发市场、培育市场，使社会和经济的各部门走协调发展的道路，才能保证它在市场上攫取高额利润。

第四，生产与消费的关系有变化。过去是以生产为中心，生产决定消费，这就是“决定论”。在现代社会化大经济的情况下，消费的作用更大了，消费实际上已是经济活动的一个源泉。当代经济活动已真正成为生产、流通、分配、消费的统一过程。

总之，市场的地位更突出了，因而现代资本家为了在市场竞争中立于不败之地，已不能像过去单纯靠大批量来增加经济效益。为了加强对市场的应变能力，就出现了多样化、小批量的生产方式，中小企业随之大量出现。

4. 资本家剥削活动也出现了新的特点。在新技术革命影响下，脑力劳动在生产中地位发生重大变化。同时，现代资本家从自己的剥削实践中也领悟到剥削智力比剥削体力更为有效，即既能为他们创造更大的超额利润，又可以加强剥削的隐蔽性，缓和阶级矛盾。因而当代资产阶级很注意科学文化教育的普及和发展。据统计，当前资本主义国家教育经费在明显增加，如荷兰每人每年的教育费为 1660 元，意大利为 366 元，英国为 360 元。（而我国前几年只有 7 元 3 角。）进入 20 世纪 70 年代以来，教育对经济发展的作用越来越明显。根据美国最近估计，美国国民收入中有 15% 是教育得来的，即 100 元国民收入中有 15 元是教育的功劳。

二、新技术革命不能改变帝国主义的历史进程

第二次世界大战后帝国主义生产体系的组织结构和经济结构也发生了

巨大变化。国家垄断资本主义在急剧发展，私人垄断组织中出现了跨部门的多样化的混合公司、跨国公司，同时又大量出现中小企业。这既是现代科学技术的推动，又是生产发展的必然结果，因而在某种程度上满足了现代化生产的需要。但是，它们都是在资本主义范围内，即使是帝国主义的“国有企业”，也是资本的“自我扬弃”，是资本社会化的一种最高形式。它形式上好像是“公有”的，其实质仍是一种资本企业，只不过不再属于个别资本家或资本家集团，而是资产阶级的总代表。国家，为垄断资产阶级获得最大限度的利润服务，是垄断资产阶级剥削劳动人民、盗窃国库的新渠道。

人们会说，尽管如此，但它在客观上是促进了生产力的发展，当今资本主义世界其阶级矛盾总不如20世纪上半叶尖锐。因此，资本主义还“充满着活力”。对这类问题，马克思主义是要正面回答的。

1. 当今时代新技术突飞猛进的发展及其利用，生产力迅速增长，与垄断资产阶级追求军事实力和高额利润有直接联系。但科学技术本身的因素更不能忽视。由于人类知识的积累，其发展趋势在加快。据英国技术预测专家詹姆斯·马丁估算，人类知识在19世纪50年增加1倍，20世纪初每10年增加1倍，20世纪70年代是5年增加一倍，而现在更新期更短，大约3年了，因而称今天是“知识爆炸”的年代。另外根据对一些重大发明的调查，在16世纪，周期大约100年；19世纪的周期缩短为50年；第一次世界大战前为30年；第一次世界大战至第二次世界大战中为16年，战后为9年；目前在发达国家更新产品一般只需5—8年，而某些最先进产品甚至只要2—3年。日本东芝电器公司每年有一半是新产品，丰田汽车每两年改一次型号。可见，科技成果变为实际生产力之快实在惊人。

在这里与竞争的压力是分不开的。竞争是商品经济的重要规律。资本主义经济的活力是植根于商品经济的充分发展。在商品经济条件下，迫使垄断资产阶级不能不迎接新的挑战，大力发展科学技术，并将它迅速转化为实际生产力。在这里我们既要看到商品经济和资本主义不应该混为一谈，又要看到资本主义是建立在商品经济基础之上的，所以才使资本主义社会出现一系列的矛盾现象，即一方面经济在迅速发展，另一方面又存在不可克服的困难。

2. 当前资本主义世界爆发新的经济政治危机的因素是不能消除的。第一，在最发达的资本主义国家，在经济高速发展的情况下，并没有使社会两极分化趋向减缓，反而更加发展。根据美国城市协会的一次调查证明，现在与四年前比，美国富人更富，穷人更穷。1980 年富裕家庭的收入是 37618 美元，1984 年是 40888 美元，增长了约 9%；1980 年贫困家庭收入是 6913 美元，1984 年是 6391 美元，减少了大约 8%。尽管在美国有各种福利补助，但通货膨胀和里根政府削减福利政策的实施，使贫困人口的生活水平每况愈下。美国的密西西比州，对贫困家庭每月补助 87 美元，就是最富裕的阿拉斯加州，每月也仅补助 447 美元。在物价不断上涨的情况下，这点钱根本无法维持一家人的温饱，许多人只好挤进没水没电的贫民窟里。[①] 60 年代初肯尼迪发起向贫困层开战，并打算在 25 年内消灭它，去年是最后一年，不仅没有解决美国的贫困层，而且还愈来愈严重。这种事实说明，不消灭资本主义，根本无法消灭两极分化；而不消除两极化分，总有一天会导致资本主义的大动荡。

第二，资本主义生产更加不稳定。凯恩斯主义已走向尽头。在资本主义制度下，资产阶级各派的经济学说，对资本主义经济发展虽然或多或少起一定的作用，但历史已证明，由于它们不能消除资本主义经济的基本矛盾，因而不能最终消灭资本主义的不治之症——经济危机。

由此可见，资本主义经济的活力基础是商品经济的充分发展。资本主义则是其社会弊病和经济危机的根源。所以只有消灭资本主义所有制，才能彻底根除资本主义所必然出现的一切腐朽现象和社会经济矛盾，才能更好地发挥商品经济的优势和活力，充分利用新技术革命的巨大潜力，为生产力的更高速度发展创造有利的条件，为人类创造真正幸福的未来。

---

① 参见《光明日报》1985 年 3 月 3 日第 3 版《美国人两极分化日益严重》。

从当前形势看，发达的资本主义国家在新技术革命的有利条件下，又暂时渡过了难关，相对稳定下来，呈现缓和和发展的趋势。但新技术革命并不能排除其寄生、腐朽的趋势，也不可能“永世长存”。列宁关于帝国主义是过渡性的、是无产阶级革命的时代的结论，绝不会因新技术革命的因素而有所改变。因为帝国主义的历史过渡性，资本主义必然被社会主义所代替的根本原因，在于资本主义基本矛盾的发展。同时新技术革命也不能使帝国主义三大矛盾消除。目前的情况只是这些矛盾暂时不十分尖锐，发达国家无产阶级革命处于低潮。但历史的辩证法是无情的。

首先，在两种社会制度的经济竞赛中，社会主义的中国，由于在公有制基础上有计划的商品经济的体制改革的胜利，就能把计划经济的优势和商品经济的优势有机地结合起来。具体说，能在现实生活中，以商品经济的灵活性和客观性来防止和纠正计划经济中可能出现的主观性，又能以经济的计划性来防止克服商品经济中的自发性，从而使宏观协调微观搞活。在经济体制改革中由于坚持和完善公有制和按劳分配，使资本主义制度下的贫困层和两极分化的顽症最终获得解决，充满生机和活力的社会主义新体制不仅在经济上以资本主义不可能有的速度稳定发展，人均国民生产总值将赶上和超过发达国家，而且广大人民的生活水平的提高更会大大超过发达国家。总之，社会主义优越性将充分展现在世界人民面前，对世界各国的革命会产生极其深远的影响。

其次，当代不可抗拒的另一个历史潮流，就是第三世界的崛起。尽管殖民主义者千方百计用新殖民主义来维护其殖民统治，但政治要独立、经济要繁荣、人民要富裕是一切新独立国家的强烈愿望。在南南合作日益发展的形势下，为改变不合理的国际分工和不平等的国际贸易，建立国际经济关系的新秩序的斗争，必然要日益朝着有利于不发达国家的方向发展。总之，帝国主义的生命线的彻底覆灭，是历史发展不可逆转的趋势。

再次，帝国主义国家之间的矛盾也在发展。战后美国的霸主地位已衰落，日本和西欧正在兴起。另一个霸权主义者，由于在国际上的碰壁以及中国经济的兴旺发达将促使国内健康力量的日益觉醒。到那时，帝国主义之间的矛盾和冲突将有新的发展。

最后，在上述因素影响下，发达国家内部人民大众同垄断资产阶级的矛盾也会激化起来。科学社会主义将重新成为无产阶级和劳动人民争取解放的光辉旗帜。正如恩格斯在 94 年前提出的："当英国工业垄断地位还保存着的时候，英国工人阶级在一定程度上也是分沾过这一垄断地位的利益的……所以从欧文主义灭绝以后，英国再也没有过社会主义了。当英国工业垄断一旦破产时，英国工人阶级就要失掉这种特权地位，社会主义将重新在英国出现。"①

综上所述，在世界经济政治发展过程中，帝国主义国家不稳定因素将会进一步增长，它的三大矛盾总有一天要走向激化，人民必将在科学社会主义旗帜下走向革命、走向胜利。

社会主义必然代替资本主义，人类必然共同走向共产主义，这是社会历史发展不可改变的客观规律。

① 《马克思恩格斯选集》第 4 卷，人民出版社 1972 年版，第 283—284 页。

试论生产自动化条件下商品价值的源泉问题*

查全斌

［主编按语］ 本文结合高新科技和生产自动化的现实，对劳动创造价值予以具体历史的分析，在一定意义上弥补了本书李泽厚《关于马克思的理论及其他（2006）》文中提出的"劳动价值论"缺少"经验可操作性、可计算性、可理解性"之不足，而坚持将其"作为政治经济学的基础理论"，从而尝试"作专业化的实证探讨"。可见，本文作者对马克思的劳动价值论，未停留于抽象的"几句哲学话语"，十分明确地突破了教条式理解，而走出了"物化劳动能创造价值"的误区。坚持具体运用"马克思的活劳动创造价值的科学理论"，所论"自动化机器体系等高技术产品及其核心技术是由人的创造性的极其复杂的活劳动的产物"，其价值量"巨大"，在交换中"由于平均利润率规律，和人们购买能力的限制""不能使价值全部实现"，据以提出"这些未实现的价值，只能在这些核心技术的使用过程中不断'释放'"。其创见颇具说服力，为劳动创造价值主题之深化研究奠基。

* 本文原载《华东交通大学学报》1989 年第 2 期（总第 10 期）。

作者附言：本文发表时，我国改革开放日益深入，面临一系列的新情况、新问题。作为理论教育工 作者，为了理论联系实际，还须在教学和工作之余，开展一定的科学研究，以提高教学水平。

该文是探讨无人工厂所生产的产品其价值和剩余价值的来源问题，因为当时理论界出现了“物化劳动能创造价值”的言论。这种观点，直接违背了马克思的劳动创造价值的科学理论。

我们知道，在《资本论》中，马克思将资本划分为不变资本和可变资本。不变资本是以物的形式存在，可变资本是以购买劳动者的劳动力的工资形式存在。在自动化工厂内，其直接生产过程中生产工人不见了。当然在任何自动化工厂内，总有极少数管理人员、维护人员。若以他们的活劳动来解释，“新”的剩余价值显然是没有说服力的。因为自动化工厂生产的产品所带的利润远远超出上述人员活劳力所创造的新价值。用全社会利润平均化来解释也是不行的。由于当代资本主义国家投入有机构成高的社会总资本远远大于有机构成低的总社会资本。这类有机构成低的企业所创造的剩余价值不会特别巨大。因而说是竞争转移剩余价值也是说不通的。

而用马克思的“总体工人”来解释也会将问题引入歧途。因为马克思的劳动价值论是以小商品为对象进行分析。为了针对当时机械化和半机械化现实，当然要发展他的劳动价值论，这样马克思指出：“随着劳动过程本身的协作性质的发展，生产劳动和它的生产工人的概念就必然扩大。为了从事生产劳动现在不一定要亲自动手，只要成为总体工人的一个器官。完成他们所承担的某一种职能就够了。”[①]

从上面的表述：第一“不一定亲自动手”；第二“只要成为总体工人的一个器官”；第三“只要完成一定某种职能”。这就告诉我们，在机械化、半机械化工厂内，生产现场部分人员可以不到场，这是第一个突破。另外，马克思告诉我们通过总体工人一定的器官完成一定职能。这就是说：机器只是人的手、足等器官的延伸。现代机器人“芯片”不仅能替代人的手、足和体力来干活，还能代替人的眼能看，代替耳能听，代替脑袋能应变。[②] 因而自动化工厂直接生产活动中，完全可以不需要人干了。也就是说，在自动化工厂里“生产劳动和它承担者”可扩大到劳动者的所有器官、全部职能。即

① 《马克思恩格斯全集》第23卷，第556页。

② 参见《参考消息》2011年11月10日的《新型机器人能听能看能应变》一文。

现在人的全部劳动完全可以用物来替代。

这种情况再推断下去，必然会“修正”马克思的不变资本和可变资本的科学内涵，因为现在是“物化”了的机器体系、机器人在替代“间接劳动者”和“直接生产者”干活，从而使商品价值增值，不管怎么解释，现实是通过“物化劳动”的运转才使商品价值增值。所以本文指出笼统用“总体工人”仍不能解释当代的新问题。这就说明，我们还应进一步运用马克思主义基本理论和方法来探讨它。

大家知道，自动化机器体系等高技术产品及其核心技术是由人的创造性的极其复杂的活劳动的产物。它所含有的价值量是极其巨大的。半机械化、机械化的产品的技术含义虽然比手工工具高多了，但在商品交换时，价格可以基本反映价值。总之当时可变资本仍以活劳动计算，其技术含量可忽略不计。今天不同，当代高技术产品及其核心技术的技术含量实在太高了，它具有的价值量也应巨大。因而在交换中不仅出售物质的产品，还要出售“专利”。即使如此，由于平均利润率规律和人们购买能力的限制，仍不能使价值全部实现。这些未实现的价值，只能在这些核心技术的使用过程中不断“释放”并包含在那些新生产的产品中。只有这样认识才能不背离马克思“劳动价值论”，只是与过去有不同特点罢了。依据上述观点，我们可以将马克思的不变资本和可变资本所包括的内容这样来表述：

过去：不变资本是指购买机器、工具、厂房、原材料、辅助材料等所用的资本。可变资本是购买工人劳动能力所用的资本。

现在：不变资本是购买自动化机器、仪器、仪表和芯片以及机器人、厂房、原材料、辅助材料等所用的资本。可变资本包括自动化工厂不可缺少的管理人员、维护人员以及购买高技术产品的核心技术的“专利”费等所用的资本。

从上述分析看，我们的价值释放观还是符合马克思的基本理论，是经得起分析的。

——2011 年 11 月 15 日

在发达的资本主义国家，由于科学技术的发展，出现了“无人工厂”和机器人，同时资本家所获得的利润又在急剧增加。因而有人提出“物化劳动也能创造价值”“知识创造价值”。面对这种挑战，马克思的劳动价值学说是需要发展的，否则不能坚持马克思主义。

为了正确认识和理解自动化条件下商品价值和剩余价值的源泉问题，我们必须联系人类劳动三次大转变来考察马克思的劳动价值学说。

众所周知，人类劳动第一次大转变是石器为金属工具所代替。在社会三次大分工中，产生了以手工劳动为特征的简单商品经济，这个时期的商品价值的源泉问题，马克思在《资本论》第一章中进行了科学的分析和概括。具体说，小商品生产者的劳动应区分个别劳动与社会必要劳动、简单劳动与复杂劳动，而复杂劳动则是倍加的简单劳动。因此，社会所承认的社会劳动是社会必要简单劳动，它是直接生产过程中生产商品的劳动者的劳动时间构成的。

资本主义的生产方式在世界范围内胜利以后，使商品经济获得充分的发展，促进社会生产的迅速发展，在短短的几个世纪内，人类劳动又进行两次大转变。

人类劳动第二次大转变是手工工具为机器所代替，小生产为社会化大生产所代替。创造价值的劳动者有了变化。马克思根据这一情况提出“总体工人”的科学概念。这就是说，第一次工业革命以后，由于科学技术的作用，在生产过程中，不仅有直接操作机器的工人，而且还有大量的科学技术人员和管理人员。即有的多用手工作，有的多用脑工作，有的人做管理者、监督者的工作，有的人做工程师、工艺师的工作，甚至还有从事十分简单的工作的人。也就是既有粗工又有细工，既有普通工人又有科技人员、职员，既有一般技术人员又有科学家、工程师和经理（有别于资本家的），既有体力劳动者又有脑力劳动者。他们以不同的方式参加生产过程，直接或间接作用于劳动对象。即作为总体工人共同生产社会化的产品，参加商品价值的创造。

在这里，不仅参加生产的人员扩大了，而且简单劳动和复杂劳动的比例也发生了重大的变化，即从事复杂劳动的人比从事简单劳动的人所创造的价值要大得多。

在当代，人类劳动正面临第三次大转变，它的主要标志是机器体系、机器人和自动化的“无人工厂”的出现，在这种新情况面前，马克思的劳动价值学说是必须发展的，即仅仅用“总体工人”、劳动生产率和相对剩余价值等概念是不能彻底驳倒否定劳动价值学说的种种言论的。因为这些概念不能完全回答“机器人”和生产自动化所引出的新问题。正由于此，有人才认为，自动化工厂里是物化劳动在“创造”价值。这种观点的实质仍然是认为机器可以创造价值。而持机器可以创造价值论者，也忘记了一切知识都是人创造的并通过人在生产过程发挥作用，否则也是不能发生任何价值增值的。

在自动化工厂中会有极少数管理、维修保养人员。如果认为自动化工厂所生产的价值就是这些人员，通过自动化的有利条件使劳动生产率极大提高，使相对剩余价值增加而获得的；那么我们再继续从直接生产过程分析，仍然可以得出极错误的结论。因为在过去，所有新技术产品，在其直接生产过程中，总会有生产劳动者。所以，不管劳动生产率状况如何，新产品的价值构成仍然是C（不变资本）+V（可变资本）+M（剩余价值）。现在情况不同了，直接生产过程中，由于没有工人，因而可变资本不见了。所以，它只能给“物化劳动创造价值”提供根据。

为什么物化劳动不能创造价值呢？

大家知道，资产阶级庸俗经济学的创始人萨伊，就以生产三要素为基础来论证劳动价值——工资；资本得到它创造的价值——利息；土地得到它创造的价值——地租的庸俗分配论。这种被马克思称之为“三位一体公式”[①]，在当代，生产自动化也没有为它从谬误变成真理提供条件，因为一切生产工具包括机器人，都是过去劳动、死劳动。它在运转过程中，根本不存在经济学意义上的具体劳动和抽象劳动，即使具有某些智能的机器人，也是输入的程序进行运转的，根本不存在能动的智力活动。一句话，承认物化劳动也创造价值，就从根本上否定劳动价值二重性的原理。

① 中国人民大学经济系经济学教研室编：《〈资本论〉典故注释》（初稿），中国人民大学出版社1962年版，第115—116页。

在这里，还应该将知识与智力两个概念区分开来。学过心理学的人都知道，它们两者的区别早有定论。现在我们还应从经济学的角度进一步将两者的区分搞清楚。所谓劳动力，就是人的劳动能力，它是由人的体力和脑力所构成。在实际经济生活中，所谓培训熟练劳动者，就是提高、训练劳动者的手和脑，提高人们劳动的技巧和智力水平。所谓智力就是潜含在劳动者身上的一种能力，它不能脱离劳动者而独立存在，但它在劳动过程中通过活劳动的发挥而创造价值。至于知识就不同了，它虽然是人的劳动创造的，但能通过一定的载体而独立存在，因而一旦它获得了独立的形态，就变成为物化的劳动。所以它不能直接创造价值。这样理解知识的作用与科学技术是第一生产力的观点不是矛盾的。因为任何先进的科学技术不通过人的体力和智力活动是不能转化为生产力的。在这里作为生产力主体的仍然是人，而科学技术还是一个条件问题。只是到了当代，由于科学技术的发展，它变成第一条件而已，即没有它，根本无法创造出巨大的生产力。总之，如果把知识与智力混为一谈，也必然会导致错误的结论。

要解决这个棘手的问题，应该在坚持马克思的劳动价值学说的基础上寻找新的途径。

当代以高科技为标志的智力因素劳动，在商品价值中所占的比重，提高到一个崭新的阶段。正基于此，不能不使价值决定和价值实现的统一性出现了新特点。过去商品价值的社会必要劳动是在生产领域中决定的，而社会必要劳动的实现是在流通领域，两者是完整不可分割的统一的。即社会不承认的部分劳动，尽管在生产中劳动者是支出了劳动，但不构成社会必要劳动的一部分。现在出现了新情况、新特点。也就是说，在生产中由劳动者体力因素和智力因素构成的劳动，所决定的商品价值，在实现时，其体力的实现是一次性的，而智力因素则不可能一次性实现，这部分未实现的价值，仍潜含在高技术产品中，在使用它的“生产过程”中，通过机器人的发动而逐步“再现”出来，构成这些高技术产品所“制造”出来的新产品价值的组成部分。从直接生产过程看，新产品的价值应包括机器人在出售时已实现的价值中应转移的部分、原材料等的转移价值以及机器人应具有的但未实现的部分价值。另外，那些从事管理、维护保养的“总体工人”的活劳动，尽管未参加直接生产过程，但是必要的，因而也创造价值，并列入新产品的总价值之中。只有这样，才能既坚持直接生产过程创造价值的原理，又看到具有同等技术水平的“白领工人”，在同样的劳动时间内，在自动化工厂与一般机械化工厂里劳动，由于客观条件的不同，其技术水平的发挥是会不同的，因而所创造的价值是有差别的，但其差距不会是巨大的。

为什么会出现上述新特点？商品中智力因素所构成的价值为什么不可能一次性实现呢？

首先是当代高技术与过去相比，已产生了质的变化，因而以高技术为特征的复杂劳动与简单劳动量的比例，就产生了根本变化，即当代复杂劳动所构成的价值量太大了。

其次，这里还有一个竞争的因素。生产高技术产品如机器人工厂，为了打开销路，必须“让利”，使运用机器人的厂家能获得更丰厚的利润，否则他们宁愿雇佣工人也不使用机器人。当然，这种“让利”只是一种剩余价值的分割，实际上生产机器人的厂家所获得的利润仍然是非常丰厚的。

这种“让利”，是不是如有人说的：“是极个别的，偶然的。”“出卖机器人的厂家，如果不实现价值和剩余价值，他是不会去生产机器人的。”我们认为，马克思的平均利润和生产价格的理论，对上述问题作了很好的回答。马克思在《资本论》第三卷中曾清楚地指出，竞争中“让利”不仅是经常的，而且是必然的。① 现在的情况与过去所不同的，只是在竞争中高技术产品的售价不低于生产价格，但小于价值。出现这种现象的关键原因是高技术产品的实际价值量太大。

最后，这种智力因素创造价值的实现的多次性问题，实际上从第一次产业革命后，就已经出现。只是当时由于生产过程中总是有活劳动参加，因而

① 这里讲的“让利”是现代语言，实际就是剩余价值及其转化形式：利润的转移。

没有引起经济学家的重视。在人们的视野中只看到劳动生产率多提高。现在情况不同了，由于直接生产中活劳动消失了，因此这种小生产时代所不可能有的新特点更加突出了。

由此可见，在使用机器人进行生产时，其产品的价值绝不是机器人这样的物化劳动或知识所创造。真正的源泉是发明、设计、制造、使用、维护和管理全过程中“总体工人”的活劳动，而它所创造的价值也只能是多次才能获得实现。

还应该看到，由于现代科学技术在生产中作用发生了质的变化，使高技术在价值实现的全过程中所出现的新特点，即体力因素价值实现的一次性，智力因素创造价值实现的多次性，并不违反价值规律。因为从全世界、长时期看，社会总劳动决定的社会总价值和实现的社会总价值（总价格），仍然是大体相等的。

通过以上分析可以看出，首先是创造价值的劳动者——“总体工人”的范围又扩大了。其次在商品价值中，复杂劳动与简单劳动所占的比重已不能用简单的“算术级别”来计算，而应充分考虑高技术产品所带来的一切效益，它实际上是高技术所反映的复杂劳动的全部价值。最后正基干上述两个根本变化，社会承认的社会必要劳动量，已不能仅以一个生产周期来计量，应以一个更长时期，或者说，以高技术产品的使用寿命为单位来计算高技术产品所反映的复杂劳动创造的实际价值量。而这些价值又是逐步通过新的产品“再现”出来并被社会承认而获得实现。

总而言之，我们认为，上述观点才是既坚持了马克思主义经济学的基本原理——科学的劳动价值论，又将它推向一个新阶段的可行思路。这种思路，首先避免了在研究新情况时，离开马克思主义基本理论阵地的倾向。同时，也为知识分子是工人阶级一部分的结论以及正确贯彻社会主义分配原则提供了理论基础。

• 为凸显思想文化坚持广义文化观 •

文化与书法*

演讲人：欧阳中石　时间：2007年2月1日
地　点：光明日报社

［主编按语］　本文从“怎样理解‘文化’”“文化的发展”与“怎样理解‘书法’”三个方面阐释主题。以宽广而深邃的理路与严谨而雅俗的话语展示：文化是以“文”“化”之；“‘美好和谐’是‘文化’的核心要求”；为予实现，“要通过‘德’这个契机”与遵从“‘理’的基本规范”；“历史记录和共同交流”两种能力是“文化”发展的“必要的条件”；中华文化“博大精深”“善于融合”；“汉字是中华儿女智慧的结晶，汉文是晶体结成的串珠”；“书法”是一门有关书写的学问，与“现在世界上所存在的学问”都有“瓜葛”，“当然有些是距离近的，有些是更直接的。诸如文字学、文学中的诗、词、曲、联，字体书体的历史、美学、哲学、品鉴理论、行款格式、称呼仪礼，甚至纸墨笔砚都有许多讲求，都是些必不可少的知识”；“书法”要“学”，“专拣好的拿”，更要“练”，“第一‘练’好了你的眼睛，第二‘练’好了你的手，看得既准，看到了就能写得出，你的书写能力就了不起了”……使听众豁然开朗。既富有哲理，又结合实践经验引导人们在文化发展的康庄大道上探求捷径，其意义远不限于单一学科。

* 本文系 2007 年 2 月 1 日在光明日报社的“演讲”。

今天是抱着向各位请教、学习的心情而来的，我希望大家肯于指出我的错误之处，一起来探讨一些问题。在讲“中国的书法”之前，我想先跟大家谈一谈“文化”问题。

为什么谈书法要先谈文化呢？“文化”问题，是一个根源问题—— 一切问题都必须从这里谈起。这个问题如不明确，就没有了依据，其他问题就没法谈起。尤其，文化是一个国家、一个民族的标志。

一、怎样理解“文化”

1. 文化是人对“美好”的追求

人，从生存开始，总希望这一会儿比过去“好”一些，明天比今天更好一些，追求“美好”的愿望是人们的一种天性。

这种向“美好”追求的愿望，岂止是“人”，即使是一般的动物，猴子、猫、兔子、狗，也无不如此。因此，我们说这是物种的一种“天性”，也就是说这是一种“活物”生存的必然要求。人们对于“美好”的追求有很多表达方式，“文”便是其中一种。在《礼记》里古人对“文”作过说明：“五色成文而不乱”，这是说多种颜色很有章法地聚合在一起便是一种美好的“文”。在《易经》里也说过：“物相杂，故曰文。”这是说多种东西聚集在一起，尽管物种很多，集聚一起，各有各的特点，各有各的姿态，多种多样的集聚。“杂”，《说文》说是“五采相会”，所以“纷杂”多采，也应该是一种“美好”的征象。这种征象用一个“文”字概括起来，很妥帖，很全面，既很形象，又能表现出这种征象的内在含义。

什么是“文化”呢？就是以“文”“化”之，也可以说就是：使之“美好”起来。

因此，作出“美好”的愿望，是“文化”；作出追求“美好”的实际行动，也是“文化”；以“美好”的愿望出发，经过追求的实际行动，最后作出了“美好”的结果，也必然是“文化”的结晶。

如此看来，人们的生活，一天一天“美好”起来的一切愿望、行动、结果，都可以涵盖在“文化”之中。所以，辞书中所说的：人类社会历史过程中，所有的物质财富和精神财富都属于“文化”之中，或者说是物质财富和精神财富的总和。我觉得我这样理解，可能靠一点谱，最少摸到了一点“边儿”。

说到这里，我还想作一点重要的说明：在“美好”的后面，还必须加上“和谐”一词。

既然“文化”是向“美好”的追求。你也追求，我也追求，他也追求，应该说这是“全人类”都有的一种追求。既然是全人类共同所有的追求，难免就有互相碰撞的可能；为了大家都能得到“美好”，就应当大家作出一个保证大家都能得到“美好”的行动规范。这个规范必须保证大家都“美好”，这就要求大家“和谐”相处，大家都要彼此谦和、容让、包涵、尊重。

譬如，这里有三个苹果，有两个人都想得到“美好”，都想吃苹果——这里必须先有一个规范：人人平等，公平分吃。不然两个人抢起来，要以“抢”决定谁分几个，必然引起争斗，不管是谁胜谁负，总不能实现大家都“美好”的结局。如果有一个“公平”的原则，就会省却许多矛盾。三个苹果两人分，一人一个而外还有一个。把剩下的一个分为两半也可；根据实际需要一个人多一些，一个人少一些，都无不可。大家“和谐”相处，皆大欢喜，该有多么“美好”！或者商量一下，这一次都给甲吃，下一次都给乙吃，只要大家都高兴就好。

所以，我认为“美好和谐”是“文化”的核心要求。像这样公平、和谐的相处，达到全人类的“美好和谐”，没有一个共同的约定，定出一个共同的规范，是很难达到的。我们的先贤对这个问题早有认识，他们提出了一个“德”字。早在《庄子》这部书里就提到过“德”，以为“德”就是“得”。“物得”以生谓之德。德是一种特殊的“力量”。它虽然不是一种“东西”，但是一种很不一般的内在的一种“能量”的力量。这种力量会使“东西”生长，会使“事情”成功，可见是一种可以增强生命的力量，可以推动成功的力量。我们怎么样来说明这种力量呢？我体会它是一种“劲儿”，说是一种

“契机”似乎更容易被理解。

“德”这个字的构成也颇有意思，中国字中，凡带有“彳”偏旁的，都表示是一种“进行”中的意味。“悳”分开来看是“⾎”和“心”两部分。“⾎”原是一个“直”字，可能是表意又表声的。从会意的角度来说，“从直从心，直心为德”。所谓“直心”的意思可以理解为心中坦直平和的意思。这就是说：它是一种“坦直平和”的契机，它自身如此，希望一切也都如此。

在老百姓的语言中，尤其“北京话”中，有一种说法：“得咧”的“得”，有时化简为“得”，就是在说：行啦，一切都成功了，都达到了非常“合适”的情况。这种说法正好就是“得”的真正含义。还必须说明，这个“得”不是仅指一方面的，而是指所有方面，无论从哪方面都合适的“得”，才是“得”的要求。为了保证全面的“得”，各方面又必须遵循一定的原则，这就落在了这个“德”的身上。

为了保证全面的“美好和谐”的要求，人们必须有一个“德”的契机，这才是文化中的一个核心。美好的“文”如何得到“和谐”，要通过“德”这个契机；如何达到全面的“化”，也必须依“德”的契机。所以中华文化能有如此的生命力、凝聚力，与这一个“德”字分离不开，也可以说，德是中华文化中的一个本质性的核心。

2.“文”的依据是“理”

“文”为什么是一种“美好和谐”的展现？为什么它展现出来的征象就是“美好和谐”？因为这是有依据的。自然天地间的各种事物现象是一种自然的、客观的。它们的生成出现有其客观规律，所谓“客观”，就是不以人们意志的转移而转移，所谓“客观”，就是它有自己的“必然”。为什么它是“必然”的？因为它是合“理”的。

“理”在自然中、人类社会中，是一个无处不在、无处不遵的“必然”。

地球上的高低不平，有山有谷，有水有河，有草有树，有人有兽；人们的性别族类各异，有这族那族，有这国那国，又都有男有女；有老有少……

又都各自成了自己的风俗传统，不同的组合中又都有了自己的规范——这都是自然而然的“必然”，这就是“理”。

“文”的出现是由于“理”的必然而形成的。

譬如人面上的分布。人有两只眼睛，横着靠上长在左右两边，人的视野上下之间空间不需要太大，而左右之间非常开阔。两眼的里侧不如外侧开合方便，所以两眼外侧活动的幅度较大，而且它们的外侧很自然地有了所谓“鱼尾纹”。“纹”是具体的形象的引申，原就是“文”。所以说“文”是以“理”为依据而形成的“必然”反映。

一个鼻子，如果横着长，将闻哪边呢？当然得竖着长，而且鼻孔向下，不然，下雨就灌汤了。

鼻耳下面是嘴，也必然扭转一下方位，横了过来。不然，吃东西就要漏掉了。为了嘴要开合，在鼻子两则，一直延伸下来，有了两道“腾蛇纹”。这也是使嘴的活动得到方便，顺势而形成的一个可以松动的灵活地带。有了这个“腾蛇纹”，嘴的上下开合，便灵便了起来。可见，“文”的出现，是有“理”为依据的。自然，社会都有各自之“理”“文”，是要遵从这些“理”的基本规范的。

3. 怎样理解中华文化

大家都知道中华文化博大精深，那是因为我们的历史悠久，人口众多，有我们的智慧，在神州大地上，在不断地进步中，自然而然地凝结成了一套适合于我们自己的文化特色。应该毫不客气地说，我们中华儿女自己就有足够的能力一步一步地去追求美好、和谐！我们漫长的历史证明了这一点。在漫长的历史进程中，它随着社会的发展，逐渐积累起来。从先秦而下，它没有停止过新内容的成长。无论汉魏六朝还是隋唐元明清，以至近代当代，都有一点新鲜的学问成长起来。这就是说：在原来固有的文化之外又随着时代的前进而增加了一大部分文化的积累。特别在明之后，域外而来的“洋”文化不断涌入，又使我们增添了一部外来文化。应该这样来理解：域外文化的涌入，是我们很表示欢迎的事，使我们长期进行着的文化增加了新的内容，中国人是不怕富有的。

更重要的一点是：“化”。中国人不拒绝外来财富，先引进，再结合，进而“化”之，最后就再也不易分得清楚。譬如，佛学中有一个“禅”字。当然它有着它独有的含义，但来到中国以后，到了苏东坡那里，它就有了苏东坡的诠释，到了黄庭坚那里它又有了黄坚庭的诠释，都和释氏原义有了显著不同。正因为我们有着这样一种“引进”“结合”“融化”的三部曲，就使得我们“中华文化”成了一个有自己特色、随时在发展、善于融合的一个生命力量。所以我们的文化就成了一个无所不容、博大精深、无可限约的文化了。

有人说我们的文化发展还不够快、也不够先进，是这样吗？我觉得中华文化进步绝不慢！火药是中国人发明的，在当时也是最先进的，可是后来我们就没有再发展下去。这是因为中国人不聪明吗？我想不能这么说，因为我们中国人根本就不想制造一种杀伤力强大的武器。中华文化追求的是避免征战、避免不幸，更稳妥地向前发展。所以我觉得中华文化是紧紧地抓住了“美好”“和谐”向前发展的，宁肯慢走一步、少走一步，也不愿意在那些不妥当的路子上去走。

因此说，中华民族形成了自己固有的文化，它是一套很完整的体系。虽然她随着历史的进程在不断在发展、扩大，虽然它随着世界的发展不断地汲取融化，“中华文化”日益丰富、新颖、厚实、庞大起来，但有一条贯穿中心、毫不偏奇的总方向是绝不改变的内核——“美好和谐”，摒除邪恶。期望全人类大家一齐走向最理想的“美好和谐”之中。

二、文化的发展

1. 发展的条件

人生活在社会上，生活在自然中，一代一代地传承，形成历史；人们生活在不同的地方，但又在同一个地球上，相互间一定有所沟通。这样文化就必须具备两个条件：一是“记录”；二是“交流”。因为文化是历史的，又是全人类共有的，所以必须看到它的历史传承关系，必须看到它向四周的交流关系。如果没有历史的发展，人们不是一代一代地往下传的话，我们这个社会就根本谈不到进化的问题；如果没有交流，我们大家许多活动就不会共同走到美好与和谐。所以我觉得人们的共同生活，由于它的历史性和全人类性，就会有历史记录和共同交流这两种能力。这是“文化”发展的两个必要的条件。我想东方也好，西方也罢，概莫能外，大家都是一个共同的愿望，在向美好、和谐追求着，创造出灿烂的明天，这就是“文化”的要求。

总之，历史需要记录，人们之间需要交流，如果没有这两个条件，人类就不容易进步。正因为有了这两个条件，历史就得到了不断演化进步；全人类的文化有了彼此交流，所以就得到了更加丰富、辉煌的发展。

记录和交流最简单的工具是“语言”。语言是最直接的现实。但正因为它方便，随之而来的是转瞬即逝。来得容易去得快。既有时间的限制，又有空间的限制。她不能“久”也不能“远”。

人是万物之灵，人们在生活实践中就创造出来了可以超越时空限制的“文字”。

用“文字”来进行记录和交流，不管东方和西方，大家都想到了一块。思路虽然不尽相同，或者直接记录语言的声音，或者用符号代替语言，或者以形体直接记录事物形象，或者各种方式兼用，务以表达其意为能事。应当承认：各国的文字，都在日臻完善地展示着它们的功用，充分地展示着记录与交流的功效，为它们的文化发展贡献着无可争议的作用。

2.“汉字”与“汉文”

汉字是中华儿女智慧的结晶。

中国文字是世界上最古老的文字之一，但一直流传使用到今天的却只留下了我们的汉字。这是因为它一开始就抓住了“文字”的本质，尽管在历史的发展中，在形体上有很大的变化，而在基本原则上，只是愈来愈完善、精密而已。从迄今发现的最古老的、比较系统完备的甲骨看来，以“形”状物、合“形”会意、象形为本的成字要领，很早已成了汉字最根本的原则，这就使她超越了诸多的限制而发挥出可传至久远的功能。所以我们说：汉字是中华儿女智慧的结晶。

譬如“又”，是手的象形，两个手同向左，一上一下，则是朋友的“友”；如果两个人出手相对，则成了“鬥”（斗）。

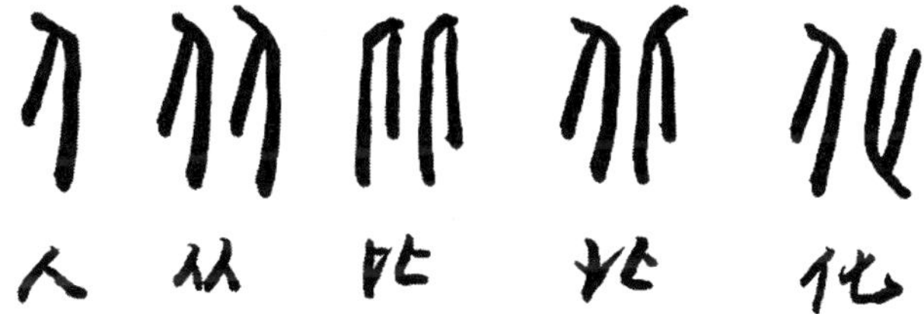

再如“人”，两个“人”同向左，则是“从”；同向右，则成了“比”；如一左一右，则成了“北”；如一正一反，就成了“化”。（原形如图）

另外还有直接作符号专指某处的“指事”，一形一声的“形声”，辗转相注的“转注”，以及借字代用的“假借”等，合起来称为“六书”。

应该承认：这种为了解决长远的交流传播的实际方便，创造出了把形、音、意集中为一体的汉字，确实有着无可替代的科学先进性。我们不敢做更远的展望，想到那远的、人类语言都达到了统一的“将来”，仅从已经过来的历史或者比较近的“将来”来看，它的先进科学性是无可怀疑的。我们这样说，绝不意味着它不有待于向更高处发展，更不意味着它已十全十美，它当然在科学性上还须作更缜密的研究、改进。

再说说“汉文”。由于汉字在锲刻以至于书写上，都有一个麻烦的过程，在展现中需要简单直接，因此，在行文上自然地要求“简约”，要比直接记音成文的办法要简而无误。于是，我们的祖先便发挥了极大的思维才智，创造、总结出来了一种“结字成文”的“文字”规范，逐渐通行于神州大地上。这套系统不是古代人们的口头所用，主要是书面的一套体系，所以称之曰“汉文”更确切一些。

“汉文”是在“汉字”的基础上，充分发挥每个“字”的作用，集结成文字规范。古文中的名篇、名句一直流传到现在，为人们所喜闻乐道。这充分说明了我们的“古文”并没有“过时”，它有着它了不起的生命力。

我总这样认定：汉字是中华儿女智慧的结晶，汉文是汉字晶体连结成闪闪发光的“串珠”。这是中华文化中一组“亮点”，也许正由于它们的存在与发展，中华文化更有展现的方便舞台。

三、怎样理解“书法”

“书法”一词的意思，一直不十分明确。很早时是说写文章的一种笔法，以后转成为书写汉字的一种规范。在流传中，甚至以为如果只局限在书写法度之内会降低了“书法艺术”的高度。甚至有人认为一幅字就是一张“书法”了。应当说，不管高看一眼或低看一眼，都无关紧要，无论怎样都与书写的问题有关。但规范、法度、过程、成果，应有所区别，本不是一回事情，笼而统之，不太合适。

如果把“书法”概括起来，无论规范、方法、书迹、评论、分析、鉴赏、考订，甚至文字学、用具等都积聚梳理在一起，说这是一门“学问”，倒是很合适的。尤其我们不要把“法”简单说成“方法”，而理解为“佛法无边”的“法”，则可以说得过去，不会产生些糊涂观念，再不至于拿着一张写成的字叫作“书法”了。

1.“书法”是一门有关书写的学问

书写的内容是文字，文字的展现必须解决实际问题的。如果写出来不能让人认识，就失去了它存在的意义。因此，它必须写的是字。写出来的字还应该尽可能地好看，否则就会大大降低了它存在而动人的力量。因此，写出来的字必须正确、美观。

怎样才能正确美观，就需要从许多工作方面进行考虑。比如字的形体、字意的组合、词意的合时合体。字的形体是非常重要的一项书写内容，在历史上有成功的规范，历史上早已经有了评定，我们对于这些都不能粗疏任意。

到底“美”“不美”，不由我们来定，历史的眼光不能忽视，发展的眼光不能迷惘，人类社会必然有明晰的看法……

因此，铺开来看，我们现在世界上所存在的学问，一点瓜葛都没有的学问几乎没有，对于一个文化人来说，这许多的学问，不能是无用的。当然有些是距离近的，有些是更直接的。诸如文字学，文学中的诗、词、曲、联，字体书体的历史、美学、哲学、品鉴理论、行款格式、称呼仪礼，甚至纸墨笔砚都有许多讲究，都是些必不可少的知识。

还要说到“书法”，这确实指的是通过“书写”而形成的“书迹”情况而说的。过去对比较“好”的书写作品作出称赞，说这是一件“法书”，意思是说：这是一件可以作为“法式”，作为“榜样”，可以作为学习“范本”的作品。这种“作品”之所以被称作“书法”，说明它本身已经是一件很有价值的“艺术品”了。在这种意义上说，“书法”是关于艺术的一门学问，通过这门学问的研究，要求有所“落实”，当然要落实到“作品”之上。因此，应该说这是研究这门学问很重要最直接的一个落脚点。学问的发展，越来越细，越来越深入，表现的侧面越来越多。要求把许许多多的方面都集中到一个人身上，很不现实，社会在进行各方面的分工，应该互不偏倚，互相尊重，从不同的方面集中成一门学科的研究，必会取得很好的成效。尤其把“理论”的研究和“实践”的实际感受经验结合在一起，一定会在相互印证参照中得到更全面的收获。

2. 关于“书法”实践的问题

我每每说，汉字是中华儿女智慧的结晶，汉文是晶体结成的串珠。现在再说一句，“书”是“串珠”之外的绚丽“光环”。至于如何能使文字得到展现，如何使“书法”的理论落实到实际中去，则必须有展现的能力的问题。关于“学”与“练”，人们常说，在练字，“练”就是自己在实践中摸索成功。自己不断实践，要用“工夫”。“工夫”就是“时间”的积累。一个人的生命时间不是无限的，做了这个，就占用了其他，充其量能有多少呢？再说每个人的时间都差不多，“工夫”岂不大家一样，成就应该是差之不多。但事实上的确优差之间距离极大。所以我不太同意下“工夫”去“练”。“练”不得法，很可能是重复自己的错误。当然，必要的时间是必不可少的，但，用的“时间”越少而取得的成绩越大，才是最“合算”的“生意”。“学”则是把人家已经公认为成功的东西拿到自己手中来，不必自己去摸索，费事的不要，错误的不要，专拣好的拿，这是多么“合算”的事！当然，首先要能辨认“好”“不好”。肯定一开始自己是无能为力的，必须听一听社会历史的意见，不需要独特的偏见，而要听公允的社会历史的共识。“取法乎上”，是“便宜”的路程。认定目标之后，就要一点不差地把对象完全拿了过来，就是纹丝不改惟妙惟肖地学到自己手上来。这样，第一“炼”好了你的眼睛；第二“炼”好了你的手，看得既准，看到了就能写得出，你的书写能力就了不起了。可能要写好一个字是很困难的，但只要会写这一个字，第二个字就容易多了。能会了两个字，以后的第三、第四，就步步容易多了，会上十来个字，差不多许多字就都会了。这种“先精而后深”的规律，是给能够抓住第一个字的人准备的，与那种从来都是一摸就过的人无缘。这种“学”的方法，大家可以试试看，如果真能写好了四五个字，结果其他都不会了，可以推倒这种“学”法。不妨“上”一回“当”，试试再说。总的说来，不“学”光练不行，太费“工夫”，“学”而学不死，一定结果是“不死不活”；所以“学”必须“有实效”，抓死一个，越抓越多，“学”得虽“少”而“会得多”；这是“学”中最“便宜”、最“合算”的方法。“书法”实践，不是一件很难的事，只要想达到一般的水平，是人人可及的。以上只是我一些很幼稚肤浅的看法，说出来请专家朋友们指正。我希望“书法”这一学科，能够从各种学科中汲取丰富的营养，并能够为各学科提供方便，在社会的发展上焕发出它应有的光彩。

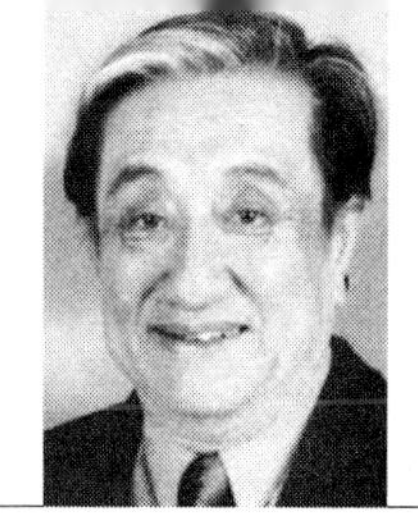

“传统”现代解释的多元视野与内在于唯物史观的广义文化观*

谢 龙

［主编按语］ 当今，全球语境下的“国学”研究，为创建多元融通的公共话语平台，亟须在哲学模式上“回归”马克思，这绝非向一个半世纪前的马克思时代倒退，而恰恰是要走出拘泥于抽象理性之“本体论”旧模式的误区，把多元融通的思维方式奠基于具有人文历史观和广义文化观意蕴的唯物史观，尤其要掌握内在于唯物史观的广义文化观，它突破了对文化的狭义理解，既坚持在外延上文化与社会是重合的，又认定由一定的知识、能力和价值取向所构成的“现实的人”之个性或人格作为文化的“内核”（内涵之核心）。这是在社会存在和社会意识或经济、政治、思想文化问题上坚持唯物史观之人文根基，更是坚持文化应有品位，并使思想文化、观念形态文化在作为其躯体的“现实的人”支撑下将其应有的文化之

* 本文节选自《“国学”研究与文化转型——转换哲学模式，开拓“传统”现代解释的多元视野》，载胡军、孙尚扬主编：《探寻真善美——汤一介先生80年华诞暨从教55周年纪念文集》，北京大学出版社2007年版，第1—12页。

灵魂作用落到实处，也是中国传统文化现代转型和走向世界的“基石”。

进入20世纪90年代，“文化热”转为“国学热”，“启蒙”征兆呈弱化趋向，但不是指文化转型的公共话题被摈弃，相反，随着学术领域开拓“国学”研究，公共话题反而不断增加，并且纳入专门的学术研究，但与此同时，思想文化的公共话语平台却销声匿迹。突出的是有关文化转型论著不断出世，虽然也纳入学术研究的视域，如作为学位论文的参考文献、互联网等传媒质疑性评论，等等。但是专门科研机构或科研第一线“常规渠道”的学术争辩之声似越来越微弱，跨学科的对话更为欠缺，尤其马克思主义研究者忙于本学科建设，而不主动参与“国学”研究中公共话题的跨学科对话。实际上，这是为开拓和深化门类越来越多越细的学术研究的难免现象，如把它比附为西方马克思主义和后现代主义所揭示的“启蒙”意义上的“公共领域”（哈贝马斯）或“整体性的元话语”（利奥塔）的解体，显然与我国现况不符。因为我国从未建立起这种公共平台，所以我国的“公共领域”是未建，而非解体，如把这种貌似“激进”的主张套装于我国，会阻挠公共平台的创建或使之走弯路。所幸“国学”研究中的公共话题未被摈弃，反而有新的拓展，表明仅凭公共平台或“公共领域”的“弱化”迹象，不能断定“启蒙”征兆的消失，在一定意义上这种“弱化”强化着“启蒙”，因为公共平台不能靠自上而下的号召来创建，它应奠基于研究者的“独立人格”。当今人文社会科学诸多学科有关“公共话题”研究的“启蒙”征兆还有“强化”的一面，“国学”研究中就萌动着新的公共话语平台，“国学”研究者就自觉或不自觉承担着文化转型的“启蒙”使命。

所以“国学”研究中对“传统”的解释，亟须进一步解决拓展视野、创建多元视野问题，这是落实对传统“现代解释”或传统与现代对接之解释的关键。对源远流长的中国传统文化着重于从其典籍义理层面予以解释，虽然这只是研究中国文化现代转型的一个路径，然而毕竟是基础性的路径或主干道，这是从其现实层面以至与现代对接层面予以解释的根基。所谓传统文化的现实层面，指其被传承下来的寓于人们实践，包括社会政治经济及其制度、体制之中的"文化传统"，如果离开典籍义理的解释，显然无从判定现实层面的"文化传统"如何传承"传统文化"，如何从传统发展演进而来。传统文化虽然经过中西交汇，包括与融合了传统糟粕的极左教条主义冲突、碰撞和被鞭挞，终究传承于现实。典籍义理的解释，把现实文化与之对照、比较，这是弄清传统文化如何传承于现实的前提，也为开拓未来即文化转型提供"思想先导"。否则，现实文化由何而来？处于无知状态，难以从盲目与被动之中解脱出来，在这个意义上，典籍义理的解释承担着"启蒙"的使命。立足21世纪之始，对典籍义理的解释或"现代解释"，其视角、视野都是多元的，以多元视野提高中国文化现代转型和走向世界的自觉性，急切的是要进一步摆脱教条主义束缚，通过中西古今融通或"中西马文化对话"，解决"应然"与"实然"相结合的"中介"或"基础"的问题。否则，难免重蹈教条主义的覆辙，如貌似实事求是、理论联系实际，却以"是"套装和剪裁"实事"或以"理论"套装和剪裁"实际"，而导致扭曲"实事""实际"，甚至以"是"（所谓"符合规律"）之"理论"遮蔽或掩饰"实事""实际"中的弊端，虽然不把"政治批判"纳入学术，然而所导致的阻滞文化转型的后果，不亚于"政治批判"。因此，解决这个问题，应着重从基础理论层面上吸取教条主义的教训，探究文化转型首先面对的历史观、文化观和思维方式的"转型"问题。

第一，关于社会奠基于"现实的人"的"人文"历史观。

反思极左教条主义阻滞文化转型的教训，在作为思想文化之核心的哲学层面，教条主义不仅全盘否定以儒家为主流的传统哲学，绝对排斥西方哲学，尤其把现代西方哲学斥之为垄断资本主义或帝国主义的"反动思想体系"，而且对马克思主义哲学在宣扬其为唯一彻底或唯一科学的唯物主义的同时，竟扭曲马克思文本，把马克思的唯物主义与马克思的人文主义或新型人本主义思想截然对立起来，竟以坚持唯物主义为名，从马克思的唯物主义哲学中摈弃作为其唯物主义之基础的人本主义思想。使原本与现代世界哲学对接的、在19世纪的现代世界哲学中颇具影响的马克思哲学，与其他派别“根本对立”，杜绝与现代世界哲学共同开拓创新之路。对有关历史稍加分析，不难发现包括马克思哲学在内的西方哲学诸派别所代表的现代世界哲学走向，其共同处是要突破西方理性主义的“形而上学”或“本体论”的哲学旧模式，从不同层面、不同视角探寻“理性”如何走向现实实践之路，而马克思哲学的独到处在于其唯物史观奠基于“现实的人”及其实践，进而把“现实的人”及其实践纳入新哲学的核心和主线，尝试把“现实的人”或“现实的个人”作为其唯物史观的基础性范畴。在这个问题上，教条主义所导致的谬误，就在于它以“物质实践”和“社会关系”以及“生产力”“生产关系”等概念揭示了历史规律为由，套装和剪裁现实，摈弃了“现实的人”的基本概念，把唯物史观扭曲为失去现实历史基础的褊狭、无人的“决定论”，或不讲人的选择、把人当成“规律”之“玩偶”的机械“决定论”，可说重蹈黑格尔式理性主义之覆辙。所以，“现实的人”并非理性主义“本体论”旧模式的概念，而是予以突破的以“现实的人”及其实践为核心和主线的新哲学的概念，它是作为“理性”和现实实践之“中介”或具体理性、实践理性层面的概念。在这个意义上，马克思的唯物史观以“现实的人”为基础性范畴，蕴涵着现代西方哲学突破传统理性主义旧模式的共同意向，反映了现代西方哲学各个派别无不从各自的视角或视域探究理性与现实的人及其实践相结合的“中介”，似可认定把社会奠基于“现实的人”是它们共同的“人文”历史观。马克思起步构建这种“人文”历史观，他的唯物史观为其哲学从总体走向上转换了模式，即为突破传统理性主义奠基，但在我国教条主义风行时却把它扭曲，使之逆转。当今，在哲学模式上“回归”马克思，也是创建作为文化转型之思想先导的中国现代哲学所要求的。

第二，关于文化以“人格”为内核的广义文化观。

反思教条主义阻滞文化转型的教训，它在摈弃作为马克思唯物主义之基础的新型人本主义思想、摈弃"现实的人"或"现实个人"的基础性范畴的同时，在哲学基础理论层面忌谈所有与人相关的如"人生观""人格"或"个性"以及其他"文化"话题，其后果是把作为马克思哲学突破传统理性主义哲学模式之根基的"实践"完全架空。因此，为在哲学模式上"回归"马克思，明确地把现实的人及其实践置于新哲学的核心和主线，以此为基础，还应认定"人文"历史观也是广义的文化观，它突破了对文化的狭义理解，把文化置于现实的人及其实践的基础之上，使之在外延上与社会"重合"。对"文化"概念，尽管有上百种或更多的定义，但几乎都不否认它的"人文"意蕴，即都从各自的视角认定文化是人的创造，如马克思所说："社会生活在本质上是实践的"[①]，这揭示了社会和文化的共同本质，因而它们在外延上是"重合"的，即一切社会现象既是"社会"的现象，又是"文化"的现象，而在内涵上也不得截然分割，同一现象着重其作为历史客体称为"社会"，着重其作为历史主体称为"文化"，而文化在内涵上的特殊性则在于其以现实的人之个性或人格为核心。而作为文化的"内核"（内涵之核心）的人格，指的不是经过"启蒙"或进入现代社会所生成的"人的独立性"或"独立个性"[②]，而是一般意义上的人的品格、素质，即任何社会的人都具有的人格，它由一定知识、能力和价值取向所构成，作为"现实的人"之实践的内驱力。这凸显着具体理性、实践理性层面的人，绝非"主客二分"意义上的历史主体，而是作为思想文化、观念形态文化之载体意义上的历史主体，它克服了通行的文化概念限于"思想文化"的狭义理解的缺陷，为主客双向互动构筑了"中介"，也为思想文化与物质文化、制度文化（行为文化）等各个领域、各个层面文化的多向互动构筑了"中介"。否则，囿于狭义文化观，貌似坚持唯物史观，实际上因阉割其人文基础而适得

① 马克思：《关于费尔巴哈的提纲》，《马克思恩格斯选集》第1卷，人民出版社1995年版，第56、60页。

② 马克思：《政治经济学批判（1857—1858年草稿）》，见《马克思恩格斯全集》第46卷上，人民出版社1979年版，第104页。

其反。如有一种见解，竟以坚持唯物史观为由，认为不把“思想”文化或“观念形态”的文化从杂多的社会现象中析理出来，不把整个社会“二分”为社会存在和社会意识，“三分”为经济、政治、思想，无法坚持“社会存在决定社会意识”的基本原则，并以这种思路，主张除思想文化之外，实际上并没有物质文化或经济文化、政治文化以及制度文化或行为文化，这只是就“现象”说的，而“本质”还是思想文化，即经济、政治、制度、行为中的“思想”“观念”，并据以断定所谓文化的“广义”就是“泛化”或返回到原始的“混沌”，而一概予以摈斥。这种意见似是而非，因为广义的文化观并不简单否定“二分”“三分”，而是反对只“分”不“合”，因为摈弃作为思想文化之载体或“躯体”的“现实的人”，阉割主客互动或“合”的人文基础，正是把主客、社会存在和社会意识颠倒的症结所在。而广义的文化观认定文化以人格为内核，恰恰是对症下药，为主客、社会存在和社会意识互动构筑“中介”，使“主”不得任意地套装“客”，“客”也不得机械地制造“主”，同时还把作为文化之灵魂的思想文化、观念形态文化或精神文明在作为其躯体的“人格”支撑之下，把它的应有作用落到实处，因而这也是文化应有“品位”的根本保证，绝非“泛化”。可见，在哲学模式上“回归”马克思，转换文化观应成为重点话题。

第三，关于中西古今“多元”融通的思维方式。

反思教条主义阻滞文化转型的教训，“政治批判”介入并破坏学术，既杜绝了对传统资源的开发，又切断了与西方现代文化的融通，连同马克思历史观和文化观的人文基础也予摈弃，以“抵制资产阶级意识形态渗透”为名，把原本作为马克思唯物史观之人文基础的人本主义或人道主义思想拱手让给“资本主义”、作为“资本主义”的“专利”，而失去自身的理论优势。当今，为在中西古今的融通中拓展视野，以更为自觉的多元融通的思维方式推动现实文化的现代转型，亟须在哲学模式上“回归”马克思，如前所述，其意义主要在于揭示现代世界哲学在历史观、文化观上共同的人文意向。回顾20世纪80年代文化热衷出现的萨特热、尼采热、弗洛伊德热和实用主义热，以及稍后海德格尔的存在主义、马尔库塞和哈贝马斯的西方马克思主义、胡塞尔的现象学、加达默尔的解释学与结构主义、解构主义、后现代主义等。纷纷进入学术研究者的视野，还有马克思主义哲学研究中出现的辩证唯物主义还是实践唯物主义的争议等，无不凸显着历史观、文化观上的人文意向。正是这种背景，创建现代中国哲学的“多元”路径朦胧可见，如汤一介先生对 21 世纪中国哲学发展颇具创意的展望，他指出：与现代世界哲学的主流接轨，将出现诸多“中国化的西方哲学流派”，这既“可以使西方哲学增加若干中国哲学的资源，丰富西方哲学的视野”，又通过“把中国哲学引入到关注世界哲学发展的主潮之中”，“提升着中国哲学的内涵”。[①] 的确，这是就西方哲学主题的“传统”现代解释，它是创建现代中国哲学的基本路径之一。另一基本路径是借鉴现代西方哲学，就与现代世界哲学接轨的“传统”主题，创建现代中国哲学，如现代新儒学、新道学、新佛学等，并各有诸多派别，可以说这是以源远流长的传统“学派”的现代“形式”直接与世界哲学接轨。而前者是把“传统”解释融入现代西方各派哲学的现代中国哲学，如中国化的解释学、中国化的存在主义等，可以说这是“传统”以西方各派哲学的“形式”与世界哲学接轨。总的来看，中国哲学发展创新的走向，同样凸显着历史观、文化观上的人文意向。因此，展望 21 世纪的中国哲学，深感在其现代转型和走向世界过程中，不论把它与现实文化的现代转型相结合，使之发挥作为本土文化或现实文化现代转型的思想先导的作用，还是转换哲学模式，更自觉地承担起推动世界哲学发展创新的使命，特别是适应创建多元现代中国哲学的需要，就公共话题跨学科对话的需要，营造“百家争鸣”的学术环境，这一切都要求拓展视野。当今“百家争鸣”在常规的学术渠道，不能说绝无，但与“文化转型”反差极大，而受到宪政民主保障的“百家争鸣”、学术自由，这是向“文化转型”迈出的第一步，也是给予整个社会

① 汤一介：《对中国现代哲学的思考》，见《我的哲学之路》，新华出版社 2006 年版，第 142 页。

“文化转型”以必要的学术支撑，不可等闲视之。因此，“文化转型”包括创建现代中国哲学，亟须把多元融通的思维方式奠基于人文历史观和广义文化观，这是在哲学模式上“回归”马克思的另一重点话题。

为拓展“多元”视阈，总要提及马克思对人文“基石”的独特贡献，但这绝非教条主义用以套装现实的“框架”，而是为文化转型或“传统”现代解释广开通路的“基石”，因其历经诸多误读或断章取义的曲解，还有待于把它纳入中西古今融通中作更为深入的研究。

本文所议，是否公共话题？与方家切磋，望赐教。谢谢！

下编

吴鸿庆　林　帆　黄怀安　夏甄陶　侯鸿勋　查全斌　马　兵　章自承

虞　謇　胡文耕　黄荣钊　廖元嘉　宋文坚　范明生　李泽厚　谢　龙

欧阳中石

影像记忆

——北大哲学系 1950 级同学相册（下）

▲ 红楼前欢送参军参干同学合影　　　　（1950 年 12 月摄）

后排左起：1 彭瑞年［1949 级］2 李方济［1947 级］3 王延煜［1949 级］6 章自承［1950 级］ 7 汪静娴［1949 级］ 8 何洁蘅［1949 级］

中排左起：1 赵宋光［1949 级］ 2 查全斌 3 曲维振［1949 级］ 4 蒋昌明［1950 级］ 5 赵士孝［1949 级］ 6 戴自立［1949 级］ 7 吴鸿庆 8 李秀梅 9 司马念媛［1949 级］

前排左起：2张继安［1949级］3谢龙 4曹景元 5刘正［1949级］6 甘守义

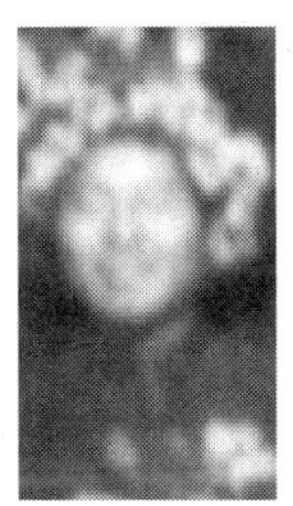

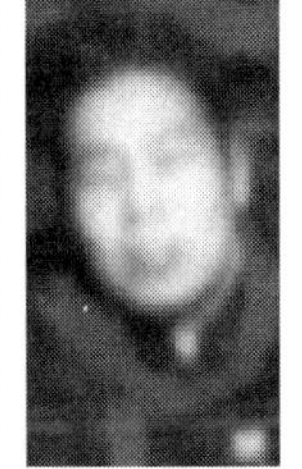

▲ 本书作者（左起）：章自承、查全斌、赵士孝、吴鸿庆、谢龙、曹景元

▲ 燕园办公楼前哲学系哲学专业1950级学生合影　（1954年1月摄）

左起：1甘守义 2黄荣钊 3杨子熙 4刘正 5任宣猷 6邢鹏举 7沈联罐 8吴炳田 9马兵 10汪品秋 11丁克勤 12韩鸿寿 13李秀梅 14廖元嘉 15宋文坚 16李观福 17顾之润 18虞謇 19欧阳中石 20黄怀安 21赵士孝 22曹景元 23刘清和 24侯鸿勋 25章自承 26胡文耕

▲ 本书作者（左起）：黄荣钊、马兵、宋文坚、虞謇、欧阳中石

▲ 本书作者（左起）：黄怀安、赵士孝、曹景元、章自承、侯鸿勋、胡文耕

哲学·数学·力学

吴鸿庆

一、从哲学系到数学系

我是山西稷山人，生于 1931 年 9 月。父亲早年毕业于北京大学医学院，后在山西、陕西和甘肃各地工作，我从小也就跟随父母在以上各地居住求学。1945—1950 年我在兰州就读于西北师范大学附属中学，该校前身为抗日战争时期先迁往陕西城固、后又迁至兰州的北京师大附中。

1950 年夏，我高中毕业后到北京考学，先后被哈尔滨工业大学化工系、北京大学哲学系和北京工业学院化工系录取。我觉得自己动手能力差，所以不想学工，报考工科院校只是为了给自己留条退路。对哲学实际上也不了解。只是听中学老师讲过，说哲学是探索人生和宇宙根本道理的学问，可以说是一切学问中最深奥的一门学问。我那时少年气盛，认为越深奥才越值得学，而且相信自己只要下工夫，也一定能学好哲学这门学问，有所成就。北大文科在全国又久负盛名，于是便报考了北大哲学系。基于以上想法，录取结果公布后，我自然就选择了北大

▲ 吴鸿庆摄于 20 世纪 70 年代北大哲学楼前（北）广场

哲学系。

当时大学的招生人数远比现在要少，哲学系又是个冷门系科，我们哲学系一年级约十一二人。入学后，我们和文科其他几个系的一年级男同学被安排住在北河沿北大三院的大礼堂内。每人一套高低床，下铺睡人，上铺放东西，床前还有一张书桌。与我在中学时二三十人同住在设有上下两层大通铺的土坯房宿舍的情况相比，我已很满足。从入学后的第一天起，我们便享有人民助学金，不再为吃饭问题发愁，得以专心致志地学习。班上的同学们住在一起，又经常三三两两蹲在地上端着饭碗边吃边聊，很快就熟悉了，彼此互相关心，相处得很好。

北大当时实行学分制，课程分为必修课和选修课。我记得哲学系一年级的必修课有辩证唯物主义和历史唯物主义、思想方法论、政治、大学英语，好像还有大学语文。根据我的英语入学考试成绩，学校准予我免修文科大一公共英语，所以我就直接修读了大二英语。至于选修课，因我认为学习数学能提高抽象思维能力和逻辑推理能力，对学习哲学有益，所以就选修了微积分。据我回忆，徐人康也选修了微积分这门数学课。

艾思奇先生和胡绳先生分别为我们讲授辩证唯物主义和思想方法论。艾思奇先生的课通俗易懂（这是我当时的感受。后来的实践表明，我仅仅是字面上的理解，并没有从实质上领会先生的教诲），他还经常联系一些重大实际问题说明有关的哲学原理和概念。例如在讲现象与本质时他就分析美帝国主义为什么是纸老虎，指出美国表面强大，还用原子弹吓人，但本质虚弱等等。我那时是第一次听到这些道理，觉得先生的分析是很有说服力的，印象深刻。胡绳先生的课安排在晚上，他讲得很慢，边想边讲，红楼教室里的灯光又比较暗，我稍一走神就会打盹。唯一留下深刻印象的是胡绳先生讲过的一个小故事：有次吃饭时，鲁迅的小儿子海婴说丸子有酸味。别人都不信，说他们吃的丸子都不酸。鲁迅说，他既说酸，必有他的道理，就亲自尝了一口海婴吃过的丸子，发现果然有酸味。胡绳先生用这个小故事为例，说明看问题要实事求是。

政治课的主要内容是时事政治，是王铁崖先生讲授的。写到这里，我回想起一件趣事。大约在1950年秋冬之际，电影《武训传》上映后好评如潮。到了上映的最后一天，我觉得再不去看实在可惜，但那天晚上正好有政治课。我正犹豫，听说谢龙、胡文耕等要去看，便也跟着去了（这是我在大学期间唯一的一次逃课）。看后大家都说好。哪知第二天人民日报头版就发表了“电影《武训传》的反动思想必须批判”的社论。

在学习微积分这门课程时，我认真研读了20世纪数学大师柯朗的名著《微积分学》。近代数学理论的深刻和严密，很快就吸引了我，我从学习数学中感受到了极大的乐趣。相比之下，在学习一年级的那两门哲学课时却没有这种感受。第一学年结束后我就提出了转系申请。自1934年起即担任北大数学系系主任的我国老一辈数学家江泽涵先生看了我的学习成绩单后又问了我几个问题，便批准了我的转系申请。

以上都是专业学习方面的事。在哲学系的这一年里，我在伟大的抗美援朝运动中受到了一次深刻的爱国主义教育，思想政治觉悟也有了提高，这些就不再细说了。

二、转系之后的半个世纪

下面再扼要地向老同学们汇报一下我从1951年转系之后到2000年退休这50年间的主要经历。

1951—1953年这两年中，我有幸聆听了诸多我国第一流数学家讲授的多门课程，终生受益。1953年全国开始实施第一个五年计划，急需各类理工科人才，我们这一届数学系学生就于1953年提前一年毕业。

北大数学力学系的力学专业是1952年院系调整之后，为适应国家经济建设和国防建设的需要，由我国著名科学家周培源先生主持创建的我国高校中第一个力学专业。我毕业后留校，被分配到力学专业任助教，准备担任即将到校的苏联专家的俄语翻译。我在大学里未学过俄语，但任务紧迫，只能苦学，经过三个月的集中培训和其后一段时间的学习，我已具备了初步的俄语口译能力。1954 年 10 月至 1956 年 4 月，我担任苏联列宁格勒大学流体力学专家 A. B. 别洛娃的俄语翻译。1956 年 6 月中旬至 7 月初，钱学森先生应苏联科学院邀请前往莫斯科进行学术访问，我担任了钱先生这次出访的俄语翻译。1956—1966 年这 10 年中，我先后担任了理论力学和流体力学的教学工作，并在 1960—1962 年担任数力系副系主任，分管力学专业工作。我于 1954 年 10 月加入中国共产党，是当时新成立的力学专业最早的一个教师党员，也是力学专业教师党支部的第一任支部书记，并在 1956—1963 年期间担任数力系党总支的总支委员。

1966 年爆发的“文化大革命”给全国人民带来一场浩劫。我因曾在全系教师党员会上发言反对全国第一张马列主义大字报，运动一开始便被“揪出”，老账新账一起算，折腾了两三年，使我的身心受到严重摧残。1969 年冬，我随力学专业前往北大汉中分校，开荒种地。当时我的身体已很虚弱，在食堂排队买饭时曾几次晕倒。1971 年我申请调往兰州（我妻在兰州军队医院工作，当时我们结婚后已两地分居 12 年）获批准后，被分配到兰州铁道学院（现兰州交通大学）。

1971 年 8 月到兰院基础课部任教。1973—1976 年任基础课部副主任。1980—1991 年任兰院科学研究所副所长、所长。1984—1985 年作为访问学者在美国加州大学伯克利分校从事研究工作。2000 年 3 月退休。

我在北大时对计算力学已有初步了解。计算力学是力学、计算数学与电子计算机相结合的产物，它是于 20 世纪 60 年代初开始起步并迅速发展形成的应用领域极为广泛的一门新学科，是 20 世纪力学学科最重大的具有突破性意义的进展。“文化大革命”前，我已在计算流体力学方面开展了初步研究，后因“文化大革命”而中断。到兰院后，考虑到铁路院校的专业特点和工程实际的需要，我决定转向计算结构力学。1973 年我在兰州地区最早开展了有限元法及其应用的研究，先后主持完成多项具有较大实用价值的科研项目，在桥梁、隧道与建筑结构的静力分析、动力分析与稳定性分析方面，发表学术论文四十余篇，在工程技术人员中大力普及有限元法，推广国际上著名的大型结构有限元计算软件，促进了兰州地区结构设计计算的现代化，并主编了高等学校教材《结构有限元分析》，参编专著一部，译著四部。

▲ 吴鸿庆与夫人宋吟兰合影——摄于2011年9月

曾任中国力学学会第三届理事会理事，甘肃省力学学会第四届理事会副理事长，甘肃省CAD协会（计算机辅助设计协会）第一届和第二届副理事长，甘肃省科技进步奖评审委员会自然科学组副组长，甘肃省高等学校教师高级职称评审委员会力学学科组组长。

我在高校工作近半个世纪，党和国家对我在教学、科研和研究生培养中作出的点滴贡献给予了充分肯定。我自1991年起享受政府特殊津贴；被评为1991年度全国教育系统劳动模范并被授予人民教师奖章；被授予1992年度全国五一劳动奖章并获得优秀教育工作者称号；被评为1995年度全国铁路优秀科技工作者；获1998年度茅以升铁道科技奖。生平事迹被收入中国科学技术协会编纂的《中国科技专家传略·工程技术编·铁道卷2》。

回顾我这一生，与我在高校任教近50年之久的时间相比，我深感自己做的工作太少，实在微不足道。唯一可以自慰并告慰于老同学们的是，我从未懈怠，我为祖国的繁荣富强贡献了我的全部力量。晚年幸逢盛世，但我视力已极衰微，不能再献余热。只能清静无为，“聊乘化以归尽，乐夫天命复奚疑”。

最后，衷心祝愿老同学们健康长寿。

吴鸿庆

2010年6月26日

“红楼”旧梦

林　帆

半个世纪多了，从三院往返红楼的脚印还十分清晰，但蓦然回首又觉得有点模糊，像儿时的乳香留在嘴边一样，虽然体味不出多少真味但仍意味无穷。

刚踏入大学门槛时，红楼仍是北大的骄傲和象征，它深厚的文化底蕴哺育了我，不，哺育了我们一辈又一辈的学子。我常常想，能进入自己心仪的学府，是此生最幸福和幸运的拥有。比如学风，我以为，名校之所以名扬四海，“学风”是主要标志，而优良学风的形成，乃诲人不倦又堪称表率的名教授荟萃，加以在校的莘莘学子勤奋向学而形成一种广泛涉猎、杂学旁搜的传统风气，两者浑然一体，自有其滔滔汩汩的历程，非一朝一夕所能蹴就。据说蔡元培校长接掌北大之后，刻意创新去旧，礼聘了一批一流学者为教师，主张“兼容并包，思想自由”，以民主科学为标榜，使教授和学生都身体力行，延至今日。特别值得欣赏的是师生之间的鱼水情。北大教授大多没有架子，执教严谨但又平易近人，自由执著的学风真可谓春风化雨。我记得当时有些课程，几位名教授同时开设，任学生自由选择，不满意还可以中途改选。甚至跨系选课也很自由，旁听更无所拘束，充分体现出“兼容并包，思想自由”的传统。

我曾经慕名旁听过朱光潜教授为本系（西语系）开设的英语翻译课。名师上课是从来不点名的，他当然不知道我的混入。碰巧有一次要交翻译作业，我没有离座起来交卷，他看在眼里，逮了个正着，立刻指着我问为什么不交功课。我支支吾吾地搪塞一下，他却严肃起来：“没有任何理由可以不做作业的。如果连作业也懒得做，以后请不要来听我的课！”我当时十分尴尬，恨不得有洞可钻。课后借了一位同乡作业的底稿，稍作改动就去认错交差。我敲开了朱师的家门，交上作业并说明我是外系旁听生，事先没打招呼是我的不是。正等待老师发落，却见到他饱满的鼻翼微微一动，圆瞪大眼略露一丝笑容。我意识到老师的认可便稍放心，提起我在香港时就读过他的《给青年的十二封信》，他那严肃的脸庞竟绽出笑意。我还告诉他同时还在旁听杨晦教授开设的文艺学，竟得到嘉许：“难得你为求知增加额外的功课，这很好；但切记，贪多嚼不烂，要消化好。”这回，听到他那一口安徽桐城口音，却觉悦耳了。朱师平日沉默寡言，更难得表扬学生，这使我深受鼓舞。以后我每次去看他，事前总会去图书馆借来他早年撰写的著作如《文艺心理学》《诗论》等，仔细阅读并带着问题与心得求教。这招也真灵，他披沥心腹，细心指点，使我在自学上找到窍门。别看他平时严肃有余，一旦投上缘，便觉得他有着说不尽的语重心长，有着良师所存的诲人不倦，十足一个“热水瓶”式的慈善长者……像朱老那样造诣精深而又对学生谆谆善诱的老教授，在北大是不胜枚举的，我不过举其一以表“母仪风范”耳！“半亩方塘一鉴开，天光云影共徘徊。问渠哪得清如许，为有源头活水来。”朱熹的这首《观书有感》是朱师最喜爱的诗，它恰好概括出北大优秀学风的由来。

▲ 林帆与同学摄于未明湖畔

由师及生，接下来该介绍同学了。新中国成立后北大培养出不少精英，可要选个具有代表性的人物真不容易。一张张面孔走马灯般掠过我的脑海，

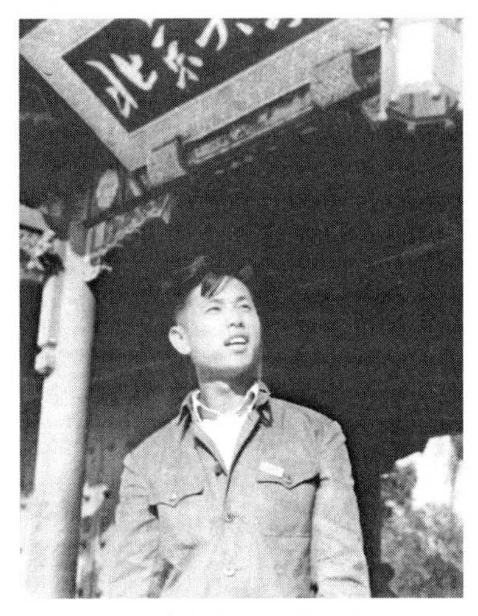

▲ 1954 年北大中文系毕业留影

突然一个颇有知名度的名字跳了出来——他叫李泽厚。

李泽厚的确可以被北大人引以为傲。他 1950 年入学，和我同届。那时上课在沙滩红楼，住在北河沿三院。在我的印象中，这“老兄”清癯精干，走起路来趿拉着鞋跟，有点飘飘欲仙状。他不拘小节，豪放恣肆，衣着不整，“名士”派头，晚睡晚起，常常牺牲早餐空着肚子急匆匆去赶赴第一节课。

名师如林，图书馆藏书在全国高校中首屈一指。李泽厚选课读书也是豪放恣肆的。当年还未实行统考，北大自作规定，凡国文、英语入学考试超过 70 分的可免修大一国文和大一英文。据说他享受了全免的“优惠”，意味着多出 8 个学分。这就“正中下怀”了。北大一向学风自由，学生选什么课，读什么书，从不受拘束，一任舒展。加上大一的课没有排满，要选什么课，读什么书，游刃有余。这对求知欲甚强的“湘江乡巴佬”李泽厚来说，可谓得其所哉。于是他瞄准一些大师的课（有的还是毕业班的专题课），背个蓝布书包在红楼“上蹿下跳”（同学的形容），潇洒十足。他在学习上有个特点，喜欢博览群书，孜孜不倦，执著又自视颇高，对老师的讲课时有诸多挑眼，有时到刻薄的程度。当然，这只是他茶余饭后的谈资，在课堂上他还是非常尊师重道的。在一般人眼里，北大文科不少有天赋的学生，身上或多或少有些许狂狷的因子，李泽厚就是如此，但这并不妨碍他读书的深入和做学问的厚实。

1954 年夏，李泽厚告别燕园，踏上工作岗位。当年文科分配来上海的，除了李泽厚，还有一位马兵（和我一起分配到复旦，后定居泰国）。他俩一样学的是哲学专业，但李泽厚因其才华出众，竟阴差阳错，不予分配，被迫卷起铺盖打道回府。据说在等待母校合理发落重新分配之时，他一头钻进图书馆，先攻中国近代史，以研究谭嗣同为题，结出了丰硕的成果，奠定了他在治学上的坚实基础。此后，他的研究成果层出不穷，最后在美学领域擎起大纛自成一家。那时的李泽厚，真是“天涯何人不识君”了，正如他的专著《美的历程》为读者所熟悉一样。

李泽厚在治学的历程中，不脱敢说敢道的本色，臧否人物，快人快语，够“狂”。从最近学术界讯息获悉，他新著的《浮生论学》（与陈明合著的一本对话录），“涉及广泛而少忌惮……对不少健在或已去世的学界名流臧否褒贬，词锋尖锐，毫无隐讳，使得该书在学术界文化界广为流传并引起反响”（引自上海《文学报》，下同）。他直言不讳自己有“偏见”，就是不喜欢两个人：一个郭沫若；一个周作人。公道自在人心，我以为此非“偏见”，只不过敢于说出人们的心里话而已。他批评陈寅恪主张坚持传统的三纲六纪有矛盾，对当今红极一时的钱钟书，说他的那么多书，“只得了许多零碎成果，所以我说他买椟还珠，没有擦出一些灿烂的明珠，永照千古，太可惜了”……

一石激起千重浪。他的斗胆放言，引起受到贬抑的一位知名学者的不满，甚至要与他对簿公堂。他“事后反思，也觉不妥而深表自责”，特发表《致读者》启事，“向广大读者特别是被该书所伤害者致以诚挚的歉意”。这种闻过则喜的“君子坦荡荡”，也值得我们北大人称道！说他有点狂而狷傲，一点儿也不假，但狂中却自信十足，是有着深厚学识积淀和中国人文文化素养的。这应该是当年红楼磨炼出来的性格及其学风吧。

母校新人辈出，是数不尽说不完的。让我还是借朱熹的诗句来作结：“问渠那得清如许，为有源头活水来。”我 1950 年在北大读大一，1951 年转学燕京新闻系，所以还留下一点红楼沙滩的足迹。

（原载《建设者》2004 年第 1 期）

“拆字”云云

林　帆

很久未和马兵兄通信了，日前喜获来函，叙旧多多。最有趣的是他追忆了一段尘封往事，并称我为“拆字专家”。我们忝属三同——同乡同学同事：都从香港回大陆来读书，同届毕业于北大，又一起分配到复旦大学当助教。他是泰侨子弟，国民党行将垮台前毅然出走去港，就读于所谓“赤化”的达德学院，不久该院被查封，他随即参加了东江纵队，新中国成立后考入北大……在复旦，我们情同手足，无话不谈。当时“四人帮”当道，知识分子受累不浅，于是又加一同，即“同是天涯沦落人”。发牢骚之余，他说动乱如斯倍思亲，很想回曼谷与家人团聚。哎，那是做梦！但是我顺便告以广州盛行“笃卒”

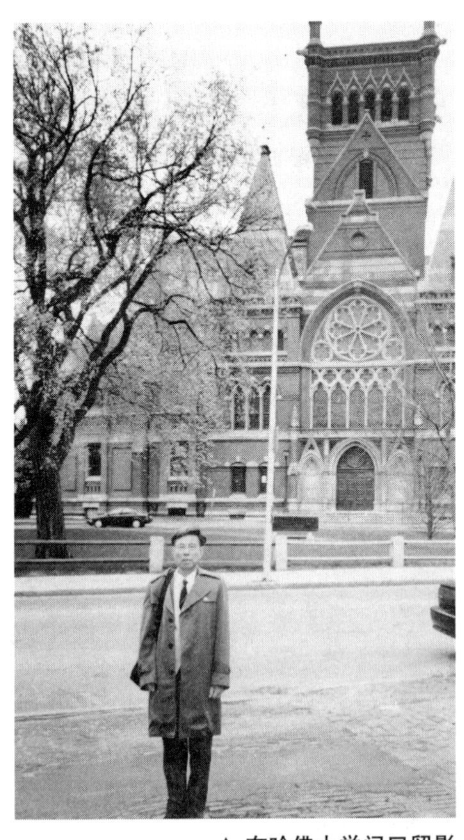

▲ 在哈佛大学门口留影

（渡港）之说，引起他的兴趣。我还打趣地说：“笃卒，者，个个皆马兵也。你别急，从拆字看，你的梦准能圆。”果不其然，两年后他竟平安地通过罗湖回到双亲膝下。而且过河卒子再不回头，真的应验了“笃卒”之灵。“拆字专家”云云，缘出于此！

说到拆字，使人想起“测字摊”先生。据《辞海》释义，拆字是将汉字加减笔画，拆开偏旁，或者打乱字体结构，加以玩弄附会，纯属取巧骗人。取巧误人当然不好，但我以为拆字本身正好说明了方块字构成巧妙的一面，全世界文字绝无仅有。它之所以能“拆”，正因为它是表意文字，“六书”成形，拼音文字无法望其项背。换句话说，汉字本身蕴涵着炎黄文化，寓有无限情趣，不是简单的“文字游戏”可概括得了的。“字者，言孳乳而浸多也”，说明汉字构成的天地广阔，拆字之妙，便体现其中。取巧不等于行骗，这是从汉字构形的独特而来。记得刘少奇同志当年发动工人运动时说过：工人阶级有力量，“工人”二字合起来不就是“天”吗？这是妙用汉字表意本质的大实话，很能鼓动人心。

其实，所谓“拆字”完全是随人的心态为转移。“信之则有，不信则无”，算它是一种修辞手段亦可；但作为一种文化现象，绝非拿来骗人。不久前贵版有一则哲理小品，题为《洗衣服——惜福》（4月2日），把“洗衣服”连读为“吒陪福”，用音义之差说成佛家偈语，很发人深思。用作者的结语说：“原来‘洗衣服’和‘瞄福’除了语音相近，还可以说玄机暗藏。”这我能领会，它不是谜语，而是在铺陈一个贴近生活的哲理。

▲ 1998年4月美国哈佛大学讲学

由此及彼，我想起影响我一生的“信不信由你”。我生在一个军人之

▲ 1996 年 6 月杂文教学与创作研讨会上

家，父亲是毕业于保定军校、曾参加过“1·28 上海战役”的十九路军将领。出于迷信，满月时按旧俗要在“什锦盘”上抓阄。我抓牢不放的是一支笔。作为一介“武夫”的父亲十分高兴，连呼“文曲星临凡”。母亲以后以这个“父训”督促我勤奋学习。抗战时我随大哥从澳门上韶关“国立侨三中”读书，孰料未读满一年，学校闹学潮，我也一起跟着大哥哥、大姊姊们起哄，结果被开除学籍，连转学也无门了。后来蒙师指点，教我以同等学力报考高一。原名不能用了，临报名时突然想起“文曲星临凡”，便随手拈个谐音改名“林帆”；考上了，这个偶得的名字就这样陪我终身了。母亲得知我改名，又来拆字了：什么不好叫，偏叫“临烦”，以后有得你“烦”了。不巧而言中，20 世纪 50 年代末我在复旦，运动不止，麻烦不断；由于文章之累，我受尽折磨。“文化大革命”时麻烦更大，批斗我的“罪名”之一就是以小“三家村”、小“秦牧”为由，真可谓“文曲”惹祸而“面临麻烦”啊！这又应了广东话说的“唔怕生坏命，只怕改错名”咯！

还有我的婚姻，出过挫折也是与“拆字”沾边。我母亲姓“劉”，父亲英年早逝。据算命先生说是给母亲剋死的。金剋木嘛，而且“劉”是“卯金刀”，三把利器对个“双木林”，必剋死无疑。无巧不成书，我在上海找到的对象也姓刘，谈恋爱成熟准备结婚之前，首先把喜讯禀报母亲大人。谁知立马回音：不准。我无法想得通，爱人是华东师大毕业，照片也寄回去请老人家过目，相当般配的。可就是不准。母命难违，心结难解。后来去信请教大哥，他透露玄机。原来她老人家为我好，怕我重蹈她的覆辙。正如哈姆雷特所言：“这是一个问题。”正在矛盾斗争之际，霎时想起一个“以牙还牙”

的办法。其时正好第一批简化字出笼，“劉”简化为“刘”，那么，“卯金刀”变成“文刀”一把，休想剋我的双木之“林”。OK，妈点头认可了。看来兵来将挡，不失为上策，测字先生亦甘拜下风了。信不信由你，我如今已年逾古稀，硬是比先父多活了几十个春秋。更可贵的是“夕阳无限好”，“临烦”也罢，“金剋木”也罢，不如说是“生死有命，富贵在天”。或者说，“夹木帆船”，乘长风破万里浪，不亦威乎！

（原载《羊城晚报》2002 年 5 月 23 日）

回首当年"左"、右、"左"

林　帆

左右其实是十分明确的概念，那是指方位而言，右不会变左，在左右不了。当然以一个定位为标的，如靠左走，转个身就变成靠右了。但一搭上政治就使人糊涂，有时甚至是个模糊概念了。不知以何为根据，左是属于进步的、革命的；右则是保守的，反动的。因此长久以来，人们为了明哲保身，宁"左"勿右，越"左"越够味。不"左"也装出个"左"样来。

世上的事是无巧不成书的。恰巧中国封建帝皇朝南坐，以至尊定位，则西为右，东为左。不知道是否出自这个传统观念：受了西风熏陶就不免右；反之，东风吹，红旗飘：西方反动东方红。这似乎是个笑话，却是一点不假，我自己就为此弄得晕头转向。往往一件事，从这个角度看是右，换个角度便大不然。缘此我有过一个自己也说不清楚的想法：对政治上幼稚的人说来，人生"革命"糊涂始；"左派"幼稚病也真会是一种传染病毒，受到感染的不离你我他。

前不久接到我唯一的大哥走了的噩耗，伤感之余勾起我的愧疚！我曾一时"向左看齐"冒犯了兄长，又一直未来得及向他解释致歉，一直耿耿于怀。如今人已去，只能抱恨终生了。说来也很简单，无非琐事一桩。那是"文化大革命"后期，我们难兄难弟皆获重生。哥哥补发了工资，特地不远千里来上海看望我这个乃弟；阔别经年，分外高兴。不想事情就发生在一瞬间。我们一天饭后移步到已有点生气的复旦园徜徉，大哥不知哪来的雅兴，突然哼起了久违的那首小提琴曲《梁祝》，我顿感浑身不自在，也许是"见过鬼怕黑"，心有余悸吧，本能地发作："别唱了，小资产阶级情调！"他毫不在意仍然照哼无误，还说是"优秀的抒情音乐"。"这是靡靡之音，反动！"我脱口而出，他却白了我一眼，欲言又止，自个儿径直往前走，以扫兴告终这次无端之争……事后我自觉反常，平时在别人眼里，我是姓"右"，如今在哥哥面前摆款，竟飨以"棍子""帽子"；好像冥冥中有一根指挥棒，真的莫名其妙！特别是后来电视台经常播送这首名曲，每听及不期然大触神经。这到底是怎么一回事啊？我蒙了。

在"左"风劲吹的那些日子里，"棍子""帽子"真如流感一样肆虐，令人不由自主。你扣我"帽子"，我打你"棍子"，已司空见惯，本不足为奇。据说"左"只是方法问题，而右却关乎站的什么立场，非同小可；宁"左"勿右，绝对安全。所以"帽子"满天飞，许多莫须有的"可恶罪"由此定谳。记得三年"自然灾害"的一个暑假，我回广州探亲，"孤客一身千里外，未知归日是何年"，我虽非衣锦，但总算还乡了。一别十余载，又遭逢"困难岁月"，目睹世事沧桑，感触良多。唯见众多亲友别来无恙，便觉不虚此行。当我满怀惆怅回到上海时，学校已届新学年。开学第一周政治学习，照例组织各地回乡的教师谈见闻。第一位发言的是从安徽归来的青年教师，他形容这次回家见闻，岂但"满目疮痍"了得，还有"饿殍处处"，不少人浮肿脸黄，简直触目惊心。我看四座同人大有不敢苟同之忿，面露愠色，我赶紧接着发言缓和一下。我不习惯唱赞歌，只实事求是地讲情况。我说，广州人生活还可以，不少人家有港澳邮包，绝对看不到脸有菜色的人家。可是那边的人很懒，只顾吃喝饮茶（上茶楼），其他全然不在乎，所以穿着随便，家里像样点的家具罕见。眠床是两张长凳搁上木板，席子一张连床单也懒得铺，他们乐得"吃光喝光，身体健康"。岂料我话音还未落，即被一个女高音喝断："什么话？难道你们广东的工人同志也是这样吗？革命干部也是这样蹩吗？你是在肆意污蔑！”给她这样一镇，我吓呆了。老实说，蹩我说的是大实话，毫无虚假，却是“秀才遇着兵，有理讲不清”。接下来就是支部书记找我谈话，指出我发言的要害是向广大工人和革命干部脸上抹黑。下次开会还要“深刻检查”。你说，这是“左之累还是右之累”？随便怎样说都行。反正“左”、右、“左”大家都知道这是在做政治游戏，心里是有数的。我也不怪那位女同志。因为在这种会上发言，又不是和三两知己聊天，“左”些总归占上风。但是吃一堑，长一智，以后发言，干脆少讲“不入耳之言”，或者不讲真话就是了。“左”，意味着舌头受“阻”！

还有一次惨遭“当头棒喝”最使我难忘。那时正兴起办干校之风，照顾知识分子好有个自我改造的场合。我们复旦和财经、政法一起在奉贤海滩合办一所干校。理所当然，我是第一批光荣的五七战士。大概领导看中我人有点小机灵、干活还算卖力的缘故吧，没多久就把我从大田中抽调出来，协助化学系一位懂水电的老师（傅）学管水电。时来运转，摇身一变，俨然技术工一个；可免日晒雨淋的大田劳动，羡煞卿卿，诚一优差也。可是我不识抬举，活该无福消受。干了一段日子，由于脑子里缺了一根“千万不要忘记阶级斗争的弦”，于是大大地遭殃。缘因水电工还要兼管供水的水泵，机房——孑然独立的一栋小方屋，就设在干校这边的小河旁，平时很少有人过往，我称之为“世外桃源”。平时，我每天总有半天在那里值班，悠闲自在便带本小说阅读，或唱首歌儿打发无聊。有一天我兴之所至，倚墙放歌两首英文歌曲：一首是美国民歌《肯塔基老家》（*My old Kentuckyhome*），另一首是小施特劳斯的《我们年轻的时候》（*One day when we were young*）。好，隔墙有耳，给人抓住辫子。吃中饭时食堂门口贴出一张醒目的大字报，揭发某时某刻水泵房有人念念不忘过去失掉的天堂，大唱黄色英文歌曲，是对“文化大革命”公然的反攻倒算，呼吁场部要严肃处理云云。人赃俱在，插翼难飞，我只好作好挨批斗的思想准备了。果然，晚饭之后大堂灯火辉煌，队长读过几段具有“针对性”的毛主席语录之后，就要我老实交代。我知“众怒难犯”，何况又在此时此地？我便把大字报揭发的全盘接受，并尽往“灵魂深处"掘根源。整整三个晚上受尽凌辱，才算过关，个中难堪，不言而喻。第二天我便回到大田干挑大粪、扫猪棚的重活，还给人指着脊梁骨点点戳戳，连去食堂打饭也不敢抬头。这是什么世道啊！美国的黑人民歌是为受压迫的农奴创作的，小施特劳斯还是世界知名的奥地利作曲家，那么，偶尔唱唱这些歌曲，就走"资本主义道路"了；看看当今的电视广播，"梁祝"照样"梁祝"，施特劳斯的圆舞曲大行其道……对了，我自己不也曾对兄长指斥不留面子吗？原来彼此彼此，"此一时也彼一时也"。反正起步走叫口令："左、右、左"，"左、右、左"，要左的时候叫左，要右的时候叫右，不是很正常吗？至于特定时期的"左"右难分，形左实右，那是"天作孽，犹可违；自作孽，不可活"。我相信，物极必反，"左"右亦然。那就既往不咎算了，忘掉它吧，何必挖疮疤；因为其中涵盖着你我他呢！

（原载《世纪》2002 年第 5 期）

我说："北大乔迁"

林　帆

《文学报》近期刊出一篇很有历史意义的长文，题为《北大清华谁执牛耳》，勾起我心里多少年来的一点"难言之隐"。这事已成过眼云烟，不值再提，姑且系以备考罢！文章很直率，开头就说到"北大人和清华人之间，从来多少有些互相看不起"。接着引述了一段对话：

"你们有未名湖吗？"北大人常以此耻笑清华的书呆子们，但这也正是清华人看不起北大才子的理由：未名湖有什么了不起？除了能淹死诗人还能干什么？

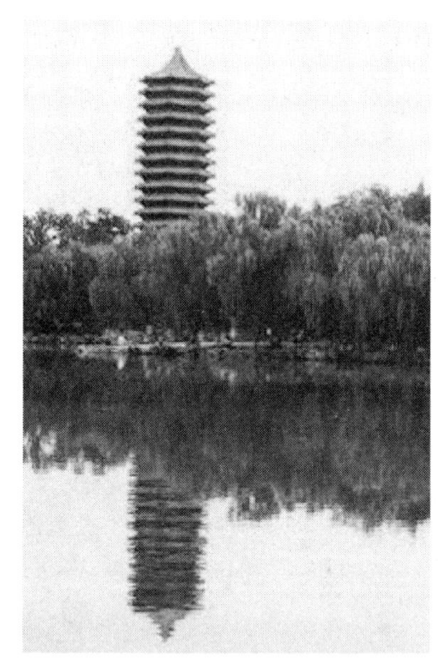

▲ 湖光塔影的北大

对，清华同学的反讥好极了！冠冕堂皇，不过表相可观，难显其内秀。未名湖确是很秀丽，湖边有个古朴庄严的博雅塔（是个别出心裁供自来水用的水塔）的倒影，构成赏心悦目的"湖光塔影"，美不胜收。但别忘了，它还是坐落在如今还一直沿用旧名的"燕园"里呢！

如果换个倨傲当时的方式提问，效果就大不相同了。请听：

"你们有民主广场吗？有沙滩红楼吗？有孑民图书馆吗？"这掷地有声

的一串连珠炮该多响亮，肯定使清华人瞠目结舌，甘拜下风。可惜半个世纪以来已经“人去楼空”，灵光也随岁月去了，说不出口啊！我是北大毕业的，也不得不为之扼腕！记得每年五四前夕，人们攀上红楼走廊，面对民主广场的窗口，俯瞰下面人山人海、高举营火狂欢的庆祝晚会直到凌晨才散；此情此景，多么值得自豪，多么激励人心啊！1952年院系调整，北大进驻燕园，成为全国首屈一指的综合性大学。幽谷迁乔木，校园的环境气魄自然不可同日而语了。第一流的学府，第一流的校园，可谓天作之合。但是，恕我不识相，我总有个直感悬在心中；北大西迁，是很大的失策，恐怕得不偿失啊！试问：没有了五四运动发轫的民主广场，没有了毛泽东、鲁迅、陈独秀、李大钊、胡适之工作过的红楼，没有了为纪念蔡元培校长而建的孑民图书馆，就寻不到“北大精神”和其光荣传统！“未名湖”真的没有什么了不起，而且是燕京大学的旧址，这话也许由燕大校友说出来才有那么一点意思！

当然，北大要发展，要勇于执牛耳，这是理所当然的。然而说句实在话，北大要发展并非非迁不可。当时沙滩一带很有扩展余地，红楼民主广场一侧，有广阔可堪改建的二院，离红楼仅一箭之遥的北河沿三院也可以推倒重建。而且沿北河沿到红楼一带，全部是低矮土房，拆迁重建高楼还能美化市容：这样连成一片作为一个校园区，自会是独成一格的巍巍新北大；也足以媲美“水木清华”，发挥唯我才有的光和热！当然，我这是不经之论，而且历史不能倒回来，我只不过说说罢了！什么事都有得必有失，事后诸葛亮自不足道，但我记得杜诗有云：富贵何如草头露。“实用主义”到头来最不实用；毕竟“文章千古事，得失寸心知”。这不，动迁西郊，北大得到的不过是燕园里现成的一道亮丽风景线耳，而失去的却是中国历史上曾熠熠生辉的一代雄风。可惜啊！

（原载《微型世界》2003年第12期）

北大生活回忆

黄怀安

1952年全国大学院系调整，武大哲学系合并到北大，我是随老师们一起来到北大的最后一个学生。原因是我1950年大三时参加抗美援朝分配中央军委二部干训班学习时因“特嫌”被清洗送回武昌，关进监狱，1951年8月被判一年刑劳改。1952年9月经省公安所介绍又复学武大。但哲学系已调北大，除老师们还未动身外，全系学生早已上了北大。因之，当时教务长何定杰先生动员我转到历史系学习，我考虑政治上已无前途，倒不如学一门技术性较强的语言外文，将来自己就可闭门埋头搞文学翻译，同样可以有益社会而少遭祸殃，因此我要求转俄语系。学校同意后，我就转念俄语系。上课一月后，校党委突然通知我去谈话。一位老大姐式的女同志告诉我：校领导根据我过去在北大做党的地下工作和新中国成立后的各种政治运动中的一贯表现，重新研究决定，还是把我转到北大哲学系继续学习，并叮咛鼓励我说：“北大是中国的莫斯科大学，学习条件师资都是全国一流的，你要放下历史包袱安心到那里学习，你去找黄子通系主任随老师们一块儿去。”我含着万分感激的热泪暗下决心，到北大我要埋头好好学习，绝不辜负母校对我的殷切希望!

当时北大的校长马寅初是国际上有名的经济学家，在新中国成立前的国统区他更是赫赫有名的民主战士，敢于直接面对蒋介石进行无畏的斗争，他也在蒋家政权的黑暗法西斯的统治下坐过多年牢。因此新中国成立后毛主席信任重用他，让他主持北大。哲学系系主任是全国著名的逻辑专家金岳霖先生，他对学生毫无名流架子，和蔼可亲，与学生打成一片，并能为学生解忧解困。其他来自全国哲学系的专家名流有：数理逻辑专家洪谦、美学家朱光潜、理学专家冯友兰、老庄哲学专家黄子通、心理学家程迺颐、伦理学家周辅成等。老教授们当时要重新学习辩证唯物主义与历史唯物主义的观点以改造原来所专，并开始集中学习俄语。少数开课的辅导老师都是中老年，如石峻讲近代思想史，杨祖辅导马列主义基础。新北大哲学系分为哲学专业和心理专业，而到哲学专业三年级时又分为三大组：辩证唯物主义组、历史唯物主义组和逻辑组。我在辩证唯物主义组，所学课程 3—4 年，计有：马列主义基础（联共党史为蓝本）、辩证唯物主义论、政治经济学、近代思想史、世界史、俄语，另外要求学哲学理论必须选修一二门具体的自然科学，还要选修马列主义哲学名著选读。我选修了张宗炳先生所开的达尔文主义基础生物学。没想到所选修的生物学竟成为我毕业后改行做教师的饭碗。

教辩证唯物主义的主讲老师由中央党校的艾思奇同志兼任，他的课在阶梯大教室讲授，有好几个班的学生一起听。教室里挤得满满的，座无虚席甚至还有“站票”。因为他讲课生动风趣，密切联系实际，举例广泛，天文地理、自然科学、物理、化学、生物、艺术、戏剧、电影等无所不包。比如讲到新旧事物的斗争、新生事物必定战胜旧事物时，他就举了一个刚在北大演出过的苏联话剧：《曙光照耀莫斯科》，剧中那个顽固保守的女厂长只顾生产经久耐用的“白布”；坚决反对上级党委要求生产能把苏联妇女打扮成天仙一样的五彩缤纷的花布。上级党委最终以要撤她的职、开除她的党籍警醒她改正了错误，以喜剧形式解决了这场新旧斗争的矛盾。所以艾思奇同志的课人人爱听，他把辩证唯物主义的原理溶化在生活里，使人理解透彻，记忆深刻。

马列主义基础课也是上大课，由苏联专家主讲，中国老师做翻译念讲稿。每次上课苏联专家西装革履，同样也要求学生衣着整洁坐立端正以表示敬师敬业。讲课时由于翻译教师讲念很快，所以听课时必须全神贯注，容不得走神半点，否则笔记就难记全。为了不遗漏，各人都自创速记符号，下课后再重新整理，这就要花费好多时间，好在马列主义课是以《联共党史》为蓝本，下来又有青年教师如杨祖陶等同志在小教室辅导小组讨论，对每个重点疑难问题，同学们进行讨论争辩直到弄清，最后由老师做正确结论。当时期末考试只有这门课进行“口试”，其他学科都是笔试。口试时学生在小考场外间抽题做准备一个个进行，临到谁谁进去，四位老师像法官一样分坐上面，学生们似“被告”坐在对面抽题回答后再由老师进一步提问，直到学生对此题的方方面面完全理解透彻，最后老师合议后由主考老师根据学生回答全面深刻程度给以“5”“4”“3”“2”即优、良、中、劣四级分数，我很幸运得了“5”分。

因为提倡“向苏联老大哥学习”，所以学俄语就成了各系学生的必修课，当时的俄语课本就是原文的《联共党史》，以几班合上大课和分班辅导相结合。为了“强帮弱”，老师还把学生分成两人搭配的互助小组，我和心理专业的李贝英一组，她还把她读熟的单词本借给我读，记单词生字。俄语发音容易，主要字母发音正确又知轻重音，拼单词是没问题的。只是语法中变格复杂记忆较难，但当时我对俄语兴趣很浓，年纪轻，记忆力强，所以这个困难就不难克服。在上新课前，老师总要提问或要求背诵某段课文。有一次我被点名背诵斯大林在列宁墓前的誓词，可能因为我一向爱朗诵诗词和演话剧，所以当我站起来背诵誓词时，无形中我进入了角色，以斯大林的角色和身份想象在列宁墓前，庄严肃穆、深沉而激情地朗诵起来。当背诵完毕，老师满意地点着头，向大家宣布我“5”分并赞赏我有演员气质，朗诵得激情动人，以后我对学习俄语更加喜爱、勤奋，学期考试成绩也是优秀“5”分，以后还有同学找我辅导哩！

虽然北大学生的学习空气很浓，但校党委号召学生应走“又红又专”全面发展的道路，反对走“白专”道路，提倡学生学习目的明确，积极钻研学好专业，积极参加劳卫锻炼，健强体魄，并自觉培养助人为乐全心全意为人民服务的高尚道德品质；反对“闭门不闻天下事，一心只读圣贤书”，反对不关心国家大事、不参加课外活动体育锻炼的“老夫子”。为了贯彻这个方针，校党委、团委、学生会、系、班、级都互相配合创造条件来实现这个共同目标。

为了体魄锻炼，贯彻劳卫制，每天下午课后看完时事报刊，绝大多数同学都到大操场跟着广播做劳卫操，再随各人爱好参加各种球类、田径活动。夏季颐和园昆明湖成了北大学生的“校园游泳池”，那时还不要门票，颐和园随便进出，从西门抄小路只需十多分钟。冬季未名湖就成了天然冰场，同学们在那儿滑冰或打冰球。肺结核同学宿舍门前正面临未名湖，环境优美空气清新，做适当劳卫锻炼或散步对疾病的恢复也是有好处的，我们体育课的学分就是劳卫锻炼的成绩。

我们道德素质的培养是在校党委的领导下，通过学生会校团委所组织的全校性的集体活动、系班所组织的活动和各社团小组的各种活动来实现的。

一、“五一”天安门受毛主席检阅的游行和当晚在天安门前和工农兵联欢的歌舞晚会活动

1953 年五一劳动节，校党委建议学生们尽量把自己收拾一下。出发前果然见女同学个个擦脂抹粉，最惹人注目的是刘唯同学，连她妈妈出嫁时的绣花锦衣也穿来了，逗得大家拍手喝彩。北大游行队伍是坐火车进城的，一路上唱着“解放区的天是明朗的天……”“我们工人有力量”“天空出彩霞呀，地上开红花呀……”等歌。当马寅初校长在台上毛主席身边指着北大学生的队伍时，游行的队伍停住了，同学们跳着蹦着叫着“毛主席万岁万万岁”“共产党万岁万万岁”的口号声。

二、春游万里长城

1953 年的春游，学生会组织全校同学游长城，每人随带一顿干粮：四个馒头、两个鸡蛋、一块卤咸菜，一壶水。春游队伍是乘坐火车到青龙桥下车再步行走到长城。来回路上车厢里欢歌笑语不断，还有新疆维族女同学在“冬不拉”的伴奏下翩翩起舞。

三、组织看话剧

20 世纪 50 年代，除了电影，话剧是最受大学生欢迎的。学校领导为了提高学生的思想品德，采取“送出去”“请进来”两种方式来组织学生的文艺活动。“送出去”就是组织同学们进城到人艺话剧去看，看过著名导演焦菊隐执导并由著名演员于是之、凤子等所演的话剧《龙须沟》，还看了由曹禺名著改编的话剧《雷雨》。“请进来”就是请军委文工团到学校来演出，如由著名演员蓝马主演的《万水千山》。

四、京剧和曲艺欣赏

学生会为了丰富同学们的文化生活，请来了京剧四大名旦之一的程砚秋在燕园礼堂演出了名剧《英台抗婚》，虽然票价当时对学生来说是昂贵的，池座四元，侧后站票两元，但礼堂内仍挤得水泄不通。程虽四十发福，但他在后一折“蝶双飞”中仍然舞姿婆娑，婀娜飘逸，令人赞叹不已。

除了以上全校性大活动外，各系也组织展开了经常性的文娱社团或小组活动，如诗歌创作朗诵小组、话剧社、京剧研究小组、音乐欣赏小组等。

不知班里同学从哪儿得来的“情报”，说我曾是武大文工团的“骨干分子”，因此同学们选我当班里的文娱干事。为活跃班上的生活气氛，我先挂出了“您需要什么”的问卷，有同学爱欣赏音乐，我就设法借来贝多芬和柴可夫斯基的各种名曲，如《田园交响曲》《悲怆交响曲》等唱片让他们听；有同学要唱新歌，我就收集了当时较流行的苏联歌曲，如《一条小路》《在遥远的地方》和少数民族歌曲《新疆好》等教大家唱；有人提议“郊游”，我就组织他们到樱桃沟去野餐。有一个周日我班联合哲学系二年级同学到颐和园玩，大家在昆明湖边的草地上或坐或卧，欣赏音乐、唱歌、跳舞、打扑克、下棋、看报。当时正好有《人民画报》记者经过，看到我们这种悠闲自在乐而忘忧的情景随即拍了下来，登载在《人民画报》的封面上，标题为“北大学生的幸福生活”。

1954年夏我毕业了。我选择到最艰苦最寒冷的塞北草原上的张北师范，当了一名“达尔文主义基础”的生物教员。带领学生大搞生物实验，培育成功了喜温而又耐寒的黄瓜和西红柿，以“坝上珍闻”登在《长城报》上；又根据米丘林相关理论试用当地特多的蒲公英饲养来自印度的“蓖麻蚕”，并取得了“吐丝结茧”的成功。教学上的初步成功也赢得了学校领导的重视，我被送到石家庄师院生物系函授进修。但却没料到1957年反右的暴风骤雨偏偏降临在我的头上。1957年寒假，我在张北师范的反右运动中被打成右派并被劳教。

又是九年漫长的日日夜夜，在那沉重的砸、抬矿石的劳动和饥寒交迫的苦难日子里，我常想起在母校时最爱的歌曲：“我们在火里不会燃烧，水里不会下沉”；最喜欢朗诵的普希金的诗句：“假若生活欺骗了你，不要难过莫悲伤，心，要永远憧憬着未来，燃烧着希望。一切都是瞬息，一切都会过去，那过去了的，将会变成亲切的怀念。……”在耳边仿佛时时听到未名湖的湖水在我干枯的心田叮咚流过，使我的生命之树永不干枯；在眼前又仿佛看到未名湖畔水塔尖巅时时闪烁着希望的红星，使我在漫漫的黑夜里期待着黎明……

1961年10月我终于盼来了黎明，我被摘掉右派的帽子，解除劳教，留厂就业。但知识分子的天真和幻想——在农村广阔的天地里大有作为，用米丘林学说改造大自然创造奇迹——使刚要爬上岸的我又将自己扔进了另一个更漫长、更迷茫、更受折磨的人生苦海里，我当时没有留厂，不顾厂领导好心的劝阻，怀着“雄心壮志”，要求调到故乡农村扎根了。整整漫长的18年啊！最初我也曾购买、钻研了许多农科书籍，也与湖北农科院的早稻专家联系请教，并得到了他的种子和栽培技术资料的支援和精神鼓励，做过试验；也曾学习“欧阳海”的精神，在修筑水坝战天斗地的劳动中不顾严寒雪飘，奋不顾身赤膊上阵，抢着重活干，但“文化大革命”却彻底粉碎了我的幻梦，我重新被打入十八层地狱，头上更戴上了“地、反、右”三顶帽子，经受着“捆绑吊打”的摧残和人格侮辱的精神折磨。即使这样我也没有向恶势力投降趴下，母系给我的精神火把在我心里熊熊燃烧，母系的谆谆教导“永远为真理去斗争献身”时时在我耳边回荡。我改变了斗争方式，装疯卖傻，旁若无人，在田间地头、收工的路上，我都欢唱着革命歌曲：《东方红》《新疆好》，“呀吓！呀吓！毛主席”“我们盖着蓝天，铺着地……”唱着京剧《打渔杀家》“恼恨那驴子毬（吕子秋）为官不正，仗势欺压我善良的百姓哪……”来发泄我心中的愤怒和郁闷……

1976年粉碎了“四人帮”，1978年党的十一届三中全会的春风使铁树开了花，枯木发了新芽，我得救获解放，1979年错划右派得到彻底平反。1983年，我的“反革命”冤案得到昭雪。1985年，中央军委二部（我半世纪坎坷的“源头”）也为我平反，恢复了军籍、团籍，并以正排级转业，补偿了600元的生活费。政治生命的复活和解放也焕发了我生命的第二个青春，回到工作岗位，我带着病残的身体，没日没夜地学习与工作。因当时工作的需要我再次改行：教外语，为了提高教学质量，我55岁时参加了华师高师英语函授，被评为了学习模范，在面授英语比赛中荣获全班第一名，受到全班青年学员的崇敬、县广播电台的颂扬。1981年调来襄樊市广播电视大学辅导英语，已近花甲之年，我又要求到华师英语系进修“听说”，得到系领导的赞誉与支持，也成了年轻进修教师的“精神支柱”、外籍教师的老朋友，受到他们的鼓励和尊敬。

母系的谆谆教育使我在半个世纪的坎坎坷坷、风风雨雨的人生道路与海洋里，从未迷失方向、丧失信心和勇气，永远期待迎接着美好的明天；母系的思想乳汁哺育我在生活的迷雾里明辨是非、追求真理、嫉恶如仇、从善如流；母系的思想源泉永远流淌在我的心田，使我的思想根系深深扎入人民利益的土壤里面；母系的思想光辉像灯塔永远照耀着我人生的航船，在深沉漫漫的黑夜里明辨航向，永远向前！

（原载《苦乐年华》，北京大学出版社2004年版，第39—46页）

沁园春 燕园*
（1954 年 5 月）

夏甄陶

步入朱门，拱桥曲径，优美园林。有萋萋芳草，碧茵铺地；亭亭秀树，绿叶荫空。翘脊飞檐，画梁朱栋，楼阁玲珑是学宫。开朗处，更湖光塔影，华表峥嵘。

燕园吹彻春风，引无数中华学子心。羡名师敬业，释疑传道；俊生立志，育德求真。天道人文，古今中外，诸子百家竞显能。勤陶冶，看熔炉造就，多少精英。

（原载夏甄陶：《菽菠词》，山西人民出版社 2006 年版，第 1 页）

* 燕园，新中国成立前为燕京大学所在地。新中国成立后，经过院系调整，北京大学迁入，即为北京大学校园。

诗四首

侯鸿勋

北大哲学系1950级老同学聚首感赋

少年情永在，白发谊尤长。
几经风雨后，怡然赏夕阳。

2011.7

九寨・黄龙游

九寨沟深如锦绣，黄龙高耸入重霄。
雄心敢上青云路，八旬老翁足自豪。

2011.10

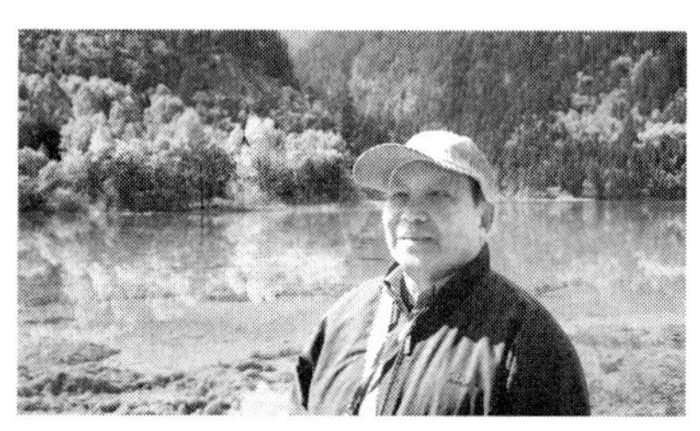

▲ 游九寨沟、黄龙

青城山感赋

幽幽青城山，参天古木存。
仙丹何须炼，长生术在勤。

2011.10

重访莫斯科

五十二年一瞬驰，母校莫大久相违。
昔日师友今安在？我来相问答何时？！

鸿勋时年八十有二

2012.8

▲ 52年后作者重返莫斯科，在莫斯科大学前留影

我的教学和研究生涯

查全斌

我生于1929年12月13日，安徽无为县人。1950年考入北京大学哲学系，学号2150009。1952年提前结业，分配至北京铁道学院（现称北京交通大学）政治经济学教研组任教。为了补专业基础，我坚持一面工作，一面到母校经济系旁听莫斯科大学古马青柯教授主讲的政治经济学。为扩展马克思主义理论基础，1955年又考入中国人民大学研究班，攻读马列主义基础。两年后，毕业仍回原单位，继续从事政治经济学教学工作。20世纪60年代，我去中国人民大学旁听了《资本论》一、二、三卷讲座。

由于受母校校风、学风的熏陶，我在教学工作中一贯比较重视理论联系实际，解决学生的思想实际问题，特别是有关战后资本主义新现象必要的解答，因而从20世纪60年代开始，受到部分同志的指责，后在学院党委书记亲自干预下，将有非议的党小组和教研组的领导同志免职并调出马列主义教研室。但在"文化大革命"中，我仍受到不公正待遇，后来在军宣队领导同志说服下，才恢复党籍。1970年，我被下放至郑州铁路局一小工区，职称改为"养路工"；一年后，调入铁路中学任政治教员。粉碎"四人帮"后，我被调入郑州局党校任政治经济学理论教员，1983年应华东交通大学经管系主任之请调入华东交大。

从20世纪60年代始，在教学之余，我开始重视科学研究，但真正重视科研工作，是在三中全会后，应党校教学工作需要，对我国改革开放遇到的新情况、新问题所进行的初步研究和思考。到华东交通大学后，科研工作提上日程，第一篇论文《试论商品经济的社会属性》（在《华东交通大学学报》上发表），从分析商品经济的产生、发展过程指出，商品交换、商品生产，不是资本主义特有现象，产生的根本原因是社会分工，因而有封建制度下的商品生产、商品交换。在这种关系中充满了封建制度的特征。当然，资本主义的产生、发展，是从商品经济发展中壮大起来的，并成为它的表现形式。

我国新民主义革命是在半殖民地半封建条件下进行的，生产力极不发达，旧式社会分工普遍存在，这时的社会主义将长期处于初级阶段。另外，从国际环境看，世界市场已经形成并日益走向成熟，因此我国必然存在商品生产和商品交换，但我国公有制经济仍掌握着国民经济命脉，随着我国经济的发展，社会主义市场经济法规、法律的逐步健全，经济的不平衡会逐步消失，差距会逐步缩小。

改革开放以后，国人对现代资本主义有了进一步的了解，特别是战后资本主义经济发展很快，世界正在进行第三次产业革命，生产机械化向自动化发展。在这种新形势下，理论界思想出现混乱，“机器能生产价值”的思潮大量泛滥。这种言论，直接动摇了马克思经济学的理论基石。形势要求我们马克思主义者必须进行深入探讨，为此，又写了一篇《试论生产自动化条件下价值的创造和剩余价值的来源》（也发表在《华东交通大学学报》上），文中，我运用复杂劳动是倍加的简单劳动、平均利润与生产价格，以及竞争和价格规律的理论，指出，由于劳动生产率的巨大提高，新技术革命中人类的智力劳动是极其巨大的，但由于竞争和平均利润率，价格并不能完全体现复杂劳动所创造的价值。也就是说，在当代，商品的价值实现是逐步的，因为新商品的价值不仅是管理工作者的劳动，而且还包含新技术创造的创造性劳动所应具有的价值，而这种价值的实现，一直延续到这种新技术产品——自动化机器终结时为止。

随着我国改革开放的逐步深入，又出现了一些新问题，如传统的僵化的国企模式的改造问题。为了使改革深入下去，就必然触及财产、利益问题，也就是说财产所有权的改革提到日程上来了。我在探索这个问题中，系统地研究了人类社会发展史，发现人类社会的发展，归根到底是人们对社会财富的占有和分配问题的发展，各个社会的各个基本方面也是由此而产生的。我发现，不同社会的社会矛盾，最终存在一对根本矛盾支配着人类社会的发展，这个根本矛盾我把它称之为生产的社会性与“个性”的辩证统一关系问题。

▲ 1994 年 80 年系庆部分 50 级同学游燕园（左二查全斌）

从人类所经历的五种生产方式中可发现：原始社会尽管生产力水平极端低下，人们根本没有剩余产品，但是在公社内部，人们之间的关系还是比较和谐的，因为原始社会的财产占有与分配还是与当时生产力状况相适应的。我们知道，人类社会从一开始就是社会性的。原始社会的生产力水平太低了，人们生产和活动只能在公社所有的土地上集体进行。但是其小工具也归个人保管和使用，以使之发挥更好的作用，同时由于生产力的制约，生产的产品极少，因而只能为集体所有，实行平均分配，才能满足人们最起码的生存需要。由此可见，当时的生产关系是适应当时的生产力水平的。在人类生产经验逐步积累，生产力水平逐步提高后，开始有了剩余产品，并且逐步产生私有萌芽。在这个过程中社会逐步分成两个对立阶级：奴隶主和奴隶。这时奴隶不仅没任何个人财产，连人身都是奴隶主的，成为“会说话的工具”，这种现象，从根本上说就是社会财富被人类的极少数——奴隶主占有，奴隶一无所有。这种状况从根本上说，就是生产社会性与个性的矛盾处于极端对抗的状况，因而社会阶段矛盾极端对立，从而决定了奴隶制社会是短暂的。

人类进入资本主义以后，劳动者成为“自由人”，能通过勤奋劳动获得

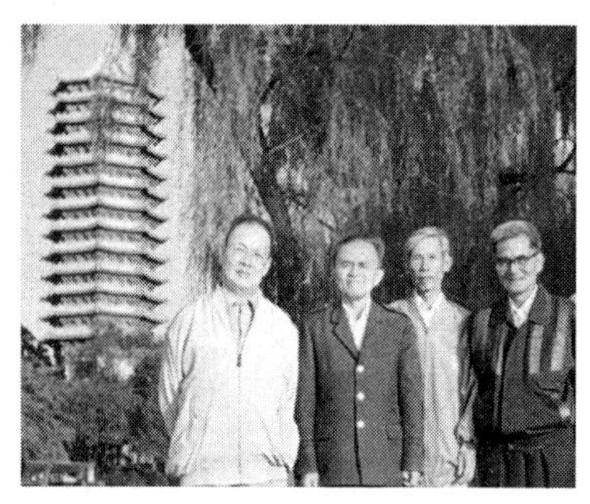

▲ 1994 年八十年系庆部分 50 级同学游燕园（左二查全斌）

一份报酬，劳动者的劳动质量与数量越高，所得越多。这个状况，推动着社会生产更加快速地发展。但必须指出：资本主义的要害是生产资料归资本家占有，劳动者的生产劳动所创造的剩余价值被资本家阶级占有，劳动者所取得的报酬不能与生产率发展同步提高。这就是马克思所称无产阶级贫困化。在社会生产的加快发展中，生产与消费的矛盾日益尖锐化，从而出现了资本主义特有现象，即生产相对过剩的经济危机。这就是马克思所说的社会化大生产与资本主义私有制的矛盾。这种状况，归根结底是生产社会性与个性的矛盾。因为社会财富是社会劳动者创造，所以社会财富的占有必然要人人平等。

社会主义公有制要调动劳动者的积极性，不能只靠说教、靠空头支票，而应在生产力发展中使劳动者所得的物质利益得到逐步提高，满足人们的个人需要，在制度上保证个人利益得到充分实现。

此外我还参加一些实际经济问题研究，如江西交通发展战略讨论，特别是铁路大发展问题等。后来又参与了铁道部重点课题《铁道运输业职工工资与效益的研究》。我们的基本观点，不仅要依据客、货数量的增长，更要依据当地经济发展水平与国民生产总值的提高一起来决定工资水平与增长幅度。研究成果得到专家好评。

进入 21 世纪，开始脱离一切教学和科研活动，颐养天年。

情系北大

侯鸿勋

1950年夏，我考进中山大学哲学系。在中大的两年期间，我是一名一边养病、一边学习的特殊学生。

1952年夏天，我们得知，全国高等院校要进行大调整，这是为了适应新中国建设的需要而进行的教育大改革、大革命。全国八个著名大学的哲学系按计划都被调整合并到北京大学。中大哲学系大部分师生对于这个决定表示赞成和拥护，有个别老师和学生害怕北方气候寒冷难以适应，因而表示不愿意去。而这对我来说是出乎意料的大好事：能到北大上学，我真是高兴极了！记得在离开广州的前夕，系主任朱谦之先生还在广州城里的一家大饭店请全系师生吃了一顿饺子，他向即将北上的师生们说："我们很快就可以到北京去经常吃这样的饺子了。"那一顿饺子非常棒，也是我平生第一次吃饺子。

一、由广州来到北京

1952年的秋天，大概是八月底，中大哲学系的十多位师生集体乘火车北上，沿着粤汉和京汉铁路向北京进发。

这是我第一次穿越祖国南北大地的漫长之旅，我心中的激动是可想而知的，况且这次是要到首都去，到党中央所在地和毛主席居住的地方去，而且

是要到我仰慕已久的最高学府——北京大学上学去。

在列车上，我喜欢坐在靠窗的椅子上，目不转睛地往外眺望，我要仔细地观察祖国大地的山川景物、人民的居住条件和衣着打扮，尽管在飞驰的列车上只能是“走马观花”地浏览一番。

在火车穿越粤北山区时，我对那里的崇山峻岭和绵延不断的隧道颇感兴趣，叹服建设隧道的工程师和工人的智慧与艰辛；在湖南境内看到清澈的汨罗江时，我很自然会想到投江的爱国诗人屈原；到了武汉，列车缓缓地轮渡时，我在浩渺的长江上不断地用目光搜寻黄鹤楼的遗址。这时，我脑际又不禁想起崔颢、李白等诗人有关黄鹤楼的诗篇，我也曾设想若能“一桥飞架南北，天堑变通途”，那该有多好啊！在列车通过黄河大桥时，已是晚上，而且很晚了，但我没敢睡觉，这是为了能亲眼看看黄河两岸是个什么样子，著名的黄河大铁桥到底有多长，黄河水到底有多浑浊。同时，我脑际还不断地出现“黄河清，圣人出”这句古谚。当列车穿越华北大平原时，我对它的宽广无边、列车飞驰数小时仍见不到山这一壮观景象，几乎目瞪口呆。这时，在我脑际又不断浮现出我这次走过的几个平原：珠江平原、江汉平原和华北平原。啊！我们的祖国是多么的辽阔广大！——这是我走完这段从广州到北京的旅程之后的第一个最大感受。我为我们伟大的祖国而感到无比自豪和骄傲。

八月底的某一天早晨，我们乘坐的列车驶进了北京前门火车站。我们一行（共 20 多人，包括老师及其家属和九名学生）被接到沙滩北大原校址稍事休息，参观了红楼里的李大钊办公室、毛泽东工作室以及民主广场等极有纪念意义的革命历史文物。下午，我们便被送到位于海淀的北大新校址燕园——原燕京大学所在地。当我们的汽车驶进燕园，在它五颜六色树丛中穿行的时候，我们便喜欢上它了。燕园很美，秋天的燕园更美。

这一天，刚到北京的我们便亲历了两个北大——旧北大和新北大。我们既看到了旧北大的沙滩红楼，它仿佛一支巨大的熊熊燃烧的火炬，它曾是革命者的摇篮；我们也看到了新北大的燕园，它像是一张适合养育祖国优秀儿女的温床，它将为新中国的建设培育出大批优秀人才。这一天给我们的感受实在是太多、太深了。

我们被安顿在各个不同的住处。我是病号，被分配在肺健会宿舍——未名湖畔的德斋。当时，哲学系的病号有四个：谢龙、曹景元、李泽厚和我，都住在德斋。

天气很快就凉下来了。燕园的秋天虽然很美，但我们这些南方青年对于这里的凉秋却有些难以适应了。我缺少衣服，于是，组织上给我补助了一套棉衣、棉裤和棉鞋、棉帽，这样，我就冻不着了。

记得是这一年 11 月 14 日下午，我正在睡午觉，曹景元兴冲冲地敲门叫我："小广东，天下雪了，快点起来，看看去吧！"于是，我立马穿上刚发给我的一套棉式服装，跑出德斋，与曹兄一起，在朗润园里转悠了一大圈，我不停地用手抓起雪，端详那晶莹剔透的六角形雪花，雪花实在太美了。回到德斋时，展眼四望，但见整个燕园银装素裹，美不胜收。这是我平生第一次见到雪。

当时，北大的肺病同学很多，有一百多人，分别集中住在才斋和德斋，为了便于管理，有一个统一的组织，叫"肺健会"（全名叫"肺病同学健康促进会"），党团员很多，因此建有党总支和团总支。记得谢龙是党总支书

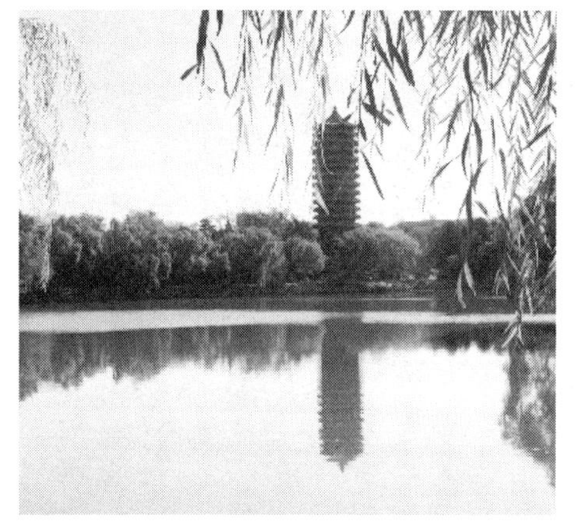

记，曹景元是团总支书记。我的入团（“中国新民主主义青年团”）问题就是 1952 年 12 月在肺健会时才解决的。介绍人是曹景元（后来在中国社会科学院工作时是编审，曾多年担任《哲学研究》副主编）和罗经国（西语系学生，后来留学英国，是相当知名的专家）。我这么晚才入团，许多人不解，我自己也有些莫名其妙。按理说，我各方面表现都不错，出身又好，对共产党、毛主席有深厚的阶级感情，入团应是不会成问题的。这次入团时我才基本上弄明白了。有人说我的斗争性不强；也有人说我喜欢诗词歌赋和爱读《红楼梦》一类书籍，带有一些小资产阶级情调；等等。应该说，这些同志算是说对了，这些都可说是我的“问题”所在。记得后来在我入党时，这些“问题”仍然存在。我自己也觉得，在我身上毕竟是“人性”多了一些。

我在德斋住的时间不长，大概只有一年左右。我在这里入了团，病也全愈了，在 X 光照片上，我右肺上部留下了一个小小的钙化点。经过三年与病魔苦战之后，我终于成了一个“胜利者”。我从中得到了许多极其宝贵的经验和教训，其中最重要的就是对于疾病，不要有恐惧、害怕的心理；要具有正视、藐视它的精神，要战略上藐视它，战术上重视它，不能着急，要打持久战；要树立能最后战胜病魔的信心，坚信必能取得最后胜利；要乐观、愉快地度过每一天。总之，在战胜病魔的斗争中，我觉得，主观能动性极其重要。在当时，我们所处的社会环境是一样的，学校方面为我们这些病号所创造的条件是同样优越的。当然，各个人的体质有所不同，各个人的病情也有轻重之别，因而病友们后来的情况也不大一样。但总的情况是好的。据我所知，1950 年上大学的这批一百多名“TB”后来大都病愈、毕业，成了祖国建设需要的有用人才，有的甚至成为知名的教授和专家学者。

可能是在1953年夏天，我离开德斋，搬进了健康同学宿舍。记得这座宿舍是两层小楼，楼下住哲学系学生，楼上住历史系学生。楼下一层左边是哲学系四年级学生，右边是三年级学生。我们四年级大约有二十多人，都住在一个大房间里，分上下铺。我睡的是下铺。大家对我这个已摘帽的“TB”似乎并不太在意，不太害怕，并不采取“退避三舍”的态度，而我也没有自惭形秽，同大家保持距离。我与大家关系相当融洽。我至少表面上看身体很好。我喜好运动，几乎各种体育运动都参加：篮球、排球、足球、乒乓球、羽毛球，样样都打，跳高、跳远、跳马、单杠、双杠、俯卧撑，样样都来，而且还都玩得不错。所以同学们还把我选为班里的体育委员。后来在实行“劳卫制”时，我还得到了一枚“全国劳卫制奖章”。

二、“群贤毕至，少长咸集”——院系调整后的北大哲学系

院系调整后的北大哲学系，教师有数十人，其中教授、副教授共达28人之多。系主任是金岳霖教授，系秘书是汪子嵩同志，负责教学工作的是黄枬森同志。这时的哲学系把中国哲学界的精英们几乎都聚集在一起了，真是“群贤毕至，少长咸集”。其中有的是一些哲学学科的开拓者、老前辈，有的是著述甚丰的知名学者和专家，更有不少是很有才华、锋芒初露的青年学者专家。这些老师的名字开列出来那是一大串，例如：金岳霖、冯友兰、郑昕、贺麟、朱谦之、张

▲ 左起：朱德生、侯鸿勋、郭宝鈞、谢龙、朱天顺、梁存秀、华海烽、曹景元、胡文耕

岱年、梁漱溟、周辅成、熊伟、容肇祖、马采、石峻、任继愈、齐良骥、陈修斋、洪谦、江天骥、苗力田、张世英、朱伯崑、周礼全等。这些老师的名字我们早已耳熟能详，他们的著述（包括译著）有些我们也早已读过，但其人（除个别的外）则无缘相见。所以，每当哲学系开全体大会时，我们这些青年学生们总是要交头接耳地、指指点点地对这些老师们认真地端详一番。可是，在一开始，这些老师们都没有安排讲课，而是与我们这些学生们一起听课，以及听校、系领导的报告。这些老师们的主要任务是参加政治学习，学习马列主义，改造思想。当时全系老师只开过“中国近代思想史”这一门课，每周两个小时，由石峻、任继愈、朱伯崑三位老师备课，由石峻主讲。记得老师们与我们一起听过艾思奇同志（这里的“同志”是对中共党内成员的敬称）讲的马克思主义哲学课和后来苏联专家萨波什尼科夫讲的“辩证唯物主义与历史唯物主义”以及“联共（布）党史”两门课。老师们学习都非常认真，专心听讲，认真做笔记。至于他们是否也要像我们学生一样进行课堂讨论、写学习心得，这个我就不得而知了。

三、苏联专家来了——我是新中国培养的第一批研究生

大概是1953年底或1954年初，哲学系来了一位苏联专家——萨波什尼科夫。于是，哲学系组办了一个研究生班，由苏联专家负责培养。学员不仅从全国一些院校的教师中抽调，还从哲学系正在学习的三四年级学生中抽调。这些学生中就有我。因此，我算是1954年北大哲学系本科毕业生（颁发有毕业证书），又是北大哲学系第一届研究生班的学生。记得在读研究生班的时候，我们除听过苏联专家讲的“辩证唯物主义与历史唯物主义”和“联共（布）党史”两门课之外，还听过冯友兰、张岱年、任继愈、石峻等老师讲的“中国哲学史”课（先秦段由冯友兰讲，魏晋隋唐段由任继愈讲，宋元明清段由张岱年讲，近代段由石峻讲）和郑昕、贺麟、熊伟、苗力田、张世英等老师讲的“西方哲学史”课。顺便说一下，这些老师是在院系调整后第

一次讲课，能参加讲课可以说是一种“政治待遇”，因此他们都非常认真地备课、讲课。他们讲的课极受同学们的欢迎。可惜的是，当时有许多学有专长的老师都未能讲课，没有把他们的知识传授给学生们，应该说，这无论对老师还是学生来说都是极大的损失。我们在研究生班时，除了学习苏联专家萨波什尼科夫发的讲义外，还参阅过中国人民大学的苏联专家克列的讲义。我们也曾去中国人民大学听萧前老师的课。

▲ 苏联专家萨波什尼科夫与翻译汤侠声（左二）、颜品忠（左一）、岳峰（左五）等合影——摄于 1954 年

在北大听过的课中，我最喜欢的是艾思奇的课。艾老师讲课时，从来不带讲稿，只带一张小纸条，上面写有不多的几行字。他说的是带有相当浓重的云贵口音的普通话。大概是 1953 年，当时抗美援朝战争仍未结束。他往往是从抗美援朝战争中的问题谈起，联系说到马克思列宁主义哲学问题——辩证唯物主义与历史唯物主义问题。他吐字清晰，语速快慢适中，节奏性强，条理清晰，论据充分，论述深透，说服力极强。他偶尔也援引一些马克思列宁主义经典作家的话，但绝不像一些苏联专家和我国某些理论家那样一大段一大段地引用。他主要是用自己的话来说，这样不会让人生厌。

还有一位老师——冯友兰先生的“中国哲学史”课我也极爱听。他用略带河南口音的普通话讲，不急不慢地讲，深入浅出地讲，有时会举一些常见的实例来加以说明，以帮助我们对一些哲理问题的理解。有趣的是，他偶尔会口吃，而在这时他口里吐出的词或句，便往往是些异常准确而精彩的词或句，这也许正是从老师脑子里迸发出来的思想之火花。每当我们在下课之后翻阅在课堂上认真记下的笔记时，便往往会发现冯先生所讲的每一堂课几乎都是一篇结构严谨的文章。

记得我在做研究生时写过一篇论文，题目叫《论中华人民共和国外交政策的理论基础》。苏联专家看后找我谈过话，评价还可以。他还通过担任俄语翻译的汤侠声老师告诉我说：你如果尚有什么弄不清楚的问题可以去找外交部长陈毅同志，云云。当然，这多少带有半开玩笑的味道。

四、学俄语热

北大燕园是个极其适于学习的地方。当时正是向苏联“一边倒”时期，北大师生学的外语基本上都是俄语。即使是西语系和东语系的同学，他们也得选学俄语为第二外语。有许多原来学英语或其他语种的同学也都改学俄语了，而老师们中有许多人原来是从欧美、日本回来的留学生，他们这时也在学俄语。当时认为，语言是工具，只有掌握了俄语这种语言工具，才能很好地向苏联“老大哥”学习。于是，在这个时期幽静的燕园便成了学习俄语的大课堂。人们不仅在教室里听俄语课，而且在校园的树阴下、花丛中、未名湖畔的大石块上，大都站满或坐满默读或朗读俄语的学生甚至老师。

北大图书馆藏书极为丰富，在全国名列前茅。在图书馆和阅览室里，摆在书架上最多、最突出的就是马克思列宁主义经典著作和论述这些经典著作的著述，描写革命战争年代和抗美援朝时期的英雄人物以及和平时期的先进人物事迹的小说、报告文学，等等。俄语书籍和报刊也渐渐地多起来了。在那时，北大师生们学马列的热情是极高的。

北大学生的学习风气极其浓厚，学生们学习认真刻苦，吊儿郎当的学生是很难找到的。上课时课堂上总是座无虚席。老师们认真备课、讲课，学生们认真听课、做笔记。课堂讨论时也极其认真。晚自习时间大家抓得更紧。食堂开晚饭时，背着书包的学生们在食堂打好饭后，便端着饭盆，近乎小跑地来到阅览室门口排队（这个队往往很长），边站队边吃，以便在开门时抢先进去，占到一个好位子，可以坐下来好好读书，一直到阅览室关门为止。学生们在阅览室门前一边排长队，一边吃饭，这也是北大校园一景，饶有风味。阅览室里总是坐得满满当当的，大家都认真阅读、写作，鸦雀无声。晚来的人是肯定找不到位子坐的。

五、我参加过天安门的国庆大游行

记得我是在 1953 年国庆节才第一次参加天安门游行的。因为那时我的肺病好了，有资格参加了。这一天，同学们衣着整齐：男同学一律穿蓝色制服；女同学一律穿花裙子，花毛衣。大家起个大早，先整好队走到清华园火车站，坐火车到西直门，然后步行到沙滩，稍事休息，接着又整好队步行，沿南河沿大街来到长安街，向天安门进发，我们一路高呼革命口号。当队伍进入天安门广场，我们可以隐约看到天安门城楼上站着的毛主席及其他党和国家领导人刘少奇、朱德、周恩来等的时候，大家顿时热血沸腾，便群情激昂地欢腾起来，一边欢呼，一边跳跃，“毛主席万岁”的欢呼声喊得震天响。我们看到了毛主席和其他国家领导人以及我们的校长马寅初先生。有时马校长还会慢慢地走到毛主席身边，与主席耳语，指指点点，我当时以为，这可能是他在向主席说：北大的队伍来了。这时毛主席挥手，我们也总以为他是在向我们打招呼哩！因为他曾在北大图书馆工作过！

后来，我还参加过 1954 年国庆活动。这是中华人民共和国建国五周年国庆，非常隆重，苏联派了以赫鲁晓夫为首的党政代表团，团员有米高扬、布尔加宁、卡冈诺维奇和莫洛托夫。这次国庆的游行我参加了，并且看到了站在天安门城楼上的毛主席等国家领导人以及苏联及东欧各国、蒙古、朝鲜、越南等党政代表团成员。这次国庆显示了由 12 个社会主义国家组成的社会主义阵营的伟大团结。

留苏岁月

侯鸿勋

一、我是北大哲学系选派留苏的第一个研究生

1955 年上半年的一天，系里突然通知我说，组织上决定派我去苏联留学，但还要经过专业考试。

被选派去留苏，这是一件极其光荣的大好事，我当然很高兴，但我也感到这是一项极其艰巨的政治任务，身上的担子很重啊！

七月初，我去魏公村的北京俄语学院参加了专业考试，共考四门：（1）“辩证唯物主义与历史唯物主义”；（2）“中国革命史”；（3）“联共（布）党史”；（4）俄语。考试的这两天，天气酷热，这两天我都是从北大骑车去，下午骑车回北大时在路上自行车胎便热炸了。

二、新中国的宠儿——在“留苏预备部”

1. 出国前的严格培训

考试过关了。

1955 年 9 月初，我来到了北京俄语学院留苏预备部，被分配在 43 班学习。“留苏预备部”，顾名思义，就是为了去苏联留学作准备的。留苏的要求主要是在政治思想上、专业知识上、身体上都要合格，也就是说，要德、智、体三方面都合格，是一个德、智、体全面发展的青年。应该说，这些学生在来到“留苏预备部”之前，这三个方面都基本上合格了，稍有欠缺的就是语言——俄语。因此，为了在三个方面都能完全达到合格的要求，就必须在“留苏预备部”学习一年俄语。

我们那时学俄语，老师首先强调的是学俄语的重要性，指出要向苏联学习就必须学好俄语。老师们又说，俄语是世界上最优美的语言之一，是列宁、斯大林讲的语言，等等。俄语课由两位老师负责教，一位教语法，另一位教句法，都是从最简单的开始，要求做到“四会”：会听、会说、会读、会写。每天除早上做早操之外，上午、下午、晚上都安排学习。课程安排进度很快，是一种强化学习，非常紧张。领导一再强调：学俄语是一项政治任务，非完成不可。

由于我上北大读本科和做研究生时都学过马列主义理论课，所以我免上这门课程；但是，有许多政治报告还要听。记得听过院长师哲同志的报告和陈毅同志关于“红专问题”的讲话。师哲同志强调向苏联学习的必要性和重要性，陈毅同志强调我们国家培养的留学生必须是又红又专的。他举例说，一个飞行员，如果不专，技术不过硬，就打不赢仗；如果思想不好，就可能逃跑，甚至把飞机开到敌人那边投降去了。

在文娱方面对我们也有要求，要求我们这些土里土气的年轻人学会跳舞，最少也要学会一点交谊舞。因为到苏联后不会跳舞也很不方便，因此，学会跳舞也是一项政治任务。记得我们还听过外交部礼宾司司长 ×× 同志的一次长达两三小时的报告，主要讲述苏联各族人民（主要是俄罗斯人民）以及其他兄弟国家的风俗习惯和礼仪等。经过这样培训之后，我们这些青年就不会或减少在洋人面前出洋相、丢人现眼了。

在健康方面也有要求。要我们认识到，健康的身体是革命的本钱，是学习的本钱，只有身体健康，才能出色地完成艰苦的学习任务。因此，要上体育课、考试、测验、达标。最艰苦的要算是负重行军。记得我参加的一次负重行军是：学生们背负10公斤沙袋，从魏公村的北京俄语学院操场出发，一直跑到北大西校门后，再往回跑到原出发地。我累得够呛，但还是安全到达了。后来听说，就是那一次，有一位同学中途中暑身亡了。于是后来负重行军便改在紫竹院公园里绕着湖边进行了，中途有水喝，还有医疗队看着。

2.“慈母手中线，游子身上衣”

为出国，我们还得换一下装。因为我们原来穿的服装全都太土气，不能在国外穿。于是，在我们出国之前半年，便从上海请来了几位师傅，给同学们认真地量体，以便回到上海去剪裁制作大衣、西装、夹克和衬衣。记得在出国之前约两三个月，我们还试穿过，若穿得不合适还可以修改。后来我们每人领到了整整两大箱子衣物，其中大致有：一件冬天穿的既厚且重的毛料丝棉大衣，一件春秋穿的毛料大衣，一套深色毛料西服，一套浅色毛料西服，一套深色毛料中山服，一条毛料西裤，一件灯芯绒夹克衫，一条灯芯绒西裤，几件名牌白色衬衫，一件丝绸衬衣，一套运动衣，一件毛衣，皮帽、呢帽各一顶，毛皮鞋、单皮鞋、皮凉鞋、皮手套各一双，内衣内裤若干，袜子若干，皮带、围巾、吊带各一条，手帕、牙膏、牙刷，甚至还有针线包，各类什物，一应俱全。这在当时可以说是一整套现代化装备了。当时（1956）这两箱衣服价值共2000元人民币。这是一个很大的数目啊！记得我在北大当大学生时每月的生活费是15元，当研究生时每月的生活费是30元。试想想看，培养一个留学生国家要花多少钱？！记得当时领导作报告时曾给大家算过一笔账，说：培养一个留学生要花去相当于在国内培养几十个大学生的费

▲ 1994年2月13日胡文耕、曹景元、刘唯、宋文坚造访育有四个儿女的品秋和鸿勋伉俪

用。那时我们国家还很穷，下决心派遣大批青年出国留学，其良苦用心不言自明，而我们这些莘莘学子自然也知道肩上担子的分量。祖国的重托，人民的期望，我们永记心头，永远不忘。求学报国，这是我们唯一的志向。写到这里，我不禁想起唐代诗人孟郊的一首诗——《游子吟》："慈母手中线，游子身上衣。临行密密缝，意恐迟迟归！谁言寸草心，报得三春晖？"

▲ 1994 年八十年系庆赵士孝、黄怀安、黄荣钊、甘守义、谢龙再次造访品秋和鸿勋伉俪

我们这些国家的"骄子"在"留苏预备部"学习结业后，便由北京俄语学院调换到城里西单石驸马大街原北京女子师大的宿舍暂住，等待赴苏时刻的到来。

出国之前，按规定我们可以得到一个月的假期，回家探亲。这是我自1950 年离家上大学之后第一次回家探亲。此前我一直是有家归不得——没有钱回家。这一次是公费回家探亲，于是我立即领了探亲费，买了火车票，由北京出发，途经武汉、广州，然后改乘汽车从广州直达梅县，回到了阔别六年的故乡。

离家六年了，奶奶和父母都变老了。奶奶已年逾八旬，眼睛看不清东西了，耳朵也几乎聋了；父母也开始有白发了（其实他们当时才 50 岁左右）；表妹也长成大姑娘了。家人团聚，其乐无穷啊！

我这次回家在家中住的时间不长。拜见了一些老师，会见了个别老同学，探访过一些亲戚。老父亲还把我引荐给他的朋友见了面，这对他来说是最为兴奋的：他心中肯定是为儿子而自豪。我也陪母亲去过一趟外婆家，见到了舅舅、舅妈和表哥。后来，我离开梅县返京途中也曾见过一些亲友、同学。记得在途经老隆时见过君辉，在广州时见过宁叔一家和卓琳晖同学，在武汉时在叶导春梁芙蓉夫妇家中住过三天。我当时正在谈恋爱，正在考虑结婚之事。因此，总的来说，我离开梅县之后便行色匆匆地赶回北京了。

1956年秋，我与北大时的同班同学汪品秋结婚了。在西单十字路口西南角的一个酒楼举行了简便的结婚仪式，参加的有我们班的全体同学以及个别的外班同学（如毕淑芝，她后来是莫斯科大学哲学系研究生支部书记），还有北大哲学系研究生班的代表谢龙。谢龙带来北大哲学系1956年毕业的研究生班全体同学赠我的一本精美的相册，里面有同学们的个人照片、签名（32人的亲笔签名），弥足珍贵；相册里还有全体同学给我的赠言，此赠言极富时代气息，很有纪念意义，现特将其全文抄录于后：

“亲爱的鸿勋同学：

您胜利地完成了俄语进修任务，即将到我们老大哥——苏联——那儿留学了，我们很高兴地祝贺您。

希望您要勇敢、坚强，在困难面前永不低头，‘深入室心满手归’，把所学的最宝贵的东西带回来，无愧于我们伟大的时代，党和人民的殷切嘱托。

我们坚信您能很好地完成这个光荣的任务。

这小小的礼品，留作暂别的纪念吧！

您的同志和朋友

1956.8.30 于北大”

我与品秋结婚后，相处了18天，我的行期已到，于是我们便暂时分开了。我登上了国际列车，到苏联去！

三、奔赴莫斯科——乘坐七天七夜国际列车

1956年11月，已经是深秋了。出国那天，我起了个大早，穿上了一整

套全新的西式服装，真像是个“阔少”。我把换下的那一套棉衣、棉裤、棉鞋、棉帽等中式服装包好后交由妻子保管，以便以后回国时还可能用上。

我们登上了国际列车。月台上站满了送别的人群。然而，远行者与送行者泾渭分明，一眼就能分辨得清清楚楚：前者一律西装革履，后者一律是中式的衣帽服装。

这是我第一次出国，第一次坐国际列车。我对国际列车上的一切都感兴趣，觉得它比我以往坐过的列车要好多了，也觉得苏联老大哥比我们确实要先进多了。

列车开动后，我依然喜欢坐在走廊的坐椅上或在车厢里靠窗户那边坐着，向窗外眺望，欣赏沿途的山水风光，了解各地的民居民宅、风土人情。东北大平原的辽阔、肥沃，给我留下了深刻的印象。兴安岭的壮丽美景更使我陶醉神往。我再一次感受到了祖国的辽阔广大、美丽与可爱。

列车离开北京后的第三天，终于抵达边境城市满洲里。苏联那边的城市叫奥德堡，意即“反击”，实在是不友好。这是缘用旧时的名称，但也可以看出当时中苏关系之一斑。只是到了后来，我们去到苏联后不久，这个城市的名字才改为后贝加尔斯克。这个名字，其实也只是个中性名称，无所谓友好与否。

在奥德堡，列车要过境检查，换铁轨，由原来的狭轨换成苏联独有的宽轨。这要花去几个小时。然后列车驶离奥德堡，继续向莫斯科飞驰。

西伯利亚是辽阔的、美丽的。秋天的西伯利亚更美，沿着铁路两旁极目远望，一片五颜六色的树的海洋。尽管我当时年轻视力极好，但怎么也望不到边。我注意到，铁路两旁最多的是白桦树，真是美极了，尽管几乎是清一色的白桦树，令人感到多少有些单调，但还是让我看个不够。我还是喜欢坐在车厢里久久地看着窗外这种壮丽的景色——树的海洋。

西伯利亚真冷。列车停留的大站，我们可以下车，活动一下筋骨，呼吸一点新鲜空气，但有一点必须注意：穿上厚大衣，戴上大皮帽，穿上大皮靴，戴上皮手套，围上大围巾，戴上大口罩。上下车时也千万要注意：不要用手直接去抓扶手，搞不好会把手皮粘掉。在站台上或刚下车时都不要摸鼻子和耳朵，人们说，如若不然，一定会把鼻子和耳朵摸掉。这时的西伯利亚有好些地方已经下雪，虽然积雪还不深，但已经很冷了。这样的西伯利亚似乎更美，它不仅白雪皑皑，而且五颜六色，分外妖娆。它既有秋天的美艳，又有冬天的美洁，实在太美了。

我们的列车继续西驰，来到了贝加尔湖畔。贝加尔湖，是世界上最深、最大的淡水湖。列车沿着贝加尔湖畔飞速前进。我久久地凝望着窗外的美妙景色，眺望着贝加尔湖那浩渺无边的碧水蓝天，我总觉得与其说是它是湖，倒不如说是海。它卷起巨浪，惊涛拍岸，秋天的湖岸边，已镶嵌着一排排狼牙般晶莹剔透的水晶花边，啊，原来这些是冰冷的湖水冻结成的冰花，真是太美了。过了一些时候，夕阳西下，红霞满天，贝加尔湖这块硕大无比的蓝宝石，也渐渐地幻变成了红宝石，它光彩夺目，璀璨神奇。面对这变幻万千的美景，我思绪万千，在我脑际又浮现出一幅历史画卷：两千年前，汉武帝时代的苏武，曾在这个湖边牧羊，一住就是 19 年。啊，这原来就是苏武牧羊的地方！

列车从湖畔的一个车站开出后沿着湖岸疾驰，终于到达了另一个车站，它整整花了六个小时。但这才仅仅是沿着贝加尔湖东南部绕了一个弓形的弯。啊，多么大的贝加尔湖！

列车继续向西挺进，进入苏联的欧洲部分，终于抵达目的地——苏联的首都莫斯科。从北京到莫斯科的国际列车整整走了七天七夜。

莫斯科——它不仅是苏联的中心，是苏联的政治中心，而且也是我们整个社会主义阵营的中心。在当时，它在我们中国人民心中具有极其崇高的地位。我们这些中国青年学生抵达莫斯科时的激动心情是可想而知的。

四、在莫斯科——见证中苏关系的“潮起潮落”

1. 我是莫斯科大学的副博士研究生

我上的是莫斯科大学。莫大是苏联最著名的大学，也是世界上历史悠久的著名大学之一。有多少苏联青年梦想上莫斯科大学啊！而我居然也成了莫大的学生，而且是一名副博士研究生，当年的我该有多么高兴啊！

▲ 1957 年 2 月摄于莫斯科大学

莫斯科大学原址坐落在莫斯科市内离红场不远的地方，哲学系和一些文科的系就在那里。自然科学各系则搬到了市郊列宁山上新建（1953 年建成）的莫斯科大学新楼。

列宁山上的莫斯科大学新楼，由一座宏伟的主楼和两座巨大的新楼组成。四周花木环绕，有巨大的喷水池和众多的名人雕像，犹如一座硕大无比的花园。大学主楼非常壮观，它实际上是由十多座大楼组成的。这些大楼分别是 4 座高 18 层、4 座高 24 层、4 座高 28 层和 1 座高 32 层的大楼。在正中的 32 层楼顶上还耸立着一座很高的塔，塔尖上有一颗闪闪发亮的红五星。正中部的大楼为教学区，各种教室、大小报告厅、大小礼堂均在其间，其他大楼各自成为独立的单元，是学生宿舍。各大楼之间可相互关联。一层的大理石大厅贯通中央，前后左右、四通八达，就像迷宫一般，可以通往各座大楼，新来乍到的人若无人指点，肯定会晕头转向，摸不着边。在这座大楼地下还有若干层，有各种服务设施，包括两个很大的华丽的大食堂和各种体育场馆、旅馆、理发室、洗衣房等，林林总总，一应俱全。这座宏伟建筑从四面看都差不了太多，异常壮观，真是令人百看不厌。尤其是在节日（如十月革命节、五一节、元旦）之夜，更是灯火辉煌，在探照灯照射下，就像一座雄伟巨大的白色宫殿，令人神往。

在来到这里之前，我怎么也不会想到，我自己能在这座令人神往的大楼里居住，度过整整四年时光。按照规定，全校研究生都被安排在列宁山上的学生宿舍居住。两个研究生合住一个两居室的套间：每人住一个单间，另外还有共用的洗浴室、卫生间和衣帽间。此外，每层楼还有公共的厨房，可以烧开水、做饭。住房虽然不大，但一应俱全：沙发床、枕头、被褥、书桌、台灯、冷水壶、杯、椅子、衣柜、书橱等等；带纹饰的墙壁异常典雅，白色的窗帘也很大方，地上还铺着一块小地毯。这不禁使我想起“室雅何须大”的诗句。在这样的房子里生活是异常舒适的。它是一个极其适合于读书、写作的地方，大门一关，安静无比。这比我在北大当研究生时数人合住一个卧室的条件要强多了。

莫大哲学系的师资队伍阵容强大，有不少知名教授，还有几位院士。就拿我所在的外国哲学史教研室来说，就有奥尔则尔曼通讯院士（室主任）、阿斯穆斯教授、奥甫襄尼科夫、索科洛夫等，他们都是西方哲学史各方面的专家，都有代表作问世。

我在北大做研究生时，是研究马克思主义原理即辩证唯物主义与历史唯物主义的，但到了莫斯科大学我就改变专业了，做西方哲学史研究生，专门研究黑格尔哲学。促使我改变专业的根本原因是：我不是共产党员。当时我觉得，既然入不了党，党内文件看不到，党内的报告不能听，那么，要研究马克思列宁主义原理势必有诸多困难。于是，我只好决定研究西方哲学史，同时我对黑格尔哲学也颇有兴趣。而在当时，米·费·奥甫襄尼科夫正在哲学系讲授黑格尔哲学，他讲的课极受学生们欢迎，于是，我就成了他的副博士研究生。

▲ 1956 年摄于莫斯科克里米林宫

在外国哲学史教研室，我除了准备研究生必须进行的专业考试外，还按规定参加了这个教研室的一些活动：讨论教学计划和评论教师们的论文、著作等。记得我刚进这个教研室时，只有我一个中国研究生，后来似乎来过两个，但很快便不见踪影了。过一年后，又来了一位越南研究生，叫陈廷厚，与我是好朋友。他曾赠我一本胡志明的《狱中日记》，是中、越文对照本，极为珍贵。此外，他还送我一帧胡志明同志在其书房阅读《毛泽东选集》时的照片，更为珍贵。

当时，在莫大哲学系学习的中国研究生有十多人。其中，马列主义教研室有：关哲民、张懋泽、姚中原、吴建国、毕淑芝、崔自铎；外国哲学史教研室有：侯鸿勋、李肇华；俄国哲学史教研室有：段光玲；心理学教研室有：汪青、曹平、钱曼君。本科生也有十多人：陈筠泉、金顺福、贾泽林、王湘波、曾广灿、杨汉池、涂武生、马积华、王善忠、杨远、陈义智、王文英、文秉模、王志清。

1956 年时的中苏关系可以说是“蜜月时期”。在我们出国前不久，“两论”（即《论无产阶级专政》和《再论无产阶级专政》）刚发表不久，中国共产党在社会主义阵营中享有崇高地位，毛泽东同志被公认为马列主义的理论权威。记得我们刚到莫斯科大学不久，曾去拜见一位教授，他居然极其认真地对我们说，你们何必来苏联学习，现在的马列主义中心在中国，毛泽东同志是马列主义的理论权威。这使我们有些目瞪口呆，无言以对。在我们来到苏联的头一年，可以说是中苏两党、两国关系最好的时期，苏联人民把我们当作最亲密的战友、同志和兄弟。

2. 回国探亲见闻——蒙古国见闻——在北京略感反右派斗争余波——匆匆游览上海、杭州、南昌

1957 年夏，7 月，世界青年联欢节在莫斯科举行。崔自铎、毕淑芝和我三人在北京有家，可以暑假回国探亲，于是，我们便自费买票回到了北京。虽然失去了参加世界青年联欢节的机会，但自费回京也并不虚此一行。对我来说，其中最主要的莫过于亲身感受到了“反右派斗争”的余波，同时

也亲身领略了蒙古的大漠风光，并且匆匆地探亲访友，游览了上海、杭州、南昌。

蒙古国见闻

自我们进入苏联西伯利亚的乌兰乌德之后，便进入蒙古人居住的地区。据说，苏联的蒙古人不少，总数在200万以上，比当时的蒙古人民共和国的人口还要多。从乌兰乌德到蒙古人民共和国的首都乌兰巴托，这一片土地基本上都是生长着灌木丛的沙土地带，水草较为丰富，人口密度稍大；而在乌兰巴托周围，帐篷（“蒙古包”）便多起来了。乌兰巴托规模甚大，有点大城市的味道，但人口甚为稀少。街道都很宽，笔直，建筑都是苏式的（只有偶尔可见到的破旧的中国式庙宇是个例外）。特别是市中心的大广场，它显然是仿照莫斯科红场的格局建造的。烈日炎炎下的广场，除了我们几个中国人外，似乎没有别的游人。广场上有一座苏赫·巴托尔墓（它也颇似列宁、斯大林陵墓），墓前有一对站岗的衣着整齐、荷枪实弹的卫兵，但遗憾的是没有笔直地站着，而是没精打采地抱着枪坐着，靠在陵墓大门口，一个好像是睡着了，另一个似乎是在打盹，令人看了颇感不舒服、杀风景。这与莫斯科红场上列宁斯大林陵墓前站岗的卫兵那种站得笔直的英姿相比，真有天壤之别。广场中间有一座巨大的雕像——骑着骏马的苏赫·巴托尔铜像，雕得相当精美，颇能表现蒙古统帅的威武形象。大广场周围相当严整地修建起一些大建筑，据说大都是中央政府的大部门和大的百货商场等。我们发现，街道上的路标、门上的招牌、货场上的文字，都是用俄文字母拼写的，但我们读不懂，因为它们一读起来便是蒙古语。街上的人大都衣着整齐，相当讲究，不少男人穿西装，女人穿布拉基（即连衣裙），与苏联人一般打扮，然而他们的双腿却有点特殊，无论男女老少，基本上都是“O”字型，这大概是世世代代在马背上塑造成型留下的一大“印记”。

我们利用列车在乌兰巴托停留六个多小时的空闲时间，除了在广场四周转了一圈之外，便到援蒙的中国工人住处走访了一番。据工人们说，乌兰巴托政府员工宿舍是中国政府援建的，建得都相当不错。可是，我们中国工人兄弟在那里的居住条件却非常差，他们的生活也很艰苦。他们还告诉我们：在那里他们晚上不敢随便出门，很危险，因为蒙古人身上都带刀，他们对汉人有“世仇”，尤其是八月十五中秋节，即汉人“杀鞑子”的日子，更容易发生蒙古人要为其祖先报仇的事。据说前些年还曾在这一天发生过中国外交使节的车辆被包围的事件。啊，历史旧账怎么就算个不完？！

列车开出乌兰巴托站之后的第二天，展现在我们眼前的是黄沙一片，极目远望，看不到边。啊，这就是大沙漠，大戈壁，是沙的海洋，真是壮观！在这里，见不到人、牲畜和小动物，见不到树木和花草，见不到任何有生命的东西；所能见到的仅仅是一片死寂的滚滚黄沙。列车在这片大沙漠中沿着铁轨飞驰，向南驰去。列车不知走了多久，终于突然能看到一些小草丛、小灌木丛了，渐渐地又能看到个别的小湖了，在较大的湖边，水草多起来了，又能见到蒙古包了。蒙古包的多少与水草的多少、湖的大小有着密切的内在联系。啊，蒙古人，这个逐水草而居的民族，我在这里总算是见识到了。我还认真地观察到，天上的苍鹰，时不时地往下冲，直扑地表，有时还能抓到一只草原鼠，这只草原鼠是在从一个洞跑向另一个洞时不幸被抓的。老鹰抓老鼠——这是大漠草原上的一大奇观。在飞驰的列车上，我们也会偶然在铁道旁看到一些老死或饥渴致死的牛羊的骨架残骸，这也足以令人想象得到大漠的荒凉！

列车继续向南飞驰。灌木丛越来越多，越来越茂密，野草越来越繁盛，星星点点的清亮的湖错落其间，湖边布满牧人们的居所——白色的圆圆的蒙古包。在这广袤无垠的大草原上，在蓝天白云下面，我们不时地还能看到一些牧民和散放着的牛羊。面对这美丽的草原风光，我不由得想起古人的诗句：“天苍苍，野茫茫，风吹草低见牛羊。”

列车到达了中蒙边境城市集宁。边境两边都是蒙古人居住的地方，民族特色特别浓。就拿厕所来说，那里的厕所虽然都用俄文字母写着“М”（男厕）和“Ж”（女厕），然而这里的男女老少根本不管这个，一律进出自如，我们感到不解、为难，不知怎么办，只好问列车员，这位俄罗斯列车员耸耸肩膀说：“在这里，男女都一样！”

记得列车抵达集宁时，正是中午时分，天气酷热，车厢里的温度是39℃。而车厢外更热，而且是沙漠上特有的暴热，肯定是在40℃以上，干活的人全都光着脊梁，这与我们早上看到的牧民大不一样了。在早上，那些牧民穿着厚厚的大羊皮袄，裹得严严实实。后来随着气温的上升，他们逐渐把大皮袄敞开，再除去衣袖、系在腰上，直到最后扒个精光；我想，在午后，他们一定会随着气温的下降，顺着逆转的方向，逐步地把大皮袄穿上，直至严严实实地裹到脖子上。啊！这就是所谓的“早穿棉袄午穿纱”的典型的大陆性气候。这也就是地理环境决定了人的生活方式、生活习俗吧？！我想应该是这样。

在北京略感反右派斗争余波

列车安抵北京。在中共北京市委高校党委工作的妻子接我到市委食堂吃过饭，然后安顿在东交民巷的一间平房居住。

关于刚刚过去的“反右”斗争，妻子几乎完全没有向我谈起过。她是个党性极强的人，我也是个很讲组织纪律性的人。她是党员，我是团员。“内外有别”嘛！所以，我不好问，她对我这个刚从国外回来的党外人士也绝不详谈此事。她只对我说：不要去找北大的一些老师、同学，最好是只到外地去走走看看，到她老家南昌看看。不过，我还是回到北大去看了一趟。北大是我的母校，我能不回去看看吗？在北大的大食堂（亦即大礼堂）外面，我看到墙壁上密密麻麻地贴着大字报——批判右派的大字派，已经破破烂烂，开始剥落了。然而，在这些大字报上，依稀可以看出这场斗争的激烈（不，应该说是“惨烈”）。我看大字报时周围没有别的人，只我一个人，行人也极稀少，当时正是暑假，师生员工都放假了。我看着看着，突然有些感到寂然、悽然、茫然，有些莫名其妙的感觉。在母校——北大偌大的校园里，我没有去找任何人，也没有去问任何人。我糊里糊涂地站了一些时候，毫无目的地扫视了一遍这座培养了我多年的母校，便默默地离开了。我走出南校门，来到中关村车站，一辆公共汽车停了下来，说来也巧，黄枬森老师正从车上下来，于是，我兴冲冲地迎了上去，准备同他握手，向他问好，然而他一见到我，口中只毫无表情地“唉”了一声，很快便把目光移开，几乎没打招呼便转头跑掉了。我们连手都没有握一下，这使我大失所望、愕然，感到很奇怪。后来，我才从多方面了解到，黄枬森老师在反右派斗争中也受到了冲击，处境很不好。

匆匆游览上海、杭州、南昌

我买了一张去南昌的火车票，离开北京。先到上海，去吴淞口，找到在吴淞中学教书的当年在广州中大养病时的病友、原中大历史系的学生徐维翰，他陪我走马观花地游览了上海。我这时见到的上海似乎比我想象中的上海要小。南京路给我的印象是又狭又小，如果有轨电车通过，它便变得更加喧闹。至于外滩，其十里洋行固然洋气十足，风韵尚存，但随着时光的流逝，毕竟显得老旧，而外滩广场，更是显得有些乱糟糟。老同学徐维翰还请我在上海有名的国际饭店吃了一顿相当丰盛的午餐。

然后我继续南下，来到杭州，去浙江农学院找到了符史兴，他是我中山大学哲学系低一班的同学，北大毕业后被分配到了浙江农学院教政治课。符史兴领我在他学院的果树园里转了一圈，并请我吃了一次地道的鲜美无比的水蜜桃。然后，他陪我绕着西湖游览了一番。平湖秋月、花港观鱼、三潭印月、岳王庙、断桥、苏堤等名胜古迹都游览过了，那天正是盛暑酷热，游人稀少。浩渺西湖，热浪滔滔，浪花溅到我们脸上，令人烫得难熬。可见，美景还得有良辰相助，才能使人消受得了。

游完杭州之后，来到此次南行的主要目的地南昌。岳父母全家热烈欢迎我这个远道而来的女婿，款待分外亲切，周全异常。他们轮流陪同我去参观南昌的历史文物古迹和新中国成立后新建的著名工程。南昌是著名的“八一起义”的地方，所以许多地方都冠有“八一”字样，诸如：南昌八一起义纪念馆、八一公园、八一大道、八一广场、八一大桥等。后来，我提出想去看看著名的历史文化古迹滕王阁，品秋二哥的夫人德斐及其长子有熙表示愿意同往。我们三人骑着自行车来到了叫作“滕王阁”的地方。原来，这是一条小街（相当于北京的“胡同”）。我们问一当地居民：“滕王阁在哪里？”此人回答道：“这里就是滕王阁。”我们解释说：“我们要找的是历史上的滕王阁，是王勃写《滕王阁序》的滕王阁！”此人听不懂，张口结舌，还有些不耐烦，说：“反正这里就是滕王阁！”我们只好再找一位年纪较大、四五十岁的人问，还是同样一种情况。我们只好无功而返，正所谓“乘兴而来，败兴而归”。啊，人们把滕王阁遗忘了！呜呼，哀哉！记得在20世纪八九十年代，报上称：滕王阁重修了，由于赣江河床有所变动，新的滕王阁挪在离原址尚有一段距离的地方，仍建在江边，但它比旧楼更加雄伟壮观。看来，我们中国人还是珍惜自己的文化遗产的。2004年12月25日，我在日本工作的小女儿小红回国度假，她想回到她出生地南昌看看，这样，我与湘梅陪她一起去了南昌，并在她舅妈德斐（80岁高龄）的陪同下兴致勃勃地参观了重修后的滕王阁。这个滕王阁比我想象中的滕王阁还要雄伟壮观得多！

3. 聆听毛主席讲话——我们是“早上八九点钟的太阳”

1957年，对我们中国留学生来说，最重要的一件事就是：毛主席在莫斯科大学礼堂接见了我们，并发表了极其重要的讲话。

1957年11月7日，是苏联建国40周年。12个社会主义国家的共产党、工人党和政府派来了庞大的代表团。以毛泽东为首的中国共产党代表团也来到了莫斯科，阵容之大，前所未有。

当时在莫斯科的中国留学生大约有3000人。大家都有一个共同的愿望：见到毛主席。

11月17日上午，在莫斯科市的中国留学生云集列宁山上的莫斯科大学，分别集中坐在主会场大礼堂（我坐在大礼堂中上部的一个位子上）和两个小礼堂。名义上是听中宣部长陆定一同志的报告，实际上同学们都不用心听，尤其是对他那带有浓重无锡口音的长篇报告有点感到不耐烦。于是，同学们开始交头接耳，不断向主席台上的刘晓大使递条子，希望能尽快见到毛主席。刘大使说：昨晚毛主席开会开得很晚，刚睡下没多久，不好叫醒他老人家。如此这番，不知过了多长时间，陆部长的报告总算作完了。说实在的，他几个小时的报告说的是什么，我们当时就不清楚——大家都没有心思去听。

毛主席终于来了。他率领着中共中央代表团的全体同志登上了主席台。毛主席向大家挥手致意，台下的我们不停地高呼“毛主席万岁！”毛主席向大家高声喊：“同学们好！”

毛主席和宋庆龄、邓小平、彭德怀、杨尚昆、胡乔木等就座后，刘晓大使请毛主席讲话。

毛主席以他特有的带有浓重湘潭口音的湖南话开始讲话，他说：

“同志们，同学们，你们好！……你们青年人，好像早上八九点钟的太阳，朝气蓬勃，希望寄托在你们身上。……”

在讲到世界两大阵营和社会主义阵营应以苏联为首时，毛主席极其风趣地问：“同志们，你们有头吗？”他说：我们社会主义阵营也要有个头，这个头就是苏联。他接着论证了“以苏联为首”的两点理由：其一，苏联是十月社会主义革命的故乡；其二，苏联国力强大，有原子弹，卫星上了天。

在讲到社会主义和资本主义两大阵营时，毛主席问大家：你们读过《红楼梦》吗？他说：《红楼梦》里有个林妹妹，她说过一句话：“不是东风压倒西风，就是西风压倒东风。”毛主席说，世界两大阵营斗争的情况也是这样，现在，我们社会主义阵营正在一天天地好起来，所以，现在是东风压倒西风。

毛主席说：两大阵营的斗争是复杂的，是“你中有我，我中有你”。他说，有一首诗：“两个泥菩萨，一起都打碎，用水和之，再做两个泥菩萨，你中有我，我中有你。”主席说：这首诗是说爱情的，现在两个阵营斗争的情况也是如此，是极其复杂的。

毛主席要求我们要好好学习，他说，青年人和老年人各有长处，要互相学习。青年人当然要向老年人学习。老年人有经验，但容易保守；而青年人不同，你们朝气蓬勃，所以，祖国的未来，归根结底寄托在你们青年人身上。

毛主席的讲话结束时，会场内掌声、欢呼声响成一片，经久不息，估计总有数分钟之久。

毛主席讲话时，大家聚精会神地听，认认真真地做笔记。会场内鸦雀无声，只听到他那铿锵有力的湖南话颇有节奏地在大厅里回响。我们全神贯注地听，我大概能听懂百分之九十以上。会后，我们都拿着自己的笔记（几乎难以辨认的笔记）互相参对，然后认真整理出不同的“版本”，互相传抄。我手头就有一个我亲自订正后抄录的“版本”，实在太珍贵了！

没过几天，举世瞩目的《莫斯科宣言》发表了。

这以后的情况怎么样？很难用一两句话说清，大概可以这么说：

各兄弟党的团结坚如磐石。
社会主义阵营各国人民的大团结不可动摇。
国际共产主义运动中公认以苏联为首，
但一些人心目中觉得中共的地位不可小瞧。
中国共产党的声望逐步上升，
毛泽东的威望越来越高。

甚至有些苏联人也说：

斯大林逝世后的苏联领导，群龙无首，皆为碌碌之辈；整个社会主义阵营，唯有毛泽东的马列主义理论水平最高。

于是，中国人受到鼓舞，感到骄傲、自豪，感到社会主义阵营虽以苏联为首，但中国的威望似乎更高。

4.“大跃进”在留学生中的反响

俗话说：“胜利冲昏头脑。”

1958 年，“三面红旗”冒出来了。很快，它红遍中国，神州大地一片红。

在“三面红旗”的指引下，中国人民战天斗地，不知疲劳；大炼钢铁、大修水利，地动山摇；中国工农志气高。

各大报刊上不断报道“放卫星”的英雄和“战天斗地”的模范。

“大跃进”的奇迹不断涌现，异彩纷呈。但有些“奇迹”实在离奇，令人难以置信。例如，《人民日报》上登出一张照片：一个小孩居然能安详地端坐在“亩产万斤”的稻穗上。这就是当时所谓的“人有多大胆，地有多大产”。

“超英赶美”的口号出来了。中国在 15 年内就要超过英国，进入大国之列了。

中国在 1958 年发生的这一切，令全世界人民感到震惊，瞠目结舌。有些苏联人为我们的成就和飞速发展感到振奋，表示赞叹和祝贺；但有些苏联人则在感到高兴的同时也表示疑虑：认为发展这么快是否会出问题。

据说，有一个苏联大学生把他父亲带回家里的中央文件给他的中国朋友看了。此文件对“三面红旗”提出了十个问题，认为值得探讨；还认为，“大跃进”是违反社会发展规律的，是中共渴望尽快改变中国人民贫困生活状况的良好的主观愿望，是小资产阶级狂热性的表现，云云。

后来，我们又听说，我党中央对苏共中央相当不满，说他们反对“三面红旗”，给“三面红旗”列了十大“罪状”。

远在异国他乡的中国留学生，对于祖国的一片大好形势，当然欢欣鼓舞，兴奋异常。

有些同学提出了远离祖国的留学生应该如何高举“三面红旗”，如何“大跃进”的问题。于是，有人提出，我们也要打破常规，敢想敢干，不要按照苏联“陈腐”的老一套教育规章办事，不要参加考试、写论文、答辩那一套，我们要大破名利思想，不要“副博士”学位这顶大高帽。于是乎又有人提出，学问上也要搞“大跃进”，要尽快把导师的全部知识在短期内学到，在回国之前就要达到教授、院士水平，带着丰硕的学识向祖国人民汇报。听到这样的“豪言壮语”，我曾暗地里想，我绝对做不到。做学问绝不是可以速成的啊！重要的是要一步一个脚印地朝前走，而不是豪言壮语一大套。但是要知道，在当时“热火朝天”的情况下，对一些“大话”是绝不能表示怀疑的。

这时，我已念完研究生的二年级，各种考试已经考完并通过，下一步就是要写副博士论文了。

5. 游览俄国十月革命的圣地列宁格勒

1958 年夏天，为时两个月的暑假开始了。我和吴建国、张懋泽决定前往列宁格勒游览一番。

此次去列宁格勒旅游参观，是莫斯科市共青团组织的，有莫斯科各高等院校的中国留学生参加，分若干组活动。我们组里有来自原中央音乐学院的瞿维（著名作曲家）、郭淑珍（著名女高音歌唱家）等人。

从莫斯科到列宁格勒，坐火车需要 12 个小时，我们晚上上车，睡一觉，次日早上便到了，方便至极。我们被安置住在涅瓦河畔的列宁格勒大学。

▲ 彼得大帝青铜骑士

我们感到有点遗憾的是：我们来晚了一步，未能亲身感受列宁格勒的白夜。观看神奇极光的日期刚刚过去，再也没有机会了。

不过，我们来到这座城市参观还是非常值得的。这是一座史诗般的英雄城市。在这座美丽的城市里曾经发生过多少重大的历史事件！

遥想两百多年前，彼得大帝骑着高头大马，来到涅瓦河口、波罗的海芬兰湾岸边。他跃马扬鞭，高喊："俄罗斯需要在这里打开一扇通向欧洲的门户！"于是，在这里，俄罗斯人披荆斩棘，建成了一座举世瞩目的城市——圣彼得堡。至今，一座威武的"青铜骑士"雕像依然挺立在美丽的涅瓦河畔。

我们参观了伟大诗人普希金读过书的皇村中学，也游览了布满无数大小雕像和喷泉的夏宫，见识了俄罗斯贵族和宫廷豪华、舒适生活之一斑。

我们也参观了一座沙皇时代的监狱，这是监禁过"十二月党人"和革命民主主义者的地方。在这里，我们知道了俄罗斯农奴制度的黑暗和俄国革命者的英勇坚强。

我们登上了"阿美乐尔"巡洋舰，凝视着曾在"十月革命"攻打冬宫时立过赫赫战功的大炮，我对它们心怀敬意，脑际突然响起一位伟人的声音："十月革命一声炮响，给我们送来了马克思列宁主义。"

我们参观了"十月革命"的指挥部——斯莫尔尼宫。在这里，"全世界无产者联合起来"的俄文字样依然异常醒目，它把我们的思绪引向历史的远方：参加十月革命的工人自卫队正是在这里集合，奔赴战场。

冬宫是我们重点参观的地方。我们在这里参观了整整三天，也还只是走

▲ 冬宫

▲ 列宁像

马观花，草草收场。当我们进入雄伟的冬宫大门和宽阔的冬宫广场时，尽管眼前见到的是成群地飞舞、悠闲地走动的和平鸽，但我脑际却很自然地浮现出著名电影《列宁在十月》里起义的海军战士和工人自卫队攀上冬宫大铁门、进入广场、冲进冬宫等一幕幕壮烈景象。冬宫既像迷宫，又像天堂。冬宫到底有多大，游人实在难以说清。冬宫里的展厅难以计数，稀世珍宝无法计量，整个宫殿晶莹剔透，金碧辉煌。这就难怪“十月革命”指挥部严格命令：起义军进入冬宫时严禁开枪。冬宫虽是理应被推翻的旧制度的代表和象征，但它毕竟也是由俄罗斯人民的勤劳和智慧所铸成。冬宫及其全部稀世珍宝也是全人类共有的珍贵的文化遗产。

在波罗的海的芬兰湾，我们也造访过伟大的列宁在十月革命前夕从事过革命活动的地方。

我们参观了列宁在躲避沙皇警察追捕时居住过的小角楼，他起草《四月提纲》时住过的小茅屋，以及他在拉兹里夫湖畔撰写《国家与革命》时坐过的两个大树桩。

在列宁游过泳的地方，我和吴建国两人还以一种特有的豪情，迎着寒风细浪，跳进冰冷的海水畅游，学着革命导师的模样。

我们一行还登上一只不小的快艇，开足马力，直奔大海。海风习习，白浪滔滔，极目远望，一片汪洋。鱼儿在艇旁跳跃，海鸟围绕着快艇飞翔。过不多时，天色突变，下起一阵大雨，海面上一片空濛。快艇仍不减速，继续迎着狂风巨浪，一往无前。我与建国二人，依然站立船头，紧握高挂着红旗的旗杆，任凭风吹浪打，雨水注满脸庞。当时的壮志豪情，由此可见一斑。再过不多时，快艇突然返航。有人说，前面已是苏芬边界线。

在列宁格勒期间，我们还参观了离“青铜骑士”不远的居世界第三位的天主教大教堂。在苏维埃时代，虽然信徒稀少，但它依然保存完好。它那宏伟的建筑和庄严肃穆的气氛给我留下了深刻的印象。

▲ 2012 年侯鸿勋重游俄罗斯时在涅瓦河畔摄影

我们还在著名的涅瓦大街上慢步参观。在这条笔直宽阔的大街两边，欧洲各种风格的建筑物鳞次栉比，错落有致，各有特色，皆具风骚。据介绍者称：这是因为在建这条大街时，彼得大帝有过命令，每座建筑物必须具有特色，不得雷同。建筑计划必须经过审批后方可建造。高度也有限制，必须在 2—5 层之间，不得过高。结果便出现了这样一条美轮美奂的“涅瓦大街”。这条大街真不愧是一条欧洲近代建筑艺术的博物馆，难怪伏尔泰说：“彼得堡集欧洲所有城市的精妙于一身。”走在涅瓦大街上，我不禁想起一位俄国革命民主主义者车尔尼雪夫斯基的名言：“历史的道路不是涅瓦大街的人行道。”因为在他看来，历史的发展进程不可能是沿着直线，而只能是沿着曲线前进的。

列宁格勒是一座英雄的城市，列宁格勒人民是英雄的人民。在第二次世界大战期间，德国法西斯包围列宁格勒达 900 天之久，全城人民英勇抵抗，青年人全部上战场，结果 90% 的青年人都在这场惨烈的战争中牺牲了。据说，希特勒曾誓言，要在列宁格勒的一家大饭店设宴庆祝对苏战争的全面胜利，但是，他的狂妄愿望始终未能实现。希特勒被英勇的苏联人民打败了。列宁格勒解围了。据导游介绍说，在列宁格勒被包围期间，全城人民把一些重要的历史文物都想方设法保护起来了，例如，“青铜骑士”这座雕塑就是用画家画的一片森林保护起来的，敌机怎么也找不到轰炸的目标。啊！

英勇的列宁格勒人民正是用他们的血肉之躯和聪明才智保卫住了这座美丽的城市。

我们在列宁格勒盘桓了整整 14 天。告别这座英雄城市之后很久、很久，我依然眷念着它，思绪万千。

自 1958 年夏之后至今，时光过去了 50 年，列宁格勒已经易名为圣彼得堡。啊！这似乎是历史的大循环：200 多年前，它初建时称为圣彼得堡；后来有人认为“堡”字带有异国味道，不如改为“格勒”才是俄罗斯的称谓，于是改称为彼得格勒；而在十月革命之后的 1924 年，它又以革命导师列宁的名字命名，称为列宁格勒；1989 年，苏联解体，于是又有人提出要“正名”，再次称它为“圣彼得堡”。呜呼，一座城市也要随着时代的变迁而不断改变名字，这莫非也是社会发展的规律?！难怪伟人毛泽东也曾发出过“人间正道是沧桑”的浩叹。世事沧桑，谁人能料?！

从列宁格勒回到莫斯科后不久，我接待了一位老朋友——侯德培。他是我少年时的玩伴，同庚、同学、同乡。他在天津海运学院毕业之后，来到列宁格勒当副博士研究生。他此次来莫斯科度暑假，与我朝夕相处，到处游玩。一日，我们来到新开张的北京饭店，想买点饺子尝尝。进入豪华大厅，但见灯火辉煌，整个大厅数十张桌子都已被占光。我们稍候片刻，幸好弄到小桌一张，二人坐下，叫了两份水饺，慢慢品尝。顿时乐队开始演奏，四座少男少女，离座翩翩起舞，热闹异常。少顷，音乐暂止，舞者各归原座，吃喝照常。但见这群舞者桌上，杯盘狼藉，堆积如山；美味佳肴，稍尝辄弃。继而音乐再起，这群男女再次离座，起舞疯狂。我们二人见此情状，如坐针毡，相视无语，急起，付账，退出这个“富人的天堂”。后来我一直在想：这些“阔少”究竟是何方神圣，居然过得如此阔绰逍遥？莫非这就是所谓的“新贵”？抑或是享有特权的“高干子弟”？这在当时确实令人颇费思量！

6. 潜心撰写副博士论文——《黑格尔历史哲学研究》

1958 年暑假过后，新的学年开始了。按规定，在各门功课考试通过后，我该写论文了。

在经过大量阅读有关黑格尔的著作资料和经过深思熟虑之后，我把副博士论文的题目确定为：《黑格尔历史哲学研究》。这里最主要的原因是：我对社会历史问题颇感兴趣；再说，我当时读过王造时翻译的黑格尔的《历史哲学》中文本，觉得很有意思。

但是，当我第一次同导师米·费·奥甫襄尼科夫谈到论文题目是有关黑格尔的《历史哲学》时，他似乎有些诧异，只是到了后来，在他看了我草拟的论文提纲之后，他才勉强同意了。个中原因我当时并不知晓。只是到了后来，导师的博士论文《黑格尔哲学》出版（1959年莫斯科版）之后，他赠我一本，我读后才发现，原来他对黑格尔的历史哲学评价不高，他在书中这样写道："对黑格尔的历史分期进行批判是没有必要的，黑格尔对历史的叙述本身更不值得进行批判，因为他的结构的牵强附会性质和解释的随意性是一目了然的。"[①]

在导师同意了我的论文题目之后，他开始指导，还给我开列了一个相当详细的必读书单，我按他的指引阅读了必读的书，并开始写作，及时向他汇报。他对我写的内容相当满意，有的地方他还亲自动手修改，认真推敲。

可是，在我按照苏联副博士研究生论文的要求撰写得差不多的时候，一个意想不到的重大国际事件发生了。这就是：中苏关系开始破裂了。

起初，已有一些风传：苏共中央对中国的"三面红旗"，尤其是"大跃进"很有意见。说什么：苏联专家在中国很难工作，做事情遇到诸多困难，诸如：人们根本不听苏联专家的意见，等等。我们这些在国外的学子，也不敢公开议论，只能交头接耳，疑虑重重。

后来，在1959年10月1日中华人民共和国成立10周年之际，有一段时间，对新中国的祝贺声一片。报纸杂志上都在不断强调以苏共为首的各国

① 见米·费·奥甫襄尼科夫著，侯鸿勋、李金山译：《黑格尔哲学》，生活·读书·新知三联书店1979年版，第301页。

共产党工人党的团结一致和以苏联为首的世界社会主义阵营的团结一致。

可是，事态仍在继续发展，中苏关系继续恶化。

终于有一天，记得是1960年夏天的某一天，莫斯科大学的留学生们被召集到位于列宁山中国驻苏大使馆里边，气氛相当紧张，大家鸦雀无声。负责召集的同志把大家带到使馆大楼后面的一座房子，拉上窗帘，关上电源，只用口头传达了文件精神，大意说：苏共背信弃义，撕毁合同，撤回专家，破坏了中苏团结。

中苏关系出现危机，社会主义阵营开始分裂，这显然已成事实。自此之后，苏联同学对我们已不那么亲热，而是保持一定距离了。一些东欧兄弟国家的同学对我们也开始有些冷淡了，越南、朝鲜同学对我们也不那么亲切了，在整个社会主义阵营中，唯一对我们表现出极高热情的就只有阿尔巴尼亚同学。这就难怪后来我们称阿尔巴尼亚是欧洲的一盏社会主义明灯。

7. 由于中苏关系破裂我不要“副博士”学位了

1960年暑假之后，有一天，组织上找我谈话，提到：苏联背信弃义，撕毁合同，撤回专家，我们中国共产党和中国人民也应有所表示，要把一些中国研究生撤回去。我这个人头脑简单，一听到这一点，马上表示：愿意按照组织的意见办，如果需要我回去，我可以不参加论文答辩，马上回国去。因为对我来说，名利思想早已彻底批判。何况我是个穷孩子，多亏中国共产党才获得翻身解放，上了大学，做了研究生，再到苏联留学，至于能否拿到副博士学位，对我来说，根本无所谓。

过些时候，组织上通知我，已同意我不参加论文答辩回国。但又嘱咐，在与导师谈话时必须说明，这是因为国内工作的需要而急于回国的。并一再提醒我：千万不要提到苏联撕毁合同、撤专家等事，意思是说：我不参加论文答辩而回国完全与此事无关系。显然，这完全是一种外交手腕。我没有办法，只得照样执行了。

8. 导师这一关很难过——与导师三次谈话纪实

在苏联的大学里，专家具有极大的权威。再说，一个教授如果带的研究生未能通过论文答辩毕业，那就会被认为他没有做好自己的本职工作，而这是要记录在档案里的，同时还会影响到他本人的升迁。因此，要想不答辩论文，就必须通过导师这一关。如果他不同意，你就必须参加答辩。你的论文写作若有困难，他会给你指导，帮你出主意，甚至亲自动手修改。而在论文答辩过程中如果遇到麻烦，导师也会设法帮助你过关。如果时间实在不够，那也可以申请延长时间。莫大哲学系有几位研究生就是在延长了几个月后才通过答辩回国的。

为了不参加论文答辩而回国一事，我与导师米·费·奥甫襄尼科夫谈过三次。第一次在他的寓所。我提出此事，让他感到愕然。他认为我不参加论文答辩没有任何理由，论文他已看过主要部分，内容、观点他都同意，只要稍加补充、修改，然后剩下的就是打印、答辩等事了。他要我认真考虑，如此这般。第二次我去找他，他感到有些不耐烦，但他依然苦口婆心地把我劝。第三次是在莫斯科大学大楼一层大理石大厅的十字路口，我与导师二人不期而遇，导师拉我到一旁，痛说一番。他开口便说：你是否参加论文答辩一事的关键，不在你我二人之间，他用手向上一指，然后说，关键在我们上边。他说："我知道，这是我们上头（意指两党中央）打架使然，我们能有什么办法？""我本人就是党委委员，我知道其中的问题所在。我们这些小人物实在无能为力，没有办法。"他还说："你的处境和你说的，我能理解，实在令人遗憾！"说完，他双肩一耸，两手一摊。他一直是神情激动，侃侃而谈，就像是在讲课一般，而他说话的语气相当严厉，又像是在生气、训斥一般，而我这时只好认真聆听，哑口无言，更是无法狡辩。

那次谈话之后，我的心情久久不能平静。瞪着眼睛说瞎话，这是我生平第一次，而且说的是一次精心编造出来的政治谎言。而这次谎言居然被导师说穿了。我感到难受，但也只好默默地忍受着，直到忍受了几十年，而老师也已去世20年了。现在，21世纪初，在回忆往事时，我在内心深处感到内疚，实在是太对不住他老人家了。

就在那次谈话之后不久，在我回国的行期已定之前，我去导师寓所与他道别。他极其热情地款待我。我赠送给导师一只景泰蓝花瓶作为纪念。而导师则拿出他的专著《黑格尔哲学》和他编著的一本厚厚的美学教科书，亲笔题字给我，作为纪念。接着，他又拿出新买的一个极其精美的镶有一块银牌的台历赠我，并说："你可以把它摆在案头，每天翻一次即可，作个纪念吧！"最后，老师又语重心长地说："我希望过十年后能看到你的著作问世。"

真没有想到：正是那一次与导师长谈一别，竟成永诀。呜呼！

老师对中国是有感情的。记得老师在1959年曾兴奋地告诉我：他不久将去中国访问，但过不多久，由于中苏关系恶化，他未能成行。

（顺便说一下：1987年夏，我去出席在德国斯图加特举行的国际黑格尔哲学大会期间，一位陪同的德文翻译和我谈起，她曾在莫斯科大学学习，是米·费·奥甫襄尼科夫的学生，她告诉我，奥甫襄尼科夫不久将去中国访问。可是，我在这次国际会议后回国不久，却又听说我的导师已经去世了，没能来到中国。这样，我们就再也无缘相见了，真是太遗憾了！）

我把不参加论文答辩的决定告诉了一些苏联和兄弟国家的同学和朋友，他们都感到不能理解，无法赞同。他们觉得，论文本身没有问题而不参加答辩，这完全是咄咄怪事，难以理喻。有的朋友好心地劝说：你不答辩论文，以后若无副博士学位头衔，提级别、涨工资都会受到影响，到那时你就只能是后悔莫及了。我感谢他们的好意，但我的回答依然是：我们中国人只知道工作、奉献，从不考虑功名利禄，从不计较地位高低、工资多少。我们不会后悔的。不过，他们对于我说的话似乎仍然无法理解。

9. 告别莫斯科

回国前的准备工作比较简单，主要是把书籍和衣物装箱。然后是把原本准备用于打印论文的数百卢布上交给组织。后来，听说曹平同志打印论文的钱不够用，需要申请，于是我给他 400 卢布，这就可以省却他申请补助的麻烦。我将剩下的少量卢布，买了一些小纪念品，以及一些巧克力和几盒水果糖。

在收拾行李的那几天，我一直心潮起伏，思绪万千。

啊，莫斯科，在我即将离你而去的时候，我心中对你产生出无穷的依恋。在这里，我度过了一千多个日日夜夜，度过了我一生中最美好的时光。你真正成了我的第二故乡。

啊，列宁山，令我最难忘。在这里，我们与各国朋友友好相处，与师友们切磋学问、交流思想。我们苦读，冥思苦想；我们撰写论文，费尽思量，一句句，一行行，抄抄写写，练就一身过硬的“坐桩”。这些日日夜夜，最是令人难忘。

令我们难忘的还有许多许多：

列宁山上的四时美景；

莫斯科的明亮灯光；

高尔基大街川流不息的人流；

ГYM、ZYM 这些大百货公司的热闹景象；

金碧辉煌的大剧院、小剧院，以及那里上演的《天鹅湖》、《睡美人》等名剧，实在令人终生难忘。

令我们难忘的还有：

克里姆林宫上空高高飘扬的红旗和它尖塔上的闪闪红星，以及那红色的宫墙；

红场上的列宁斯大林陵墓，以及安放在它近旁苍松翠柏丛中的英烈们的纪念碑。

然而，这一切又在我脑际引发出一些悬念与遐想：

红旗能否继续飘扬？
红星能否永远闪亮？
列宁和斯大林能否永远在陵墓中睡得安详？
社会主义阵营能否保持住团结，继续像一个和睦的大家庭一样？
世界各国共产党和工人党能否继续团结战斗，就像亲兄弟一样？

然而一瞬间，许多美好场景又浮现在我的脑海：

同窗好友的深厚情谊，
老师的谆谆教诲、爱护情怀，
红场附近的莫大哲学系，
列宁山上巍峨的莫大建筑群，
静静地流淌的美丽的莫斯科河。
啊，在即将离开莫斯科的这一时刻，
我的脑子真的好乱好乱，浮想联翩！

告别莫斯科的时刻终于到来了，在列车开动的那一刻，我心头一阵酸楚，突然慨叹：世事难料，沧桑巨变！

想当年，就在四年前，我们刚到苏联，欢迎者与被欢迎者之间，情同手足，亲密无间，那时候，“同志”二字价值最高，是最宝贵的字眼；到如今，时间仅仅过了四年，我们这些欢送者与被欢送者之间，虽然依依不舍、情意绵绵，但却是只谈友谊、不谈主义了。

10. 奔向祖国怀抱

我们这次一同登上归国列车的哲学系研究生有四位：毕淑芝、段光玲、侯鸿勋和崔自铎。前三位都是未答辩论文回国的，只有崔自铎是如期答辩后回国的。此外，尚有三位研究生（吴建国、汪青、曹平）留在莫斯科，他们将延长三个月，于次年三月答辩后回国。

在列车上，我们的情绪都不高，寡言少语，沉思默想。这与来时的情况完全两样。我们心中想得最多的是什么？无非就是：社会主义阵营的团结能否巩固，祖国的前途会是怎样？为了打发这难熬的漫长的旅途生活，段光玲还带领我们重温留苏岁月唱过的歌曲，但大家在唱时都无精打采，而且略带忧伤。

我依然喜欢坐在列车窗前的椅子上，眺望窗外的种种景象。我们乘坐的国际列车由西向东飞驰，俄罗斯辽阔的原野、乌拉尔山、美丽的贝加尔湖、西伯利亚的茫茫林海，这一切都从列车旁飞驰而过。在我眼前，一片洁白，银装素裹，妖娆异常。可是，尽管车窗外美景如画，车厢里暖意融融，然而在我心中却依然感到冷气逼人，令人忧伤。

东驰的列车到了苏联的边城后贝加尔斯克，然后越过国境到了满洲里。我们终于回到祖国了。心中自然兴奋异常。我从心底喊出一句话："啊，祖国，您的儿子回来了！"

那时已是晚上。边界那边灯火通明，而我们这边则昏暗一片。富裕与贫穷是如此鲜明。顷刻间，车厢里上来一批穿着棉大衣、戴着大皮帽的东北大汉，这些人一上来便快步奔向购物台，嚷着要买酒肉罐头。可是货架上已空无一物。看来，苏联列车员早有防备，已将货物收藏。我见此情此景，心中着实惊讶异常。那时，我沉思，我在想：苏联虽好，但毕竟不是我们的家乡。我们这些多年海外漂泊的游子，回国后肩上的担子确实很重很重，我们有不容推卸的责任：建设好祖国，建设好自己的家乡。

我们的列车向南行驶，直奔祖国的心脏——北京。

一天早上，记得是 1960 年 12 月 8 日（？）的早上，国际列车已经抵达天津。车厢上的喇叭突然响起，报道了一条极其重要的新闻：以刘少奇同志为首的中国共产党代表团，参加了在莫斯科召开的社会主义国家各国共产党、工人党会议，会议一致通过了一项重要文件——《莫斯科声明》（以下简称《声明》），这项《声明》着重强调：要加强各兄弟党和各社会主义国家人民的团结一致。我们听到这个《声明》当然感到高兴，但在心中依然疑虑重重。

在由天津到北京的国际列车上，我们吃了一顿异常丰盛的早餐：一大杯牛奶、厚厚的鸡蛋卷、黄油和面包。

五、在“归国留学生管理处”的日子里

1. 回国的第一顿午餐——窝窝头和“大锅清水汤”

国际列车到站了。在国际列车停放的月台上，前来迎接的亲属和政府官员站得满满当当。妻子品秋和我的老朋友德培也在其中。多年不见，当然亲切异常。

迎接我们的汽车把我们这些海外归来游子送到位于魏公村的北京俄语学院，安顿好后，把我们带到“归国留学生食堂”。该是吃午饭的时候了，食堂黑板上的菜谱写的是：窝窝头，白菜汤。品秋和德培一看，说：“不行，我们到外面去吃。”于是，我们来到了魏公村的一家饭馆，一看，黑板上写的还是那几个字：窝窝头，白菜汤。两位热情的“主人”似乎并不死心，还想到别处找个好饭馆用餐。这时我心想，恐怕到哪里都是一个样。于是，我劝阻说，“不必了，就在这里随便吃吧，而且时间也不早了。”于是，我们买了三份，每人两个窝窝头、一碗白菜汤。粮票是他们交的，因为我当时还没有粮票。我仔细端详着这两个窝窝头和这碗白菜汤。原来，窝窝头似乎和从前没多大差别，只是这碗白菜汤却和从前大不一样，它虽然一碗汤不算少，但白菜不多，而且主要都是菜帮子，似乎没有一点油，这就难怪人们把它叫做“大锅清水汤”。可是，这一顿倒是胃口甚好，把它们吃个精光。这是我回到首都后吃的第一顿午饭。

2. 粮票很重要

这天下午，“归国留学生管理处”的负责人把我们召集在一起，说明一些注意事项，尤其是粮票问题。可是，在这些刚刚回国的留学生中，出现问题最多的还就是粮票问题。有的人出门不带粮票，没法买吃的，只好饿着肚子回来了；有的人只买几两粮票的东西，却给人一张大票就走了；有的人把粮票放在衣兜里洗掉了；还有的人在乘公共汽车时不小心全部粮票都被小偷偷走了；如此等等，不一而足。总之一句话，这些归国留学生由于在国外没有用过粮票，根本不认识粮票在我国困难时期有多么重要。

3. 政治学习与参观

我们一起回国的留学生相当不少，文理科都有，分好几个组（混合编组），每组有十多个人。记得我们组里就有胡孟浩同志，他曾是我们莫斯科大学学生会主席。

我们在“归国留学生管理处”的任务就是学习，这些留学生在国外待的时间长了，不了解国内情况，许多政治情况也不了解，所以要学习，主要是政治学习。学习期限三个月。主要是听政治形势报告，读马列著作，看《人民日报》，参加学习讨论，谈心得体会，向党交心，然后是参观访问。记得参观过十三陵水库和清华大学的半导体实验室等，参观后也要进行讨论，从中认识到“大跃进”的成果和人民群众的战天斗地精神。当然，我们也还要谈谈在北京街头所见到的一些“怪现象”，诸如：公共汽车顶上背着的沼气大包，汽车里坐着的人几乎都在打盹，以及街头或商店里一见有人排队便蜂拥而上，结果是为了买一根三分钱的冰棍而在争抢。还有就是有关粮票丢失的新闻，以及某某人浮肿等现象。

经过三个月的学习，我们大家都认识到：中国共产党是伟大、光荣、正确的；党中央制定的“总路线、大跃进、人民公社”三面红旗的路线、方针、政策是正确的；国内目前遇到的暂时经济困难是天灾和苏联背信弃义、撕毁合同、撤专家所造成的；这种暂时经济困难在党中央的英明领导下是一定能够得到克服的；我们祖国的前途一片光明；等等。接着，就是写思想总结报告。然后，就是把毕业论文（已写完的或尚未写完的）翻译成中文，上交。据说，这些论文都是要存档的。最后，我们还填过一张表，在这张表有关分配的一栏里，我填写的肯定是这么几个字："服从组织分配。"这个道理很简单：我是党培养的人，也就是党的人，自然应当听党的话，"服从组织分配"。再说，我一直在学校念书，从未被分配过，不属于任何单位，所以只能由组织分配。结果，我被分配到了中国科学院哲学社会科学部哲学研究所，具体单位是西方哲学史组。于是，从事西方哲学史研究便成了我的终身职业，这真可说是"从一而终"了。

忽如一夜春风来

——纪念改革开放 30 周年

侯鸿勋

我国改革开放事业到现在已经走过了 30 年的光辉历程，取得了举世瞩目的辉煌成就。在纪念改革开放 30 周年的日子里，我作为这个波澜壮阔的历史进程的见证者，真是思绪万千，感慨良多，多少往事，涌上心头。

我是新中国培养的第一批大学生。1950 年考上大学，1954 年毕业于北京大学哲学系本科，继而在该系当研究生，1956—1960 年在苏联莫斯科大学哲学系当副博士研究生，回国后被分配到中国科学院（1977 年以后为中国科学院）哲学所工作，从事西方哲学史研究。当时的我心里有说不出的高兴。像我这样一个来自农村的贫苦学生，竟然有机会在读完大学、做研究生、留学生之后，又被分配到全国最高学术研究机构工作，这是多么难得、多么幸福啊！我暗自下定决心，一定要好好工作，在科研方面作出成绩，以不辜负党和人民对我的悉心培养和殷切期望。

可是，刚刚踏上工作岗位的我很快就病倒了，从 1961 年 5 月初至 1962 年秋，我接连三次住进医院。那是“三年困难时期”，病人也同样挨饿，再加上我急于工作，未能安心养病，致使病一再复发。病重得吓人，几乎丧命。记得当时同仁医院的三位医生在会诊后对陪同我去看病的同志说：此人病很重，很难治了，你们可派人照料他，他想吃什么就给他吃什么，尽点人事吧。医生的话我也听到了，但我不完全相信，我认定有康复的可能，我相信能回到工作岗位。后来经过数年的治疗，我的病竟然奇迹般地好转了，基本上康复了。对于病，我有个体会：怕是没有用的，而且只有害处；一定要镇定，要乐观；战略上要藐视它，战术上要重视它。在养病时一定不要完全靠药物，而一定要注意增强自己的体质，提高自身对疾病的抵抗能力，为此，必须科学养病，合理饮食，注意“体脑结合”“劳逸结合”。

20 世纪 60 年代的头几年，我由于生病，未能与所内大多数同志一起下乡搞“四清”，而是留下来与所里的老先生们（金岳霖、贺麟、容肇祖、杨之一等）一起参加政治学习、改造思想。金先生是学习组组长，我是做记录的。在“文化大革命”前，我的主要任务是养病，因而不考虑写文章的事，只是搞了一些翻译工作，除翻译一些论文在《哲学译丛》上发表外，主要是译完了《黑格尔哲学》一书（作者是我在苏联学习时的导师），此书在“文化大革命”后于 1979 年由三联书店出版。

从 1966 年夏“文化大革命”开始，到 1970 年春下放到河南息县五七干校劳动，直到 1972 年秋天从干校回到北京，整整 6 年时间过去了，在这期间我完全停止了科研工作，也无法从事翻译。

1972 年秋天，我从干校回到北京时的心情，只能用“喜欲狂”三字来形容。那时，尽管科学的春天尚未到来，我们还得集中学习，但毕竟可以有点时间自由支配，可以做些自己愿意做的事了。我们这些经历过“文化大革命”这场激战、亲历过或目睹过批斗的五七战士们，在经过一番认真反思之后，大都如梦方醒，急切地希望把虚掷的时光抢回来，把巨大损失补回来，准备积极投入到科研工作上去。但是，由于“文化大革命”的阴影犹在，大多数人仍心有余悸。搞科研、写文章怕有风险，怕挨批判。于是我考虑到还是搞点翻译工作比较稳妥，而且也比较驾轻就熟，因为我毕竟在“文化大革命”前翻译过一些论文和一部专著。我同陈筠泉、贾泽林、金顺福等商量，觉得我们这些懂俄文的同志可以搞点翻译工作，而且也可以联合起来译些较大部头的书。当时，在我国“文化大革命”期间，苏联学术界出版了许多有分量的著作，包括不少哲学著作。我们首先想到的是《哲学史》第五卷和第六卷。

由于我在“文化大革命”前就曾为人民出版社翻译过《黑格尔哲学》（米・费・奥甫襄尼科夫著）一书，大家便要我与人民出版社联系。记得是1973年春的某一天，我来到位于朝内大街的人民出版社，见到了刚从干校回来不久的该社负责人张慧卿同志。我向他说明来意以及我们的想法并做了自我介绍，他听后非常高兴，表示支持，但他郑重其事地说：现在我们刚刚开始工作，你们负责译好，出版后没有任何稿费！他问我：这样你们愿意干吗？我回答说，当然愿意，只要能为党和人民做点事就行，我们不图求名利。我提出我们想要翻译苏联出版的《哲学史》第五卷（1961年俄文版）和第六卷（1962年、1965年俄文版）的想法。他同意了。回到所里后，我把情况告诉了陈、贾、金，他们也都表示愿意干（后来陈因故未能参加译校工作）。出版社方面后来还要求我和金顺福、贾泽林三人先试译一部分稿子给他们看看。他们看了我们的试译稿后最后确定《哲学史》第五卷和第六卷由我们三人负责总校，并由我们三人负责组织队伍。由于这两卷的内容异常庞杂，难度很大，因此我们便邀请哲学所内外富有翻译经验和具有相当专业知识的译者参加翻译。这样一来，翻译质量便有了一定的保证。这里有必要着重指出的是：凡是参加翻译的同志虽然都知道书出版时没有稿费，也不会署名，但是大家都译得非常认真，稿子也能按期交来，毫不拖延。

总校工作是很难的事。《哲学史》第五卷和第六卷都是大部头，前者81万字，后者104万字，总计185万字。其内容涉及方方面面。译者十多人，每人都有自己的译文风格。我们负责总校的三个人采取分工合作的办法：每人负责一部分，逐字逐句地对着原文校；然后又交叉互校；最后进入总校阶段。在最后一个阶段，我们三人都从头到尾认真地审读过全文，既要注意到译名——人名、地名、专有名词的统一，又要注意到文风的统一。最后才把定稿交给出版社。清样出来后，我们还必须及时地将清样分送给有关译者亲自审阅。我们三人都认真审读过三次校样。在整个过程中，我们三人不知开过多少次商讨会，一起解决过多少疑难问题。这也使我们三个人结下了深深的战友般的情谊。

总之，经过我们所内外十多位同志和人民出版社编辑同志数年的共同努力，这两卷《哲学史》终于译校出来了。不过，在第五卷准备出版时还出现过一个如何署名的问题。因为在当时，出书是不能署真名的，而要用笔名。出版社同志要我们研究一下，起个集体笔名。但要起笔名也并非易事，让我们颇费了些脑筋。记得我与陈筠泉同志多次商量此事。陈是上海人，也许是口音的关系，他说，可用“范修”即“反修”也。我说这个不妥，因为“范修”与“贩修”同音，这容易引起误会。最后我们商定采用“齐力”这个笔名，虽然这是个中性名词，但它毕竟表明书是由我们十多位译者同心协力地译成的。不过，我对这一点也确实尚有顾虑，怕有人会指控我们“齐力贩修”哩！《哲学史》第五卷（81 万字）于 1976 年出版，三联书店给我们 100 多本赠书，封面上赫然印着苏联作者的名字和译者“齐力”的大名。我们没有拿到任何稿费，但大家还是非常高兴，甚至是欢欣鼓舞。因为我们觉得，能为国家为人民做点有益的事是最为重要的，而名利思想是根本要不得的。《哲学史》第六卷（分上下册，共 104 万字）于 1982 年出版。这时已是改革开放了，形势大变。因此，三联书店除了给我们几十本赠书外，还给了我们一笔相当可观的稿费，而且还在封面上出现了三位总校者的真实名字，在“译后记”上也逐一列上了全体译者的名字。这样，我们可以说是名利双收了。我们对这一点也都异常高兴，同时也都心安理得。因为这时我们认为，这是符合按劳取酬的社会主义原则的，而且署上名字也是对自己的劳动产品负责的一种表示。

可见，《哲学史》第五卷和第六卷的出版情况，也从一个侧面具体地反映了时代的巨变。

改革开放以后，尤其是整个 80 年代，我几乎是翻译、写作、编书同时并举。

在翻译方面，我还翻译出版了一些著作，其中主要的有：《康德传》（贾泽林、侯鸿勋、王炳文译，商务印书馆 1981 年出版）；《赫尔德》（侯鸿勋译，上海人民出版社 1985 年版）；《德国古典哲学新论》（沈真、侯鸿勋译，中国社会科学出版社 1993 年版）。

我到哲学所后的第一次写作严格地说是从 1976 年开始的。这一年，我参加了《马克思主义的三个来源》一书的撰写工作。当时流行的是“三结合”的形式，即由工农兵、知识分子和出版单位“三结合”的形式组成一个写作班子进行写作。具体到我们这个写作班子，就是由人民解放军的一名军官、人民出版社的两名编辑和哲学所西方哲学史的研究人员组成的。我们集中住在一个营房里，有一位师政委经常陪着我们，吃、住、写作条件不错，环境相当优美。在那里度过的日子确实令人难忘：寂静的兵营，美丽的田园风光，丰盛的饮食，礼贤下士、热情好客的主人——曲政委。尤其是这位政委，给我的印象最深。他对我们和蔼可亲，对我们的生活关怀备至。他还经常抽空陪我们一起用餐，借此与我们聊天。他尤其注重改善我们的饮食条件，记得有一次他还专门带了一瓶五粮液，向我们敬酒。他多次在讲话时把我们这些知识分子说成是国家的宝贵财富。他的这些话当然使我们这些年来饱受批判的“臭老九”们备受感动！我们有多少时候没有听到过这样的声音了！

这部以“三结合”形式撰写出来的《马克思主义的三个来源》一书，于 1978 年 1 月由人民出版社出版了。作者的署名是：中国人民解放军 51116 部队理论组和中国社会科学院哲学研究所西方哲学史组。后来，根据人民出版社的要求，我们西方哲学史组的同志们对此书内容做了较大的改动，于 1985 年 11 月出版了修订版，作者署名改变为：汝信主编，王树人、叶秀山、余丽嫦、李凤鸣、汝信、侯鸿勋、薛华编著。没有出现“中国人民解放军 51116 部队理论组”的字样。应该说，这是符合实际情况的实事求是的做法。此外，人民出版社还给了我们一笔相当丰厚的稿酬。这也许可以算是改革开放给知识分子社会地位巨大改变的一个重要例证：从“臭老九”变为“穷老三”（知识分子排在工农之后，为第三位，很穷），再变为“工人阶级的一部分”。

自从参加《马克思主义的三个来源》的写作之后，我除了继续从事一些

▲ 与贺麟先生合影——1988 年 5 月摄于贺麟书房

翻译工作之外，也开始考虑独自写点东西的问题了。20 世纪 70 年代末，在改革开放的大好形势下，在一些师友的鼓励打气下，我对于写东西的顾虑小些了，胆子也大些了。于是，我把 20 世纪 50 年代在苏联莫斯科大学学习时撰写的副博士论文《黑格尔历史哲学研究》找出来，加以修改整理，写成了一篇两万多字的论文——《论黑格尔的历史哲学》。此文在《外国哲学史研究集刊》第 2 辑（1980）发表后，得到了学术界的好评，这使我受到很大鼓舞。于是，我又接着写出了我的第一部专著——《论黑格尔的历史哲学》（14 万字），于 1982 年由上海人民出版社出版。此书印了三万册，非常畅销。它在学术界引起了强烈的反响，一些刊物发表了评价文章，从不同角度对它做了高度评价。著名黑格尔专家贺麟先生认为：它“是我国第一部研究黑格尔历史哲学的学术专著，表现出很高的学术价值。作者运用马克思主义的观点对黑格尔的历史哲学进行了周密细致的分析研究，并做了实事求是的评价……这部全面系统地研究黑格尔历史哲学的专著，在我国的黑格尔哲学研究中填补了一个空白，受到了学术界的好评。”

▲ 与张世英先生合影

在黑格尔哲学研究方面，我还写了一些论文，但最主要的是参加了张世英先生主编的《黑格尔辞典》的编撰工作。此书于1991年由吉林人民出版社出版。

孟德斯鸠是我心仪已久的启蒙思想家。从20世纪70年代末至80年代初，我对孟德斯鸠作了比较深入、认真的研究，陆续发表了一些有关孟德斯鸠的学术论文。后来，应上海人民出版社之邀，于1987年撰写了一部全面系统地论述孟德斯鸠及其启蒙思想的学术专著。书稿于1987年交给出版社时，定名为《伟大的启蒙思想家——孟德斯鸠》。1989年4月发稿，6月登出了新书征订广告，8月排出了初校样，按计划将于同年12月出版。但遗憾的是，1990年初，在学术著作出版难的大环境下，该出版社还是以“经济效益”为由把它作退稿处理了。同年夏天，我在承德避暑山庄参加一个学术会议期间，人民出版社的田士章同志问我：“你的大作《孟德斯鸠》情况如何？”我如实以告。他立刻说：“那就给我吧。我一直在等着它呢！”田士章是我的老朋友，他那快人快语和真诚，给我印象极深，我马上答应给他。于是，我在上海人民出版社已排出的清样的基础上，根据新发现的材料和研究成果，再次做了认真的修改和补充。这样一来，这部著作的内容就变得更加充实了，我给它起了一个新的名字——《孟德斯鸠及其启蒙思想》。此书于1992年2月由人民出版社出版，得到了学术界的好评。例如，《哲学研究》1992年第11期发表了杨侃的评论文章《孟德斯鸠研究的新成果》，认为此书“是我国近年来哲学史、政治思想史研究中的一项新成果”。1993年《中国哲学年鉴》的“新书选介”栏上，发表了李凤鸣撰写的评介文章。

在20世纪80年代，我除了从事研究和翻译工作外，还参加了汝信等同志主编的《西方著名哲学家评传》（10卷本）的编写工作，并与王树人、余丽嫦同志一起主编了《西方著名哲学家传略》（上下卷）。这两套书在学术界产生了相当大的影响，对于我国外国哲学史的教学与科研发挥了重要作用。

经过编书，我深深地体会到这绝不是一件轻松的工作。因为作者很多，内容繁杂，而且作者的学养不同、文风各异，同时还有专业用词、人名、地名、中文译名的统一等问题。因此，作为编者，就必须有认识负责的精神，必须细心、耐心、认真阅读每一篇文稿，提出一些问题，查阅一些资料，还要虚心地与作者商讨和请教。因此，编书的过程实际上也是一个学习的过程，提高自己的过程，这对于我自己的写作也是很有帮助的。

我是按规定于1991年4月退休的。退休后的头几年，我还应邀写了两部专著——《孟德斯鸠》(台湾东大图书公司1993年版)、《黑格尔》(香港中华书局1994年版)，与人合作翻译了一部专著——《德国古典哲学新论》(沈真、侯鸿勋译，中国社会科学出版社1993年版)。后来，在20世纪即将结束时，我又应邀撰写了两部书——《康德》(香港中华书局2000年版)和《孟德斯鸠》(香港中华书局2000年版)。再后来，我又应邀撰写了《〈论法的精神〉导读》一书(四川教育出版社2002年版)。顺便提一下，这三部书都是在我最为困难的情况下，即需要照料病危的妻子和90多岁的老母的情况下撰写出来的。

我在退休后把相当一部分精力放在研习书法上。书法是中国传统艺术之一，是一门极其高雅的艺术。我从少年时起便喜爱书法，新中国成立后，我在上大学和工作期间主要是写硬笔字，几乎无暇写毛笔字。直到退休之后，我才有闲暇练习毛笔字。尤其是在1993年搬到新居之后，有“书房”了，我才有了一块练习书法的园地。这是我安度晚年的一块宝地。在这间书房里，摆放着不少各种字体的名家字帖，其中光是《三希堂法帖》就有好几个不同的版本。有时，在户外阳光普照、我心情舒畅时，我会泡上一杯清茶，从书柜里取出一本法帖，信手翻阅；边品茶，边品帖，陶醉其中，这真是其乐无穷啊！有时，在我心情郁闷的时候，我也会信手从书柜里取

▲摄于2009年10月初(中国社科院书画展)

出一本法帖，随便翻阅，慢慢地便会被古人的墨宝所吸引，从而使情绪安定下来，转忧为喜。古人的墨宝成了我真挚的朋友，它们经常陪伴着我这个偶尔有些孤独感的老人。

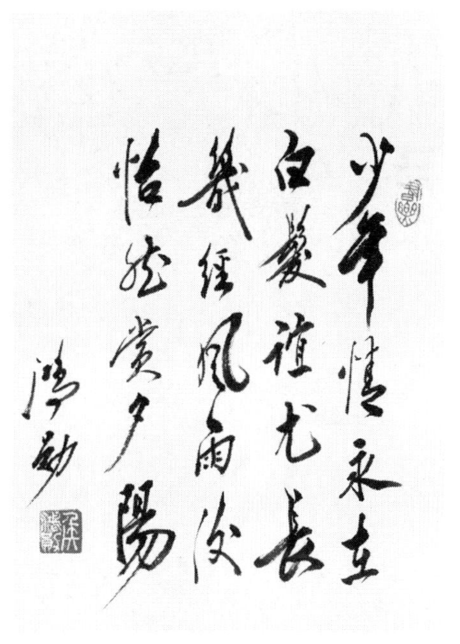

▲ 摄于 2011 年 7 月

根据我多年的体会，学习书法，动手固然重要，但动脑更重要；临帖重要，但读帖更重要。我觉得，练习书法既是脑力劳动，又是体力劳动，是“体脑结合”的极佳形式。写字时要全神贯注，要心到手到，做到心闲手敏。写小字时要心平气和，舒缓运笔；写大字时要站稳脚跟，发力运气，一气呵成，直到周身发热，甚至大汗淋漓，在这时顿觉得精神倍增，浑身舒服。尤其是，如果写出一幅或几幅好字，那就会喜不自胜，甚至高兴好一阵子。难怪有人说练习书法实际上也是一种气功，对于人的身体健康很有益处，尤其是对于老年人，更是一种极好的锻炼方法，它可以使老年人“延年益寿”。现在，我已经是一位 78 岁的老人了，身体仍然相当健康，这也许与练习书法不无关系。但是，从最根本上说还是要归功于改革开放。正是由于改革开放 30 年来取得了辉煌成就，才使我们这些老年知识分子有可能真正做到老有所为、老有所养，真正做到颐养天年。写到这里，我突然想起叶剑英老帅的诗句：“老夫喜作黄昏颂，满目青山夕照明。”

（原载《亲历与见证》[中国社会科学院纪念改革开放 30 周年离退休干部征文选集]，世界知识出版社 2008 年版）

我的求学生涯

马　兵

一、第一次听说北大哲学系

66 年前我在曼谷中华中学读书，那时我们班的老师大都来自西南联大。他们因不满和反对国民党的统治而受迫害，因此逃亡到泰国。我们的校长是个民主人士，进步的教育家、化学家，所以把他们请到学校来任教。这些老师中有两位给我留下深刻的印象：一位是教我们语文的董老师，他教我们诗词和散文，他的文学造诣很深；另一位是教我们地理的曹老师，他学问广博，精通英语。他在课外常常和我们谈到国内的情况，谈到西南联大，谈到北大的爱国和光荣革命传统，谈到北大的好学风。他是读哲学的，所以向我们介绍了北大哲学系，介绍了哲学系的许多著名教授。就这样，北大哲学系成了我求学深造的目标。继董老师之后来教我们写作的是张扬老师，他那时还任曼谷全民报的副刊编辑，他介绍我们阅读鲁迅、茅盾、巴金等的作品。我们的作文他认真地批改，并指出写作的要点，这对我们帮助很大。在他的指导下我写了不少杂文，如读史随笔、读书有感等。为了鼓励我，他把我写得比较好的文章拿到报上发表。

那时中华中学（简称“中中”）在曼谷是很有名气的，学校的教学很有成绩，文体活动也搞得很出色。报考的学生多了，人气也旺，因而引起国民党报刊的攻击。如当时的《正言报》就把中中说成是共产党学校。虽然如此，中中乘风破浪不断前进。可惜不久一声雷鸣，泰国政府把中中和南中（南洋中学）给查封了，但介石学院却没有被查。同时《全民报》也被查封，而《正言报》却毫发无损。中中被封后，我们的老师准备各奔前程。这时我想回祖国求学，张扬老师建议我先到香港就读达德学院。他说达德是个民主进步的小型大学，有许多著名专家学者担任教授，到那里读书正是个好机会。张扬老师还说如果我决定去达德，他会写封信给他的朋友梁嘉教授（他就是马特先生）。梁是达德的教授，住在学院那里。听了他的话，我决定到达德读书。

父亲得知我想去达德读书的事后大加反对，他要我到香港念香港大学，不然就留下来帮他做生意。听了他的话我大失所望，暗中准备离家赴港。那时我父亲以为我没钱是无法成行的，他也没想到我会出走。当时虽然我已积蓄了一些钱（其中还包括了我的一点稿费），但那是远远不够用的。我的几位同班同学知道我的情况，便伸出援手给我一些资助。我买了一张船票，剩下的泰币换成两百港元，便偷偷地乘船离开曼谷，在海上漂荡了十三天终于到了香港。这正是：长风破浪会有时，直挂云帆济沧海。

那时在香港我没有亲友，身上也没有多少钱可在市区滞留一宿，便乘搭公车径直前往位于青山道的达德学院（青山大学）。到了校本部，我受到学生会同学的欢迎，他们马上领我到学生宿舍住下，好让我休息。当时这宿舍叫作“道德会”。次日我就去拜访梁嘉教授。梁嘉老师在达德教思想方法论，很受学生欢迎。

二、就读香港达德学院

达德学院位于青山公路，有港人称其为青山大学。达德校舍是著名抗日将军蔡廷锴的别墅，这别墅又称芳园。它是一组建筑，即由几个楼房组成的。这组建筑是蔡将军借与达德作为校舍之用的。校舍本部是座有二层高的洋楼。一楼内有办公室阅览室，二楼内有礼堂教室。此外，在主楼不远处还有一建筑，其名为“道德会”。我们男生即居于此。至于女生住于何楼，我现在一点印象也没有了。达德背靠山坡面对青山湾，环境幽美，尤其“道德会”周围有树木、花草、假山、凉亭，空气清新，是个非常适宜学习、读书和思考的好地方。学院院长是著名民主人士陈其瑗先生。

在学院我念的是商业经济学系，系主任是沈志远教授。沈教我们政治经济学，听课后经常要进行讨论。他教学认真，每次讨论他都参加。教我们“阶级论”一课的是名教授邓初民老先生。他教课生动活泼，他高大体胖穿着长袍，没有架子，常和学生玩耍。我还修胡绳老师的思想方法论，他的讲课很严谨，但不够生动，听他课的学生较少。那时梁嘉教授也开这门课，他讲得比较生动易懂，所以听课的学生多些。还有一门经济课，那就是狄超白教授开讲的中国经济概论。狄先生讲课不大看讲稿，经常在堂上走来走去。他的讲课帮助我们了解了当时的中国经济实况。除了上面说的几门课，我还选修英语。曾昭伦教授是化学家，但他那时教我们英语课。他教我们读一本英文小说《格列佛游记》。上这门课对我来说当然是很轻松的。

当时在达德是没有什么文体活动的。但我们的学习生活过得很好，我还记得那时还请过音乐家马思聪到校来演奏小提琴。星期天我们有时到海边去游泳、爬山，有时则到九龙那儿看苏联电影，如《列宁在十月》《乡村女教师》等。应当说，生活过得很充实的。

到了第二个学期，我的钱差不多要用光了，没有钱交学费。此时我给父亲写了一封信请求他寄点钱。不久他来了一封信，责备我大逆不道背亲私逃云云。怎么办，我只好去找陈院长，告诉他我没钱交学费。陈院长毫不犹豫、和颜悦色地说：“那就免了。”对此我永记不忘。不过，我还得设法弄点钱以应他用。我只好写信给我姑妈，请她帮我向父亲说情。姑妈是个软心肠爱哭的人，经她劝说我父亲有点回心转意便给我寄来了一点小钱，并在信中说：不听父言方有今日。他的意思是要让我先吃点苦头再说。其实那时我在达德除了吃饭看电影花点钱外并无其他消费。后来董易老师知道了我当时的情况，他对我的中中同学说：马陈略（我当时的名字）太冒险了。

在这个学期，我除了继续上原先的课外，还旁听黄药眠教授的文学课。在这期间学校还请了著名经济学家许涤新来作学术报告。他一面讲述一面吸烟。他当时讲的内容我现在记不起了，只留下他烟瘾大的印象。正当我们孜孜不倦地学习的时候却听到一些令人担忧的消息，据说港英政府很注意我们的学校。虽然有这个消息但还没有什么动静。我们只好在不安的心态中听讲学习。大概过了两个月便听说港英政府要撤销学院的注册，并听说院长请曾昭伦跟港英方打官司。

三、参加游击工作

不久，达德学院终于被港英政府关闭。据《香港达德学院历史展》在广州农讲所展出指明：当时的港督葛量洪认为已有充分的证据证明该院利用学校以达政治活动之目的，违反了本港及其他地方之治安利益。

达德被查封后，听说教授们离港北上。那时我也想北上读书，恰好在尖沙咀遇到曹老师。我把我的想法告诉他，曹老师大不以为然，他建议我像其他达德同学一样到广东各游击区参加革命。可是他没能说服我，这时他生气地说：你现在是大学生了，我的话你当然听不进去。好好，那我们一同去看杜老，听听他怎么说。我当然乐意和他去拜访杜老。到了杜国庠老师的家，曹老师便把我的事告诉他。杜老听后轻声慢语地说：你还年轻，到游击区去锻炼锻炼是很好的，参加革命工作也是一种学习，这是难得的机会，以后再北上读书也不为迟。杜老的意见当然很对，曹老师也对，最后我决定到游击区去。

在杜老的指导下，通过党组织，由联络员带领，我经汕头敌占区前往游击区。我到了游击区，被分配在经工队而不是政工队或武工队。大概这是因为我在达德念经济的缘故。我们这些队都有联系，属于闽粤赣边纵队第二支队，简称韩江纵队，队长是林川同志。那时我们的活动地区有普宁、揭阳、饶平、惠来、汕头等一带。我还记得在游击区碰到中中的老师、教务主任许宜陶。

后来四野大军南下，汕头市解放，我们便回到汕头，我被派在工商局工作，后又被派往惠来甲子镇工作并任工商局办事处主任。我因念念不忘考北大，所以在甲子办事处工作不到半年就向局长王清祥提出辞职退伍。王是四野团长，对我辞职求学很有意见，看我坚决要求北上念书，他只好同意。在王清祥来当局长之前，王家明同志领导过工商局工作，他也是汕头财政经济委员会委员之一。我在甲子镇的工作是他早先委派的，所以我辞职退伍一事就必须向他说明并请他谅解。老上司王家明同志对我的退伍表示惋惜。2006年我到北京拜访陈曙光老大姐，我在游击区时她是我们的政治指导员。这时她已97岁但精神很好，身体健康。我们相见大家都很高兴。我问起王家明同志，她告诉我王已于多年前作古。这有如古人云：人事有代谢，往来成古今。她还告诉我两位达德同学王器和卓再学早已在对敌战斗中英勇牺牲。这些令人难过的事已过去多年，但此时此刻我们不免心酸。据说达德学院师生参加武装斗争的人数在200人以上，其中有18位英勇牺牲。这真是：滚滚长江东逝水，浪花淘尽英雄，已往多少事都在感叹中。

四、考入北大美梦成真

1950年5月我离开汕头乘火车到了北京，在西城畿织卫，又称机织卫（大约是现在金融街锦什坊东街一带，听说已消失在数年前的拆迁中）租了一间房子。房东是北京人，说话很客气，总是您您的或您先生您先生的。这样我便安心住下来。我每天用膳总是到西单路边饭馆。饭馆的伙计也是很有礼貌的，说话是北京腔调听起来也很有新鲜感。

有一天我到这饭馆吃午饭，偶然遇见一位中中老同学。这位同学比我大好几岁，阅历也较深。他知道我辞去办事处主任一职，退伍到北京读书，甚觉可惜。因而他见到我毫不客气地说：老马你真笨，主任不当来考大学，就算考上了大学，毕业后也当不上主任。你何苦呢！我笑着回答说：我从未想当主任，只想念书，知识就是力量，念大学就是要吸收知识。他听了我的话笑着说：算了不说了，我先走。这样我们就分手了。所谓人各有志，各人走各人的路。罗素有言云：美好的人生是一种由爱所激励、由知识所指导的生活。他还说过：建设一个美好的世界需要的是知识、善良、勇气，而不是对以往嗟悔，也不是用以前无知的人用过的话来禁锢我们自由的思想。苏格拉底说过：世上只有一样东西是珍宝，那就是知识；世上只有一样东西是罪恶，那就是无知。现在我就是在追求知识，北大就是我要去的地方。

首先第一件事就是给我父亲写信。我离开达德去游击区的事我没敢告他，我只写了信告知他我将到北京去读书，可能要有一段很长的时间不能通信，等到了北方安定下来后就会写信给他，请他放心。好了，我现在已安定下来便立刻给他写信，并请他给我寄一笔生活费，并告他我正在全力以赴准备考试，并表示很有信心考入北大，绝不会名落孙山，请他静候佳音。我的话可能打动了他老人家的心，不久他通过香港给我汇来了一笔钱并附言说只要我学有所成他当支持我，不要辜负他的苦心。过了一段日子我爱人和我两位同学也退伍到北京来准备应大学入学考试。这样一来我们总共四人只好搬到潮州会馆去住宿。会馆是个大院有许多房间。我和两个同学住一个大房间，我爱人住一个小的。

▲ 左起：胡文耕、马兵、刘唯

我们安顿下来后便开始准备功课。在此期间我去内务部拜候达德学院院长陈其瑗，他这时已任内务部副部长。他见到我很高兴，问我离学院后的情况。因为他很忙我只能作一简报。接下来我就请他给我写一张我的达德肄业证书。过了一会儿他就拿出一本达德学生人名录翻了一下然后亲自给我写了证明并盖了章。离内务部后我去司法部想拜候邓初民老师，可是听他儿子说邓老师病重不能相见，我只好回到会馆。其余老师除粱嘉外不甚相熟因而没去拜访。

此时离考试为时还久，我们趁机到各处著名景点游览。天安门、北海、中山公园、文化宫等各处都停留观赏。特别是北海，它的园林十分精美。园中的小山上有茶座可供游人品茗观景，又有一片水域可供划船荡浆，总之美不胜收。我们还到天坛一游，说来真巧，我们碰见了我的中中数学老师。大家见面真是喜不自胜。美好时光过得太快了，考试终于到来。我报的入学志愿有三：一是北大哲学系；二是燕大外交系；三是北师大历史系。考试过后便是等待放榜了。这时又有一段时间可以休闲放松。我们便到颐和园作一日游。此园湖山相映景色优美迷人，确是到处美不胜收。第二天我爱人建议到天津玩玩，她还说别错失良机。我当然同意。天津是华北的大工业城市，也是重要的工业中心。那时我已觉得它比曼谷繁荣多了。记得市里还有一条路叫罗斯福路，这个坏路名我想早已改掉了。天津虽有名胜好玩的去处，但大大不如北京，于是我们停留不久便回来了。回到潮州会馆等待发榜。

在等待中大学终于放榜了，我考上北大哲学系，我爱人考上北师大教育系，我真的圆了少年梦。这时也可以说是双喜临门。为了让我父亲分享我们的喜悦，我刻不容缓立马给他写信。不久他老人家通过香港给我汇来一笔款子。后来也有信来加以鼓励。那时我因有点事，所以比其他同学晚些报到。我到红楼系办公室时，系秘书杨祖陶先生含笑问我

▲ **左起：胡文耕、马兵、谢龙、宋文坚**

是否愿意到东语系任教。这时我不假思索也含笑说：我是来读书的不是来教书的。当时我想东语系那时大概缺少泰语教师，而且他们知道我泰语小学毕业。这个猜测得到了证实。因有一天我在校附近的咖啡店里碰到一位名叫乃德才的泰人老师。虽然初次见面但我们热情交谈，才知道东语系缺少教师。当然我也失去了一个机会：无缘受教于季羡林大师门下。

五、在北大的学习

在沙滩红楼求学的两年，我修了几门课。首先是听哲学家艾思奇的辩证唯物主义与历史唯物主义。艾老师的大众哲学我在念中学时已经拜读过，这次他当面讲授令我更深入更全面理解了马列哲学的要义。当然，他的认真传授令同学们得益不浅。在大一期间我还听过任继愈老师的近代哲学思想史，他特别介绍了龚定庵的哲学思想。在我的记忆中他是位文质彬彬的学者，身穿长袍，坐着讲课时双手插在袖里，轻声慢语。后来我也听过石峻老师的中国近代思想史。石老师教学也很认真，他介绍并评论近代先进人物的革命思想，帮助我们了解革命人生观是如何不断形成和确立起来的。此外我也听过齐良骥老师的西方哲学史课，但现在印象不深。大一期间我还旁听历史系名教授杨人楩的法国大革命。他中等身材，清瘦有神、西装革履，讲课很有吸引力，在讲台上踱来踱去。他不但神态十足，而要紧的是讲课内容充实。听者集中精神也足以说明其成功。英文豪狄更斯的《双城记》正是以法国大革命为背景，故听此课对于西方文学系学生也大有助益。

▲ 左起：虞謇、马兵、侯鸿勋

第二年，我们还听了汤用彤教授的大陆理性哲学、贺麟教授的黑格尔哲学和郑昕教授的康德学术。这些课是高年级的课，我听懂的只是个概要。这一学年对我们逻辑专业来说比较重要的是形式逻辑一课。这课开始是由数理逻辑学家胡世华教授开讲的。他讲了几堂课后因故改由晏成书先生续讲。这样一来便引起同学不满，我想这是因为同学要求过高的缘故。继之，在同学要求下胡老师又回来讲课，但是不久他有要事又走了。最后还是得由晏老师勉为其难继续讲到底。差点忘记了，我还上过俄语课。这门课的老师听说是曾经担任我国驻苏的参赞，不过他的大名现在记不得了。他用俄语教本一课一课地教，很认真。我的俄语就此打下了一点点基础。我很谢他。

在沙滩红楼我们也经历了三大政治运动：抗美援朝、三反五反、知识分子思想改造。那时我们同学热血沸腾，许多同学报名参加志愿军。三反五反运动也在全国展开，我们也在民主广场听领导同志的有关报告。当时在报上公布枪毙刘青山张子善两个大贪污犯，不但大快人心而且令人感到毛主席共产党的英明伟大。同时，为了社会主义事业的建设必须对资产阶级知识分子进行思想改造。在学校里这一改造称之为洗澡。这些运动已过去数十多年，如今仍感到其必要。可不是么？现在美国野心狼仍在我们家门口张牙舞爪，贪官污吏仍然不少，知识分子追逐名利越加厉害。如今这一切值得我们警惕。居安必须思危，不思则危矣。

到了 1952 年，全国高校进行调整。大概是这年的秋天，我们从沙滩搬到西郊的燕园。这时北大、清华、燕大、辅仁、南大、武大、中大等的教授都云集于此，北大哲学系人才济济，真是盛极一时。这时哲学系系主任是金岳霖教授。我系此时设立两个专业：哲学专业和心理学专业。哲学专业又设三个专门化：辩证唯物论、历史唯物论、逻辑。那时听说不久的将来，中学要开设逻辑课，系里便动员我们选逻辑专门化专业。其时爱学逻辑的同学不多，但我乐意选定这一专业。在燕园我和好几位同学开始学习逻辑。欧阳中石、宋文坚、廖元嘉、任宣猷、顾之润和我等大约十个同学在上专业课时总在一起，只有在上选修课时才分开。

金老很重视艾思奇老师的课——辩证唯物主义与历史唯物主义。这门课我们在沙滩时已经修过，可金老还要我们再上一次。艾老师似乎视形式逻辑为形而上学，听说金老对此不以为然，他对艾老师说：艾先生你讲的话句句都合乎形式逻辑。这个趣事我至今仍有点印象。表面来看形式逻辑之A是A、A不是非A、A或非A等，自然认为形式逻辑是形而上学，成为反辩证法的东西了。

学习逻辑不能只限于逻辑的知识范围内，还必须学习其他的知识，因此我们学习西方哲学史。这门课是苗力田、熊伟、张世英和任华四位老师合讲的。在我的印象中他们只讲到近代的西方哲学，没有现代的部分。其实现代哲学思想以罗素、维特根斯坦和逻辑实证论为重点，是应加以论介的。尽管如此，他们的认真讲学仍令我获益匪浅。其时我们还听何兆清老师讲解亚里士多德的逻辑，他讲解了亚氏的分析篇。此外也上了汪奠基老师的西方逻辑史课。但是当时却没有全面深入地学习西方逻辑史。由于逻辑与语言关系十分密切，系里就请了语言学家高名凯来作这方面的学术专题讲座。高先生原曾修学哲学，后舍哲学而专攻语言文学，所以他在开讲之前说他是哲学系的叛徒，这一开头便引我们一笑。其实他在语言学方面有很大成就。他翻译了一系列的法国文学著作，主要是巴尔扎克的小说。

在我们的专门化课程中还有很重要的一门，那就是王宪钧教授的数理逻辑。王老师讲课认真仔细也很关心我们是否听懂，他时不时地问我们他是否讲清楚了。当时我很重视这门课，所以认真听讲因而获益不少。后来我能翻译一些数理逻辑论文和写一些涉及这方面的文章，不能说与此无关。先生身体瘦弱、生病，后来我曾去探望他，这已经是多年后的事情了。

此外还有一门重要的课，那就是周礼全老师开出的逻辑理论问题研究与教学实习课。周先生教学认真、热情，他编写和油印许多这方面的材料供我们讨论参考。他特别重视语言中的逻辑问题，他搜集许多例子供我们参考。这些材料有助于我们以后教学，如果我们以后当教师的话。后来我在复旦工作，周先生到上海时我们也多次见面。

在燕园学习的最后一年，为了进一步提高俄语水平，我选修了著名语言学家缪朗山教授的俄语课。我在达德时已经知道缪先生，因为那时他在报上登广告要招收学生学习各种语言：英语、德语、俄语、法语等。此时知道他已在北大教俄语，所以我立即选修他的课。缪老师是广东人，说普通话带粤语腔调，但他身着长袍手持斯的克（英文 stick，即手杖），说话幽默，讲课时挥动手杖，有时依所讲内容而动作频频。虽然如此，但他生动的讲课效果特好。他的教学法很成功，如何记和丰富词汇、如何分析语句都有一套方法。此外他还拿不同语言来作比较，比如俄语和英语、德语和俄语等等。他给我们的课外练习便是翻译，开始是一段一段，以后是一篇。虽然他的俄语发音不标准，但他的教学大大有助于阅读和翻译。后来我们才知道他曾留苏研究希腊语，还修研拉丁文。他还翻译过一部希腊史。这种人才在我国是屈指可数的。缪老师为人和气可亲，记得我和刘清和同学曾到他家拜访他。后来我能当苏联专家的翻译和翻译一些哲学、逻辑的俄文著作，这也应归功于缪朗山教授。

我还记起在这期间系里还请沈有鼎教授来作为我的指导老师。沈先生博学多才也是个奇才，他勤于思考而且善于思考，对哲学和逻辑问题都有独特的见解，但他生活简单朴实无华。当我提出逻辑问题时，他必先问我的看法，然后才说出自己与他人不同的看法。当时我请教他的问题大概是关于形式逻辑的性质、公孙龙的逻辑等问题。可惜因为我学识浅薄，不能完全理会他的深刻见解。只是到后来我再研读他的文章才能更进一步领会他所讲的道理。像沈老师这样的学者没有给我们高年级同学开课，我觉得这是很遗憾的事。

从沙滩到燕园这四年的学习中我得到老师们的教诲是深刻的，多方面的，令我受益不浅。他们诲人不倦、不厌其烦地教导，他们讲学独具匠心不落窠臼，这种教育精神和品格是我今后从事教学的准则。在北大值得我们学习的好东西实在太丰富了，只可惜为时不多了，我们快结业了。虽然我已圆了少年之梦，但在即将离开燕园之际，百感交集，实在依依不舍。

1954 年 8 月，我告别了美丽的燕园，来到了上海的复旦。

我本书生

章自承

追思北大所受熏陶

新中国成立的第二年，我揣着追求真理的愿望，来到这所具有兼收并蓄优良传统的学术大殿堂——北京大学。在这里，无论在学习的课堂上、在生活中、在人与人之间的关系上，甚至在选课中，感觉到有一种无形的气氛和力量在包围着我，吸引着我，深深地潜入我的内心，这就是“德赛”二先生。我住在三院，到著名的红楼上课，在民主广场的操场上进行体育活动，这些地方和场所，就是五四运动的策源地。当年的北大学子为了救国救民，聚集了浩浩荡荡的队伍，走上街头，示威游行。火烧赵家楼，据说就是杨晦先生（我就读北大时杨先生已是北大中文系教授）带头的。

在这里，我聆听了艾思奇老师、贺麟教授、郑昕系主任、张世英教授、苗力田教授、于光远老师等著名大师们传道、授业、解惑。其中艾思奇老师的课，给我影响最深，他把哲学通俗化，并能理论联系实际。

我记得于光远先生只给我们上了一堂课，他一上讲台就说，今天我不讲课，先问一个问题，请你们先讲。这个问题是：什么是哲学？你为什么要学哲学？学生的答案五花八门，什么哲学是自然科学和社会科学的概括和总结、是站在科学之上的科学、是玄学、是世界观等等。至于这些答案之间是何种关系，就没有人能答上了。至于为什么要学哲学，有人说是为人民服务。于先生进一步问，学其他专业不是一样为人民服务吗？下面就没人回答了。这堂课十分有趣，也给人以深刻的启迪。它使我了解，无论是学习，还是从事教学和研究，切忌不求甚解，停留在字面上，一知半解。而要吃深吃透，融会贯通，将所学内容化为自己的血肉。

还有许多活动使我受益匪浅。比如1952年院系调整前，哲学学会定期举行讨论会，由于人数不多，允许我们学生参加。艾思奇是会长，可他每次开会时，经常一开口总要贬斥形式逻辑。金岳霖先生是研究逻辑的名家，有一次他忍不住向艾思奇提出了意见。他说，艾思奇同志，你经常批判形式逻辑，说它不对，可是你讲的话，都符合形式逻辑，不然的话，我们就听不懂你讲的话了。艾思奇只是笑一笑，后来在他的讲课中，说他把形而上学和形式逻辑混为一谈了。他要批判的是形而上学，不是形式逻辑。这种情况不止一次。也是在讲课中，他说他过去说过劳动创造世界，现在看来这个说法不对，有人问太阳是劳动创造出来的吗，就被问倒了。正确的说法是劳动创造人类社会。在哲学学会的讨论会上，经常听到冯友兰先生和贺麟先生的争论，有时还很激烈，但没有不雅之词和粗暴的攻击。在哲学学会的讨论会上所体现的民主气氛和宽松、宽容的环境，尊重对方意见的胸襟，至今令人怀念和称颂。

▲ 1952年10月摄于沙滩民主广场

同时，开始了极左的“政治批判”，知识分子要进行思想改造，许多教授被迫作自我批判并接受批判。当时汤用彤是校务委员会主席，相当于北大校长（马寅初校长是1951年到校的），他的学生批判他，他坐在主席台上，竟哈哈大笑，使我第一次感受到博大的宽容精神。

终身从教、反思历史、研究不停歇

▲ 1953 年 10 月李观福与章自承合影

四年光阴匆匆逝去，毕业后我被分配到另一所大学教书，就这样一直到退休，始终未走出学校的门槛。我本书生，这样的环境和岗位，更加重了我的书生气。参加工作后，本以为可以展示所学，报效祖国和人民，然而情况并非如此，我还有一门功课没有学过，这就是复杂的人际关系学，而它又是在当时课堂上学不到的。可我只会按书本上说的来操作。我不懂世故，不会阴谋，对权贵不低眉折腰，满以为只要光明磊落、堂堂正正做人，就可以消灾免祸、平安地工作和生活。谁又能料到，生活并不是按照个人的设想和老百姓的愿望来运行的。因此我在现实生活中被碰得鼻青脸肿、灰头土脸……

经过对颇多坎坷的历史的反思，体悟到一个国家和民族要想复兴，屹立于世界民族之林，并对世界作出特有的贡献，就一刻也不能离开哲学理论思维，但错误的混乱的哲学理论，则只能造成历史的倒退，使社会不是走向振兴和发展，而是走向更加落后、愚昧和野蛮。

我作为一个普通的知识分子，别无所长，只能结合自己的专业，作一些探讨和反思。为此我写了若干篇文章，从中选了两篇，就教于 50 级的同班同学。这两篇文章是关于哲学基础理论的，旨在宣传辩证唯物论，反对唯心论和形而上学，正是后者给我国带来了深重的灾难。

在世界本源问题的文章中，曾指出世界本源及其答案，被黑格尔利用作为他的理论根据和来源，把一切哲学的观点都归结为或从属于唯心论观点，成为集唯心论的大成者，并建立以绝对精神为核心的庞大唯心论体系。黑格尔的著作虽晦涩难懂，但结合现实很紧，决不是空中楼阁或纸上谈兵，他希望他的哲学能转化为现实。他从拿破仑身上似乎找到了希望，当拿破仑占领了普鲁士、骑着白马在普鲁士土地上耀武杨威行进时，黑格尔目睹了这一切后说：我看到了骑在白马上的绝对精神。可惜拿破仑在俄国全军覆灭，使黑格尔的幻想也遭到了破灭。可他万万没有想到，他的绝对精神却在中国找到了它的体现者和代理人。这就是“文化大革命”中，“四人帮”为实现封建法西斯复辟阴谋而把黑格尔的理论逻辑，不折不扣地变为现实的逻辑，把马克思主义指导和共产党领导扭曲为体现黑格尔“绝对精神”的绝对真理或真理的顶峰，使之拥有无限的和绝对的权力。其另一名称，如费尔巴哈所指出的，又叫上帝。使之拥有至高无尚的权力，所以说一不二，唯我独尊，所谓最高指示无非是圣旨的别名，必须无条件执行。绝对权力淫威之下的臣民除了盲从之外还是盲从，而与马克思主义、社会主义截然相悖。

▲ 左起：黄怀字、韩鸿寿、杨子熙、章自承——摄于宿舍门前

在差异与矛盾关系一文中，核心问题是阐述同与异的辩证关系，驳斥了把同与异分割开来的单纯差异和抽象同一的形而上学。其中特别是抽象同一的观点，对现实生活特别有害。如，1936 年苏联颁

布的宪法中，声称在苏联，工人、农民和知识分子完全一致，否认社会主义社会中存在矛盾。但事实并非如此，不同的声音和言论，随时都在发生，斯大林认为这是帝国主义外来干涉的结果，把他们当成苏维埃政权的敌人，予以镇压和屠杀，以此证明苏联社会内部的绝对一致性。又如，在我国的现实生活中，抽象同一的观点表现繁多，被农民称之为把泥鳅黄鳝扯成一样长的平均主义、凡事一刀切的工作模式、舆论强求一律、指导思想上要求一股绳一个劲一个样……甚至以武器的批判来代替批判的武器来达到绝对同一的目的。如蔡元培先生说过，多歧为贵，不求苟同。蔡先生的这些话，是针对红学研究中的争论来说的，其实它适用于一切领域。如果强求世界变成了一个样，那么这个世界就会变得毫无生机，走向绝路和死路。

至于我个人，毫无建树。当然，并不缺乏有所作为的想法。但是非不为也，是不能也。中学时学的英文；大学时说这是帝国主义语言，改学俄文；参加工作后，和赫鲁晓夫闹翻了，说俄语是修正主义语言，外文也不能学了。看专业书吧，说是走白专道路，弄得我无所适从。再加上运动不断，面对各种刁难、栽赃、捏造、歪曲，我只好效法庄子，知其无可奈何而安之若素。可是大好的光阴就此白白浪费掉了。以后可以学习和研究了，但一口气吃不成胖子，致使学术根底不深，虽写了十多篇论文，参与了高教部审定的西方无神论史教科书，但都不足以传世。

位卑未敢忘忧国。我心仍系着德先生和赛先生。我即将年满八十，年老体衰，力不从心，只好寄希望于北大现在和未来的学子。我国政治革命的任务远未完成，在民主的进程中，任重而道险，我相信后来人做得一定比我们做得更好。

——章自承写于 2010 年 5 月

把命运紧握在自己手中

虞 謇

我出生于1931年1月8日，现已度过57个春秋。回顾人生的历程，我有过好运，有过欢乐，但更多的是厄运和痛苦。世人有人相信上帝，有人相信鬼神，而我却信每个人都有自己的命运。诚然，人的命运是受多种因素制约的，但主宰命运的是自己。要把命运紧紧握在自己的手中。

1957年春天，我国知识界发生了一场灾难，许多正直无辜的知识分子遭受了不白之冤。那时我正年轻，血气方刚，只因我说了一句冒犯权威之言，就被打成“极右”分子而投入监狱，从此劳动改造长达23个春秋、在此期间，我被剥夺了公民的一切权利和自由，连每次上厕所也要打报告，经批准。我由一名高校教师变成一名劳改囚犯，每天被强制干着高于普通工人两倍的重体力劳动，每天都承受着肉体上与精神上的巨大痛苦。我的同命运者，有人承受不了这般折磨而走上了自我毁灭的道路。面对如此残酷的现实，我曾诅咒、呼唤过“命运之神”，我更苦苦地思索着人生的真谛。是痛苦地任凭“命运之神”摆布，还是自强自爱，把命运紧紧地握在自己的手中？我选择了后者。我坚信自己，我绝不是有罪于人民的人。我更坚信历史，它会作出最公正的裁判。人，不值得为个人的得失而忧患。人生的真谛在于“奉献”。信念支撑着我坚强地活着，勇敢向命运提出了挑战——“我要活得更有意义”。为此，我把惩罚性的强制劳动，当作为人民奉献的自觉劳动。从不偷懒，拼命干活。尽管我每天耗尽了体力，疲惫不堪，但为社会

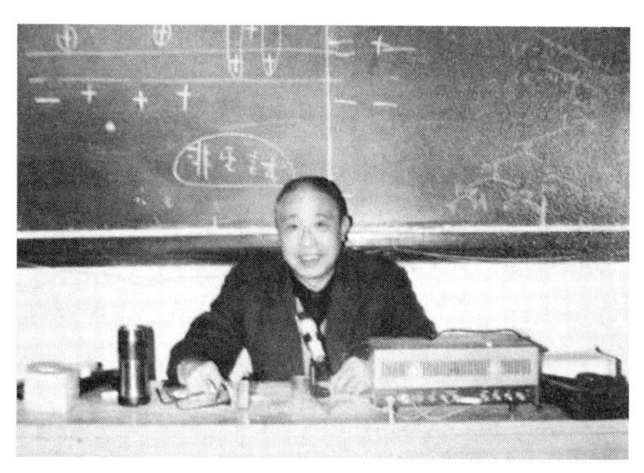
▲ 虞謇重返教学岗位

创造了更多的财富，我由衷感到充实、欣慰。尽管现实严酷，岁月艰难，但我敢于面对现实，超越自我。我没有随波逐流，虚度年华。我更没有颓废消沉，自暴自弃。我敢说，我不是懦夫，我是生活的强者，我把命运紧紧地握在自己的手中。

1979年，历史翻开了新的一页，我的冤案得到了彻底的平反。我由外地调回北京，并调入中国政法大学当教员，恢复我热爱的专业工作。

然而，生活又面临新的转折。23年的劳动改造，我已成为名副其实的体力劳动者；现“摇身一变”，我又成了一名大学教师。生活跟我开了一个大玩笑。20多年的劳改生涯，迫使我荒废了学业，现在又要从ABC开始。这一次转折并不比上次轻松。那时我毕竟年轻，身强力壮。此时我已年近五十，体力精力大减。加之，一些规章制度不合理，更加重了我的身心负担。由工人转为知识分子后，工资数额只能恢复到二十多年前的级别。工人的奖金、劳保等待遇取消。妻子由于我的遭遇而患精神分裂症，曾长期享受医药费报销一半的待遇，现因我转到学校工作，也被取消。待遇倒退，物价上涨。这样，我的生活情况不但没有得到改善，反而有所下降。心情极不平静，困境更使我愤愤不满。命运竟对我如此戏弄、酷苛。一瞬间，似乎“时来运转”，而实际只是“海市蜃楼”。我气愤生活对我太不公平！

该怎么办？我又一次陷入了痛苦和迷惘。是屈服命运，还是迎战命运？是牢骚满腹、气愤填胸，还是征服困难、为振兴中华生热发光？我又一次选择了后者，决心再一次把命运紧紧握在自己的手中。我开始脚踏实地，奋发学习，钻研业务，坚持不懈，刻苦努力。灯下，我送走了多少个静悄悄的夜晚；窗前，我迎来了多少个曙光微亮的黎明。我没有懊丧，决心从头做起。我全部精力倾注于事业。我渴求实现年轻时就立下的理想。终于我重新登上了大学的讲台，在校内外讲授逻辑学课程。教学尽心尽力，工作认真负责。渐渐我的教学深受学生的欢迎和好评。余下时间，潜心研讨，与同事们合作，撰写学术论文与教材。与此相随，我被评为讲师，随后又晋升为副教授。我热爱自己的工作，尽管这项工作辛苦、平凡，经济收入微薄，但学生的成长带给我无比的喜悦和欢乐。逢年过节，我常收到一些学生的来信。有人说："我学业上结出的丰硕成果，是您辛勤劳动的结晶。"有人说："我成绩单上的优良，是您心血的浇灌和渗透。"还有的说："在您那里，我不但学到了知识，而且学到怎样做人的道理……我多么渴望，在今后人生的道路上，仍能遇到像您一样的好老师。"读着这一封封热情洋溢的来信，幸福在我心中荡漾，使我激情满怀，热泪盈眶。我这颗带着伤痕的生命，在一批年轻人的身上获得了新的活力。我一个有限的生命在许多年轻人身上得到延续。世上还有什么比这更幸福呢？

回忆往事，我并不羞愧。思想明天，却感到有遗憾。如今我病魔缠身。劳改时留下的尘肺（职业病），常使我气喘难受。腰背劳损，疼痛也常发作。更令我痛苦的——左眼视神经、视网膜炎，使我阅读艰难。最近又患食道炎症。病痛接踵而至，工作深感力不从心。自知已年华有限，但我愿在有生之年多做些力所能及的工作。

人总是要老的，这是不可抗拒的自然规律，但我已把全力奉献给我热爱的事业和人民，这是我唯一的慰藉。

——虞謇，1988 年文稿

附

一位罹患尘肺病的大学教授*

——怀念父亲虞謇先生

虞和泳

仅以此文献给我的父亲，也献给在种种职业危难中亡故的人们。愿天下的劳动者，都能获得职业安全与健康。愿天下的母亲和孩子，都拥有一个幸福欢乐的家。愿天下的父亲，一生平安。

——作者手记

我的父亲虞謇先生，是中国政法大学的副教授，中国民主同盟的盟员，2003年4月11日下午因Ⅱ期尘肺导致呼吸循环衰竭在北京逝世，享年72岁。一位在大学讲坛上传授逻辑学的教师，远离粉尘作业环境，怎么能患上尘肺这种职业病呢？这其中的原因，还得从父亲所经历的那个年代说起……

1. 遭遇挫折

我的父亲虞謇先生，字慰庭，1931年1月8日出生在浙江镇海的一个耕读之家，是虞氏家族在宁波这支血脉自明朝以来谱系排序的第十八代。

1950年9月至1951年7月，父亲在北京辅仁大学哲学系一年级学习，1951年9月随全系并入北京大学哲学系，至1954年7月本科毕业。在北大的同班同学有：欧阳中石、宋文坚等十人读形式逻辑专门化或逻辑组，读辩证唯物主义和历史唯物物主义专门化的同学还有侯鸿勋、赵士孝、刘唯等十余人。负责逻辑组是后来主编《逻辑百科辞典》的周礼全先生。在纪念北京

* 原载于《现代职业安全》（月刊）2006年第4期，第78—80页，系1950级同学虞謇（1931—2003）之子虞和泳怀念父亲的文章，十分感人，也道出了我们的共同心声。本文基本摘自原文，仅就姓名有误处，稍加改正。

大学校庆出版的《北大人》第二卷上，父亲写道："对母校印象最深的是老师的教导和同学的友谊。"

1954 年 7 月至 1958 年 2 月，父亲在中共中央马列学院哲学教研室任资料员，后转中共中央高级党校社会科学研究室任研究实习员。在此期间，父亲与一位校领导在学术观点上有分歧，后因著文《怎样运用物质第一性和意识第二性的原理到实际工作中去》，又冒犯了当时的理论权威康生，被斥为"歪曲攻击马克思主义哲学的根本原理""反对马克思主义的世界观"。不久，父亲就被中央党校下放到山西太谷的农村去劳动锻炼，一年后回校报到时被当场拘捕，并宣布为极右分子，开除公职送劳动教养（那年父亲 27 岁）。从此，开始了他长达 21 年的冤狱生活。

2. 疑似尘肺

父亲从最初接触粉尘作业环境到"1978 年检查为可疑矽肺 Ⅰ－O"（河北长征医院 1985 年 5 月 20 日给北京职业病防治所出具的证明），历时 20 年；从疑似尘肺（矽肺 Ⅰ－O）到确诊为"Ⅰ期尘肺并感染"（病案号 983187），历时 8 年。

父亲在错划右派劳动教养的 21 年中，有 16 年是刷砂工（清刷铸铁暖气片上的浮砂及铸造砂芯）。1985 年 8 月 27 日，中国政法大学在给北京市职业病防治所要求诊断父亲是否患尘肺病公函的一系列附件表明："该工种系较严重的粉尘作业"（长征汽车制造厂出具的证明），"粉尘浓度较高"（邢台市职业病诊断小组出具的证明），"工作环境差，粉尘浓度超过国家规定"（北京拖拉机公司出具的证明）。

1979 年 12 月，在胡耀邦主持中央党校工作期间，虽然为父亲平反昭雪并恢复政治名誉，但他的身心健康已经受到严重摧残。二十多年的超强度劳动（一人干三个人的工作定额，即每天必须给 3000 个暖气片刷砂），使他的胃部窜至胸腹隔膜以上，由于食道长期受胃酸的侵蚀，形成食道裂孔疝，平反后不久就做了开胸的大手术。父亲在术后进食还是很困难，吃东西经常连续不断地打嗝。长期的重体力劳动，还造成父亲的腰肌劳损，痛得他晚上经常睡不好觉。他的左眼因进入异物而出现盲点，看一个物体只能见着边缘，看不见中心部位。例如他看电灯，只能见到灯光而看不见灯泡。特别是父亲的肺部长期受到粉尘污染，经常胸闷、气短，有时还咳出带血丝的黏痰来。

父亲的肺部由于受到严重的粉尘污染，肺叶的吸氧功能在不断下降，血液经常处于缺氧的状态。有一年秋天，父亲突然晕倒在讲台上，幸亏学生们及时送往北医三院抢救，才保住了生命。为了不耽误同学们的功课，父亲在病情稍有缓解的情况下就强行出院。他每天上课，差不多都是由学生们从家里背到学校，再由两个人扶上讲台；下课后，又由学生们将其背回家。就这样坚持到讲完逻辑学的全部课程，并在串讲复习、考试阅卷之后，父亲才又继续住院治疗。

3. 重症十年

父亲从 1993 年 5 月诊断为“Ⅰ期尘肺并感染”，到 2003 年 1 月被诊断为“Ⅱ期尘肺并肺内炎症，慢性阻塞性肺气肿，肺源性心脏病，心衰Ⅳ°，呼吸衰竭Ⅰ°”（病案号 1181782），10 年间病情逐步趋向恶化。

令人费解的是，不知什么原因，父亲在 47 岁时（平反前夕）检查为疑似尘肺，直到他 62 岁（退休前夕）才被确诊为“Ⅰ期尘肺并感染”，竟然相隔 15 年，不仅失去了清洗肺叶的最佳时机，并且也彻底地失去了康复的可能性。1993 年 1 月 6 日，北京市劳动卫生职业病防治研究所附属职业病院对父亲的身体状况作出诊断和建议：“Ⅰ期尘肺并感染，需吸氧气”（病案号……37）。此后，父亲每天不得不依靠吸氧气维持生命。那时，父亲的肺部已有 2/3 以上钙化（纤维化），失去吸氧的功能，余下的部分尚有炎症。父亲几乎每年都住院治疗 1—2 个月，几乎用遍了所有消炎的西药。由于长期使用西药而产生了抗药性，最后也没有办法消除他肺部的炎症，只好改服中药。后来，北医三院的中医专家也说无能为力，便建议采用中西结合的治疗方法，或是做换肺手术。

2002 年 12 月 7 日和 2003 年 2 月 11 日，父亲因心肺功能衰竭，连续两次住进朝阳医院。这次住院较危险，父亲的病情按法定医学鉴定程序，已由Ⅰ期

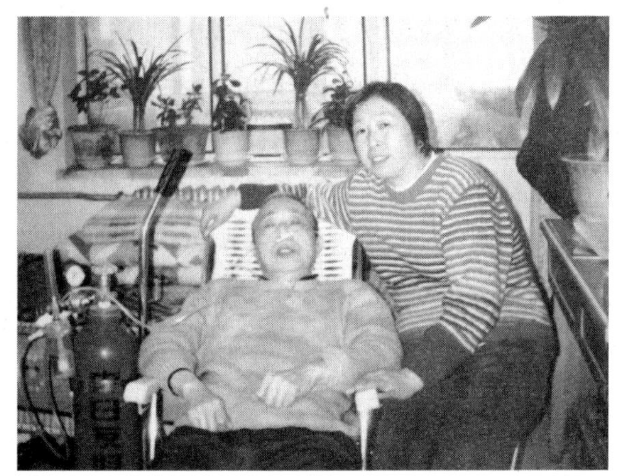

尘肺诊断为Ⅱ期尘肺（病案号1181782），同时并发肺内炎症、肺心病、肺气肿等多种疾病。由于肺功能的逐渐衰退，造成长期供氧不足，使父亲的全身血液严重缺氧，这就加重了心脏的负担，他的脚也开始水肿，行走不便，呼吸很困难。父亲的喉咙里经常有很黏很稠的黄痰卡在那里，要费很大的劲，直到涨红了脸才能勉强把痰吐出来。医生用了大量的化痰药，才使症状有所缓解。

2003年3月5日，父亲第二次出院时拿了些中药，吃了几服还算见效。4月初，朝阳医院的中医大夫要求父亲门诊，以便诊断病情对症下药。这下子可惹出了大麻烦。父亲在医院等着取药时受了凉，回到家里就发起烧来，加重了病情。父亲24小时不间断地吸着氧气，还是感到呼吸极度困难，并且还出现了短时昏迷和幻觉现象。我们全家人的心情，也从此沉重起来。

4. 离别时刻

父亲从2003年1月被诊断为Ⅱ期尘肺，到2003年4月病危送进朝阳医院，仅仅三个多月时间。我们最不愿意接受的现实，还是来临了。尘肺病在折磨了父亲大半生之后，终于在住院后三天夺走了他的生命。

2003年4月9日凌晨1点，电话响了起来，弟弟说父亲病危要赶快送朝阳医院，让我们在急诊处等候。我因为右脚骨折刚拆完石膏，行走困难，便让爱人先去看看情况。三点多钟她打来电话，让我通知妹妹一块到医院，说是共同商议对父亲的救治方案。

我们赶到了医院，看到父亲正靠在病床上吸氧气，手指上夹着测量血中含氧量的仪器。我爱人对父亲说："待会儿要给您上呼吸机，输氧管要插到喉咙里，不能再讲话了，即便是以后病情缓解撤去呼吸机，恐怕也有好长时间无法讲话，现在您有什么要说的就跟我们几个孩子说吧。”父亲沉思了一会儿，说：“我明白了。”他很严肃地对我们兄妹三人说：“你们要互相团结、互相谅解、互相帮助。教育你们的孩子，要好好学习、好好生活。”然后，父亲又很伤感地说：“我这一生最对不起的人就是你们的妈妈，她跟着我五十多年受了不少委屈，吃了不少苦，你们兄妹三人以后要好好孝敬她、照顾她，以弥补我对她的亏欠。”说完这些话，父亲就示意医生开始上呼吸机了。

我望着躺在病床上的父亲，对他说：“妹妹这几天和妈妈住在一起，弟弟累了晚上再来看您，我今天晚上回家明晚再来，我们轮流守着您和妈妈。请您放心，我是长子，以后会照顾好妈妈和弟弟妹妹的，我们小时候您不能经常回家，我不就是这样做的吗？”说着说着，我的泪禁不住涌了出来。父亲抬起扎着输液针管的手，一边为我擦泪，一边流着泪，我也一边为父亲擦着泪，一边流泪，就这样两人对哭了好长时间。我们父子心照不宣，都明白这是最后的诀别！

2003年的4月9日上午8时许，医院里的气氛突然紧张起来，病房里开始不停地喷洒消毒药水，同时打开了消毒用的紫光灯，据说是清晨在急诊内科病房死了一个非典病人。在护士长的指挥下，急诊内外科病房的病人，全部转移到通风良好的急诊大厅。医护人员从头到脚捂得严严实实，就像防化部队的战士。病人家属都涌到医院药房，去抢购口罩和其他防护用品。我和爱人守着父亲不愿离开，只好让消毒的医务人员把灭菌剂喷洒在自己的头上、身上和父亲的床上。

我们多次与住院部联系，都说重症监护病房没有床位，无奈之下只有向父亲的工作单位求助。中国政法大学很快就给朝阳医院发去了电子公函，请求将父亲尽快安置在重症监护病房，并表示：要不惜一切代价挽救父亲的生命，所需一切费用由学校全额承担。该校统战部长刘秀华同志也给医院党委打去电话，在详细地介绍了父亲的情况后说：“虞謇先生是我们学校的优秀教师，是中国共产党忠诚的朋友，请你们尽一切努力抢救他的生命。”到了下午，职业病研究所医疗部主任带着两个医生来说明情况：呼吸科重症监护病房住满了非典病人，连走廊里都增设了床位。职业病科没有重症监护设备，无法接纳病危的父亲。他说："看来只有利用急诊科室的抢救设备，由职业病科住院部的医生来巡诊，待父亲脱离危险期后，再转入职业病科继续治疗。"

2003 年 4 月 11 日下午，父亲不断地被黏痰卡住喘不上气来，由于呼吸机的输氧管插在喉咙里，无法采用化痰药剂治疗，医护人员只好取下呼吸器为他采取吸痰、排痰的紧急救助措施，收效甚微。

护士长叫来了职业病科的主治医生，还有呼吸科、内科等几个科室的医护人员，我的心一下子紧张起来，耳边不停地听到有人在说："呼吸机正常""心脏监护仪正常""血压监护仪正常"…… 职业病科的医生很认真地对我说："你们家属还希望采取什么急救措施？"我也很认真地说："我们不懂医学才把病人交给你们，你是医生，采取什么医疗措施是你的责任，我个人尊重你的决定。"主治医生听了我的话，停了一下，又看了一遍医疗监护仪器，向周围的人们挥了挥手，撤走了他身边所有的医护人员。

这时，父亲看见我爱人正走进病房，一个劲地向她招手，由于呼吸机的氧气导管还插在他的喉咙里，父亲已经不能再开口说话了。我猛然想起以前听人说过，人在死的时候有坠入无底深渊的感觉，立刻叫爱人过来，我在左边、她在右边，一人拉住了父亲的一只手，以便克服父亲在临终前刹那间的恐惧感与孤独感。父亲呼呼地喘着粗气，越来越急促，越来越艰难。大约自主呼吸了 10 分钟，父亲的脸突然涨成紫色又慢慢变黄，一颗泪珠从他的左眼角滚了出来，血压、心脏等医疗监护仪的显示同时归向零位…… 我慢慢地站起身来，俯到父亲的胸前，为他擦干了人生的最后一滴眼泪。

望着渐渐失去体温的父亲和他失去血色的脸，我的泪默默地流了下来，脑海中浮现着童年曾经拥有过的幸福时光：在那个晴朗的夏夜，母亲抱着弟弟、父亲背着我，散步在北大校园的绿树花丛之间，天上挂着一勾弯月，闪着蓝色的星光，池塘里荡出朱自清笔下荷花荷叶的淡淡清香。我把头轻轻地靠在父亲的背上，听着远处的一片蛙声。我觉得，父亲的背是天底下最舒服的床。

《生物学哲学》前言

胡文耕

20世纪90年代初，《科学前沿与哲学》项目完成之后，我也已经退休，本想此后自由支配的时间更多了，可以随兴之所至，读些自己想读而未读的典籍。可是几十年的生活轨迹，就如惯性运动一样，仍按老的方向运行。生命科学的发展，新成果的涌现，令人目不暇接。作为哲学工作者不得不对这些重大突破进行反思。国外同行在这方面做了大量工作，一些问题已提到哲学高度，这是可喜的。使人感到不足的是：受分析哲学影响较深、囿于物理哲学太甚；国内学者在这方面也做了不少工作，但比较零散，缺乏系统性，有独立见解的专论较少。这显然与当代生命科学的丰富成果是不相称的，于是，1992年我以“生物学哲学”立项申请资助，得到中华社科基金的资助。读者面前的这本著作，就是该项目的最终成果。

生物学哲学的探索，更广泛地说科学哲学的研究途径，曾经存在过的，或可能遵循的途径有三：

第一种是把哲学置于科学之上，对科学发展的进程妄加干涉，指手画脚，或对其成果横加评判。这种实例，在苏联和我国建国初期以及“文化大革命”期间，在某些学者中都有所表现。历史已经证明，这在理论上是行不通的，在实践上是有害的。本书作者从没有这个奢望，而且厌恶那种以哲学家自命对生物学的发展说三道四。

第二种态度目前在一些国家仍很流行，一些科学哲学家把主要精力放在科学概念的澄清、科学命题的分析上，或者为科学命题提供理论基础。这类工作适当做点也未尝不可。因为概念的清晰性是科学有效传播的条件之一。但是自然科学的命题是否正确，并不以这类哲学分析为转移。在自然科学中，经过试验检验过的成果，它的命题的适用范围可以为此后的实验所扩大或缩小，但不会被哲学的指责所取消（如 K. Popper 对“自然选择”的指责）。虚假不实的伪科学“成果”，即使有再多的哲学祝福，也不会使其由假变真。那些热衷于科学基础论者的工作是徒劳的。自然科学最坚实的基础是它自己的科学试验。具有一套严格规范的科学试验，既可以为自己的命题证真，也可以为其证伪，无须他人越俎代庖。即使在分析哲学内部有识之士也不同意这样做。石里克就明确表示过：“对于自然科学的基础，不存在别的特定的哲学辩证——这样一种辩证不仅是不可能的，而且也是多余的。”（《自然哲学》）可见这条道路也是不足取的。

第三种，也是本书作者所持的态度。我个人认为，哲学要繁荣，哲学就不应只满足于把自然科学的新成果仅仅作为已有论点的新例证，应当随着自然科学的发展而前进。哲学要发展，就应当关注自然科学的进展，理解、咀嚼、消化它的成果，作为自己的营养，然后才有可能作出符合实际的哲学解释。基于这种认识，本书作者所关注的重点是如何从蓬勃发展的生命科学中，消化、吸收其成果，然后，探讨其哲学意义，引出一些必要的哲学结论。20世纪即将结束，如何使我们的自然观与当代自然科学所显示的世界图景相适应是当代科学哲学工作者面临的一个重大课题。我个人力图向这个目标努力，并且在本书中做了一些尝试，提出了一系列有别于前人的见解。希望读者注意这些观点，作出自己的判断。

本书安排共有九章，这里不拟在此对各章做详细介绍，只想提请读者注意，我在各章中所阐述的自己的见解。

第一章讨论了生物学哲学的对象，论述了生物学与哲学两者之间的关系。在两者关系上本书既反对“代替论”，也不同意“无用论”“单向论”。接着我们从几个方面论证了生物学哲学是一门正在兴起的学科，尽管目前它还未达到枝繁叶茂的地步，但随着21世纪的到来，它将蓬勃发展。

在“生命系统”的第二章探讨了生命系统有别于一般物理系统的特点。目前学术界对此众说纷纭，我们考察了争论各方的观点，我们不同意单单以“个体性”“多层次系统”或“开放系统”作为界定生命系统与非生命系统的本质特征，尽管这些特征在生命系统中很普遍。这类特征只是生命系统的必要条件，而不是充分条件。在此，我强调并论证了生命系统是各种规律并存、相互作用的系统。系统内各子系统之间、各规律之间既有向上的因果制约，也有向下的以及横向的因果调控。在这里，读者可以看到，我们引申出有关生命系统的五个论点。

论及“自然规律”的第三章，我们看到只要称得上是“自然律”，就具有如下几个基本性质：客观性、稳定性、可重复性。接着我们在通常称之为描述性规律、解释性规律之外，强调了另一类更为重要的规律——过程规律。过程规律有别于前两者。过程规律是依赖于时间的事件，因而具有历时性、历史性的特点。这类规律实现过程由于初始条件极为复杂，因而难以确定。规律为自己开辟道路的过程，内受难以预见的因子起伏、涨落的影响，外有环境因素的渗入、干扰，因此，表现形式难以划一。当代科学进展表明，过程规律是更为普遍、更经常遇到的。它反映事物的内在本质联系更为深刻。

与传统的观点有别，我们将规律分为三种类型。规律的类型不同，它的预言方式与精确程度也不同。

有些生物哲学家，囿于物理学哲学框架，总感到在生物学中难以找到类似于物理学的那类规律，因而否认存在生物学规律。本书第四章从多方面证明：生物学中有许多上升为规律的认识，存在许多生物学规律。那种认为生物学中只有观察材料、只有描述性认识的观点是欠妥的。关键问题是要把握生物学规律的特点。在本章中，作者提出生物学规律有三个显著特点：即历史性、过程性和网络性。生物学规律总是在各种规律的相互作用中实现的，因而具有网络性。生物学规律的这些特点是与生物学研究客体的特点相联系的。由于生物学规律的上述特点，因而生物学规律的预言类型也有别。

在探讨“因果性”问题的第五章，我们没有卷入哲学史上古老的争议，只是从人类认识史的角度分析了因果观的发展。我们看到人类对因果观的认识，经历了从“前因果观”到因果观的发展。因果观本身的进展中，又有由“线性”到“环形”再到“网络型”的深化过程。本书结合生物学史的实际，详细地分析了这些因果联系的类型、结构，强调网络因果联系是最复杂的一种结构，也是生命系统中最常见的一种因果类型。网络因果关系有别于线性与环状因果模式，不仅在于它具有反馈调控，而且在于系统内各因果关系存在历时性与共时性相互制约、推移、转化，共同组成因果关系网，以维持系统的稳定或推动系统生长、发育。它与普遍联系、相互作用的区别在于它不限于单纯的作用与反作用，而在于这些诸多作用与反作用中有自主的调控。网络因果结构不同于线性结构，在于它具有非线性。环状因果关系虽然也是非线性，但它远不如网状关系中多重因果作用交织。网络因果关系中协同与拮抗相依，开放与封闭并存。

人类因果观上的这种深化，是与自然科学的发展相适应的。有趣的是我国古代中医理论中何以具有网络因果观的萌芽？对这一奇迹存在的原因，我们做了一些初步探索。

以“目的性”（teleonomy）为题的第六章，首先强调了目的性概念不同于目的论。前者是当代生物学才流行的一个新词。通常目的性系统特征有三：特定的偏爱状态；具有反馈调节能力；自身特定程序的存在。就这些特征而言，作为个体的生命系统是目的性系统。有机界作为整体不是目的性系统，因为不存在支配有机界发展与进化的程序。就无机界而言，某些人工制品、人工系统，也属于目的性系统，也具有目的性行为，不过它们的程序不是自身固有的，而是有目的的人从外部置于该系统的。

可见，自然界有三类目的性系统：人类活动；生物有机体的分化与发育；无机界中某些人工制品。三者之中由于其内部程序的不同而有质的差别。至于整个自然界的发展有无目的问题，即所谓“宇宙目的论”问题，本书做了否定的回答。

“生命起源”问题（第七章），既是个古老的哲学问题，又是当代科学前沿之一。这个问题的探索经过一个从思辨到科学的转变。在20世纪下半期，它有着辉煌的进展，又遇到巨大的困难。尽管从70年代起，笔者一直跟踪生物学这一分支的进展，但由于实验庞杂，涉及的问题很多，这里所描述的过程只能是粗略的。令人欣慰的是在本书写作期间，生命起源的考察与研究又有一些重要进展。读者可以看到由于Ribozyme（核糖核酸酶）的发现，作者发展了自己先前的观点，将生命起源过程分为三大阶段：化学进化阶段；RNA世界阶段；现代生命形成阶段。看来，从化学进化到现代生命出现之前有个中间环节称之为RNA世界较为合理。初生的生命很可能是以RNA为遗传信息载体，蛋白质尚未作为酶存在于初生的生命系统之中，那种生命形式靠RNA自我催化、生长与繁殖。目前这种看法得到一些模拟实验的支持。

地球之外其他星球上是否有生命？这个问题日益受到广泛的关注。本章反映了在这方面的一些新近进展，主要是近年有关火星、木星、木卫、土卫等方面考察所取得的进展。看来，结论性的材料还有待于未来。提供这类材料，是希望读者与我们一道共同关注这一与我们的生命观密切相关的课题。需要指出的是，在本章我提出了一个不成熟的看法：对称破缺在生命起源与生物进化过程中起着重要作用。

第八章“进化”，在这里我们回顾了达尔文之后进化论各派的观点，做了综述与评介。如果说在这里还有一些独立见解的话，是在生物进化与文化进化关系的论述上，提出文化进化有别于生物进化的七个特征。

最后一章，第九章——生物学概念的发展。本章主要目的是想通过生物学概念的发展，研究人类认识事物本质的深化过程。我提出生物学概念（其他学科的概念也类似）有三种类型：实体概念；关系概念；过程概念。在认识史上，人们对事物本质的认识深化通常都经历过：从实体概念发展为关系概念，再深化到过程概念。当人们认识从一个层次深入到下一个新的层次时，这一过程会循环往复地进行，并且有时可能存在交叉与重叠。这一过程也是人类认识事物本质的深化过程。结合蛋白质概念发展的历史实例，我们详细地剖析了这一过程。

以上简单地介绍了本书各章的主要内容，生物学哲学远不限于本书所探讨的这些问题。我们无意提供一个生物学哲学体系，毋宁说生物哲学目前仅初具规模，在体系上她是开放的。未来生命科学的发展，将使我们的自然观更为丰富，也会提出许多前所未闻的问题（包括社会问题）。回答与解释那些问题，将使21世纪的生物学哲学在框架上与体系上有别于20世纪。20世纪初期物理学的革命，大大丰富了物理学哲学的内容，50年代初期生物学的革命推动了生物学哲学的诞生。在21世纪，如果超弦（superstrings）理论在实验上有了判据，自然界的基本单元是点（points）、弦（strings）或块（brane）便有了答案。如果空间不是三维的，而是具有高维性九维空间加一维时间，或者二十五维空间加一维时间，① 那么我们的时空观与物质观将产生怎样的变化呢？

人类基因组工作的完成，是当代生命科学中划时代的事件，无疑将对哲学产生深远影响。我们说的“工作完成”不是指目前刚完成的人类基因组草图，而是指人类近十万基因的一一分别得到鉴定，基因与基因之间以及基因与蛋白质之间的相互制约、调控的关系得到阐明，此外，占基因组97%的部分，目前尚未发现功能，当这些被称之为“废物DNA”与基因关系弄清楚之后（倘若最终证明它们没有功能，也应对这类DNA的存在作出解释）。情况将怎样？无疑它将对许多学科产生极大冲击，甚至引起革命性变革。21世纪可供生物学哲学支配的材料较之今日当不可同日而语，那时的生物学哲学会改变面貌是很自然的。

哲学的最高范畴是古老的主题，可是不同的时代具有完全不同的内涵。我们今天所认识的系统、规律、因果性、目的性等范畴，较之过去有极大的深化，今后随着科学背景的变化，又将大大丰富。

20世纪中期之后，人们对复杂系统的本质给予了巨大的注意，为了表叙这类系统，用了各种不同的概念来指称它，如自组织、超循环、协同、耗散结构、复杂性等概念。这些概念的形成标志着人类认识的深化。然而毋庸讳言，这类概念仍然是偏重于定性的、描述性的。因为复杂系统活动的内在机制，我

① J. Barrow, *The world within the world*, Oxford, Oxford university Press,1994,pp. 195−197.

们并未形成多少定量的规律性的陈述。能否做这种预期：当有机界的最高花朵——人类基因组系统内在的结构与功能完全揭示之后，既可以定量地测定，又可以定量地准确地干扰之后，一句话，它的结构与功能在内外条件下如何运作都历历在目之后，那时，人们对各类复杂系统便可提出更深刻的概念。

与人类基因组工作相并行，其他一些生物的基因组的破译，近年来也取得重大进展。从流感嗜血杆菌到酵母基因组、从球状蓝藻到果蝇等若干生物的基因组排序工作都已完成，事实上已经形成了一门新的学科——“基因组学”，或更准确地说“比较基因组学”。它以每个生物体的基因组为对象，并把它们与其他生物的基因组进行比较，以便从中进一步认识生命的本质，生物的分化与发育，不同生物有机体是如何产生差异并引起进化，以及疾病如何产生等等，其结果将使人们看到：伴随新学科的形成，还存在其对立过程，固有学科走向交叉、会合。今天相对独立的遗传学、细胞学、胚胎发育学与进化论，通过基因组系统的深入认识，将会证明它们无非是有机生命活动的不同侧面的表现而已。我们在第八章中提出：当代学科分化有别于早期的单独以运动形式来划分的论点，我想，生命科学的发展，这一点将愈加明显。

也许未来生物学哲学面临最突出的问题是在实践方面，即生命伦理学方面。目前已经看出端倪，基因组工作的进展，提出了许多尖锐的社会伦理、道德问题。设想一下，当社会出现这种情况：许多成员对自己的基因组都一卡在手时，[①] 情况将怎样？在什么情况下可以出示，隐私权界限划在哪儿？面临择业、保险，该不该出示自己的基因组卡？受到不平等的对待怎么办？在21世纪初期，在不远的将来，通过遗传工程、干细胞技术，克隆人体器官将不再是难事，选择生育特定性格的子女也会成为可能。选择优良基因、阻止或改造有缺陷的基因也将成为现实。那时，社会在什么条件下允许这类对基因组的干扰呢？又以什么原则确定社会哪些成员才有权先分享这类科学成果呢？于是社会

① 由于存在单核甘酸的多态性，因而人与人之间约30亿碱基对中多少有些差别。有的差别仅少数碱基对，有的区别却很严重，形成基因缺陷性疾病，于是人们有的基因组良好（体力上或智能上），有的易产生疾病。目前已知有几百种由基因产生的疾病。

▲ 胡文耕病中与来探视的老同学合影

面临这种问题：如何平等地处理事实上人与人之间基因组质量上的不平等。谁能作出这种抉择？是由个人、集体、国家，还是国际社会？看来生命科学的发展将与社会伦理、道德问题日益尖锐齐头并进，将使人类最基本的人权面临挑战。

本书是中华社科基金资助的一个科研项目。1996 年年初书稿完成后，我随即赴美探亲。在美期间接触到一些有关生命科学的新材料，为了把那些新进展反映出来，1997 年回国后，我对书稿的一些章节进行了修改、定稿。1998 年北京某著名大学出版社看过原稿后，基于本书学术水平，决定无须出版资助，出版本书。清样出来后，由于考虑到学术著作发行量不大，该出版社提出出版有困难，需资助。在当前出版状态下，他们的困难我完全理解。可是这时社科院 1998 年度出版资助款项已审批分配完毕，于是本书的出版只好拖下来。1999 年本书申请到中国社会科学院出版基金的资助，并蒙中国社会科学出版社负责出版，特别是哲学组的冯春凤同志的大力支持，使本书得以早日与读者见面，在此我对他（她）们为本书的出版付出的大量辛勤劳动致以深切的谢意。

本书定稿之后，曾在中国自然辩证法研究会生物学哲学专业委员会在系委员中讨论并征求意见，蒙委员会的同事与朋友在百忙中抽出时间进行审阅并提出许多宝贵意见，特此致谢。此外，本书部分章节的内容曾在北京大学现代科学与哲学研究中心组织的以博士生、硕士生为对象的学术讲座中也讲授过，并吸取了他们提出的一些修改意见，在此一并致以谢意！

从北大学哲学有感

黄荣钊

我于1954年北京大学哲学系（辩证唯物论历史唯物论专业）本科毕业，又于1956年北大哲学系研究生毕业，分配到上海一所综合大学任哲学教师，五年后，即1961年支援到新办的上海科技大学马列主义教研室，任哲学教师三十多年后退休。

回顾从北京大学哲学系学科学哲学——辩证唯物论历史唯物论及往后的延续，颇有感受。

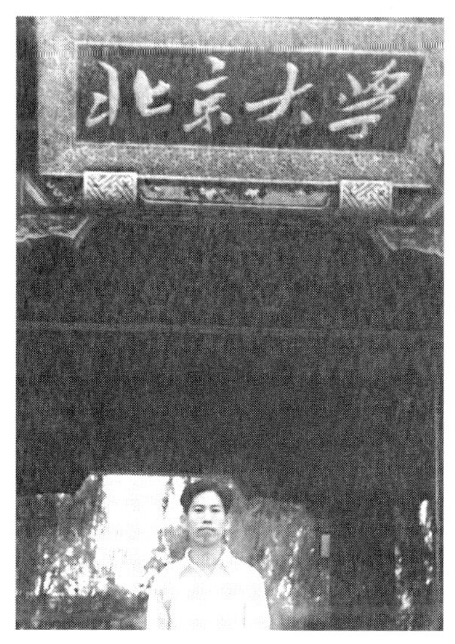

▲ 黄荣钊摄于1953年

祖国关怀，我得以到高等学校学习。我住过北大的原址“沙滩”“三院”，学习环境和生活条件都好，每天早晨到富有历史意义的北大“民主广场”跑步，锻炼身体，课后到藏书丰富的北大图书馆和国立图书馆看书。经常到北大红楼设立的“毛主席工作室”参观，深入了解现代中国革命的发生和发展过程。后来，北大从庄严而富有历史意义的原校址迁往新校址——“燕园”。燕园校景优美，未名湖畔景色宜人，春夏秋天到湖边看书，如临“仙境”。冬天，未名湖形成天然的溜冰场，许多北大学子在其中“滑翔”。每当下大雪，雪花落在树枝绿叶之中，银白白的一片，阳光照耀，晶莹闪亮，美不胜收。

学习之余和星期天及假期游览北海（公园）、天坛、颐和园、故宫、长城等北京名胜古迹、名山大川，深感祖国历史悠久，中华文化博大精深，举世无双！作为炎黄子孙，深感自豪！

北京大学的学制、课程和教学安排都较完善，北大名师众多，还聘请社会各界的著名学者、专家来校讲学，作学术报告，因此学术空气浓厚。课外活动（业余）也很多，社团林立，如文学、艺术、歌咏、戏剧、音乐、体育、舞蹈等，应有尽有，可以自由选择，自愿参加。民主广场内表达各自观点的海报众多，琳琅满目，充分体现了北大的民主精神。

北大哲学系在郑昕、金岳霖任系主任时期，在汪子嵩老师指导下办学有方，除了由本校哲学系教授开设哲学专业所需要的课程外，还邀请校外的知名学者和专家来讲课和作政治与学术报告。比如胡绳、于光远、钱三强等，使我们哲学系学生不仅具有社会科学的基础知识，而且具有自然科学的眼光。

记忆深刻的是中央高级党校的艾思奇老师来讲课——辩证唯物论历史唯物论的哲学课，艾思奇老师是马克思主义中国化的榜样。他不是按当时的辩证唯物论历史唯物论教科书讲，而是讲“矛盾论”“实践论”。我长期保存着艾思奇老师讲“实践论”“矛盾论”的笔记。艾思奇老师的原则性与亲切和蔼给我留下深刻印象。还有冯友兰老师讲的中国哲学史和贺麟老师讲的黑格尔哲学，使我获得丰富的中外哲学史知识。

北大还为学生提供社会活动的机会，学生班委会、系委会、北大团委会秘书处、北大学生会秘书处里到处都活跃着学生的身影，北大当时还组织“星期六义务劳动”，有一次组织全校学生去“西山”种树，在石头山上挖坑种树，由于我用力过猛，扭伤了腰还不知觉。

我 1953 年底哲学系本科毕业，又于 1956 年北大哲学系研究生毕业，后分配到上海市一所综合大学任哲学教师，这是我从北大学哲学的延续，从此学哲学的新阶段开始了。

1957 年反右派运动，我被借调到上海市反右派运动工作队，去上海市工商联搞运动，对“阶级斗争扩大化”有亲身或直接的感受。1958 年随师生下乡劳动，向农民讲哲学，结合农民的农业生产和生活讲哲学。后来，我下厂（冶炼厂）向工人讲哲学，辅导工人和干部在业余时间学哲学。我一面当车床工参加劳动，下班之后，一面向工人和干部讲哲学。通过深入浅出地讲解和工人们刻苦钻研及结合工人自己的生产实践和生活经验，能够体会和理解科学哲学的精神实质，有所收获。

回顾新中国成立后只用 10 年时间，在帝国主义封锁的条件下，我国依靠工人、农民、知识分子的共同努力，经过社会主义改造，建立了较完整的社会主义经济体系，这是巨大的胜利和成功，为社会主义建设打下基础；然而也犯有错误，尤其是“左”的错误，诸如“共产风”等。

1960 年，我被派到上海市委和工作队去农村解决“共产风”的问题，主要是“一平二调”问题。当时农民生活很困难，还要坚持多种生产劳动，我们工作队要坚持三同（同吃、同住、同劳动）。由于天灾人祸，造成农民没有菜吃，我们工作队也不买菜吃，我每次返校休假时，炒些盐带回去下饭，后来市领导知道这种情况后，给我们发下来一些萝卜干。

1961 年我到新建的上海科技大学之后，又不断下放。1964 年至 1966 年上半年，曾被派往参加小四清工作队和大四清工作队，使我深入地了解了社会矛盾的复杂性和人民群众的力量，深刻体会到在社会主义公有制基础上身为人民公仆的干部要廉政勤政，全心全意为人民服务，不能从中牟取私利，要奉公为民。“四清”工作过程中，虽然也有错误，但是，实践和事实证明，这些社会矛盾是应该解决的。干部队伍要整顿，只有正确解决不同性质的矛盾，才能沿着社会主义道路向前发展。

随后，爆发了“文化大革命”，“文化大革命”的出发点是反修防修，但是，实施过程中犯“左”的错误，打击了许多老干部（有功之臣）和伤害了许多群众，尤其是运动被少数几个坏人所利用和操纵，造成我国的巨大灾难，致使我国社会主义经济和其他方面都遭受巨大损失。

在这期间，上海科技大学创办五七干校。我第一批去建校劳动，当时我刚为“边防战争”献第二次血，身体尚未恢复。我校五七干校建在安徽凤阳，任务是到元代建的城墙搬运大砖头，用以建造校舍，并参加种菜等劳动，相当艰苦，我在坚持建校劳动一年以后返校。我校有关部门又叫我到防办（防空办公室）去劳动——挖防空洞。参加过长征的老干部刘源亭是领导，他派我负责搅拌混凝土组的工作。刘老的群众观念很强，和群众打成一片，深受群众的尊重，经常在休息时间讲长征故事，颇有意义。我除了在休息时间和同事们下象棋之外，还利用晚上休息时间看书，读完了《毛泽东选集》,《斯大林全集》和《列宁选集》。约一年防办劳动之后，马列主义教研室叫我回去教哲学，我又进行哲学教学工作。

我从事科学哲学——辩证唯物论历史唯物论的教学工作30多年。讲过小班课（30人）、中班课（50-100人）、大班课（500人，在大礼堂讲大课）。据不完全的统计，教过的大学生约有5000名，任课约4000个学时。

1983年，上海市高教领导部门对全市50多所高校进行一次基础课抽样考试——“统考”，实际上也是一种比赛。上海科大选我任哲学课一个班（8041）去应考。该班是我所任教几个班级中属于中等水平，由于期中考试已经结束，又要再一次“统考”，学生未免有些情绪，后来不得不做思想工作。“统考”由上海高教领导部门统一出题，实行严格监考，以统一的标准答案，作为评分标准。考卷评分后，统一上交，过了一段时间，我校庐志杰校长对我说：“这次上海市高校基础课统考，我校哲学班考得成绩很好。”于是，我到教务处向吉征艺了解情况，他给我一份刊物——《教学与研究》（上海科学技术大学，1984年第2期），其中有他亲自写的《上海科技大学在1983年全市高校公共基础课抽样考试情况分析》。该文指出，这次上海市高校基础课“统考”中上海科大的哲学考试成绩名列前茅，“哲学成绩明显比全市平均成绩好”“科大考生的哲学成绩比较突出”“哲学成绩明显比重点大学好”。

我除了教哲学之外，喜爱研究问题，我有个口头禅——“研究研究”。

同事们笑我，叫我“研究研究”。但是，北大的“探索真理”的精神我不改，一直坚持。我发表过《实践是检验真理的标准的相对性与绝对性》《矛盾规律（对立统一规律）是科学的宇宙观》《评萨特的人学》等。前些年，我国国有资产大量流失的时刻，我写了《保卫国有资产》等。

随着年龄的增大，我退休了，但我的哲学思考不“退休”，哲学探索终身，为实现人类崇高理想而奋斗终身。就我近年研究的热点，曾写了一部书《科学抽象——科学具体也是一种思维方式》，现只完成草稿。

祝愿北京大学科学民主真理的旗帜高高飘扬。

祝愿马克思主义中国化的科学发展观指引下中国特色社会主义向前迈进。

心声

——请转给我班终生从事教研的老同学

廖元嘉

不能忘怀的四件事

（1）当我刚完成大三的学习，我却在北大生了第一个孩子。孩子来得真不是时候，学校发给我保姆费和牛奶费，万分无奈，只好停学，把孩子带回广州，暑假未完，我已把孩子安顿好。本来已办好了停学手续，我系金岳霖主任提复学，得到特许，使我能完成大四课程，这是我终身铭感的事。

（2）“四人帮”被打倒后，我复出，对当时逻辑学发展情况一概无知，我只好向周礼全老师求助，他马上给我寄来大量的逻辑资料，使我在工作上有了依靠。那年欧阳中石来广州参加逻辑会议，他千方百计地在广州的教育界寻访我的消息，我们终于见面了。他给带来了希望，使我重新得到了久已失去的自信。

（3）北大百年校庆，在欧阳的资助下，我有幸又回到了阔别四十多年的母校，得到同学们热情的关怀。欧阳、老侯、宋文坚、虞謇都见了面，刘唯陪我玩了一天。整个校庆期间，我都在老侯家住。校庆活动结束了，我又要回广州了，心里真不是滋味，我们还能再见吗？

（4）在工作上、生活上我属于“第三世界”，没有什么值得提的。当

“中国逻辑与语言函授大学”成立，我得到孙煜老师的提点。第一届学员有十多万的“函大”是全国性的招生，各省需要成立辅导站。我与中山大学的林铭钧老师成立了全国第一个辅导站，站长是林老师，具体工作由我做。我们招收第一届的学员有1000多人，分20多个班上课。为了扩大“函大”的影响，我们办站的宗旨：为学员服务，不向钱看，在广州市内是收费最低的，所以第一期辅导站结束时，除了课室租、教师讲课费外，我们结算时是赚了44.00元。这44.00元，对我们来说，是太有意义了，给我们以后办站带来了很大的方便，甚至有些学员提出提高辅导费。就这样，我们办了五期，为“函大”作出一点点贡献。现在，我身体不行了，刘培育老师还记得我这个小人物。在我平凡的一生中，这件事很值得我回想。

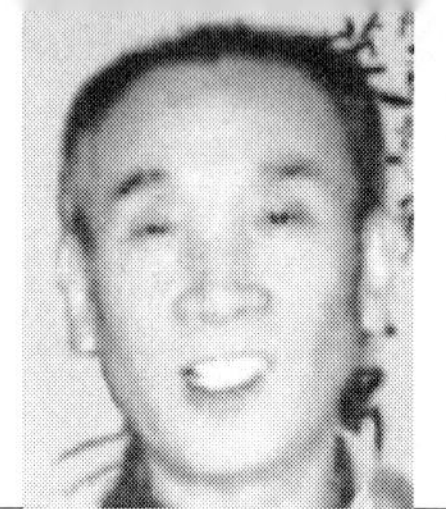

为学简叙

宋文坚

▲ 左起：周北海、宋文坚、刘壮虎（宋文坚与会论文：《中国逻辑史研究和逻辑词》）

一、参与逻辑教学改革

我毕业后留在哲学系逻辑教研室。教研室因院系调整几乎集中了全国高校的逻辑教师，有 12 人。教研室主任是王宪钧。教研室安排我的任务是补作毕业论文，由金岳霖先生指导；进修俄文；查阅俄文逻辑资料，了解苏联逻辑教学和科研动态。

后一项任务出于新中国成立后高等教育全面学习苏联这一大环境。

逻辑是一门古老的科学，为亚里士多德所创建，到17世纪以前，一直沿袭着亚里士多德的传统，没有太多发展，称作传统形式逻辑。17世纪后期，有逻辑学家开始用数学方法研究和处理形式逻辑问题。20世纪初已创建数理逻辑的逻辑演算。到20世纪50年代，数理逻辑又有巨大发展，建立了递归论、公理集合论、模型论、证明论四个新分支。逻辑演算这个分支也有新的发展，建立了一些新的非古典逻辑系统。数理逻辑已发展成为有众多分支的庞大学科，被称作现代形式逻辑或现代逻辑。现代逻辑用形式公理系统等方法处理思维中的逻辑问题，比传统逻辑的处理要严谨系统和深入，研究领域也大大扩大。它的一部分已成长为数学的分支，是数学研究的重要工具。它在其他科学中也有重要应用，如计算机科学的理论就是建基在现代逻辑上。就分析思维、分析语言说，现代逻辑也远远胜于传统逻辑。现代逻辑还促成了一门新的哲学学派——分析哲学。

在新中国成立前，我国一些逻辑学家在现代逻辑方面已做了不少工作。由辅仁大学调入的汪奠基先生，曾留学法国。1927年商务印书馆出版了他的《逻辑与数学逻辑论》。这是我国最早介绍西方数理逻辑及其发展史的著作。著作中也对传统逻辑作了介绍，同时指出传统逻辑的重大缺陷。1937年他又出版了《现代逻辑》一书，从理论方面阐释了逻辑演算中一些基础性的课题。金岳霖先生20世纪30年代在清华、北大讲授数理逻辑，并于1936年出版了专著《逻辑》。该书较系统介绍了罗素的逻辑演算。王宪钧先生来自清华。他曾在德国留学，回国后在西南联大讲授数理逻辑。美国知名学者王浩说，王宪钧的数理逻辑课程讲的是20世纪三四十年代欧洲数理逻辑的新轨道，大大超越了罗素的逻辑研究。原北大的胡世华教授也曾留学德国，回国后，在1944年和1947年分别发表了两篇数理逻辑文章，都是当时国际水平的成果。此外，在其他大学也有逻辑学者如南京大学数学系的莫绍揆等也在这时期发表介绍数理逻辑及个人研究成果的文章。因之，新中国成立前我国的逻辑教学与科研已达到了一个很高的水平。

新中国成立后学习苏联逻辑，则是在我国已有逻辑研究和教学成果上的全面大倒退。受害最为严重的是我国大学的逻辑课程。这种课程是给非理工学科开设的，叫作普通逻辑课。

最先引进的苏联逻辑教材是曹葆华翻译的斯特罗果维契的《逻辑》，1950 年人民出版社出版。苏联 1945 年以前有段时期曾取消了大学的逻辑课程，理由为逻辑是形而上学哲学的产物。斯特罗果维契的《逻辑》是 1946 年开禁后出版的，仍带有对逻辑的高压态势，说逻辑是资产阶级和无产阶级、唯物主义和唯心主义激烈斗争的舞台，全书贯穿着批判精神和认识论说教。其批判多是无中生有或者根本错误。在逻辑内容上则是讲授传统形式逻辑和培根、穆勒的古典归纳，大致是延续 19 世纪的逻辑教学体系，因而这是一本内容落后、观念陈旧的逻辑课本。1951 年出版的维诺哥拉道夫和库兹明合著的《逻辑学》的译本，为苏联高级中学所用，比较简明、讲述清楚、废话不多，但内容仍是陈旧落后的传统形式逻辑。

▲ 北大哲学系 1950 级逻辑学专门化 10 人合影（左 2 廖元嘉、9 宋文坚、10 欧阳中石——摄于 1954 年初）

很显然，逻辑教研室的老师们对这样的逻辑课本是不欣赏的。但即使不欣赏、瞧不上，也仍得以苏联这两本教材为范本。那么苏联国内讲的逻辑课会不会有改革呢？苏联不改，我们也不能改。这样的逻辑课显然有害于我国的逻辑事业。事实的确如此。以苏联范本为模式在我国培养的一代逻辑教师，逻辑视野不宽，长期不知有数理逻辑。其中部分人刻板地固守着这类模式不放。影响较为深远。

这就是教研室要我了解苏联逻辑教学动态的原因。我在这方面的一些作为，也对教研室一些老师如王宪钧先生在后来积极倡导我国逻辑教学改革提供了一定协助。

在1958以前，我做了下面一些工作。在光明日报《哲学》附刊上发表了全面介绍苏联逻辑教学和科研情况的长篇文章，翻译了一些苏联科研论文。此外还翻译出版了两部苏联逻辑教材。一本是三联书店出版的高尔斯基和塔瓦涅茨主编的《逻辑》，一本是高教出版社出版的高尔斯基的《逻辑学》。这两本书的作者不赞同斯特罗果维契一派的观点。他们赞成数理逻辑，讲了数理逻辑的发展历史，认为数理逻辑是由于数学进一步发展的需要而发展起来的；数理逻辑在数学研究、科学技术中都有应用；在课程内容上介绍了数理逻辑的一些形式化方法和真值判定方法。这两本书的出版，在我国逻辑界有很好的影响，第一次展示了苏联逻辑教学走上了改革之路。这对那些期盼逻辑教学改革的老师来说，无疑是很重要的喜讯。和我同专业的马兵，俄语很好，他在1960年翻译出版了高尔斯基的另一部《逻辑学》，内容较我译的那本《逻辑》更有改进，对推动我国后来的逻辑课程改革，也起有很好作用。

此外我还翻译出版了苏联塔瓦涅茨的学术专著《判断及其种类》，马兵也在这期间翻译出版了塔瓦涅茨另一本著作《判断的理论问题》。

1958年哲学系全系师生到大兴县劳动了九个月，参加人民公社化运动，后期又进行了人民公社调查。回学校后，由系里安排当时留校的杨克明、总支书记王庆淑和我编写黄村人民公社调查报告。王庆淑只参与指导，编写工作由我和杨克明担任。我写公社化前一段，要写出公社化的必然性。杨克明写公社化运动，既要写出公社化的优越性，也要对公社化运动过程进行总结。恰在此时，由北大副校长邹鲁风带队的河南人民公社调查组写的调查报告出了问题，被上面批为“恶毒攻击人民公社”。邹鲁风自杀。他下面两个大组长被划为右倾机会主义分子。王庆淑得知这一情况，赶紧通知我俩修改黄村公社调查报告。我则又重新搜寻资料，多次往返大兴，加强对黄村公社必然性和优越性的渲染和编造。1960 年，这篇调查报告发表在一个杂志上，题目是《从蛤蟆洼到渔米之乡——黄村人民公社调查报告》。

这之后，我离开了逻辑教研室，调到哲学系新成立的编译资料室。在这里做的一件较大型的工作是参与黄枬森先生主编的《列宁〈哲学笔记〉注释》。我精心地研读了列宁的这一著作，细读了黑格尔的《小逻辑》以及《逻辑学》的相关部分。一个重要收获是对列宁所提出的辩证逻辑有所了解，这为我后来对国内学者的辩证逻辑研究形成不同看法有助。

不久我国就进入非常状态。学生不成学生，教师不成教师，学校也不成学校。

1977 年，学校恢复教研室，我回到逻辑教研室。教研室主任王宪钧给我的任务是翻译苏联欧美国家的逻辑教材和教学大纲。他这时除了编写他的著作《数理逻辑引论》外，还在考虑推动我国大学普通逻辑课程的改革。在 1979 年北京召开的第二次全国逻辑讨论会上，他明确提出，普通逻辑的课程要现代化，要吸收近 100 多年来逻辑科学发展的新成果。他的这一报告，引起很大反响。如何改革，如何使我国逻辑课程现代化，这需要参照国外的经验，需要有一些作为样板的国外优秀教材。我从北大图书馆找到刚进馆的苏联列宁格勒大学出版社 1977 年出版的俄罗斯共和国审定的大学哲学系教材《形式逻辑》，楚巴欣主编。此书有一半篇幅讲授数理逻辑，包括命题逻辑、它的自然推理系统和元理论、谓词逻辑的自然推理、形式化三段论、模态命题逻辑。我译出了数理逻辑这一部分，并约请王荣宅等人译出此书讲传统逻辑的部分，由上海人民出版社于 1981 年出版。此书对推动我国逻辑改革起了较好作用。我还参加翻译了美国的两本教材：一本是美国斯坦福大学教授苏佩斯的《逻辑导论》，由中国社会科学出版社出版；另一本是美国夏威夷大学哲学系教授科庇的《符号逻辑》，由我和宋文淦翻译，北京大学出版社出版。这两本书对国内学者编写改革教材，也起了良好作用。

这时我也开始对我给哲学系和国政、法律等外系开设的普通逻辑课程进行改革。我利用申请到的北京市社科项目《逻辑导论》来进行新教材的建设。成果就是1992年由北京大学出版社出版由我主编和作主要撰写人的《新逻辑教程》。此书以逻辑演算为框架，比较系统地讲述了现代逻辑的基础知识，并保留了传统逻辑中有实用价值的精华部分。这一课程改革受到北大的嘉奖。我还应人民出版社之约主编了该社的《大学哲学丛书》的逻辑卷，于1998年出版，书名为《逻辑学》。出版社对该丛书作的出版说明说："这套哲学丛书是一切希望增长哲学智慧、提高理性思维能力的当代青年的基础性读物。在保持教材相对稳定性的同时，本丛书力求最大限度地吸收哲学研究和教学的新成果，反映当代思维水准。"本书沿袭了《新逻辑教程》的基本体系结构，强调了逻辑教材的先进性、科学性和体系的严整性。在内容上力求做到对讲述的逻辑概念和理论给出最为明确、精细和准确的解释。

《逻辑学》一书出版后，受到逻辑界学者的重视和好评。2000年出版的由复旦大学哲学系和中国社会科学院《哲学研究》编辑部主持编写的《中国1999年哲学发展报告》中评论说："在逻辑教材方面，1999年出版了由宋文坚主编，周北海、郭世铭等人执笔的《逻辑学》一书，它是应人民出版社之约，作为大学哲学丛书的一种而编写的。该书编写方法较新颖，在现代逻辑的框架内保留了传统逻辑中仍有实用价值的内容，并注意了从传统逻辑到现代逻辑的过渡，同时考虑了读者的具体情况，是国内一本较优秀的逻辑教材。"2004年，中国逻辑学会举办第一届优秀成果奖，《逻辑学》被评为优秀教材一等奖。

二、从西方逻辑史到中国逻辑史

除了上述参与全国性的大学普通逻辑课的改革工作外，我还确定了我的科研方向是西方逻辑史。1991年由中国社会科学出版社出版了我的著作《西方形式逻辑史》。此书是王宪钧先生主持的国家社科基金重点项目《现代逻辑丛书》中的第一部，从传统逻辑的产生讲到罗素的逻辑演算的建立。这本书为《现代逻辑丛书》的其余各部作了导引。我还协助王先生做了丛书的组织工作和出版工作。丛书共由中国社会科学出版社出版了八部，在国内有广泛影响，被评为2004年中国逻辑学会举办的第一届优秀成果奖的著作成果一等奖。

我所以确立以西方逻辑史为自己的科研方向，是基于以下考虑。其一是传统逻辑已经定型，可以研究的东西不多且都可以用更先进的数理逻辑方法给以更好的研究。其二，根据我的逻辑基础和数学基础，我没有能力进行数理逻辑方面的课题研究。其三，我国学者所研究的中国先秦逻辑或所谓的中国古代逻辑和我信崇的逻辑观念相差甚大，所以它也不可能作为我的研究对象。其四，在20世纪六七十年代，中国兴起了所谓辩证逻辑研究。我认为列宁所说的逻辑，以及我国学者由而滋生出的另一类别的辩证逻辑根本不是逻辑，而是哲学或者就是思维的非逻辑研究，因此也不可能作自己的科研方向。其五，西方逻辑史在西方国家已有许多宏篇巨著，但我国引进不多，当时只有三联书店出版的王宪钧先生等译的《逻辑史选译》，且过于简略。而这时国人由于在20世纪从批判形式逻辑，到创建自己的先秦逻辑，到开展辩证逻辑的研究，开展它和形式逻辑关系的讨论，弄得人们对什么是逻辑、西方原著中的逻辑是什么样子的，歧见甚大。所以，我觉得深入研究西方逻辑的历史发展，对于了解什么是原本的逻辑，对于人们形成正确的逻辑观念，是极为有助有益的。因此尽管我的英文并不好，更不懂希腊文、拉丁文，我还是觉得，西方逻辑史还是我稍能作点探讨的领域。加之，我从图书馆找到一部俄文版的亚里士多德的四卷文集，包括有《工具论》和《形而上学》。这样我就开始借助俄语踏进西方逻辑史这个领域，希望能有些独自的研究创见。

除《西方形式逻辑史》一书外，我还参与编写了高等学校哲学专业教材《西方逻辑史》中的中世纪逻辑部分。中世纪自东罗马帝国灭亡至1640年英国资产阶级革命，被认为是基督教黑暗统治时期，其间，哲学和逻辑沦为宗教奴婢和工具，有学者认为其逻辑一文不值。我在编写这一章时认察到上述说法是错误的。逻辑在中世纪有了很好的研究。指代学说、推导理论和悖论研究，都是他们很重要的成果。我还从北大图书馆找到一部俄文翻译本的阿尔法拉比的逻辑文集，这本文集可以代表中世纪阿拉伯逻辑的全貌。阿拉伯逻辑对中世纪欧洲逻辑有重要影响，古希腊逻辑正是通过阿拉伯人的逻辑著作而介绍到欧洲的。

由于研究西方逻辑史，我对我国学者所进行的中国逻辑史研究也产生了兴趣。我觉得我国学者按照西方传统逻辑的逻辑形态来构建中国先秦逻辑有些问题。他们所使用的方法是比照传统逻辑教科书上的东西来挖掘或探究中国先秦诸子的著作，主要是墨经，寻觅出其中散见的个别词语、词句，把它们解释成逻辑词，逻辑论述，从而集凑成一个看似完整的中国先古逻辑理论。这种研究最早起始于梁启超、胡适。新中国成立后有沈有鼎，他在 1955 年写成《墨经逻辑学》一书，有很大影响。中国逻辑史研究后来形成规模很大的队伍，出版多部通史性专著，研究文章成百上千，培养人才更是高档，据说已有三四十个博士。

这样，我又从对西方逻辑史的研究走向对中国先秦名辩学的探究，想探明被称作先秦名学和辩学的这两门学问究竟是研究什么，是不是逻辑？跟逻辑是什么关系？逻辑界有学者如南开的崔清田把名学和辩学作了如下界定：“名学是以名为对象，以名实关系为基本问题，以‘正名’为核心内容的学问。名学在自身的发展中，既有重政治、伦理的一面，也有相当重智和抽象的一面；既有名实关系的讨论，也有宇宙观问题的分析；呈现多样性的态势。名学涉及了名的界说、功用、形成，名与实、名的分类、正名、名的谬误、名与辩说等诸多问题。”“辩学的对象是谈说辩论，辩学的基本问题是谈说辩论的性质界定与功用分析；辩学的内容包括：谈辩的种类、原则、方法以及谈说论辩语言形式的分析，言与意的关系等。”我基本上同意对先秦名辩的这种界定。但我还认为，在对先秦名辩的分析考察中，还有一个思维方式问题不能忽略。我觉得先秦名辩是中国先秦学者思维方式的体现，也是中国春秋战国（后来也一样）思想家、政治家们的政论思维的体现。但这类思维方式和对这种思维方式的某种考察如名、辩学很难走上逻辑研究的道路。就是说，中国先秦没有产生逻辑科学。先秦名辩中被认为最能是逻辑的墨经，不是逻辑。

我的这些想法来自我对西方逻辑史的研究。在作西方逻辑产生、发展的研究时，我曾长期向自己提出一个问题：亚里士多德三段论逻辑的产生，必有其源、因。这源、因在何？我大学时学的西方哲学史和逻辑史课程给我很大帮助。我还研读过北大外国哲学史教研室编译的《古希腊罗马哲学》、陈康先生译注的《巴曼尼得斯篇》、杨适的《哲学的童年》以及他后来的《古希腊哲学探本》，以及汪子嵩先生主编的《古希腊哲学史》，这些著作使我得到一个确信：亚里士多德三段论逻辑，源于对古希腊思想家哲学家的思辨性论证思维的考察，而中国先秦恰恰缺少或甚少这种思辨论证思维方式。之所以缺少或甚少思辨式论证思维，在于他们甚少探讨真正的玄学。他们面对的是政治、伦理，是齐家、治国、平天下。处理的是情理，人性之理、政情之理、治情之理，讲求的是这些情理之当、之妥、之可。这种情理的探讨也要求论述和论证。但由于这类情理之当妥和人们已有的情理认知相融相近，故其论说易于为人们接受认可，不必做费力的繁长论证。所以中国古代诸思想家们的论述多为点示、点明，如《论语》。其论证多为以情理相近之事例来启示，着人领悟，即讲求用类比来论证，如墨经《大取》。这种重例证重类比重启悟的思维方式和古希腊哲学探讨事物之本原的哲学论证是另一类思维方式。正是先秦人这种探求政治、伦理情理的思维方式排除了思辨论证的需要，也卸却了他们对思辨论证作逻辑考察的需要。

我在给程仲棠教授的《“中国古代逻辑学”解构》一书的序中对古希腊逻辑产生的源、因做了以下的阐述：“和中国先秦思想家追求的不同，古希腊思想家追求的是对自然的本质、本性和本原的认知。这种追求培养出对自然哲学的探讨，其最高的探求是探索自然、宇宙的本原。最早的哲学家多把自然中的某一或某些物质看作自然界由来之根本，如把水、火、气等看作宇宙之本原。他们一般还认定这种本原是动态的，有变动、生成和消灭。这种本原求索具有朴素自然观的性质。直观性明显，大致相符于人们的耳目，易于接受。因而学者未必需要对自己的论点、解说作严密的论证。这种本原求索后来有毕达哥拉斯的数本原说、巴门尼德的“是者”说、芝诺的否定运动的论证和柏拉图的“相”论。其特点是否认物质外现的东西是本原，认为那些杂多的、变化的对象是暂时性的，只有那些单纯的、永恒不变的非物质的东西如巴门尼德的“是者”、柏拉图的“相”，才是宇宙的真正本原。这种本原观是不易为人们接受的，它需要提出者为之进行严密的、艰辛的，甚至是诡异式的、似是而非的论证。这种论证的需要，产生一种思辨的思维方式，即哲学思辨。这种思辨思维追求的是理性的深度和完美。它依据人们已确认的概念和知识，一些基本范畴如整体、部分，动、静，因、果，一、多，必然、偶然，运用一些思维方法和推理，包括抽象、概括、分析、综合、归纳、演绎、反证法、归谬法以及定义、划分来进行概念的推演、证明。这种思辨思维的论证，在开创者巴门尼德和芝诺那里已得到了充分的重视和使用。巴门尼德要求人们“凭着理性来判断，这就是我所说的论辩和证明”。芝诺关于存在之大小的论证充满了这种思辨的智慧。他的四个否认运动的论证，虽然其论点是错误的，不合事实，但它们不是简单的谬误，而是用清晰的论证和思辨的思维构建的。要驳倒这些论证，确切地指明它们错在哪里，需要作逻辑上更清晰和更精深的分析。这样，古希腊由巴门尼德、芝诺所开创的论证之路在西方形成了哲学和其他科学的传统。我们可以从柏拉图的著作中看到比比皆是的论证。较为集中的是《巴门尼德篇》中柏拉图为他的后期相论所作的八组论证。如果不论究柏拉图哲学思想的对错，《巴门尼德篇》的这些部分简直就像是在讲授哲学的几何学。这种论证性思维的传统，也开启了亚里士多德之前逻辑产生之端倪。苏格拉底的定义和归纳方法，柏拉图的组合和划分的方法，都是这种论证思维和思辨思维所提出和要求的。亚里士多德为创立自己的哲学，需要批判和吸收以前的哲学成果，更需要对以前哲学的构建方法进行研究，这就是他的关于论辩论证和其中推理形式的研究。而芝诺、巴门尼德，包括智者派，尤其柏拉图的对话篇，都成了他逻辑研究的范样。这样的客观渊源和主观动因，使得亚里士多德逻辑的创立也就成了必然的了。当然这还需要一些其他因素，如亚里士多德对创建科学的爱好，对当时已很发达的几何科学体系的赏识，他的非凡的分析和抽象能力，以及他毫无内圣外王的理念，等等。

看看这段西方逻辑产生之路是很有意思的，它告诉我们真正的逻辑科学是因怎样的需要而必然地出现的。我觉得这必然的和必需的逻辑之路还有待作许多进一步的研究。探究西方逻辑产生的因源很有意义。对于我们研究中国先秦名辩当有许多启示。

针对我国学者中国逻辑史研究中的问题，我发表了三篇文章：一篇是收录在王路主编的《逻辑　语言与思维》一书中的《亚里士多德〈论辩篇〉和〈墨经〉比较研究》；一篇是发表在《哲学门》第十卷第二期上的《品墨三味》；一篇是为程仲棠先生《“中国古代逻辑学”解构》一书作的长篇序言。此外我还在2007年全国现代逻辑学术讨论会上宣读了论文《质疑侔式推理的映射处理》，收入会议文集。2009年在成都召开全国逻辑讨论会，我提交了会议论文《关于墨经与现代逻辑比照研究问题》。我还在2005年出版的我的著作《逻辑学的传入与研究》中，对中国学者的中国逻辑史研究作出了全面考察和评述，充分地表述了我关于这一领域研究的观点。

三、我的辩证逻辑观

我的另一个方面的学术工作，是针对我国一些学者的所谓辩证逻辑研究所作的探究。

“辩证逻辑”这个词早在20世纪30年代我国以艾思奇为代表的学者批判形式逻辑时就出现了。不过那时持论的学者一般是把辩证逻辑和辩证法相等同。之所以叫它逻辑，乃为了把它和形式逻辑相对应。一个是“动的逻辑”，一个是“静的逻辑”。人们这时对辩证逻辑并没有研究。辩证逻辑成为热门名词乃自新中国成立后50年代到60年代的逻辑性质、客观基础、作用等问题的大讨论。这次讨论的一个副产品就是引起部分学者对所谓辩证逻辑的兴趣，这也与苏联当时的辩证逻辑大讨论有关联。苏联的许多文章被译出，更开启了我国学者的研发思路。“文化大革命”后，这种对辩证逻辑的研发爱好又兴盛起来。自20世纪80年代开始，文章、著作如雨后春笋，形成了一些学术群体，出现了不同流派。而且，经过这些学者多年的张扬，在社会上也造成相当影响。由于我国各界学者、学界、知识界对马克思主义的辩证法、辩证观有相当底蕴和崇信，也使得他们对辩证逻辑这个名词有相当的亲近感。许多其他领域的学者，也常把“辩证逻辑”这个词挂在嘴头，这样人们就不得不认真对待所谓的辩证逻辑了。

反对所谓辩证逻辑的，其实人数众多。绝大多数的中国逻辑工作者对它不感兴趣。我国最为著名的反对者是中国社科院的诸葛殷同，北大王宪钧先生也认为辩证逻辑不是逻辑。在他主持编写《中国大百科全书》逻辑部分时把它排除在外。在西欧逻辑学者那里，对它也根本不加理会，只有极少数学者动用过这个词，但却搞的是另一套，这些人把数理逻辑中的某些部分看作辩证逻辑。他们所谓的辩证逻辑和列宁、黑格尔的辩证逻辑完全是两码事。而在辩证逻辑的故乡苏联所属地域的报章杂志上，如过去讨论得最热乎的苏联《哲学问题》(如今改为俄罗斯的《哲学问题》杂志)，辩证逻辑的文章完全销声匿迹了。中国现在也只有少数几位学者，如河南大学马佩教授，还念念不忘。惜乎“廉颇老矣”，后继乏人。辩证逻辑看来要“日薄西山，人命危浅”。

我对中国学者的辩证逻辑研究做了如下工作。在我2005年由福建人民出版社出版的《逻辑学的传入与研究》一书中，以《附录》的形式对我国学者的辩证逻辑研究做了长篇介评。我在评论中提出以下观点。

(一)应该对辩证逻辑采取积极态度。它可以成为一个研究领域。研究的目的在于澄清真相，给人们一个明确交代：它究竟是什么，它的内容和体系究竟有哪些能够成为科学性的东西。

(二)就目前的成果看，它离一门成型的科学还相距甚远；离能成为一门独特的逻辑学科学则相距更为遥远。

（三）辩证逻辑和辩证思维的关系更应该厘清。有人认为辩证思维是运用辩证思维形式和辩证思维规律即辩证逻辑成果进行的思维，是人类发展到今天形成的高级阶段的或高级的思维，是思维的质的飞跃。辩证逻辑的对象就是这种辩证思维的思维形式和规律。这典型的是一种循环论证，是根本站不住脚的。

（四）我认为所谓辩证思维只是运用辩证法观点分析问题的思维，是辩证观指导进行的思维活动。而思维本身即人的分析、综合、形成概念、作出断定、进行推理这些思维操作的机能依然如故。古今中外，作为用头脑活动的人的思维机能都是一样的，其本质和质地，所运用的形式结构和规律规则相差无几。

（五）从已有的那些被称作“逻辑科学形态的辩证逻辑”研究成果看，所谓辩证逻辑也许只是对辩证法作逻辑的勾勒和描绘。

我还发表了相关三篇文章：《辩证思维质疑》（载《薪火集》，北京大学出版社 2004 年版）；《辩证思维议》（载《哲学动态》2004 年增刊）；《辩证概念、辩证命题形式质疑》（载《河南社会科学》2006 年第 1 期）。

四、创办逻辑专业

我为逻辑教研室做的一项重要工作是，1977 年创建了哲学系的逻辑本科生专业。专业从理工类招收本科学生，两年招生一次，这样哲学系就有了三个本科生专业：哲学专业、逻辑专业和宗教专业。哲学专业每年招生，宗教和逻辑专业每年轮替招生。

1986 年我接替晏成书先生担任逻辑教研室主任，王宪钧和晏成书两位先生都已离退休。此前我们每年招收的逻辑硕士研究生入学时数学基础和逻辑基础都很薄弱，他们都是从各大学的哲学系招来的，在本科生期间念过很少一点逻辑和数学。而今天从事逻辑工作的人员却需要较好的数学基础和逻辑基础。从哲学专业招来的学生在硕士生阶段就需补学多门必要的数学课程和逻辑基础课程，因而影响了这些研究生去学较深的逻辑知识。为了提高研究生的逻辑起点，举办逻辑的本科专业，学生毕业做硕士生时，他们就能够在高起点上学到更深更新的逻辑知识。我的这些想法得到王宪钧和晏成书两位先生的支持和具体的帮助。我们申报建立新的逻辑专业得到学校和教委的批准。逻辑专业的学生要学四门高等数学，有：数学分析，两学年；高等代数，一学年；抽象代数，一学期；概率统计，一学期。还要学八门逻辑课程，有逻辑导论、逻辑演算、素朴集合论、一阶逻辑、模态逻辑、逻辑哲学、西方逻辑史、归纳逻辑；三门计算机系的课程。这一课程体系，使得我们的毕业生较之其他大学的硕士生的逻辑、数学基础要好得多。在我退休前，逻辑专业已招生三届。

▲ 左起：欧阳中石、廖元嘉、谢龙、宋文坚——摄于1998年北大百年校庆

我为教研室做的另一项工作是在王、晏二位先生创建逻辑教研室的基础上，建立了一个全国一流的逻辑教研室。除我之外，教研室其他成员有六人，他们都是30—40岁左右的年轻人。年轻力壮，富有研发、开拓朝气，个个精干。三个是数学专业出身的，另三个是年轻的逻辑学博士。他们能开出逻辑方面从本科到博士方面的所有现代逻辑课程。他们学风严谨，人品端正，是一个极富有作为的学科群体。

五、我参加的两项运动

说说我在毕业后在田径运动方面取得的成绩。

我从初中开始，喜好田径运动的中长跑。每年青岛开春秋两季全市运动会，我总是获 400 米和 800 米冠军。1948 年在上海开第七届全国运动会，我代表青岛，获 800 米第五名，是青岛代表队男子唯一获名次的。

1954 年毕业，学习俄文和工作之余，我开始恢复中长跑练习。1955 年参加北京市教师运动会，叫“钟声体协”运动会，获 800 米全市第一名，由此被选拔进北京市体育代表队，参加集训。我在数次北京市运动会上都获 800 米冠军，多次打破北京市 800 米记录。1956 年 10 月，代表北京参加在北京召开的全国田径、自行车运动会，获男子田径 800 米第四名，成绩达到一级运动员标准，获国家一级运动员称号。1957 年 10 月，在南京召开全国田径运动会，分甲、乙两组。甲组参赛者为一级运动员和运动健将，我代表北京参加，获 800 米第四名、1500 米第五名和 400 米第五名。1957 年我还参加在天津开的北京、上海、天津三城市田径对抗抗赛。我获 800 米第二名、400 米第三名。

1957 年以后，我随大时代参加各项社会政治运动，从此被告别田径场。

其后历历在目的是：下黄村、走大兴；平谷、朝阳、门头沟四清；“文化大革命”的浑浑噩噩；干了两年江西鲤鱼洲的司务长，掌管炊事班、菜班、饲养班（养猪、养牛、养鸭、养鸡）、缝纫部、小卖部，杀过鸡，宰过猪，是有多条猪命的屠夫；回校后，当过三年北大蛤蟆坑的食堂管理员，两年大兴分校农场哲学系的半工半读的工头。

江西鲤鱼洲劳动锻炼记*

宋文坚

一、去江西鲤鱼洲的背景

1968年8月前，北大“文化大革命”中的两派，“校文革”及其属下的新北大公社和它的对立面井冈山兵团武斗已经多月，大部分学生都厌倦地离开了学校，只有两派少数人，总共不超过500人，仍坚守在自己的工事上。他们偶尔也有小规模武斗，其他时间都是用广播大喇叭打嘴仗。学校冷冷清清，“文化大革命”成了半死的僵尸。

1968年8月19日，宣传队进驻北大，其中工人292人，来自第一、第二机床厂，北京齿轮厂，财经印刷厂，外文印刷厂，北京新华印刷厂等6个厂，解放军200人，来自63军。总指挥为63军的政治部副主任刘信，指挥部成员还有魏秀如（工）、宋双来（63军188师副政委）、田双喜（187师参谋长）等。宣传队进校后召开两派代表会，决定上缴武斗武器，新北大公社上缴长矛930支，井冈山上缴750支；折除武斗工事；办两派头头学习班。9月，促成两派大联合。以后便是团结一致，完成批斗改。首先是开展对敌斗争，批斗陆平、彭佩云、黄一然、白晨曦等。

1968年9月下旬，清理阶级队伍。全校干部、教师集中食宿。哲学系集

---

* 本文写作引用了《北京大学纪事》（北京大学出版社）的资料。

中在 38 楼，不得回家。自此，就陆续有人自杀死亡。到 12 月 12 日，宣传队的简报称，有 17 人自杀死亡。其中有物理系著名教授饶毓泰、数力系教授董铁宝、北大教务长崔雄昆等。副校长兼党委副书记戈华则自杀未遂，从楼上跳下，摔瘫。其后仍陆续有人自杀死亡，包括副校长黄一然。据说北大清队死亡 30 多人。1968 年 11 月 18 日，劳改大院（在外文楼北）解除冯友兰、翦伯赞（历史系教授、北大副校长）的监改，让其回家，每月给生活费 120 元。听说，这是毛泽东说要把他们保护起来。这个劳改大院，是聂元梓的“校文革”于 1968 年 5 月成立的。到 1969 年 2 月解散，共 10 个月，关押党政干部和知名教授 218 人。翦伯赞回家一个月，于 1968 年 12 月 18 日夫妇二人服安眠药片自杀。翦伯赞自杀后，宣传队有些紧张，对老教授的批斗缓解了一些。

1969 年 2 月，宣传队简报称，经教改组讨论决定，北大还是要办的。继续办的系有数学系、物理系、化学系、生物系、无线电系。这可能和那时传下来的“最高指示”有关，这个“最高指示”是：“大学还是要办的，我指的是理工科大学还要办……”文科一些系，中文、历史、哲学、经济、政治、法律、合成“抗大式文科班”。图书馆学系和法律系不办。西语、俄语、东语系不办，并到外语学院。地质系不办。

1969 年 3 月 20 日，宣传队简报公布《对北大文科教育改革的意见》。（一）走五七道路，办抗大式文科。说文科过去是“阎王掌权，学阀治校，专干挖社会主义墙脚的坏事，培养离开书本不会说话、出了校门不会走路的废物”。（二）工人阶级要永远领导学校。彻底改造旧有教师队伍。聘请工、农、兵学习毛著积极分子做兼职教师，从中吸收部分作专职教师。（三）原有一般教师要接受再教育。改造好的可以参加教师队伍。教师队伍实行三三制，一部分下乡工厂劳动，一部分搞调研，一部分教学。（四）学生从工农兵中推荐。学制三年。学习时间 2/3 在下面实践，1/3 时间在学校总结提高。（五）教学方针、方法，办抗大式学习班，以毛著为教材，以阶级斗争为主课，以社会为课堂。（六）师生员工合编成若干团，下设连队，废除教研室，由工人、教师、学生组成三结合教学小组。

1969 年 3 月 24 日，8341 部队 81 名军宣队进驻北大，提出对两派“一碗水端平”。其后又出简报称聂元梓校文革犯了严重错误。

1969 年 7 月，为落实教改方针，派先遣队 20 多人到江西鲤鱼洲筹建农场。8 月，第二批第三批共 600 名教职工到江西鲤洲。8 月 13 日又专派 100 多名工人去鲤鱼洲建场。

1969 年 9 月 12 日，在鲤鱼洲劳动的物理系助教邹洪新、化学系助教林鸿范等 7 人去瑞红购买蔬菜，船翻漂进鄱阳湖，邹、林二人溺水死亡，王荣宅等五人遇救。消息传到北大，在东操场开大会悼念死者。（其后，在鲤鱼洲又死了 5 个人。1970 年 6 月 13 日，技术物理系助教汤吉士在安装轴流泵的劳动中，溺水死亡。1970 年 12 月 5 日，中文系教师张雪森、中文系学员王永干在大堤上翻车死亡。中文系一教授食变质鸭蛋中毒死亡。哲学系教授桑灿南因病医治不及时死亡。）

1969 年 4 月，宣传队陆续派出 10 支教育革命小分队赴新华印刷厂、二七机车厂、平谷鱼子山、大兴农村等进行教改试点，共 224 人，其中正副教授 6 人、学生 125 人、宣传队 20 人。

1969 年 10 月 18—20 日，宣传队召开全校战备动员大会，要求以战略思想投入教育革命新高潮。决定无线电、技物系和数学系的力学专业部分教师及所有学生赴陕西汉中分校。学校其他系部分师生赴北京远郊区走与工农兵相结合道路，其他部分教职工去江西农场劳动锻炼，少部分老弱教师留校或下厂。

1969 年 10 月 23 日，地质、地球、经济、中文、化学等 13 个系 2900 余名师生分批离校，徒步赴北京郊区平谷、大兴、延庆、怀柔、房山五县农村。10 月 24 日历史系、哲学系、国政系、教学系、计算机系 700 多名师生分批赴房山、平谷农村。

1969 年 10 月 24 日无线电系、技物系和数力系力学专业 1150 名（其中家属 93 人，宣队 54 人）师生登车出发赴汉中分校办学。汉中分校，又称

653。1965 年 3 月开始兴建。1967 年 11 月停建。已建 62000 平方米，投资 1000 万元。分校设无线电系、技物系和数学系的力学专业（后改为力学系）。

1969 年 10 月 27 日全校 20 个单位 1658 人，其中教职工 1166 人、家属 423 人、宣传队 69 人出发到江西鲤鱼洲“北大试验农场”种地、改造思想。

这样，到 1969 年 10 月 24 日到 27 日离校分赴汉中、北京郊县下乡下厂及江西共 7203 人，其中教职工 3773 人。去江西鲤鱼洲前后共有 2037 人，全部是教职工及家属，没有学生。此外还有 1569 人留校（其中老弱残 416 人，后勤及办事人员 997 人，在校筹建工厂 76 人，其他 80 人）。

这样，去江西的就被认为是不参加教改、不参加教学的多余待遣散人员。当时大家都把去江西当作北大的另类人。清队的被清理人员也都去了江西。于是江西鲤鱼洲被去者当作中转站，即经过这里再调离北大到其他地方去。

二、江西鲤鱼洲

鲤鱼洲在江西南昌县境内，在南昌市之东偏北 60 华里，是南昌县、余干县和进贤县三县交界地带，北靠鄱阳湖。江西的赣江在南昌附近分成几条江流（也称湖汊子）汇入鄱阳湖，鲤鱼洲就靠在南昌市东面那条赣江支流上。沿着这条赣江支流修了一条大堤公路直通南昌。去南昌也可乘船，这里的赣江支流也很宽，一般在百米开外。在枯水季节时，小轮船也常在这里搁浅，水大时这条赣江在鲤鱼洲处能和鄱阳湖连成一片。我们在鲤鱼洲的大堤上所见到的是一望无际的鄱阳湖。

鲤鱼洲原为知青创建的农场，又称建设兵团。北大从这些兵团挪出八千亩地来建设北大江西实验农场。清华也在这里建了一个同样的农场，和我们的相挨，在北大农场之西北。鲤鱼洲早先是农民在众多河流湖泊之间围堤造出的围圩。所谓围堤，主是在鄱阳湖周边围出一块块地，修高堤坝，排水种地。我们在鲤鱼洲时，仍有农民在围堤造地。他们在最初几年先来这里在高处扎个窝棚住下，然后播种、插秧、管理，待收稻完毕或水大起来，他们就回原来老家。这样经过些年，待堤坝牢固后，他们就往里搬迁，构房架屋，逐渐形成一个小居民区。这种堤围也常被大水冲垮，围堤内便一片汪洋，农民便在这里打鱼养生。

我们去鲤鱼洲后这些知青兵团农场仍在，那地方叫天子庙，离我们很远，有时我们也去他们那里买猪或鸭蛋。鲤鱼洲往东五六十里是余干县的瑞红镇，可乘船去，前面说的北大两个人翻船溺亡就是去瑞红买菜发生的。瑞红是一个小镇，有一条石路街，也较窄，两旁是南方式的大木板门脸店铺。从鲤鱼洲往西可坐船去南昌市，在鲤鱼洲和南昌之间有一小镇叫滁槎街。那有个大粮库，我们也从那儿买面粉。从鲤鱼洲顺大堤往南走 50 多里是南昌县的幽兰，也可坐船去。幽兰是一个小镇，较破旧冷清，却起了一个很雅的镇名。我们常来这里买菜买鱼。瑞红、滁槎、幽兰这三个镇都能在国家出版的《中国地图集》的江西省地图上找到，它们形成一个三角形，鲤鱼洲就在这个三角形区域内。

江西南昌为长江沿岸火炉城市之一，因而鲤鱼洲夏天非常炎热，它地势低洼，没有一丝丝风。白日骄阳暴晒，晚上地热蒸腾，而且满鲤鱼洲找不到一棵树，整个鲤鱼洲夏天就是一个大闷罐。我们在鲤鱼洲的时候，夏天差不多人人都长一种大而出水泡的痱子，这痱子还特喜欢长在人的腋下，弄得夏天人人都得端着胳膊走路。由于没有风，晚上更是难熬，许多人常是夹着蚊帐到处找地方睡觉。鲤鱼洲还一个特点是夏季少雨，冬季春季多雨。我们去的 1970 年，二月没有一天不下雨。鲤鱼洲是鄱阳湖底，泥土很细。鲤鱼洲的路，天一干，拖拉机来回走几趟，便变成泥粉路，人们走在上面像踏在面粉堆里，扑腾扑腾。一下雨，这种路便泥泞不堪，稀泥很深，而且黏得拔不出脚来。

鲤鱼洲的冬天又非常阴冷。南昌冬季气最低气温能到零下八度。冬天还时常下雪，虽然这雪会很快化掉。因为这里冬季并不供暖，来鲤鱼洲的我们这些五七佬也常常手脚生冻疮。

我们在鲤鱼洲的时候最初是喝江水的，有时到大堤外挑赣江水，有时则挑大堤里的一条江汉子里的水，这里的水浑得很，打回水倒在大缸里，撒上明矾净化。浑土沉底，就用上面的水蒸米熬粥、喝饮。后来我们打了井，但这种井水也和河水一样含铁量很大。水面上可见到漂着一层类似油的黄膜，这就是铁。人们洗脸用的白毛巾，不上半个月就变成红黄的。

鲤鱼洲还是血吸虫的重灾区。毛泽东 1958 年写的诗《送瘟神》："绿水青山枉自多，华佗无奈小虫何，千村薜荔人遗矢，万户萧疏鬼唱歌"，说的是江西余江县的情况，而余江就是南昌的邻县，南昌县东面是余干县，余江县就挨着余干县。北大第一、第二批来的人不知道这里血吸虫很厉害，还以为江西已消灭了血吸虫病，因而下水较不在意。据说，这两批人因为夏天太热，经常跳下河去洗澡。有的还全身泡在水里，就露出脖子和手，端着饭碗吃饭。因而这两批人得血吸虫病的最多。1971 年 5 月对鲤鱼洲 10 个连队抽查 358 人，查出患血吸虫病者 150 人，占 41.9%。加上此前已查出的 33 人，共查出 183 人，这些人中，第一、第二批来者占 91%。以后又不断查出血吸虫患者。6 月又对北大去德安建化肥厂的人进行检查，结果是：宣传队 3 人，全部患血吸虫病；教职工 129 人，患者 115 人，占 89%。小孩（家属）17 人，患者 10 人，占 59%。到 1971 年 7 月，鲤鱼洲农场查出血吸虫病 270 人，加上德安化肥厂的共 398 人。1971 年农场撤销回北大后，又查出一些血吸虫病患者。因而粗略统计，患血吸虫病者约占去江西总人数的 1/5。

三、鲤鱼洲农场的连队建制

来鲤鱼洲之前，我们来的人已被编成连、排、班。全体人加上宣传队建为一个团，下辖十三个连。一连是机关连，由北大党政机关的人构成，二连是物理系，三连是化学系，四连是数力系，五连是生物系，六连是地质地理系，七连是中文系，八连是历史和哲学系，九连是外语的几个系，十连是政经法的几个系。上面这十个连是生产连队，是来鲤鱼洲种地劳动的。十一连由机关的人组成。他们的任务是到外地打石头、砍竹子，为农场基建备料，所以也可叫物资连。十二连叫基建连，专干基建，盖房子，由北大的基建队伍组成，其中多是技术工人，如电工、木工、瓦工等。十三连叫机务连，开拖拉机、开汽车、开轮船，为各连队耕地，搞运输等，也基本由后勤工人构成。后来这个连又吸收了随父母来鲤鱼洲的大点的孩子，让他们学开拖拉机。除这些连外，场部或团部还有一些专门的事务和人员，如幼儿园、中小学、碾米房、会计室、采购员。还组织了一个打鱼班，有十多个人，十多条小舢板，专门到各处湖泊如军山湖去打鱼。此外我们还有一个南昌办事处，是租了南昌一旅馆的房子，供鲤鱼洲来南昌办事的人暂住。团部的领导则由宣传队担任，有田双喜、卢洪胜、邱英等。团部后来又改称江西分校革委会。

▲第一排左起：1王凤林 2颜品忠 3赵建文 4金可溪 5张文俊 6甘霖 7李存立 8石坚 9汤侠声
第二排左起：1吴天敏 2冯瑞芳 3郭兰芳 4徐大芴 5杨博民 6辛文荣 7孟昭兰 8李慎 9任仁眉 10钱景阳（熊伟夫人） 11晏成书 12许政援
第三排左起：1杨凡 2李长林 3谢淀波 4黄大夫 5王师傅（工宣队员）6负祥生（军宣队） 7军宣队员 8赵常林 9夏剑豸 10陈志尚 11王义近
第四排左起：1王泽信 2邓艾民 3邵郊 4任宁芬 5黄辉枢 6熊伟 7陈舒永 9周辅成 10齐良骥 11李世繁
第五排左起：1沈少周 2周光康 3张伯源 5楼宇烈 6叶郎 7张继安 8张岱年 10宋文坚 11黄枬森

哲学系来江西鲤洲有近 70 人。其中教授副教授 10 人，有家属 20 多人，主要是随父母来的孩子。历史系和哲学系的人数差不多，我们约 130 人组成一个连队。另有宣传队 4 人，其中军宣队 2 人，指导员姓贺，连长负祥生。他们都是 8341 的干部。工宣队 2 人。还有校医院的大夫一人。

八连分为四个排。一、二、三排为生产排。每排三个班，有正副排长和正副班长，都由两个系的青年教师担任。全连还有一个副连长，也由青年教师担任。第四排是后勤排，管这个排的叫司务长。我就当了两年的司务长。有三个班，炊事班、菜班，另一个叫杂班。有养牛员二人，养猪一人，养鸭鹅一人，养鸡一人，大夫一人，修鞋一人，缝补衣一人，木匠一人，小卖部一人，另有采购一人，称作上士，此外还有学校派来的专职炊事员一人，学校伙食科的会计一人。炊事班和菜班的人基本上都是历史系的老师。可以说，整个第四排都是由历史系的老师充任的。由于我管着这个排，所以我和历史系的许多老师结下了很好的友谊。

鲤鱼洲的其他连队也都是这种建制，即都有生产排和一个后勤派，这完全是学部队连队的建制。我们来江西的任务就是进行生产劳动，自力更生，在这种自力更生自己养活自己的劳动中，转变成为自食其力的劳动者。我们在这里是通过劳动改造自己成为社会主义的新人。这可能就是“文化大革命”中央对我们这部分不适合教学（适合教学的参加学校各系的教改小分队）的知识分子的最初打算。

由于各个连都有司务长和采购，他们都有共同的任务——改善连队的生活、管好伙食，因而这些司务长和采购们常常结伙出去，购买蔬菜、鱼肉蛋，所以在江西时我也认识了不少其他各系的同志。

四、鲤鱼洲的生活

我们第三批来鲤鱼洲的 1658 人是 10 月 27 日动身乘火车抵达的，坐的是北大包租的火车。火车到上海时没有进站，在站外停了几个小时。我们到南昌已近黄昏，下车后即登上轮船连夜赶往鲤鱼洲，船行几小时，除了两岸时有孤零零人家灯火瞬息即过外别的什么也看不见。到鲤鱼洲时已经夜深，除我们农场大堤有盏孤灯、大堤内散落有几盏幽灯外，整个鲤鱼洲黑黝黝。天上繁星笼罩空旷四野，我们懵里懵懂地下了船，眼前是一片茫茫未测的黑暗天地。

（一）鲤鱼洲的住

我们八连的男老师（五七战士、也称五七佬）刚来时住在“物理大楼”。下了船，我们被有序地领进“物理大楼”。那里已经给我们安排好了各人的床位。我们的行李也随船到达，由各人背扛着下船。各人找好了自己的床位，铺好被褥，大家在昏沉沉的一盏灯光下进入了鲤鱼洲的梦乡。

到第二天清晨，我们才看清我们睡在什么地方。所谓“物理大楼”，乃是用粗竹竿和稻草搭成的一个长约 50 米、宽 10 多米的大草棚。“大楼”没有墙，长长的竹竿在高处夹起来斜杵到地里。最顶上是粗竹竿架成的横梁，其下是一排排竹竿横檩，上面铺上用竹板和稻草结扎成的草帘子。大楼外观就像一个大屋顶。没有窗户，两头有一个一米多宽一人多高的门，门上挂着用草帘做成的门帘。里面有几盏电灯，光线幽暗。在草棚中间用竹竿架起两排纵贯两头的床架，上下两层，再搭上铺板。这就是我们的宿舍住地。说普通点，我们住的是上下两层纵贯两行的四条大通铺，头顶头、脚对脚地你挨着我我挨着他地睡在这里。一切都平等了，这里没有教授助教之分，没有处长科员之分，大家可以左顾右盼、上俯下仰地谈天。这么个地方怎么会起了个这么响亮的名称呢？北大有一个物理大楼，在东门外，它是 20 世纪 50 年代末盖起的，那时看上去很宏伟气派。我们江西鲤鱼洲先期的同志给我们搭了这么个巨大窝棚并冠名“物理大楼”，真让我们感受到他们随遇而安的乐观豁达精神。“物理大楼”能住多少人，除了八连还有谁我已无印象了。

到江西鲤鱼洲后，各连首要的任务就是给自己建造新的驻地。地方已经分配好了，材料也已现成：粗长的大竹竿、稻草、地泥、铅丝。新房很快建盖起来，我们有了新家。

八连的新驻地在北大农场的中间部位。鲤鱼洲傍靠赣江的东支流，江岸是由先期来这里的人加修的高有四五十层台阶的大堤。这条大堤呈圆弧形围绕着我们的农场。各连驻地在这里从北到南、从东向西逶迤铺展。各连驻地分开，像是一个个独立的小村落。八连在偏东部位。它东面还有幼儿园，当时有七八十名幼儿入托，机务连（十二连），西面是团部，再往西是六连生物系，我们北面是九连外语各系。团部对面是七连中文、十连政经法，这中间隔着一条河。河对岸还有整个农场的大谷仓和晾晒稻谷的水泥场地。其他一些连离我们较远，散散落落在几里以外。

建新驻地是各连自盖自的，由各连生产排承担。八连盖了两栋男宿舍和一个女宿舍，还有一个连队部和一个伙房。盖房的过程是，先用粗竹竿和竹绳以及粗铁丝捆扎搭起房架，包括竖柱横梁房檩房椽。房架搭好后就是砌墙。砌墙用的不是砖，而是就地取材，用铁锹在一块地上铲出长 40 多公分宽 30 多公分高 10 多公分的土坯，这种铲成的土坏黏合力很强，干了就是一块大硬砖。把这种土坯码起有人高的墙，把房架的立柱砌在墙里，还要留出一米多高半米多宽的窗口，然后就是在房顶上铺稻草帘子，再安装上木窗框，蒙上塑料薄膜，一座房子就落成了。八连的两栋房子把男同志都装进去了，历史系一栋，哲学系一栋，我则住在伙房里。女宿舍是我们连的女五七以及随来的大点的女孩和小点的孩子，连部办公室住着两个军宣队和两个工宣队。这里也是连部开干部会的地方。在这样的房子里，每人有一个独立的床铺，两条木板凳，一张木铺板。虽不睡大通铺了，但房子里仍拥挤得很。

新房是搭建在过去的稻田里，没有任何铺地。床间空的地方，走路的地方是踩硬了的硬泥板，而床底下仍依然长着青草、芦苇。时间长了芦苇尖能从床板的缝里长上来。

江西南昌多雨。我们这种房子难免漏雨。于是每个人就在床铺上空拉起一张塑料布棚。房子是竹结构，很容易找到栓绳的地方，于是这种宿舍房内成了四重世界：草顶棚，塑料棚，床，地上是草青青。不过这种塑料布也常常害人不浅，它是接漏雨水的，得经常往外掏水。有一次，大家在屋里开会，突然一个床铺上的塑料棚经不住水压而垮塌下来，哗啦啦，洒了底下的人满身满脸的水。

我所住的厨房只有三面墙。锅灶的地方没有墙，烟道和烟囱露天。江西冬天下雪，雪花就从露天的地方飘进来，早晨醒来，被子铺了一层薄雪。

去江西有不少成对的夫妇。他们分开居住了一年多。到 1970 年冬，江西各连都盖了一栋砖房，给每对夫妇一间，他们的孩子也能跟父母住在一起了。此外场部还建了一栋客房。实际也是大草棚。里面用草帘作墙间隔出一间间小屋，给探亲来这里的合家团圆，有个私人空间。

到 1970 年，我们八连建了一个正式的伙房，仍是竹草棚，不过高大一些，四面有土坯砌的墙。里面住着伙食班。在原来四栋住房后面又盖了一栋教学用房，给那时成立的教改小分队使用。1970 年秋，鲤鱼洲来了一批工农兵学员，有外语几个专业、中文、历史、哲学、国政、经济、农业生物等专业。农场成了北大江西分校，提出走“抗大道路”“办好草棚大学”的口号。这批学员不归各连队，他们统一单住。

可以说，我们在鲤鱼洲的住房条件在逐步改善。但即便是在新盖的砖房里，仍是土泥铺地、杂草丛生。而且，除教改小分队和场部领导外，所有去鲤鱼洲的人都没有桌子。每人只有自购的高不过一尺的一把小竹椅子。床铺就是他们书写什么的地方。

（二）鲤鱼洲的吃

刚到鲤鱼洲，凡吃的东西什么都得买，我们这些五七佬规定每月每人伙食费 12 元，儿童一样。在这个标准内，在还没有自产的东西以前，我们每天只能吃机米和咸菜，机米就是籼米，不黏稠，口感粗糙。做饭时没什么花样，早餐是粥、米饭、咸菜，中餐晚餐是咸菜、米饭。米、咸菜是从江西买来的，是场部管后勤的人从江西买来供应我们的，我们每月和他们结账。这咸菜装在大酝子里，是切成细块的萝卜、黄瓜等的酱杂拌。一日三餐，三餐一日，重复来、重复去，都是粥、米饭、咸菜。

这样的生活不记得过了多久。渐渐伙食有了改善。我们农场有个鱼排，十多个人，十多条双桨小船，他们的任务就是去河湖里打鱼，回来平分到各个连队。我们偶尔有鱼可吃了。这里的鱼都很大，鲤鱼、鲢鱼、桂鱼。这鱼排有时也到附近的地方如瑞红、幽兰去买蔬菜，有韭菜、上海白、南昌白，这是两种类似油菜又类似大白菜但棵小的菜。还有竹笋，这竹笋非常大，每个都有大炮弹那么粗长。各个连也养起了猪、鸭、鹅、鸡。有鸭蛋、鸡蛋吃了，我们自己也常到附近的兵团去买他们的鸭蛋回来腌了吃。

猪则常常是去附近几十里以外的江西老表那里买半大的猪，回来养几个月再杀来吃。这样要比买猪肉便宜。我们的猪长得快，因为它们吃的好，是吃剩饭大米。我们八连在驻地附近盖了一排猪圈，能养五六头猪。猪粪上菜地，菜也长得快。

鲤鱼洲没有专业的杀猪手，杀猪都是各连自己的事。我们连有个杀猪专家组：我、心理专业的邵郊教授、历史系的后来当了北大副校长的郝斌。我负责把猪从圈里拖出来，捅刀宰杀。我以前连鸡都不敢杀，这回把我逼上梁山了。没有别人愿意干，我只好奋勇当先。不知怎么来的灵气，我总是一刀能将猪捅死。后来，我这种利落手名气传了出去，附近的幼儿园也请我给他们杀猪。因此，我在江西几年，落下十几条命案。阿弥陀佛，上帝宽恕我这无奈之人！

从猪圈里把猪拖出来却一人干不了。猪倌赵常林是这方面的好帮手。猪喜欢人给挠痒痒，他就跳到圈里给要宰的那只猪挠痒痒，猪便眼一闭张开四腿来尽情享受这份厚爱。我便偷偷用绳子把猪四腿拴在一起。这时大家凶相毕露，野蛮残忍地把猪拖出了圈。有次没弄好，要宰的大猪警觉地跳起来满圈乱窜，我则揪住了猪尾巴被它拖了许久，直到别人上来一齐把猪按倒。

刀子捅完后要在猪腿上拉开一个口，往猪的皮下各处捅一种专门的铁棍，然后在这个缺口上往里吹气，一面吹一面用棍子拍打，拍拍打打，死猪就膨胀起来了，然后是把整猪扔到临时架起的一口烧到80度的热水大锅里烫和褪毛。褪好就拖出来，开膛剖肚剥皮砍头去尾卸腿。这后面的工序是由邵郊和郝斌来干的，他们二人由不会到后来能干得很熟练专业。最后的脏活是由我来干的，这就是清洗猪肠子。把猪肠子从猪腹腔掏出来。先挤出粪便，然后由肠头起把肠子里外翻个过，肠子里皮朝外了。然后撒上大把盐和醋来搓，搓了再水冲，再撒盐醋搓和冲，直到把肠子洗得干干净净。

杀猪在八连是头等热闹的大事，下地干完活的五七佬、小孩子都围拢来看得津津有味。

到第二年春天以后，我们就能收获自己种的蔬菜，品种不少，有豇豆、茄子、上海白菜、油菜、萝卜、臊瓜（一种类似香瓜但长大得多）、黄瓜等，这里土质肥沃，又施用有机肥，所以蔬菜瓜豆长得很大，那豇豆都一米多长。菜班都是历史系的教师，这些大外行能种出这么好的蔬菜真是为难了他们。

主食也有改善，我们自产的大米熟了，有一种叫农垦 5 号的大米类似北方的小站稻，很好吃。但我们炊事班做米饭的技术却不很过硬，常出夹生饭。这时只好再往锅里加菜、加水、加盐，把米饭变成菜粥。有时我们常一连多天吃这种菜粥，我们戏称进到了菜粥时期。由于吃了自产稻和菜，我们就能有钱买面粉了。买面粉有时是到鲤鱼洲西面的滁槎，坐农场的新北大一号去，这是一条驳船，有一个大舱，能载重百吨。开船的是一个江西老表和后勤的乌兰桂。每次买面粉都是 12 个连的司务长或采购一起去。我去过几回。船一个多小时就到滁槎。那粮库就在江边。我们的船不能靠岸，船岸之间要搭上一条长近六米宽一尺多的踏板，人走在上面颤颤悠悠，我们几个司务长用肩驼扛着面袋上船，一袋面粉五十斤，那时我力壮，一次能扛五袋面粉走七八十米上船。大家都一样，少则三四袋，真不知我们哪来那么大的力气和干劲。

有了面粉，我们就可以吃上馒头。来鲤鱼洲几个月后第一次吃上馒头，对我们这些北方的五七佬来说，那真是天大的幸福。头一次吃馒头那天，简直成了节日，有的先生手捧馒头竟掉下眼泪，我亲眼看见的，当时自己也有些心酸。

八连的炊事员周玉林，他在学校就是炊事员，做主食拿手，做得一手好烧饼。这烧饼长方形，上面还有芝麻，用锅烙香脆可口。老周在做烧饼时，不时露出绝活，一面用小擀面杖在案板上有板有眼地敲打，一面把烧饼在手里腾空翻转。他也高兴能在背儿离女的几千里的鲤鱼洲这前途茫茫的天地里暂时忘忧地露几手自己的行活。

我们还能更多地出去买鱼买鸭蛋来改善伙食了。买鱼，要走大堤到十几里甚至几十里外的地方。有时是去当地打鱼的老乡家去买，有时是去镇集的鱼摊上买。我买鱼最远到过幽兰，在四十里开外。我们没有手推车，也没有自行车，一切靠两个肩膀和两只脚板。每次我们都是买上两筐约四五十斤鲜鱼，用竹扁担挑起，颤颤悠悠、吱吱嘎嘎地沿着大堤迈回农场。越走越沉，歇歇走走，常常是摸黑回来。有次很晚还没回来，连里还派人去找我，迎出去好远。

我们连自己也养鸭子，让它下蛋吃。但鸭蛋供应不足。有钱了我们就去建设兵团买。买回很多，也都是我和采购去用筐挑回来。后来腌了两大缸鸭蛋。天天吃，每人早餐一个鸭蛋，到农场解散时，还有不少鸭蛋没吃完。

我们八连的鸡倌养了不少鸡，我们也宰鸡吃。每次都宰几十只，宰鸡的是心理专业的邵郊和历史系的张剑奇，这两位给鸡抹脖子时毫不留情。他们在江西也是“血债累累”。鸭倌还养了几只鹅。有公有母，我们钉了两个鹅屋，让两只母鹅孵蛋。两只鹅互相争蛋，乘对方不注意时用嘴把鸭蛋掰到自己的胯下。有次我去看，两只鹅正好从鹅屋走出来，忽然腾空飞起，飞向蓝天，有五层楼那么高，在天上转了一个很大的圈子又飞回来。我头一次见鹅能飞这么高和这么远。当场不少人看到了这个闻所未闻的奇景。

八连还养了两只水牛，原拟用来耕地，后有了机务连的拖拉机，这牛就无所事事了。牧牛的是历史系两位老教授。有次我们连的一头牛和九连的一头牛打起架了，顶上了牛。两位老先生怎么也拉不开，去叫来好多人，也拽不开。两个牛死死地顶在一起，大家束手无策。后来不知谁出了主意，在牠们的身下放上稻草，点火一烧，这场牛架才拉开了。

除鸡、鸭、鱼、肉、蛋之外，我们还吃了一次狍子肉，是生产排的同志不知怎么逮着一只。他们几个人偷偷地到伙房来剥了炖了，也给了我一小碗。我们还吃过一次狗肉。那是十二连机务连养的一只叫黑子的狗，这狗老来抓我们连的鸡吃。我有点恼火。一天我揣了个馒头去找黑子。这家伙看见吃的便跟着我来了，到了伙房我和邵郊用绳拴了牠的脖子把牠拉到房梁上吊死了。当时历史系的张蓉初教授在场。她菩萨心肠，连连给狗求饶，都要哭出泪来。狗还是被我们杀了。后来那连的人来找，我们把狗皮给了他们，一场纠纷告息。

到 1971 年 9 月撤农场时，我们连还有几头没杀的猪，菜地满是长得硕大无比的大臊瓜、大芋头、长架豆，怎么吃都吃不过来了。那一阵子我们是幸福加幸福，一是庆幸自己要回北京了，二是只挑好吃的吃。

（三）鲤鱼洲的劳动

这里讲的是生产排的劳动。主要有两大项：一是种水稻和收获；二是建场劳动。种植劳动我参加不多，尤其种植水稻和开镰收割我都没有参与，不了解他们是怎么干的，种了多少地（全农场有6000亩可耕地,10个连一平均，每连可摊 600 亩），打了多少粮食，怎样施肥和管理等。我只知道在这里每年种两茬水稻，早稻和晚稻。这些五七佬都没有农民教带，都是那些稍微懂得一点的人讲讲说说。生产排都是排长派活。每天早饭后各排各班的人都个个搬出小椅子坐下往腿上抹一种预防血吸虫的油，然后就排着队下地了，然后是中午排着队回来吃饭。歇歇之后，又是往腿上抹油，又是排着队下地，晚上再排着队回来。这里顺便说说，在鲤鱼洲排队已成习惯。在下地、收工的时候，或开什么大会的时候，总可以看到处处是一队队单行的五七佬。在鲤鱼洲我们过的是半军事化的生活，来这里劳动锻炼，也包括培养纪律性，培养军事战备性。叫我们来江西就是打着战备的旗号，什么“林副主席一号命令”的动员号令的。为了培养锻炼我们的战备精神和纪律性，场部还搞过一些莫名其妙的特殊训练。例如，刚来不久，突然半夜三更响起全场紧急集合的号令。我们不知怎么回事，赶紧爬起来排队，说是要到很远的场部集合。路上稀泥烂滑，我们手拿着电筒，有的老同志还拄着木棍、竹竿，一个跟着一个地摆出几里的长蛇灯笼（电筒光）阵。到了之后，下令我们坐地。出什么事了呢？大家正在懵里懵懂，灯光一亮，竟是放映电影《地道战》（好像是）。我们还搞了一次拉练，是围着鲤鱼洲转了一整天，走了 90 里路，那时工农兵学员已来了，他们也参加。我断后，倒不觉得怎么累，别人也没觉得怎么的。倒是新华厂来的那个工宣队王师傅，他年纪挺轻，但来鲤鱼洲从不干活，养尊处优，他落在最后，走路一瘸一拐，他垮了，拉练把他拉垮了。

我参加过打稻的夜战。稻子是在地里用脚踩转动的打稻机来打的。在割完的稻地里铺上大苫布，把打稻机搬在上面，五六个人轮流拿着小扎的稻子放在滚筒上打。我见过这里老乡怎么打稻，他们没有打稻机，只放块大石头在上面摔打。比起来，我们的工艺进步多了。打完一片地，再挪动打稻机到另外的地里打。打好的稻谷要装进麻袋送到场部仓库过秤，这要人先搬到拖拉机上。一包有百多斤，我能轻易地把它抡到肩上。打稻要扎起衣领衣袖。尽管如此，仍有稻芒钻进衣里，加上满身是汗，真是浑身奇痒无比。

我参加了不少建场劳动。建场首先是备料，鲤鱼洲没有砖，要盖砖房得从外面买砖。这砖都是用帆船从别的地方运来的。是运给整个农场的，卸砖的活是场部派给各连队的。任务是从船上卸砖和传递过大堤。这是一个极累极苦的活。从船上卸砖，用的是砖夹子，这是铁制的夹砖工具，一夹就是五块砖。卸船时，从船舱开始摆出一行接力队伍，一人一个砖夹子，你夹起后传到另一个人的脚下，这个人再夹起来放到下一个人的脚下，一条传递的长龙，一直摆到大堤里面的平地上。每次来船都是少则两条多则三四条，一条船至少装四五千块砖。这种卸法，谁也不能偷懒，否则你前面就是一大堆砖。人们弓着腰夹来夹去，干着干着完全成了机械，手和臂好像都不是自己的了。每卸一次砖都要这样干几个小时。个个累得汗流浃背，腰酸背痛。当然卸砖的活都派给年轻力壮的。我自己有体验，这些人也没有一个不怵的。

砖卸地后要运到需要的地方。我们农场有拖拉机，但用拖拉机又要装卸，并不省力。鲤鱼洲有的是五七佬，就用五七佬来挑。我也参加过挑砖。一人一条竹扁担，两头是粗铁丝挂着的方板，一个人每担得挑二十多块砖。我们还搞过挑砖夜战，说任务紧急，有时竟挑一个通宵。

再就是卸水泥。水泥是新北大一号从南昌运来的。水泥是袋装的。得人从船上背起来顺着大堤的台阶爬上大堤，再下大堤放到平地上。每袋水泥是100斤，那个大堤台阶可能有50多层，背着100斤的水泥袋上下大堤，那滋味有如登天入地。有次我扛着水泥下大堤时滚了坡，好在没把水泥砸在自己身上，连里让我躺了几天。

农场还有件重活是1970年4月挖排灌大渠和修排灌站。要挖出宽两米深两米多的一条很长的排灌渠。挖到深了时，人站在沟底用铁锹往上扬土，最后是扬不到顶就得用接力办法，一个人把铲出的土撩到一半的地方，再由另一个人撩到顶上。这些活我都干过。修排灌渠农场说是紧急任务，常常是一干一个通宵。

1970年夏秋，我还参加了一次抢险大会战，是鲤鱼洲某处的大堤出了问题，农场派了几百人去抢险加固，干了整整一天。1970年8月同在鲤鱼洲的清华大学农场遭遇10级飓风，加上雷电轰击（清华那个地方当地老乡称作是“雷窝”，经常发作大雷），房倒屋塌。北大农场派了几百人前去支援重建，我也参加了。看到那里真是狼藉一片。我们主要是清理雷击的现场。

八连还有一些老教授，他们当时在60岁左右。对这些老五七，劳动上有所照顾。除了历史系的两位教授当牛倌、历史系的一位女教授后来编在伙房外，其他哲学系的老先生都编在生产排，散在各班。下地时他们也常常跟着去，但劳动时班长一般都照顾他们干些轻活。此外，还单安排这些老先生干一些活，如到伙房择菜。这时他们就拿着小竹椅坐在伙房夏天有阴凉和冬天有太阳的地方来择菜或削土豆。他们也常在这里聊聊天。但大家都心思重重，聊不起什么劲。这些老先生常干的活还有捡粪。尤其是收了稻子后，他们常常是肩挎着一只篓筐，拿着一把铁锹，在鲤鱼洲茫茫大地上四处捡粪。粪并不多，品种多为人屎粪。鲤鱼洲，在大堤以下，除了北大农场散落的驻房外，四野空旷，一望无际。我曾在冬天见一位老先生在白茫茫的雪地上，手拄着一把铁锹，站在远处等着去捡远处一个正在拉屎人的粪。

我后来常常忏悔，我当司务长，常去南昌采购，我原可以向连里提出要这些老先生每次一两位跟着我坐船去南昌，名义是帮着我照看东西，实际可让他们轻松一两天，也可到南昌去吃点他们想吃的东西。这事我可以做到，但那时我没有做，也没有想到。每想及此，我心里很难受。我没有照顾好这些老师们。

还有八连的孩子们，他（她）们都是跟父母来了鲤鱼洲，有时还是跟着单身的父亲或母亲，远离他们习惯了的城市家庭，也远离了他们父母过去所给予的舒适照顾，他们虽然仍能得到父母的疼爱，但这里条件太差，这种关爱常常是心有余而力不足。八连成立了小卖部后，他们的父母可以从小卖部买点糖果点心，情况虽然好了些，但这已是孩子们的最大享受了。我作为司务长，也原可以给这些孩子较多的照顾。但这方面我做得也不好，想得也不多。为此我也深感愧对那些孩子和带孩子的八连家长。

后来农场为活跃生活，在农场成立了歌舞队，各连都有年轻的五七男女参加。这些同志，白天照常劳动，晚上却常常排练到深夜。场里决定他们太晚了可以让连伙房做夜宵给他们补补。我这方面也做得十分不情愿，和这些同志们发生过龉龃。如今想起来，我也深感我当时对同志们关心太差。

五、鲤鱼洲的政治活动

陆平来了江西，在北大清队中所谓查出有问题之人，以及认为有问题尚待查清之人，基本上都到了江西。原“校文革”中的聂元梓、孙蓬一以及在北大“文化大革命”中最为活跃之人也都来了江西。这样，鲤鱼洲里不太平就在所难免了。所谓北大“庙小神灵大、池浅王八多”，也就挪来形容鲤鱼洲了。

首先是所谓清队仍在继续。怎么清，在清哪些人，各个连怎么展开，我不清楚。这清队工作好像是暗中进行的，主要是由各连宣传队和农场领导在掌握。到 1970 年 8 月，清队似乎告一段落，在鲤鱼洲召开了第六次（前五次在北大校本部开的）落实政策大会。大会报告，共处理 43 人。其中被定为叛徒的 4 人，特务 9 人，历史反革命分子 11 人，伪军、警、宪骨干分子 4 人，反动党、团骨干 4 人，现行反革命 4 人，地、富 2 人，另给 5 名右派分子摘帽。对上述 43 人的处理是：不以反革命分子论处从宽处理者 9 人；从宽处理、不戴帽子、交群监督以观后效者 2 人；从宽、不戴帽子者 21 人；按人民内部矛盾性质处理者 4 人；解除群众监督有 2 人。

哲学系的一位先生，1946 年给美国军调处（调解当时的国共冲突）当了几个月翻译，在北大清队时要他交代是军统和中统的双料特务，临来江西前说要给他落实政策，即不戴帽子、不给处分。但开会宣布前他全部推翻。他也来了江西，也不知清了他没有。后来这位先生在研制我校第一台电子计算机（也是全国占先的）时起了重要作用。

1970 年 1 月 27 日，哲学系的孙蓬一和高云鹏贴了大字报，指责宣传队犯了右倾错误。2 月 24 日鲤鱼洲农场召开揭发批判孙蓬一（高云鹏当时在汉中 653）反动言行大会，要揭穿孙蓬一的资产阶级右派真面目。到这年 12 月份，我们八连又召开了揭发批判孙蓬一的大会，全校新来的工农兵学员也都参加了。1971 年 3 月 5 日，在鲤鱼洲又召开了揭发、批判聂元梓和孙蓬一的大会，说他们反军、乱军。这次大会后，各连也对有反军乱军问题的重点人物进行了政策攻心，让他们交代这方面问题。聂元梓、孙蓬一是原北大“校文革”一派的头头。8341 进校后，实行“一碗水端平”政策。聂、孙很不满。他们有很多追随者，这些人中有些也对军宣队不满，可能说了对军宣队不满的话。所谓反军乱军就是这么回事。

在江西，我们还搞了一次“一打三反”运动。一打，是打击反革命破坏活动；三反，是反贪污盗窃、反投机倒把、反铺张浪费。1970 年 3 月 2 日，全场开动员大会。6 月 29 日又召开“坚决打击现行反革命分子”大会，并当场宣布逮捕二连物理系一名讲师送北京公检法军管会。这搞得我们相当懵，后来也没打听出这是怎么回事。至于三反，在江西鲤鱼洲这个四大皆空的地方，在穿着一身破棉袄的五七佬中间搞，实有点牛头不对马嘴。三反，对我们这些当司务长的倒有些涉及，那就是场部来了两个大概也不懂账的人来查我们各连的伙食账，这种查账还能查出个屁来。为配合“一打三反”，各个连还自己搞一些活动。我们伙食班的周玉林师傅，新中国成立前是个摆烧饼摊的，所谓“小业主”。4 月的一天，竟召开全连大会，把这个周师傅批了一通，说他不老实。这事我这个管伙食的司务长事先一点也不知道。菜班全为历史系的人，他们还要批判这个班的某某，我知道了，坚决没同意他们干。

再就是清查所谓“五一六”。清查“五一六”是 1970 年 3 月中共中央发的通知。江西鲤鱼洲开展较晚，是 1970 年 11 月。又召开了一次“一打三反”动员大会，号召坚决同“五一六”反革命阴谋集团及其他一切反革命分子、阴谋家、野心家斗争到底。这次动员会后，各连都普遍召开了清查五一六的政策讲用会，向所谓有嫌疑的人进行政策攻心。

这次反“五一六”又涉及我。我和哲学系的一位老师很要好。这个同志来江西后还当过排长，不知怎么要查他了。因他和我要好，便要我来揭发他的问题。我说我没听说他有什么不好的话，于是便认为我有意包庇，让我暂时停止工作好好地想。这等于是停职检查了。但最后我还是没揭什么。不过一个多礼拜后这事也就不了了之，宣传队要我别介意，继续把司务长干好。

反“五一六”一个最为可乐的事是，我们八连的反“五一六”工作是新华印刷厂的一位祁师傅来抓的。但他反了许久，北京来人却把他押解回京去了，说他也是“五一六”。

这场反“五一六”，我们连有点人心惶惶。因为什么是“五一六”谁也说不清楚。一会儿说参加“五一六”的都填过表，一会儿说没填过表而接触过“五一六”的也是“五一六”，一会儿又说做过类似“五一六”事的人也是“五一六”。在所谓政策攻心的压力下，许多受审查的人都常常被逼得漫天说谎，不知他们会咬出多少人。谁能知道自己认识的人不被当作“五一六”来反，谁又能知道这些被审查的人没有咬出自己。鲤鱼洲的上空这时真是到处笼罩着阴沉沉、郁闷闷的浓云。

除这些政治氛围极浓的批判、斗争外，鲤鱼洲还搞过一些学术批判活动。1970 年 6 月，在宣传队（它上面还有谁不得知）的授意下，物理、地理、技物、数学、哲学等系有 20 多人组织了一个批判爱因斯坦学习班，为批判爱因斯坦的相对论作思想和组织准备。这场要掀起的批判相对论的活动，据说是李政道向中央提出，说如果你们批判爱因斯坦相对论，将成为天大的笑话，才作罢。

在江西，还搞了整党清党。我那时不是党员，不知他们怎么搞的。有许多党员经过这次整党恢复了组织生活。江西鲤鱼洲去了 693 名党员，恢复组织生活的有 613 人。八连哲学系的一位女副教授，来江西之前，刚刚一个十多岁的儿子生急病夭亡了，这位先生是带着丧子的极大悲痛来鲤鱼洲的。一个 50 多岁的副教授，一个软弱女人，本来就没干过鲤鱼洲这种累活。清党时，说她革命意志衰退，给她来了个“劝退”。

陆平来鲤鱼洲后，编在一连。一连是生产连。他怎么劳动我不清楚。在鲤鱼洲也没开批斗陆平的大会。他们连有没有对他怎么样我们也不清楚。只是听说，陆平有一次干什么从大堤上摔下来了，好像有点气息奄奄，生命垂危。农场赶紧把他送到南昌。那里的医院大夫一听是陆平，天字第一号的大黑帮，不给他治。军宣队急了，据说是卢洪胜亲自到了南昌，给大夫说，陆平不能死，留着好作反面教员。就这样陆平被救活了。陆平好像是较早离开鲤鱼洲的。

聂元梓和孙蓬一都在八连，都编在生产排，也都静默地和大家干一样的活。聂元梓是 1970 年 7 月中被叫回北京作检讨和接受批判的。在江西没有开聂元梓的会。孙蓬一在连里也没有惹是生非。这个人性格直率。鲤鱼洲开了几次他的大会，在连里只开过一次他的会，他和大家处的关系好像也可以。

六、鲤鱼洲的办学：江西分校

在“最高指示”：“大学还是要办的”指引下，江西鲤鱼洲农场的肃杀的改造气氛渐渐有了松缓。1970 年 5 月后我们听到了一个新的名称“北京大学江西分校”，它和“鲤鱼洲农场”同时并存。鲤鱼洲要办学了。1970 年 5 月，成立了江西分校革委会，主任是田双喜，63 军的师参谋长，副主任卢洪胜（8341）、邱英（工宣队）、伊敏（原北大党委组织部长）、张起永（原北大党委部长），后又选出分校党委卢洪胜书记，田双喜、邱英、伊敏为副书记。

为了解除我们来鲤鱼洲时的种种顾虑，迟群这个江青四人帮死党还到鲤鱼洲来作了一次报告，意思是来鲤鱼洲不是被抛弃，大家改造好思想国家还是需要的。

此后一些各种办学的方案陆续出台了，如有，理科三年文科两年的学制以及一年的各种进修班，招收工农兵，从基层推荐，基本回原单位原地区，等等。中文系（七连）还提出一个办学方案是，学制一年半，课程：中共党史，毛泽东哲学思想、毛泽东文艺思想、毛主席诗词、革命样板戏、文艺评论（兴无灭资）。

到 1970 年 8 月，总校招办通知江西分校，已给江西分校招生 418 人，后增为 433 人，增加者有江西分校人员的子弟，其中解放军 190 人。9 月初，这些新学员从南昌行军 60 多里到达鲤鱼洲。9 月 4 日对新学员进行入学教育，提出向江西共产主义劳动大学学习，走“抗大”道路，办好“草棚大学”。9 月 21 日，江西分校新学员上第一堂课，各系第一堂课都是讲毛泽东著作。由学生主讲，师生一起大辩论、大批判、大讲用。

在江西招生的系有外语几个系及中文、历史、哲学、政治、经济等。

在新学员来到之前，八连已为筹划分校教学作了准备。从八连抽调出十名教师和一名工宣队组成教改小分队，由他们来进行哲学系和历史系的办学实验。从此，这部分同志就离开了八连的生产排而转为分校的教学成员了。不过他们仍和我们吃住在一起，直到大家一块离开鲤鱼洲。

除了改为分校招收学生和分离出一部分人开展教学活动外，鲤鱼洲出现的另一种大家觉得有盼头的情况是，1970 年 10 月底，有 251 名鲤鱼洲的五七佬返回北京总校，而又有 185 名北京总校的教职员被轮换来鲤鱼洲。离开鲤鱼洲的是所有老教授和在鲤鱼洲表现较好的教师。这无疑是告诉这里的五七佬，他们并非一定要调离北大。这也许还说明国家的形势有了某些改变。因为这一年多来，北大有不少外事活动，一些外国友人连连到北大参观访问。如 1970 年 10 月就有 6 个日本等国的代表团到北大总校访问。把北大搞得乱糟糟，不成体统，不成学校样子，似乎太失国家体面和尊严。

与轮换同时，鲤鱼洲的宣传队也有调换，1970 年 10 月有 75 名工宣队的师傅离开江西回他们原厂，也来了新的工宣队员。到 1971 年 4 月，鲤鱼洲各连的连长和指导员也都换成北大的教职员了。八连原来的指导员负祥生调回 8341，来了一个新的军宣队，但他和工宣队都不担任连队的职务了。我们八连的连长是曾任北大团委书记的郭景海，指导员是学校人事处的干部巫宇甦。这些也都引起五七佬们阵阵思索。是不是要“变天”了？是不是该回北京了？我不由得想起一支关于被改造的知识分子的一首歌：

五七佬，五七佬，
穿的破，吃的好。
身上披着破棉袄，
躺在床上看参考。
国家大事天天吵，
一心想把业务搞。

七、撤销鲤鱼洲农场和江西分校

局势发展得比人们预想和盼望的要快得多。1971 年 5 月，江西分校还制定了一个本年度江西分校基建规划。这一计划是：建砖瓦结构教学用房 4280 平方米，投资 18 万元；建生活用房 8640 平方米，投资 13.8 万元；生产用房 1018 平方米，投资 2.2 万元；俱都是砖瓦房。建筑公路，投资 40 万元；建筑大堤投资 20 万元；购农机设备，投资 47 万元；化肥厂基建，投资 181 万元。共投资 323.8 万元。看起来是要长期在这儿扎下去了。

7 月 20 日，总校党委讨论决定：江西鲤鱼洲农场撤销，将农场和德安化肥厂移交给地方办，在农场劳动的教职员分批撤回。同时在北京郊区大兴县天堂河重建一个农场，占地 1000 亩。撤销江西农场的理由是：教育革命深入发展，招收学生增多，人员紧张；离北京路途遥远，花费物力财力太大；当地血吸虫病情况原来调查不够，现已发现 260—270 人染上此病。

8 月 6 日在江西鲤鱼洲召开全场全分校大会，宣布撤场，分校搬迁回京。江西农场由江西省接管，安排在 9 月交接。学校将新北大二号轮船卖了，新北大一号为军用物资，归省。此外带回自产粮食 25 万斤，木材 500 立方，钢材 80 吨，及当年的投资 142 万元。

1971 年 8 月底 9 月初，江西农场及分校人员陆陆续续基本离场。在回北京之前，各连都安排去井冈山参观。回程是乘火车，行李和人分开，每人发给木箱一个，装各种物品，也是来鲤鱼洲给大家留一个纪念。

宣布撤场后，大家莫名其状地兴奋。八连杀猪、宰鸡、买鱼。那鸭蛋根本就吃不了，也没人吃。菜地里有吃不完的蔬菜，满地是大而粗、粗而长的臊瓜，那芋头长得有铅球大，都扔了。大家尽情地吃，尽情地乐，尽情地相互交庆，那些来鲤鱼洲的孩子和孩子的父母更是如此。当时真有被解救了的感觉。

我是八连最后一个走的。把八连同志送上车，我又在鲤鱼洲待了几天，把剩下的鸡鸭猪牛鸭蛋鸡蛋都交给了场部。这种交只是给了个数，没人去理和查，也没人去照管。各连也都如此。在这一切之后，我离开住了两年多的草棚，走上大堤。看堤外，是湖水滔滔烟波浩渺望不到尽头的鄱阳湖；望堤内，是远远近近散散落落空无一人的矮矮的草棚和一些砖瓦房，还有农场的红瓦红墙的大库房。都要分别了。两年的鲤鱼洲，此时对它倒又有些恋恋。这是一种淡淡怪怪的复杂感情。然后我就夹着一卷在江西铺了两年的竹凉席乘船去了南昌。在南昌办事处住了一宿，第二天上了从南昌到九江的火车，又在九江岸边铺着凉席待了一宿。天亮后买了张去庐山的车票上了庐山，从庐山下来后又坐上九江到南京的船。到了南京，徒步走上长江大桥，走到对岸浦口，看了看，又原路返回，当天坐上了回北京的火车。

农场场部的几个人是最后回来的。他们要办理鲤鱼洲的移交。9 月上旬大部队都走了，忽然江西省派来了一个采茶歌舞团来慰问北大。回说人都走了，他们说就剩一个人也给你们演。于是只好用一袋袋稻谷搭成一个舞台，上面放上铺板，铺板上面盖上大苫布，就这样演出了。人家来总得招待吃顿饭，可这时全场连一个能做点像样饭的人也没有了。

恰好这时林彪 9·13 事件出来了，到处惶惶。江西省也找不到人来接管鲤鱼洲了。最后留守办理移交的人便搬到南昌办事处，那里也没人管了，过了十一，他们也踏上了归途。

这鲤鱼洲的散摊就好像是兵荒马乱战争年代的国民大撤退一样。

北大江西鲤鱼洲农场从始至终都是一场噩梦和大灾难。

鲤鱼洲的农场生活已过去 30 多年了。短短两年的鲤鱼洲，留给去那里的人的记忆却是终生难忘的。奇怪的是，那些苦累艰辛的感受人们都毫无体味了，倒是那些老九们的趣闻笑料，那些听来可笑却着实让人心酸泪下的场景，以及那些只有亲眼见了才会相信的怪事如鹅飞上天、火攻水牛阵等等，人们还记得清清楚楚。

鲤鱼洲已成了历史，但它还是北大五七佬们常聊起的一个话题。

不知鲤鱼洲现在怎么样了？

我圆了古希腊哲学梦

范明生

我们这一代知识分子与整个国家民族的命运是始终紧密结合在一起的，历尽坎坷艰辛而又充满着希望。自己目前得以享有一个相对平静的晚年，应该深深感谢多年来各级组织领导的支持和师友们的厚爱，否则早已“皮之不存”，更遑论涂写文章。写这篇短文的本意仅仅是表达自己的感激之情。

1949 年，为圆我从少年时代就萌芽的希腊哲学梦，抱着寻求西方智慧源泉的愿望，我考入清华大学哲学系。由于 1952 年院系调整，我转入北京大学。1955 年毕业后，被分配到中国科学院原子能研究所工作（对我来讲，这真是天大的误会）。随着全国形势的剧变，我的艰辛而苦涩的历程开始了。在 1957 年的反右斗争中我几乎陷于灭顶，当时自己言论之激烈，至今回忆起来仍心有余悸，万幸当时以郑林同志（据说他当时的工作深得聂帅的好评，后在李雪峰任内担任中共北京市委宣传部长）为首的领导倾力相救。下放农村劳动锻炼前夕，他找我进行了一次语重心长的谈话，那才真是苦口婆心的

▲《古希腊哲学史》作者在一起，左起：陈村富、范明生、姚介厚、汪子嵩

谆谆教导。现在回忆起来，日益深切地体会到当时他乃至中科院领导要冒多大的政治风险，因为我当时批评的核心直指当时中国"第一人"。下乡重返该所那一年的日子可真是难熬，正像司马迁所讲的那样："肠一日而九回，居则忽忽若有所亡，出则不知其所往，每念斯耻，汗未尝不发背沾衣也！"（《报任安求》）那时才真正体会到政治上失落的滋味。1969 年 8 月，我调往湖南某高校任教，在宽厚待人、虚怀若谷的张克俭和徐霁远同志（曾任华南师范学院党委书记）的领导下，能够心情舒畅地工作。还由于他们的保护，我得以安然度过那些风骤雨横的日子。"文化大革命"期间，自己最大的伤痛是被阻不能回沪，同对我恩重如山的父亲见上最后一面，从而留下终生憾事，至今仍对之魂梦不安，每逢清明时节赴太湖之滨墓前祭奠时，也只能长跪忏悔而已。他生前虽是一名普通工人，却是我一生立身处世为人的楷模。

五七干校生活结束后，我去武汉大学哲学系工作，其间在襄阳隆中诸葛亮故里和珞珈山东湖之滨，倒真是认认真真、安安静静地读了几年书，师友之间也颇有切磋学问之乐。但多年来背井离乡的书剑飘零，老母年逾古稀，妻儿缺乏照顾，只有力争回到生养我们的故乡才是长策。由于冯契、周抗等诸领导的推荐和直接干预，我有幸调入本院哲学研究所工作，做了一些力之所能及的事情，天时、地利和人和，加上内心锲而不舍的追求，我终于圆了自己的希腊哲学梦。

圆梦得益于良好的学术环境。首先是积极的宽容。长期以来，科研机构在组织和领导科研学术活动中，条条框框是比较多的，横加干预更是屡见不鲜，同现实生活联系不多的纯理论、纯思辨研究几乎难以进行，我院和哲学所在这方面不是消极的宽容，而是积极的宽容，这点我感受最深。宽容使我多年来第一次得以在不受责难和歧视的氛围中全身心地从事以追求纯智慧为目的的古希腊哲学的探讨。自己的第一部 40 万字左右的著作《柏拉图哲学述评》，是在一年时间里根据多年来积累起来的资料和构思写出来的。当时，身居陋室，思想处于"结庐在人境，而无车马喧"的境界。接着的第二部著作《晚期希腊和基督教神学：东西方文化的汇合》（属于国家社科基金资助项目），也同样如此，是在心情极其舒畅的状态中涂写出来的。我还参与汪子嵩老师主持的《西方哲学通史》的撰写，四卷本《希腊哲学史》的写作，20余年如一日，每卷都在八九十万字左右。亚里士多德在讨论人生理想时说，在闲暇的境界中探求纯哲学或纯智慧，是人生的最大幸福或最高的境界。我在这几十年的工作中，的确是在追求纯智慧，并获得了这种幸福、这种闲暇。

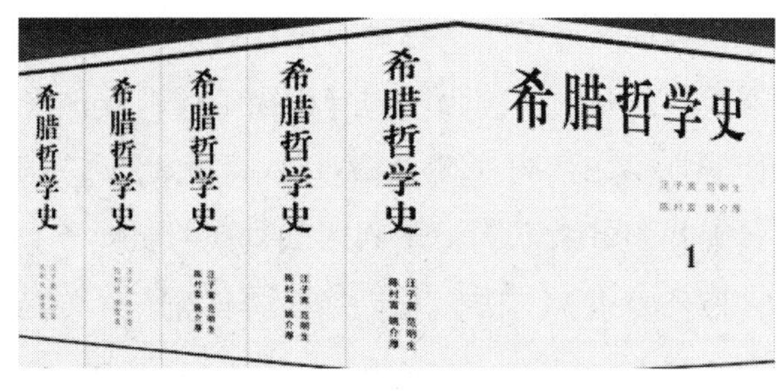

其次是热情的支持。从事这类课题的写作，没有大量图书资料是不可能进行的，这里由于院系调整时，原圣约翰大学大量哲学等方面的图书调归华东师范大学，所以院图书馆领导是根据我提供的大量书目，动用当时为数不多而又十分稀贵的外汇向国外订购的，例如其中最具价值的哈佛版勒布古典丛书（相当于我国的四部丛刊）希—英、拉—英对照，约300本，其他如《剑桥古代史》和当今出版的有关著作，只要我提出来，他们从来没有拒绝过，尽快编目后就及时借给我。这种际遇可说是得天独厚。这点从陈其钦同志以来历届馆长都是这样的，并还得到当时采编组的蒋女士等的支持。在著作的出版方面，我也得到很大支持。第一部专著《柏拉图哲学述评》在段光玲同志精心编辑和蒋冰海同志大力推荐下得以顺利出版。第二部专著写成后，恰遇学术著作出版难的困境，我的稿子虽未被退稿，但也被搁置多年，后来也是由院黄逸峰科研出版基金提供资助后得以出版。在申请项目、管理、图书的具体借阅等诸多方面，多年来始终得到学术秘书室负责人陈冠华同志和资料室苏宝泉同志等的帮助。与此同时，我的学术成果曾得到院、所领导的热情推荐，从而获得院、市颁发的多项奖项。在当时张仲礼院长亲自主持的文史哲片的院1993—1994年科研成果的评审会议上，我与王淼洋同志一起主持的国家社科基金资助的专著《东西方哲学比较研究》被评为特别

奖，接着又被院里推荐到市里获得市哲学社会科学优秀著作奖。在我院第二次职称评定时，由于所领导积极主动推荐，按当时的有关规定，我越级获正研职称，这离我 20 世纪 60 年代获讲师职称已逾 20 余年。此外，为了保证和鼓励我的科研工作，我得以延期五年退休。

1995 年退休后，我仍然沉浸在希腊哲学的研究中。

首先是应复旦大学蒋孔阳教授的盛情邀请，参加由他主持的国家社科基金重点研究项目和上海市哲学社会科学重点课题的研究，具体是从事七卷本《西方美学史》中第一卷《古希腊罗马美学》和第二卷《十七十八世纪美学》的写作。从 1995—1999 年的四年时间，研究工作是在极为闲适惬意的心绪中，在从韩德尔到普罗科菲耶夫的 CD 片陪伴下进行的。由于课题组织者的信任，不事先给我设定任何框框，一切任由我自行酌定，甚至连篇幅也不受限制（以至每卷都写到七八十万字）。第一卷是遵循二十多年追随汪子嵩老师写作多卷本《希腊哲学史》获得的成果和训练，致力于主要以分析的方法探讨希腊美学的发生、发展及其贡献，自己还算满意的是书中的第八章（亚里士多德）和最后第十五章（普洛丁）。相比较而言，第三卷《十七十八世纪美学》倒是写得颇为流畅。由于那时国内尚无同类型成体系的著作，从结构、体系、论断，到代表人物的入选和评价等皆无相关成果可以借鉴，只能从英、法、德、意四国各自独特的社会政治经济文化的形成发展及其影响，循此阐发其同样带有民族文化及其审美特征的美学思想，并致力于揭示其中 23 位美学思想家的历史地位。这两部著作不论其功过得失如何，自己确是全身心投入的，其中有些人为民族、为理想、为真理而不惜献出一切的精神，深深地打动了我，尤其是盲诗人弥尔顿一生巍然独立的崇高风格，强烈震撼了自己的灵魂。

其次是与陈超南同志共同主持院重点课题《东西方文化比较研究》。为慎重起见，这项研究邀请了院内外多名学者参加，但也是时间跨度最长（从 1993 年立项到 2006 年出版）、折腾最多的，以至自己曾多次想放弃，不如意的事包括有的编写人员长期不能交稿，有的中途换人以及出版单位的变动，等等。出于陈超南的坚持和不辞辛劳、多方努力，特别是前后三届院领导的支持，尤其是本届领导履职伊始就给予直接关心，成果得以问世。值得欣慰的是，为了修改这部稿子，自己重温了党中央近年来的许多重要文件，系统地阅读了《新华文摘》、《读书》等杂志上刊载的有关论文，以及西方特别是一些政府代言人或政策家们的皇皇巨著，从而对国内外的政治经济文化态势有了进一步理论上的认识。

我感到，组织上的积极宽容和热情支持，对从事纯理论、纯智慧、纯哲学的科研工作者来讲，是极其难能可贵的。古希腊哲学尽管是西方文化的核心、精华、渊源所在，但它离现实生活毕竟太遥远了，实际上也只有极少数人愿意去探讨它，要是成为主流而有过多的人陶醉其中，岂非清谈误国，魏晋玄学的盛行就是明鉴。但从专业角度对这一人类文明进行科学研究又是必要的。现在，由于组织上对离退休人员在经济、文化和健康等方面一贯关注，我的晚年生活有相当保障。女儿多年来出资给我们请了保姆料理日常生活，使我享有充分的闲暇，纵读古今中外典籍，随心所欲鉴赏绘画、书法、音乐等。抚今思昔，自己作为一个有良知的知识分子，一直在寻梦古希腊哲学的纯智慧，如果我的学术追求能够为国家民族的繁荣昌盛这一更大、更美好的理想作出微薄贡献，那才真是不虚此生呢。

（本文原载《上海社会科学院哲学研究所50年纪念辑（1958—2008）》，上海社会科学院出版社2008年版）

实践美学短记*
（2006年12月）

李泽厚

一、审美与艺术

《美学四讲》[①] 等拙著曾认为，审美（或美感）本与艺术无干，它出现在人类使用—制造工具的操作—劳动过程中，即生存个体在实现目的的活动中与某些自然规律重合时所产生的身心快慰感受或情感。它之所以区别于动物的同类快感，在于使用—制造工具的操作活动所拥有更多种类的心理功能在这里得到了确认。其中要特别提到的是想象功能和理解功能，由于它们与动物本能性的情欲和感觉（知觉）产生了更为复杂的组合、交织、渗透，便逐渐形成了变化多端似乎难以穷尽的心理结构，即我们所谓的“美感双螺旋”。虽然这只是哲学假说，所谓情欲、感觉（知觉）、想象、理解，也只

* 本文作者于2004年9月17—19日曾就“实践美学的反思与展望”（北京第二外国语学院跨文化研究所主办的国际学术研讨会）议题，与诸多美学研究者包括北大哲学系1949级老同学、终身从事音乐美学研究和教育的赵宋光等，以宽容胸襟就不同学术观点坦诚对话。李泽厚虽然被人称为实践美学的开创者，但他以前很少称自己的美学是“实践美学”，只是讲他的美学是主体性实践哲学的美学表达或者是人类学本体论的美学，这次会议他第一次公开表示接受“实践美学”这一提法。本文为会后就实践美学有争议问题的概述。

① 参见《美学四讲》，生活·读书·新知三联书店1989年版。

是非常粗糙疏略的心理集团的称谓，其中还有更为繁复细密因素的关系和结构，这将是今后百年生理学—心理学等实证科学研究的问题。审美以这种心理众多功能活动，与“理性内构”的认识能力和“理性凝聚”的道德能力区别开来。Kant 所说审美具有的“无概念”“非功利”“非目的性”而为人类所“共有”，我以为正是描述这一区别的特征所在，至今仍然适用。

作为所谓审美对象化的艺术，从古至今，并不只有审美作用，它更主要是社会功利性的。有时明显一些，有时隐晦一些而已。今日被认为仅供观赏的“艺术”，如礼仪性的古代舞蹈、建筑、雕刻、绘画等，在当时都具有非常明确的功利目的。它们作为精神的信仰、寄托，费时费工地人为制作出来，我曾称之为“物态化生产”，即精神生产，与供人们现实生存的“物质生产”相映对。只是随着时间流逝，即这种物态化生产品的功利内容和目的性日益失去或褪色，变成了所谓的“艺术”或“艺术作品”，即成为仅为调动“美感双螺旋”的审美对象。由于在这种专为精神需要（信仰、寄托、鼓舞、慰安等）的符号性的物态化生产中，美感四要素集团交织、渗透和组配得到了比在使用—制造工具的物质生产活动中远为自由、充分的开拓、扩大和发展，这种组配有更强烈的情欲冲动、更刺激的感知、更自由的想象和理解等，使这种符号性（物态化）精神生产，标志着人类心理组配的质的飞跃。它作为“美感双螺旋”的独立对象化的艺术“形式”，使人类最终告别动物界。它最先是远古人类的舞蹈仪式活动以及随后的洞穴壁画、陶器纹

▲ 左图：李泽厚、赵宋光在“实践美学的反思与展望”学术研讨会上
右图：“实践美学的反思与展望”学术研讨会会场

饰、大小雕刻、庙堂建筑等。

从字源学看，也如此。“艺术”（Art）一词，无论中西都源于技术。艺术本技术，指的是物质生产活动中的技术操作所达到人的内在目的性与外在规律性的高度一致。艺术是技术熟练的一种界定。有如庄子讲的那个庖丁解牛的著名故事，即“技进乎道”，亦即合目的与合规律、天道与人道纯然一体。

技术有多种多样，从下层工匠到上层贵族均可拥有。中国古代有六艺（礼、乐、射、御、书、数）。这些技艺由于合目的与合规律的一致，都包含有审美的因素，但由于其中的“美感双螺旋”一般都局促在专业活动的狭隘限制中，只有在上述巫术礼仪突破了物质实用要求后，这些技艺才逐渐从非常实用的日常生活具体要求的局限中分离出来。所以，不是物质生产作品，如劳动工具、一般衣着或房屋而是专门为精神需要的物态化生产的人工作品的技艺，更成为审美对象即“艺术作品”。

艺术的本源既离不开物质生产的技术和精神生产的符号，审美依附着这两层生产也不断发展。从历史看，作为专供审美观赏的fine art，是在宫廷、贵族、士大夫庇护下成长起来的，并且是比较晚近的事情。脱离“敦人伦，助教化”功利目的的中国文人画是宋元以来才有，西方摆脱信仰要求的艺术作品则更晚一些。

简而言之，艺术与审美并不同源，却有关联：即艺术的物质形式方面（身体的动作与状态、物质的材料、色彩与结构等）均由集中、提炼、发展物质生产的技艺而来，它们与内容（精神需要）的结合，成了后世的所谓“艺术”。艺术使“审美双螺旋”得到了真正的独立和不断的发展。艺术是有用之用，审美是无用之用。从而从审美心理来界定和探究“艺术”和“艺术作品”与从其他视角来探究、界定，便有不同的标准和不同的理论。世界每时每刻都在产生亿万件人工制品，如何区分艺术与非艺术、好艺术（作品）与坏艺术（作品），从审美心理角度来看，就将以它们能否和如何调动双螺旋或四要素的状况和境地来区分和决定。

以上这些，旧著《美学四讲》等均已讲过，这里再重复一次而已。

现在面临的是 Marcel Duchamp 的现代或后现代艺术问题。我曾说，当 Duchamp 把便壶放在展览厅（《泉》）便宣告了艺术的终结。艺术终结与历史终结同步，即一个不需要自巫术礼仪以来鼓舞或影响群体的“艺术”的散文时代开始，所有艺术都成为装饰和娱乐。本来，自巫术礼仪以来的艺术中就有装饰、娱乐的方面或因素，现代使它们独立而自由发展开来，产生了再一次的形式解放。艺术消亡，审美却泛化普及。《美学四讲》曾强调“社会美”即从现代工业产品、城市建筑到各种日常用具、衣饰，到人们的身体活动、生活节奏、工作方式，都在一定程度一定意义上或渗入或追求或走向审美。中国古代“乐与政通”，强调从音乐即人的内心审美视角来测量和构建人际的和人与自然的秩序与和谐，正是实践美学提出“社会美”的中国传统资源。

Duchamp 的重大意义在于，他以他的“艺术作品”抹平了艺术和生活的界限（《泉》），推翻了传统艺术的神圣、崇高或优美（有胡子的蒙娜丽莎），也否认了生活有确定的秩序（有钩子的地板）。他提示的是艺术和生活的荒诞性和虚无性。他明确说过他本意就是在出美学的洋相，是在“打击美学”（“Discourage Aesthetics”，见 Duchamp1962 年写给 Han Richler 的信）。他很清楚，他的作品不再是审美对象。艺术与非艺术、好（“艺术”）作品与坏作品的区分不再存在，艺术于是终结。

Duchamp 本已宣告艺术终结，但 Duchamp 之后，模仿蜂起，各种“概念艺术”“行为艺术”“装置艺术”大行其道。非审美对象的“艺术”在炒作中获得了极大的发展，成了精英主流。是否艺术？好坏如何？并无标准。A.Danto 的 Art world 理论和 G.Dichie 的 Institutional Theory 也应运而生。一切都组配在资本操作之中，加快运行，相互支撑，喧嚣热闹，成了发达社会的高级装饰。

从重视审美心理的实践美学看，因为摄影技术所带来的巨大冲击，西方造型艺术（特别是绘画和室内雕塑）由印象派、后印象派走入彻底解构图像的 Picasso 的立体主义和以后的抽象表现主义、J.Pollock 等，乃势所必至。它们与从 Duchamp 到概念艺术、行为艺术等，相辅相成地共同体现了上述的“艺术终结”：由自我表现的抗议、颓废和脱离现实的“纯粹艺术”，变成了抹平自我、大众享受和现实消费的商品生产。其中一些作品由于仍能调动或引起审美双螺旋的活动（例如即使突出理解刺激但还不只是概念认识，或突出感知刺激但还不只是生理快感或不快感），即在创作和接受心理中仍有其他因素的“自由游戏”而成为审美对象，而为实践美学可以认同的艺术作品。

一般说来，实践美学更为重视的，并不是当今博物馆的这些收藏品，而是现代日常生活的审美化。如上所说，装饰和娱乐本来在原始艺术中便存在，但一直从属在群体社会需要的“内容”之中。如今在历史终结后，它们“脱魅”解放，独立发展，成为今天广大人们日常生活的重要成分。这个历史性的重要事实，使实践美学更为认同 Dewey 的美学理论。

John Dewey 也抹平生活与艺术的界限，但与 Duchamp 的方向正相反。Dewey 把日常生活中的“完满”经验而不是任一经验作为艺术，即非常重视人们日常生活经验的完满性，这与实践美学直接相通，这才是实践美学所重视的“艺术终结”的要点所在。因为在这里，人人都可以是艺术家，人人都可以在自己的日常生活中去获得由实现双螺旋适当运作的完满经验，去创造它的新组配和新结构，从而人人都可以去创造艺术和欣赏艺术。“旧时王谢堂前燕，飞入寻常百姓家”，任何人的这种成功作品都有权利进入展览厅、博物馆，供他人观赏。所谓“成功”仍然是它能启动美感双螺旋，使人获得非概念认知、非伦理教导、非生理快感（或不快感）的某种满足或享受，即审美愉悦。尽管双螺旋中任何因素均可在现代条件下极度夸张或独立，从而与概念认知、伦理教导、生理快（不快）感可以有更为直接密切的偏重或关联，但不管如何“极度”，也一般不会成为概念认识（文学变成理论，唱歌变成读报），或成为令人烦躁不安、生理厌恶或痛苦的装饰和娱乐。Foucault 对性、对死亡的“极度”体验毕竟没有普遍的审美意义。

在今日铺天盖地而来的“当代艺术”湍急浪潮中，如何顾惜和发展审美和艺术的伟大历史成果，珍视它们对丰富人性的重要作用，是实践美学所关注的课题。实践美学不轻易接受由商业运作和少数精英所判定的“艺术”，怀疑那些根本缺乏标准而为金钱操控的混乱。实践美学将固定以美感经验为核心和本体来开展自己的叙说，而与其他美学理论区分开来。

二、审美与人性

“人性”是中外古今用得极多而极为模糊混乱的概念。它有时指人的动物性或人的感性欲求，如指责禁欲主义“扼杀人性”，有时又指人的社会性或人的理性特征，如指责纵欲主义“行同禽兽”。如以前拙文所认为，简单一句话，人性不是神性（因人有维系动物性生存的生理需要），也不是动物性（因人有控制、主宰生理需要的力量或能力）。人性是这两方面的各种交织融合。“人性”概念之所以模糊含混，就因为两方面的“交织融合”非常繁复，难以厘清。

拙文《情本体、两种道德和立命》所提的“人性能力”，主要就人之所以不同于动物的道德心理而言。我所讲的“人性能力”除了“理性的凝聚”这一人的道德心理、意志力量即“自由意志”外，还有“理性内构”即人所拥有而区别于动物的理性认识能力，如逻辑、数学、辨证观念（见《批判哲学的批判》和《实用理性与乐感文化》[①]）和以“理性融化”（以前用“狭义的积淀”，今改此词）为特征的审美能力。所有这些能力都只是一种心理的结构形式。形式不能离开“质料”（Aristotle）或“内容”（Hegel），质料或内容则由社会时代所提供而不断发展变化，“形式”也正是在这不断变化发展的长久历史中所积淀而形成和发展，并非先有此形式或“人性”乃上帝神明所赐予。这是历史本体论不同于一切先验论、形式论之所在。

已多次说明，在认识（理性内构）和道德（理性凝聚）中，理性的控

① 参见李泽厚：《批判哲学的批判》，人民出版社 1979 年版；《实用理性与乐感文化》，生活·读书·新知三联书店 2005 年版。

制、主宰占据上风。动物性生理需求因素压而不张。与它们有很大不同，作为“理性融化”，审美的理性不居主宰地位，从而人的动物性和人的个体性在审美中便远为鲜明和突出。理性与感性的关系、结构和状态，在审美中也远为复杂和多样。这使审美在整个人性形成和发展中具有了独特的开放性和可能性。本来，个体因先天秉赋和后天教养不同，即使由同一理性主宰（内化和凝聚），人性能力（认识能力和道德能力）也各有不同。面对同一生死祸福的选择决定，面对同一事物的认识、理解，人们经常很不相同。这里有智愚善恶之分，但这一区分也仍然是通由理性规范和理性标准来确认的。

审美能力却不然。由于并非理性主宰感性，而是理性融化在感性中，它失去了可能遵循的理性规范。尽管审美与生理快感仍然不同，审美快乐不同于吃饱穿暖动物性生存需求得到满足的生理快乐，但仍与纯理性的快乐（包括追求知识、科学发现的知性愉快和履行义务、实现道德的精神满足）不同。审美一方面与人的感性生存的基本力量如性、无意识、暴力（尼采所谓毁灭的快乐、某些宗教性的受虐快乐）等相关联，人类基因研究将使未来对人性的这种动物性方面获得更多的了解甚至改进。另外，它又可以是某种超感性生存的心理境界或状态，包括神恩天启、天人合一的神秘经验等等，它们也将为未来科学所研究或解密。

审美作为这种人性能力的特征，如前所述，Kant 早已指出，却不断被人误解。例如当代美学对 Kant 无功利说的排斥和反对。

就广义说，作为生物族类，人的几乎任何活动和心理，都一般是有关、有助、有益，有利于人的生存需要，从而是“功利”的，它甚至可以包括人的无意识、做梦等。当然审美于此也不例外。但就狭义说，人的活动和心理却可以有两种超功利超因果的样式。一是超出个体（一己小我）功利，如道德伦理的行为和心理。这种超一己功利的活动或心理，仍由理性主宰决定，仍有概念、目的和某种大功利（如为了上帝或为了民族、国家、群体的利益而献身）。

另一种是包括这些大功利、概念、目的也没有的活动和心理，这就是审美。Kant 的审美“非功利”所描述的便是这种心理特征，它与“无概念”“无目的”连在一起不可分割，它构成了人所特有的 Common Sense（共通感），即一种特有的人性能力。这可以是人性的某种最高成果。

之所以说它可以是人性最高成果，不但是由于它超越了一般的个体功利，而且也超越了舍己为人（或为上帝）的道德目的，而是一种“非目的的目的性”。这个所谓“非目的的目的性”指向的正是人的全面成长，即人的各项内在功能的开拓和实现，它包含了我所谓的“以美启真”“以美储善”和“以美立命”。

所谓“以美启真”，即在审美双螺旋结构中自由想象的审美感受可以导致科技认识的发现和发明。所谓“以美储善”，是由审美感受导致情本体和物自体的信仰和追求，人由是于生死无所住心无所烦畏而“立命”。所有这些在《论实用理性与乐感文化》等文中均有论述。该文提出美学作为“第一哲学”，就是因为审美既是人性能力的最初萌芽，却又可以是不断发展成长的最高成果，它是人性中最为贯串而又最为开放的部分。它之所以开放，正是由于非确定概念所能规范、非理性目的所能主宰，而是充满了各项心理要素相交织、渗透、融合、冲突，以不确定性、无规范性为特征，从而开辟了多样可能的缘故。

总之，我着意讨论的人性能力问题，是一种形式结构，我以为脑科学将来可以作出根本性的解答。例如“理性凝聚”，其生理基础可能即是大脑中枢神经的认识—思维区域对情感—意志区域某种特殊通道的建立。这通道是经由实践（人类）和教育（个体）长期过程才形成。这就是我所谓的文化心理结构或积淀形式或人性能力。“理性内构”和“理性融化”同此。其中，作为“理性融化”的审美，其神经通道更基本，也可以发展得更复杂更开放。这即是前科学形态的先验心理学即历史本体论的哲学视角。历史本体论和实践美学认为，它们都来自人类文化，而非来自上帝神明，并认为这种心理结构形式的建立对人之所以为人十分关键，从而它应为教育学提供深刻的理论依据。这是人性问题的核心课题。

三、审美形而上学

由于审美与感性从而总与动物性情欲相连，声（music）色（sex）快乐便成为今日大众文化审美感受的时尚。但与此相关又相对抗，寻找“纯”精神境界的“超越”，又使审美不止于娱乐、装饰的快乐，而强烈指向某种超生物性的生存状态或人生境界的追求。但它依然不“纯”，仍然不可能像中世纪苦行僧那样，追求脱离此动物性肉体生存。并且恰恰相反，它只能是在此动物性肉体存在基础上追求超脱。这就是我所讲的“人自然化”中身体—心理的修炼与自然—宇宙的节奏韵律相合拍一致以导致的“天人合一”等神秘经验。这也是我所讲的“情本体”的某种落实。

“情”即是“爱”。有如基督教义所言，有肉欲之爱（eros），有心灵之爱（agape）。在以情欲论为核心的“儒学四期”的历史本体论这里，由于无另一个世界的设定，使这两种爱本身以及其交织和区别更为复杂多样。

人总想要活下去，这是动物的强大本能（人有五大动物性本能：活下去、食、睡、性、社交）。但人总要死，这是人所独有的自我意识。由于前者，就有人的维持生存、延续的各种活动和心理。由于后者，就有各种各样五光十色自迷迷人的信仰、希翼、归依、从属。人“活下去”并不容易，人生艰难，又一无依凭，于是“烦”生“畏”死出焉。“生烦死畏，追求超越，此为宗教。生烦死畏，不如无生，此是佛家。生烦死畏，却顺事安宁，此乃儒学。”（《论语今读》4、8）

因为人生不易，又并无意义，确乎不如无生。但既已生出，很难自杀，即使觉悟“四大皆空”“色即是空”，悟“空”之后又仍得活。怎么办？这是从庄生梦蝶到慧能和马祖“担水砍柴，莫非妙道”“日日是好日”，到宋明理学“以其情顺万物而无情”“廓然大公，物来顺应”等所寻觅得到的中国传统的人生之道。这里没有灵肉二分的超验皈依，而只有在这个世界中的审美超越。这涉及“在时间中”和“时间性”。

“在时间中”是占有空间的客观时间，是社会客观性的年月时日，生死也正因为拥有这个占据空间的年月时日的身体。

“时间性”是“时间是此在在存在的如何”（Heidergger）的主观时间。所谓“不朽”（永恒）也正是这个不占据空间的主观时间的精神家园。似乎只有体验到一切均“无”（无意义、无因果、无功利）而又生存，生存才把握了时间性。Heidergger 所“烦”“畏”的正是由于占有空间的“在时间中”，所以提出“先行到死亡之中去”。

其实，按照上述中国传统，坐忘、心斋、入定、禅悟之后，因仍然活着，从而执著于“空”“无”，执著于“先行到死亡中去”，亦属虚妄。Heidergger 所批评的“就存在者而思存在”“把存在存在者化”，倒是中国特色，即永远不脱离“人活着”这一基本枢纽或根本。从而“重生安死”，正是“就存在者而思存在”，而不同于 Heidergger“舍存在者而言存在”之“奋生忧死”。本来无论中西，“有”（中国则是“易”、流变、生存）先于“无”，“有”更本源。“无”是人创造出来的，即因自己的“无”生发出他者（事物、认识）之“无”，从而“有”即“无”。于是，只有“无之无化”，才能“无”中生“有”。只有知“烦”“畏”亦空无，才有栖居的诗意。这也才是“日日是好日”，才是“万籁虽参差，适我莫非新”。

中国传统既哀人生之虚无，又体人生之苦辛，两者交织，形成了人生悲剧感的“空而有”[①]。它以审美方式达到没有上帝耶稣、没有神灵庇护的“天地境界”。存在者以这种境界来与存在会面生活得苍凉、感伤而强韧。鲁迅《过客》步履蹒跚地走在荆棘满途毫无尽头也无希望的道路上，“知其不可而为之”，明知虚无却奋勇前行不已。生命的意义、人生的价值就在此行程（流变）自身。这里不是 Being，而是 Becoming；不是语言，而是行走（动作、活动、实践），不是“太初有言”而是“天何言哉”。这就是中国传统的“道”（Way or Dao）。这就是流变生成中的种种情况和情感，这就是

① 参见《实用理性与乐感文化》。

"情本体"自身。它并无僵硬固定的本体（noumenon），它不是上帝、灵魂，它不是理、气、心、性的道德形而上学或宇宙形而上学。

Augustine说，"现在是没有丝毫长途的"（《忏悔录》）。Heidergger说，"此在的有限性乃历史性的遮蔽依据"。"昨日花开今日残"是"在时间中"的历史叙事，"今日残花昨日开"是"时间性"的历史感伤。感伤的是对"在时间中"的人生省视，这便是对有限人生的审美超越。

"逝者如斯夫，不舍昼夜"（《论语》）。孔老夫子这巨大的感伤便是对这有限人生的审美超越，是"时间性"的巨大"情本体"。这"本体"给人以更大的生存力量。所以，"情本体"的基本范畴是"珍惜"。今日，声色快乐的情欲和精神上无所皈依，使在"在时间中"的有限生存的个体偶然、独特分外突出，它已成为现代人生的主题常态。在商业化使一切同质化，人在各式各样的同质化快乐和各式各样的同质化迷茫、孤独、隔绝、寂寞和焦虑之中，如何去把握住自己独有的非同质的时间性，便不可能只是冲向未来，也不可能只是享乐当下，而该是"珍惜"那"在时间中"的人物、境迁、事件、偶在，使之成为"时间性"的此在。如何通过这个有限人生亦即感性生存的偶然、渺小去抓住无限和真实，"珍惜"便成为必要和充分条件。"情本体"之所以不去追求同质化的心、性、理、气，只确认此生偶在中的千千总总，也就是"珍惜"之故：珍惜此短暂偶在的生命、事件和与此相关的一切，这才有诗意地栖居或栖居的诗意。任何个体都只是"在时间中"的旅途过客而已，只有在"珍惜"的情本体中才可寻觅到那"时间性"的永恒或不朽。

从男女双修到十字架上的真理，从汉挽歌、古诗十九首到"居家自有天伦乐"，从唐诗对生活的眷恋到宋诗对人生的了悟，从苏轼到《红楼梦》，从今日的你、我、他（她）到过去、现在、未来，在时间性的珍惜中才有"一室千灯，交相辉映"的奇妙和辉煌。并无某个超验的存在而有千千万万的时间性的情本体。人生虚无，有此则"无"中生"有"。

可见，此"有"并非纯灵、理式、精神，而仍然是与这个血肉身躯有所关联的心灵境界。并非舍弃这个血肉的“不完满”去追求纯粹精神的完满，“完满”就在这不完满中。那离此肉身的“完满”，作为自欺欺人的幻象，也许可以短暂感受，却既不可能持久常住，也不真是“留此灵魂，去彼躯壳”（康有为、谭嗣同）。蔡元培之所以提倡审美代宗教，就在于审美既不排除寻觅这种宗教精神的“完满”经验，又清醒意识这种“父母未生我时的本来面目”仍然不过是肉体身心与无意识宇宙节律相通相连的某种心理状态而已。它仍然是生发在感性血肉躯体上的人生境界，它是审美的心境超越。

从而，作为人类学本体论所能确认的对象，就不是纯灵性或纯精神性的上帝神明，而是与人一样虽非血肉却同为物质的宇宙总体。宇宙作为总体，其存在及其“规律”不可知，这也就是超出人类学的“物自体”，这就是那神秘之所在，“天何言哉，四时行焉，百物生焉”。(《论语》)“天地有大美而不言，四时有明法而不议，万物有成理而不说”(《庄子》)，这难道不可敬畏、寻觅和皈依吗？150亿年前的大爆炸作为宇宙起源难道不比《圣经》创世纪更令人震惊、敬畏（E.O.Wilson:《论人性》)？有如基督徒之于上帝，Heidergger之于Being，对中国人来说，“崇拜成为一种专属一己个人的真诚的审美经验（Aesthetic experience）。事实上，它非常相似于面对太阳从远山树林中落下去的那种经验。对人来说，宗教乃意识的最终实在，有类于诗”（林语堂:《生活的艺术》)。这也就正是历史本体论所讲的“人自然化”的最高境地：既执著人间，又回归天地，由“以美启真”“以美储善”到“以美立命”。

人觉醒，接受自己偶然有限性的生存（“坤以俟命”），并由此奋力生存，不怨天，不尤人，下学而上达（“乾以立命”）。人意易疲，诸宗教主以信仰人格神立教让众生归依皈从。但在后现代之今日，神鞭打的宗教魔方已难奏效，“人是什么”和“人是目的”终将落实在美感双螺旋充分开展的人性创造中，落实在时间性的情本体中，落实在此审美形而上学的探索追寻中。

——2006年12月7日草于三亚银泰度假酒店（Resort Intime）

窗临大海，听涛声拍岸未已

北大情缘·真理探求*

（2007年访谈节选）

谢　龙

问：从青年到老年，北大培养了您，您又将毕生的精力奉献给了北大，请问您最初与北大结缘是在什么时候？

答：我和北大的情缘是多重的。如我读的汇文中学原是燕京大学的前身汇文大学的中学部，而燕大是1952年院系调整并入北大的。又如我家三代人都是北大学生，父母1920年入读北医，我本人1950年入读北大哲学系，我的两个女儿1979年和1983年入读北大物理系、生物系，我还常常鼓励还在上小学的外孙女将来也读北大。

然而，我个人真正与北大结缘，最初是在1947年加入中共外围组织“民联”（“民主青年联盟”）之后，多次到沙滩红楼孑民图书室阅览进步书刊。当年汇文以地下党员为核心的《群星》壁报社和读书会，是适应一群风华正茂、从少年步入青年的中学生渴望精神食粮与执著追求真理的进步要求而建立的，我们千方百计地从多条渠道筹集进步书刊。要求进步的青少年犹如破土而出的幼苗，多么需要阳光、雨露的滋养啊！因此，1947年10月北大孑民

*　节选自《谢龙：对真理的不懈追求》（载《赤霞长歌——北京大学离休干部访谈录》，北京大学出版社2009年版，第280—290页），经谢龙本人校补，用来向1950级学友汇报！用来与所有北大人，特别是在读北大学子对话！

图书室的建立，给我们带来极大的喜悦，很快与之取得了联系。和孑民图书室直接联系、持有基本读者证的是地下党员大黄（黄庆定，又名张贵），他在 1947 年 11 月至 1948 年 4 月不到半年时间就陆续借出书刊数十种，其间我也曾持此证借过书，从中阅读过并有较深印象的书籍有高尔基的《童年》《母亲》《在人间》《我的大学》等，还有《大众哲学》、博古翻译的《辩证唯物主义和历史唯物主义基本问题》（四本）以及赵树理的小说等。记得我第一次去孑民图书室是和大黄同行的，时间大约在 1947 年 11、12 月，那是一个寒风凛冽的早晨，我们骑自行车从南城家里（黄住广东肇庆会馆，我住福建安溪会馆，相距不远）直奔北大红楼，以后我大概每隔两三周去一次，在 1948 年 2、3 月离开汇文（转学到北平市立八中）半年多的时间里，我同地下党联系人见面的地点之一恰好在北大民主广场。每当见面那天我不是先到就是后走，为的是挤出时间去红楼孑民图书室翻阅近期出版的报刊，《群众》《文萃》是我读得最多的，此外还有香港出版的其他进步报刊。那时我在和地下党联系人见面前后去孑民图书室几乎成了习惯，一直延续到北京解放前夕。因此，回顾从 1950 年至今在北大学习和生活 57 年，而与北大结缘的起点却在 1947—1948 年的孑民图书室，它给予我哲学与马克思主义理论的启蒙教育，引领我向哲学门迈出第一步，使我感到“真理”具有雄辩的说服力。党之所以最可信赖，因其掌握了“真理”，跟着党去实践“真理”无上光荣。当时我的精力远未用于哲学研究，更为关注的是秘密传阅的地下党油印刊物和传单中之毛泽东新作，如《中国人民解放军宣言》《目前形势和我们的任务》等，对“解放战争由防御转到进攻”的问题“民联”小组还曾在大黄家开会讨论过，1948 年下半年地下党还布置我收听和抄录陕北新华广播电台播送的新闻稿……对此，我认为解放战争的实际进展是“真理”的体现，记录新闻稿是“理论”工作。总之，在孑民图书室最初接触的“哲学”给还很稚嫩的“独立人格”添加了“真理”意识，使之强化，大有人生道路豁然开朗之感。1949 年初北京解放前夕，八中新建的“民联”支部，由我担任书记，地下党联系人发展我入党，这也正是自己带着浓重的追求“真理”色彩的自主选择。

问：后来您报考北大，为什么会选择哲学专业？您上大学是在50年代初，马克思主义哲学传播到中国不久，当时国内学术界对马克思主义理论的研究状况如何？

答：1950年之所以报考北大哲学系，已如前述。需补充的是我最初接触"哲学"萌动着的"真理"意识，指对任何"文本"包括小说、故事书、新闻稿，都打个问号，思索其是否真理，而不是那种把马克思主义教条化用以"套装"的实际上与真理相悖的教条主义。本着这种心态，1947—1948年常去光顾离家不远的琉璃厂的很多书店，曾似懂非懂地浏览过冯友兰的《新世训》和张东荪的《理性与民主》等书，发现其中也有"真理"，同时并未减弱我对马克思主义和毛泽东思想的真理信念，反而增强了对哲学的兴趣。毋庸讳言，我刚刚入学的50年代初，特别是1952年院系调整之后，"向苏联学习""一边倒"政策引进了斯大林式教条主义，并从"批判"胡适、胡风开始把极左的"政治批判"纳入学术，干扰和破坏学术，以致从"反右派"到"文化大革命"把北大"兼容并包"的学术自由传统扼杀殆尽，北大蜕变为极左的阶级斗争工具、"四人帮"封建法西斯主义复辟阴谋的急先锋。当今，为切实吸取历史教训，继承和弘扬北大学术自由传统，创建一流大学，就必须尊重和正视北大传统曾遭受空前之破坏的历史，否则，回避或忌谈，这本身就是北大传统遭破坏所造成的负面影响未予消除的表现。当然，北大传统遭破坏有一个过程，院系调整前后增设马克思主义课程和专业，就与"破坏"无关，而是适应新中国成立后的需要对北大学术自由传统的继承和弘扬，比如我在读大一、大二时听艾思奇等讲授的"辩证唯物主义和历史唯物主义""共产党宣言""费尔巴哈和德国古典哲学的终结"等必修课，还选"高等数学""文学概论"等选修课。读研的导师是苏联专家，他讲课的内容对斯大林有评价过高的问题，但同时强调要精读马恩列相关原著，一定要结合中国实际和毛泽东思想，显然不能认为其整体是教条主义的。尤为难得的是院系调整，除北大之外，全国其他大学的哲学系都停办，有数十位哲学教授调入北大，因强调"思想改造"，几乎都不独自开课，但中哲史和西哲史两门重头必修基础课，竟各由五六位如冯友兰、贺麟等这样的一流教授或名家轮流讲授，其内容不可否认已有受“教条主义”之束缚的一面，然而毕竟还有他们各自独特风格的学术个性未被扼杀的另一面，他们的言谈话语对听者培育研究者起码必具的学术上的“独立人格”自觉意识给予不同程度的启迪。

说到这里，不禁忆起在我研究生毕业后，“文化大革命”之前，哲学系有两件事凸显了北大“兼容并包”的学术自由传统，对反对和遏制教条主义有深远影响，可说迄今仍具现实意义。

一件是1957年1月22—26日的“中国哲学史座谈会”。其主题是与会者自主选择如何摆脱教条主义束缚，这在1956年双百方针掀起的整个知识界、学术界反对教条主义的热潮中颇具代表性。此前日丹诺夫的哲学史定义被教条化并捧为最高“权威”，导致混淆学术和政治，把唯物主义和唯心主义、真理和谬误、社会主义和资本主义作为截然对立的“两极”，并当成一一对应的“政治标签”予以牵强附会或削足适履地套装，极大地扭曲了历史的真实，阻挠以致杜绝了对传统哲学资源的开发，这是教学第一线研究者经过独立思考之共悟。因此在座谈会上他们对中国哲学史有自己的特点，不能用西方哲学的模式套装，提出各有独到之处的见解，把过去人人绝对遵从的“最高权威”变成可以商榷、质疑和批评的“一家之言”，冲破了教条主义独领风骚的“一言堂”局面，使被压抑的“独立个性”获得解放，被阻滞的学术民主、学术自由得以重建。对此，前两年我有幸更细致地重读当年出版的座谈会《专辑》（科学出版社1957年版），深感这场讨论调动研究者反对教条主义的积极性之深、之广，新中国成立以来是空前的，而且是近半个世纪、迄今所罕见的。极为宝贵的是参与者并不限于中国哲学史研究者，据该《专辑》55篇文章的45位作者所属学科、专业的粗略统计，其中中国哲学史研究者占少数，约四分之一（把此后转为研究中国哲学史者计入也不会超过三分之一），其他哲学学科：西方哲学、马克思主义哲学、逻辑学等研究者包括少数哲学系学生合起来近半数，另有非哲学学科研究者约四分之一。我并不否认，当时突破教条主义框框尚处于起步阶段，文章的具体内容有其局限性，但这就更加显示就如何摆脱教条主义束缚这个公共话题进行极为宽广的跨学科对话和争鸣，尤其是马克思主义哲学研究者主动参与，与持不同意见的其他学科研究者就共同主题平等对话，十分可贵。当年，“双百方针”调动出来的反对教条主义的“启蒙”征兆比比皆是，绝不限于少数学科，不能因时间短暂，不到一年即被“反右派”以致“文化大革命”延续了整整20年的极左政治风暴摧毁而予无视，可说这是继五四之后的第二次“启蒙”运动，而众所共识的作为“第二次思想解放运动”的延安整风只是它的序幕。对此重大历史事实认识不足，正是所受极左政治风暴之严重创伤难以愈合、北大学术自由传统难以切实继承的症结所在。

另一件是1959年底至1960年上半年冯定主编的马克思主义哲学教材的编撰并参与为期一个多月的全国六部教材（另有分别由李达、艾思奇、冯契等主编的教材）研讨会。冯定颇具创意地提出尝试把辩证唯物主义和历史唯物主义融为一体或铸成一块整钢，组织教研室全体教师三十余人分组编撰，这同样是要突破把辩证唯物主义和历史唯物主义分割并予教条化的倾向。此前“向苏联学习”造成斯大林的《联共党史》“四章二节”雷打不动，作为民主革命时期反教条主义的哲学总结的《实践论》和《矛盾论》也因将其置于“四章二节”的框架，使之难以发挥反教条主义的作用。但此时反对教条主义的热潮已被“反右派”“反右倾机会主义”的极左政治风暴所摧毁，毛泽东还一再强调“修正主义”比教条主义有更大的“危险性”，揭露其以攻击“教条主义”为名，实际上攻击“马克思主义的最根本的东西”，冯定如无坚强的独立人格和执著的真理意识，绝不会着力于改变马克思主义哲学被机械分割为两块的理论框架的。当年冯定也批判修正主义，但他坚信“教条主义”是批判不倒修正主义的，以教条主义“批判”修正主义，实际上批判的反而可能是“马克思主义的最根本的东西”，因此他绝不重蹈中国民主革命深受其害的“左”倾机会主义之覆辙。可见，他不愧为经得起“左”右夹击之考验的马克思主义理论家。当年，对冯定提出的新教材体系的理解还比较肤浅，但我绝不像有人仅从篇幅减少而担心历史唯物主义的地位会下降，

▲ 冯定代表作，1955 年第 1 版，1959 年第 2 版，1980 年第 3 版。

恰恰相反，冯定的主张给予我最大的启迪是开始起步思考什么是作为“哲学”的历史唯物主义以及历史唯物主义在哲学总论或哲学核心中的地位问题。冯定理解的“哲学”十分宽阔，这从 1961 年起我作为学校重点培养的青年讲师向冯定“对号学习”（见 1962 年 5 月 4 日新华社报道）时他主张新开设的“毛泽东哲学著作选读”课的内容不能限于专门的哲学著作，也可见他的哲学观绝不褊狭，绝不拘泥于早已被马克思超越了的西方抽象“本体论”。直到近 20 年，我研究马克思主义哲学采取与比较哲学、比较文化相结合的方法，重读冯定的《平凡的真理》，发现其中蕴涵着马克思对西方传统哲学之根本变革在于把“现实的人”及其实践置于哲学的核心，该书以通俗哲学的形式阐释马克思超越抽象理性所创建的高于“物质本体论”的具体理性层面的“实践论世界观”。的确，这是“文化大革命”后，近 30 年迄今颇多争议的一个问题，因其涉及如何理解马克思批判继承西方传统哲学所创建的新哲学之精髓，当年冯定拟以大学教材的形式予以阐释，尽管只拿出并未到位的初稿提供给“研讨会”，由冯定本人亲笔撰写的绪论还遭到“与修正主义划不清界限”的极左的“批判”，更应肯定这是近 30 年来哲学界反复讨论的“马克思的新哲学”或马克思所开拓的哲学“新范式”之序幕。值得庆幸的是冯定从 1964 年被打成反革命修正主义分子、遭公开点名批判和斗争了十四五年之后，还能够在担任系主任和副校长的同时，字斟句酌地修改和校正他的代表作《平凡的真理》并于 1980 年新版面世，使这本 50 年代广为流传的通俗读物成为 80 年代推动马克思主义哲学理论创新的首选精品。

问：您在北大读本科和研究生阶段所受到的最重要的人生教益是什么？其间有没有担任什么行政职务呢？

答：新中国成立初期院系调整之前的几年（1949—1951），大学包括北大的学生中的很多党团员未及毕业就参军参干走上工作岗位，而新入学的党员更是寥寥无几，哲学系与我同年入学的党员只有我一人，因此除个别系如东语系有较多党员外，其他都是几个系的学生党员合组一个支部，至于各个系教师和学生统一的党组织是1955年才建立的。此前，1953—1956年，哲学系研究生的党员较多，组建属于教师支部的"分支部"，由我和研究生中一位比我大十二岁的抗战时期干部（朱天顺，原任厦门大学人事处处长，因转为马克思主义理论教学和研究，到北大读研）担任书记，因我还兼任教师支部的组织委员和保卫委员，研究生分支部书记的工作多由这位有革命经验的老同志承担。自1955年哲学系建立党总支，我读研还未毕业，即担任总支副书记，直到1966年"文化大革命"被打成"黑帮""走资派"，整整十一年的时间，把我置于破坏北大的极左政治风暴的风口浪尖，这对我是极大的考验和磨炼。有关情况待详谈，在此不赘述。只是提出一个问题，为何极左政治风暴破坏北大首先拿哲学系开刀？其教训何在？据我担任系副书记十一年与前后四位书记、1957年后还有专职副书记（我本人是兼职，还有教学任务，1958年的讲师，但1964年之前还兼任总支组织委员和保卫委员、教研室副主任和支部书记，工作负担并不比专职干部轻）以及许多党员共事的体验，关键是党员的独立人格和真理意识曾遭受极大伤害及由此引发的"不团结"，在北大都是最突出的。如首任书记汪子嵩同志因曾对反右派的某些作法诚挚地提出过质疑，竟在两年后"反右倾机会主义"中"老账""新账"一起算，被打成右派，这在全国都是罕见的。受伤害者远不止其一人，而是绝大多数的党员，以致本可通过纠"左"予以和解的"矛盾"，反被利用而沦为极左政治风暴的"枪炮"，不论"造反者"还是"被斗者"的独立人格都一度受到极严重的摧残，人身也遭迫害。

▲ 1956 届研究生部分同学合影　　——摄于 1996 年
（左起：朱德生、曹景元、朱天顺、谢龙、高宝钧、胡文耕、梁存秀、华海烽）

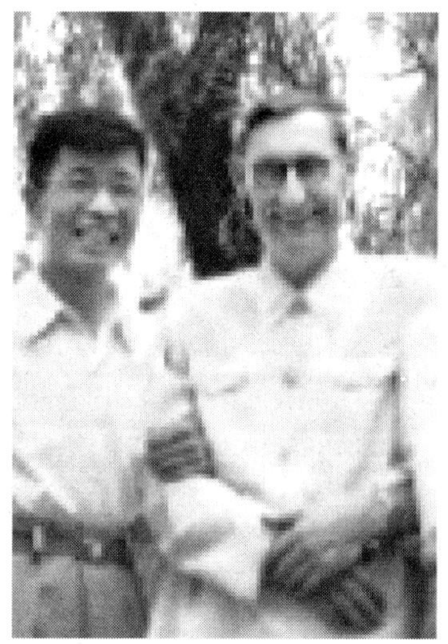

▲ 汤侠声（翻译）、萨波什尼克夫（研究生导师）

问：从 80 年代开始，您的主要研究领域在哪方面？您怎样看待和评价您一生的学术成果？作为一名马克思主义哲学教授，您是如何理解“人本主义”“以人为本”以及“科学发展观”的？

答：回眸在北大近 60 年的历程，迄今尚能对学术研究坚持不懈，绝非易事。如前所述，初建的哲学系党总支，由我承担的日常具体工作并不少于专职干部，即使从 1957 年有了专职的书记和副书记，我的工作并未减轻，但仍主动承担教学任务从不推卸，因此 1960 年有幸参加冯定主编教材的编写，进而还曾向冯定“对号学习”，虽为时短暂。1964 年冯定即被打成修正主义，遭公开点名批判。然而，冯定治学的理路和人品对我所走学术道路给予了潜移默化的影响。冯定遭难后，我本人“文化大革命”启动后也受到冲击，隔离审查了一年多。1968 年工、军宣队进校，经过“清理阶级队伍”勒令交代问题后，竟把我作为“落实政策”的对象，1970 年下放江西鲤鱼洲五七干校，还让我担任了几个月的八连（哲学系和历史系组成）连长，年底即安排我返校，继续走“五七道路”，转到校办制药厂劳动锻炼，随后任专职干部，1975年又以该厂书记兼“革委会主任”（即厂长）名义让我带头“第二轮”下放劳动（“第一轮”指下放鲤鱼洲），赴平谷许家务劳动。截至1976年底返校，我调离哲学系已逾六年时间。如果从1966年“文化大革命”启动算起，我脱离教学岗位已整十年。其间，冯定探求马克思哲理真谛之执著品格，在我头脑中不但未消失，而且越来越强化、越自觉。1977年归队重操旧业之后，虽然学术空间有限，特别是有人仍以极左大批判口吻把当年冯定主编教材的理路贬斥为“败笔”，我则认为难能可贵正在于其尝试如何纠正教条主义对马克思哲理的扭曲，因此编写校内用教材即予“传承”（参见袁方《对哲学理论体系可贵探索——评谢龙等主编的〈马克思主义哲学原理〉》，载《哲学研究》1986年第6期），并且有关研究迄今未停歇。

近20年来，我通过比较哲学、比较文化研究，深化了对马克思主义哲学的理解，对如何切实地摆脱教条主义的束缚，主要是如何走出对马克思主义褊狭理解的误区，颇有所悟。如对“阶级分析”方法教条式理解，貌似无产阶级和资产阶级、社会主义和资本主义、唯物主义和唯心主义界限清晰，对所谓的资本主义意识形态采取一概拒斥的态度。然而，这种“宁左勿右”的倾向，稍作具体的历史的分析，不难发现它实际上是“形左实右”。试想，如果因为资本主义发达国家率先实现现代化，就把作为现代化之标志的，如经济上的世界市场或世界贸易、政治上的宪政民主、文化上的个性解放以及哲学上的现代人本主义等，全部笼统地定性为资本主义性质，进而因噎废食，为防止“资本主义意识形态渗透”与“和平演变”，竟把“主题”和“主义”混同，否认现代化是不同意识形态的共同主题，把“现代化”的主题拱手让给资本主义独有，或作为资本主义的“专利”；显然，这是完全杜绝了与不同意识形态的融通，无法凸显马克思主义的理论优势，使马克思主义蜕变为与创新相逆的封闭、僵化的理论。我发现这种思路与马克思文本也相去甚远，比如忌谈Humanism（人道主义或人本主义、人文主义），只讲作为伦理道德原则的人道主义或人本主义，即Humanitarianism（博爱主义）。

那么，这种褊狭的思路，把马克思的人道主义或人本主义简单地归结为博爱主义，蕴涵在作为共产主义和人类解放的“自由人联合体”(《共产党宣言》)之中的人道主义或人本主义岂不被扭曲为与无产阶级革命和无产阶级专政根本对立的？同时，这也有违以“现实的人”为基本范畴的唯物史观之中的人道主义或人本主义，更抹杀了从“现实的人”及其实践出发的作为马克思主义“实事求是”精髓之中的人道主义或人本主义。因其涉及对马克思主义基本理论的理解，又是伦理道德的主题，成为近十多年来向伦理学大师周辅成老求教的重要话题之一，也是向汪子嵩、张世英、黄枬森、汤一介和杜维明教授以各种方式进行学术交流的课题。的确，当今如仍拘泥于这种对唯物史观和“实事求是”的教条式理解，不从世界观和文化观上把握“以人为本”，难以全面地切实地落实科学发展观。因此，为正确理解马克思文本和促进理论创新，必须突破这种褊狭的思路。至于具体地如何突破，如有兴趣，请阅我今年发表的三篇文章：《以人为本的世界观、文化观——作为科学发展观之理论根基的新型人本主义哲学》(《新视野》2007年第4期)、《“国学”研究与文化转型——转换哲学模式，开拓“传统”现代解释的多元视野》(胡军、孙尚扬主编：《探寻真善美——汤

▲ 1959年摄于北北京大学西校门

▲ 1999年摄于美国哈佛大学哈佛燕京学社

一介先生80华诞暨从教55周年纪念文集》，北京大学出版社2007年版）和《中国传统"天人合一"哲学思维的现代解释——兼论抽象"本体论"哲学模式的转换》(《中华传统文化研究与评论》第一辑，人民教育出版社2007年版），盼读者多赐教，谢谢!

我还拟于有生之年按照这种新思路，反思或自评以前的论著，包括几本哲学原理教材，还有1958年和1960年署名"言立"发表在《光明日报》和《新建设》的文章，就此容后再议，谢谢!

▲ 1988年北京大学九十年校庆——摄于北大南校门

问：您认为北京大学在理论研究方面应该发挥怎样的社会功能？您认为在理论研究过程中，应该如何对待不同的学术观点？

答：北京大学承担着培育社会主义现代化建设的高级人才之历史重任，其教学和科研归根结底都是为了培育人才。如前所述，我一再强调不断提高"独立人格"和执著追求真理的自觉意识问题，这是着重从共产党员为履行党员的权利和义务以及马克思主义理论研究者为作出创新成果来说的，至于各个学科，不论高新科技还是哲学社会科学的人才都同样需要执著追求真理的"独立人格"，而培育这样的人才的关键是要有相应的学术环境或学习环境。这种学术环境，既取决于

▲ 2005年与周辅成老合影

有无现代经济、政治、法治的社会环境，更直接依靠研究者包括教师和学生是否主动地自主地去营造。可以说，营造这种培育着或奠基于研究者“独立人格”的学术环境，给予现代经济、政治、法治以学术支撑，实为文化的现代“转型”迈出的第一步。北大从蔡元培到马寅初的“学术自由”传统，就凸显着北大人屡屡成为文化的现代“转型”的先行者，如北大人在五四新文化运动中曾是首次“启蒙”的先行者；新中国成立后1956年在尚未被扭曲的“双百方针”（毛泽东曾认定“百家争鸣”是“发展科学的必由之路”）启动的反对教条主义热潮中曾是再次“启蒙”的先行者；1961年、1962年在修复1957—1959年“反右派”“大鸣大放……大批判”和“反右倾机会主义”遭受的严重创伤中，校党委进行“百家争鸣”调查，弘扬了求真务实精神，积累了为科研和教学第一线服务的宝贵经验，不能因营造“百家争鸣”学术环境刚刚起步即被“文化大革命”演习（1964年社教）摧毁而忽视（详见《忆陆平同志的待人风范与修复北大创伤的艰辛——继承和弘扬老一代北大人的求真务实传统》《陆平纪念文集》，北京大学出版社2007年版，第56—61页）。

那么，当今为创建国际一流大学，继承和弘扬北大作为文化现代“转型”之先行者的传统尤为重要，然而现状却与北大所承担的历史重任有较大差距。毋庸讳言，进入改革开放以来，仅从北大的科研成果来看，可说是硕果累累，但同时杂以越来越多的泡沫，甚至把真正的硕果淹没或埋没。而面对这种情况，竟不去营造常规渠道（指论文答辩、课堂讨论、集体备课、热点主题的学术研讨等）“百家争鸣”学术环境，用以切实地遏制泡沫，反倒一味用“硕果”遮掩以致粉饰“泡沫”，其后果所导致的是对研究者“独立人格”的“潜移默化”之伤害，比“文化大革命”及其以前的“政治批判”之伤害还难修复，因为往往带来的是“个人利益”的满足，而不是人身伤害。尤其，马克思主义研究领域，“宁左勿右”或“形左实右”的流毒远未消除，竟以坚持马克思主义指导、与中央保持一致为由，引领研究者一味跟风、不独立思考、不尽责，岂不使马克思主义指导和中央决策失去切实的学术支撑？同时，还潜藏着与之相悖的不稳定、不和谐，其要害是使研究者丢失了独立人格。比如，跟风登上学术地位直升顶端之“飞艇”而绝难停歇，自主之见受到极大限制，谈不到深化，甚至将创见扭曲，将早年独立思考作出的抵制极左之学术成果埋没。然而这毕竟是被动的，有别于那种为保官位和再攀升，竟在登上政坛后旋即把有创见但有违“形左实右”的学术见解抛弃而在所不惜，竟自觉地走入误区，果然“成功”。可见，这是向“官学”传统倒退，“泡沫”难遏制的症结所在。颇感欣慰的是近年在读的北大学子对此也有所察觉，2005 年 10 月 27 日我以“问卷调查”方式向北大文科博士生了解他们对所读专业“百家争鸣”学术氛围的感受，回答者 204 人中，只有 33 人回答“很好，可参与学术争辩”；70 人回答“一般，只有发表自己学术见解的自由，听不到争辩”，已逾三分之一；回答“差，无发表自己学术见解的自由”，仅 5 人。另对所读专业“学术观点的分歧”，49 人回答“已掌握其焦点，但无自己主见”，50 人回答“虽有分歧，因无争辩，焦点不明确”，各占 1/4；最多的是回答“已掌握其焦点，并有自己的主见”，80 人，但也不到 1/2。显然，为扎扎实实培植对真理高度负责的学术品格，作出社会现实急需的研究成果，包括用以遏制社会不正之风的成果，不可忽视常规渠道“百家争鸣”学术环境的营造。

因此，北大在创建一流大学、继承和弘扬北大学术自由传统中，为保护近 30 年之丰硕成果不受伤害，使之成为继续前进的坚实基础，一定要正视还有不足，着力克服形式主义倾向，提高营造“百家争鸣”学术环境的自觉性。为此，切勿忌谈当今还有与之相悖的学术腐败。比如，“形左实右”与以权谋私结合，竟利用学术评审之“权”，把“嫉恶如仇”颠倒地贯彻于忌“异”（指：学术见解异于己）如仇、忌“高”（指：学术水平高于己）如仇的不义行为，用于扼杀积极的学术成果与阻挠有创见的研究者继续发挥作用，得逞后还予炫耀，纯属典型的学术腐败。因此，为营造奠基于研究者之独立人格的“百家争鸣”学术环境，不能满足于“宽松”，而要着力于培育研究者具有“宽容”素质的独立人格，用于推动学术对话。否则，仅限于“各抒己见”意义上的“宽松”，没有建立在既尊己又尊人的“宽容”基础上

▲ 冯定摄于哲学楼前

的“对话”，并非真正的“学术自由”，貌似“和谐”，实际潜藏着不和谐，这也正是“泡沫”和学术腐败难遏制、“硕果”被埋没、“硕果”蜕化为“泡沫”之症结所在。因无对话或争辩，不同的学术见解之间彼此不能实实在在地相互理解，难以取长补短、弘优纠缺，更谈不到深化自己独到的见解，致使原“权威”之见也会变成毫无影响的肤浅之论，还一再简单地重复，甚至对不同意见采取简单的斥责态度，缺乏尊重他人之“宽容”的研究者必具的起码素质，而与马克思主义相悖的教条主义，就潜藏在这种独领风骚的“一言堂”局面中。面对常规渠道学术对话欠缺带来的负面影响，不去营造“百家争鸣”学术环境，只满足于形式，停滞于“各抒已见”，岂不与北大“学术自由”传统相逆，不正之风更难遏制？

以上对北大的学术现状并未全面评价，仅依据自己亲身感受（因我于1998年离休后研究未停歇而有直接接触）分析其不足之处，用以与北大人切磋、共勉。

从恩师教诲中开发哲理精髓

——艾思奇、冯定、胡绳著述对掌握马克思理论精华给予的启迪

谢 龙

作者附言：本文原题《从通俗哲学著述中开发马克思哲理精髓——马克思主义哲学中国化时代化大众化的重要课题》，为 2010 年 8 月 20—25 日举行的“马克思主义哲学中国化时代化大众化理论研讨会”撰写。20 世纪 30 年代以上海为中心的左翼文化运动三位理论家是引领我们迈入哲学门的恩师！1950 级学友入学之初，即直接聆听过艾思奇和胡绳讲授的必修基础课；还记忆犹新的是以新中国成立初期的“共同纲领”和三反、五反运动为背景，毛泽东批评刊登于《学习》杂志 1952 年第 1、2、3 期否定民族资产阶级还有积极性一面的文章犯了片面性错误，要求纠正，并肯定发表于上海《解放日报》冯定论述民族资产阶级两面性文章观点基本正确，要求转载（详见《学习》杂志 1952 年第 4 期转载冯文“按语”和第 5 期刊登的《我们的检讨》)，等等。立足 60 年后的今天，如何开发三位恩师著述中的马克思哲理精华？尤其结合马克思主义中国化坎坷历程的经验教训予以探究，对深化有关学术争辩，弄清迄今仍反对“实践论”的世界观意义，反对人类社会发展的“合规律与合目的”的统一，实质上是恪守西方传统抽象“本体论”旧范式、“截然二分”旧理路。因此，开发其中的马克思哲理精华，对继续消除“以阶级斗争为纲”“一大二公”之极左教条主义影响，为理论创新扫除思想障碍和培育研究者必具的“宽容”品格，有十分可贵的现实意义。

立足于改革开放30年，为了更自觉地开拓马克思主义哲学中国化时代化大众化的宽广而深邃之研究视野，在强化与现代西方哲学融通和对话、从以儒家为主流的中国传统文化发掘作为其精华的哲理的同时，不得忽视为时已近一个世纪的马克思主义中国化主渠道中蕴涵的颇具现实意义之“通俗哲学”思想资源。回顾起自20世纪30年代以上海为中心的左翼文化运动，颇为广大进步青年青睐的诸多通俗哲学著述，以艾思奇的《大众哲学》（原名《哲学讲话》，1934—1935年出版，1936年出版单行本，书名改为《大众哲学》）为代表，还有冯定署名“贝叶”的《青年应当怎样修养》《谈新人生观》和《哲学的应用》（均在1937年出版）以及胡绳的《新哲学的人生观》（1936出版）《辩证法唯物论入门》（1938年出版）等，都是迈入哲学门的启蒙读物，以通俗化的理论形式传播马克思主义哲学，其重大作用犹如革命征途上的“火炬”，并且一直延续到新中国成立初期，进而扩大到新中国高等教育的人才培育。新中国成立初期，艾思奇同志不仅任教于高级党校，即当今的中央党校，而且担任北京大学特聘教授，自1949年至1954年为哲学系讲授“辩证唯物主义和历史唯物主义”的重头基础课，为时五六年无间断，还讲授过“费尔巴哈与德国古典哲学的终结”。冯定同志于新中国成立前后虽未专职任教，但1947年病中撰写多篇哲学短文，1948年集结成《平凡的真理》一书出版，此后，竟于公务繁忙中重新撰写，并于1955年全新版本的代表作《平凡的真理》问世，成为新中国成立初期首选的通俗哲学读物，进而1957年由毛泽东亲自点名将他调到北京大学任教，成为“文化大革命”前北京大学唯一的一位马克思主义哲学的专职教授，继承了陈独秀和李大钊在北大通过编辑刊物和开设课程传播马克思主义的传统，成为院系调整后北京大学马克思主义学科的创建者。胡绳同志也于新中国成立初期为北大哲学系讲授“思想方法论”必修课，因其转为近现代史研究，仍坚持和严谨运用马克思哲理，直到21世纪初，本人已进入晚年，还诚挚地反思马克思主义中国化坎坷历程中的教训，对理论创新扫除思想障碍和培育研究者必具品格给予极具现实意义的理性启迪。

毋庸讳言，迄今对20世纪30年代艾思奇（1910—1966）、冯定（1902—

1983）、胡绳（1918—2000）三位哲学大师的通俗著述的评价，仍拘泥于把马克思主义哲学通俗化，而不着力于理解和掌握其理论真谛，甚至因不结合历史和现实作具体分析，竟将其语境简单化、形式化，仅从文本言辞牵强比附，以致将其中肯地表述了马克思哲学理论之精华予以埋没。因此，目前探究马克思主义哲学中国化、时代化、大众化，绝不能将其通俗著述仅限于“大众化”予以评价，而要结合马克思、恩格斯、列宁、毛泽东文本与颇多坎坷的历史实际，开发其以通俗理论形式所表述的马克思哲理精髓，进而将其用于探究马克思哲理创新。就此，拟提出几个有待深化研究的问题，并予浅论，用于抛砖引玉。

第一，艾思奇的《大众哲学》为毛泽东结合中国革命具体实践传承并发展马克思所创建的新型唯物主义哲学提供思想资源，凸显其高于“本体论”的“实践论”世界观之精髓。

艾思奇（1910—1966年）

众所认同的是《大众哲学》之强项是对马克思主义哲学认识论的通俗论述，尤其对人类认识的整个过程所作的概括：“从感性到理性，从理性到实践，又由实践得到新的感性，走向新的理性，这种过程，是无穷尽地连续下去，循环下去，但循环一次，我们的认识也就更丰富，所以这种循环，是螺旋式的循环，而不是圆圈式的循环，是永远在发展进步，绝不会停滞在原来的圈子里。”① 对此，仅评价为：“初步概括了人类认识运动的总规律，它为毛泽东后来在《实践论》中更精确地表述提供了重要的思想资料。”② 这尽管正确，但仅停滞于此，远未揭示其突破或转换西方传统抽象“本体论”的旧范式的意义。

① 《艾思奇文集》第1卷，人民出版社1981年版，第186页。
② 《中国现代哲学史》，北京大学出版社1992年版，第277页。

从《大众哲学》与毛泽东《实践论》对人类认识的整个过程或总规律的概括，特别是使用了“无穷尽”“无穷”或“无限”的概念，显然是从世界观的高度所作概括，其中蕴涵着“包含着新世界观的天才萌芽的第一个文件”的马克思《关于费尔巴哈的提纲》的基本思想。这是把哲学主题、哲学对象由自在世界转为以实践为基础的现实世界，它对西方传统哲学给予空前突破，其重大变革意义在于实现了哲学范式的转换，在人类思想史和文化史上第一次把唯物主义奠基于人本主义（Humanism），创建了新型的唯物主义哲学，也是为唯物主义奠基的新型人本主义哲学。它把实践置于哲学的核心，也就是把人本主义提升为新型唯物主义哲学的核心内容，把西方以抽象理性层面的“本体论”为核心的世界观转换为具体理性、实践理性层面的“实践论”或“以人为本”的世界观。当然，哲学对象由自在世界转换为现实世界，并非只承认狭义的“现实世界”或人类社会，而否认自在世界或自然世界，只是认定作为哲学对象的“现实世界”远比自在世界更为深广，它不再是与人隔绝、仅仅作为无根据的猜测对象或想象对象的世界，而是作为不断赋予科学根据的实践对象的世界。对哲学的对象，如仅限于自在世界，把自在的规律或“本体”作为最高的追求，则无法把握与人的实践、人的目的相结合的现实世界规律，或者只能沿着囿于“抽象理性”之理路，把本来就凭无科学根据的猜测或想象推演而来的“规律”错误地当成现实世界的规律。而作为实践对象的现实世界的规律，由于它是以自在世界为基地并通过实践不断改造和超越自在世界而展现出来的，因此把握它是把握自在世界规律的唯一渠道，也是把握无穷尽的实践所开拓的无限世界或无限宇宙规律的唯一渠道。否则，从哲学的核心排除人及其实践，貌似坚持唯物主义，实际上由于颠倒了普遍和特殊、抽象和具体的关系而陷入把唯物主义蜕变为扭曲现实世界的褊狭、无人的“物质本体论”，把“物质决定精神”、“存在决定思维”蜕变为“抽象理性”决定现实世界的唯心主义，或不讲人的选择把人变成“玩偶”的机械“决定论”，这也正是中国革命和建设中有违正确路线的机会主义陷于主观主义、教条主义或唯心主义之症结所在。

就此，需提及艾思奇对“形式逻辑”曾将其与违背辩证法的“形而上学”等同而予纠正[①]，因其作为思维方法、语文规则，抽象理性层面的思维推演应予遵循，无违唯物辩证法。然而，迄今仍有将“形式逻辑”扭曲为主客截然二分、“非此即彼”的思维方式，竟据以从哲学世界观的核心一味排斥人及其实践，从包括社会规律在内的“客观规律”一味排斥人的实践、人的目的，貌似精神和物质、主观和客观、思维和存在界限分明，貌似遵循形式逻辑并据以坚持彻底唯物主义或科学唯物主义，实际却与之相逆，因在哲学世界观核心囿于抽象理性而陷入唯心主义不能自拔，岂不是典型的将“形式逻辑”等同于违背辩证法意义上的“形而上学”？可见，将“形式逻辑”扭曲为主客截然二分思维方式，只分析，不综合，导致哲学世界观核心之高低错位、本末倒置，既违背唯物辩证法，又扭曲了形式逻辑。因此，艾思奇纠正对“形式逻辑”的误用，具有高于“物质本体论”之实践论世界观意蕴，可用于摆脱将哲学等同于“本体论”或“形而上学”之褊狭哲学观念的束缚，正确理解和掌握马克思哲理精髓。

第二，冯定的《平凡的真理》将实践引进“客观规律”，在哲学世界观核心突破囿于抽象理性的“物质本体论”，尝试以“辩证综合”“矛盾的和谐”理路创建阐释“实践论”世界观之理论体系。

冯定（1902—1983年）

众所周知，1952年以新中国成立初期的“共同纲领”与三反、五反运动为背景，毛泽东为纠正理论界出现的抹杀民族资产阶级两面性“左”的错误倾向，曾要求报刊转载冯定发表于1952年3月24日《解放日报》的对中国民族资产阶级进行具体的历史的分析和肯定其于新中国成立后还有积极性一面的文章。尽

① 新中国成立初期、1952年院系调整之前，中国哲学会组织马克思主义哲学工作者和北京大学、清华大学哲学系教师，每两周举行一次讨论会，学习马克思主义哲学，讨论各哲学专业学术问题——《1949—1980年哲学大事年表》《中国哲学年鉴（1982年）》。

管1953年毛泽东即提出“过渡时期总路线”并在执行中导致极左失误，使冯定肯定民族资产阶级两面性的文章未起到应有作用，然而毕竟它是新中国成立初期马克思主义中国化的代表作，对此，本文限于篇幅，不予赘述，而着重于考察和开发1955年出版的《平凡的真理》蕴涵的马克思主义哲理精粹。冯定根据他所理解的作为马克思主义哲学的“首要的和基本的观点”之“实践观点”，不止限于认识论，而且遍及马克思主义哲学的总体及其各个层面，因此《平凡的真理》的总体框架，形式上是以认识论、真理论为主干展开的，即所谓广义认识论的框架，实际上并未否弃作为哲学之核心的世界观，只是扬弃了排除人的实践的自在本体或抽象本体，将唯物史观规定的“实践”引进世界观。尤其，首节专论“真理是平凡的”、末节专论“共产主义要求个人都能有全面的发展”，不能仅从狭义的认识论与历史观或政治观上去理解，更要着重从哲学世界观的核心或主干、主线上去理解。如首节把“真理”解释为“实实在在的，或者说是平凡的”，但平凡“并不是浅薄或者庸俗的意思”，而指真理“是跟平凡的事物和平凡的群众分不开的”，具体展现真理的“科学成就或者革命业绩”同样是“离不开平凡的事物和平凡的群众的”。与末节对每个人“全面发展”的专论前后呼应，无不鲜明地体现马克思《关于费尔巴哈的提纲》的基本精神，并依据马克思恩格斯有关“现实的人”或“现实的个人”“有生命的个人的存在”以及“每个人的自由发展是一切人自由发展的条件”的“联合体”的共产主义纲领的论述使其对作为世界观之核心的人及其实践的规定，更为具体，更具人文意蕴，即进一步规定为“平凡的群众”及其“平凡的生活”或生活实践。①

《平凡的真理》以通俗形式阐释马克思“实践论”世界观，具有坚实的理论根基，其精髓要从哲学世界观之核心和主线的物质世界运动的“客观规律”与“人和自然关系”两个方面予以理解和掌握。其一，将唯物史观规定的“实践”引进客观规律。冯定突破了那种拘泥于对“规律”的客观性、“不以人们

① 冯定:《平凡的真理》第1、115节，中国青年出版社1955年版（下同），第2—4、345—347页。

的意志为转移”而将实践和规律截然二分的褊狭理解，明确提出“规律是只有实践参加进去才有意义的”，并予以解释：“规律，不管自然现象的规律也好，社会现象的规律也好，都是客观存在的；但对人类来说，只有在实践中认识这些规律，运用这些规律来改造世界，才有意义。”还专节论述：“客观真理其实就是对客观规律的正确认识”；又专节论述：“特殊或一般规律都是既抽象又具体的”，进而还明确提出：“规律也好，原则原理也好，概念也好，其实都是对具体事物认识的结果。”① 显然，对“规律”或“客观规律”的规定和解释具有超越抽象本体论的深邃意蕴。其二，以实践为基础深化了对物质世界运动的规律以及人与自然关系的理解。1955 年冯定在《平凡的真理》中即已将物质运动规律概括为“矛盾的和谐”，显然突破或超越了主客截然二分的思维方式。比如，他明确指出，世界“不仅是永恒的，而且还是和谐的”，“整个的全部的物质世界是在运动的物质或者物质的运动中统一起来的，永远表现为矛盾的和谐”，等等。又如，对规律“只有在人类实践参加进去的过程中”才有意义的解释中，则强调这是指只有实践进入规律，才能“促使客观规律对人类有利”，显示了人作为实践主体进入物质运动，实践生成了人和自然的内在的双向互动的关系，即“矛盾的和谐”关系。据此，对“实践”的解释，也未停滞于改造世界的斗争或改造自然的斗争，而是强调人和自然的相互适应，人既有“靠自己的躯体和器官的逐渐改变去适应自然”的一面，但仅靠此不能持久；又有另一面，即其他动物由于不能适应自然条件的变化而被淘汰，唯有人“从来没有放弃从自然条件中形成起来的自身优越条件，能够倚靠手的不断劳动，脑子的不断思维，乃至能够不断在改造社会上人和人的关系，所以这才不仅能去适应自然，而且能够经过和自然的斗争改造自然来适应我们”。②

可见，冯定对贯穿世界观之核心和主线的哲学基本问题所作视野开阔而深邃的阐释，颇具创意地尝试把辩证唯物主义和历史唯物主义融为一体或

① 冯定：《平凡的真理》第 95、62、63、65 节，第 265—267、164—169、172—176 页。

② 《冯定文集》第一卷，人民出版社 1987 年版，第 356—357、476、254 页。

“由一整块钢铸成的”，既摆脱新中国成立初期斯大林式教条主义和《联共党史》“四章二节”雷打不动的束缚，又抵制将政治批判置于理论研究而扼杀学术创见之极左干扰，表明其自主地传承并弘扬了《实践论》和《矛盾论》反对教条主义之传统，率先进入于改革开放后全国才进入的马克思超越抽象理性的具体理性、实践理性层面之“辩证综合”语境，不愧为马克思主义中国化坎坷历程之以人为本世界观的先行者。

第三，胡绳的《新哲学的人生观》作为从事哲学和历史研究的起点，不限于唯物史观应用，还蕴涵着“实践论”世界观之人文精髓，并将其自觉用于改革开放的重大理论问题研究。

胡绳（1918—2000 年）

起自 20 世纪 30 年代的三位通俗哲学家，从事马克思主义中国化研究为时最长的是胡绳，自 1936 年出版第一部著作《新哲学的人生观》到 2000 年逝世前一个月出版晚年著述文集《马克思主义与改革开放》，他投身于哲学理论研究、近现代历史研究历时近 70 年。尤其进入改革开放的 20 年，实事求是地与时俱进，更集中于对如何正确处理社会主义和资本主义的关系问题，结合中国新民主主义革命与社会主义革命和建设的经验教训，予以具体的历史的探究，不断提供对理论界颇具影响力并为中央决策给予学术支撑的著述，堪称马克思主义理论大师。的确，这类著述既涉及如何评价毛泽东的历史功过，又涉及如何评价邓小平理论和改革开放，如何评价党的十一届三中全会把全党工作重点转移到社会主义现代化建设，即以经济建设为中心或以发展生产力为基础的重大问题。颇受瞩目的是胡绳最后一篇文章、用于纪念毛泽东 105 岁诞辰的《毛泽东的新民主主义论再评价》，文中提出，对于社会主义和资本主义的关系，是用民粹主义的思想还是根据马克思主义理论去处理，是中国革命诸多问题中一个十分重要的问题。文中对中国共产党成立前后在这个问题上的几种有代表性的观点作了历史的理论的考察，认定直到抗战时期毛泽东提出“新民主主义论”，才使这个问题得到透彻的解决，明确指出：“过去我们党内有些同志表示反对民粹主义，但从理论和实践两方面坚定地、透彻地反对民粹主义，毛泽东是我们党内第一人。”进而，又着重指出，毛泽东在新中国成立后的重大失误之一，是离开新民主主义的正确道路，以民粹主义观点看待社会主义与资本主义的关系，急于消灭资本主义，等等。①

诚然，胡绳这一评论有理有据，触及并揭示了新中国成立后、“文化大革命”及其以前中国共产党在毛泽东领导下一系列“左”倾失误的社会根源和思想根源，颇具说服力，得到理论界的好评。但是，需予正视的是评价中既有赞同者，也有质疑者，甚至还有“大批判”式的鞭挞者，将其扣上“庸俗生产力论”的帽子，实际用以抨击“以经济建设为中心”的改革开放，进而还颠倒是非，以违背实事求是的“教条主义”予以谴责，纯属以己之“短”责人之“长”，陷于远离学术研究的误区。因此，为走出误区，非自觉地营造奠基于研究者既尊己又尊人的“宽容”素质之百家争鸣学术环境不可，这也是导引关系国家和民族前途的重大问题之不同学术见解，相互取长补短、弘优纠缺与深化研究的必具条件。在深化研究中，为切实地做到实事求是，更要掌握哲学世界观核心之人文精髓，将其作为“实事求是”的人文根基，否则，对“实事求是”不从“现实的人”及其实践予以理解和掌握，会把“实事”和“是”颠倒，一味用“是”套装“实事”，陷于和“实事求是”相悖的教条主义而不能自拔。而胡绳之所以晚年能写出这种对新中国成立后极左失误切中肯綮的评论文章，因其经过颇多坎坷的磨炼切实地掌握了马克思哲理精华。他最早的通俗著作《新哲学的人生观》，在应用唯物史观对人生观的系统阐释中就蕴涵着哲学世界观意义上的人文内容和辩证综合的思维方式，需通过重读予以开发，并用于深化研究改革开放中如何正确处理社会主义和资本主义的关系问题。无疑，结合近10年来全球经济政治文化的发展状况，实事求事地正确处理社会主义和资本主义的关系问题，日益凸显其重要意义，为予深化研究，必须培育研究者奠基于马克思哲理精华的“宽容”素质。

① 胡绳：《毛泽东的新民主主义论再评价》，载《中国社会科学》1999年第3期。

缅怀张岱年先生“刚毅木讷”的学术品格*

——从50年前的“百家争鸣”谈起

谢　龙

恰值双百方针提出50周年①，纪念张岱年先生逝世两周年，重温当年他阐释的有关“百家争鸣”的教诲，主要是1957年初“中国哲学史讨论”所发表的如何摆脱教条主义束缚的见解，并追忆70年艰辛的学术历程，深感他既是五四新文化运动之后、20世纪三四十年代就把马克思主义融入中国哲学研究的先行者，更是新中国成立初期哲学界在“百家争鸣”号召下摆脱教条主义束缚的带头人。1957年7月出版的《中国哲学史问题讨论专辑》汇集45人撰写的55篇文章，其中有张先生5篇，篇数最多（冯友兰4篇，贺麟等3人各两篇，还有两篇各由二人合写）。颇具影响的文章有三篇：一是“讨论会”之前发表于《人民日报》的《如何对待唯心主义》（1957年1月13日

---

*　本文系2006年4月24、25日在湖南大学岳麓书院举行的“中西文化交汇下的中国哲学重建暨纪念张岱年先生逝世二周年学术研讨会”发言的部分内容。

①　1956年4月28日毛泽东《在中共中央政治局扩大会议上的总结讲话》提出：“艺术问题上的百花齐放，学术问题上的百家争鸣，我看应该成为我们的方针。……讲学术，这种学术也可以讲，那种学术也可以讲，不要拿一种学术压倒一切。你讲的如果是真理，信的人势必就会越来越多。”载《毛泽东文集》第7卷，人民出版社1999年版，第54—55页。

《人民日报》)，与时任哲学系系主任郑昕先生的《开放唯心主义》(1956 年 10 月18日《人民日报》)一文对话并就百家争鸣和学术自由问题作重要补充；二是“讨论会”开始的当天发表于《人民日报》的《关于中国唯物主义思想的几个问题》(1957 年 1 月 22 日《人民日报》)；三是“讨论会”期间发表于《新建设》(1957 年第 1 期)的《道德的阶级性和继承性》。当年，张先生的见解，有两大亮点，至今仍具重大现实意义。

亮点之一是精湛地把“百家争鸣”阐释为“思想解放”，即“解除教条主义和那些妨害思想发展的清规戒律的束缚，从而创造性的思想可以在事实基础上自由自在地飞翔而言”。张先生不仅提出：“唯心主义公开化，就更便利于哲学思想斗争的展开，更便利于思想的活跃”，因为“唯心主义也有它的助长思想发展的一面，它看到了许多唯物主义者所忽略的事实，它看到了许多不易解释的现象，它更注意到许多不易解决的困难问题。……所以唯心主义的思想学说可能有助于唯物主义理论的丰富与提高。”而且颇具创意地深入分析：“在社会主义建设的过程中，在社会主义建成之后，哲学领域内的‘百家争鸣’，绝不仅是唯物主义与唯心主义之间的争鸣，而更重要的是唯物主义阵营内部的不同学派之间的争鸣”，着重分析“学派”是“合乎规律的现象”，中肯地指出：“这几年来，有一种风气颇为流行，就是，一切思想言论尽力求其合乎某种标准。一个问题只允许有一种答案，一个学说只允许有一个解释。假如那答案或解释是全面的，还好，假如不免有片面性，那就有很大的流弊了。……应该承认，对于学术问题的正确结论，常常不是短时间内所能得到的。真理固然只有一个，但达到这一个真理的过程却往往是曲折的，不同意见的争论

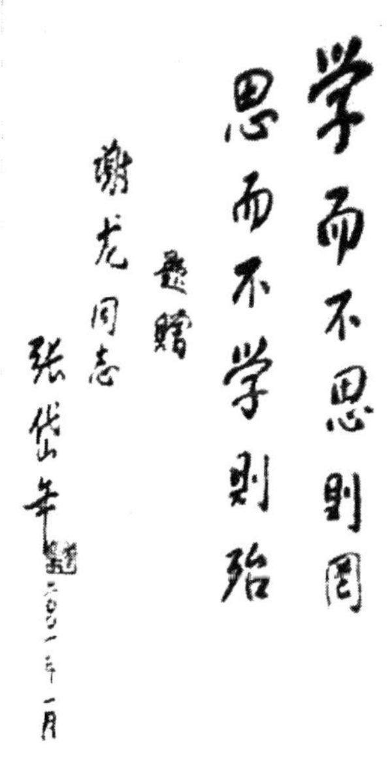

▲ 张岱年先生手迹

▲ 2003 年 8 月张岱年先生与谢龙合影

须经过的道路。因而，具有不同方法不同见解的不同学派的出现，应该是一种合乎规律的现象。”进而他还强调“学派”是“繁荣学术研究、提高理论水平的有力保证”“唯物主义的基本原则是确定不移的。但是，事物更新不已，问题也就层出不穷。客观实际的内容是丰富的繁杂的错综的，包括众多不同的方面。而每一个研究者的见闻都是有限的，不免各有所‘见’，各有所‘蔽’。在唯物主义基本原则指导之下的不同学派的不同学说，应该是客观实际的不同方面的反映。这些不同的学说，虽然彼此不同，却也可以互相补充。所以学派的成立，应该是繁荣学术研究、提高理论水平的有力保证。”因此“唯物主义哲学的学派之间，可以而且应该结成一种联盟”。① 可见，张先生所说唯物主义“学派”绝非扭曲了百家争鸣方针，把“百家”归结为“两家”中那个与唯心主义截然对立的一家，也不是把唯物主义基本原则教条化用以套装的“唯物主义”，更不是作为宗派主义的“党同伐异”工具的“唯物主义”。②“百家争鸣”中，唯物主义不同学派的争鸣，应促使它们之间以及它们同“唯心主义”之间相互取长补短、弘优纠缺，使自身不断丰富和发展。这是把“百家争鸣”作为“发展科学的必由之路”（毛泽东为 1957 年 5 月 1 日《人民日报》转载 1957 年 4 月 29 日《光明日报》刊登的遗传学家、北大生物系教授李汝祺先生文章所拟新标题），自觉地肩负起

① 张岱年:《如何对待唯心主义》，见《中国哲学史问题讨论专辑》，科学出版社 1957 年版，第 237—244 页。

② 参见陆定一:《“百花齐放，百家争鸣”的历史回顾——纪念“双百”方针三十周年》，载《光明日报》1986 年 5 月 7 日；冯定:《谈“百家争鸣”》《“百家争鸣”笔谈》，载《哲学研究》1956 年第 3 期。

中华文化现代转型的历史使命。

亮点之二是明确地把"科学性与民主性""批判专制主义"作为哲学遗产继承的基本标准。张先生真诚地断定："马克思主义哲学家是人类的文化宝库的真正的继承者"，据以指出：继承哲学遗产问题的主要意义是"我们要确定对于思想遗产的态度，要确定估计思想遗产的基本标准"，因而提出："继承哲学遗产的基本标准就是科学性与民主性"，并阐释科学性与民主性，"实际上就是唯物主义的思想、辩证法的思想，以及批判专制主义的思想"。在阐释"思想发展中的连续性"问题中，张先生强调："继承不是简单的事情""继承包含改造与提高，其中有肯定，也有否定，而不是照原来的形式接受过来"，并以"辩证的观点"阐释思想发展中的连续性，即思想发展过程中的"前后相续、正反相承的关系"。①

说到这里，我深切缅怀张岱年先生"刚毅木讷"(《论语·子路》)的学术品格。1988年93岁高龄的冯友兰先生在他为1989年出版的《张岱年文集》所作序中，依据张岱年先生不跟风、不怕黜的"直道而行"的人品和对真理高度负责的学风，把他的个性评价为"刚毅木讷"，颇为贴切。毋庸讳言，新中国成立之后马克思主义面对貌似坚持其指导地位、实际却与之相违的诸多反马克思主义思潮的挑战，尤其是自上而下的教条主义的挑战，研究者如不"刚毅"，如无刚强而坚毅、纯真的品格，绝难给予马克思主义指导以牢靠的学术支撑。而张先生的"木讷"或纯真、言语不轻易出口，也就是自己的任何学术见解都是经过深思熟虑、独立思考提出的，而一经提出，就刚强而坚毅地坚持下去。在这个意义上，张先生对真理的纯真、诚挚的"木讷"是他"刚毅"的根基。如对上述两大亮点蕴涵着的人文精粹，终身锲而不舍，直到晚年还集中阐释他对中国传统文化"优缺"的看法。众所周知，1956年"百家争鸣"掀起的思想解放热潮，刚刚一年就进入反右派，知识界所憧憬的"科学的春天"转瞬即逝，而反右派极大地伤害了知识分子向科

---

① 张岱年：《关于哲学遗产的继承问题》，见《中国哲学史问题讨论专辑》，科学出版社1957年版，第342—345页。

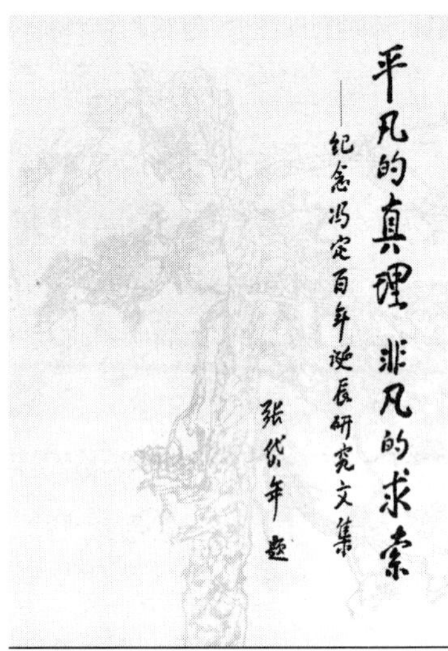

学进军的积极性，张先生本人也被打成右派，被剥夺发言权长达20年之久。十分可贵的是“文化大革命”后张先生恢复研究工作，他提出的“文化综合创新论”为中华文化的现代转型广开通路，对此在20世纪90年代“国学热”众所推崇，而他自己却敏锐地觉察到“国学热”中出现了对传统文化不加分析地只谈优点、忌谈缺点的倾向，反而埋没传统精华，使之难以开发或徒具形式。20世纪90年代，我研究比较哲学和比较文化，曾多次求教张先生，蒙受他的热情支持，1993年和1997年他两次应邀为结合有关项目研究举办的讲座作首场演讲，1997年的演讲全面而系统地分析了中国传统文化的优缺，2002年在他为《纪念冯定百年诞辰研究文集》题写书名（《平凡的真理　非凡的求索》）的同时，还对这次演讲记录字斟句酌，认真地将其整理成文，并以《分析中国传统文化的优缺》[①]为题收入该《文集》。文中以肯定“自强不息”“厚德载物”的民族精神为前提对主题论述的要点如下：

第一，关于中国传统文化的优点或优秀传统，他提出有四个重要方面，“人文精神传统”居首，其二“唯物主义无神论传统”，其三“辩证思维传统”，其四“爱国主义传统”。而对“人文精神”，他解释为“重视人的自觉、肯定人的价值的精神”“儒家强调人格尊严，同时又强调要有社会责任心，既坚持自己的人格尊严，又要对社会、国家、民族尽一定责任”，并强调：“人之所以异于禽兽在于人有人格尊严”。显然“人格尊严”或人格的独立性、自主性，这是“责任”意识的根基，如无独立人格、自主人格，谈不

① 张岱年：《分析中国传统文化的优缺》，见《平凡的真理　非凡的求索——纪念冯定百年诞辰研究文集》，北京大学出版社2004年版，第423—430页。

▲ 左起：谢龙、张尊超、李绍昆、宋志明、金春峰

到对社会、国家、民族尽责。独立人格、自主人格的自觉意识是伦理道德的内在根基或内驱力，如只讲群体、关系，不讲独立人格、自主人格，将把它架空，也违背儒学文化道德"仁"的本意。

第二，关于中国传统文化的缺点，他简要分析了三个方面，"没有学术自由传统"居首，其二"没有科学理论传统"，其三"没有依法治国传统"。分析"从秦汉到明清没有思想、学术的自由"："春秋战国时代的学术是很自由的，百家争鸣促进文化的蓬勃发展。但是，秦始皇焚书坑儒，压制知识分子，汉武帝实行'罢黜百家、独尊儒术'的政策，把孔子儒学思想定于一尊，从此再也没有出现过百家争鸣，一直到明清都是如此。隋唐两代有过儒、道、佛三教并尊，可事实上思想并不自由。"据此，他指出："从秦汉到明清在专制主义压迫下无思想自由、学术自由，这是中国文化落后的很重要的原因"，与西方比较称："在西方中世纪，也有思想压制，思想不自由，但后来经过文艺复兴运动、宗教改革运动与启蒙运动，新思想得以发展。而中国，在鸦片战争以前，并无类似的运动，明清之际虽曾出现过几个进步思想家，但仍有其局限性，主要是专制主义的思想压制未予冲破，思想、学术仍不自由，对文化发展给予极其消极的影响，导致经济、政治越来越落后。"进而强调："不能就文化论文化，而要揭示造成传统文化缺点的经济、政治

▲ 左起：2 刘鄂培 3 金春峰 4 张尊超 5 朱汉民 6 谢龙 8 刘黄（2006 年 4 月 25 日摄）

环境或原因，以对症下药，予以有效的克服与改造，这是文化创新的基础性工作，不得忽视。”还就有人提出“中国人不如西方人，有许多劣根性，如懒惰、奴性、不抵抗等”。谈到：“可以承认有一定的劣根性，但要分析其性质，弄清它究竟是习惯性还是遗传性。看来，中华民族的劣根性只是一种习惯性，它是在过去漫长的农业社会与专制制度压迫之下形成的不好的和恶劣的习惯。这样看，绝非轻视这种病症，而是诊断出病根，方能使之痊愈。”

可见，文化“转型”，取决于有无现代经济、政治、法治的社会环境，而主动营造作为现代法治社会之支撑的奠基于研究者独立人格的“百家争鸣”学术环境，实为“转型”迈出的第一步。而当今我们仍缺失营造“百家争鸣”学术环境的自觉意识，表明半个世纪前反右派伤害知识分子、扭曲“双百”方针所导致的负面影响尚未消除，与培植张岱年先生那样的“刚毅木讷”学术品格的社会环境、教育环境、学术环境还有明显差距，如不予正视，新的教条主义、形式主义难以克服，而极大地阻挠把马克思主义指导落实于中华文化的现代转型。

正是在张先生的启迪和激励下，2005 年我利用各种机会，就营造“百家争鸣”学术环境主题，既撰文①，又操作三次“问卷调查”，与包括高校师生的研究者对话，共同寻觅营造“百家争鸣”学术环境的路径。迄今思考的

① 参见谢龙：《正确理解“发展科学的必由之路”——“双百方针”提出 50 年后的思考》，载《内部参阅》（人民日报内参部主办）第 19 期［总第 812 期］，2006 年 5 月 26 日。该文结合历史经验教训，提出“正确理解百家争鸣作为‘发展科学的必由之路’，关键在于要掌握它奠基于真理的发展规律”，并以此作为正确理解和掌握学术和政治关系问题的前提。

重点仍是如何培育对真理高度负责的学术品格问题，深感为了对马克思主义指导和理论创新切实地给予学术支撑，必须扎扎实实培育为真理意识奠基的“自主选择、自担责任”之独立人格素质，并以既尊己又尊人的“宽容”精神，既抵制各种形式的教条主义、形式主义，又作出社会现实急需的研究成果，包括用以遏制社会不正之风的成果。总之，教学和研究常规渠道“百家争鸣”学术环境的营造，应与健全互联网等传媒管理体制的工作同步进行，任重道远。

无疑，这项工作十分艰巨，我含泪忆起 2003 年 8 月，最后一次和这位已 94 岁高龄的恩师交谈求教，他谈及《中国哲学大纲》，亲口跟我说：这项工作远未完成，本应写新的更为系统的哲学著作，可惜力不从心，虽有想法，也不可能写了。他的话促我体悟哲学社会科学研究者肩负的中华文化现代转型的历史使命任重而道远，我不禁仰视近在眼前的张岱年先生在天之灵，对他的教诲再次由衷感激！发誓绝不辜负他的期望！

幸依门下，羞负业师：送老师张岱年先生走好*

欧阳中石

张岱年先生教我是从1950年开始的①，是他（tān）把我引上了哲学的道路。无论是具体的哲学知识，还是治学的研究方法。尤其是持身为人的立德立品的规范，岱老是我走上大道的引路业师，但我是个不成器的学生，空负雨露，对不起老师。

我最早到清华去见老师，他那种朴厚恳挚对待学生的态度，便给我上了一堂治学修身的风范课。岱老语言不多，在迟滞凝重中，让人只觉得字字沉重，句句亲切，又温暖，又肃穆。

1952年，我写了一篇关于特称判断的逻辑文章，您（tān）推荐给了金岳霖先生、王宪钧先生。

---

* 本文原载《人民日报·海外版》2004年5月14日。

① 指新中国成立初期清华大学张岱年教授即应聘为辅仁大学哲学系授课，本文作者入学后即开始与之交往。次年，1951年院系调整前一年，辅仁大学哲学系即并入北京大学，北大哲学系二年级学生增加了来自辅仁大学欧阳中石等9人。

1957 年，岱老突然给了我一封信，说自己很惭愧，以后不要去向他请教，免得有一些不必要的麻烦。弄得我很是惶惑。当然以后我知道了一切，只好暂时听了老师的话。

过了十几年，在一次会上见到先生，我在人群中蓦然发现了老师，赶过去问，还认识我吗？老师说：怎么你也不年轻了，不过怎么也认识。我看着老师脸上的微笑，虽然是笑，但那么酸楚。我不敢正面看老师，我发现我的眼睛已经湿润，我发现老师的脸色也已经很黯然了……

20 世纪 80 年代中期，我再到老师家去，发现老师坐到书桌上工作时，要抬高了腿，从凳子上面迈过去，才能再坐下来工作，我满心紧张。心想：老师现在还这样，我的条件再差，我也心满意足了。我不是自慰，而是感到老师“自律”也太严酷了。

20 世纪 80 年代中的一天，有一位先生突然到我家，烦我为《张岱年文集》题写书名，我说好，但一定要把“先生”二字加上，来人说张先生一定不要，我说我写上，如果一定不要，请他（tān）勾去。结果来人问我为什么这样毫不犹豫地马上就写。我说：老师之命，怎能怠慢。他才知道我也是老师的学生。

《文集》出版时更有一段往事，出版社是河北人民出版社，据说曾有一个初样，大家都不满意。社方想到了我，于是来征求我的意见。我告诉社方，我们一定要使张老满意才好。你们去问一下张老，如果同意，我一定遵命。结果社方告诉我张老非常同意。过了两天，张老还特别写给我一封信，我便很好地完成了任务。书皮上虽然勾去了“先生”两个字，但在扉页上保留“先生”，并且印上了下款“受业中石再拜”。老师点头了，学生也踏实了。

在开新闻发布会的时候，我在发言时提到了我的两句诗“幸将拙笔依门下，羞负传薪授业师”。表明我很对不起老师，里面的学问我没学好，只能

欧阳中石执笔的北大哲学系 1950 级学生颂师挽联

——摄于 2004 年 4 月 30 日八宝山殡仪馆灵堂正门

勉强地用笔写两个字把（bǎ）在门口了。

自己的年纪虽然也渐渐大了，但总觉得年长的老师健在，心中有一种庆幸依赖心理，正如有所“怙恃”一样。每一听到哪位老师“走”了，便沉重地告诫自己，自己的怙恃又收缩了一部分。自己越来越严重地感到“孤”的苦楚。

正要庆祝岱老 95 岁华诞的前夕，竟骤然变成了噩耗到来。我的思想简直接受不了。但接受不了也得接受，这是事实！几天来我在思想上凝成了一副挽联：

“岱宗立地支天明同日月，
年纪经时历变直鉴春秋。”

这是学生对恩师的称颂之情。我把这意思告诉给了谢龙，请他转告我们北大哲学系50级的各位学长，他们都很同意①，这便作为了我们班共同的心声，奉献给我们尊敬的老师，张老岱年夫子。请老师走好，您的道德文章，永远在我们的心中。

① 据谢龙称：凡能联系的同学，包括每年往返、常住美国的李泽厚，还有迄今已逝的黄怀安、胡文耕等，主要通过电话既报岱老仙逝噩耗，又忆岱老生前教诲，皆由衷同意中石所拟挽联。

附　　录

北京大学学生名册

（1950 年哲学系一年级，男 19 人，女 1 人，共 20 人）

学　号	姓　名	备　　注	学　号	姓　名	备　　注
2150001	王承祒	一年级结业，转历史系	2150011	王茂堂	
2150002	曹景元		2150012	徐人康	抗美援朝参军离校
2150003	黄正文	一年级结业，因病休学	2150013	吴鸿庆	一年级结业，转数学系
2150004	甘守义		2150014	蒋昌明	抗美援朝参军离校
2150005	林　帆	一年级结业，转燕大新闻系	2150015	章自承	
2150006	韩鸿寿		2150016	胡文耕	
2150007	李秀梅（女）		2150017	谢　龙	
2150008	刘清和		2150018	马　兵	
2150009	查全斌		2150019	陈华中	一年级结业，转中文系
2150010	宋文坚		2150020	李泽厚	

说明：王承祒：1954 年北京大学历史系毕业。陈华中、林帆：1954 年北京大学中文系毕业（1952 年燕京大学新闻系并入北京大学中文系）。吴鸿庆：1953 年北京大学数学系提前毕业留校任教。蒋昌明、徐人康：抗美援朝参军。黄正文：休学一年，转读 1951 级。

北京大学学生名册

（1951 年哲学系二年级，男 22 人，女 3 人，共 25 人）

学 号	姓 名	备 注	学 号	姓 名	备 注
2150002	曹景元		2150021	黄荣钊	辅仁大学转来
2150004	甘守义		2150022	虞 謇	辅仁大学转来
2150006	韩鸿寿		2150023	任宣猷	辅仁大学转来
2150007	李秀梅（女）		2150024	顾之润	辅仁大学转来
2150008	刘清和		2150025	欧阳中石	辅仁大学转来
2150009	查全斌		2150026	汪品秋（女）	辅仁大学转来
2150010	宋文坚		2150027	刘 唯（女）	辅仁大学转来
2150011	王茂堂		2150028	李昆山	辅仁大学转来
2150015	章自承		2150029	邢鹏举	辅仁大学转来
2150016	胡文耕		2149005	赵士孝	1949 年入学
2150017	谢 龙		2149015	杨子熙	1949 年入学
2150018	马 兵		2149016	马步青	1949 年入学
2150020	李泽厚				

说明：赵士孝：1950 年抗美援朝参军离校，1951 年部队将其调回，转读 1950 级。杨子熙、马步青：转读 1950 级。

北京大学学生名册

（1952 年哲学系哲学专业三年级，男 31 人，女 4 人，共 35 人）

学　号	姓　名	备　　注	学　号	姓　名	备　　注
5211052	查全斌		5211071	欧阳中石	
5211053	章自承		5211072	沈联瓘	清华大学转来
5211054	赵士孝		5211073	宋文坚	
5211055	范明生	清华大学转来	5211074	曹景元	
5211056	韩鸿寿		5211076	汪品秋（女）	
5211057	谢　龙		5211077	吴祖望	清华大学转来
5211058	邢鹏举		5211078	杨子熙	
5211059	胡文耕		5211079	虞　睿	
5211060	黄荣钊		5211105	夏甄陶	武汉大学转来
5211061	任宣猷		5211107	李昌登	武汉大学转来
5211062	甘守义		5211113	吴炳田	武汉大学转来
5211063	顾之润		5211125	姜彦同	清华大学转来
5211064	李秀梅（女）		5211131	侯鸿勋	中山大学转来
5211066	李泽厚		5211132	黄怀安	武汉大学转来
5211067	刘清和		5211133	李观福	中山大学转来
5211068	刘唯（女）		5211134	廖元嘉（女）	中山大学转来
5211069	马　兵		5211135	沈杰英	中山大学转来
5211070	马步青				

说明：查全斌：1952 年三年级结业，调至北京铁道学院（交通大学）任教。夏甄陶：三年级结业，转读北京大学马列主义基础研究生班；吴祖望、姜彦同：三年级结业。

北京大学学生名册

（1953 年哲学系哲学专业四年级，男 27 人，女 5 人，共 32 人）

学号	姓名	备注	学号	姓名	备注
5211053	章自承	1954 年毕业	5211071	欧阳中石	1954 年毕业（逻辑组）
5211054	赵士孝	1954 年毕业	5211072	沈联瓘	1954 年毕业，转读研
5211055	范明生	休学，1955 年毕业	5211073	宋文坚	1954 年毕业（逻辑组）
5211056	韩鸿寿	1954 年毕业	5211074	曹景元	1954 年毕业，转读研
5211057	谢　龙	1954 年毕业，转读研	5211076	汪品秋（女）	1954 年毕业
5211058	邢鹏举	1954 年毕业（逻辑组）	5211078	杨子熙	1954 年毕业
5211059	胡文耕	1954 年毕业，转读研	5211079	虞　謇	1954 年毕业（逻辑组）
5211060	黄荣钊	1954 年毕业，转读研	5211107	李昌登	1954 年毕业，转读研
5211061	任宣猷	1954 年毕业（逻辑组）	5211113	吴炳田	1954 年毕业（逻辑组）
5211062	甘守义	1954 年毕业	5211131	侯鸿勋	1954 年毕业，转读研
5211063	顾之润	1954 年毕业（逻辑组）	5211132	黄怀安	1954 年毕业
5211064	李秀梅（女）	1954 年毕业	5211133	李观福	1954 年毕业
5211066	李泽厚	1954 年毕业	5211134	廖元嘉（女）	1954 年毕业（逻辑组）
5211067	刘清和	1954 年毕业	5211135	沈杰英	1954 年毕业，转读研
5211068	刘　唯（女）	1954 年毕业	5211188	丁克勤（女）	1954 年结业（逻辑组）
5211069	马　兵	1954 年毕业（逻辑组）	5211094	刘　正	1954 年毕业
5211070	马步青	1954 年毕业			

说明：1954 年毕业 30 人，其中 8 人转读苏联专家指导的马克思主义哲学研究生、研究生班。范明生：1955 年毕业。丁克勤：1949 年辅仁大学哲学系一年级，1951 年北京大学哲学系三年级，1952 级转读 1950 级。刘正：原 1949 级，1953 级转读 1950 级。

责任编辑:安新文
封面设计:阳洪燕

图书在版编目(CIP)数据

文化集思/欧阳中石 等著. -北京:人民出版社,2013.6
ISBN 978-7-01-012259-5

Ⅰ.①文… Ⅱ.①欧… Ⅲ.①社会科学-文集 Ⅳ.①C53

中国版本图书馆 CIP 数据核字(2013)第 133593 号

文化集思

WENHUA JISI

欧阳中石 李泽厚 等著
谢 龙 侯鸿勋 宋文坚 主编

人民出版社 出版发行
(100706 北京市东城区隆福寺街 99 号)

北京中科印刷有限公司印刷 新华书店经销

2013 年 6 月第 1 版 2013 年 6 月北京第 1 次印刷
开本:710 毫米×1000 毫米 1/16 印张:43.25
字数:610 千字

ISBN 978-7-01-012259-5 定价:78.00 元

邮购地址 100706 北京市东城区隆福寺街 99 号
人民东方图书销售中心 电话 (010)65250042 65289539

版权所有 · 侵权必究
凡购买本社图书,如有印制质量问题,我社负责调换。
服务电话:(010)65250042